新闻学与传播学"十四五"规划教材·案例型系列教材

新闻评论写作教程

刘海明 / 著

中国传媒大学出版社
·北 京·

目 录

Chapter 1

第一章　绪论

第一节　新闻评论课程概说

新闻评论是一门理论和实践相结合的课程。传统的新闻评论教科书，多侧重于从概念开始讲授新闻评论的理论知识，对新闻评论的写作实践不够重视。新闻评论具有显著的实践性，本科阶段的新闻评论教学应该以实践为主，或者把它简单称为“实践驱动型课程”。现在，不少高校倡导“科研驱动型课程”，鼓励本科生参与科学研究，通过科学研究提高学习质量。学习没有固定的模式，正如法国作家福楼拜所言：“科学和艺术在山脚下分手，在山巅上会合。”①既然科学研究促进理论学习，那么实践同样可以促进理论知识的学习。特别是新闻评论课这样一门实务类课程，以实践驱动评论的理论教学，同样可以提高这门课的教学质量。

所谓新闻评论的实践驱动型教学，是指学生在学习相关理论知识的同时，通过写作实践去体会、感悟所学的课程理论知识，逐渐提高自己的评论写作水平。

新闻评论的实践驱动型教学，要求学生在课堂学习之余，经常浏览一些国内比较活跃的评论频道。学写评论之初，学生可以多阅读红网的红辣椒评论频道，这个网站被称作新闻评论教育的“黄埔军校”：每年举办的全国大学生新闻评论大赛，让不少新闻评论写作优秀者脱颖而出，成为国内新闻评论教育的第二课堂。

学习评论写作，也应经常浏览人民网的“观点频道”，这是《人民日报》下属的网站。此外，新华网的评论频道“新华网评”也值得关注。学生在阅读了这些频道一定数量的新闻评论作品后，就可以通过模仿发表的评论作品进行写作训练。要更好地学习评论写作，除了以上推荐的三个网络频道，学习评论写作的同学还应坚持阅读《人民日报》的评论版，并阅读都市报的评论版面，如《新京报》《北京青年报》《南方都市报》的评论版。《新京报》和《南方都市报》一般每天都是两个版的评论。这里，我们选择《新京报》和《南方都市报》就同一事件所刊载的同主题评论，来直观感受一下二者风格的异同之处。

---

① 唐韧 . 邻人的花园［M］. 上海：上海教育出版社，2007：1.

《八佰》：一场唤醒民族意识与家国情怀的战斗（节选）[①]

作为院线重启后首部国产大片，《八佰》不负众望。……上映第三天，票房已经突破6亿元，今日突破7亿元应该是没有什么悬念。

四行仓库保卫战进行时，苏州河对岸的租界百姓，能清晰看到日军与国军的交战。这场被"全程直播"的战斗，也由此具备了重大象征意义。

昔日有哪些"观众"在"观看"这场战斗？他们又是以怎样的心态"观看"？复盘这一切，也是今日观众通过电影观看这一场战斗的价值所在。

《八佰》公映加速影市全面回归常态（节选）[②]

今天是战争片《八佰》全国公映的日子。在昨天影院复工满一个月的时候，来自中国国家电影专资办的数据显示，截至北京时间8月20日0时，全国票房已超10.1亿元，超3,300万人次观影，全国影院复工率超83%。中国影市有序回归正常，超出业界预期，同时也为《八佰》冲击票房，提供了基本保障。

当全国影市回归到去年同期的"盛况"时，更要记得《八佰》在第一时间公映让观众多了一个选择，给电影业强化信心。

疫情必然会给观众的电影消费心理带来变化，只是这些变化究竟会体现在哪几个方面，暂时并不会清晰地知道，有一点是可以确认的：疫情后观众对电影质量的要求会提高不少，因为只有高质量、好口碑的作品，才能彻底消弭观众内心多少都会存在的顾虑与不安，好电影的诱惑向来是强大的，期待在接下来的档期中，院线能出现更多让人鼓舞的佳作、强片，一个全面回归正常并且继续保持增速的中国电影市场，仍然在前面招手。

两则同主题的评论，前者着眼于影片的家国情怀，后者立足于电影市场逐渐回归正常。视角的不同，使读者可以多维度地审视新闻事实所蕴含的社会意义。

在同学们学习评论写作的过程中，需要通过坚持阅读大量的报纸评论作品和网络评论作品、收听广播评论节目、收看电视评论节目来加深对多种媒体介质评论的感性认识。除此之外，还需要广泛阅读不同学科的理论著作。新闻评论以思想取胜，没有思想就无法用新颖的观点吸引读者，理论著作可以给初学者提供思想营养。相反，如果不同的评论作品中作者所选择的角度都大同小异，那么这些

① 陈子非.《八佰》：一场唤醒民族意识与家国情怀的战斗［EB/OL］.（2020-08-23）［2023-01-05］. https://www.bjnews.com.cn/detail/159817103015168.html.

② 韩浩月.《八佰》公映加速影市全面回归常态［N］. 南方都市报，2020-08-21（AO2）.

作品因为缺乏新颖的角度与独到的思想而无法真正得到读者的认可。评论写作无法一蹴而就，需要经历一个艰苦的学习过程。实践驱动型的新闻评论学习，主要通过写作实践训练来带动同学们不断地读书、思考、写作，最终达到综合能力的提升。

第二节 新闻评论的社会功能

评论作为一种意见性信息，历来受到人们的重视。这表明，评论对社会一定有某些积极的促进作用。本书将新闻评论的社会功能归纳为以下五种功能：社会问题的“门诊医生”、民主法治的宣传者、公平正义的倡导者、社会舆论的推动者、社会观念史的素材。

新闻评论的第一种功能是社会问题的“门诊医生”。社会发展的过程，是一个不断发现问题并解决问题的过程。没有问题，社会就没法发展。问题是隐形的，需要有人去发现、去思考、去提出改进的意见。新闻评论研究者林大椿指出：“新闻评论应该经常直陈真理所在的方向，绝不能人云亦云，毫无定见。”[①] 所谓“真理所在的方向”，是要求新闻评论针对当下社会最新发生的新闻事件寻找其中存在的具体问题，根据问题来进行分析和思考，最终提供个人的建议。新闻评论非常强调“建设性”，医生的职责不仅仅在于批评，而在于批评的同时开一个“处方”，提出自己的改进建议。比如针对一个集中反映某些社会问题的新闻事实，评论写作者要明白究竟有哪些问题，这些问题的实质是什么，我们该如何看待这个事件；在此基础上，再对这样的社会问题进行“问诊”“把脉”。

新闻评论的第二种功能是民主法治的宣传者。现代社会，民主和法治已经成为社会成员的基本共识，一则典型的新闻往往体现的是民主法治进程中遇到的一些现实问题。新闻评论是以现实问题与读者讨论而获得读者同情与信任的文体，必须发挥其舆论引导的功能。[②] 当前，我国正在建设法治社会，那么，社会问题最终是靠什么推动的？显然，它是靠“民主法治”推动的。新闻评论要宣传美的东西，弘扬善的东西。通过对社会问题的分析，通过民主法治建设可以推动社会问题的解决。所以，作者写评论的时候，需要站在民主法治的角度，分析这些问题该如何在民主法治的框架下来解决，通过对一个具体问题的分析，通过对法治精神、民主精神的

① 林大椿 . 新闻评论学［M］. 台北：台湾学生书局，1982：130.
② 林大椿 . 新闻评论学［M］. 台北：台湾学生书局，1982：132.

宣扬，达到新闻评论传递正能量的目的。可见，新闻评论的作者本身就是一个宣传者，评论作品可以实现新闻评论的宣传功能。

新闻评论的第三种社会功能是公平正义的倡导者。一个国家的软实力，通常是指影响一个国家稳定发展的文化观念、价值观念、社会制度等潜力和感召力。“感召力”这个因素就是新闻评论及其形成的社会舆论。这种意义上的软实力是指塑造观点的能力，它利用共享价值、公平正义和有助于实现价值的责任具有的吸引力发挥其影响。[①] 倡导公平正义是新闻评论一个非常重要的功能，要求新闻评论作品在字里行间体现公平和正义。任何一个有影响力的新闻事件，在舆论层面肯定会有多元的声音存在，因为每个人都有自己的态度。对于评论写作者来说，在分析问题的时候最忌讳带着情绪去思考问题，也忌讳站在个人利益的角度对事件评头论足。合格的新闻评论写作者应站在客观公正的立场上，公平公正地看待新闻事件。新闻评论必须倡导公平和正义，增加新闻评论影响舆论的软实力。在不了解新闻评论社会功能的人看来，新闻评论就是专门挑刺的，通常的说法是“啄木鸟”，因为啄木鸟就是“医生”。但是，新闻评论不能满足于仅仅当“啄木鸟”，还要超越“啄木鸟”，需要发现社会问题的背后是否存在违背社会公平正义的地方，或者是否违背了公平正义的原则。如果没有违背公平正义的话，这样的事件不会成为真正的舆论事件。比如，新闻报道披露的恶性社会治安事件总会引起舆论的关注，正因为存在以强欺弱的现象，才需要新闻评论在批评这些社会现象的同时倡导社会的公平正义。新闻评论在体现公平正义之后，必然衍生出其他问题，这就需要评论写作者阅读相关的理论书籍，了解民主和法治的本质和民主法治的精神。什么是公平？什么是社会公平？什么是正义？抽象正义和现实正义是怎么体现的？只有评论写作者了解了这些概念的内涵和相关理论，才能用宏观的理论分析具体的新闻事件，实现理论和实践相结合。评论写作要把课堂所学的理论知识激活，关键是要把它变成作者思想的一部分，通过运用理论知识分析具体的问题。通过新闻评论课程的学习和写作，评论写作者应成为一个有道德的明白人。如果评论写作者都不明白事理、不明白社会发展的规律，又怎么可能通过评论作品维护社会的公平公正呢？

新闻评论的第四种社会功能是社会舆论的推动者。新闻评论对社会问题的分析，“门诊医生”只是个最基本的条件。评论写作者通过接受教育积累了一定的知识储备后，再运用所学的基础理论知识来看待社会问题。相较于“门诊医生”，新

---

① 欧洲专利局．未来知识产权制度的愿景［M］．郭民生，杜建慧，刘卫红，译．北京：知识产权出版社，2008：40.

闻评论作为“社会舆论的推动者”这个功能就显得更为重要。“新闻评论来自社会舆论，又作用于社会舆论。”[①]在新闻评论的发展历史上，21世纪初期的“孙志刚事件”颇具代表性。在现实生活中，许多社会问题主要是通过具体的新闻事件得到解决的，新闻事件需要经过舆论的发酵来推动，舆论的形成需要意见领袖发声，新闻评论的作者通常就是意见领袖。“孙志刚事件”的当事人是一个大学毕业不久的年轻人，在南方某大城市的街上，因为没有随身携带身份证，被送进收容所，最终在收容所里被打死。在当时，不少评论写作者围绕不合理的收容制度进行谴责。这个时候，评论写作者的职责是发出声音，为这个大学毕业生的丧命鸣不平。对收容制度提出质疑的目的，是希望改变这种不合理的制度。因为有了强大的舆论声势，收容制度很快就被取缔。这离不开新闻媒体对这起事件的调查报道和一批评论作品的推动。可见，新闻评论是社会舆论的推动者，评论写作者可能是一个弱者，但敢于为弱势群体发声的评论写作者多了，舆论的声势就大了。在“孙志刚事件”发生时，还没有微博和微信这类影响巨大的社交媒体，如果这样重大的社会事件没有舆论的推动，许多社会问题就可能无法得到真正的解决，社会秩序也可能无法及时得以规范。社会有记忆，媒体和舆论也有记忆，评论推动社会舆论，需要评论写作者具有共情的能力，善于反问“如果是我们自己遇到这些情况怎么办”，这就涉及法治问题，法律强调正当防卫。什么是“正当防卫”？普通民众不知道或者是一知半解，此时就可以通过新闻评论来解释正当防卫是什么，该怎么进行正当防卫，进而会发现一个更深刻的问题：现行法律中关于正当防卫的自由裁量权，能够自由发挥的余地非常小。在所有的重大公共事件中，正因为有网络舆论，有一批评论写作者和新闻评论作品，才能最终形成舆论并推动舆论的走势。学习新闻评论如果只关注事件而不去思考、不去发声，很可能这个无辜者就会成为真正的受害者。而更重要的是，很可能有一天，这个受害者的遭遇将是我们或我们的亲朋好友的遭遇。可见，评论写作者应该成为社会舆论的推动者，充分运用评论的作用为社会发声、为普通人发声。评论写作者虽然不能成为舆论的制造者去引领舆论风潮，但至少可以尽一份力让社会往好的方向发展。当代社会，评论写作也被称为公民写作。什么是公民写作？即这个社会上不只是一个作者在对不公发声。而更多的评论者，尤其是年轻的新闻评论学习者，应该带着社会责任感从事新闻评论的写作和实践。所以评论写作者要做到的就是影响舆论、影响社会，让你的观点真正发挥作用。

新闻评论的第五种社会功能是社会观念史的素材。每个时代的人既从历史事件

① 王武录．党的执政能力建设与党报［M］．北京：中国传媒大学出版社，2008：86.

中获得认知，也在不断书写自己所在时代的历史。汤因比指出："历史的确证实了爱因斯坦的一句名言，除非一个人摒弃细枝末节，具有广阔的视野，否则，在科学中就不会有任何伟大的发现。""历史的威力比原子弹的威力还要强大。"[①] 历史的威力既在于重大历史事件所提供的事实，也在于历史学家在叙事中所呈现的见解。司马迁的"太史公曰"就是历史叙事之余的观点表达。当一桩桩历史事件在历史学家的评说中得以流传时，也在积累着每个时代的社会观念。新闻评论的这一功能，也是最容易被忽略的一种。在人们的印象中，新闻经常被说成易碎品。按照这样的逻辑，新闻评论自然也成了易碎品。言外之意，新闻评论影响社会舆论的时间有限。显然，事实并非如此。新闻是历史的素材，评论是社会观念历史的素材。对于新闻评论的价值，我们应该站在历史的长河中看，而不能用近视的眼光，非常功利地看待这种文体。人们的视线可及之处可能不够长远，但思想不可短视。评论写作，需要作者摆脱思想的"近视"。视力的近视是个人身体健康的问题，可以通过预防或矫正解决；思想的"近视"，意味着评论写作者将新闻事实中蕴含的问题看得太肤浅，这样写出来的评论就不会有真正的社会影响。增加评论的社会影响力，需要评论写作者提高自己的认知能力，否则分析问题就会更加"近视"。功利的评论写作态度，一定会影响评论写作水平的提升。初学新闻评论的写作者需要有勇气将评论作品公开发布，这样才可能成为舆论的推动者，也才能看到自己对于社会问题的分析是否到位。每篇评论都不是无意义的，在未来社会里，它会成为社会思想观念的有机组成部分，成为别人的研究对象。如果一个人对新闻事件有看法而不表达出来，随着时间的流逝，这种即时观念就会消失；相反，如果及时地表达自己的看法，在当下它可以影响社会舆论，在未来它可以成为别人观察当代社会的一个窗口。

第三节 新闻评论的个人功能

新闻评论的社会功能指的是这种文体对社会发展的促进作用。除了社会功能，新闻评论对于作者个人综合能力的提升也有较大帮助。新闻评论的个人功能，也可以归纳为五种，分别为：发现问题、思考问题、思想表达、社会通行证、社会责任。

有的人从小就对议论文感兴趣，也喜欢分析论说性文章；有的人刚好相反。后一种情况的评论学习者，对新闻评论这门课可能不太感兴趣，认为课程只是理论的

---

① 汤因比.历史研究［M］.郭小凌，刘北城，译.上海：世纪出版集团，2005：23.

堆积和灌输，而非写作实践技能的传授。其实，新闻学科开设新闻评论课程是一种惯例。为什么新闻学类的本科专业要开设这门课程？这是因为，新闻评论写作可以提升学生的综合分析能力。

新闻评论的第一种个人功能是可以提高评论写作者发现问题的能力。一个人对于新闻事实的认识，首先通过直觉作出判断。在直觉主义者看来，人们拥有一种作为特殊认知能力的纯粹直觉，使我们能够达到对事实和善的直接把握。[①] 评论写作者必须是具有理性认知的人，包括三种基本的认知能力："（a）形成先验概念的能力，先验概念是并不表现于任何例子中，也不是由分别表现于各种例子中的特性构成的关于特性的概念；（b）认识到众多属性的结合是这些属性之间的必然联系的一种例证的能力，这就是约翰逊先生（Mr .Johnson）所谓的直觉推理能力；（c）从前提推导出结论的能力。"[②] 理性认知的形成需要一个过程：小学教育是启蒙的，中学教育是普及基本知识的，大学教育既要启蒙也要传授专业知识，与此同时还要提升学生的综合能力。什么是综合能力？以新闻学科为例，在学习新闻写作课时，有的学生不知道从哪里寻找新闻报道的素材；有了新闻素材未必就能选好；选好了素材也未必知道如何分析问题；分析问题的时候不知道如何论证；有了观点和论证，又遇到语言表达的困难，等等。这些都是学生能力欠缺的表现。新闻评论写作就是帮助学生学会发现最新的社会问题。一个人如果连基本的社会问题都发现不了，很难说这样的人已经步入成年之列，更遑论自己是新闻学专业的学生。通过新闻评论写作的训练，可以切实提高评论写作学习者发现问题的能力；而通过发现问题，再逐渐培养他们独立思考的能力。

新闻评论的第二种个人功能是提高评论写作者思考问题、分析问题的能力。独立思考问题，从自己的思考中获得独到的见解是为了避免人云亦云。一个具备独立思考分析问题的评论写作者，"他的分析能力也是极强的，他从来不允许自然欲望在重要的问题上干扰他的理智，以使他匆忙做出似乎不恰当或冲突的结论"[③]。可以说，能发现问题的人，也就具备了分析问题的基本能力。需要指出的是，发现问题和思考问题还是有一定的区别的。新闻评论写作中的发现问题，是在繁杂的新闻报道中筛选的问题，这样的筛选需要个人的认知能力和判断能力，但是分析思考问题的能力则是在前人没有涉及相关问题的情况下，自己独立进行探索性的思考。也就是说，分析思考是评论写作者自己的一次思维旅行，没有导游，没有现成的路线

---

① 甘绍平 . 伦理学的当代建构［M］. 北京：中国发展出版社，2015：230.

② 布劳德 . 五种伦理学理论［M］. 田永胜，译 . 廖申白，校 . 北京：中国社会科学出版社，2002：214.

③ 布劳德 . 五种伦理学理论［M］. 田永胜，译 . 廖申白，校 . 北京：中国社会科学出版社，2002：118.

图，他们能思考多远以及思考的质量如何，全凭个人的能力。在写作前，评论写作者发现问题好比是在一个琳琅满目的商场里选购商品，需要反复对比，需要通过审美判断做出选择性的决定。分析思考问题，就是运用抽象思维和形象思维，深入“商品”（新闻事实）的内部，查看它的结构和材质是否合适，并且去发现其合理的地方，寻找其不合理的地方，进而思考通过什么样的办法去改进。也就是说，新闻评论写作是个思考问题的过程。从发现问题到思考问题，这是一个先后的过程。发现不了问题，说明你还不是合格的评论写作者。评论写作可锻炼一个人分析问题的能力，不仅要善于分析、善于思考，而且分析思考问题的质量还要过关。对于初学者来说，可以尝试给红辣椒评论投稿，因为这家网站主要是给初学者提供的平台，对于评论写作者比较包容；等到写作能力有所提升，就要尝试给报纸、特别是知名报纸的评论版投稿，被报纸评论编辑认可表明自己评论写作能力提升到了新的阶段。虽然说发现问题、思考问题的过程并不漫长，但这两个能力的相继提升却是相当缓慢的。《红楼梦》第五回写道：“世事洞明皆学问，人情练达即文章。”提高思考问题的能力，其实不需要太多的案例，只要评论写作者留心身边的事情，养成打破砂锅问到底的习惯就行。

新闻评论的第三种个人功能是可以提高思想表达的能力。思想表达是精神思维活动的结晶，关于这种结晶的性质，黑格尔有过精辟的论述：“物是一种外在的东西，能够通过占有它而实现一定的自由。但是，对于精神技能、科学知识、艺术、宗教等精神领域的东西，我们能不能把它们叫作物？”黑格尔接着写道：“精神性的东西还是可以作为物的，因为精神性的东西可以通过表达而成为一种外在的现实的存在形式。从这种意义上说，精神性的东西也是一种物，只不过不是一开始就是，而需要通过表现和转化。”[①] 把新闻事实和个人思考从物转化为精神产品，需要借助写作。关于写作，潘新和编撰过一本书，叫《写作是指向自我实现的人生》。这样的话听起来非常美妙，但要落实到具体的行动中，是何等困难的一件事。相信评论写作者都有过这样的经历：动笔前，已经信心满满，觉得胸有成竹，认为洋洋洒洒写上几千字没问题；等到真的开始动笔了，陡然发现许多想法无法用语言来表达。这并不是什么羞愧的事，因为表达本就是世界上最难的事情之一。这几年，不论是我国的宣传部门还是新闻机构，包括新闻院系，都在谈论“讲好中国故事”这个话题。但我们向中国的观众、读者讲好故事都难，向国外的读者讲好中国故事自然更难。这就牵涉到一个重要的问题：如何表达。评论的表达是作者用自己的语言来表

---

① 黑格尔．法哲学原理［M］．杨东柱，尹建军，王哲，编译．北京：北京出版社，2007：23.

达自己的思想，不少人思考好了写出来的稿子依然比较难看，这就是一个需要重视的问题。在现实生活中，善于表达的人最值得欣赏。曹丕在《典论·论文》中对写作的重要性给出高度评价："盖文章，经国之大业，不朽之盛事。年岁有时而尽，荣乐止乎其身，二者必至之常期，未若文章之无穷。是以古之作者，寄身于翰墨，见意于篇籍，不假良史之辞，不托飞驰之势，而声名自传于后。"①现代社会，一个人不具备一定的观点表达能力，就没有真正的未来。而新闻评论不只是一个表达的问题，更是一种"思想表达"。对于评论写作者而言，更要有自己的观点。在新闻同质化的今天，评论写作者如何把自己的见解和文字做得与众不同，这需要自己有"灵魂"，有才气。最近，网上有个段子，说"有趣的灵魂千里挑一"。"有趣"，既得有思想还得有陈述思想的语言表达能力。当代社会，"有思想的灵魂"相当匮乏。看似我们生活在一个最热闹的时代，实际上我们生活在一个最匮乏的时代。匮乏什么？独立思想的匮乏。通过新闻评论课的学习，希望评论写作学习者可以弥补这方面的不足。

新闻评论的第四种个人功能是行走社会的"通行证"。在社会上立身，需要一技之长。大学教育除了向学生教授专业理论知识，通常还会教授专业技能，这样的技能是毕业后用于谋生的。在现代社会，单靠一纸文凭很难游走世界了。毕业证是求职时用的，技能是在日常发挥作用的。对于新闻学科的毕业生来说，一个人发表的评论作品就是他将来行走社会的名片。如果求职者的作品非常优秀，在校期间发表作品的数量及质量就是他未来工作生活的"通行证"。大学生迟早要进入社会，每个在校生都应该经常问自己：你准备好你的"通行证"了吗？没有的话，不妨趁着这门课的学习，多写点作品，多发表作品，用作品给自己的未来铺路。

新闻评论的第五种个人功能是评论写作的过程，也是切实履行个人社会责任的过程。何为责任？在康德看来，"责任是服从理性的绝对命令式的一个自由行动的必然性"。②一个现代社会的公民，他所享有的诸多权利为其自由行动提供了可能，与此同时，他也必然要承担相应的社会责任。在本书中，除了《社论写作》一章外，其他形式的新闻评论全部属于作者个人的写作事务。新闻评论在不少教科书中被称作"公民写作"。公民是指根据法律享有权利和承担义务的人，公民写作是指通过新闻评论发表个人看法、承担个人对社会责任的一种方式。这意味着评论写作者要清醒地意识到：评论写作不全是个人的兴趣，而是要促进社会问题的解决，履行自己作为国民的责任。当代的大学生不能一心只读理论著作，却两耳不闻窗外

---

① 朱钇宣.释"盖文章，经国之大业，不朽之盛事"[J].大众文艺，2019(12)：40-42.

② 李秋零.康德著作全集（第六卷）[M].李秋零，译.北京：中国人民大学出版社，2007：229.

事，还要意识到自己肩上担负着沉甸甸的社会责任。对社会负责，需要有发现问题的能力，需要有分析问题的能力，要懂得民主与法治精神，有能力倡导公平和正义，这样才能履行作为公民的义务。可见，评论写作不仅仅是为了个人而写，更是为了整个社会的健康、为了国家变得更加美好而写。如果每一篇评论都能体现自己作为公民，作为社会舆论的推动者、公平正义的倡导者、民主法治的宣传者来发表看法，评论写作者会发现自己写的新闻评论已经不是简单的一篇评论，而是自己对社会的一份答卷。

评论写作的过程就是一个人学会思考的开始。认识到新闻评论对于社会和个人有这么多积极作用的话，就会对这门课有新的认识。如果坚持若干年的评论写作，你会发现自己正在成为一个社会问题专家。

思考题

1. 对比国内几家有代表性的网络媒体的评论频道和报纸的评论版面，尝试归纳不同媒体发表评论作品的特点。

2. 在新闻评论的社会功能中，你觉得哪些功能最为重要？为什么？

3. 新闻评论与新闻舆论之间存在何种内在关联？结合具体的事例进行说明。

4. 在新闻评论的个人功能中，哪几种是你最缺乏的？该如何弥补这方面的不足？

5. 当你有一个新的想法想用语言文字表达出来时，通常遇到的问题是什么？请结合具体的事例进行分析。

6. 结合你身边的例子，谈谈你对新闻评论是“社会通行证”的理解。

Chapter 2

第二章　马克思主义经典作家的新闻评论实践

第一节　马克思和恩格斯的新闻评论实践

学习评论写作，有必要了解马克思主义经典作家的新闻评论实践活动，他们的评论传统直接影响了我国当代的新闻评论发展。所谓的“马克思主义经典作家”，就是指在马克思主义创立和发展的过程中，涌现出来的为马克思主义理论体系的形成与发展贡献过文献的人。马克思主义经典作家既包括创立时期的马克思和恩格斯，也包括发展时期世界各地的人，如苏联的列宁、斯大林，中国的毛泽东、刘少奇，直至习近平等人。这些人均撰写或编辑过新闻评论作品，因为他们的评论作品为马克思主义的创立和发展做出了独特的贡献，所以本书将他们纳入马克思主义经典作家之列。

在新闻评论史上，包括在现行的新闻评论教科书中，暂时没有将马克思主义经典作家的评论实践纳入评论教学对象的。事实上，很少有马克思主义经典作家没撰写过新闻评论的，他们中还不乏办过报纸或评论杂志的人，他们在写作评论的过程中也编辑过评论稿件。

评论写作不是纯粹的个人事务，作为现代社会的公民，我们有义务为社会的发展和进步贡献力量。在这方面，马克思主义经典作家为我们做出了表率。从最初的经典理论作家到社会主义国家的领导人，都纷纷参与过评论实践，并且发表的往往是一些经典的评论作品。本章主要介绍马克思主义经典作家为什么写评论，以及他们的评论代表作。

一、马克思、恩格斯与《莱茵报》《新莱茵报》

马克思、恩格斯与《莱茵报》《新莱茵报》有着特殊的渊源。这两份报纸基本以评论为主要内容，马克思不仅担任报纸的评论编辑，还是一位评论写作者，这些报纸经常刊登他的评论作品。

1848 年 6 月 1 日，马克思和恩格斯在德国科伦创办了无产阶级的第一份报纸—《新莱茵报》，他们称这份报纸是“革命年代德国最著名的报纸”，列宁则称《新莱茵报》是“革命无产阶级最好的机关报”。

马克思在创办报纸的同时，提出了创办无产阶级媒体的基本思想和原则，而他本人的新闻评论实践活动，又是其媒体理论中重要的内容。《新莱茵报》之所以受到读者的欢迎，主要是以新闻评论取胜的。[①] 根据李春邦老师的考证，马克思早在19 世纪 40 年代就曾多次指出新闻评论的作用，他认为评论需要“破坏现存制度的一切基础”，并“对现存的一切进行无情的批判”。在马克思和恩格斯看来，评论是破坏旧国家机器的工具，是批判旧制度、旧思想的武器。

在评论实践中，评论作为“批判的武器不能代替武器的批判”[②]。马克思利用新闻评论无情地揭露一切敌人，给反对势力以沉重的打击。恩格斯在回忆《新莱茵报》时说过，这是革命的时期，在这种时候从事日报的工作是一种乐趣：你会亲眼看到每一个字的作用，看到文章怎样像炮弹一样打击敌人，看到打出去的炮弹怎样爆炸。

马克思把评论看作“唯一有效的监督手段”：一方面，新闻评论对于一切腐朽思想起着揭露作用；另一方面，新闻评论监督着整个社会和公权力。有人对媒体的这种监督作用进行干涉时，马克思质问道：“难道有人想剥夺人民评论的权利吗？那么，又何必要媒体呢？因为评论不但可以激起人们的是非感、责任感，而且还激起了忧虑和希望、欢乐和悲哀，它使人民热烈地关切国家，使国家同它的人民亲密相连、休戚相关。”

媒体要评论社会现实。马克思一再指出，新闻评论“反映了一切社会斗争、社会需求和社会真理”。“批评家不但能够，而且应该接触这些政治问题”，评论这种现象。“这种批判不怕自己所作的结论，临到触犯当权者也不退缩。”[③] 只有这样，媒体才能担当得起和完成“对现存的一切进行无情的批判”的历史使命，保持媒体在群众之中享有的崇高威望。评论社会现实，必须理论联系实际，才能引起群众的关注，击中要害。

新闻评论要评论社会现实，必须坚持真实性原则。马克思对那些刊载违背真实性原则评论文章的媒体，是非常气愤的。他质问道：“究竟什么样的媒体才是‘真正的’媒体？谁是根据事实来描写事实的，谁是根据希望来描写事实的呢？谁在表达社会舆论，谁在歪曲社会舆论呢？”[④] 回答当然是根据事实来描写事实、评论事实，才是真正代表人民、代表社会的舆论。

马克思在论述新闻评论现实的作用时指出：“少发些不着边际的空话，少唱些高

---

① 李春邦 . 充分发挥新闻评论的作用——学习马克思报刊理论的一点体会［J］. 广西大学学报（哲学社会科学版），1984（2）：36-39.

② 中共中央马克思恩格斯列宁斯大林著作编译局 . 马克思恩格斯全集（第 1 卷）［M］. 北京：人民出版社，1956：460.

③ 中共中央马克思恩格斯列宁斯大林著作编译局 . 马克思恩格斯全集（第 1 卷）［M］. 北京：人民出版社，1956：416-418.

④ 中共中央马克思恩格斯列宁斯大林著作编译局 . 马克思恩格斯全集（第 1 卷）［M］. 北京：人民出版社，1956：190.

调，少来些自我欣赏，多说些明确的意见，多注意一些具体的现实，多提供一些实际的知识。”[①] 马克思在这里要求我们写评论文章时，要更多地联系实际，结合实际，从实际出发，“从世界本身的原理中为世界阐发新原理”。[②]

在马克思看来，发挥新闻评论指导社会生活的功能，要以理服人，不要以势吓人。只有这样，才能真正推动社会发展。

二、马克思和恩格斯的评论写作

由于马克思和恩格斯所处的时代和当代社会环境有很大的区别，当时的评论作品与现在的新闻评论作品无论在篇幅还是在写作风格上都有较大的区别。关于这一点，可以从马克思写于 1847 年 12 月 17 日的评论《驳阿·巴泰尔斯》得到印证。这篇评论如下：

驳阿·巴泰尔斯[③]（节选）

卡尔·马克思

阿道夫·巴泰尔斯先生说他的社会生活结束了，并且他真的完全钻进个人生活的圈子里去了。每当某种政治事件发生时，他只是表示抗议和公开发表声明，说他与事件无关，他巴泰尔斯先生并没有参加运动，运动是违反他巴泰尔斯先生的意志而发生的，因此，他认为自己有权不予最后批准。谁都会承认，参加社会生活采取这种方式或采取其他任何方式是没有丝毫差别的，所有这些宣言、声明、抗议，只是以私人的谦虚的外表把社会的人掩盖起来了。无人了解和无人承认的天才正是这样来显示自己的。

恩格斯的评论也是如此。他于 1847 年 12 月底撰写的评论《“改革报”和“国民报”》，也算比较接近今天评论的一篇作品。

“改革报”和“国民报”（节选）

“改革报”在回答上面所引用的“国民报”的文章时声明说：“我们之所以不是

① 中共中央马克思恩格斯列宁斯大林著作编译局 . 马克思恩格斯全集（第 27 卷）[M]. 北京：人民出版社，1972：436.

② 李春邦 . 充分发挥新闻评论的作用——学习马克思报刊理论的一点体会［J］. 广西大学学报（哲学社会科学版），1984（2）：36-39.

③ 资料来源：1847 年 12 月 19 日《德意志—布鲁塞尔报》第 101 号，原文为法文。

共产主义者，正是由于共产主义没有重视生产的规律，也没有考虑到有必要为全社会生产足够的东西。但是，共产主义者在经济方面的建议，对我们说来，比那无条件地接受现代资产阶级政治经济学原则的‘国民报’的建议要接近得多。我们今后仍然要保护共产主义者，使他们不受警察和‘国民报’的迫害，因为我们承认他们至少有权自由辩论，因为工人自己的学说永远值得注意。”

我们感谢“改革报”，因为它如此刚毅地反对“国民报”，捍卫了真正的民主。我们感谢它，因为它在同这家报纸的斗争中保卫了共产主义。我们很满意地指出，当政府迫害共产主义者的时候，它总是为他们辩护。当德朗格尔先生通过法庭迫害唯物主义共产主义者的时候，所有巴黎报纸中只有一家“改革报”起来为他们辩护，卡贝先生则差点没有出来替政府反对唯物主义者的行为辩护。使我们高兴的是，共产主义目前虽然还不十分发展，“改革报”却已看到其中包含着比资产阶级政治经济学家的观点对自己更相近的东西。然而，我们希望很快就能够向“改革报”证明，它们捍卫的原则比起法国人迄今所熟悉并部分地传播到国外的那种共产主义，倒更接近于我们所捍卫的共产主义。

其实，“改革报”对“国民报”的指责，只是表达了在德国、英国和比利时民主派中，一句话，除法国以外在所有民主派中早已形成的意见而已。

这篇评论篇幅相对短小。整体来看，马克思、恩格斯的多数评论篇幅宏大，却能一气呵成，读来给人以酣畅淋漓的感觉。

三、马克思和恩格斯评论写作的特色

马克思和恩格斯非常重视发挥媒体评论的巨大作用，他们在写作过程中重视运用多种写作技巧，调动评论写作的多种艺术手法，使评论形象生动、具体可感、明白晓畅、风趣幽默且引人入胜。这样，评论文章才能受到广大读者的欢迎，收到良好的社会效果。例如，在《反革命在维也纳的胜利》中有这样的文字：

> 就算武器能帮助反革命在全欧洲复活，金钱也会促使它在全欧洲死亡。欧洲的破产，国家的破产，注定要把它的胜利化为乌有。刺刀尖碰上了尖锐的“经济”问题，会变得像软绵绵的灯芯一样。[①]

恩格斯在1849年5月为《新莱茵报》写的一篇评论，题为《普鲁士给法兰克福诸君的耳光》，这个标题就非常引人注目，作者将一件重大的政治事件形象化了。

---

① 中共中央马克思恩格斯列宁斯大林著作编译局．马克思恩格斯全集（第5卷）［M］．北京：人民出版社，1958：540-543.

文章的开头就颇具吸引力：

普鲁士反革命的历史上又增添了一段新的插曲。国王狠狠地打了法兰克福国民议会一记耳光，并把奉献给他的那顶幻想帝国的虚假皇冠轻蔑地当面掷还给它。[①]

在这里，作者连续选择了几个色彩鲜明、准确生动的词语和一个传神的比喻，构成了一幅立体图画，使读者仿佛“听”到了一记响亮的耳光，也好像目睹了议员们谄媚碰壁后的狼狈相和国王蛮横无理、桀骜不驯的神情。这段精彩的评论，把资产阶级议会软弱妥协的特性和封建势力顽固、凶残的本质，深刻而形象地表现了出来。类似这样形象生动的评论，在《新莱茵报》上俯拾皆是。马克思、恩格斯这种十分重视评论写作技巧的实践，是我们学习的典范。[②]

恩格斯在 1848 年 6 月 10 日发表的评论《科伦在危急中》中写道：

我们郑重地警告科伦的工人们不要上反动势力的当。我们坚决请求他们不要给拥护旧普鲁士的政党提供任何足以被用来使科伦受到横暴的军事制裁的借口。我们请求他们要特别安静地度过两天降灵节日，以便粉碎反动派的全盘计划。[③]

再如，马克思在 1848 年 11 月的评论《柏林的反革命》中写道：

王权不仅反对人民群众，而且也反对资产阶级。因此，要用资产阶级的方式来战胜它。怎样用资产阶级的方式来战胜王权呢？应当用饥饿来制服它。怎样用饥饿来制服它呢？应当拒绝纳税。[④]

四、马克思和恩格斯创办的评论杂志

《新莱茵报·政治经济评论》是马克思和恩格斯在《新莱茵报》被迫停刊以后，于1848年至1849年在英国筹划出版的一份杂志，这份杂志被简称为《新莱茵报评论》。为了扩大杂志的影响，马克思和恩格斯以该刊出版人康·施拉姆（Konrad Schramm）的名义连续写了两则关于这本杂志的广告：一则是出版启事，一则是招股启事。[⑤]

《〈新莱茵报·政治经济评论〉出版启事》（以下简称《出版启事》）写于 1849 年

---

① 中共中央马克思恩格斯列宁斯大林著作编译局 . 马克思恩格斯全集（第 6 卷）[M]. 北京：人民出版社，1961：549-550.

② 李春邦 . 充分发挥新闻评论的作用——学习马克思报刊理论的一点体会 [J]. 广西大学学报（哲学社会科学版），1984（2）：36-39.

③ 中共中央马克思恩格斯列宁斯大林著作编译局 . 马克思恩格斯全集（第 5 卷）[M]. 北京：人民出版社，1958：66-70.

④ 中共中央马克思恩格斯列宁斯大林著作编译局 . 马克思恩格斯全集（第 6 卷）[M]. 北京：人民出版社，1961：14-22.

⑤ 陈力丹 . 马克思恩格斯为创办《新莱茵报评论》写广告 [M]. 新闻知识，2018（7）：41-43.

12月15日，发表于1849年12月27日的瑞士《伯尔报》以及1850年1月德国的《西德意志报》《新德意志报》《杜赛尔多夫日报》以及瑞士的《瑞士国民报》等报纸上。

在《出版启事》[①]中，马克思和恩格斯阐述了杂志的任务："本杂志以《新莱茵报》为名，应视为该报的延续。本杂志的任务之一，就是发表一些探讨过去事件的评论来阐述《新莱茵报》被迫停刊以来的一段时期……目前这个表面上平静的时期，正应当用来剖析前一革命时期，说明正在进行斗争的各党派的性质，以及决定这些党派生存和斗争的社会关系。"

《出版启事》阐述了报纸和评论杂志的不同特点："报纸最大的好处，就是它每日都能干预运动，能够成为运动的喉舌，能够反映丰富多彩的每日事件，能够使人民和人民的日刊发生不断的、生动活泼的联系。至于杂志，当然就没有这些长处。不过杂志也有杂志的优点，它能够更广泛地探讨各种事件，并且只谈最主要的问题。"

需要指出的是，马克思和恩格斯将新闻评论作为与社会上错误的流行观念进行辩论的工具，他们通过创办媒体、撰写时事评论宣传无产阶级革命思想。现在，他们的评论成为观念史的重要组成部分，具有较强的历史认知价值。

第二节　列宁的新闻评论实践

在中国的媒体上，列宁被称作"著名的马克思主义者、无产阶级革命家、政治家、理论家、思想家"。在列宁的理论建树中，新闻传播学领域关注他对报刊理论的阐述；至于他在思想观念方面的建树，也体现在他在评论实践方面取得的成就。

一、列宁的办报经历与评论写作

列宁非常重视新闻实践，他将新闻媒体比作无产阶级革命的"鼓风机"。在长期的革命实践中，列宁一方面宣传马克思主义和革命民主理念，另一方面则号召群众利用舆论进行抗争。列宁主张新闻媒体坚持党性原则，其中就包括新闻评论主题的相近性。比如，列宁曾在《火星报》上指出，"我们不打算把我们的机关报变成一个形形色色的观点简单堆砌的场所"[②]。《火星报》编辑部内部发生分裂时，列宁毅

① 中共中央马克思恩格斯列宁斯大林著作编译局．马克思恩格斯全集（第7卷）[M]．北京：人民出版社，1959：3-4.

② 中共中央马克思恩格斯列宁斯大林著作编译局．列宁全集（第4卷）[M]．北京：人民出版社，1984：316.

然退出了编辑部。可见，列宁希望媒体评论的观点讲究党性原则，这和今天我们倡导的言论自由有所不同。

十月革命前，列宁利用当时的多种媒体宣传马克思主义策略，其中，他把党报当作指导群众进行斗争的旗帜。1905 年至 1906 年年间，列宁在日内瓦出版的《前进报》《无产者报》和在彼得堡出版的《新生活报》《党内消息报》上发表了 140 多篇文章，这些文章主要是新闻评论类的作品。这些文章详细阐述了 1905 年 1 月 9 日彼得堡事件发生的原因、经过和产生的影响，科学地分析了当时的政治形势，驳斥了各种错误观点，并对俄国革命中一系列重大问题作了简明的理论概括。列宁擅长用各种语言手段描述事件、阐发真理、批驳谬误。①

二、列宁评论的语言特色

一个有自己独特思想的评论写作者，也必然有与其思想相适应的语言表达习惯。列宁的评论写作源自他对革命实践的认知，他的评论语言有着鲜明的特点。

首先，为便于读者的理解，列宁在评论中大量使用短句。在他的评论作品中，列宁对所分析的事件褒贬分明，论战性强，多使用言简意赅的短句，其中以祈使句、感叹句、疑问句居多。比如，他对《新星火报》修正党的组织原则和策略原则的做法非常不满："这种不过是旧破烂的不断修正，我们已经领教够了！"疑问句的使用也不少，这类句子经常是以设问的形式出现的，如"俄国发生了什么事情？""是暴乱还是革命？"等。设问句在《我们是否应当组织革命？》以及《关于起义的战斗协议》等论战性文章中使用得较多。②

其次，列宁的评论在运用典故和文学作品的人物形象方面才华过人。他在评论中经常引用典故，塑造栩栩如生的艺术形象，而不是简单地照搬，他擅长从论战的实际需要来选取典故。例如，在《社会民主党和临时革命政府》中，列宁引用古希腊神话科林斯王——西西弗斯的石头寓言故事，暗喻普列汉诺夫企图将马尔托夫从孟什维克的泥坑中拖出来的无效努力，批判机会主义的立场。发表在《前进报》《无产者报》和《新生活报》上的评论作品中，列宁借用《死魂灵》中的基法·莫基耶维奇这一形象来比喻研究空洞无聊、荒诞不经的"理论"的马尼诺夫，他把不结合实际的空头计划、毫无根据的幻想和不着边际的废话，以及盲目乐观、松懈的态度，统统称为"马尼洛夫精神"。列宁运用文学作品中广为人知的人物形象，把说理和驳斥寓于形象的描绘之中，产生出强烈的效果。

---

① 柳丽．列宁报刊工作的理论与实践探微［J］．武汉理工大学学报（社会科学版），2016（6）：1084-1088.

② 雍绍宇．列宁撰写报刊文章的语言特色［J］．实事求是，1992（2）：64-66.

再次，列宁的评论善于采用多样化的修辞手段。他的评论语言简洁明快、充满激情，其中以句法修辞为基础的表现手段尤其明显。这些表现手段包括对称、排比、设问和词语重复等。修辞手段使文章的语言音节和谐、句式匀称、表意传神、极富个性。列宁还喜欢用设问，有的文章题目就是个设问句，如“俄国发生了什么事情？”“我们是否应当组织革命？”“他们想骗谁？”“我国自由派资产者希望的是什么？害怕的是什么？”等。在《革命的日子》一文中，列宁提出设问：“是暴乱还是革命？……成千上万的无产者是暴徒还是起义者呢？”紧接着列宁对这两组概念进行了辩证的阶级分析，指出这一事件产生的国际意义、具有的革命性质，令人信服。①

最后，列宁的评论还经常使用成语、熟语等形象表述。列宁在这些评论文章中采用的修辞手法很多，都是服从于内容和论证、说理需要的，用得恰当、贴切，十分自然，毫无修饰、雕琢的痕迹。语言是思想的载体，列宁的思想是通过他那精湛的语言表达出来的。

2.1《我们的大臣们在想些什么？》

为了进一步体会列宁评论的语言特点，我们来读读他批评官僚的评论作品《我们的大臣们在想些什么？》（见二维码 2.1）。这篇评论，就类似于今天我们常见的时事评论。

文章的开篇，先给出评论的由头，告诉读者这篇评论文章的写作背景。接着，列宁用设问句式开始他的议论。他为了回答自己的问题，再次援引了新闻素材。接下来，列宁开始发表个人的看法，并用了感叹句表达自己的惊讶。

评论既要立论也要论证自己的论点，这需要相应的论据。列宁在批驳大臣的论调时，有意列举对方的“论据”，让读者看看其中的荒谬。尽管列宁从事评论实践所处的社会环境与当代中国的社会环境已经相当不同，但他对社会问题分析的深度以及评论语言的风趣、泼辣，对于评论学习者仍不乏借鉴意义。

第三节　毛泽东的新闻评论实践

马克思、恩格斯和列宁的新闻评论实践，关注的是他们那个时代、他们所在国家的政治生活大事。在马克思主义经典作家中，毛泽东也是新闻评论写作的大家。

① 雍绍宇．列宁撰写报刊文章的语言特色［J］．实事求是，1992（2）：64-66.

一、毛泽东的评论写作概况

通常人们对毛泽东的诗词比较熟悉，他的诗词与众不同、总是给人以意象开阔的感觉。但他除了是优秀的诗人和词人，还是非常了不起的评论家。他在 1919 年创办的《湘江评论》上，就发表了多篇评论文章。

毛泽东的评论总能指点江山、激扬文字，他的评论立论高屋建瓴，论证严谨，令人信服。他发表在《湘江评论》上的不少评论针砭时弊，对当时的社会问题进行了深刻的剖析，其中以《民众的大联合》最为著名。第一次国内革命战争时期，毛泽东在《向导》等报刊上发表了《湖南农民运动考察报告》《中国社会各阶级的分析》；第二次国内革命战争时期，他针对党内一些同志对时局判断比较悲观这一状况写了《星星之火，可以燎原》，为反对当时红军中的教条主义思想写了《反对本本主义》；抗日战争时期的《论持久战》《新民主主义论》《反对党八股》是他在这一时期的代表作；解放战争时期，他为新华社撰写了多篇评论，其中包括《将革命进行到底》《评战犯求和》以及《南京政府向何处去？》，提醒读者不要被国民党真内战、假和平的阴谋所蒙蔽。1949 年 8 月，针对当时的革命形势，毛泽东为新华社写了《别了，司徒雷登》《为什么要讨论白皮书？》《“友谊”，还是侵略？》《唯心历史观的破产》等系列评论，这些评论影响深远。

毛泽东分析问题的角度往往与众不同，这使他的评论立意高远，富有洞见。比如，1930 年 1 月 5 日，当时不论是党内还是党外对于革命胜利的判断并不一致，悲观情绪比较普遍，针对这种情况，毛泽东富有远见地提出“星星之火，可以燎原”的著名论断，预言革命在中国必将成功。

评论靠观点取胜，毛泽东的评论论证朴实，说理时注重逻辑思辨。他在写作评论时常用到归纳法等通用的逻辑手段，善用辩证法、矛盾论与实践论是其评论的鲜明特征。比如在《别了，司徒雷登》一文中，他巧妙地运用了演绎、归纳、推理等各种逻辑手段，将美国名为帮助、实为侵略的假象论证得详细彻底，堪称评论中的经典作品。[①]

毛泽东的评论语言不仅深入浅出，还诙谐幽默，深受读者喜爱。他的评论善用俗语与比喻，这方面的例子不胜枚举。如“帝国主义和一切反动派都是纸老虎”，已经家喻户晓。再如，1945 年 7 月，在《赫尔利和蒋介石的双簧已经破产》一文中，毛泽东的一句“没有认真的起码的民主改革，任何什么大会小会也只能被抛到茅屎

---

① 李晨铭 . 毛泽东的新闻评论研究［J］. 实事求是，2018（11）：12-13.

坑里去”，令人捧腹大笑。

毛泽东既是新闻媒体写作的名家，也是新闻评论写作的“教员”，针对“媒体中的不少新闻评论作品观点不新、结构松散、逻辑混乱，有的是老调重弹，虚夸浮躁，洋洋洒洒像个公文；简直就是领导讲话稿的翻版”这一问题，他在《反对本本主义》和《反对党八股》中都进行了精辟的分析，他的见解对于今天的评论写作仍有借鉴意义。

毛泽东的新闻评论作品，特别是在20世纪40年代的新闻评论，不少都观点鲜明、气势磅礴、逻辑严密、深入浅出，对学习新闻评论写作具有启示意义。

他的评论多为政论和时评。广义的政论包括政治评论、思想评论和新闻评论。新闻评论种类很多，一般有社论、评论员文章、专栏评论、短评、编者按语、述评等。如毛泽东所写的《一个极其重要的政策》《质问国民党》《将革命进行到底》着重在政治上指明各种方针、策略，分析形势。毛泽东的这些评论，观点鲜明，气势恢宏，分析深刻而全面，有很强的时效性，为我们提供了宝贵的写作经验。[①] 在评论写作的过程中，需要作者确立自己的立场和观点，这样才能有的放矢，加强评论的针对性和实效性。

二、毛泽东评论写作的特点

真正优秀的新闻评论作品，总能给人一种气势磅礴、力透纸背的感觉。新闻评论的磅礴之气主要表现为：层层推进，步步紧扣；引经据典，论据充分；波澜起伏，酣畅淋漓。评论应该有气势，有力量。纵观毛泽东的评论，其写作特点可归纳如下。[②]

首先，毛泽东的评论注重结构的层层递进，这样的评论结构强化了议论的气势。如他在《抗日战争胜利后的时局和我们的方针“友谊”，还是侵略？》中的一段议论：

> 从一八四四年订约时算起，美国在这些事业上处心积虑地经营了一百零五年，据说都是为了“加深友谊”。
>
> 参加八国联军打败中国，迫出庚子赔款，又用之于“教育中国学生”，从事精神侵略，也算一项“友谊”的表示。
>
> 治外法权是“废除”了，强奸沈崇案的犯人回到美国，却被美国海军部宣布无罪释放，也算一项“友谊”的表示。

---

① 孙愈中．从毛泽东新闻评论作品中我们可以学到什么［J］．采写编，2010（4）：56-58.

② 孙愈中．从毛泽东新闻评论作品中我们可以学到什么［J］．采写编，2010（4）：56-58.

在这篇评论中，毛泽东透过“友谊”的表象，通过层层递进，很快把问题的实质揭示出来，使论证严密而自然。

其次，毛泽东的评论引经据典，不但引用古语、古诗词、成语、俗语、名人格言，还借用典故，增强新闻评论的说服力。毛泽东的新闻评论中借用典故的情况很多，在这方面，他善于用典故，却又不随便照搬典故，而是根据需要引用典故，使典故能够表达深刻的思想意义。例如，在《反对党八股》①中，有一段议论非常有名：

> 党八股的第一条罪状是：空话连篇，言之无物。……我们反对的是空话连篇、言之无物的八股调，不是说任何东西都以短为好。战争时期固然需要短文章，但尤其需要有内容的文章。最不应该、最要反对的是言之无物的文章。演说也是一样，空话连篇、言之无物的演说，是必须停止的。

在这段论述中，毛泽东先后使用了歇后语“懒婆娘的裹脚（裹布），又长又臭”，俗语“到什么山上唱什么歌”和“看菜吃饭，量体裁衣”。同时，他还引用了马克思的《资本论》和斯大林的演说，这些修辞手法的综合运用，既形象又生动，增强了说服力。

再次，毛泽东的评论在行文时讲究论证的波澜起伏，追求的是起笔要放，落笔要收，中间的引笔既要放，又要收。起笔要放，意在开闸放水，引入行文；行笔既放又收，意在众水交汇，激起波涛；落笔要收，意在众水合流，浑然一体。一篇上乘的评论作品，只有行文有张有弛、有行有止、有曲有直、有分有合、有放有收，方可千回百转，跌宕起伏。例如，在《别了，司徒雷登》②这篇评论中，毛泽东就做到了收放自如。

最后，新闻评论的对象是时事问题，贴近当下的实际是新闻评论的根本，毛泽东的评论就非常强调选择最新的重大社会事件作为评论的对象。关于评论对象（话题）的“新”，在毛泽东看来，评论写作者所讨论的各种学理，应当围绕“活事件”（最新的社会热点事件）来讨论。最新的热点事件有表象的问题也有深层的问题，有预判力的评论写作者要有预测事件发展方向的能力。毛泽东主张对具有普遍意义的热点事件展开评论，通过找出这类事件背后的原因，最终探寻解决问题的方法。毛泽东的新闻评论实践始终践行他的评论写作主张。比如，在《第二次世界大战的转折点》这篇评论中，他分析了斯大林格勒战役胜利的经过及其伟大意义，针对的都是当时部分人存在的因世界形势和抗日形势面临严重困难而产生的消极悲观情绪，

---

① 毛泽东 . 反对党八股［M］. 北京：人民出版社，1975：6-7.

② 毛泽东 . 别了，司徒雷登［N］. 人民日报，1949-08-18（1）.

旨在帮助人们确立抗日必胜的信念。他还针对党内部分同志对“精兵简政”这项政策“认识不够”“还不理解”而写了《一个极其重要的政策》。文章重点论述了为什么要出台“精兵简政”这项新政策。[①]

精兵简政何以是克服物质困难的一个重要的政策呢？很显然，目前的尤其是今后的根据地的战争情况，不容许我们停留在过去的观点上。我们的庞大的战争机构，是适应过去的情况的。那时的情况容许我们如此，也应该如此。但是现在不同了，根据地已经缩小，在今后的一个时期内还可能再缩小，我们便决然不能还像过去那样地维持着庞大的机构。在目前，战争的机构和战争的情况之间已经发生了矛盾，我们必须克服这个矛盾。敌人的方针是扩大我们这个矛盾，这就是他的‘三光’政策。假若我们还要维持庞大的机构，那就会正中敌人的奸计。假若我们缩小自己的机构，使兵精政简，我们的战争机构虽然小了，仍然是有力量的；而因克服了鱼大水小的矛盾，使我们的战争的机构适合战争的情况，我们就将显得越发有力量，我们就不会被敌人战胜，而要最后战胜敌人。所以我们说，党中央提出的精兵简政的政策，是一个极其重要的政策。

新闻评论写作的过程也是思维训练的过程，一个合格的评论写作者必然运用辩证思维分析问题。在这方面，毛泽东称得上一位名副其实的唯物辩证法大师，借助辩证思维，毛泽东在评论的写作过程中能够审时度势，洞察事物的本质，预判社会重大事件的发展趋势。1942 年 10 月 9 日，苏联红军突破了德军防线，针对这个重大事件，毛泽东发表了《红军的伟大胜利》[②]。毛泽东写道：“这一战，不但是苏德战争的转折点，甚至也是这次世界反法西斯战争的转折点，而且是整个人类历史的转折点。”在这篇评论中，毛泽东预言这次战役之后希特勒将面临三大强敌：苏联、英美及在其占领区的人民，研判了战役以后的历史进程：“这样，三条战线夹击希特勒，就将是斯大林格勒战役以后的伟大历史进程。”第二次世界大战的历史证明，毛泽东的这一预断符合战争的走向。再如，在《反对本本主义》[③]中，毛泽东批评某些人习惯于将抽象的理论当作解决现实问题的“万能钥匙”。对此，他提出了自己的看法。

以为上了书的就是对的，文化落后的中国农民至今还存着这种心理。不谓共产党内讨论问题，也还有人开口闭口“拿本本来”。我们说上级领导机关的

---

① 毛泽东 . 一个极其重要的政策［N］. 解放日报，1942-09-07（1）.
② 毛泽东 . 红军的伟大胜利［N］. 解放日报，1942-10-12（1）.
③ 毛泽东 . 反对本本主义［M］. 北京：人民出版社，1964.

指示是正确的，决不单是因为它出于“上级领导机关”，而是因为它的内容是适合于斗争中客观和主观情势的，是斗争所需要的。不根据实际情况进行讨论和审察，一味盲目执行，这种单纯建立在“上级”观念上的形式主义的态度是很不对的。为什么党的策略路线总是不能深入群众，就是这种形式主义在那里作怪。盲目地表面上完全无异议地执行上级的指示，这不是真正在执行上级的指示，这是反对上级指示或者对上级指示怠工的最妙方法。

第四节　习近平的新闻评论实践

马克思主义发展到今天，仍然需要通过结合当代中国的新问题来继承发展。在这方面，习近平的新闻评论实践活动引人瞩目。习近平的新闻评论实践主要体现在他的新闻评论专辑《之江新语》中。

一、习近平与《之江新语》

2003 年 2 月至 2007 年 3 月，习近平在担任中共浙江省委书记时期，以“哲欣”的名义在《浙江日报》“之江新语”专栏上发表“短论”232 篇。《之江新语》于 2007 年由浙江人民出版社首次出版，2013 年 11 月再版。2014 年，再印总数达 150 万册；到 2016 年 6 月，已是第 10 次重印。

2013 年年初，中国思想政治工作研究会工作人员外出考察时意外发现《之江新语》初版本，将其复印并带回《思想政治工作研究》杂志社。2013 年 1 月 27 日，人民网的理论频道在首页头条位置予以转载，单日访问量达到 80 万余次，创下单日点击率的新纪录。随后，中国网、中国文明网等网络媒体迅速跟进转发，均在首页显著位置进行了重点推荐。2013 年 1 月 30 日，人民网再次在首页的醒目位置以《习近平〈之江新语〉选登》为题转载了《之江新语》的部分篇章。

与此同时，《之江新语》的部分篇章内容亦被网络媒体纷纷转载。2014 年 6 月，人民网 · 中国共产党新闻网“学习路上”专栏摘录《之江新语》中“六大主题”的部分内容，即《谈群众路线：为民办实事成于务实》《谈如何为官：要放下“架子”、做好“样子”》《谈作风建设：小事小节是一面镜子》《谈工作方法：抓好落实才能出成绩》《谈改革发展：困难中往往也蕴藏着机遇》《谈读书学习：为政者需要学与思》等49篇文章。[①]

二、《之江新语》评论的特点

纵观习近平发表在《浙江日报》“之江新语”栏目上的短评，语言非常清新，既有趣味，也颇有深度。这些评论，篇幅短小精悍，见解深刻，启发性强、冲击力大。这些短评的语言独具匠心，平实的、没有深奥名词概念却引人思考的语言，给读者留下的印象特别深刻。例如，《不求“官”有多大，但求无愧于民》既平实，又蕴含着为民服务的大道理。

不求“官”有多大，但求无愧于民[②]

有的干部辞职下海了，还“无车弹铗怨冯驩”，抱怨组织上给他的“平台”不够大。多大的“平台”才够呢？平心而论，一个干部当到了县里的主要领导，就不能说是“大材小用”“英雄无用武之地”了。

做人要有人品，当“官”要有“官德”。当干部的，不能老是想着自己的升迁。“莫道昆明池水浅”，一个干部，无论处在什么岗位，只要心系群众，都可以做出一番事业来。县委书记的榜样焦裕禄，“官”有多大？但他的形象是十分高大的。当干部，不求“官”有多大，但求无愧于民。同时，一个干部的能耐有多大，最终人民群众看得清清楚楚，组织上也明白。是“锥子”总会脱颖而出的。

当干部的，要真正在思想上解决“入党为什么，当官做什么，身后留什么”的问题，牢记“两个务必”，真正做到权为民所用、情为民所系、利为民所谋。

这些评论在紧密结合浙江省具体情况的同时，阐释的道理也具有普遍的指导意义，这就是评论的魅力所在。《之江新语》的评论注重理论与实践相结合，评论的立论来自现实生活，落笔又重新返回到实践中去。譬如，在谈及“绿水青山也是金山银山”[③]时，习近平针对浙江多山少田地的具体情况，描绘了浙江“七山一水两分田”、不少地方呈现出“绿水逶迤去，青山相向开”的自然美景，这些景观拥有良好的生态优势；同时，在作者看来，人民群众要追求人与自然的和谐、经济与社会的和谐，应当既要绿水青山，又要金山银山。

---

① 叶建，管素叶．习近平《之江新语》与浙江经验传播［J］．安庆师范大学学报（社会科学版），2018（4）：1–4.

② 习近平．之江新语［M］．杭州：浙江人民出版社，2007：3.

③ 习近平．之江新语［M］．杭州：浙江人民出版社，2007：153.

在收录的200多篇短论中，习近平对改革发展、群众路线、作风建设、为官之道、工作方法，以及读书学习等问题都有精辟的论述。他的这些评论作品，主要针对当代社会生活和日常工作中普遍存在的现象和问题有感而发，每篇评论深入浅出。这些评论的文风朴实，用300字左右的篇幅就能讲透一个道理，可谓要言不烦、意尽言止，多用直白简朴的语言讲大家喜闻乐见、入脑入心的话。这些评论所呈现的鲜活实例和所阐发的道理，往往使读者产生强烈共鸣，具有很强的思想引领力。例如，《小事小节是一面镜子》阐发的就是为人处世的道理。

小事小节是一面镜子①

于细微处见精神，于细微处也见品德。小事小节是一面镜子，能够反映人品，反映作风。小事小节中有党性，有原则，有人格。古人云，“堤溃蚁穴，气泄针芒”，“巴豆虽小坏肠胃，酒杯不深淹死人”。

这揭示了由量变到质变的深刻哲理，也是一些腐败分子带给我们的深刻教训。大多数腐败分子是从不注意小事小节逐步走到腐化堕落境地的。在推杯换盏中放松了警惕，在小恩小惠面前丢掉了原则，在轻歌曼舞中丧失了人格，这样的例子并不鲜见。小事当慎，小节当拘，确是对领导干部的金玉良言。每个领导干部都应慎独慎微，从小事小节上加强自身修养，从一点一滴中自觉完善自己，懂得是非明于学习、境界升于自省、名节源于修养、腐败止于正气的道理，始终保持共产党员的本色。浙江民营经济比较发达，各级领导干部一方面要支持民营企业发展，要亲商、富商、安商；另一方面，同企业家打交道一定要掌握分寸，公私分明，君子之交淡如水。千万不要在这个问题上摔跟头，这方面教训太多了。所以，各级领导干部要注重加强自身修养，慎小事，拘小节，防微杜渐，两袖清风，筑牢思想道德和党纪国法两道防线。

通过对《之江新语》评论的简要介绍，我们不难发现，评论写作者要深入生活，具有全局观念，能够运用唯物辩证法全面地分析问题，能够用富有哲理的语言表达深刻的见解，习近平的新闻评论实践为我们做出了表率。

思考题

1. 结合马克思的新闻评论实践活动，试分析他的新闻评论写作特点。
2. 选择恩格斯的一篇评论作品，具体分析其作品的写作技巧。

---

① 习近平．之江新语［M］．杭州：浙江人民出版社，2007：38.

3. 认真阅读列宁的《我们的大臣在想些什么》，并概括这篇评论的特点。

4. 从《毛泽东选集》中，任选一篇具有新闻评论性质的作品进行阅读，概括毛泽东新闻评论作品的语言特色。

5. 阅读习近平的《之江新语》评论文集，谈谈你的收获。

Chapter 3

第三章　新闻评论的选题

第一节 媒介素养与新闻阅读

马少华将新闻评论界定为一种“对象性”突出的议论性文体。[①] 对象性和议论性，决定了新闻评论的实质是对新近发生的热点事件发表看法。学习新闻评论，需要学习者每天坚持阅读一定数量的新闻报道，从中发现具有评论价值的新闻事件，围绕某一事件的某个问题进行点评。阅读新闻的时间与阅读新闻数量的多与少，直接影响到新闻评论课程的学习。

一、新闻评论与媒介素养

当前，新闻评论教学面临一个现实的问题：受传统媒体日益陷入困境的影响，不论是业界还是学界普遍存在着新闻媒体衰落论的思潮，传统媒体社会地位的下降，包括在校新闻专业学生在内的人们对传统媒体的轻视，导致对新闻文本感兴趣的人日益减少。如果新闻专业的学生缺乏对新闻媒体的尊重，那就会缺乏对新闻文本的兴趣；一旦其离开了对新闻文本的广泛接触，将无法反思新闻实践的问题，也将直接降低其媒介素养。而新闻专业学生往往觉得自己的媒介素养要比其他专业的同学要高，这显然是一种错觉。媒介素养和舆论素养的欠缺，将直接影响新闻专业学生对问题的认识和把握。例如，面对我国出生率下降的事实，不少评论将出生率下降归结为“适龄夫妇缺乏生育的意愿、经济压力（教育成本与房价）和社会环境”等原因，却忽略了“适龄生育者多数为双职工，没有养育孩子的充裕时间；随着退休年龄的延长，父母帮子女带孩子的难度在增加”等原因。受此影响，有关生育率下降的讨论多受思维定式的影响，评论者习惯在几个常见的因素中找答案。造成这种局面的原因在于，评论者解读新闻事件的能力在下降，而这种能力的提升应从提高他们的媒介素养做起。可见，在学习新闻评论写作之前，有必要先从了解媒介素养的概念开始。

1992 年，美国媒体素养研究中心给“媒介素养”下了定义：媒介素养是指在人们面对不同媒体的各种信息时所表现出的对信息的选择能力、质疑能力、理解能力、评估能力、创造和生产能力以及思辨的反应能力。[②]

当代社会，媒体不再是单一介质的媒体，媒体融合对评论写作者的媒介素养提

---

① 马少华 . 新闻评论学［M］. 北京：高等教育出版社，2007：24.

② 金延，闫龙龙 . 媒体融合时代受众媒介素养提升策略［J］. 东南传播，2021（6）：118-121.

出了更高的要求。在媒体融合的语境下，媒介素养不仅包括接受各种媒介产品的能力，而且包括评论者用批判的眼光审视传播媒介的内容和建设性地利用多种媒介的能力。新闻评论写作的实质是围绕新闻热点事件发表看法，相关事件要通过媒体报道才能广为人知，为此，评论写作者更多是通过媒体的报道知晓这些事件的。所以，接受媒介产品的能力，首先体现在利用媒体上。当代社会，人们每天都在接触微博、微信等社交媒体上的信息，从社交媒体上接触到的信息也属于媒介信息。从宽泛的意义上说，社交媒体上的信息可以被归入媒介产品的范畴，但这些媒介的信息并不全是新闻。或者说，新闻在社交媒体所推送的内容中所占的比重有限，而新闻评论主要是针对新闻事件作出相应的判断。因此，评论写作者的媒介素养很大程度体现在其接受新闻产品的能力上。需要注意的是，评论写作者接收这些信息，只是媒介素养要求的第一步，对新闻信息的选择能力也是评论者媒介素养要求中不可或缺的。这个能力，跟评论写作的选题直接相关。现代社会，每天新闻的数量众多，但真正值得评论的新闻，却相对有限。虽然媒体的评论版块（版面、频道、栏目）也不少，但跟新闻相比，总量上仍相去甚远。经验表明，在新闻机构提供的全部新闻文本中，能有 5% 适合写评论就已经相当不错。

究竟什么样的新闻报道适合用于评论写作，我们将在后面专门讲述。就评论写作者的媒介素养而言，需要继续分析这个概念中包含的其他几项能力：质疑能力、理解能力、评估能力、创造和生产能力以及思辨的反应能力，这些能力毫无例外地和评论写作相关。其中，质疑和理解能力与评论写作者对一则新闻的舆论反响的认知有关。这样，我们需要从媒介素养引出舆论素养概念。

谈到舆论素养，需要先了解“舆论”这个概念。在 18 世纪，伏尔泰称“舆论”是世界之王。卢梭在《社会契约论》中使用了“舆论”这个术语，并认为“在全世界一切民族中，决定人民爱憎取舍的绝不是天性而是舆论”。在现代国家或国际生活中，舆论已经成为一个常用词。[①]

《社会契约论》（又译作《民约论》，或称《政治权利原理》）是瑞士裔法国思想家让 - 雅克・卢梭于 1762 年写成的一本政治思想著作。《社会契约论》中“主权在民”的思想被认为是现代民主制度的基石，该书深刻地影响了逐步废除欧洲君主绝对权力的运动，以及 18 世纪末北美殖民地摆脱英帝国统治、建立民主制度的斗争。美国的《独立宣言》和法国的《人权宣言》及两国的宪法均体现了《社会契约论》的民主思想。[②]

---

① 王潇 . 舆论绑架之受众分析［J］. 科学之友，2013（12）：108-110.

② 黄锦君 . 刘师培易学著述略论［J］. 儒藏论坛，2014（10）：27-43.

李普曼的《公众舆论》第一次对“公众舆论”做了全景式的描述。读懂了这本书，基本就了解了舆论的发生机制，进而也就认识了社会。评论是形成舆论的重要来源，评论写作者如果缺乏认识舆论的能力，就很难认识新闻事件的舆论发展的内在机制，难以了解公众对待舆论的态度。评论者如果缺乏这样的认知，很难写出合格的评论。提升评论写作者的舆论素养，需要做到真相、知识和经验三位一体。有争议的新闻事件的真相，是在舆论多番较量后逐渐浮现的。评论的时效性意味着，在真相无法及时“现身”之际，评论写作者的知识结构、知识水平以及相关经验就显得非常重要。具备这样的知识和经验，可以帮助评论者推测和判断事件的走向，这也正是评论的价值所在。从媒介素养到舆论素养需要一个升华的过程，二者之间能否实现自如的转换，是对评论写作者认识社会、分辨是非、分析问题的能力的考验。

《公众舆论》通常被视作舆论学的开山之作。在这部著作中，李普曼用通俗的语言揭示了舆论形成、发展的规律。该书自1922年问世以来，迄今已被翻译成几十种文字，其权威性至今仍无可置疑。这部著作影响力经久不衰的奥秘在于，它创造性地探究了舆论发展中一系列的基本问题，比如舆论来自何处、舆论形成的机理、舆论对社会秩序和社会发展的影响，以及舆论场中“公众”的构成、“公众舆论”的实质、舆论仅仅是在参与公共讨论的人们中间传播的还是由公共讨论者自己形成的、舆论作为一种独特的社会力量对社会发展意味着什么……在这部开山之作中，李普曼对成见、兴趣、公意的形成进行了精辟而深刻的探讨，为后世的舆论及其相关问题的研究奠定了基础。

至于舆论素养是如何形成的，本书认为，舆论素养是“读”出来的，即评论写作者对舆论的认识要从读新闻事实中找到自己的直觉判断。评论的选题找得好不好，关键在于作者是否掌握与该新闻事实相关的信息。阅读是从视觉材料中获取信息的过程，这是一个主动的过程，是由阅读者根据不同的目的加以调节控制的。新闻阅读是对新闻的理解和领悟，也是发现问题、思考问题的过程。

二、评论写作与新闻阅读

对于评论写作者而言，阅读新闻的目的，是寻找评论选题。“选题本身就是一个认识过程。”[①] 从大量的新闻中发掘能够给人留下深刻印象，尤其是那种让人感到眼前一亮的新闻，就是选题最重要的标准。从众多的新闻文本中筛选有评论价值的

---

① 马少华. 新闻评论学［M］. 北京：高等教育出版社，2007：114.

新闻事实，需要进入辛弃疾所说的“众里寻他千百度，蓦然回首，那人却在，灯火阑珊处”(《青玉案·元夕》)的那种意境。新闻阅读为的是寻找评论选题，“评论的素材（那人）却在众多新闻的角落处（阑珊处）”。简单地说，在新闻阅读过程中，当评论写作者突然发现一条让人眼前一亮、不吐不快的新闻时，这条新闻就是要找的评论选题。

评论写作者需要通过哪些途径阅读新闻，这涉及评论选题的渠道。一般而言，评论选题主要有三个渠道。

首先，门户网站和国内主流网络新闻媒体是主要渠道。比如澎湃新闻、上游新闻、人民网和新华网等时政类新闻网站；新浪新闻、网易新闻和搜狐新闻等门户网站的新闻频道。这里汇集了国内主流媒体的新闻，是评论写作者最为便捷的新闻信息平台。评论写作贵在聚焦新闻的某个要素，阅读新闻的同时也不应忽视新闻后面的跟帖，在浏览跟帖中寻找适合进行理性思考的对象。

其次，评论写作者要善于从日常的新闻中发现一些新出现的社会现象。新闻阅读的过程也是一个见识逐渐拓展的过程，评论写作者应从一个具体的新闻事实联想到一个普遍的问题，这样的问题不是以直观的形式呈现在人们面前的，而是需要评论写作者通过即时联想把那些尚未引起公众关注的现象找出来的，这样的发现也是新闻阅读的结果。

最后，个人的最新经历（遭遇）也是不错的评论选题来源。个人的亲身经历，包括日常见闻，如果能从其中发现评论价值，也是不错的评论选题。将个人经历作为评论选题，是评论选题从静态的新闻文本向高阶、动态实践文本的过渡。这种过渡是评论写作者在养成新闻阅读的习惯后，将个人见闻当作活的新闻文本的产物，曹雪芹所谓的“世事洞明皆学问，人情练达即文章”，正是评论写作者应达到的境界。

阐述媒介素养、舆论素养和新闻阅读的目的，在于为评论的选题做铺垫。一篇新闻评论的成功或失败，首先取决于选题。

有经验的评论写作者拿到一个写作题目就可以大致判断出这篇评论是否好写，以及这样的评论发表之后可能会产生的社会影响。在这一点上，评论写作者个人的理论素养和文字修养非常重要，优秀的评论写作者总是有能力把常规性的选题写出新的意境。当然，通常情况下，在评论写作中，真正起作用的还是选题本身。对于初学评论写作的人而言，这个阶段最重要的不是提高写作技巧，而是精心研究评论选题。①

① 范荣康．有的放矢——新闻评论的选题［J］．新闻战线，1985（4）：22-24.

评论的选题与评论编辑的价值判断也有很大关系。评论编辑的日常工作就是确定当天的评论选题。媒体机构的编委会通常会定期研究重要的评论选题，有的甚至拟订专门的评论选题计划。媒体的评论专栏，有专栏作者自拟的选题，也有编辑指定的选题。评论约稿，全部由编辑事先确定选题。编辑选题，既包括评论部集体讨论的选题，也包括值班编辑自行确定的选题。通过约稿，编辑可以发现一家媒体近期的报道重点、评论方向和立场，即其要提倡什么、批评什么。对于自由投稿的评论写作者而言，经常阅读媒体评论、研究评论选题的特点和重点，可以减少选题的盲目性。

媒介素养、舆论素养和新闻阅读有助于我们确定评论选题，具备这样的素养和阅读习惯，就可以明辨新闻评论的思想价值、时代价值和社会价值。

18 世纪末，英国建立社论制度，学界一般认为这是新闻评论的开始。19 世纪 70 年代，我国报刊上开始出现新闻评论。理性力量奠定了新闻评论在新闻行业的灵魂地位，西方称之为“领导文字”或“首席文字”，而我国则誉之为“旗帜与灵魂”。

首先，我们来看新闻评论选题的思想价值。从表面上看，评论选题的思想价值体现的是评论写作者个人对特定新闻事实的感知和判断；从深层次上看，一则评论要影响公众，靠的不是评论观点的媚俗从众，而是评论写作者对问题的分析能够影响一代人的观念与行为方式。这就需要评论写作者对社会的认识有自己的独立判断，这种判断建立在评论写作者成熟的思想观念上。新闻评论所蕴含的思想价值，归根结底是作者发掘这种价值的能力。这样的评论选题通常具备引导人们对重大问题正确思考的品质。这样的评论作品是作者对历史与现实的深刻把握和对社会发展趋势的判断。

其次，我们来看新闻评论选题的时代价值。每个时代都有独特的品质，这种品质必然反映在重大社会事件中，从与历史同类事件中发现明显带有时代印记的东西，体现的是评论的时代价值。对于评论写作者而言，评论的选题需要针对当前重大的突发新闻事件，需要关注社会的难点和痛点，这样的事件（问题）因具有鲜明的时代特点而成为评论选题的重要来源。每个时代都有自己的特征，这就需要评论写作者有敏锐的观察力，能够准确地发现这些时代的前沿问题。具有时代价值的评论选题一般会显示出时空的规定性，使评论具备影响未来社会的传播力。

最后，我们来看新闻评论选题的社会价值。评论选题的时代价值也就是评论对象所蕴含的社会认知价值。在人类文明的发展过程中，有些价值观念相对固定，这样的价值观念可以长期地发挥其社会影响力，超越时空的局限，也可以超越意识形态的限制，成为具有超越现实的普遍性观念，进而作为评论选题的基本标准。要使评论选题有较高的社会价值，就要求评论写作者遴选出既能反映当代社会特点又对未来社会具有认知价值的事实作为分析的对象。

第二节 评论选题的标准

在学习新闻评论写作的选题标准前，我们有必要回顾一下新闻理论中对“新闻价值”的论述。国内流行的新闻学概论或新闻理论教科书，都认为新闻价值是对新闻的选择。与之相类似，评论的选题在本质上也是对新闻文本的再选择。

新闻价值的选择有一系列的标准，同样的，评论的选择也需要符合相应的标准。这些标准相当于去超市购物的时候，面对琳琅满目的商品，购物者要清楚自己究竟想要选什么样的商品。在这种情况下，如果我们只能选其中一种商品的话，就不得不通过设置门槛和标准淘汰其他商品。一般而言，媒体至多选择两则有评论价值的新闻进行评论，在众多可供选择的新闻报道中选择适合评论的选题，需要构建相应的选择标准。

关于评论写作选题的标准，我们可以概括为以下五个方面。

一、选题具有内在的冲突性

每个新闻热点事件都反映着某些社会问题或现象，不论是问题还是现象，毫无例外都隐含着某种冲突。按照传统的文学理论，没有冲突就没有戏剧；对于媒体来说，没有冲突就没有新闻。同样，对于评论写作者来说，如果一个新闻事件中没有包含强烈的冲突，也就没有评头论足的必要。需要注意的是，这里所说的“冲突”不是人们想象的刀光剑影，不是我们在日常生活中所看到的肢体冲突，也不是人与人交往发生的语言冲突，而是内在的、本质的矛盾，是问题与问题的内在联系中的某种冲突。表象的冲突比较直观，评论的价值在于向读者展现蕴含在事物内部的隐形冲突。以教室的黑板没擦为例，这个现象在校园中可能司空见惯，如果仅发现表象的问题，就无法从更深层次审视问题，只能讨论是教学楼的管理员疏忽忘记了擦黑板，还是老师下课后忘记擦了，或者是在教室上课的学生对其视而不见。从这里，我们看到的是楼道管理员的责任，看到的是老师和学生的素质问题，这就是冲突。但是，其中的隐形冲突则是义务的划分和尊师重教传统的缺失，而这些无形的冲突需要评论写作者的深入思考。新闻事件中一定存在内在的冲突，只有对这些冲突进行思考和分析才有助于问题的解决。因此，如何从新闻事件中找到冲突，特别是那些隐形的冲突，是评论选题的第一个标准。例如：

网络谐音字现象的“康德之问”[①]（节选）

哲学被称作智慧学，回答万物本质的问题。在这方面，最经典的莫过于“我是谁？我从哪来？我要到哪去？”而在康德漫长的哲学生涯中，他致力于回答“我能够知道什么”“我应该做什么”“我可以希望什么”，这三个问题也可以称作“康德之问”。哲学家的问题看似抽象，其实无处不在。

7月13日，新浪微博发布社区公告，站方将对站内利用谐音字、变体字等“错别字”发布、传播不良信息的违规行为开展集中整治。

汉字的谐音现象本来是修辞的一种方法，谐音运用的艺术化，可以取得意想不到的表达效果。微博平台对谐音字的规范，表层的问题是用户的任性表达，但也不能忽视隐藏在这种现象背后的社会问题。这篇评论思考的是内在的冲突，引导读者面对微博整治谐音字和变体字时，去思考作为用户的“我们”需要知道什么、如何应对以及希望如何，将视角引向问题的内在，避免人云亦云。

二、选题具有典型性

马克思和恩格斯非常推崇巴尔扎克的《人间喜剧》，因为这部小说集真实地反映了1816—1848年的一些典型环境中的典型人物。“典型人物”这个词是恩格斯在《致玛·哈克奈斯的信》中首次提出的。恩格斯写道：“据我看来，现实主义的意思是，除细节的真实外，还要真实地再现典型环境中的典型人物。”[②]文学作品要“典型”才能成为经典，同理，新闻作品也要典型才能具有恒久的生命力。

所谓典型，是指代表特定事物特性的标准形式。在希腊语中，“典型”有“样板”的意思。在文学作品中，典型是指那些能够充分显现出独特个性特征的人、事、物。典型性是指个性中所具有的某些普遍意义的特性，它既可以是典型的艺术形象，也可以是社会环境的典型，典型性是个性与共性的辩证统一。就新闻报道来说，一个新闻事实是偶然的孤立的，还是经常发生的，这是区分新闻事实是否典型的基本方式。当一个事实既有共性又有独特性时，我们就认为这样的新闻事实具有典型性。有新闻价值的新闻事实中必定包含着冲突，但具有冲突的新闻事件却未必典型。典型性要求新闻事实具有某种新颖性，这样的新闻事实中要么包含着新的成分，要么属于“熟悉的陌生人”，给人一种既熟悉又陌生的感觉。选择这样的新闻

---

① 刘海明．网络谐音字现象的“康德之问”［N］．北京青年报，2022-07-17（A02）．

② 徐海星．先进典型人物的影像传播——以〈天渠〉为例［J］．电影评介，2021（17）：83-86.

事实作为评论的对象，更容易受到读者的欢迎。抽象地谈论“典型性”，人们的印象不一定深刻。对这个概念的最好认识，莫过于在评论写作实践中加深理解。这里，我们不妨看一则新闻：

> 11 月 25 日晚间，一名男孩在地铁车厢内滑倒，皮肤灼伤。接到报案后，公交警方立即组织警力开展调查。原来，有乘客在搭乘地铁的过程中，随身携带用于首饰加工的强酸性溶液并发生渗漏，导致男孩王某臂部被灼伤。①

交通事故每天都有发生，交通安全的理念也在反复强调，通常的车厢安全主要是车体的安全和乘客间的肢体冲突防范，危险物品被带入公共交通工具且外溢导致乘客受伤，这样的新闻事实既新颖也有典型性，选择这样的新闻事实作为评论选题，典型性相对明显。

三、选题具有较强的新颖性

典型意味着具有代表性，是某类事件中的“佼佼者”，也就是新颖。新闻价值的标准中包含新颖性，新颖对于新闻意味着什么？“新颖性是时髦的婢女，有时也是有品位的婢女，它只是享受了一个短暂即逝的存在——迅速地凋谢与逝去，这就是它的本质特征。”② 新闻事实的新颖满足的是公众的信息消费需求，这是就公众的普遍认知而言，对于评论写作者而言，他们要具备从表象的新颖中寻找内在的新颖的能力，即从中看到他人未能想到的东西，这样的新颖性当是受新闻事实的新颖性之所赐，但又超出了新闻事实本身的新颖性。评论选题的价值不但要求新闻事实或见解的新颖，还要求它们尽可能地具有唯一性。换句话说，新闻评论选题的新颖性既在于事件本身的独特之处，也在于作者解读角度的独特，二者应具备其中之一。例如：

江西鄱阳一村民女儿订婚仪式上摆出巨额现金彩礼，被黑榜通报③（节选）

近日，江西鄱阳县芦田乡移风易俗工作领导小组办公室发出通报：2 月 9 日，芦田乡洄源村民浦江女儿的订婚仪式上，“彩礼桌”摆放了巨额现金彩礼，并被网友上传至网络，此行为助长了人们炫富、攀比的拜金主义不良社会风气，在全乡范

① 广州公交公安 .13 岁男孩在地铁内被硫酸灼伤？警方通报［EB/OL］.（2022-11-29）［2023-01-02］. https://baijiahao.baidu.com/s?id=1750826439557520171&wfr=spider&for=pc.

② 刘海明 . 博士争当辅导员，到底谁在“内卷”？［EB/OL］.（2021-02-04）［2023-06-26］.https：//www.cqcb.com/bangbang/fuwu/2019-04-18/1569888.html.2021-02-04.

③ 钟煜豪 . 江西鄱阳一村民女儿订婚仪式上摆出巨额现金彩礼，被黑榜通报［EB/OL］.（2021-02-15）［2023-01-05］. https：//www.thepaper.cn/newsDetail_forward_11342043.

围内造成了极为恶劣的影响。

芦田乡移风易俗工作领导小组办公室指出，值此移风易俗推进关键时期，洄源村委会在乡有关领导的多次提醒下，对移风易俗工作仍然重视不够，跟踪落实不到位，导致了此次事件的发生，特此给予洄源村委会全乡通报批评，并对此事全乡黑榜通报。

澎湃新闻注意到，在鄱阳县侯家岗乡，2020 年 10 月也有村民因嫁女时晒巨额陪嫁现金被通报。

在这则新闻中，基层管理部门干涉辖区居民的个人婚事，属新鲜事。通报的方式是发布“黑榜”，这与婚俗的红色基调刚好相反，这种另类的通报方式具有新颖性，具备评论价值，这样的事件适合作为评论的选题。

四、选题与公众利益密切相关

评论写作者应当时常关注什么样的新闻报道受欢迎，因为只有特别受欢迎的新闻才有评论价值。这里说的“受欢迎”，其实是说新闻事件与多少人的利益相关。所谓“利益”，是指用以满足人类自身需求的事物。利益可谓包罗万象，凡是能给人们带来快感、满足个体或共同体欲求的对象均属于构成利益的范畴。在现实生活中，可以说，利益的分配决定着社会秩序的变化。利益的存在也是造成社会冲突的根源，利益的调和需要解决主体间的矛盾冲突。这里说的“利益”，既包括物质利益也包括精神利益。比如，有人喜欢拿高校调侃。对于高校的师生来说，即便批评者并未点出高校的名字，但心里也不是滋味。究其原因，就在于你身处于此，别人批评高校，实际上就是在抨击你的老师，你的同学，甚至就是在批评你本人。当你对一件事感到不悦的时候，这件事就涉及你的精神利益。虽然只是间接的精神利益，你依然会觉得不舒服。现在，越来越多的人关注社会问题，关注重大公共事件，这是因为我们有一天也可能会成为事件中的弱势群体或者受害者。如果今天没有人站出来发声的话，未来某一天这样的悲剧就可能发生在自己身上。一个新闻事件如果牵动了公众的神经，让大多数人都不愿沉默，那就表明这个事件与绝大多数人的利益相关，这样的新闻就具有了评论的价值，符合评论选题的要求。例如：

宁夏永宁一学生因网名遭老师辱骂？教育局介入调查[①]（节选）

2月13日，有网传视频显示，宁夏银川永宁县一老师在网课中疑因学生网络ID为“肖战糊了”而批评辱骂学生。视频中，该老师还称“我看你是不想混了”“是不是要我家访找你爸妈”等。2月13日，银川市永宁县教育局回应称，关于某同学投诉永宁中学老师的事宜，永宁县教育体育局已收悉，目前正在调查处理，请大家少安毋躁，待调查处理完毕，我们一定将结果及时公开，感谢大家的关注。

衡量一则新闻关系到多少人的利益，可以通过门户网站或者社交媒体同题新闻下的跟帖评论作出判断。就这则新闻而言，师生间发生冲突的新闻时有发生，这类新闻的涉事方虽然有限，但是，因为绝大多数家庭都有在校读书的学生，同样的事情也可能在其他学校发生，所以，校园冲突的新闻通常涉及千家万户的精神利益。这则新闻的师生冲突有点无厘头，许多家长可能担心自己的孩子在学校也遭遇类似的伤害，自然关注此类事件。在网易新闻频道这则新闻下，跟帖评论超过3.4万条，足见这个事件与公众的利益密切相关。

五、选题是社会伦理心态的碰撞

人有思维的能力，思维的过程也是心理活动的过程。在现实生活中，不论是个体的人还是集体的人，无时无刻都有特定的心理状态，这种心理状态通常被称作“心态”。心态具有直接现实性、综合性、相对稳定性、流动性和情境性等特点。社会伦理心态则是社会成员按照道德的尺度判断社会变动的结果，它表现为人们准备以何种道德的方式评判一个社会事项。社会伦理心态包括“动态的应该”“动态的愉悦”与“动态的正义”，三者交织在一起，共同作用于社会伦理心态。[②]人作为评判万物的尺度，在涉及与自身利益高度相关的事件时，也往往是公众社会伦理心态呈现出最敏感状态的时候。在这个时候，是与非、善与恶之间的碰撞往往最为激烈。当代的社会伦理心态，在以社交媒体为代表的网络空间中表现得最为直接。每当有重大突发事件发生时，公众对相关事件报道所涉事实的争论，集中折射出社会伦理心态的变化。比如，每次地震发生后，公众对于突如其来的灾难，有的深感恐惧，有的却幸灾乐祸，甚至发表荒谬的言论。再如，在国际冲突明显的时期，在网络舆论场中，我们会发现持不同观念的人之间争论往往很激烈。可见，一旦遇到重

---

① 宁夏永宁一学生因网名遭老师辱骂？教育局介入调查［EB/OL］.（2021-02-10）［2023-01-05］. https://baijiahao.baidu.com/s?id=1691632919202579342&wfr=spider&for=pc.

② 刘海明. 社会伦理与社会伦理心态关系缕析［J］. 阴山学刊，2021（6）：76-88.

大的冲突事件，人们往往会更加踊跃地在各种媒体平台发表自己的观点，而与绝大多数人利益相关的事件实质上最能检验公众的社会伦理心态。这种时刻，也是社会伦理的心态最摇摆、碰撞最激烈的时候，评论在这个时候发表便是最恰当的。再如：

专家建议农村剩男向城市输出[①]**（节选）**

记者走访发现，房、车、彩礼等新“三大件”价格上百万，导致不少农村大龄男青年结婚难。山西省智库发展协会副秘书长吴修明表示，“从长远看，缩小城乡差距、地区差距才是治本之策”。吴修明说，城市“剩女”多，农村“剩男”多，要结合乡村振兴工作，大力发展农村产业经济，促进农民增收，缩小城乡差距，促进城乡人口双向流动，让城市女青年不把农村视为畏途。在此过程中，地方政府也可采取适当措施，尽可能解决一些性别“结构”难题，如将农村“剩男”进行技能培训，“输出”到女性集中的行业和地区，也可以牵头组织跨区域“鹊桥相会”。

婚姻本是年轻男女之间的私人事务，对于性别比例失调的地区，管理部门通过政策的宏观调控，为未婚男女创造更多的择偶机会。在这则新闻中，专家建议将农村地区的大龄男青年输出到城市，意在解决城市大龄女青年的择偶问题，显然有点不切实际。在新浪新闻频道的这则新闻跟帖中，评论帖子超过 1.2 万条，多数是讽刺提出建议的专家，也有歧视农村和城市大龄青年的。这样的争论，是社会伦理观念差异造成的。争议越大，越能反映出公众的伦理道德观念的冲突，因而具备评论价值。

以上介绍了评论选题的五个标准，在具体的评论写作实践中，如果一个新闻事件能符合其中的三个标准，基本上就是一个不错的评论选题。评论写作者无法期待每天都能撞上一则“大新闻”，甚至一则新闻把这五个标准全部具备。事实上，一个舆论事件一般持续 3-5 天，热点事件出现的频率基本是 5-7 天。在没有热点事件的时候写评论，需要作者退而求其次，适当降低评论选题的标准。

除了这五个标准，评论选题也有个人的选题经验的问题。现在，直接通过报纸和电视新闻选择评论素材的评论写作者数量明显减少。大多数评论写作者是在互联网上浏览新闻。这种浏览新闻的模式，无形中也提供了一个快捷的评论选择标准：跟帖数量。更多时候，一则新闻的跟帖评论达到 3,000 以上，或者转发过万的

① 有些农村娶媳妇要 100 万？专家建议农村“剩男”向城市输出［EB/OL］.（2021-02-15）［2023-01-05］. https：//baijiahao.baidu.com/s?id=1691744494962782740&wfr=spider&for=pc.

话，这条新闻通常就具有评论价值。跟帖数量和转发数量的多寡，是评论选题的一个重要参考依据。在量化研究受到追捧的今天，评论选题也可以借助数据来验证，通过跟帖和转发的数量检验这个事件跟多少人的利益相关，看跟帖的态度如点赞或者“踩”的数量，可以大致判断公众的心态。引起社会轰动效应的新闻事件，在门户网站的跟帖数量和转发数量动辄上万，这样的数字无形中检验了评论选题的第四和第五个标准。显然，这类新闻比较适合作为评论的选题。

思考题

1. 为什么媒介素养和新闻阅读对于评论选题如此重要？

2. 结合自己的评论选题经验，谈谈你对新浪新闻、网易新闻和搜狐新闻三家门户网站的认识。

3. 评论选题强调新闻事件的冲突性，请谈谈你对隐形冲突的认识。

4. 什么是评论选题的典型性，这个特点对评论写作者提出了什么样的要求？

5. 谈谈你对评论选题新颖性的理解，并举例进行说明。

6. 为什么说“与大多数人的利益相关”是评论选题的标准之一？评论写作者如何从一则新闻事件中将其与绝大多数社会成员的利益结合起来？

7. 结合热点新闻事件在社交媒体上的争论，谈谈你对社会伦理心态与评论选题的认识。

Chapter 4

第四章　评论由头的写作

第一节 新闻由头是什么？

俗话说，巧妇难为无米之炊。对于评论写作者而言，评论并非无来由地凭空想象，评论写作需要建立在占有适合评论的新闻素材的基础之上。在传统的新闻评论教科书中，通常把用于评头论足的新闻素材称作“新闻由头”。

一、新闻由头的概念与特点

认识新闻由头，不妨先从经验事实的获得开始。我们谈论的评论，通常是指单篇的评论文本，这样的文本在媒体上是按照一定的编辑原则汇集在一个特定的空间中的，以报纸评论为例，在新闻专业规范意识淡薄时期，报纸的评论栏目安排相对灵活，可以跟新闻版或其他专题版混合编辑；新闻专业规范意识形成后，报纸的评论才按照专版的形式出现。有的报纸的评论版可以是半版、整版，有的报纸可以每天开设两个甚至更多的评论版面（如图 4-1）。不论报纸的评论栏目、版面如何设置，这些评论都是建立在事实的基础上，依据具体的新闻事实发表的看法。

报纸版面 上一版 下一版

新京报

时事评论 A03

北京论坛

地铁同车不同温，体现精细化服务

观点

避免高空坠窗悲剧，可考虑推“强制安检”

图 4-1 《新京报》评论版

在报纸评论中，作为评论由头的新闻事实是这样呈现的：

“故宫星轨图”晒出空气改善“北京奇迹”①(节选)

近日，在中央宣传部举行的“中国这十年”系列主题新闻发布会上，生态环境部部长黄润秋现场展示了一张以故宫午门为背景的夜晚天空“星轨”图，图中的夜空繁星闪烁，繁星在天空中划出一道道明亮的迹线，叫“星轨”。

互联网出现后，这种新的媒体介质继承了报纸的传统功能，网络新闻评论在刊载的数量和速度上远胜于报纸评论。网络新闻评论的样式，基本上延续了报纸评论的写法。其中，就包括了评论由头的写作方法。比如：

博士争当辅导员，到底谁在“内卷”？②(节选)

近日，一则武汉大学学生辅导员招聘录取公示引发关注。录取名单上的新晋辅导员，学历是清一色的名校硕博士，有的甚至还是海归博士。

广播电视评论节目的开篇，也需要先摆事实，再谈道理。新闻评论作品开篇引用的新闻事实，也就是人们常说的“新闻由头”。

不论何种体裁的文本写作，都需要一个缘由。评论写作中的“新闻由头”，又称作评论的“新闻根据”，是指将具体的新闻事实片段作为新闻评论的依据或缘由，也就是一个事项之所以成为评论的契机。“新闻由头”并非新闻评论的专利，在各种新闻体裁的写作中，无论是消息、通讯还是深度报道写作，都有各自的“由头”。

既然评论的由头是新闻报道，不妨先来看看新闻消息写作中的“由头”。按照《现代汉语词典》的解释，“由头”是指那些可以作为借口的事。新闻是对社会事实最新变动的报道，新闻的“由头”是特定的事实。新闻价值理论表明，“新闻由头”含有新闻价值方面的考量，只有重要的事实才能成为新闻的引子。

众所周知，消息稿件除了标题，正文通常先以一句话、一个动作或者一个场面作为导语进行新闻叙事。因此，消息中的导语往往就是新闻的由头。导语有其特殊的地方，它不能和由头画等号。在这种情况下，新闻由头只是消息导语的部分内容。

新闻向受众提供的是最新的社会变动之事实，新闻类作品需要借助特定的事实

---

① 杨维立.“故宫星轨图”晒出空气改善“北京奇迹”[N].北京青年报，2022-09-18（2）.

② 刘海明.博士争当辅导员，到底谁在“内卷”？［EB/OL］.（2021-02-04）[2023-06-26].https：//www.cqcb.com/bangbang/fuwu/2019-04-18/1569888.html.2021-02-04.

片段作为报道的依据，这是由新闻的真实性这一根本特征决定的。在呈现新闻事实时，记者需要向受众交代新闻事实发生的背景，将其作为新闻报道的依据，新闻才显得自然。

关于新闻评论的“由头”，马少华曾做过考证。新闻评论中有一种普遍存在的事实材料，一般置于评论的开头部分，用以“挑开话题”。这类事实材料的新闻性、时效性都比较强，即使它们并不一定是评论要分析和判断的对象。它们在业内被称作“新闻由头”。正如原《人民日报》评论员范荣康在《新闻评论学》中所说的，“多数新闻评论，不过是拿新闻当‘由头’，从新闻中开发议论带有普遍性的问题”。①

在美国出版的主流新闻评论教科书中，也有对“新闻由头”这种事实材料的相关介绍。新闻由头被称作 news-peg，peg 有“栓”“桩”和“借口”之意，与我国老一辈新闻学者马星野所使用的“新闻钩子”相近。“钩子”这个概念，至今还在我国台湾地区的新闻教学中使用。按照 20 世纪 20 年代出版的美国评论教材中的观点，新闻由头或者 news-peg 的作用，是将评论与读者对新闻话题的兴趣联结起来。马少华认为，评论的由头本质上属于意见传播的策略。这是因为媒体、受众总是对信息传播渠道中的新闻事实充满兴趣。而新闻评论作为传播思想观念的文本，则要“借用”新闻事实吸引受众的注意力，这倒符合 news-peg 中 peg 的另一个义项：借口。而“新闻由头”的这个“借口”与评论中的论题密切相关。②

综合上述有关新闻由头的介绍，我们尝试对新闻评论的由头的范围和定义做个界定：评论由头指新闻报道作为新闻评论的依据或契机，也就是一则新闻之所以值得分析、论证的根据。

二、评论由头的来源

对于当代的评论写作者而言，写评论并非特别缺少新闻由头。由于网络的发达，各类新闻资讯令人目不暇接，信息爆炸带来的是无处不在的新闻由头。发达的新闻资讯为评论的繁荣奠定了基础，但这些资讯中可用作评论由头的事实众多，在一定程度上增加了由头选择的难度。对于评论写作者而言，大都遇到过不易找合适的由头的尴尬。相较于前者，年龄大一些、写作经验更丰富一些的评论写作者在没有互联网或者网络还不发达的时候写评论，新闻由头就成了相对稀缺的资源。这个时期的评论写作者可能经常为寻找新闻由头而犯愁，但正是资讯稀缺的年代，也

① 马少华 . 评论由头与论题的相关度［J］. 新闻与写作，2010（1）：65-66.

② 马少华 . 评论由头与论题的相关度［J］. 新闻与写作，2010（1）：65-66.

为评论由头的选择提供了可供观察和思考的机会。在下面这篇《评论“由头”哪里来?》[1] 的文章中，就有关于寻找由头的相关经验。

有朋友问我:“你的这些评论是怎么‘论’得起来的?”我的回答是，评论稿件和其他新闻稿一样，总得先找个“由头”，这样才可能“说缘由讲道理”，写出一篇评论来。那么，评论的“由头”从哪里来呢?回顾一下我写的这些评论稿，其“由头”有70%是从生活中“抓”来的，有20%是从报纸上“拣”来的，还有10%是顺应时节“变出来的”。归纳起来，大致有以下几种:

博览群报“拣由头”。我平时十分注意读报纸。一份报纸到手，从第一版的要闻，到第四版的广告，都要浏览一遍。我认为，报纸是最集中、最快的信息源之一，从那里可以“拣”到许多有价值的言论“由头”。如有年3月份，我从《人民日报》上读到一篇报道说出席全国工商局局长会议的一位老局长在谈苦衷时表示，清理整顿公司，往往触及地方利益。每当这时，中央要他们讲“北京话”，地方要他们说“方言”，弄得他们有口难张。我读后觉得，这个问题在当前带有普遍性，有深入议一议的必要。于是就以《该说“北京话”就别讲“方言”》为题写了一篇言论稿，作为《新华日报》“细流集”征文，稿件发出不久就见了报。

深入生活“抓由头”。通过深入采访抓到的“由头”本身就是活蹦蹦的“鲜鱼”，有相当高的新闻价值，由它再引发的议论往往有独到之处，比“炒冷饭”要香得多，所以我平时把绝大部分的精力都用在到生活中“抓由头”上。在一次采访中我发现这样一件事:有一位承包厂长在就职演说时曾许下诺言，三年中，产值要翻多少多少，利润要增多少多少，职工收入要高多少多少。但两年下来，情况很不理想，职工们当初对厂长满怀希望，渐渐变成满腹牢骚了。我觉得，这个厂长的过错在于说了过头话，把职工的胃口吊得过高。当高期望值不能实现时就会产生不满情绪。这种现象在当前并不鲜见。我以此为由头写了一篇言论《吊起来的胃口难填》，被《新民晚报》等多家新闻单位采用。

顺应时节“变由头”。我生活在农村，常根据农时季节写一些评论稿。有人认为，这些言论不过是“应景文章”，无足轻重。我觉得，一个基层通讯员，要想篇篇文章分量都很重，是不现实的。况且，报纸、电台也需要一些适应时节的文章。问题是，这种顺应时节变着“由头”写的文章要力争脱俗出新，要在“旧瓶”中装进“新酒”，这样，读者还是欢迎的。

---

① 沈志荪.评论“由头”哪里来?[J].新闻通讯，1990(1):50-52.

在今天的评论写作者看来，文中所谈的经验事实也许有点过时。不过，在新闻评论的选题和观点日趋同质化的今天，评论写作者要避免评论话题的撞车，需要在评论由头的选择方面积累个人的经验，善于按照自己的习惯寻找不同于多数评论写作者的经验。因此，类似《评论“由头”哪里来？》这样的心得体会，对于我们依然有一定的参考价值。

第二节 评论由头的写作

从形式上看，评论的由头就是一个新闻事实，或者说就是百字左右的新闻概述。按照初学评论写作的人的直觉判断，如此短小的篇幅，应该没有难度可言。更何况，受“无跟帖不新闻”“（我不是来看新闻的）我是来看评论的”观念的影响，不论是评论写作者还是读者，有种轻视评论由头写作的倾向。读者可以忽视评论由头的功能，评论写作者和评论教学却不能轻视评论由头的选择与写作实践。由头写作如此重要，但在传统的评论教学中缺少相对应的经验或理论知识的阐述。

一、评论由头的要素

构成评论由头的要素是新闻事实，评论由头所需的事实必须真实、典型、新鲜、具体和贴近。

评论的由头来自新闻报道呈现的事实，评论的有效性在于依据事实发表看法，这决定了评论由头的真实性要求。在传统的新闻教科书中，“真实”被称作“新闻的生命线”，那么，新闻评论所选择的由头也必须真实。如果评论由头所选择的事实存在虚构的成分，依据这样的“事实”立论和论证，纵使评论写作者力图让评论的论证可信，也难免有“皮之不存，毛将焉附”的尴尬。由头的真实性要求评论写作者应具备高于普通读者的媒介素养，具有辨识新闻事实真伪的能力，而不能盲目相信“凡是新闻都是真实的”，避免误将不实的新闻事实用作评论的由头。由头的真实性问题，一般的教科书会在新闻评论的伦理部分涉及。近年来，有关“后真相”的文章不少。造成“后真相”的原因很多，但涉及“后真相”对新闻评论的负面影响的论文，迄今并不多见，学界的研究者暂时还没将两者联系起来。一般来说，新闻越虚假，就越煽情，而煽情的虚假新闻有时候更能吸引评论写作者的注意力。新闻要真实，评论的观点要真实，前提是评论的由头也必须真实。不然，评论就成了飘在空中的“莫须有”观点，很难让人信服。例如：

"天价便饭"反转，舆情应对公开公平是关键[①]（节选）

近日有网友爆料，舟山普陀山景区内，某饭店价格昂贵，一顿便饭收费1,900多元，简直是个黑店。此事在网上发酵还蹿上了热搜，很快引起相关部门关注。11月18日晚间，普陀山市场监管部门公布调查结果。调查结果显示，消费者一行共7人，账单经核对后没有异常，相关商品进货票据齐全。

2020年11月17日网络媒体曝出"天价便饭"的新闻，关于这个事件的评论很快就出来了。因为新闻由头针对的是景区饭店的高收费，这样的"事实"符合公众的直觉，很容易得到共鸣。在成为网络舆情事件后，饭店公布了具体的菜单图片，当公众看到食客点的菜品和菜单的单价后，事件迅速反转，舆论的矛盾指向举报者，从纷纷批评"黑店"转向批评"黑举报"。

对于评论写作者来说，在选择评论的由头时，要善于判定新闻事件的真伪。对于可能存在反转的新闻事件，应采取审慎的态度，不能为追求评论的时效而忽视对新闻真实的甄别。评论的由头一旦失实，评论的立论也就经不起时间的检验了。

评论由头的要素还应注意选择具有典型性的新闻事实。真实是由头的第一要素，在此基础上需要选择具有普遍性的新闻事实作为评论的由头。判断一个由头是否典型，最简单的办法就是判断其与选择的新闻事实及同类新闻（现象）是否存在相近之处，如果只是昙花一现，或者是"绝无仅有"，那就谈不上典型性。[②]评论由头的典型，就是要有代表性，代表某类事物的特性。一般来说，要从同类新闻事件中发现具有共性的东西，同时这个共性又必须体现出独特的地方。在共性中寻找个性的成分，这是评论由头所说的"典型"。例如：

工程院院士贵州候选人拟推荐对象公示：茅台集团总工王莉在列[③]（节选）

2月8日，2021年贵州省推选中国工程院院士候选人评审会在省科协召开。由中国工程院院士，贵州大学党委副书记、校长，省科协副主席宋宝安及相关领域共12名专家组成的推选专家委员会参与评审。

① 项向荣．"天价便饭"反转，舆情应对公开公平是关键［N］．钱江晚报，2020-11-20（A16）．

② 易其洋．新闻评论的"由头"选择［N］．中国新闻出版报，2013-02-26（4）．

③ 张家然．工程院院士贵州候选人拟推荐对象公示：茅台集团总工王莉在列［EB/OL］．（2021-02-16）［2023-01-05］．https：//www.thepaper.cn/newsDetail_forward_11352115．

山东黄金董事长陈玉民拟被推选为工程院院士候选人[①]（节选）

2月5日，山东省科协推选2021年中国工程院院士候选人工作小组办公室发布“山东省科协拟推选2021年中国工程院院士候选人人选公示”。

院士每年都在增补，历年的候选人名单发布时，都是媒体竞相报道的对象。对于这类年复一年的新闻事件，只有从中找到不同的信息，才适合用作评论的由头。2011年，“烟草院士”曾轰动一时，就在于院士候选人所在的烟草行业比较刺眼。十年后，白酒业的翘楚茅台和黄金企业的专业人士被推选为院士候选人，他们所在行业的特殊性格外引人注目，适合用作评论的由头。

评论由头所选择的事实要给人以起码的新鲜感，这是刺激评论写作者灵感、愉悦读者的基本要求。当代社会，读者的阅读习惯通常是“就着时事读时评”。一个轰动性的新闻事件出现后，整个社会都在关注，公众期待能看到独到的评论观点。社交媒体时代，新闻评论要吸引读者，追求观点的表达效率，需要满足读者解读新闻的期待。这就要求评论写作者在选择由头时，尽量选择那些新鲜“出炉”、社会普遍关注的热点事件作为评论的选题。例如：

染指网上挂号，“黄牛”该怎么治？[②]（节选）

看病难，首先难在挂号。近日，媒体报道，患者网上挂号难，“黄牛”却可以轻松搞定。

近年来，各级医院纷纷推出线上预约服务，要求实名认证。尤其是疫情期间，网上挂号既可破解疫情传播风险，也可为患者提供便捷，还可以遏制“黄牛”通过连夜排队、插队抢号等手段囤积号源，可谓一举多得。然而现实很尴尬，“黄牛”玩转了网上挂号。

经验表明，由头中如果出现诸如“最近”“近日”或者“不久前”等时间副词，通常缺乏新闻时效性。造成这种状况的原因较多，比如编辑约稿多但版面有限，或者编辑为过节储备稿源。在正常情况下，就当天的新闻发表看法已经是网络媒体评论栏目的普遍现象，如果缺乏时效性，就要善于从新闻报道中寻找新鲜的信息。在

---

① 张家然．山东黄金董事长陈玉民拟被推选为工程院院士候选人［EB/OL］．(2021-02-16)［2023-01-05］．https：//www.thepaper.cn/newsDetail_forward_11352245.

② 染指网上挂号，“黄牛”该怎么治？［EB/OL］．(2021-02-10)［2023-01-05］．http：//js.people.com.cn/n2/2021/0210/c360299-34575527.html.

这则评论中，选题本身缺乏新颖之处，作者抓住“黄牛”“玩转”网上挂号这个点。这个“玩转”比较新鲜，弥补了由头本身的时效性问题。

在评论由头的构成要素中，还应注意选择新闻事实的一个要点即作品评论的对象，这是评论由头的具体性之要求。一则新闻报道包含多个事实环节，评论写作只能选择其中某个或少数几个具体的要点展开分析。由头写作，不同于新闻叙事的粘贴复制，而是对新闻事实的重新编排，将评论的矛头直接指向核心事实。相反，如果选择的由头太笼统，不仅不利于观点的集中，还让读者搞不明白作者到底想说什么。[①] 且看下面的新闻：

1 亿人就地过年，中国人的年夜饭正在悄悄改变[②]（节选）

大年三十晚上的年夜饭，是中国人最具仪式感的一餐。

由于疫情的影响，全国超 1 亿人选择“就地过年”，而不能像以往那样回家吃团圆饭。

年夜饭怎么吃？春节怎么吃？

这不，今年春节，人们又吃出了新方式、新花样。

简讯或消息类体裁的新闻报道，评论写作者在由头写作时比较容易突出重点。对于通讯或调查报道类的作品，由头写作的难度增加。从通讯或调查报道类的作品中选择评论的由头，需要注意寻找一个具体的点，忌讳面面俱到地发表看法。比如，上面这则调查报道围绕“线上年夜饭”的走红与 2021 年春节多地倡导“就地过年”，从这些与往年不同之处寻找评论的具体由头。

选择评论由头，还要注意将新闻报道中的具体事实通过与某个社会现象建立联系，使评论观点贴近某个领域，而不宜通篇就事论事分析。顾名思义，由头只是评论写作的契机，是通过新闻事实涉及的问题，引发作者对一个共性的社会问题发表看法。没有这样的新闻事实作为评论的由头，评论就与普通的议论文没有区别，这样的议论在新闻媒体上刊载就失去了时间的合理性。与此同时，一个新闻事实只是某个具体的人或地方的事情，而评论和新闻的不同之处在于：评论可以透过这个新闻事实的发现一个社会现象，或者从个体行为看到行业中的群体惯习。当新闻事实的要点向面拓展时，也正是由头“穿针引线”的结果。媒体，特别是地方性媒体，

① 易其洋．新闻评论的“由头”选择［N］．中国新闻出版报，2013-02-26（4）．

② 余源．1 亿人就地过年，中国人的年夜饭正在悄悄改变［EB/OL］．(2021-02-16)［2023-01-05］．https：//baijiahao.baidu.com/s?id=1691848516885028367&wfr=spider&for=pc.

针对地方实际和当地读者的阅读习惯发表评论，才会更有针对性。而作为评论的由头，首先要有针对性，不然，读者不爱看，或是看了之后完全没有共鸣，引发的观点也就成了无的放矢，成了无人问津的空中楼阁。[①] 例如：

注意！擦炮、摔炮属高危烟花爆竹，违法燃放罚款 500 元[②]（节选）

擦炮、摔炮属烟花爆竹吗？售卖燃放需不需要遵守相关的法律法规？近日，重庆潼南警方查获城区禁放区金海洋批发市场内一个非法储存批发销售擦炮窝点，查获擦炮 60 件、摔炮 40 件、摔雷 20 件，非法销售的违法人员被处以行政拘留 10 日。

春节期间，禁放是多数城市的普遍做法。作者在选择这类新闻做评论的由头时，应注意这样的评论适合在哪些地区的媒体刊用。一般来说，地域的接近性比较适合新闻所在地的媒体刊发。接近性还有个行业的接近性和心理的接近性，如果无法在地域的接近性中做文章，就可以考虑在由头表述中突出行业或心理等方面的接近性，增加评论的感染力。

二、评论写作的由头意识

如何把这些抽象的要素变成具体的行动，评论写作者需要具备两种基本的评论由头意识。

一是“理财意识”。评论写作者在选择评论的由头时应清楚：究竟什么是评论写作的“财富”？新闻素材和理论知识以及社会经验，都是评论写作过程中的无价财富。由头写作也是非常重要的。读到一则新闻，遇到一件事情，或者无意中听到了一句话，对于普通人来说，只要获取相关的信息就可以了；对评论写作者而言，还应具备基本的“理财意识”。所谓“理财意识”，是指作者要思考新闻究竟反映了什么问题、为什么会发生、会造成什么社会影响等。如果更进一步，还要推断一下其他作者对于这样的新闻会有何感想。对于一则新闻的反思越多，越能判断出它的意义所在和价值大小。换句话说，就是评论写作者要通过仔细思考从新闻素材中遴选出“美玉”。“理财意识”意味着作者平时对新闻素材的积累和梳理，在评论写作过程中应通过补充额外的信息，避免评论观点的同质化现象。例如：

---

① 易其洋 . 新闻评论的“由头”选择［N］. 中国新闻出版报，2013-02-26（4）.

② 杨艳 . 注意！擦炮、摔炮属高危烟花爆竹，违法燃放最高罚款 500 元［EB/OL］.（2021-02-09）［2023-01-05］. http：//www.cq.chinanews.com.cn/news/2021/0209/39-19446.html.

男子撞死狗称“那只是畜生” 遭网暴后到灵堂下跪道歉[①]**（节选）**

2 月 13 日，台湾一林姓男子在云林县闹市区内驾车撞死一只流浪狗。因林姓男子没有下车查看，而是径直离开，目击市民上前询问，他爆粗称“那只是畜生”。

同样的新闻事实，不同的评论写作者在选择由头时的侧重点不同。“理财意识”要求作者多思考一则新闻背后可能启迪读者的闪光点（财富）。通过上述新闻事件，我们可以从社会文明的角度思考人与动物的关系，可以从舆论暴力的角度思考人给狗下跪的对错，可以从权利的角度思考人与动物的权利，可以从爱护动物的角度思考狗与主人的关系，也可以就下跪本身分析给狗下跪与社会进步的关系。每个角度都可以提炼出价值，这些价值间接具有“财富”的性质。

二是等待意识。有时候，在动笔写评论之前，评论写作者可能已经对某个社会问题形成了某种观点。若要把自己的观点表达出来，需要借助相应的新闻事件作为评论的由头。在这种情况下，对一个普遍的社会现象写评论也未尝不可，但缺乏新闻事件作为由头的评论，社会反响通常会受影响。因此评论写作者应该善于耐心等待，等待一个合适的时机再动笔。等待意识不是消极地等待某个适合评论的新闻事件出现，而是在等待中不断观察社会，广泛阅读人文社科的著作，关注科技前沿变化，深化自己对某个社会问题的认识。等待的过程也是一种自我积累和自我升华的过程，评论写作者在表面的等待中，其实是在动态地完善自己。这样，等到合适的新闻由头出现，评论写作者对问题的认识已经发生了变化。

三、新闻由头的写作技巧

由头写作的实质是压缩写作，而压缩是一门艺术。压缩新闻可以分作两类：机器自动摘编和人工摘编。随着人工智能技术在新闻行业的广泛应用，智能机器的写作程序可以自动摘取新闻文本中有意义的事项作为摘要。这类摘编的优点是速度快，可以不限量摘编新闻。机器摘编的内容可以用作评论写作的由头，但仍需写作者根据立论的情况进行改编。人工摘编分为网络编辑摘编和评论写作者摘编。在门户网站黄金时代，网易新闻将其转载的新闻全部进行压缩，以新闻提要的形式发布在标题下面。这种“提要”对于评论写作者来说，真的是一项免费的“福利”，可以节约他们阅读新闻的时间，也节约了琢磨如何压缩新闻的时间。特别是这类提要

① 男子撞死狗称“那只是畜生”遭网暴后到灵堂下跪道歉［EB/OL］.（2021-02-16）［2023-01-05］. https://c.m.163.com/news/a/G2URS8QT0001899O.html.

基本上把新闻中有营养的内容都摘录、叙述出来了，评论写作者读了提要基本上就找到了评论的重点。后来，网易新闻取消了“提要”功能，促使初学评论写作者不得不仔细阅读新闻，甄别新闻的评论价值，根据评论写作的需要删减新闻。

评论的由头主要来自新闻报道。新闻报道有消息、通讯也有深度报道。消息稿件篇幅短小，压缩新闻相对容易。对于通讯类和深度报道类稿件而言，新闻报道的篇幅长了，需要评论写作者能够快速发现新闻中的亮点。什么是亮点？在语言学中，这个亮点被称作“标记语”。所谓标记语，就是新闻报道中那些不同于常规的言行或词语，这些信息因其新颖而具有评论价值。由头写作前，作者要善于发现一篇新闻报道中的标记语，并重点围绕其进行压缩。

由头写作的压缩，不是整篇新闻框架的成比例压缩，而是聚焦于某个具体的点，比如前面提到的标记语。追求面面俱到，整篇文章成比例压缩，反而违背了由头写作的规律。

压缩新闻忌讳完全照搬原文，作者要尽量用适合自己叙事习惯的语言进行叙事。对新闻原文进行复制，既是一种偷懒行为，也是不会由头写作的表现。由头的内容是别人的，要和同题材的其他作者进行竞争，尽可能地用自己的话叙述新闻事实，也是避免评论同质化的方法。

第三节　评论的由头与意境

在现代汉语中，“承前启后”与“承上启下”这两个词语的意思并不一样。一般来说，“承前启后”着重的是时间，意思是承接前代并启发后代，多指学术、事业；而“承上启下”则多指写作上的顺序，一句话或一段文字能接续上面的内容，又引出下面的内容，这一句或一段话起的作用就是承上启下。

一、新闻由头的空间布局

新闻评论的篇幅一般在 1,000 字左右，通常分作 5~7 个自然段。新闻由头在评论文本中的空间位置，是一个看似不言自明却有讨论价值的问题。前面区分“承前启后”与“承上启下”，是因为“承上启下”是所有文体写作中无法回避的一个问题。合格的评论由头的写作，不能就事论事，仅仅满足于由头本身，还要考虑由头在新闻评论作品的位置。我们来看一篇评论：

高考结束了离“解脱”还早①（节选）

今天在知乎上看到一位高考生的妈妈提问：普通工薪家庭，女儿感觉考得不错，打算用家长奖励的5万元买一个奢侈品牌包包，作为家长该怎么办？

开门见山，摆出新闻由头提供的基本事实，接着就这个由头展开分析，这是当前我国报刊评论和网络评论非常“标准”的行文习惯。之所以把“标准”加上引号，旨在表示对这种评论由头的行文习惯有所质疑。

新闻评论重在议论，由头是议论的前提。从形式上看，标题之下，摆出评论由头，紧接着围绕由头谈看法，这种行文的结构并无不妥。只是评论以思辨见长，由头加分析的议论模式看似完整，实则又不够完整。评论的观点要经得起时间的检验，不能是就事论事得出的观点，观点要超越时空、具有生命力才是评论追求的目标。现在媒体上发表的评论不少，但真正能以观点取胜、具有持久影响力的评论作品，却又非常少。由此我们必须反思，问题究竟出在什么地方？

评论写作要有中国元素才能符合读者的习惯。什么是评论中的中国元素？我们不妨看看对读者的阅读影响最大的章回小说和诗词作品，它们有个共通之处，就是追加意境的建构。唐代大诗人张若虚的《春江花月夜》能“以孤篇压倒全唐”，恐怕在于这首诗歌所蕴含的哲理。同样，在《三国演义》中，第一回“宴桃园豪杰三结义，斩黄巾英雄首立功”开篇贴出一首词：

滚滚长江东逝水，浪花淘尽英雄。是非成败转头空。青山依旧在，几度夕阳红。

白发渔樵江渚上，惯看秋月春风。一壶浊酒喜相逢。古今多少事，都付笑谈中。

——《临江仙》

紧接着没有叙事，而是张口来了一句：

话说天下大势，分久必合，合久必分。周末七国分争，并入于秦。

本来小说讲的是三国相互演变的故事，罗贯中先用英国历史学家汤因比的“历史哲学”模式，给出一个历史规律性的总括。这样讲故事的方法，显然比开篇就说“建宁二年四月望日，帝御温德殿。方升座，殿角狂风骤起”的格局要开阔许多。评论作为意见性文体，其“叙事”（对论点的论证）也可以借鉴传统文学的叙事方法，其中包括开篇和结尾的叙事方法。

① 吴云青. 高考结束了离“解脱”还早［N］. 北京青年报，2019-06-10（A2）.

二、由头与意境

新闻评论写作时，评论的由头是开篇呈现事实，还是先提供一个评论话题的格局呢？我们可以将这种“评论格局”称作评论的“意境”，再在这种意境的末尾引出和由头相关的话题，最后呈现出评论的由头。例如：

网红医生迷晕自己不可取，但也测验出公众担心[①]（节选）

谍战剧或案情片里用药巾捂住口鼻麻翻受害人，是并不鲜见的桥段，人们权当看戏。但当“佛山 23 岁新入职女员工酒店内死亡”的新闻曝出，剧中情节可能演变为生活中的风险，谁还能心安理得、无动于衷？人们有疑问，现代医药中的麻醉药物有无类似功效？一个网红女医生“狠心”拿自己做了一个实验，结果引起了广泛的论战。

前些天，广东佛山一位 23 岁新入职女员工，被上司带入酒店后当夜死亡，该案引发公众持续关注。其后，警方鉴定书中“七氟烷中毒”的相关结论一经公布，“女孩被下药”“作案手法国内少见”等声音切实引发了大众的担忧。

在这则评论中，作者没有先就新闻事实这个由头切入，而是先从谍战片的常见桥段说起，通过设置伏笔（“剧中情节可能演变为生活中的风险”）引出新闻。这样的开篇写法，属于营造评论话题的意境。

什么是意境？这是一个被广泛使用的词语。一般而言，意境是指有形的图景与由这种图景所表现的抽象的思想情感融为一体而形成的思想境界。意境的特点是景中有情，情中有景，情景交融。凡能感动读者的评论，总是在反映新闻的“境”的同时，相应表现作者的“意”，即作者能借形象表现的心境，寓心境于形象之中。

新闻评论的格局包含双重意境：一重是由头引申出的具体意境（即观点），另一重是统摄全篇的抽象意境（思想）。思想通过开篇和结尾，蕴含具体的观点，这样，评论才能达到思想性和现实性的统一。没有具体意境，评论就失去了针对性；没有整体的抽象意境，评论就失去了思想性。而评论由头恰恰在评论的谋篇布局中具有承上启下的作用。

既然由头的空间位置需要“承上启下”，为什么现在的不少评论缺乏对宏观意

① 江隐．网红医生迷晕自己不可取，但也测验出公众担心［EB/OL］．（2021-02-17）［2023-01-05］．https://baijiahao.baidu.com/s?id=1691933605246423590&wfr=spider&for=pc.

境的打造，喜欢“开门见山”地设置由头？

应当说，这与流行的评论编辑理念有关。今天的新闻评论，是从报纸评论演变而来的，并且报纸评论至今仍占据统治地位。报纸的版面空间有限，编辑要最大化地利用版面、尽可能多地编排几篇评论，评论的篇幅就会受到限制。为了保证每版的评论篇数（一般每版的评论为 5~6 篇），对评论内容进行压缩是最常见的编辑手法。开门见山陈述新闻事实，即呈现由头，而规避思辨性的评论意境，编辑觉得是提高评论的表达效率。受“效率”影响的评论编辑理念，形成了都市报评论的行文习惯，进而影响了网络评论的行文习惯。

国内新闻评论的教师对新闻评论的由头问题，在 2006 年就曾有过这方面的讨论。① 讨论的问题是由头在评论中的位置。

一种意见认为，评论由头的位置与知名都市报评论编辑的个人偏好有关。编辑在处理稿件时，将新闻事实放在正文的第一个自然段；或者在集纳几篇同题评论时将由头置于标题之下，几篇同题评论共享一个由头，这样做效果不错。在单篇评论独立编发时采取由头先行的做法，并不符合中国人的阅读习惯。专业化的新闻写作，强调叙事化写作。而评论写作，议论的成分较多，如何在有限的叙事篇幅里，将叙事和议论有机融合成一体，就显得比较重要了。如果在评论的开篇先不呈现新闻由头，而是先阐述一个大的道理作为“引言”，然后引入新闻事件，再发表个人的议论。这样的由头空间布局，既照顾了国人的阅读习惯，又显得自然。

另一种意见认为，开头的叙事的确值得讲究，因为开头的位置是一个优势位置，既承担着一下子吸引住读者的责任，也影响着全篇的节奏。摆在前头的，无非两类：一类是叙事（作为评论对象的新闻事实与作为由头的新闻事实、归纳出的问题、要批驳的别的观点，都属于叙事的性质）；另一类则是判断（结论、预测，都属判断）。

在新闻评论的开头首先叙事，通常是不可避免的办法。马少华老师曾引用徐宝璜先生在《新闻学》一书中关于社论中的事实与观点的论述：社论以批评新闻为事，故其结构，普通宜分为三部。首先特此多数阅者所注意之最近事实，简明叙出，以为批评之基础。次以种种理由而批评之。最后为结论。

但是，应该认识到，新闻评论中的叙事本身，不可能像消息中那样吸引人，因为它们往往是已经报道过、读者已经看过的事实。这就需要尽可能地由叙事这种客观性信息转入主观性信息：论点、判断。

---

① 马少华．与刘海明老师讨论评论开头的叙事处理［EB/OL］．（2015-10-15）［2023-01-05］．https：//bbs.rednet.cn/forum.php?mod=viewthread&tid=44798541.

总之，代表作者主观性信息的判断，应尽可能早地出现，它们是对读者的一个暗示：我已经思考和开始说话了，请别走开，并由此把读者带入自己的论证节奏之中。纯粹的叙事性内容是起不到这种作用的。①

文无定法。由头写作和由头的位置，也没有定法。在评论写作中，作者应依据自己的习惯进行选择，达到能满足观念传播的最佳效果即可。

思考题

1. 对比针对新闻报道和个人观察到的社会现象所写的评论作品，看看两种事实“由头”各有哪些特点。

2. 阅读最近的热点事件，尝试压缩新闻事实，写出由头，字数不超过 120 字。

3. 对比照搬新闻报道的评论由头和经过作者根据写作需要加工的由头，谈谈你的体会。

4. 对比先阐释道理和开门见山介绍新闻事实的评论，从阅读心理方面谈谈你的感受。

5. 关于评论的由头，对比十年前的评论作品与当前的评论作品，看看你能发现哪些变化。

---

① 马少华 . 与刘海明老师讨论评论开头的叙事处理［EB/OL］.（2015-10-15）［2023-01-05］. https：//bbs.rednet.cn/forum.php?mod=viewthread&tid=44798541.

Chapter 5

第五章　新闻评论的立论

第一节 如何寻找角度

在确定了评论的选题并完成由头写作后，我们将进入评论写作的立论阶段。

一、角度与立论

一则新闻事件，不同的人可以从不同的角度看待问题。评论写作者选择自己既擅长又能体现出新意的角度，提出独到的见解，这是评论写作的关键步骤。立论首先需要寻找角度。鲁迅的杂文《立论》①，是一篇非常独特的“立论”教学素材。在这篇杂文中，鲁迅写道：

> 我梦见自己正在小学校的讲堂上预备作文，向老师请教立论的方法。
>
> “难！”老师从眼镜圈外斜射出眼光来，看着我，说，“我告诉你一件事——”
>
> “一家人家生了一个男孩，全家高兴透顶了。满月的时候，抱出来给客人看，
>
> 大概自然是想得一点好兆头”。
>
> “一个说：‘这孩子将来要发财的。’他于是得到一番感谢”。
>
> “一个说：‘这孩子将来要做官的。’他于是收回几句恭维”。
>
> “一个说：‘这孩子将来是要死的。’他于是得到一顿大家合力的痛打”。
>
> “说要死的必然，说富贵的说谎。但说谎的得好报，说必然的遭打。你……”
>
> “我愿意既不说谎，也不遭打。那么，老师，我得怎么说呢？”
>
> “那么，你得说：‘啊呀！这孩子呵！您瞧！多么……。阿唷！哈哈！’”

透过《立论》不难发现：同样一件事情，每个人习惯站在自己的立场上分析判断，从中得出一则结论或者观点。观点形成的过程就是评论的立论过程。通常，一则新闻或一个社会现象跟每个人的关系密切程度不一样，因此不同的人对同一事件的看法就有很大差异。在评论写作中，一个评论写作者的观点可能会与其他写作者相似，但每个人的切入点和具体的判断依然会有所不同，这样，每个写作者的立论也就各具特色。

---

① 鲁迅．野草［M］．北京：人民文学出版社，2007：46-47.

评论必须有观点，评论写作需要寻找论点，也就是要立论。假如我们面前有一个西瓜和一把刀，然后每个人得选择从何处切第一刀，你会怎么选？这看似简单，但要是数学老师问你，究竟有多少种切分的方法，或者说究竟能切出多少种形状的西瓜，却很难回答。西瓜近似于球体，不论在什么地方切分都可以，但是，第一刀的切口，决定着被切分后西瓜的形状。

评论写作是围绕社会问题进行分析的。社会问题是什么形状的，相信很少有人会去追问和思考。在人们的印象中，社会问题非常复杂，假设社会问题跟圆形的西瓜相仿，不好找到分析的角度，这与切瓜时无从下手是一样的道理。评论写作，需要写作者将看似简单的社会问题当作圆形物体来对待，分析问题的过程也就是认识问题的来龙去脉的过程。

圆形看似规则，其实远不如长方形或者正方形规整。社会如此复杂，复杂到我们无法判断它的形状。要评判社会问题，需要评论写作者具备相应的学识和知识结构，评论写作者的知识储备量、个人阅历和分析问题的能力，决定了一名写作者如何寻找合适的角度去切入问题。不少公园的设计师会精心设计多个弯曲、曲折的小道，但游客可能反其道而行之，另辟蹊径，踩出一条新的小路。对于评论写作者来说，怎样才能找到令自己满意的角度？可以从多角度来立论，比如运用经济学的理论来分析社会现象，也可以借用路径依赖理论来分析这种群体心理和群体习惯。对同样一个问题，评论角度的切入点却有千百个。同一个话题，评论写作者可以从法律的角度来写，也可以从社会治理的角度来写，还可以从心理学的角度来写，但不能简单地指责。例如：

农村“剩男”结合城市“剩女”，别乱点鸳鸯谱①（节选）

农村大龄男青年普遍存在结婚难的问题，针对这一问题专家给出相应的建议：城市“剩女”多，农村“剩男”多，要结合乡村振兴工作……尽可能解决一些性别“结构”难题，如将农村“剩男”进行技能培训，“输出”到女性集中的行业和地区，也可以牵头组织跨区域“鹊桥相会”。

评论分析问题的角度没有固定的模式，解决城市大龄女青年的婚姻问题，可以有无数个切入点来分析。在这则新闻中，专家将作为社会现象的“剩男”“剩女”问题简单化，“撮合”建议未免不合实际。评论写作者应将自己擅长的知识领域作

① 刘丽婕.农村“剩男”结合城市“剩女”，别乱点鸳鸯谱［EB/OL］.（2021-02-16）［2023-01-05］.https://baijiahao.baidu.com/s?id=1691860640594193664&wfr=spider&for=pc.

为立论的角度进行分析。

二、角度的选择

角度的选择，实质上是从某一具体领域中发现新闻事件暴露出来的问题。对于评论写作者来说，每个领域都可以被视作一个“星体”，这样，所有的领域都包含着无穷的可供分析问题的角度。假如评论写作者把领域的选择当作切西瓜的第一刀，切开了就会出现一个“横截面”。于是新的问题出现了：是不是这样就找到了适合写评论的角度了呢？答案显然是否定的。因为这个“横截面”同样是一个“新的世界”，这样一来，需要评论写作者继续寻找可以切入的角度。也就是说，大的领域找好了，接下来还要继续寻找小的角度，如此反复多次，直到评论写作者认为无法继续切分了，剩下这个小界面才是可以供自己评论的“点”，也就是评论写作中所说的角度。在这个“点”上进行立论，就比较具体，也不容易人云亦云。例如：

拒绝闪送员进入，商场不能人眼看“衣”低[①]（节选）

2月13日，上海某商场，一名身穿闪送员制服的男子与家人逛商场时，被商场工作人员阻止进入，称需要男子脱下外套才能进入，男子十分气愤，感觉自己的职业受到歧视，随后双方发生争执，男子便将此事用手机记录下来，视频传至网络引起网友热议。

评论立论的角度选择，考验评论写作者思考的习惯。初学评论的写作者习惯从管理制度、法律规范的角度审视问题。在这则新闻中，工作人员要求闪送员脱掉职业装方可进入商场，有无内部规定尚不得知。这个新闻可以从多个角度切入，该篇评论的写作者选择职业装歧视，切口小，避免上纲上线，也贴近读者的阅读心理。

三、角度的确立

寻找角度，看似非常复杂，好像需要经历一个漫长的探寻过程，其实不然。角度的选择，也就是找到论点的过程，恰恰是“瞬间”的过程。之所以说它是“瞬间”的过程，是因为大脑在高速运转的过程中，无意识地调动了评论写作者所有的知识和经验储备。在这个短暂的过程中，必然有个“坐标”指引作者去科学地寻找角度，

---

① 殷建光．拒绝闪送员进入，商场不能人眼看“衣”低［EB/OL］．（2021-02-17）［2021-01-05］．https：//baijiahao.baidu.com/s?id=1691952060951827626&wfr=spider&for=pc.

否则就像无头苍蝇，全凭本能去撞大运了。如果将知识当作纬度，把每个人的经验当作经度，寻找角度的过程，就好比确定一个经纬度的过程。那么，保证经纬度的准确性，也就是评论立论的准确，需要评论写作者对自己所选择的纬度和经度非常了解。假如评论写作者对专业知识本身就一知半解，相关经验也比较欠缺，最终的立论自然难以精准。现实生活中，人可能会迷路，归根结底是经纬度偏差的结果。同样，蹩脚的立论，本质上也是经纬度偏差的结果。初学评论的写作者，总是觉得立论很难，究其原因，主要是自己对选择立论的领域不熟悉，个人的社会经验又比较少，论点不清晰、不新颖，写出来的评论，效果自然不理想。

这里通过一则新闻素材来讲讲如何寻找评论的角度。

云南继续发布干旱预警　未来6天丽江等地仍无有效降水①**（节选）**

截止到6月8日8时，云南除了昭通、红河、普洱南部、保山西南部、德宏有不同程度的降雨，其他地区基本以小雨或晴间多云天气为主，可以称得上是基本无有效降水。预计未来6天，丽江、楚雄、大理等地仍然无有效降水，气象干旱仍将持续，云南省气象台于昨日16时50分继续发布干旱橙色预警。

评论的由头，不会全部是新出现的社会问题，评论写作者也需要分析循环性的自然现象或社会问题。对于缺乏新颖性的选题，在立论时需要评论写作者多费心思。在上面这个素材中，似乎看不到太多的评论价值。我们在第二章讲过，寻找冲突是评论选题的一个重要依据。这个新闻中的冲突在什么地方？人与自然的矛盾，就是最大的冲突，这个矛盾就是云南这些地方有降水的需求，和这个需求暂时得不到基本满足之间的矛盾。看到这个选题，可以思考一下怎么立论，也就是如何寻找评论的角度。

如前所述，不同的学科知识，也是一个不同的领域。寻找角度，首先选择适合自己分析问题的具体领域。天气干旱的新闻每年都有，这样的新闻如果被要求写评论，评论的立论不能简单地从抗旱救灾或者从慈善的角度号召公众捐款来立论。这两个角度不是不行，而是太平庸，既没有新意，也没有深度。这样的立论，如果是自由投稿，被媒体采用的概率也会比较小。

其次看看还有哪些领域可以切入。干旱涉及的领域很多，除了管理学和社会学的角度，其实还可以从历史学、地理学、生物学和心理学的角度来分析。

---

① 周春美.云南继续发布干旱预警 未来6天丽江等地仍无有效降水［EB/OL］.（2019-06-08）［2022-01-05］. https：//baijiahao.baidu.com/s?id=1635755917175702900&wfr=spider&for=pc.

一来看看历史的角度。一个地方的干旱，可能是当前的短暂现象，也可能是历史遗留问题。评论干旱问题，可以从历史角度寻找不同历史时期下一个地方或者整个中国的旱涝情况。如果评论写作者对历史感兴趣，可以看看历史上当地政府是如何兴修水利的，看看古代的律法中有关干旱的问责制度，这里又涉及了法律知识。可见，从历史脉络中发现问题，也有不少可以立论的角度，每个角度都有值得分析的问题。

二来看看地理的角度。单从字面来看，不少人一看到“云南”，立即想到的是香格里拉，想到的是丽江、红河以及九龙大瀑布，这些地名很难让人把云南和干旱联想到一起。近年来，云南干旱的新闻并不少见，这和人们想象的情况不大一样。如果选择地理的角度来立论，可以通过地形图来找问题。地形图上的云南有绿色的地方，但红黄色的地方也不少。如果再进一步往前看，可能会发现云南绿色的面积在减少。这样，就可以通过地理知识来分析出现这种状况的原因，再由地理知识进一步延伸出林业保护、水利工程等问题。如果对比，则可以看看毗邻云南的周边国家，这些国家在地形图上的颜色有何变化。如果变化不大，又能反映出什么问题？这样，地理这扇门，是不是给评论写作者寻找角度又打开了许多扇小门呢？

三来植物学的角度也可以考虑。干旱必然影响植被，也影响到水中的动物。如果干涸的河道里，小动物们为水资源而“厮杀”，是不是也能从中解读出一点新意？

四来可以从心理学角度评论。同样是干旱，政府部门是如何看待的？新闻媒体是如何看待的？当地居民是如何看待的？其他地方的人是如何看待的？到云南旅游的游客又是如何看待的？如果评论写作者还有兴趣，可以看看不同历史时期的人们对干旱的心理，这样衍生出来的每个小问题，都可以单独写成一篇评论。

评论的角度如浩瀚的星空，寻找角度需要评论写作者善于仰望星空，找到自己心中的那颗“北斗星”。

第二节　立论的原则

一、事实与价值

在日常生活中，人们需要注意区分事实和价值，一旦缺乏这种分辨力，将导致思维的混乱。对于事实与价值的区分，可以通过学习教育来进行。比如，在小学教育阶段，可以给学生提供一段既包含事实也包含观点的文字，引导学生在比较接近的叙述中，学会区分哪些是事实，哪些是观点。例如：

图 5-1　事实与观点示意图

在图 5-1 这个例子中，如果告诉学生事实的陈述和观点的阐发在词性选择和语法结构上的不同之处，相信学生就可以较为容易区分出事实与观点：左图为冰激淋很好吃（观点）；右图为冰激淋一般是用牛奶制品做的（事实）。

事实与观点的区分，是评论写作者的基本功。自媒体兴起，新闻文体受到冲击，有的新闻叙事者混淆了事实和观点，造成了新闻文本的夹叙夹议现象，这不利于公众识别事实与观点。

评论写作的立论，首先需要知道什么是事实，什么是观点；什么是事实判断，什么是价值判断。

所谓事实，是指客观存在的一切物体与现象、社会上发生的不平常的事情和局势及情况的变异态势。[①] 新闻评论中所涉及的事实，主要是报道中新闻事件的核心内容。关于价值，从认识论的角度讲，价值是指客体对主体基本需求的满足程度。许多时候，价值表现为一种偏好，媒体的偏好在于塑造受众的信息消费习惯。在评论写作立论时，写作者应考虑评论编辑和公众的潜在需求，这种不引人注目的潜在需求反而更有剖析的意义。

事实判断与价值判断是两种常见的判断类型。一般来说，对新闻具体事实的分析属于事实判断，如“今天发生的一起车祸”；对公众与新闻事实之间价值关系的肯定或否定属于价值判断，如“这起车祸很惨烈”。区分事实判断和价值判断，可以帮助评论写作者在立论的时候对社会文化领域中的各种思想理论保持清醒的分析批判态度。

---

① 李岩，丁旭．“事实—真相”与“后真相”的叙事之辨［J］. 现代传播：2022（2）：9-16.

对事实判断和价值判断概念的认识，很难通过有限的概念区别并真正掌握。评论写作者甄别事实和价值，关键是在立论和论证的过程中，做到事实判断要正确，价值判断要合理，这是评论写作非常关键的地方。在新闻评论实践中，有的写作者注意区分事实判断和价值判断，评论的立论以事实为出发点，价值判断也以事实为准绳，在此基础上做出价值判断，尊重事实，从事实中引申出相应的观点。但有的评论写作者，不重视事实，忽视了事实判断，将价值判断凌驾于事实判断之上，这样的观点就很容易脱离实际，也容易以偏概全，上纲上线。

二、立论的原则

评论写作者深受传统文化和社会环境的影响，传统文化和社会环境的印记直接影响写作者分析问题的切入点。在我们的传统文化里，“文人论政”的影响深远，这种习惯养成了国民关注社会问题的良好传统，但文人的发散思维冲淡了理性思维，人们在谈论社会问题时容易把观点和事实搅在一起。这样，人们重视观点的正误而忽视了论题所依据的事实本身。当事实的重要性下降，意见的对与错可能刺激人的非理性思维，这就涉及评论立论的第一个原则：理性。

在人们的印象中，媒体上刊载的评论都是理性的，这显然是直觉判断导致的错觉，与事实不符。网上有一种“咆哮体”，还有一种“吓尿体”，虽然这类文章并不全是评论，但确实存在于一些评论之中。特别是在一些跟进形势的评论中，有的评论写作者在立论时追求的是蹭热点和搏出位，为蹭热点不惜以观点的另类来吸引他人的眼球。这样的立论原则，违背了新闻评论立论的理性原则。当前，越来越多的评论写作者已经将“理性”作为评论立论的首要原则。这是因为，新闻评论是说理的，不是发泄的也不是煽情的，更不是挥舞大棒伤人的。

一般来说，主流媒体的评论比较重视理性发表看法。例如，在《“茅台候选院士”需经得起舆论审视》[①]这篇评论中，作者没有单凭直觉得出的结论进行简单的道德遣责，而是强调院士遴选的专业性，论点理性，给读者以更多判断的余地。

评论立论的第二个原则是深度。在新闻评论的构思过程中，追求立论的深刻性是评论写作者的基本追求。赵振宇认为：“评论的深刻是评论文章有别于其他文体的本质所在，是评价一篇文章水平高低的重要标准。”[②]

---

① 马小龙.“茅台候选院士”需经得起舆论审视[EB/OL].(2021-02-18)[2023-01-05].https://baijiahao.baidu.com/s?id=1691990971525790224&wfr=spider&for=pc.

② 杜涛.在别人停止思考的地方继续思考——浅谈新闻评论立论深刻的思维与技巧[J].传播与版权，2014(2)：5-6.

一篇评论的立论能否透视社会问题的本质，关键在于评论写作者认识问题的能力。“深刻”是相对的，评论写作者的理论水平和观察问题的能力不同，分析问题的深浅必然存在差异。通常所谓的“深刻”，是指发现他人所未发现的东西，而这样的深刻认识无法一蹴而就，它是写作者站在前人的肩膀上，偶然在某个地方就有了独特的发现。深刻的见解往往与当前流行的观点存在明显差别，正是这样的差别为公众重新认识一个问题打开了一扇新的观察窗口。深刻与流行的背道而驰，意味着评论写作者承受被质疑的压力，因为深刻的实质是对现存主流观点的一种变相否定，这种否定需要挑战世俗的观点，需要经得起普遍的质疑。日本学者中西辉政指出：“有时，越是采取异端的想法，越能在思想中挖掘出深度。反过来说，就是时时警醒自己不要陷入‘想法越靠近主流就越正确’的错觉里。”① 评论写作者的立论要有深度，应善于抓住事物发展的规律，进而获得深刻见解。例如：

是什么限制了研究生的“问题力”②（节选）

在研究生教育大踏步发展的今天，研究生提出问题的能力（“问题力”）在很大程度上衡量着研究生教育质量的高低。提不出问题，就是最大的问题。对此，有学者指出，正是以教师为主导的学习模式，使学生的思维陷入“惯性停滞”状态。不过，把学生思维的“惯性停滞”责任推给某种学习模式，这实在经不起推敲。学习模式对学生思维有影响，但不该是决定性因素。教师主导的教育方式利弊兼有，把研究生提不出问题的板子全部打在老师的屁股上，这也恐难令人信服。

问题的实质是困惑，而困惑在于认知的超越。提出有价值的问题，是学生超越自我、超越同学的体现。卓越的品质源于自我超越，这是学生最可贵的品质。遗憾的是，在大学校园里，学生普遍看重的是有形的成绩，而忽视了内在的“问题力”。究其原因，在于一些人的荣誉感世俗化和庸俗化了。

当“问题力”的荣誉感缺席，分数和论文发表的获得感被贴上了“荣誉”的标签，有没有问题意识和能不能提出问题反而变得可有可无。长此以往，学生兴趣的偏移，扼杀了他们的自由探索精神。在这方面，不用反思经验生活，不必运用抽象思维的量化研究盛行，就是“问题力”贬值的写照。

面对司空见惯的现象，评论写作者要提出自己的见解，追求独到的见解。现在

---

① 杜涛．在别人停止思考的地方继续思考——浅谈新闻评论立论深刻的思维与技巧［J］．传播与版权，2014（2）：5-6.

② 刘海明．是什么限制了研究生的“问题力”［N］．光明日报，2020-08-21（2）.

的研究生不会提问、不敢提问，造成这种现象的表层原因不难罗列，深层原因需要评论写作者进行深入思考。不人云亦云是评论立论追求的目标。

评论立论第三个原则是新颖。立论不新，就很难被别人欣赏。全民创造，说起来容易，真正把它变成现实，又是非常难的一件事。很多人都想搞创新，甚至宣称要获诺贝尔奖，这其实都不是容易的事。有创新的动力不是坏事，这种动力将驱使人行动，行动将带来创新的可能。评论实践的过程也是观点创新的过程，只要评论写作者动手写，就能迫使自己发现问题、思考问题，很多问题在写的过程中就会逐渐明晰，这实际上就是一个创新的过程。有时，观点的折中也是一种创新。比如，一些传统节日，喜庆或严肃的氛围鲜明，人们过节的时候寒暄也没有那么多的顾虑。而端午节似乎有点例外，不少人不知道该如何打招呼，人民网评曾发表李泓冰的评论《端午安康还是端午快乐？何必拘泥于此》，解答了很多人的困惑，因为太多人纠结端午节的问候方式，这个折中的观点，反倒给人一种新颖的感觉。

除了折中可以产生新颖的艺术效果，观点的偏移也可以产生意想不到的新意。例如，茅台股份受总工程师成为院士候选人的舆论影响，股价一度狂跌 5%。面对股价的狂跌，人们都知道这与院士候选人事件有关，但立论如何新颖，显然并非易事。雪球网上的注册用户“青春的泥沼”写道：“很多人问白酒为啥跌……青春的泥沼告诉你——那是因为贵州茅台出了院士，变成科技股。”将茅台股价大跌的原因归结为“变成科技股”，虽然是调侃，但因为是讽刺而颇具新意。

评论立论的第四个原则是建设性。评论写作的终极目标是改良社会。既然是改良，就要有真知灼见，对解决社会问题有促进作用。新闻评论要有作者自己的调查、观察和思考，只有积累了足够的知识和经验才能理性地分析某件事情，思考的终极目标是提出改进的建议，这种建议通常被称作建设性意见。如果说杂文的重点是讽刺，那么，评论的落脚点就是建设性意见。例如，《新京报》发表过一篇环保人士刘华的评论《“海底捞垃圾被拒运”：餐厨垃圾分类难在哪儿》[①]，作者写道：

> 本质上，减量才是垃圾分类工作的终极目标……而要实现“垃圾减量”乃至“无废”的目标……也需要从垃圾收运、处置的全链条来保证体系的完善，更需要从政策法规、奖罚机制、绩效评估、公众教育、NGO 等多方参与的整个体系的治理来下手，落实源头减量，避免垃圾分类的工作浮于形式、毁于表面。

① 刘华 .“海底捞垃圾被拒运”：餐厨垃圾分类难在哪儿［N］. 新京报，2019-06-12（A4）。

第三节 立论的方法

评论是对新闻事实的追问，缺乏追问就无法透过事物的表象看到深层的问题。新闻专业的学生，提问是最基本的职业能力。提出有价值的问题，是评论写作者的基本能力。关于今天的大学生（含研究生）会不会追问，并非多余的问题，而是具有共性的问题。①评论的立论过程，也就是提问的过程。

一、创意思考的方法

提问是每个人都应该具备的一项基本技能，但是怎样才能提出有价值的问题呢？有效的提问建立在深度思考的基础之上，什么样的思考能帮助我们提出“有价值”“有看点”的问题呢？在《一本小小的蓝色逻辑书》②中，作者提供了8种创意思考的方法：水平思考、发散性思维与聚合性思维、思维导图、魔鬼代言人、点子杀手和点子孵化器、头脑风暴、重述问题、推销创意。

其中，与评论写作相关的思维方法，主要是“水平思考”和“点子孵化器”。这里，我们简单介绍一下这两种方法。

第一种方法是“水平思考”。这是一种区别于“垂直思考”的方法，它讲究曲线思考，即兴发挥，注重低概率事件和“跳出盒子”的思考模式。水平思考要求评论写作者避免“程序性反应”，毕竟，人们的思考不是刷牙、洗脸、问好这样程序化的事情，而应当更多地启动“非程序化反应”，在遇到事情时反其道而行。

第二种方法是“点子孵化器”。运用“点子孵化器”的创意思维，一定要避免三方面的问题：一是不敢怀疑显而易见的事，二是急于批判新点子，三是害怕“自己看上去像傻瓜”。只要我们敢于怀疑司空见惯又显而易见的事情，在有新想法时不急于去评估，克服“自己看上去像傻瓜”的心理，全力开动大脑，那么，就很容易“孵化”出新点子。

在评论写作中，“点子孵化器”需要评论写作者从一个事实出发，设置一个现实世界并不存在的命题，并按照其可能存在的逻辑进行推理，最终得出合理或不合理的结论。比如，在评论作品中，评论题目以“假如……”开头的句式，就是作者

---

① 刘海明 . 是什么限制了研究生的“问题力”[N]. 光明日报，2020-08-21（2）.

② 罗伊尔 . 一本小小的蓝色逻辑书［M］. 北京：九州出版社，2016：15-45.

创意思维的演绎。①

二、立论的“树根法”

本书提到的“发散思维”，我们将它称作“树根法”（如图 5–2）。写作知识属于“缄默知识”，这类知识很难言传身教。这里，我们提出评论立论的“树根法”。

图 5–2 “树根法”示意图

“树根法”有点类似新闻策划和心理学讲的发散思维。看到一个新闻事件，我们脑子里瞬间会有很多想说的话。这个时候如何运用“树根法”来找角度和立论呢？

理清思绪，光靠脑子高速运转还不够。这个时候不妨拿出一张纸，用笔把你瞬间能想到的东西全部记录下来：可以先画个圆圈，一个想法就是一个树根，每个树根下用两三个字标注出来。在精神病理学中，“头脑风暴”（brain–storming）用于指代无限制的自由联想和讨论，以激发人的想象力。在创造学中，“头脑风暴法”被称作“智力激励法”或“自由思考法”，它接近于通常所说的“发散思维”，在评论写作实践中，这种整理思绪、寻找论点的方法即“树根法”。通过这样的快速记录，在一个大圆圈下，若干个细小的枝条蔓生出来，评论立论的总论点就产生于这里。也就是说，在众多的树根中，总有一个最适合评论写作者的观点，当评论写作者从这里选一个作为自己的论点时，就能避免与别人观点的相撞。

三、立论与标题

评论的论点与标题之间存在着密切联系，这种联系可以归纳为以下三句话：标

---

① 王牧 . 想起那出话剧《假如我是真的》[EB/OL] .（2006–11–16）[2023–01–05] . https：//news.sina.com.cn/o/2006-11-16/122710519143s.shtml.

题源自论点，标题表达论点，标题检验论点。

标题是评论的灵魂，“树根法”的目的是找到评论之魂。这个“魂”，也就是新闻评论的总论点。找到一个好的论点，一篇评论就成功了一半。找准论点，相当于找准新闻评论的魂。评论写作者应站在社会发展的全局观上，发现新闻事件中的各方诉求，并将这些诉求置于广阔的社会空间中，找到公众普遍关注的诉求，再对这种诉求的正当性和迫切程度进行分析。也就是说，评论写作者要深入“社会的痛楚之地”，触碰“社会的敏感之处”，发现“时势的非常之形”，碰撞出“评论的智慧火花”。①

至于这个“魂”如何找，常见的评论立论包括以下几种方法。

第一，评论写作者需要依据新闻事件发展的趋势，抓住典型问题来设计论点。这就需要评论写作者像医生诊断病症那样，透视一个新闻事件的本质，并在透视问题的过程中善于捕捉该新闻事件与众不同的新问题，从中发现当前社会变动的“风向标”，以此确立具有一定深度的论点。评论写作者要善于从政治、经济、文化、教育、科技新闻中找论点，通过阐述重大主题来澄清思想误区，根据社会发展趋势形成自己的判断，见微知著，顺势而为，找出论点，这是立论的重要方法。例如：

表演“完美”也是形式主义②（节选）

层层传导的完美主义，也是官僚主义表现之一。形式主义与官僚主义是孪生关系，必须用务实作风克服形式主义以治标，用实事求是反对事事追求表面完美的官僚主义以治本。各级考评体系和社会各界要理解基层工作的复杂性，社会也不妨给基层工作者留出“通向完美”的时间。

长期以来，反对形式主义与形式主义的较量从未停止，但是，杜绝形式主义是政府历来狠抓的工作之一。这篇评论抓住反对形式主义这个“魂”，围绕一些地方喜欢通过表演“完美”遮盖形式主义的做法来立论，这样的立论属于典型的“顺势”而论。

第二，评论写作者需要采取逆向思维的方法，选择别人不愿意想或者不敢想的角度思考问题，按照“顺时针”的方向进行思维，对于新闻事件的分析，也是遵循因果联系的原则，力图从中发现前因后果。在现实生活中，未必所有的事情都遵循

① 郑天放．找魂——谈新闻评论立论的几种方法［J］. 西部广播电视，2013（6）：53，54，56.

② 廖德凯．表演“完美”也是形式主义［EB/OL］.（2021-01-12）［2023-01-05］. https：//baijiahao.baidu.com/s?id=1688688299581668963&wfr=spider&for=pc.

因果规律，这就需要评论写作者在审视问题时，既要尝试因果分析，也要采取逆向思维的方法，打破常规的因果关系，从中发现与众不同之处。这样写出来的评论，可以增加新闻评论的可读性。用逆向思维确立的论点，可以揭示新颖和更加深刻的主题，从而获得不一样的传播效果。例如：

青少年防沉迷系统能否真正“防”住？[①]（节选）

进入“青少年模式”后，用户的使用时段、在线时长、服务功能等会受到限制，且只能访问青少年专属内容池。但“新华视点”记者调查发现，这类系统存在不少漏洞，实名制形同虚设，有的孩子甚至在网上随便找个身份证号码就顺利登录了。此外，网上还流传各种几十块钱的攻略，轻松破解系统限制。一些家长戏称，防沉迷系统“防了个寂寞”。

按照研发部门的说法，“防沉迷系统”可以预防青少年沉迷于网络。这篇评论采用逆向思维的方法，从质疑该系统的有效性立论，提醒读者不可完全轻信商家的宣传。

因此，在下笔布局一篇新闻评论时，我们需要更加冷静地找论点，从不同的角度来揣摩新闻事件的正反面，在正反面中再寻找次一级的正反面，这样才能不随大流、不落俗套、打破常规。以前所未有的角度来认识事物、评论事物，反而能收到更好的效果。

原朝日新闻社社长崛铁藏指出：“今天的独家新闻与以往有很大不同。在多媒体并存的时代，已经报道过的事件中往往隐藏着独家新闻，记者要去揭开已知事件中尚未公开的秘密，这是当代独家新闻的一大特点。”[②] 这个观点与当前流行的观念不同。按照当前的主流观点，在社交媒体时代，独家新闻更多是一种理想。但是，对于评论实践来说，独家观点并不会因为知晓的人多或者评论写作者队伍的壮大而消失。评论的观点竞争，最终拼的是对问题认识的深刻程度。面对不同的新闻事件，评论写作者需要搞清楚事件背后隐藏着什么，找到事件发生的根本原因。

第三，找到评论立论的“魂”，评论写作者还应学会使用原因分析法。

所谓原因分析法，是指从已经存在的事物出发，追寻事物存在的原因。原因分析法以现时实存的事物为“果”，也就是人们常说的问题或“现象”；它追寻的是

---

① 王雪婷 . 青少年防沉迷系统能否真正“防”住？［EB/OL］.（2021-02-03）［2021-01-05］. https：//baijiahao.baidu.com/s?id=1690662077981340418&wfr=spider&for=pc.

② 宋悦 . 突发事件报道应把握的三个层面［J］. 江苏广播电视大学学报，2006（5）：69.

在实存事物出现前的那些条件，也就是我们通常所说的前提（根据）。在评论立论过程中，评论写作者在认识到实存事物的原因，也就是寻找到一个新闻事实的来由之后，再建立观点，这样的立论就不会停留在事物的表面，而是具有某种深刻性的品质。

原因分析法只是笼统地阐述造成实存事物的先决条件，在评论的立论过程中，评论写作者对诸多原因的把握程度，即这些原因所在的层级不同，立论的深刻性又有高低层次之别。当评论写作者的认识能力足以揭示事物的底层原因时，立论才是最深刻、最理想的。需要说明的是，这里所说的“最深刻”“最理想”，仅限于评论写作者自身。可见，在运用原因分析法时，为了获得最理想的立论，需要进行剥笋式分析，探索出事物现象的最终原因，最终提炼出比较深刻的论点。例如：

这届年轻人缘何产生养老焦虑？①（节选）

媒体近日开展的一项调查显示，在1,000多名18—35岁的被调查者中，接近9成的青年认为有必要从现在开始考虑自己的养老问题。此前，某地年轻人组团买房试验“同居式”养老、抱团养老等新闻也引起不少的关注。

从未富先老到年轻人忧虑养老，这样的社会心理亟待评论写作者进行思考，给出令人信服的答案。这篇评论以剖析造成年轻人的养老焦虑入手，分析造成这种现象的深层原因。

第四，评论立论的另一种思维方法是背景分析法。原因分析法遵循时间变化的先后秩序，这种先后衍生的过程中都隐含着造成下一阶段事物变化的原因。原因分析法中的原因多种多样，评论的立论无法将所有的原因作为对象，这样，立论需要针对某个具体的原因进行深入的分析，思考那些具有共时性和状态性的原因，这就是所谓的背景分析法。背景分析法旨在思考造成一个新闻事件的社会原因。例如：

是什么导致“脱欧”迈向“拖欧”②（节选）

英国议会下院12日晚以压倒性多数再次否决“脱欧”协议，给举世关注的英

① 杨舸．这届年轻人缘何产生养老焦虑？［EB/OL］．(2021-02-08)［2023-01-05］．https：//share.gmw.cn/politics/2021-02/08/content_34609488.htm.

② 杨晓静．是什么导致“脱欧”迈向“拖欧”［EB/OL］．(2019-03-13)［20223-01-05］．https：//baijiahao.baidu.com/s?id=1627852854015200929&wfr=spider&for=pc.

国“脱欧”进程带来新的不确定性。面对“无协议脱欧”与“推迟脱欧”的二选一，“拖欧”日益成为“不坏的抉择”。

虽然后来英国最终成功脱欧，但这篇评论发表时，正是英国与欧盟为此闹得僵持之时，这篇评论通过驻外记者掌握的大量事实，重点分析了“脱欧”缘何变成了“拖欧”的复杂社会背景，而这也正是中国读者急于了解的知识，这是背景分析法的价值所在。

第五，在评论写作的立论中，功能分析法也是一种常见的思维方法。社会是一个有机体，而新闻所聚焦的问题只是社会有机体中一个微观的问题。这样的问题对于整个社会发展来说意味着什么，评论写作者应透过研判查找相关的原因。功能分析法侧重于分析新闻事件将在舆论场产生的影响，对于现实空间的社会秩序造成的影响，以及这些影响的作用是积极的还是消极的。评论写作者在分析新闻事件的社会影响时，已经跳出了具体的新闻事实，而是从微观、中观和宏观三个层面查找与新闻事件相关的原因。在此基础上立论，评论观点就站得更高。例如：

正视“以刊论文”带来的严重后果①（节选）

“以刊论文”，简言之，就是学术论文只有发表在某类规定期刊上才能被算作学术成果。说得直白点，在国内一些教育、科研机构及其上级管理部门，只承认发表在“SCI”“SSCI”“C 刊”等“核心期刊”来源上的学术论文已有相当长一段时期了。

“以刊论文”的理论依据应该是“以刊评文”，即以学术论文所发表的期刊档次来认定学术论文的质量。这里就存在一个核心问题，就是对学术论文的评价可否以其刊登的学术期刊来决定？答案显然是否定的。学术期刊是学术论文的载体，学术论文是学术成果的体现，从根本上说，学术成果的学术价值在于对国家、社会的实际知识贡献，怎能由期刊说了算？

这篇评论就是通过分析只认期刊论文的评价方法可能造成的危害，全面分析这种评价方式的功能缺陷。

第六，评论的立论过程中还有一种思维方法，即角度变换法。在社会学语境下，评论写作者审视同一新闻事件，每个人的出发点不会一样，分析新闻事件问题

---

① 樊秀娣 . 正视“以刊论文”带来的严重后果［N］. 中国科学报，2019-06-05（1）.

的每一个立足点，都可以作为评论立论的依据。社会是复杂的，新闻事件也是复杂的，一个出发点或者立足点，无法保证评论写作者全面认识事件的本质问题。角度变换法，就是在评论立论时，要求评论写作者从多个角度看问题。角度变换的方法灵活多样，并无固定的模式可供选择，这主要依据评论写作者的即兴自由组合。下面，我们提供几种供参考的角度变化方法：当舆论场对新闻事件普遍持肯定态度时，可以选择从少数肯定的态度寻找立论的可能性（逆向思维）；每一种意见都有其合理性，肯定性的立论需要观照否定性的问题，反之，需要观照肯定性的问题（全面思维）；在分析微观层面的问题时，也需要把握宏观层面的问题（全面思维）；单一维度的认识应转向多维度的全面认识（立体思维）。

第七，最后一种思维方法是时机变换法。在观察社会变动时，评论写作者所立足的时间节点不同，对于同一事件的看法可能有着明显的差异。评论写作者的知识积累、思想境界和社会地位不会一成不变，他们的心境和人际关系也处于动态的变化之中。只要其中一个因素发生变化，审视问题的立场和对问题的定性都可能不同于以前。在评论立论的过程中，评论写作者的综合因素是给定的，有经验的作者会设身处地多变化时空场景思考问题，这样的立论更具共情性，论点也更具新颖性。例如：

人人皆需重新审视健康责任①（节选）

新冠肺炎疫情防控是一场人民战争，一切为了人民，一切又紧紧依靠人民。应对公共卫生问题，创造健康的社会生活环境，必须有公众的广泛参与，而这正是爱国卫生运动的核心理念之一——走群众路线。这与新时代建设健康中国提出的人民共建共享的理念一脉相承。

健康责任的问题每个时代都在思考，这篇评论是针对新冠疫情的重新审视。同样的问题，因为时间发生变化，人们对同一问题的思考也有所不同，立论的角度随之变化。

在评论立论过程中，上面介绍的立论方法往往需要综合运用，只是侧重点有所不同。

思考题

1. 从评论写作的角度谈谈你对鲁迅杂文《立论》的看法。
2. 谈谈你在写作评论时，习惯从哪些角度思考问题，并给出相应的理由。

① 人人皆需重新审视健康责任［N］. 健康报，2020-04-07（1）.

3. 评论贵在有思想的深度，如何才能追求立论的深度？

4. 谈谈你对立论原则的认识。

5. 根据教材对“树根法”的讲解，尝试运用这个方法寻找论点。

6. 依据教材介绍的四种立论的角度变换法，各寻找一则相应的评论进行分析，并谈谈自己的收获。

Chapter 6

第六章　新闻评论的论证

第一节　评论论证概说

在评论写作实践中，确立了论题，需要围绕论题展开论证。评论的论证，可谓“有论无类”。这里，选择一个非主流的论证方式进行阐述。

喜欢听笑话是人的正常心理反应。听完一个笑话，仔细回味是什么原因让人们开怀大笑，这就超越了娱乐消遣而成为一种良好的学习习惯。

一、逻辑矛盾与论证

在评论写作过程中，笑话的价值并不仅仅在于公认消遣和娱乐，关键在于要从笑话中发现逻辑方面的破绽，以后自己在着手论证某个观点时，避免制造类似的破绽。先来看一个笑话，如图 6-1。

图 6-1　笑话示意图

有道是“说有容易说无难”。当一个人抱怨成年人没有容易的事情时，这个论点如何论证我们不清楚，但这个“盾”很快就给别人用一个“胖”字当作“矛”给捅破了。这个笑话告诉我们，写评论的时候立论难，立论之后如何论证好自己的观点，更不容易。

二、评论论证的公式

所谓论证，是证明论点的正确，也就是人们通常所说的议论。论证决定着一篇评论能不能写好。由此可见，论证对学习新闻评论写作的重要性。

新闻评论写作的论证，实质是用论据证明论点，用分论点证明总论。用通俗的话说，就是摆事实、讲道理。这里，我们将论证概括成一个公式：

总论点 =A（分论点）+B（分论点）+C（分论点）

在这个公式中，总论点即通常所说的评论标题，分论点即论证标题的理由，即核心段落的段首句。为直观起见，我们来看一则评论《收假收心更应铆足三股“劲”》①，这三股劲分别为：一是收心提神铆干劲，二是汇聚力量拼闯劲，三是聚焦作风下狠劲。在这篇评论中，总论点铆足三股“劲”= 分论点 A（铆干劲）+ 分论点 B（拼闯劲）分论点 C（下狠劲）。三个分论点紧紧围绕总论点进行论证，三者叠加起来，印证总论点。这样的公式，适合刚接触新闻评论写作的人学习。

依照这个公式，论证的过程是一个完整的逻辑推理的过程，这个推理并非抽象的逻辑，而往往建立在评论写作者深厚的学识和生活阅历的基础之上。

评论的论证是根据特定新闻事实所发表的评论，可以说，新闻事实就是评论的论据。但是，新闻“由头”本身并不能作为全部的论据，需要其他论据，特别是事理论据去加以证明。所以，评论的论证过程，更多是逻辑推理的过程。

三、论证与逻辑

新闻评论的魅力在于评论写作者所提供的独特见解以及这种见解所具有的逻辑力量，这种逻辑力量会使得评论的论证看起来和读起来无懈可击。很难设想，一篇逻辑混乱的评论如何自圆其说，这样的评论怎样说服他人。新闻评论写作，很重要的一点是要学习形式逻辑知识，要懂得概念、判断、推理，同时懂得同一律、矛盾律、排中律。如果评论写作者不了解形式逻辑的基本原理，对于所设立的论点就难以展开有效的论证，甚至可能逻辑混乱，导致论证的自相矛盾，无法令人信服。关于这一点，我们在后面将进一步分析。

同一律是形式逻辑中的一个基本规律。同一律要求评论写作者在论证推理的过程中，遵循思维的同一性，也就是在同一意义上使用概念和判断，如果在论证过程中概念的使用混乱，将导致结论无效。

---

① 张毅 . 收假收心更应铆足三股“劲”［EB/OL］.（2021-02-17）［2023-01-05］. https：//baijiahao.baidu.com/s?id=1691952058308471492&wfr=spider&for=pc.

矛盾律是传统逻辑的基本规律之一。它通常被表述为 A 必不非 A（A 一定不是非 A），或 A 不能既是 B 又不是 B。在评论写作的论证中，要求评论写作者在同一思维过程中，对同一事实不能同时做出前后两个相互冲突的判断。在评论写作实践中，有的写作者对同一事实可能存在矛盾的判断，使人不知所云。

排中律是形式逻辑的基本规律之一，指同一个思维过程中，两个思想不能同假，必有一真，即“要么 A，要么非 A”。在评论写作实践中，排中律要求评论写作者在同一思维过程中，不能对两个不能同假的论点（矛盾关系、反对关系）在一篇评论中同时予以否定。

仅靠形式逻辑学的知识并不能完成新闻评论的全部论证。在评论写作论证的过程中，论点必须围绕由头及其与之存在相似性的事实来论证，否则评论就失去了针对性。此外，论证所使用的论据是否客观有效，这关系到论证的可信性。论据的有效性强调的是论据的针对性，而不是形式逻辑的无误。一篇合格的新闻评论，仅有形式逻辑的正确，未必能触及实质性的社会问题。

关于评论的论证，不应将论证的过程仅仅理解成逻辑推理的过程。毛泽东把思维的过程理解成“调查和研究的过程”。他指出：“概念、判断的形成过程，推理的过程，就是从群众中来的过程，把自己的观点和思想传达给别人的过程，就是回到群众中去的过程。”[①] 不同于哲学家抽象地谈论推理，毛泽东是将推理置于社会现实的土壤中，强调调查和研究对论证推理的重要性。对于评论写作而言，同样需要写作者重视参与社会实践，把来自实践的经验用于评论写作。

评论的论证需要一定的材料支撑，而论证所需的材料，应经历一个由少到多再由多到少的提炼过程。

评论写作者要把论点充分展开，除了对评论所要论证的关键问题相当熟悉，还要有自己的深入思考。评论写作者对所评论问题认识的深刻程度，与其所掌握的专业知识和全面的数据，以及对该问题的形成原因和综合影响的全面程度密不可分。写作者要知人论世，只有这样才能展开论述。

由此及彼，是一种由少到多的过程。世界处于彼此联系之中，当评论写作者孤立地研究某一事物时，对问题的分析难免受到限制；但当评论写作者把视野扩大，由这一种事物触及与它有联系的其他事物时，很可能会茅塞顿开、文思如潮。

例如，在《由“艺考”想到的》[②] 这篇评论中，作者分别从美术考试的方式方法

---

① 中共中央文献研究室 . 建国以来重要文献选编（第十一册）［M］. 北京：中央文献出版社 .1994：54.

② 根华 . 由“艺考”想到的［EB/OL］.（2019-03-10）［2021-01-05］. https：//www.sohu.com/a/300336128_999 38234.

值得思考、“艺考”为何一再沦为“学习成绩欠发达”学生的“避风塘”、艺术需要全方位的知识三个角度进行分析。在这篇评论中，“此”为艺考，“彼”为艺考背后的历史传统和综合能力。通过“彼”反思“此”的问题。这样的论证，既避免了泛泛地批评，也增加了评论的厚度。

评论的论证过程要经历一个由表及里、由少到多的过程。看到一则新闻，评论写作者首先看到新闻事件的表象，这只是观察新闻事件的第一步，在获得感性认识的基础上，还需要在对表象事实的对比与反思中发现那些具有本质性的东西，这对于新闻评论的写作者尤为重要。一个事件的本质不是简单的一个点，也不会一次性找到构成本质的全部要素。这就需要评论写作者在短时间内遵循由浅入深、由表及里的路径，逐渐发现他人未曾发现的东西。评论的论证，需要评论写作者掌握所论证对象的规律性。

除了由表及里，在评论写作中，还要善于从一则具体的新闻事件出发，在空间上逐渐向四周延展，在这种延展中把与之相关的新闻事实联系起来。就事论事，不会限制读者对一个新闻事件的全面认识。人类社会的事物有许多相似之处，人的认识能力可以由近及远、由少到多，从推理中逐渐看到全景式的现象。从一个事件向与其相关的外围进行延展，这样写出来的评论，可以让人看到共性的问题，进而加深读者对特定新闻事实的理解。

在《干部要练就细算“生活账”的真本领》① 这篇评论中，“生活账”是近在眼前的具体的东西，作者通过“生活账”算出的是“发展的信心”“致富的办法”和“对党的信赖”，最终得出的是民众的“获得感、幸福感、安全感”。所有这些已经超越“生活账”，属于典型的由近及远的论证方法。

四、论证材料的运用

对于初学评论的写作者而言，知识积累和生活阅历还不多，面对纷杂的材料和论据，怎样才能做到由多到少、去芜存精呢？这个问题，可以通过以下方法来解决。

首先是让评论闪烁着评论写作者个人的思想火花。唐代作家韩愈强调“惟陈言之务去”。不要俗气的平常之问，不用普通的语言，这说起来简单，真正做到这一点，韩愈承认“戛戛乎其难哉”。评论的议题不会每天都是从未发生的新问题，作者的世界观和理论素养也不会在短时间内有明显的改观。创新，哪怕是一个

---

① 刘骏．干部要练就细算“生活账”的真本领［EB/OL］．（2021-02-15）［2023-01-05］．https：//baijiahao.baidu.com/s?id=1691761803285813250&wfr=spider&for=pc.

词语的创新，都凝聚着评论写作者的心血。评论写作要避免“陈言”，只能靠不断提高自己分析问题和表达思想的能力。在评论实践中，即便在互联网时代，信息的获取相当便捷，要避免陈言也存在诸多的困难。评论贵在观点的出彩。如果观点不新，再缺乏新颖的语言表达形式，这样的评论看着也许精致，读者的收获却有限。

其次，评论写作中普遍存在的一个问题是，较为复杂的新闻事件，其中往往包含若干个新闻事实，如何取舍有价值的新闻事实也考验评论写作者的选择能力。如果不会取舍，在评论中希望把所涉及的事实全部使用在评论的论证中，这样的论据反而显得冗余。好的评论文章不是观点的罗列，像摆放在架子上的货物一样让人看得清清楚楚，而是要突出重点，有时候为了突出重点甚至会显得有一些争议性。一篇评论文章无论看起来论述得多么无懈可击，也无法罗列出所有的观点和看法。

在《自媒体既要守法也要自律》[①] 这篇评论中，作者认为自媒体博主的自律与守法并不矛盾，在评论写作过程中，突出其中一点深入论证即可。在这篇评论中，作者将原告如何说、被告如何讲分开，最后落脚在自律与遵纪守法同等重要上。其实，遵纪守法靠的是自律，面面俱到地谈论，反而模糊了重点。

针对上述情况，评论写作所使用的论据需要剪除枝蔓，把与立论关系不紧密的论据排除在评论写作的门外。旁生枝节，是评论写作之大忌。剪除枝蔓，需要评论写作者深入生活，比如，到苗圃去采风，学习这方面的经验。每年的春末夏初，苗圃工人们都会集中修剪花木，剪去多余的枝蔓甚至瘦小的花骨朵儿，为的就是树木或者花草的主体能更集中地获取营养，更有利于植物的生长。在新闻评论写作实践中，如果发现某些论据对于阐明主题并无实质性的作用，就要尽量将其摒弃。

再次，在评论写作过程中，论据的运用要紧密服务于评论的论点。在驳斥性的评论中，评论写作者要驳倒一个已经存在的论点，尤其是一个流行的论点，需要在论证材料上下功夫，寻找可以驳倒这种论点的相关论据。这样的论证材料越丰富，就越具有令人信服的力量。例如，在《评战犯求和》[②] 中，毛泽东就非常善于通过大量的论据来为评论服务，使其成为驳倒某个论点的武器。驳斥讲究抓住对方的一个

① 杨庄 . 自媒体既要守法也要自律［EB/OL］.（2018-12-13）［2023-01-05］. http：//www.zgnt.net/content/2018-12/13/content_2596153.htm.

② 毛泽东 . 评战犯求和［EB/OL］.（2021-01-28）［2023-01-05］. https：//www.12371.cn/2021/01/28/VIDE1611803642018624.shtml?from=groupmessage.

要害，层层分析，把全部的问题剖析出来。

有的评论写作者在援引材料时，根据新闻报道中的只言片语就得出自己的判断。这样推论的问题在于把局部事实作为整体事实，得出的结论很容易陷入独断论的泥潭。喜欢上纲上线，动辄就给别人扣帽子，这样的驳论让人读起来会很反感。作为评论写作中一种论证的方式，驳论不应该被忽视。对驳论，要做广义的理解，并不只是敌对的论点才需要驳论，更不是凡用驳论的都是敌对的观点。一篇评论要驳斥一种观点，是用一种意见去说服另一种意见，用一种观点去回答另一种观点。在评论写作中，论证材料既可以用于立论，也可以用于驳论，论点的确立或者批驳，往往是依据评论写作者的思绪，有机地交错出现。

具体而言，反驳一个观点时，评论写作者需要仔细辨析被反驳对象的逻辑悖论，然后筛选具有说服力的素材作为论据，非常有针对性地去反驳自己要批评的观点。这样，逻辑的力量和充足的论证材料，将提高评论的可信度。范荣康先生认为："驳论的好处是便于论点的展开，通过对立观点的交锋，使主题得到深入的阐述。如果设置的对立观点太多、太碎，在细枝末节的观点上纠缠不休，反而容易干扰主干论点的展开和主题的阐述。"① 同时，他反对臆造现实生活中并不存在的"错误观点"去加以批驳，因为这样容易引起读者的反感。在当代的评论中，驳论主要用于国际话题的评论，对国内受众的评论较少采用这种形式。

最后，在确定一个论点时，究竟该如何把握论点的理性，需要评论写作者反复斟酌。对于一个理性而负责任的评论写作者而言，要本着对历史和社会负责的态度去发表看法，如果就事论事，反而降低了新闻媒体的品格。当然，所谓本着对历史和社会负责的态度，需要以事实为依据，以公众的利益为出发点，对具体问题进行中肯的、具体的分析，而不是空喊口号，或者套用所谓的政治正确来压人。为了显得政治正确而扭曲行文，是一种很可笑的行为，但遗憾的是现实中这样的事例很多，我们不得不注意这一点。

理性并负责任的论点，必然是选择最为恰当的立论高度，既不会片面拔高一个事实，也不会刻意贬低一个实存之物。评论写作者要准确衡量所分析问题的危害程度，避免过高或过低定性一个评论的话题。

---

① 范荣康．论如析薪 贵能破理——新闻评论的论证［J］．新闻战线，1985（10）：29-32.

第二节　新闻评论的几种论证方法

评论写作，论点和论据有了，用什么方式方法将这些关键部分组成一篇有理有据的文章呢？这就是“论证”需要解决的问题。范荣康老师说，论证好比劈柴，顺着纹路劈才能顺当，论证越恰当，论点和论据之间的逻辑联系就越紧密，观点和材料就越统一，中心论点就越突出，文章的说服力因而就越大。一篇新闻评论做到了这一点，就有了严密的逻辑性和深刻的论证性。

评论写作，常见的论证方法有下列几种：

一、归纳法

评论写作最常见的是归纳法。所谓归纳法，是指通过若干个别事例概括它们的共同属性，综合它们的共同本质，从而得出一个反映普遍规律的论点的方法。这是评论写作中经常使用的论证方法。

归纳法的特点是：从个别到一般，符合人类认识活动的规律。例如下面这篇评论，当很多人觉得电视剧《风筝》中的“影子”只是个舞台形象时，这则评论通过介绍现实生活中的案例，归纳出一个共同的特点：如果在校大学生缺少防范意识，同样可能落入别人设置的圈套。

提防“影子”永不过时[①]（节选）

谍战剧原来不是编剧的凭空想象，间谍们的活动也不可能局限于影片这个“方尺之间”，他们不戴胸牌，没有旁白，有的只是“润物细无声”的欺骗和榨取。只要世间还有利益之争，这个职业就必然存在，有的甚至类似《风筝》中那个潜伏到死才现出原形的女间谍“影子”。这表明，提防“影子”，永不过时。

前几年，某高校应届毕业生离校不久被告知，一名刚毕业、曾在境外当过交换生的同学，在境外读书期间被策反，幸亏发现及时，才未酿成大祸，这个学生之所以中圈套，归根结底是经不起金钱的诱惑。

如果说“影子”们的工作是为所谓的宏观利益而损人利己，那么，普通人提防

---

① 刘海明 . 提防“影子”永不过时［EB/OL］.（2018-10-09）［2023-01-05］. https：//net.blogchina.com/blog/article/581005873.

"影子"需要拒绝那些蝇头小利的诱惑。这样的话说说容易，做起来谈何容易？特别是那些涉世未深的交换生，他们在新的环境下，如果没有起码的戒备心，以婴儿般的眼光打量世界，对于别有用心套近乎的"猎手"来说，再没有比这个群体更容易得手的了。

评论写作中经常使用归纳法。评论由头中的新闻事实基本上属于碎片化的信息，单凭一个没有类似现象的事实，很难得出普遍性的结论。新闻事实必然是碎片化的，评论写作者可以根据自己的经验和搜索引擎，查询到一个与事实存在某些类似的信息。评论的立论和论证，需要从事实出发，运用个人的见闻和互联网平台上的数据，掌握更多的同类素材。素材搜集的过程也就是评论写作者归纳的过程，可以帮助写作者升华自己的观点，观点的升华过程也就是观点从个别向一般过渡的过程。在上述评论中，作者依据亲身经历，将现实生活中的一个事例与影视剧中的某类角色结合起来，再通过更多的类似案例，归纳出防范意识的重要性。在这篇评论中，比较集中地使用了归纳的方法。

二、类比法

类比法是一种间接论证方法，是把两类（或两个）某些属性基本相同或相似的事物放在一起进行比较，从而得出有关结论的方法，这里的比较，并非双方对等相比，而主要是用"另一类事物"来与"这类事物"比较，而"另一类事物"大多是人们所熟知的事物或事例。类比法，还是一种形象化的论证方法，用以类比的另一类事物一般是故事、寓言，它使文章说理具体生动，发人深省，行文明快活泼，饶有趣味。《北京日报》刊登过一篇《骗子的告白》的杂文，主要针对的现象是传销分子欺骗无辜者。在这篇文章中，"我"以"骗子"的口吻，讲述了骗子们如何利用人性的弱点，吊起人们的贪欲，进而引诱他们上当受骗。由此塑造的"骗子"典型，在社会上有一定的针对性和现实性。同时，评论也表明了作者对传销分子非常憎恶的鲜明态度。在评论写作中，类比法也是一种常见的手法。评论所针对的人、事、物，总可以在现实世界中找到与之相似的东西，类比比纯粹的议论更具有艺术的感染力。

三、比较法

比较法是通过几个事物或同一事物的几个方面的比较来证明论点的方法。世界丰富多彩，相同或相近的事物客观存在，这些具有某种共性的事物就具有了可比性。在比较法中，包括用A来比较B。通过对比，A和B的相同点和不同点自然呈现在评论写作者面前，便于评论写作者发现哪些可以认可、哪些无法认可。评论写作的比较论证是对不同新闻事实中具有可比性的部分的两个相同或相似方面进行对比或比较。这里，需要区分一下对比和对照这两个概念的异同点：一般来说，对比侧重于对照新闻事实和论证材料中的两个不同方面；而比较侧重的对象不是一对一的关系。

对于评论写作者而言，掌握的论证材料越多，就越有利于比较。对于新闻事实的认识，有比较才有鉴别，写作者在行文的比较中加深读者对论点的理解。红辣椒评论发表过一篇《婚结得，吻接不得？》[①]的评论，就是把国内两所高校关于在校生能不能结婚和恋爱的校规进行对比，一所学校允许达到《婚姻法》规定的学生结婚，另一所学校禁止大学生在校园里牵手和接吻。通过“结婚”和“接吻”进行对比，相形之下，一个遵守法律规定，一个违反人性，对比鲜明，褒贬有力。

四、递进法

在评论写作中，对于一个观点的论证无法一步到位，而是需要从具体的事实出发，从表象的分析开始，逐渐接近立论的观点。递进法是遵循事物层级的特点，将评论的论点分割为若干个具有递进关系的层次，分别进行分析和阐述，以证明论点成立的方法。采用递进法进行论证，好比将一个新闻事实进行剥笋式分析，直至证明论点成立。在评论写作实践中，有经验的写作者善于运用递进法证明自己立论的正确。《河北日报》的“杨柳青”评论专栏作者储瑞耕的评论《高人之高何处来》，论述的是“高荣誉”的内涵。在这篇评论中，作者用递进法论述了高荣誉来自高功夫，高功夫来自高强度劳动，高强度劳动又来自高目标追求，层层深入论证了“高人之高何处来”的论点。[②]

在这篇评论中，作者采用递进的论证方法，把科技人才对中国现代化建设的重要性层层进行论证，最终得出“夯实科技自立自强的人才根基，必能助力全面建设社会主义现代化国家开好局、起好步”的结论。

五、分析法

“评判”“评说”“评论”“评析”，这几个近义词，侧重点虽不同，但它们都有个

---

① 刘海明.婚结得，吻接不得？［EB/OL］.（2003-01-18）［2023-01-05］.http：//news.sohu.com/67/14/news210211467.shtml.

② 杨根莲.新闻评论的几种论证方法［J］.南昌大学学报（社会科学版），1993（2）：107-109.

共同的地方，就是都需要对事物进行深入分析。一个人如果离开了对问题的具体分析，就无法认识问题的实质和特性。同样，在新闻评论写作中，分析法也是常见的一种论证方法。评论写作者通过分析新闻事实中的问题，以论证自己的论点，目的在于揭示事物的本质特征。评论写作中的分析法有点类似哲学中的唯物法。分析法在评论的论证中属于常见的直接论证方法，而且在新闻评论写作实践中，对新闻事件中具体问题的分析需要通过列举事例进行分析，对问题的分析和论据材料的佐证相辅相成，无法割裂。分析与综合是哲学分析中的基本方法，很难独立使用其中一种方法。通过对评论对象的分析，评论写作者可以深度透视问题，体现出评论的理论色彩；通过把一个个分析片段综合在一起，可以体现出立论原则的高度。对于简单的问题分析，综合法也可以省略。《新闻战线》杂志曾刊载一篇《是不是欠个“场面壮观”的道歉》的评论，该评论针对的是媒体发布的一组题为《重庆高温部分河滩干旱土地龟裂场面壮观》的图片报道。因高温少雨导致的河滩土地龟裂，令人触目惊心，该报道用“场面壮观”来形容这次旱灾。这篇评论从新闻的客观性入手开始分析，再到词性的色彩以及媒体对待差错的态度，得出这家媒体应该就这个报道向公众进行道歉的结论。这里节选这篇评论的部分内容：

是不是欠个“场面壮观”的道歉①（节选）

相信稍微有点汉语修辞常识的人，只要眼睛一扫这个标题，就会感到很不舒服。这样的不舒服，在网络舆论中很容易产生不小的共鸣。在新浪和网易两大门户网站的跟帖里，没有一个认可“场面壮观”这个用法的，而是清一色地批评和讽刺。

客观性是新闻的基本法则。对于天灾人祸，媒体报道只要呈现事实就够了，把“指点江山”的工作留给舆论去评说。如果媒体觉得不主观点就不过瘾，最好老老实实站在伦理道德的标牌下，有点基本的仁慈和怜悯。超出伦理道德的底线，用乐观的浪漫主义情怀去抒怀灾难事件，不仅有悖于新闻职业伦理精神，还挑战了公众心理承受能力的极限，遭到炮轰只能怪自己缺德。

媒体差错无法避免，出现问题只要及时挽救就是。把旱灾场景当作“场面壮观”的“风景”来欣赏，编辑的过失无法推卸。只要涉事编辑和涉事新闻机构及时纠正错误，给公众和受灾地区一个郑重的道歉，这样的差错并非不可饶恕。

① 刘海明．是不是欠个“场面壮观”的道歉？[J]．新闻战线，2016（17）：100.

六、引申法

在新闻评论写作的论证中，引申法也是一种基本的论证方法。评论写作者的联想力使其在论证过程中，通过联想，将一个新闻事实（问题）通过由此及彼、由点及面不断地拓展问题的外延，进而突出论点。由此可知，引申法遵循由个别到一般的原则，在这方面，这种论证的过程有点类似归纳法。类似是形式上有某些共通之处，这并不意味着归纳与引申没有区别。一般来说，评论写作中的归纳，需要评论写作者通过对若干具体的新闻事实予以总结和归纳，从中概括出评论所设立的论点；而引申则通过对某一具体的新闻事实进行扩展和引申，达到突出评论论点的作用。在评论写作过程中，引申论证的运用关键在于合理地引申，不能无视新闻事实之间的内在联系。对于初学评论写作的作者而言，在引申论证中忌讳浮想联翩、信马由缰地发表议论。前些年，云南和山东的两所小学相继出现商业公司利用红领巾进行宣传的现象，下面这篇评论由此引申出信仰仪式不能加入商业元素，并批评了当地教育部门和一些商业公司的投机行为。

别让红领巾“秀”成“信仰事件”①（节选）

社会生活离不开仪式感。仪式感以庄重的方式将人们置于信仰的“座架”上，规定着人以什么方式仰望星空，净化自己的灵魂，聚集追求理想的能量。仪式感无处不在，从小孩子过生日许愿、吹蜡烛、切蛋糕，到加入少先队后佩戴红领巾，这样的仪式感是每个孩子成长过程中必不可少的环节，由此获得的情感将激励着他走好人生的每一步。

这篇评论是一篇比较典型的引申论证。红领巾是一种有形物，与服装搭配穿戴。但是，这又不是一件普通的装饰品，而是具有特殊意义的装饰品。这篇评论从商业宣传将红领巾当作“媒介物”开始，将这种有形的饰品与青少年的信仰联系起来，这是将有形物向精神物的引申。引申需要按照一定的逻辑顺序一步步地抵达最终的目标。红领巾被商业机构滥用，与实体经济下行有关。这样，引申从新闻事实出发，校方对商业机构的宣传手段感觉迟钝，引申出涉事学校存在不同程度的“仪式感迟钝症”。从学校的这种迟钝症状，引申出学校还没搞清楚信仰为何物，再引

---

① 刘海明 . 别让红领巾“秀”成“信仰事件”［EB/OL］.（2018-12-26）［2023-01-05］. https：//www.cqcb.com/sichao/2018-12-26/1338978_pc.html.

出当地教育管理和市场管理部门的管理责任。评论最后得出“只有学校和管理部门合力筑好信仰的‘篱笆’，红领巾才能永远飘扬在少年儿童的心中”的结论。

七、归谬法

在评论写作中，驳斥一种论调，经常会使用归谬的方法。归谬法通常以退为进，在批驳准备否定的论调前，先假设它“合乎逻辑”，在这个假设下，通过运用逻辑原则来证明该论调的荒谬。归谬法的实践价值在于：在现实生活中，有些人喜欢独断地下结论而不管这个结论是否有悖于逻辑规则或常理，运用这种方法可以达到“以其人之道还治其人之身”的效果。在现实生活中，有一些任性的官员不时冒出一些“雷言雷语”，有的单位遇到了麻烦，喜欢把肇事者说成是“临时工”。遇到这类新闻，网友们会进行一连串的调侃，把这些“雷言雷语”或者“临时工”进行联想，这一引申就彻底暴露了“临时工”挡箭牌的荒谬。例如：

人民论坛：受得委屈，可养格局[①]（节选）

“世界那么大，我想去看看”，去年这封被称为“史上最具情怀”的辞职信，在不少人心中泛起涟漪。身边不时有年轻人，甚至刚刚工作不久，也贸然来个“华丽转身”——辞职走人。然而，当我们拿起现实的放大镜，去仔细观察那些具体的“离去”，就会发现不少年轻人的离职，只因受不了一时的小委屈，理想与情怀只是被作为逃避的华美掩饰罢了。

这篇评论以一度火爆网络的中学女教师辞职信为评论对象，在多数人为辞职信的潇洒姿态感到羡慕时，作者以“世界那么大，我想去看看”为靶子进行归谬。在现实生活中，不少流行的观念中可能存在着反逻辑的成分。反逻辑的东西并不一定给人以荒谬的感觉，在于荒谬的观点可以通过语言的包装，给人一种似是而非的感觉。这篇评论针对一封诗意语言写成的辞职信，反推这种观点的起因是受不得一点委屈的，在现实生活中遭受一点挫折后，就以诗歌和远方为托词，逃避现实生活中的问题，这是一种消极的出世方式，而一个无法面对困难、误解或者批评的人，自然也不会有真正的诗歌和远方。这篇评论从受不了一点委屈这样的“荒谬之举”开始，最终得出不能受点委屈就没有“诗和远方”的结论。

上述七种论证的方法，在评论写作中会不同程度地运用到。掌握这些论证方

---

① 仲洁．受得委屈，可养格局［N］．人民日报，2016-06-20（4）．

法，为论证总论点做好服务，可使评论的总论点“自圆其说”，增加评论的可信度。

第三节 逻辑推理与评论写作

一般的议论文，讲究文章的逻辑性，尤其要注意整篇文章和语言布局的结构，开头、中间、结尾要有一种关系，要有一种内部的联系，不能互相冲突、前后矛盾。对于评论写作而言，作者提出的观点需要论证且能自圆其说。

论证推理是评论的重要环节，但就整个新闻评论过程来看，提出问题最为根本，运用逻辑推理进行论证是服务评论写作的手段。立论和论证的关系，需要做到心中有数。什么是逻辑推理呢？加拿大作者布兰登·罗伊尔的《一本小小的蓝色逻辑书》里是这么定义的：逻辑推理是一个“收集信息、评估信息的过程”。要想做出正确的决定，首先要占有充分的信息。前面，我们曾讲过论证的过程也就是调查研究的过程，这一点与罗伊尔的定义在本质上是一致的。而要占有充分的信息，首先需要提出正确的问题。这就引出一个非常有趣的现象：擅长写评论的作者，在现实生活中也是比较善于进行逻辑推理的群体。评论写作者要提出问题，就必须常看新闻，平时注重收集相关信息；有了问题，也就是我们常说的观点，还需要用某种方式对自己的观点和所运用的新闻素材进行评估。可见，提出问题、论证问题，是评论写作中非常重要的环节。

一、评论推理中的三段论

评论写作，离不开逻辑推理。其中，形式逻辑中最常见的是三段论。在逻辑学中，三段论属于逻辑推理中的简单判断推理。在一个三段论中有两个前提：一个大前提和一个小前提，同时还包含一个性质判断构成的结论。这里以鲁迅的杂文《论辩的魂灵》为例，来看看三段论的运用。

论辩的魂灵①（节选）

二十年前到黑市，买得一张符，名叫“鬼画符”。虽然不过一团糟，但帖在壁上看起来，却随时显出各样的文字，是处世的宝训，立身的金箴。今年又到黑市去，又买得一张符，也是“鬼画符”。但帖了起来看，也还是那一张，并不见什么

① 鲁迅．论辩的魂灵［J］．语丝，1925（17）．

增补和修改。今夜看出来的大题目是“论辩的魂灵”；细注道：

“祖传老年中年青年‘逻辑’扶乩灭洋必胜妙法太上老君急急如律令敕”。今谨摘录数条，以公同好——

“洋奴会说洋话。你主张读洋书，就是洋奴，人格破产了！……”

“你说中国不好。你是外国人么？为什么不到外国去？可惜外国人看你不起……”

“你说甲生疮。甲是中国人，你就是说中国人生疮了。既然中国人生疮，你是中国人，就是你也生疮了。你既然也生疮，你就和甲一样。而你只说甲生疮，则竟无自知之明，你的话还有什么价值？倘你没有生疮，是说诳也。卖国贼是说诳的，所以你是卖国贼。我骂卖国贼，所以我是爱国者。爱国者的话是最有价值的，所以我的话是不错的，我的话既然不错，你就是卖国贼无疑了！”

“自由结婚未免太过激了。其实，我也并非老顽固，中国提倡女学的还是我第一个。但他们却太趋极端了，太趋极端，即有亡国之祸，所以气得我偏要说‘男女授受不亲’。况且，凡事不可过激；过激派都主张共妻主义的。乙赞成自由结婚，不就是主张共妻主义么？他既然主张共妻主义，就应该先将他的妻拿出来给我们‘共’。”

“丙讲革命是为的要图利：不为图利，为什么要讲革命？我亲眼看见他三千七百九十一箱半的现金抬进门。你说不然，反对我么？那么，你就是他的同党。呜呼，党同伐异之风，于今为烈，提倡欧化者不得辞其咎矣！”

鲁迅的这篇杂文发表于1925年3月，揭露了当时顽固派和许多反改革者极其荒谬的逻辑推理。他们把进步思想一概称为“洋”，而自己则以“卫道者”自居，念起“灭洋”的咒语。作者在杂文中揭穿了他们的诡辩逻辑。韦淑梅在《鲁迅杂文中的逻辑推理例谈》中，对《论辩的魂灵》如何运用三段论有过比较详细的分析。请看这位作者的分析：

例1:“洋奴会说洋话，你主张读洋书，就是洋奴，人格破产了！受人格破产的洋奴崇拜的洋书，其价值从可知矣！但我读洋文是学校的课程，是政府的功令。反对者，即反对政府也，无父无君无政府党。人人得而诛之”。

在这段话中，包含两个假设的三段论：

A. 洋奴会说洋话。(大前提)

你主张读洋书，(小前提)

所以，你就是洋奴。(结论)

B. 读洋文是政府的功令。(大前提)

你反对读洋文，（小前提）

所以，你反对政府的功令。（结论）

反对政府的功令就是反对政府。（大前提）

所以，你反对政府。（结论）

上面这两个三段论，全部违背了逻辑推理。在 A 例子 中，“读洋书”与“说洋话”并不是同一个概念，在这段对话中，诡辩者采取偷换概念的伎俩，强行推出结论，因违反三段论推理的规则而犯了“四概念”逻辑错误。B 例属于复合的三段论，第一个大前提中，“政府的功令”不周延，第二个大前提中“反对政府的功令”反而周延。可以想见，这样的推论一路下去，结论怎能不显得荒谬？

例 2：“你说中国不好，你是外国人吗？为什么不到外国去？可惜外国人看你不起……”

在这段话中，属于包含一个省略大前提的三段论。这个三段论的形式为：

说中国不好的就是外国人，（省略的大前提）

你说中国不好，（小前提）

所以，你是外国人。（结论）

在这个三段论中，由于大前提虚假，整段的推论都成了废话。

例 3：“你说甲生疮。甲是中国人，你就是说中国人生疮了。既然中国人生疮。你是中国人，就是你也生疮了。你既然也生疮。你就和甲一样。而你只说甲生疮，则竟无自知之明，你的话还有什么价值？倘你没有生疮，是说诳也。卖国贼是说诳的。所以你是卖国贼。我骂卖国贼，所以我是爱国者，爱国者的话是有价值的，所以我的话是不错的，我的话既然不错，你就是卖国贼无疑了。”

在这段话中，包含着以下推理：

A. 甲生疮，（大前提）

甲是中国人，（小前提）

所以，中国人生疮。（结论）

B. 中国人生疮，（大前提）

你是中国人，（小前提）

所以，你也生疮了。（结论）

C. 卖国贼是说诳的，（大前提）

你说诳，（小前提）

所以，你是卖国贼。（结论）

D. 骂卖国贼是爱国者。（大前提省略）

我骂卖国贼。（小前提）

所以，我是爱国者。（结论）

E. 爱国者的话最有价值。（大前提）

我是爱国者。（小前提省略）

所以，我的话最有价值。（结论）

F. 我的话既然不错，（大前提）

我说你是卖国贼，（小前提省略）

所以，你就是卖国贼。（结论）

从A到F这六段对话，三段论的推理全部错误。

A. 由于小前提中的“中国人”不周延。虽然结论中的“中国人”周延，但还是犯了“小项扩大”的逻辑错误。

B. 值得注意的是，在这个例子中，大前提中的“中国人”与小前提前中的“中国人”，两者的内涵和外延并不一样。同一律要求：在同一思维过程中使用的概念，其内涵与外延要保持自身的同一性。因此，这个推理违反同一律，犯了“偷换概念”的逻辑错误。这样的错误，在三段论中也叫“四概念”错误。

C. “说诳”在前提中两次不周延。无法得出正确结论。

D. 大前提“骂卖国贼是爱国者”是虚假的，因而结论也不会真实。

E. 小前提是由D推出的不真实的结论充当的，故而推理荒谬。

F. 是从前面错误的三段论推导而来，故而结论也必然错误。①

在《论辩的魂灵》的写作年代，舆论场存在类似的是非不分的论调。当代社会的舆论场，尤其是在网络舆论场中，这样的逻辑错误并未消失，甚至更为严重。评论写作者要通过评论引领舆论，需要识别舆论场的种种诡辩言论，以免混淆视听。

二、类比推理

类比推理亦称“类推”，属于推理的一种形式。在评论写作中，类比推理是依据两个新闻事实在某些属性上的某些相同或相似之处，通过比较而推断出二者在其他属性上也相同的推理过程。类比是从观察个别现象开始的，因而有点类似于归纳

---

① 韦淑梅 . 鲁迅杂文中的逻辑推理例谈［J］. 安徽教育学院学报（哲学社会科学版），1995（1）：51-53.

推理。但是，类比推理并非由特殊到一般，而是由特殊到特殊，因而又不同于归纳推理。类比推理包括完全类推和不完全类推两种推理形式。前者是两个或两类新闻事实在进行比较的方面完全相同时的类推；后者是两个或两类新闻事实在进行比较的方面不完全相同时的类推。

在《鲁迅全集》第八卷的《集外集拾遗补编》中，有一篇《死所》① 的文章：

有一则笑话，是一位公子和渔夫的问答——“你的父亲是死在哪里的？”渔夫答：“死在海里的。”“你还不怕，仍旧到海里去吗？”“你的父亲死在哪里的？”公子答：“死在家里的。”“你还不怕，仍旧坐在家里吗？”今年，北平的马廉教授正在教书，骤然中风。在教室里逝去了，疑古玄同教授便从此不上课，怕步马廉教授的后尘。

但死在教室里的教授，其实比死在家里的着实少：“你还不怕，仍旧坐在家里吗？”

韦淑梅在对《死所》的框架进行分析后，认为这个作品全部是用逻辑推理做成的。

公子和渔夫的问答，这是第一个逻辑推理：

· 你的父亲死在海里。

· 你仍旧到海里去。

· 你还不怕死在海里么？

这段对话用的是类比推理。类比推理没有肯定的结论，而只能是或然的结论，因为不同的新闻事实或观念之间不仅存在相似性，而且存在差异性，如果评论写作者从差异点上进行推论，结论便会错误。此外，新闻事实或观念中并存的许多属性，有些是事实 / 观念的偶有属性，如果评论写作者从偶有属性上推论，结论也会错误。

在这篇文章中，“公子”的类比推理，用以类比的相同属性只有一个。而“渔夫”的父亲死在海里。这不是必然的属性，因此，他的类比就显得相当荒唐。与此同时，为了反诘“公子”的荒唐类比，“渔夫”“以其人之道。还治其人之身”，按照公子的逻辑，列出了一个叫公子无法辩驳的类比推理：

● 你的父亲生活在家里，死在家里，

● 你仍旧住在家里。

● 你还不怕死在家里么？

可以说，“渔夫”的反诘相当机智，他把“公子”推理中的不可靠成分全然揭

---

① 鲁迅 . 鲁迅全集第八卷 · 集外集拾遗补编［M］. 北京：人民文学出版社，2005：434.

露出来了。

第三个类比推理是：

- 马廉教授在教室里教书，死在教室里，
- 玄同我也在教室里教书，
- 所以，“从此不上课”。①

在鲁迅先生的这类作品中，他善于运用逻辑推理，比如上面介绍的类比推理，根据其结论的或然性，在幽默诙谐之余，把对方的荒谬论调批得体无完肤。

三、选言推理

选言推理是依据选言命题的逻辑性质，在此基础上作出的推理。在评论写作中，选言命题的新闻事实或观点有相容与不相容之别，因此，评论写作的选言推理也就可以分为相容选言推理和不相容选言推理两种。评论写作所选择的事实或观点，有些在性质上是相容的，相容选言推理就是以相容选言命题为前提，根据相容选言命题的逻辑性质进行的推理。如果否定一部分选言内容，就要相应地肯定另一部分选言内容。如果肯定其中部分的选言内容，就无法否定另一部分选言内容。比如，“这位官员是清官或者是贪官，李局长不是清官，所以，李局长是贪官”。可见，评论写作中的不相容选言推理就是以不相容选言命题为前提，根据不相容选言命题的逻辑性质进行的推理。

拿来主义②（节选）

中国一向是所谓“闭关主义”，自己不去，别人也不许来。自从给枪炮打破了大门之后，又碰了一串钉子，到现在，成了什么都是“送去主义”了。别的且不说罢，单是学艺上的东西，近来就先送一批古董到巴黎去展览，但终“不知后事如何”；……总之，活人替代了古董，我敢说，也可以算得显出一点进步了。

但我们没有人根据了“礼尚往来”的仪节，说道：拿来！

当然，能够只是送出去，也不算坏事情，一者见得丰富，二者见得大度。尼采就自诩过他是太阳，光热无穷，只是给与，不想取得。然而尼采究竟不是太阳，他发了疯。中国也不是，虽然有人说，掘起地下的煤来，就足够全世界几百年之用，但是，几百年之后呢？几百年之后，我们当然是化为魂灵，或上天堂，或落了地

① 韦淑梅 . 鲁迅杂文中的逻辑推理例谈［J］. 安徽教育学院学报（哲学社会科学版），1995（1）：51-53.

② 霍冲（鲁迅化名）. 拿来主义［N］. 中华日报 · 动向，1934-06-07.

狱，但我们的子孙是在的，所以还应该给他们留下一点礼品。要不然，则当佳节大典之际，他们拿不出东西来，只好磕头贺喜，讨一点残羹冷炙做奖赏。

总之，我们要拿来。我们要或使用，或存放，或毁灭。那么，主人是新主人，宅子也就会成为新宅子。然而首先要这人沉着，勇猛，有辨别，不自私。没有拿来的，人不能自成为新人，没有拿来的，文艺不能自成为新文艺。

作者认为，“我们要拿来”，就“要使用，或存放，或毁灭”。这“首先要这人沉着，勇猛，有辨别，不自私。没有拿来的，人不能自成为新人，没有拿来的，文艺不能自成为新文艺”。

评论写作要对复杂的社会现象进行分析。对于有争议的问题，可供人们选择的事项往往是多样的。在暂未达成社会共识前，公众的选择更多是站在各自的立场进行的，至于一种选择是否合理，通常存在争议。评论的作用在于，写作者通过逻辑推理，对具有典型性的选项逐一进行分析，并推论每个选项在逻辑上是否站得住脚，进而让读者明辨是非。在《拿来主义》中，鲁迅在阐明中国民众应如何对待外国文化时，运用的就是选言推理的否定肯定式。鲁迅列举了三种可供国人选择外国文化的途径：

· 或者索性拒绝，这个选项需要采取“闭关主义”，（选言前提①）

· 或者集体躺平，这个选项需要等人送来，（选言前提②）

· 或者有所作为，这个选项需要采取“拿来主义”。（选言前提③）

针对这三个选项，鲁迅根据既往的历史事实，阐述了三个选项的优劣。最后，作者以“大宅”为例，批判了对待外国文化的三种态度。肯定了正确态度，用的也是选言推理的否定肯定式。鲁迅的看法是：

· 或者不管三七二十一，“拿来”；

· 或者徘徊不敢走进门；

· 或者放一把火烧光；

· 或者占有、挑选。

选言推理虽然给出若干个可供挑选的答案，但最终的选择还要靠作者来给出理由。在《拿来主义》的结尾，鲁迅称选择第一个选项的人是“废物”，选择第二个选项的人是“孱头”，选择第三个选项的人是“昏蛋”。这样，通过否定三个选言前提，肯定了前提，令人信服的逻辑推理，论证了对待外国文化应取的正确态度。

我们再来谈一谈评论写作中可能遇到的一个逻辑推理，这就是关键性假设。关键性假设最常见于那些商榷性的评论作品中。所谓商榷性评论，就是围绕一个热点事件，已经有人发表了看法，另外一位作者觉得这个已经发表的观点站不住脚，有商榷、批评的必要。商榷性评论写作，对新闻事件立论的论证少不了“论述”。什么样的论述才能够准确地表达事件呢？我们需要了解“什么是论述？”布兰登·罗伊尔在《一本小小的蓝色逻辑书》给出的说法是：经典的论述包括论据、关键假设和论点三个要素，这三者之间的关系是：论点 = 论据 + 关键假设；或者，论点 - 论据 = 关键假设。

在评论写作过程中，我们经常通过关键词、指示词来显示哪些是论点，哪些是论据（因为……所以；总的来说；由于……）。对于读者来说，论点和论据很容易判断，但由于关键词假设是一个过程，它不会被写在纸上，也不会被说出来，并不那么显而易见。对于商榷性评论写作，作者除了质疑对方的“论据”，还可以攻击对方的“关键词假设”。

商榷性评论要攻击被商榷评论的“关键词假设”，就必须明白关键词假设的漏洞，也就说我们常说的“逻辑漏洞”。常见的“逻辑漏洞”有五个：

· 比较和类比假设漏洞（把橘子和苹果作比较）；

· 代表性假设漏洞（以偏概全）；

·“好证据”假设漏洞（对相关的证据视而不见）；

· 因果假设漏洞（混淆因果关系）；

· 实施假设漏洞（在执行计划时没有提前考虑到可能出现的瓶颈）。

在掌握了如何攻击“推理漏洞”后，很多看似无解，让公众疑惑的问题都能够豁然开朗。商榷者很快会发现，对方的评论观点之所以具有欺骗性，可能是偷换了概念，或者是以偏概全让公众信以为真，又或者是颠倒因果关系让其看起来好像就是如此，等等。

逻辑思维真的是一项能够使人变聪明的思维能力。你要相信这套由伟大的思想家、哲学家苏格拉底创建的方法是经受了时间和实践的考验的，至今还发挥着不可替代的作用。

综上所述，在新闻评论写作实践中，不可避免要运用相应的推理方法。在前面介绍的几种逻辑推理中，三段论通过前提得出结论，类比推理着重于选项的相同或相似，选言推理着重于逻辑条件间的选择。这三种推理方法各有侧重，评论写作者应根据评论写作的需要遵循正确的逻辑思路推理，确保结论在逻辑上没有瑕疵。

思考题

1. 什么是评论写作的论证？请结合日常的网络段子，举例说明。

2. 根据教科书中给出的论证公式：总论点 ==A（分论点）+B（分论点）+C（分论点），请尝试做一则评论的提纲。

3. 在论证中常用的同一律、矛盾律与排中律，你最擅长哪一种，最不擅长哪一种，为什么？

4. 在论证的方法中，结合新近的评论作品，请谈谈你对比较法的理解。

5. 评论写作经常用到三段论，请尝试使用这种论证方法，并谈谈你的体会。

Chapter 7

第七章　新闻评论的语言表达

第一节 新闻评论的语言技巧

评论作为一种思想表达方式，除了考验评论写作者分析问题的能力，也非常考验写作者驾驭语言文字的能力。例如，针对课堂上玩手机的现象，假如让赞同的评论写作者和反对的评论写作者来一场辩论，喜欢用手机的评论写作者会选择怎样的语言来表达自己的观点呢？同样，那些不主张在课堂上私自使用手机的评论写作者又会用怎样的语言来表达自己的看法呢？同样的事情，立场不同的评论写作者表达看法的词语会有什么区别，这是个非常有趣的问题。

新闻评论的语言表达看似无关宏旨，但其实非常重要。一篇评论作品没有达到发表的标准，如果观点不算太平庸，就该反思一下分析问题的角度是否有新意；如果作品分析问题的逻辑严谨、论据充足，就该反思行文的语言是否存在问题。

现在，年轻群体喜欢用网络语言。网络语言用不同于传统语言的词语甚至语法和修辞来描述当代的社会生活。经验表明，在人际交流时，语言非常新颖的交流者通常比较活跃，其表达能力显然比较强。如果写作者的评论语言打动不了别人，就很难让别人对自己所表达的观点感兴趣。比如说思路堵塞，他不直接说没有思绪，而是说“我的脑子短路了”，“短路”本来是物理学的专用词语，在这个特殊的语境下使用，可以收到意想不到的效果。再比如，现在流行说“贫穷限制了我的想象力”，其实想象力和个人的穷富没有直接关系，把贫穷和想象力进行关联，有一些诙谐幽默的感觉，也能达到不错的表达效果。

语言技巧在新闻评论写作过程中具有重要作用。在新闻类的各种体裁中，评论文体的说理性和引导性特征明显，被誉为媒体的旗帜。作为彰显新闻评论质量的重要载体，需要评论写作者重视观点表达的语言技巧。在人民日报社原副总编辑范荣康看来：“遣词造句，语言修辞，是新闻评论写作中的一个大问题。”原人民日报社编委李德民也曾强调新闻评论的语言技巧，他说：“实现评论的社会效果，语言作为一个载体和一种表达方式，要讲究。”[①]

一、微观层面的评论语言运用

新闻评论的语言技巧主要体现在微观层面和宏观层面的语言运用能力上。

---

① 李德民．新闻评论写作［M］．北京：中国广播电视出版社，2000：121.

从微观层面说，评论写作者要精心挑选相关的语言要素。因为新闻评论这种文体重在说理，其讲究用词的准确、语法的严谨和修辞的得体，力求语言通俗化。

在评论写作过程中，语言的准确性是评论写作的基本要求。思想观点的精确表达，需要评论写作者对词性的用法相对了解，且熟悉名词、动词、副词、形容词和俗语的使用原则。《最佳写作要领》的作者罗伯特·M. 奈特认为："作为新闻工作者，我们要追求的目标是准确、平衡和公正无偏。"[①] 奈特所称的"准确"，就包括评论作品要注意遣词造句的准确，如果其所用的词语不专业，将妨碍评论写作者观点的准确表达。比如，《人民日报》的"今日谈"栏目，文章的篇幅都很短小，但遣词造句方面特别注意词语的准确。例如：

为"暖心政策"点赞[②]（节选）

增货源、稳价格，确保粮油肉蛋菜果奶等商品的市场供应；为留守儿童送去新春礼物，开展特色活动，解决外出务工家长的后顾之忧；鼓励图书馆、美术馆、博物馆等场所在做好疫情防控的基础上持续向公众开放，让群众有更多出行选择……这个春节，各地出台内容多样的暖心政策，在营造浓厚节日氛围的同时，也让群众有了更多幸福感。

习近平总书记强调："要始终把人民安危冷暖放在心上。"对于各级干部而言，油盐酱醋中有万家忧乐，煤电油气关系群众切身利益。很多看似具体的小事，实则是治国理政的大事。从这个角度而言，政策越用心，群众越暖心；服务越贴心，群众越安心。从组织系列节日文化活动，到引导企业"以岗留人、以薪留工"，再到丰富"本地游""就近游"项目，正是因为聚焦群众所盼、满足百姓所需，这些政策才受到群众欢迎、赢得各方点赞。

为民服务没有终点，只有连续不断的新起点。群众的获得感、幸福感、安全感，是在民生的点滴改善中不断提升的。多谋民生之利、多解民生之忧，从群众最关心的事情做起，从让群众得实惠的事情做起，我们就能把工作更好地做到群众心坎上。

在这篇短评里，作者选择了"增、稳、确保、解决、鼓励、多谋、多解"等词语，从这些词语的词性不难发现，这些词语都是及物动词，但用在文中显得非常平实，它们在一个自然段中按照一定的逻辑顺序排列，达到搭配和谐、语势层递、论说有力的表达效果。评论是用语言表达观点的，观点的表达与论证需要通过具体的

① 奈特．最佳写作要领［M］．方辉盛，译．北京：新华出版社，1999：119-120.
② 邹翔．为"暖心政策"点赞［N］．人民日报，2021-02-17（1）.

词语“叙事”。关于词语的准确，不妨再看一则评论：

让群众“人暖心更暖”①（节选）

民生保障多是群众身边的琐事。供暖、衣食住行、水电燃气，莫不是群众利益所系、民生关切所在。百姓心中都有一支“温度计”。急群众所急、忧群众所忧、解群众所难，把工作做得细而又细、实而又实，把好事办实、实事办好，才能让群众心中始终“暖暖的”。

在这则短评中，作者使用了诸如“温度计”“暖暖的”等词，让读者感受到在寒冷的冬天，由于公共福利的到位，每个人都可以感受到双重的温暖。这些词在评论写作者创设的特定语境中，所描摹的事项不仅具体生动，且寓意深远。

在评论写作中，词语的词性因作者论述的需要，往往呈现出动态变化的特征，比如，名词用作动词、动词用作形容词，词性的这种灵活转变，赋予这些词特定的意义。例如：

就地过年带来“新民俗” 未来的年还可以怎么过②（节选）

春运冷清的另一面，是大中城市里的新年异常热闹。京沪等城市以往过年状如“空城”，但今年春节期间，公园、游乐场、餐馆到处都客流如云，春节档电影票房更是创下新纪录。就地过年也催生一些新民俗，比如“网购式拜年”“抱团过年”“搭伙过年”“本地深度游”等。

在这则评论中，评论写作者将“网购式拜年”“抱团过年”“搭伙过年”等词组加上了引号，引号在这里的功能是显示这些词语搭配的临时性，另外还传递出特殊的情感色彩，不但给人以准确、生动的印象，还让人觉得非常新鲜。

人们常说，文无定法。评论写作，多以短句为主，句法结构也比较简单。在评论写作实践中，写作者需要注意句子的长短变化，使句子繁简得当。在评论写作中，单句或单重复句的作用是“叙述”，而复句的作用在于“评说”，述与评的交替使用，使评论可读也可信。例如：

---

① 张志锋 . 让群众“人暖心更暖”［N］. 人民日报，2020-11-10（1）.

② 封寿炎 . 就地过年带来“新民俗”未来的年还可以怎么过［N］. 光明日报，2021-02-19（11）.

“晴天带伞”与“撑伞干活”①（节选）

有位地方领导同志说得好：过去我们是无疫状态、“晴天”环境，可以放开手脚干活；现在和今后一段时间可能是“晴天”“雨天”环境并存。我们要适应“晴天带伞”的工作方式。下雨了，“一手撑伞，一手干活”；天晴了，把伞绑在身上，继续埋头苦干。

“晴天带伞”的工作方式为：一方面，做好“常”“防”“控”三篇文章，坚持常态化，从严防输入转为重点严防反弹，养成“晴天带伞”的习惯；另一方面，又因时因势调整工作着力点，全力以赴稳住经济基本盘，练就“撑伞干活”的本领，巩固拓展疫情防控和经济恢复成果，把疫情造成的损失降到最低。

在这些议论性短句构成的句群中，评论写作者较好地把握了总起与分说的关系，使段与段、句与句之间具有相应的逻辑关系，为评事论理奠定了基础。句型的错落有致不但适用于文字评论，也同样适用于音视频评论的述评。这是因为，单句或单重复句适合于声画兼备的叙述，而多重复句适合于评论，以便于受众对观点的理解与认可。

新闻评论强调理性和建设性，这可能给评论写作者造成一种错觉，认为评论这种文体不需要修辞。任何文体都要讲究修辞。理性的文体对修辞的要求是得体。修辞的作用在于让抽象的道理变得通俗易懂，让平凡的事物变得不同寻常，给读者留下深刻的印象。在评论写作过程中，恰当地运用修辞手段能增强评论说理的艺术性。例如：

高枕有忧，“二师兄”大意不得②（节选）

针对非洲猪瘟疫的疫苗问世，意味着困扰国人的非洲猪瘟疫有了克星，对于降低舆论恐慌的程度，减少经济损失，重振我国的养猪业，有着积极作用。这，就是医药科技的力量。不过，有人以为有了针对非洲猪瘟疫的疫苗，就可以高枕无忧，甚至觉得“二师兄”从此可以跌落凡尘，未免有点过于乐观了。

这篇评论综合运用了比喻、拟人的修辞手法，将“猪”比作“二师兄”，将猪瘟疫比作善于“学习”的人，将疫苗方面的科技攻关形容为“时不我待”，提醒人

① 李翔．“晴天带伞”与“撑伞干活”［N］．人民日报，2020-08-07（1）．

② 刘海明．高枕有忧，“二师兄”大意不得［EB/OL］．（2019-09-12）［2023-01-05］．https：//blog.sina.com.cn/s/blog_47250b750102ytqg.html.

们重视对非洲猪瘟疫的预防。评论将动词与比喻结合起来，浓缩成“跌落凡尘”这个词组，同时将瘟疫与疫苗的博弈比作“决一雌雄”，显得形象生动，达到预期的修辞艺术效果。

此外，评论的语言还要接地气，用读者容易理解的语言来写作。在评论写作中，写作者应清楚评论的受众构成，因为面向大众群体还是面向专业领域，行文并不一样。大多数评论面向的是大众群体，这样的评论需要多用通俗化的语言，追求语言的生动活泼和通俗流畅，丰富且具有浓厚的生活气息的语言非常适合向普通读者传达思想观点。有的评论写作者喜欢用华丽的辞藻，仿佛不选择这样的词汇就无法包装思想观点，其实这是因为缺乏对受众阅读心理的了解。

二、宏观层面的评论语言运用

评论的语言技巧除了体现在微观层面，还应注重宏观层面，将视野放到广阔的社会中来认识评论的语言运用。每个时代都有自己的特征，时代的气息必然反映在各种文体的语言中。新闻评论关注的是社会民生文体，作品面向的是社会大众，引领的是舆论，这就要求评论的语言契合公众的语言习惯，同时又要把新的词语用于评论的叙述、描写和议论中，使评论能真正反映社会思潮的变化。

首先，新闻评论的语言技巧讲究的是叙述简洁。网络时代，在线的信息交流不同于现实空间的人际交流，交流的语言短而精是网络沟通的语言特点。评论写作也要适应网络社会的变化，不论是新闻事实的叙述还是观点的阐发，都要求凝练、简明。评论写作也是一种特殊的对话，需要评论写作者假设对话者存在，力争用吸引他们的语言进行“交流”，这就需要其把握说理的火候，力争引起受众的共鸣。例如：

追捕肇事者！人在做天在看！[①]**（节选）**

老人被 3 车连撞身亡，司机全逃逸，令人心寒、令人愤怒、更令人悲痛！尤其是第一位肇事者的行为扩大了危害结果，存在间接故意心态，已超出交通肇事罪的界限。警方已发布悬赏通告，相信法网恢恢，疏而不漏，肇事者必将受到法律的严惩。

在这篇短评中，新闻事件本身一波三折，肇事者尚未找到。作者快人快语，“令人心寒、令人愤怒、更令人悲痛”的排比句式，增加了评论的情感性。

---

① 快言快语 . 追捕肇事者！人在做天在看！［EB/OL］.（2019-12-18）［2023-01-05］. http：//opinion.people.com.cn/n1/2019/1218/c1003-31511636.html#liuyan.

其次，新闻评论的语言技巧讲究的是鲜活生动。与传统社会生活环境不同，网络时代的社会实践面通过互联网而无限扩大，语言方面的变化很快为公众所知晓。面对这种变化，评论写作者应从网络中汲取新鲜的语言，将最鲜活的词语和表达方式运用到评论写作中，使评论变得鲜活而生动；也可以适当融入网友的争辩，增加观点交锋。电视评论的语言，更应注重从现实生活中发现鲜活的语言。例如，在《扫除学生餐桌上的“苍蝇”》[①]这则电视评论节目中，把克扣学生伙食费的人称作无孔不入的“苍蝇”，把这样的腐败称作“民生领域的微腐败”，指出这样的“微腐败”“对民心的伤害却不小”。

评论是摆事实、讲道理，这种文体的说理性要求评论的语言给人留下深刻的印象。语言的深刻主要体现在议论的深刻，这就需要评论所有的语言要素全部为思想观点的表达服务。语言的形象使评论的论点更容易为读者所接受，例如：

消失16年的原市委书记落网，“金蝉脱壳”在这个时代玩不转了[②]（节选）

有两句古话一直以来都震慑着一些违法乱纪、行凶作恶者。一句是“法网恢恢，疏而不漏”，一句是“善有善报恶有恶报，不是不报时候未到”。以前，这些话更多是起着心理作用；如今在法治社会，党纪国法的震慑作用则更加明显。

近日，黑龙江省纪委监委通报，潜逃16年的伊春市委原书记吴杰凯被抓获归案。

“金蝉脱壳”这个成语有着深厚的社会历史基础，这篇评论的写作者通过技术手段的进步否定了这个成语，打消贪官潜逃的侥幸心理，观点新鲜且有深度。

论证必须有力，不一定是义正词严，也可以通过鲜明的对比表达自己的困惑，表达思想。

第二节　新闻评论的语言创新

当前，我们正处在一个鼓励创新、万众创新的时期。新闻评论同样面临创新的问题：新闻评论要不要创新、能不能创新？如果可以，又该如何创新？新闻评论需

① 扫除学生餐桌上的“苍蝇”［EB/OL］.（2021-02-01）［2023-01-05］. http：//tv.cctv.com/2021/02/01/VIDEWXzpwQ6yiYFMzj5Gtpju210201.shtml.

② 吴杰凯 . 消失16年的原市委书记落网，“金蝉脱壳”在这个时代玩不转了［EB/OL］.（2021-02-07）［2023-01-05］. https：//baijiahao.baidu.com/s?id=1691032919419911496&wfr=spider&for=pc.

要创新的地方很多，我们将在后面的章节中专门讨论。这里主要讨论新闻评论的语言创新。

在有的评论写作者看来，只要评论作品能表达深刻有价值的观点，至于评论的语言是否新颖，并不重要。也有评论写作者认为：新闻评论“卖”的是观点，只要观点新颖就行。然而，语言的新颖不仅是文学作品追求的目标，也应成为评论作品追求的目标，评论要在第一时间征服读者，更需要增加评论的可读性和思想观点的感染力。我们可以将评论理解成一种“说理的艺术”，这需要评论写作者将“说理逻辑”和“语言艺术”有机结合起来，达到观念传播的最佳效果。

一、评论语言创新的方法

关于新闻评论语言创新方法的论述很多，每个写过评论的作者，各自的经验也不尽相同。一般来说，新闻评论的语言创新，可以从以下五个方面进行解读。

第一，新闻评论的语言创新，最重要的是强调评论语言的用词要精确凝练，追求一词出彩。

当过评论编辑的人都知道，编辑名家的稿子时，自己很难删减，这是评论稿件达到精确凝练境界的结果。正如《文心雕龙》的作者刘勰所说：“句有可削，足见其疏；字不得减，乃知其密。”同样，好的评论，未必通篇字字珠玑，有几处画龙点睛之笔已经不错。法国文豪福楼拜曾提出著名的“一词说”：

> 我们不论描写什么事物，要表现它，唯有一个名词；要赋予它运动，唯有一个动词；要得到它的性质，唯有一个形容词。要继续不断地苦心思索非发现这个唯一的名词、动词、形容词不可。仅仅发现类似的名词、动词、形容词是不行的，不能因思索困难，而用类似的词句敷衍了事。①

古今中外的评论名家，都非常强调写作时遣词造句和词语准确的重要性。在精确使用语言方面，毛泽东堪称大师。例如：1945 年 4 月他为新华社所写的评论《赫尔利和蒋介石的双簧已经破产》② 中有段话是这么写的：

> 到了今天，赫尔利不知在忙什么，总之是似乎暂时地藏起来了，却累得蒋介石在参政会上说些不三不四的话。

一个“藏”字，本来是躲藏蛰伏的意思，却用表示时间短暂的“暂时”来修饰。一方面表明赫尔利“藏”的时间不会太长，等到时机成熟，他还会露面；另一

---

① 沙涓 . 福楼拜精心改稿［J］. 语文天地，2002（4）：25.

② 毛泽东 . 赫尔利和蒋介石的双簧已经破产［M］// 毛泽东选集（第三卷）. 2 版 . 北京：人民出版社，1991：1110-1113.

方面暗示赫尔利与蒋介石的“合作”就像捉迷藏一样，很不正式。这既刻画了赫尔利的胆怯心理，讽刺了两人之间的露水合作，用语方面又独具匠心，给人眼前一亮的新鲜感。很显然，在此不管用哪两个词来代替“藏”和“暂时”都会词不达意，都会顿失新意。

第二，评论的语言还受自然科学和社会科学的深刻影响，其中也包括不同学科语言的创新，所以评论写作者要善于从自然科学和社会科学的前沿研究中汲取营养。这种营养既包括观念的更新，也包括学术语言的大众化传播。越深刻的语言，越需要评论写作者具备“翻译”的能力，用浅显平易却又不失理论味道的雅俗语言，传达自己对问题的分析。

7.1《生活在树上》

从学术语言到评论语言的转换，非常考验评论写作者对多种语体的驾驭能力。写作者要博览群书，并善于思考如何把深奥的学术语言用接地气的社会生活语言表达出来，避免把评论语言变得晦涩难懂。在评论写作实践中，一些都市媒体发表的新闻评论作品，喜欢把学术专用词语杂糅进评论文章中，看似新潮，实则生硬，别人读起来也是似是而非的感觉。因此，要尽力避免使用这些词汇和语句，尽量独辟蹊径，用读者能读明白的语言来表达观点。2020 年浙江省高考满分作文《生活在树上》① (详见二维码 7.1) 引发公众的强烈质疑，其中的很多句子艰深晦涩，读起来很不通畅。

在这篇评论中，写作者堆砌了诸如“嚆矢”“滥觞于”“树上的男爵”“切中了肯綮”“祓除”“薄脊的符号客体”“孜孜矻矻”之类的生僻字词和专业术语，看似高深莫测，实则缺乏自己的思考和见解。作为高考作文，写作者的广泛阅读和文字的铺叙能力固然值得肯定，但就评论文体而言，失去的是语言的通俗性。

第三，网络时代，舆论场的公共讨论要以理服人，对评论的语言创新提出了更高的要求，这就是评论的说理要直观形象。

在人们的印象中，形象化的语言主要用于状物抒情，未必适合于阐发道理。评论要以理服人，需要将抽象的道理诉诸读者的触觉器官，通过静态的文字给读者建构一座具有现代气息的独特的“思想建筑物”，增加评论思想感染力。例如评论作品《向“推土机政治”说不》，针对当时普遍存在的“野蛮拆迁”，作者写道：“推土机进村了，以地方要发展的名义，它正在淘汰农民手里的镰刀。”

---

① 莫韶华. 高考满分作文《生活在树上》晦涩引热议 作家马伯庸：辞不配位 网友：文化应多元化［EB/OL］.（2020-08-03）［2023-01-05］. https：//baijiahao.baidu.com/s?id=1673995025926302237&wfr=spider&for=pc.

在我国的现代化进程中，城镇化与保护耕地之间的矛盾无法避免。农村土地的征用与开发，有法可依。个别地方以行政命令替代依法依规行政，加剧了局部地区的社会矛盾。这则评论将强行拆迁比作“推土机政治”，将传统的农耕比作“镰刀”，这样的语言比通常的“强制拆迁”和“保护耕地”更加直观形象，且富有动感。

第四，当代的新闻评论实践，理性和建设性成为评论业界和学界的共识。理性和建设性是评论区别于杂文的地方。理性强调逻辑的严密，按照理性建构的原则进行推理，建设性在于不将批评作为评论写作的目的，而是为了社会的进步，这依赖于评论写作者提出改进文体的建议。理性和建设性并不排斥评论的语言创新，幽默诙谐的语言也是理性和建设性所需要的。

社会生活不是一潭死水，观念传播也不是板着面孔宣读某种必须被人接受的观点。观念传播同样离不开用风趣幽默的语言来表达思想。幽默被视作巧妙机智的思想表达方式，在评论写作中使用轻松幽默的语言，往往可以起到“文半功倍”、出其不意的效果。在这方面，丰子恺堪称中国的幽默大师。在《口中剿匪记》中，作者以妙趣横生的语言，用拔牙的痛苦经历对当时的现实问题进行委婉而含蓄的讽刺。一般来说，用幽默诙谐的语言批评社会上的不正之风，能够给人眼前一亮的感觉，读后让人回味悠长。

口中剿匪记[①]（节选）

口中剿匪，就是把牙齿拔光。为什么要这样说呢？因为我口中所剩十七颗牙齿，不但毫无用处，而且常常作祟，使我受苦不浅。现在索性把它们拔光，犹如把盘踞要害的群匪剿尽，肃清，从此可以天下太平，安居乐业。这比喻非常确切，所以我要这样说。

把我的十七颗牙齿，比方一群匪，再像没有了。不过这匪不是普通所谓“匪”，而是官匪，即贪官污吏。

在这篇评论中，丰子恺将蛀牙比作“匪徒”，多颗蛀牙无异于“群匪”，到医院拔牙，就是“剿匪”。这些词语，与他所生活的那个时代有着紧密的联系。评论的语言要体现时代的特征，时代的幽默为评论写作者的创作提供了丰富的社会素材。当代社会，网络段子层出不穷，其中不乏可以被纳入评论写作的。

第五，评论是一种介于大众文化和学术文化的文体，评论的语言既要通俗易

---

① 丰子恺 . 梦缘堂随笔［M］. 北京：人民文学出版社，1957：108.

懂，同时也要适当体现理论性。评论的受众不全是大众，也包括社会精英。鲁迅投身杂文写作时，他既编辑刊物也在大学任教，他的作品中不可避免地要涉及一些理论色彩的词语。当代的评论，大学教师业余写评论的也不在少数。对于学历层次高的读者，评论的语言如果引经据典，将增加评论的说服力。毛泽东倡导“学习古人语言中有生命的东西”。他说：“由于我们没有努力学习语言，古人语言中许多还有生气的东西我们就没有充分、合理地利用。当然我们坚决反对去用已经死了的词汇和典故，这是确定了的，但是好的仍然有用的东西还是应该继承的。”[①] 在新闻评论中恰到好处地引用前人的经典话语，无疑也是一种语言创新的能力。比如，光明时评曾刊登过一篇题为《“科学守门人” 要有“道德上的不动心”》的评论。

“科学守门人” 要有“道德上的不动心”[②]（节选）

近日有媒体报道称，中国科学院12位院士专家联合发出倡议，希望科技期刊工作者恪守“科学守门人”职业初心，精益求精，守正创新，深耕科技期刊崇高事业。

康德在谈论“德行”时指出，“德行必然预设为不动心”。为人处世，只有为捍卫道德原则而抵挡住外部的压力和诱惑，科技期刊工作者才能当好筛选论文的“伯乐”。科技期刊界的“伯乐”多了，他们以“道德上的不动心”捍卫科学精神，才是院士专家们所希望的“科学守门人”。

在这篇评论中，康德的“德行必然预设为不动心”、“道德上的不动心”、编辑学理论中的“得缔构者得传播”和“即时的酬赏”等名家名言和理论原则，被运用到评论中，使这些理论观点在期刊编辑的实践中复活。

二、评论语言创新的重要性

新闻评论的语言创新如何才能落到实处？这需要评论编辑和评论写作者认识到语言创新的重要性。具体来说，主要体现在以下三个方面。

首先，评论语言创新在很大程度上影响着评论的传播力。媒体竞争是新闻和评论的竞争，这决定着新闻机构在传媒市场的商业份额，也决定着媒体的公信力。评论作为媒体的旗帜，它的影响力间接关系到一家媒体的社会影响力。评论提供的观

---

① 毛泽东 . 毛泽东选集（第三卷）[M]. 北京：人民出版社，1991：837.

② 刘海明 .“科学守门人”要有“道德上的不动心”[EB/OL].（2020-12-07）[2023-07-05]. https：//m.gmw.cn/baijia/2020-12/02/34423595.html.

点也必然参与到媒体的市场竞争中，观点的竞争既包括评论写作者认识能力的竞争，也包括评论写作者思想表达能力的竞争。在互联网时代，评论思想深度的提升不易，语言的创新就显得愈发重要。语言的创新不单是字词的创新，也包括用文学和艺术的语言来辅助观点的表达。在后面的章节，我们将诗词和漫画引入评论教学中，体现的就是语言的创新。这里的语言创新，仍是就语言运用的创新而论。例如：

院士评选标准，民众有置喙的权利么[①]**（节选）**

两院院士代表着中国自然科学界和工程（学）界顶尖的业绩评价。一个大厨，可能会把鸡肉做出凤凰的味道，但即便如此，哪怕现任院士人人都对“凤凰鸡”的色香味形赞不绝口，把鸡弄成凤凰的大厨也不会因此而成为院士。放胆想象一下，如果凭借“凤凰鸡”即可当选院士，感到不平的恐怕不仅仅是“凤凰”吧。

当然，操弄柴米油盐的人当选不了院士，这不是很正常的一件事吗？当选不了院士，不说明柴米油盐不重要，这也正如不能将驴和虎放到一起论短长一样。现实中，不论人们将多少溢美之词加诸虎身，需要推磨之时，还是会将老虎忘得一干二净，而把目光投向驴。让老虎推磨，让倔驴称王，一定会产生虎将不虎、驴将不驴的笑话——尽管驴没惹虎，虎也不想当驴。

在这篇评论中，俗语、文言词和生活语言荟萃在一起，“把鸡弄成凤凰的大厨也不会因此而成为院士”“把鸡肉做出凤凰的味道”“操弄柴米油盐的人”“不能将驴和虎放到一起论短长”“舵手不是选出来的”“是骡子是马，拉出来遛遛”。这些语言的综合运用，给人以易读和新颖的感觉。

其次，评论的发展需要充分利用社交媒体平台为语言的创新提供广阔的空间。近代社会的评论从报纸开创评论栏目开始，每一种新的媒体介质的出现，评论都会发展出与这些媒体介质相适应的评论形式。从广播评论、电视评论、网络评论，再到跟帖评论，每一种新的评论样式，都需要借鉴并改造已有的评论语言。语言创新的空间随着媒介的变化，对评论写作者的语言适应能力提出新的要求，适应即创新，这是评论语言创新的无限性决定的。评论写作者和媒体机构需要为评论的语言创新提供机会，使评论适合社会发展的需要。在这方面，红网的红辣椒评论频道为

① 光明网评论员．院士评选标准，民众有置喙的权利么［EB/OL］．（2021-02-18）［2023-01-05］．https：//baijiahao.baidu.com/s?id=1692025487729254328&wfr=spider&for=pc.

评论写作者提供了创新的空间。例如：

春晚报道充斥技术术语，这是写给谁看[①]（节选）

有一篇谈春晚的评论，先不说文章写得如何，扑面而来的是这样一些字母文字："5G""AK""XR""AR""AI + VB 裸眼 3D""5G + 8K""LED""4k/8k + Al"等技术术语。天呐，我是使用中文的，拜读了充斥了洋字母的评论，真疑心是外星人发来的文字。在这样的文章面前，就像囫囵吞了一个个大枣，怎能尝出什么滋味呢？

当下，文字中带洋文字母是一种时髦，这无疑与时代的进步有关，毕竟是电子信息时代，是绕不过去的问题。但"PI.85 像素"也好，"8K 高清屏"也罢，无非是想说明春晚使用了新技术而已。使用再多的洋字母，不是专业或者业内人士，丈二和尚摸不着头脑，又有何用？

这篇评论针对个别评论作品对专业术语的生搬硬套提出批评，这是由于评论写作者的语言时空转换意识淡薄造成的。

最后，评论的发展需要评论写作者具备评论语言创新的技能。语言是思想的窗口，从一个人言谈中所使用的词语就能判断出其驾驭语言的能力。评论语言要具备"视觉"的冲击力，考验的是作者在评论写作中嫁接语言的能力。这就需要评论写作者提醒自己主动使用新的词语，能够在不同学科的词语中寻找某种可比性，将这些具有可比性的词语嫁接到另外一个领域中，产生出人意料的效果。为此，评论写作者应注重积累鲜活的语言和新颖的表达方式，并善于将这些表达方式应用到评论写作实践中。例如：

愿这样"土得掉渣"的作品越来越多[②]（节选）

一部被网友笑称"土得掉渣"的"扶贫剧"《山海情》成了"黑马"。首轮播出结束后，网友评分高达 9.4 分，观众反响热烈，好评如潮。这不禁让人好奇，这部电视剧到底为何有这么大的"魔力"？

在这篇评论中，作者将电视剧《山海情》的内容和网友的评价有机地穿插起

---

① 孙建清．春晚报道充斥技术术语，这是写给谁看［EB/OL］．（2021-02-19）［2023-07-05］．https：//www.163.com/dy/article/G37M2FCI0514EV7Q.html.

② 周欣怡．愿这样"土得掉渣"的作品越来越多［EB/OL］．（2021-02-10）［2023-01-05］．http：//opinion.people.com.cn/n1/2021/0210/c431649-32028438.html.

来，使用诸如“土得掉渣”“扶贫剧”“浓浓烟火”“鸡飞狗跳”“血肉感”等词，这些非常贴近时代、贴近生活的语言使评论充满了生活气息。

文无定法，评论语言的创新也不会有固定的模式。语言创新和科学探索一样，在创新的道路上不会没有坎坷，正因为这样，评论语言的创新才显得难能可贵。写作者在写作新闻评论的过程中应多注意语言的创新，写出新颖和热忱，写出青春和活力。

第三节 网络新闻评论的语言特点

一、网络空间的“小品文”

现在，我们正生活在一个被称作移动互联网的时代。究竟什么是移动互联网时代，这样背景下的新闻评论有什么特点呢？先来看几则另类的“小品文”。

读卡[①]（节选）

近日某地机关进行公车改革，厅级以下干部一律取消专车，没了“轿子”的官员只好办理公交卡。一位领导首次坐公交，这日他一上车就主动向司机出示公交卡，然后找个座位刚坐下。

这时司机对他道：“请读卡！”听罢他拿出公交卡认真地读了起来：“×× 市公共交通卡。”见状司机指着刷卡器道：“在这读！”这位领导只好走到车门读卡器旁，大声地读道：“×× 市公共交通卡。”此举引起哄堂大笑，这时司机摇摇头叹道：“哎，这几天咋的了，怎么车上多了些傻子……”

代表症[②]（节选）

有天，我顺道去精神病医院看望一位在那里当医生的同学。

当他领我穿过院子时，住院的病人正在自由活动。一个高亢带着拖腔的声音立即吸引了我的注意：

“我代表……来看望大家，希望你们放下包袱，积极配合治疗……”

只见讲话的这人穿着病号服，微微仰头，目光发直但饱含热情，一句一个“我

① “金陵通”[N]. 现代快报，2013-01-08（B2）.

② 林奇 . 幽默杂文（1）[EB/OL].（2019-08-06）[2023-06-30] https：//post.blogchina.com/p/956007580.

代表”，有几个病人在他身边痴痴地听着。

同学走过去，轻轻拍拍他的肩膀：“别讲了，该回病房吃药了。”

他听话地点点头：“好，我代表全院患者向您保证，坚决完成吃药任务。”然后背起手，迈着方步走了。

我很好奇，就问同学：“他得的这叫什么病？”

“代表症。”

看我一脸疑惑，同学解释道：“这是精神病学领域的一个新病症，叫代表症。全世界只有少数几个地方发现过病例，不过最近我国发病率较高。主要表现就是总想代表谁，不说‘代表’俩字不会说话。”

比前面两则更常见的是微信公众号“刘备我祖”的史记体文章。这个公众号尝试将文言文应用于摹写热点人物，并效仿司马迁《史记》的“太史公曰”，在结尾点评所描写的人物。

2021 年 5 月 22 日，首届国家最高科学技术奖得主、杂交水稻之父袁隆平院士去世，引发舆论关注。当天，“刘备我祖”发表《史记 · 袁隆平传》。文中写道：

史记 · 袁隆平传[①]（节选）

袁隆平，江西人，国士也。庚午岁（1930 年）生于北平，故名中曰“平”。接生者，林巧稚也。兄弟姊妹六。

幼时随父母游平津、九江、赣州、汉口。

居汉口时，一日游田庄，绿树村边合，桑麻瓜果多，时有电影曰“摩登时代”，尽见农庄之美，牛乳随意饮，葡萄窗外结，袁公目此，大为慨叹，曰：“吾之平生，当在田园稼穑间也。”

遂以农为志。

……

太史刘曰：

袁公者，所谓天赐中华也，盖神农氏之苗裔乎？可曰“神农公”也。

人不可一日无粮，国不可一岁无农，盛世繁华，佳人豪杰，若无此区区颗粒，则一切空谈，无非烟云。

① 史记 · 袁隆平传［EB/OL］.（2021-05-22）［2023-06-26］.https：//mp.weixin.qq.com/s/3E9z87AkO7QIlM7iSRFqyA.

中华幸有袁公，袁公幸得其时，故能岁岁大地谷满，南北稻花香溢，能长星远探，能沧海行舰，能贸易得富，能山河增色，亦袁公手中一稻所助也。

袁公往矣，然论天下英雄，侠之大者，无过袁公，若无袁公，英雄富贾巨星不过饿殍，若不知袁公之恩，则枉为生人也。

上面三则网络文章究竟是什么文体，可能存在争议。从新闻评论教学的角度看，这些文章可以被认作新型的网络评论作品。前两篇是比较典型的网络小品文，或者说是时事寓言故事；后一篇则是述评式网络评论。

二、网络评论的特点

网络新闻评论主要是指网络媒体开辟的评论频道、评论专栏发表的评论作品。由于媒体介质形式的改变、媒体言论环境的变化，这些评论的语言也呈现出自己的特点，归结下来有以下三点。

互动性是一个特点。评论写作者在创作传统的报刊评论和广播电视评论时，仿佛在录音棚里自言自语，写出来的评论被媒体采用后，基本也就完成了自己的使命。这样的封闭式写作，语言也是写作者所独有的。网络评论和报刊传统媒体评论的不同点在于，其评论发表后还有个互动环节，这就要求写作者应注意网民（用户）的语言接受度，尽量采用接地气的语言进行写作和交流。例如，当白酒企业的总工程师参评中国工程院院士时，网络舆论对“白酒院士”的批评，主要是对院士评选的合理性、严肃性提出质疑。出于对这种评选可能产生的不良影响的担忧，网络用户在这则新闻的跟帖区互动。

回应“白酒院士”舆情，不能牛头不对马嘴①（节选）

半城美女 2 月 19 日 00：52 如果院士评选不必考虑导向问题，不慎重考虑各行业、学科对国家科技、人民福祉的影响，那么，岂不成了什么都能装的“筐”？

半城美女 2 月 19 日 16：00 突然觉得吐槽没有意义，如果其符合现在的流程和规范就没有必要多加质疑。

猫在旅途 2 月 19 日 17：02 虽然部分网友称王莉为“茅台院士”“白酒院士”“酱香型院士”有调侃的意味，但不能因此就认为人们围绕此事的批评，都是

① 李蓬国 . 回应“白酒院士”舆情，不能牛头不对马嘴［EB/OL］.（2021-02-19）［2023-01-05］. https：//view.inews.qq.com/a/20210219A09Q8700.

门外汉的无知、眼红和蹭热度。

暖暖手 2 月 19 日 23：02 简直就是胡搞瞎搞，我火龙果种得好，给我也评个火龙果院士？

猫友 1237178 2 月 20 日 05：36 火龙果种得好，评个院士还说得过去，关键是茅台酿造工艺是祖传的，根本轮不到他们去研究，只要按配方不偷工减料就成了，也配当院士？

八岐刺蛇 2 月 20 日 06：20 想低调的意思是，要偷偷摸摸把便宜占了？

心诚则灵 2 月 20 日 07：13 无论怎样研究，酒还是含酒精的酒，对身体有害，另一方面，研究来研究去，越研究越贵，离老百姓越来越远，离贪官却越来越近。

这种形式的评论与传统的评论样式相比，不同之处在于：评论写作者的评论一经发布，作品就处于“再加工”的环节，网络用户可以对评论作品评头论足，发表各自的看法。可以说，用户之间的互动成为评论再创造的组成部分。关于这个问题，后面我们还会专门讲解。

个性化是第二个特点。网络舆论场虽然众声喧哗，但要引起公众的关注，也必须有自己独特的一面。就网络新闻评论的语言来说，具有鲜明个性化特点的评论才容易为大家所关注，网络新闻评论的个性化既包括评论写作者对所评论的新闻事实独特见解的个性化，也包括评论写作者表达见解所用语言方式的个性化。网络平台不仅为评论写作者提供了便捷获取信息的空间，更提供了一个可以自由表达观点的平台。网络新闻评论和传统新闻评论最大的不同之处在于，这种评论在诞生时就试图与传统的新闻评论保持距离，这样的创新不是模式化的创新，而是所有网络用户都享有的权利。评论写作者的个性化在这里得以充分发挥。其中，个性化语言可以使网络新闻评论具有显著的网络特色，带有显著的个性化色彩。例如：

吃 药[①]

护士深夜巡房，并及时发现一名未吃安眠药就擅自入睡的患者。护士发现后第一时间上报，并采取紧急预案，叫醒患者后催促其服药。目前患者病情稳定睡眠质量良好。

---

① 佚名 . 吃药［EB/OL］.（2022-10-22）［2023-01-05］. http：//47.106.15.148/forum.php?mod=viewthread&tid=6052&extra=&highlight=%D4%A2%D1%D4&page=4705&scene=27.

批判性是第三个特点。网络评论不同于传统媒体的评论。传统媒体的定位与专业的新闻理念相关，这类媒体发表的评论作品，主题比较严肃，语言也讲究规范。网络媒体的定位必须尊重网络舆论的习惯，这是一个思维相对活跃、语言相对新颖的媒介平台。在这个平台上，网络用户对新闻事件的关注更多与各自的价值观和切身的利益相关，他们对新闻事件的态度受到的限制较少，这有利于网络新闻评论的写作者对事件进行反思。他们的反思可以即时发表，反思结果引起即时的讨论，在相互的反思与讨论中接近问题的本质，这是网络评论具有显著批判性的体现。网络用户的个人评论是这样，传统媒体的网络版（频道）所刊载的评论也受此影响，评论语言体现批判性的特点。

三、网络评论的语体特征

针对网络评论的语言特点，我们还应注意到网络评论语言的语体特点。每个人的语言运用，从发音、用词、语序到修辞习惯，都有自己的特点；每一种问题脱胎于不同的社会生活，在长期的演变中逐渐形成自己的独特性。所谓语体，就是受特定语境制约在语音（广播电视评论涉及，文字评论也不同程度地涉及）、词汇、句式和修辞等方面所形成的语言特点。网络评论在语言方面形成了“独特的语篇类型”“有其独特的话语范围、话语方式和话语基调”。[①] 与传统媒体的评论不同，网络评论语言是新型人际交往空间中一种新的社会方言，具有新型的语体特征。

具体来说，网络评论的语体特征被归结为以下三种：

首先，相对于传统的报纸评论，网络评论呈现出自然化的特征。传统媒体的新闻强调真实性，评论追求的是权威性，这是引导舆论所需要的基本条件。权威是信息中心化的产物，媒体通过新闻和评论吸引公众关注；网络空间意在消解传统媒体的权威性，呈现去中心化的特点。当中心在网络空间失去了足够的凝聚力时，网络评论也就无法采用一种语言特点表达观点。在这里，评论写作者也是网络用户（网友）中的一员，思想观点的表达不能用严肃的口吻强迫他人接受自己的意见，而适合在不经意间向他人自然地流露自己的看法。表达的随意性带来的是语言的自然化，即想我所想，言我所想，越自然的表达，越容易被其他用户接受。

其次，网络评论呈现出政论性特征。政论语体以论证的逻辑性、说理性与鼓动性为特征。网络评论的目的很大程度上需要得到其他参与者的认同和支持，否则将很快湮没于浩瀚的网络评论中。因此，高质量的网络评论需要深入了解新闻内涵，

---

① 傅永翠，张红云．新闻写作中人物引语的运用［J］．写作，2011（1）：37.

寻找能说服其他人的观点，进而展开逻辑严谨的阐释和辨析。评论不仅解读新闻本身，加深新闻的社会价值，更能启发大众、针砭时弊、引领风气。网络评论的竞争激烈，每个发表看法的用户都希望自己的观点受到好评，这就需要网络评论写作者选择具有争议的热点事件，一针见血地指出新闻事件中存在的问题，这样用言简意赅的话语就能达到指点江山的效果，在网络舆论场产生良好的社会反响。例如：

撤销专业设置①（节选）

高校的专业设置，理应慎之又慎。过去5年里，一个名叫“公共事业管理”的专业，从83所大学的名单上消失了。有人入学时发现，学校的这个专业刚开设了3年，连个毕业生都找不到；也有人上了课才知道，本专业的老师其实是从其他专业拼凑来的；还有人发现自己是学校里这个专业的最后一届学生，等毕业后，这个专业从此消失……

最后，网络评论呈现出简约性特征。网络新闻评论讲究即兴发言，这类评论的语序相对灵活。简洁的口语化语体使评论的快速积累和传播成为可能，使更多的网民有条件也有兴趣阅读新闻评论。

概括来说，网络评论的语体特征体现在词汇上，是大量使用口语词汇、网络词汇；在句子上，是大量使用省略句、简单句、短句，语法搭配随意，经常借用外语或方言句式；在篇幅上，是字数灵活，两三千字、数百字乃至几十个字的评论都有。

思考题

1. 新闻评论写作强调语言的大众化，请结合自己的写作实践，谈谈如何做到评论语言的大众化。

2. 阅读毛泽东的新闻评论作品，分析其语言特色。

3. 结合新近的评论作品，谈谈思想的深刻性如何通过新鲜的语言表达出来？

4. 网络时代的评论语言创新与传统媒体时代的评论语言创新有何不同之处？

5. 结合国内知名网络媒体，分析其评论频道所发表的网络评论的语言特点。

---

① 毕传国．撤销专业设置［EB/OL］.（2022-08-09）［2023-01-05］. https：//hlj.rednet.cn/content/2022/08/09/11706915.html.

Chapter 8

第八章　杂文

第一节 杂文的发展历程

在中国，杂文是一种历史悠久的文学样式。自春秋战国以来，杂文就植根于现实的土壤中，呼应着时代的变化。在中国社会发展历程中，杂文的发展并非一帆风顺，虽历经盛衰荣枯，终以顽强的生命力和绰约的风姿，成为中华文学百花丛中一道别致的风景。

一、早期的杂文形式

战国时期，在诸子百家的作品中，涌现出一批寓言体的上乘之作，如孟子的《齐人有一妻一妾》、庄子的《惠子相梁》、韩非子的《宋人酤酒》等。有的已经演变成汉语的成语典故，其中蕴含着深刻的道理。这些文章属于我国最早的杂文样式。到了魏晋南北朝，无论在形式上还是在内容上，杂文都有了新的变化，发展为借物言志的说理性杂文。这个时期的杂文，有的就是把日常生活的对话作为杂文的叙事方式，其中，西晋鲁褒《钱神论》的对答体就颇有代表性。在这篇杂文中，对答双方变成了两个虚构的人。

钱神论[①]（节选）

有司空公子，富贵不齿，盛服而游京邑，驻驾平市里。顾见綦毋先生，班白而徒行。公子曰："嘻！子年已长矣，徒行空手，将何之乎？"先生曰："欲之贵人。"

公子曰："学《诗》乎？"曰："学矣。""学《礼》乎？"曰："学矣。""学《易》乎？"曰："学矣。"公子曰："《诗》不云乎：'币帛筐篚，以将其厚意，然後忠臣嘉宾，得尽其心。'《礼》不云乎：'男贽玉帛禽鸟，女贽榛栗枣脩。'《易》不云乎：'随时之义大矣哉！'吾视子所以，观子所由，岂随世哉。虽曰已学，吾必谓之未也。"先生曰："吾将以清谈为筐篚，以机神为币帛，所谓'礼云礼云，玉帛云乎哉'者已。"

公子拊髀大笑曰："固哉！子之云也。既不知古，又不知今。当今之急，何用清谈。时易世变，古今异俗。富者荣贵，贫者贱辱。而子尚质，而子守实，无异于遗剑刻船，胶柱调瑟。贫不离于身名，誉不出乎家室，固其宜也。"

"昔神农氏没，黄帝、尧、舜，教民农桑，以币帛为本。上智先觉变通之，乃

---

① 资料来源：《晋书·隐逸·鲁褒传》。

掘铜山，俯视仰观，铸而为钱。故使内方象地，外圆象天。大矣哉！”

“钱之为体，有乾有坤。内则其方，外则其圆。其积如山，其流如川。动静有时，行藏有节。市井便易，不患耗折。难朽象寿，不匮象道。故能长久，为世神宝。亲爱如兄，字曰孔方。失之则贫弱，得之则富强。无翼而飞，无足而走。解严毅之颜，开难发之口。钱多者处前，钱少者居后。处前者为君长，在后者为臣仆。君长者丰衍而有余，臣仆者穷竭而不足。《诗》云：‘哿矣富人，哀哉茕独。’岂是之谓乎！”

“钱之为言泉也，百姓日用，其源不匮。无远不往，无深不至。京邑衣冠，疲劳讲肆。厌闻清谈，对之睡寐。见我家兄，莫不惊视。钱之所祐，吉无不利。何必读书，然后富贵。……”

“洛中朱衣，当途之士，爱我家兄，皆无已已。执我之手，抱我终始。不计优劣，不论年纪。宾客辐辏，门常如市。谚云：‘钱无耳，可闇使。’岂虚也哉？……”

“夫钱，穷者能使通达，富者能使温暖，贫者能使勇悍。故曰：君无财，则士不来；君无赏，则士不往。……”

黄铜中方，叩头对曰：“仆自西方庚辛，分王诸国，处处皆有，长沙越嶲，仆之所守。黄金为父，白银为母，铅为长男，锡为嫡妇。伊我初生，周末时也，景王尹世，大铸兹也。贪人见我，如病得医，饥飨太牢，未之逾也。”

在这篇对话体杂文中，作者将自己所评说的客体“钱”形象化，刻画出“金钱万能”的形象，可谓嬉笑怒骂，愤世嫉俗。此外，南朝时期作家沈约的《修竹弹甘蕉文》、孔稚珪的《北山移文》等杂文，属于将物人格化的谐隐杂文。这些杂文，分别借甘蕉、北山之口，讥刺权贵，抨击他们的行为。这个时期，东晋陶渊明的《五柳先生传》和《感士不遇赋》这类小品随笔体杂文对后世的影响甚大。

下面，我们可以品读一下沈约的杂文《修竹弹甘蕉文》。

修竹弹甘蕉文①（节选）

长兼淇园贞干臣修竹稽首：臣闻芟夷蕴崇，农夫之善法。无使滋蔓，剪恶之良图。未有蠹苗害稼，不加修伐者也！

切寻苏台前甘蕉一丛，宿渐云露，荏苒岁月，擢本盈寻，垂荫含丈。阶缘宠渥，铨衡百卉。而予夺乖爽，高下在心，每叨天功，以为己力。风闻籍听，非复一涂，犹谓爱憎异说，所以挂于严网。

① 资料来源：《艺文类聚》第八十七卷。

今月某日，有台西阶泽兰、萱草到园同诉，自称："虽渐杞梓，颇异蒿蓬，阳景所临，由来无隔。"……

切寻甘蕉出自草药，本无芳馥之香，柯条之任，非有松柏后凋之心，盖缺葵藿倾阳之识。冯藉庆会，稽绝伦等，而得人之誉靡即，称平之声寂寞，遂使言树之草，忘忧之用莫施；无绝之芳，当门之弊斯在。妨贤败政，孰过于此？而不除戮，宪章安用？请以见事，徙根剪叶，斥出台外，庶惩彼将来，谢此众屈。

在《修竹弹甘蕉文》中，沈约本来采用的是当时流行的弹文，即弹劾官员的文体。有趣的是，这篇杂文中的弹者与被弹者并非人，而是"修竹"和"甘蕉"这样的常见植物。两种原本不会说话的植物，在沈约的笔下，一方控诉另一方的"劣迹"，修竹弹劾甘蕉这样的千古奇案，采用虚构的故事讲述人间的是非善恶。如此幻设为文，用严肃的文体作成这等戏谑诙谐的文章，作者的构思大胆、出格。通读《修竹弹甘蕉文》，我们不难发现，这篇文章无疑是在讽喻社会，揭露抨击那种权柄在手便胡作非为、弄得民怨沸腾的人和事。作者不将此情思直接写出，而化情思为自然景物，通过拟人化手法使植物具有人的思想和性格，能够像人一样说话行事，借物言怀，使表述的意思既形象生动，又达到了高度的概括和抽象。文章也因此而别具一番情致和趣味，杂文的韵味就出来了。

二、早期杂文的发展历程

"杂文"这个词，在现有的文献中，最早出现在南朝时期宋代范晔所撰的《后汉书》。在《后汉书·文苑列传》的分类中，即有"杂文"一类，遗憾的是这篇文章并未对杂文的概念进行界定。到了南朝梁代刘勰的《文心雕龙》中，开始设专章"杂文"，这是中国文学史上第一次对杂文进行专题研究。刘勰在《杂文第十四》[①]的开篇写道："智术之子，博雅之人，藻溢于辞，辞盈乎气。苑囿文情，故曰新殊致。"在这段话中，刘勰道出了杂文作者和杂文语言不同于其他文体的特殊风格。对一种新文体的接受，需要一个循序渐进的过程。在肯定杂文的同时，对这种文体的文学，刘勰显得保守，称杂文乃"文章之支派，暇豫之末造也"。这表明，即便像刘勰这般已经敏锐地认识到杂文独特性的理论家，依然无法给予杂文应有的文学地位，而只能属于文学体裁中的"支派"和"末造"，暂未将其列入文学正宗。当时，有关杂文的称呼并不统一，有的称杂文，有的称杂说，有的称杂

---

① 刘勰 . 文心雕龙［M］. 上海：上海古籍出版社，2015：86-92.

著。杂说之名则早于杂文，班固在《汉书·艺文志》中对杂文予以界定："议论而兼叙说者，谓之杂说。"这样的评价，基本接近于当代社会对杂文的评价。

杂文发展到唐代，已经较为成熟。当时，韩愈和柳宗元大力倡导"古文运动"并取得成效。经过韩柳对"古文"的肯定，唐宋时期所谓的"杂说"这类作品随之增多。韩愈本人不仅倡导"古文运动"，也是这类文体的实践者，写有"伯乐相马"这类明确以"杂说"命题的杂文。与此同时，他还写有《原毁》《师说》这类标明以论说为主的杂文。除此之外，韩愈还有《毛颖传》《祭鳄鱼文》这类构思奇特、想象诡谲、讽意辛辣的杂文。作为"古文运动"的另一位倡导者，柳宗元称得上是杂文大家。柳宗元的杂文样式不拘一格、灵活多变，有寓言式、对问式、骚体式等，其中，他的《三戒》《捕蛇者说》《哀溺文》堪称代表作。整体来看，唐代杂文自觉地用于干预现实，讽喻社会。及至晚唐，杂文作家尤显得难能可贵，鲁迅对此曾给予高度评价："唐末诗风衰落，而小品放了光辉。"他称罗隐的《谗书》"几乎全部是抗争和愤撖之谈"，称皮日休的《皮子文薮》和陆龟蒙的《笠泽丛书》中的小品文"并没有忘记天下，正是一塌糊涂的泥塘里的光彩和锋芒"。[①] 这里，我们可以品读一下韩愈的《祭鳄鱼文》。

祭鳄鱼文[②]（节选）

唐·韩愈

维年月日，潮州刺史韩愈使军事衙推秦济，以羊一、猪一，投恶溪之潭水，以与鳄鱼食，而告之曰：

昔先王既有天下，列山泽，罔绳擉刃，以除虫蛇恶物为民害者，驱而出之四海之外。及后王德薄，不能远有，则江汉之间，尚皆弃之以与蛮、夷、楚、越；况潮岭海之间，去京师万里哉！鳄鱼之涵淹卵育于此，亦固其所。今天子嗣唐位，神圣慈武，四海之外，六合之内，皆抚而有之；况禹迹所揜，扬州之近地，刺史、县令之所治，出贡赋以供天地宗庙百神之祀之壤者哉？鳄鱼其不可与刺史杂处此土也。

在这篇杂文中，韩愈对鳄鱼"先礼后兵"，历数其祸害社会的罪状，再向它指明一条"生路"，最后告诉它为非作歹的严重后果。韩愈在文中借题发挥，指出在鳄鱼的背后，必然还存在着远比鳄鱼更凶残的人类。这篇杂文让人联想到唐代"安

① 资料来源：鲁迅《南腔北调集·小品文的危机》。

② 吴楚材，吴调侯．古文观止（卷八·唐文十八）[M]．西安：三秦出版社，2017.

史之乱”后，拥兵割据的军阀藩镇鱼肉百姓的现实，这些人才是祸国殃民一族。韩愈这篇文章因小见大，在当时有着强烈的现实意义。

宋代杂文虽难与唐代相媲美，在继承和发展中也有所创新。以唐宋八大家中的欧阳修为例，其就写有政论体杂文《朋党论》，也著有小品随笔体杂文《养鱼记》，此外，他还有文艺杂谈性杂文《六一诗话》，堪称杂文大家。

元朝社会的言论环境恶劣，杂剧大放异彩，但在杂文方面少有名篇。到了明初时期，政治斗争激烈，反映在文学领域，不仅文狱盛行，程朱理学和八股取士也在禁锢文人思想，没有为杂文的发展创造有利的环境。这个时期，刘基的《卖柑者言》假托卖柑者之口，揭露了当时“金玉其外，败絮其中”的官僚腐败。刘基的杂文不止一篇，早年他为“矫元室之弊”而留下一部《郁离子》杂文专集，这部杂文集共收录他出仕之前的杂文 195 篇，多为寓言式杂文。

清初，不少知识分子利用杂文曲折抒写愤懑之意，其中，戴名世的《鸟说》，以“托身非所，见辱于人奴以死”的鸟的命运，折射出时人的非人生活。

鸦片战争前后，革新思潮渐兴。这个时期，以龚自珍等人为代表的文人纵论天下大事，他们在为民请命的过程中，写下不少战斗性杂文。维新变法之后，梁启超在办报过程中开创了一种被称作“报章体”的政论文，产生了不小的社会影响；章太炎、严复等人对“报章体”进行宣传，模仿的报纸渐多。在随后的报纸上，由“报章体”逐渐演化出时论、时评。这个时期的时论和时评，不但是我国新闻评论的滥觞，也是杂文向现代过渡的中介。这里，我们可以感受一下戴名世的《鸟说》。

鸟说[①]（节选）

余读书之室，其旁有桂一株焉，桂之上，日有声者。即而视之，则二鸟巢于其枝干之间，去地不五六尺，人手能及之。巢大如盏，精密完固，细草盘结而成。鸟雌一雄一，小不能盈掬，色明洁，娟皎可爱，不知其何鸟也。雏且出矣，雌者覆翼之，雄者往取食，每得食，辄息于屋上，不即下。主人戏以手撼其巢，则下瞰而鸣，小撼之小鸣，大撼之即大鸣，手下，鸣乃已。他日，余从外来，见巢坠于地，觅二鸟及鷇，无有。问之，则某氏僮奴取以去。

嗟乎！以此鸟之羽毛洁而音好也，奚不深山之适而茂林之栖，乃托身非所，见辱于人奴以死。彼其以世路为甚宽也哉！

---

① 戴名世 . 戴名世集［M］. 北京：中华书局，2000.

《鸟说》是一篇意在言外的杂感，作者由一件小事而引出一番极深的感慨。两只“不能盈掬”的小鸟，羽色明洁，娟皎可爱，筑巢于他书房边的桂树上。为了繁育后代，它们精心营建了自己坚固舒适的小窝，“巢大蛔盏，精密完固，细草盘结而成”。“日有声弇弇者”，这婉转的啼鸣中充满了天真与欢悦。它们对人类似乎毫无提防之心，不知道世道维艰，不知道人世间还有恶势力存在，因而最终还是无力保护自己，“巢坠于地”，自己连同尚未出世的后代，均为恶奴“取以去”。小鸟依人，本是一件美好的事物，却因为自身没有防御能力，又对自己所依赖的力量缺乏警惕，最后为人世间的恶势力所毁灭。目睹了这一悲剧之后，作者不由十分伤感，于是用极其凝练的笔墨深情地议论道，如此美丽友善的小鸟，应该到深山老林中去栖息。它们因为“托身非所”，结果受辱于恶奴，巢毁身亡，它们以为人世间的道路很宽广，其实不然。

三、现当代杂文的发展历程

在我国文学史上，杂文一直在不断地完善。至五四运动后，杂文获得了长足的发展。

今天所说的杂文，与前面介绍的杂文不同，通常是指现代意义上的杂文。所谓“现代”，主要指五四运动以后。杂文的发展呈现出连续性，杂文从近代过渡到现代，以五四运动为分水岭，这样的划分比较笼统。其实，1919 年前的报刊上，随笔杂感式的短文已经出现。需要指出的是，这个时候报刊文章使用的还是文言文。1918 年 5 月，《新青年》改用白话文，并在改刊号上设立“随感录”专栏，该栏目所刊发的短论文章也采用了白话文。

1918 年 9 月，鲁迅参与“随感录”的撰稿工作，为杂文的繁荣拉开了序幕。与《新青年》的“随感录”同步，杂谈栏目也在不少报刊上出现。这个时期的杂文继承了古代杂文的文学性，一度被称作“小品文”。

此时所谓的“小品文”，体裁的范围相当宽泛，既包括杂感、短评，也包括现代文学中的散文和絮语等文艺性作品。小品文更多是文人的一种消遣性作品，鲁迅不满当时的人把“小品文”当作“小摆设”的写作态度。虽然鲁迅不认可“小品文”的称谓，但当时并未为这种杂谈类文章找到一个理想的名称。1926 年，鲁迅的杂文集《坟》出版，他在《写在〈坟〉后面》这篇文章中首次采用“杂文”这个称谓，但在杂文集《坟》中，“杂文”仍为“杂著”之意。在相当长一个时期内，鲁迅也没有真正延续“杂文”这个称谓，而是以杂感、短论、短文相称。有趣的是，倒是其他人常称鲁迅的这类文章为“杂文”。

在现代杂文名称的规范方面，瞿秋白做出了贡献。瞿秋白认同鲁迅的人品和作品。1933 年，他在为自己编选的《鲁迅杂感选集》写的《序言》中，未用“杂文”字样。1932 年，鲁迅在编辑《二心集》时，在《序言》中称这是“杂文的结集”，但在 1933 年编《伪自由书》时，鲁迅在其为此所作的《前记》中，反而用了“杂感”这一说法。1935 年，鲁迅编辑《且介亭杂文》时，正式在书名中使用了“杂文”的名称。自此以后，“杂文”这一文体从五四运动以后产生的现代散文中独立出来，自成一家。

五四运动以来，在现代文学史上，鲁迅、周作人和林语堂都是杂文写作的大家，周作人倡导人性的自我表现，不满整个社会的功利取向；林语堂早年喜欢“讽刺”，后来以“幽默”著称；鲁迅用杂文艺术把人文精神同革命理想熔铸在一起，终成杂文界的领军作家。鲁迅之后，继承鲁迅战斗精神的“鲁迅风”杂文，一直是中国现代杂文的主流，并延续到全国解放。

中华人民共和国建立之初，媒体进入一个崭新的发展阶段，既要继承传统的成功经验，也要改造媒介环境以适应社会发展的需要。杂文如何适应新的媒介环境，涉及杂文应该如何写，以及如何传承“鲁迅风”杂文的现实问题。20 世纪 50 年代前期，杂文写作尝试从批评转向歌颂。这个时期，思想评论式的教育性杂文开始出现，这些新型杂文的文学性较弱。

这种状况延续到 1956 年。当年 7 月 1 日，《人民日报》的改版，标志着杂文迎来新的曙光。改版后的《人民日报》副刊上经常发表杂文，《人民日报》的这个改革影响到国内其他报刊对杂文的重视，杂文重新担当起了“社会批评”的责任。1957 年掀起的“反右倾”运动，使杂文的发展再次陷入停滞期。

1961 年，由于实行国民经济调整政策的需要，这个时期的杂文出现了复苏迹象。从北京的日报和晚报开始，全国杂文复苏。1962 年 1 月，《人民日报》在副刊上开辟“长短录”专栏，该专栏由国内著名的杂文名家化名轮流撰文。《燕山夜话》和《三家村札记》杂文专栏，也在这一时期问世。

党的十一届三中全会后，当代杂文开始呈现出蓬勃兴旺的生机，全国数以千计的报刊开辟了杂文园地，评论写作者队伍空前庞大。随着时评文体在报纸和网络媒体的普及，文艺性的杂文这种文体逐渐退居其次。

第二节　杂文的新闻特征

新闻评论需要依据最新发生的事件或者新近发现的某种普遍现象发表看法。谈到杂文，人们首先想到的是它的文艺特征，觉得杂文好像和新闻没有直接的关系。我们读的一些杂文名篇，多数也没标注新闻由头发生的日期。其实，杂文议论的话题，也有时间方面的内在要求。只不过杂文的文艺特征，需要作者把时间方面的信息隐藏起来，以适应杂文这种文体的表达需求。

一、杂文与新闻

当代的不少杂文，受新闻评论文体的影响，杂文的时间特征通常表现在对新闻报道的强调上。一些杂文在开篇，也是先由新闻事件引出某个话题。这表明杂文也有新闻特征，并且这样的特征并非当代杂文作者的独创，鲁迅的不少杂文作品就已经表现得非常明显。

杂文和评论确实有所区别，评论是以理性的说理取得公众的认可，杂文则以文学形式去唤醒公众对某个现象或者实践的认识，所以，杂文更追求思想的深刻和语言的活泼，需要作者较之常人具有能够洞悉社会和人生的犀利目光。

8.1《“友邦惊诧”论》

在我国文坛上，不论是杂文还是新闻评论，鲁迅都是当之无愧的大家。鲁迅将杂文称作“匕首”和“投枪”，他的杂文有着极强的战斗力、号召力和感染力。鲁迅的杂文针对的是他生活的那个时代的现实社会问题，因而被誉为“有着时代的眉目”，这使得其杂文有着显著的新闻特性。说到杂文的新闻特征，鲁迅的《“友邦惊诧”论》（见二维码 8.1）非常典型。

本文时效性强，针对的就是写作这篇杂文时的时事热点，这与杂文要刊登在报纸上有关。报纸逐日出版，推动杂文也要贴近社会热点事件。当然，鲁迅这个时期的杂文虽然贴近时政，但文学性还是相当明显的。

二、鲁迅杂文的新闻特征

在近代报纸诞生以前，杂文写作没有事实和时效方面的要求。随着杂文被报纸接纳，它就具有了某些新闻的特征。广播电视媒体和互联网的普及，杂文也随之出现在这些媒体介质上，杂文的新闻特征愈发显著。

鲁迅杂文的第一个新闻特征，体现在杂文也强调时效性。

新闻强调时效性，这是新闻最基本的外在特征。关于这一点，徐宝璜将新闻比作“活鱼”，强调事实保鲜的重要性。杂文重在武器的批判，但对于批判的对象——那些不良事物，也需要尽可能及时有所反应。鲁迅在《伪自由书·前记》中说：“我的文字却常不免涉及时事。”① 这里讲的时事也就是新闻报道的实践，需要杂文作者及时对这类社会现实问题和矛盾予以快速的反应。类似的观点，鲁迅在《且介亭杂文》的序言也出现过，他写道：“现在是多么迫切的时候，作者的任务，是在对于有害的事物，立刻给以反响或抗争，是感应的神经。”② 这表明，杂文创作也需要讲究时效性。

1931 年 12 月 18 日，国民政府以学生运动引起“友邦”不安和“惊诧”为题，通电诋毁学生爱国运动。鲁迅在 12 月 20 日《申报》上看到了这则“通电”后，当天就写下《“友邦惊诧”论》，并发表在 12 月 25 日的《十字街头》杂志第 2 期。在 20 世纪 30 年代初的传播技术条件下，所评论的事件从发生到见报，仅间隔 6 天时间，就选题而言真正做到了“立刻给以反响或抗争，是感应的神经”。

《脸谱臆测》出自《且介亭杂文》，这篇杂文系依据 1934 年 10 月 28 日《戏》周刊的文章写成。鲁迅于 10 月 31 日写下《脸谱臆测》，以新闻价值衡量，其也由于注重时效性而具有新闻性。

鲁迅对社会现实有着极其敏捷的“感应”。他在《且介亭杂文》的序言中写道：“潜心于他的鸿篇巨制，为未来的文化设想，固然是很好的，但为现在抗争，却也正是为现在和未来的战斗的作者，因为失掉了现在，也就没有了未来。”③ 可见他的杂文创作具有很强的现实意义，通过在媒体的快速发表来达到抨击社会、启蒙大众的目的，并产生相当广泛的社会影响。

鲁迅杂文的第二个新闻特征，在于“砭痼弊常取类型”讲究真实性。

杂文的可信任建立在真实的基础上，这是现当代杂文受欢迎的原因所在。可见，杂文的真实在于依托于新闻报道。议论社会时事的政论性杂文取材于新闻报道，将新闻中的人和事用文学的手法表现出来，使杂文提高可信度。

鲁迅杂文的真实性，体现在他的论时事不留面子，砭痼弊常取类型。在他笔下，达到了“类型”式真实的效果。鲁迅在《准风月谈·后记》中介绍说：“我的杂文，所写的常是一鼻、一嘴、一毛，但合起来，已几乎是或一形象的全体。”杂文

---

① 鲁迅选集（第 4 卷）[M]. 北京：中国文史出版社，2002：255.
② 鲁迅 . 且介亭杂文 [M]. 北京：人民文学出版社，1973：1.
③ 鲁迅 . 且介亭杂文 [M]. 北京：人民文学出版社，1973：2.

的魅力在于，它的真实是艺术的真实，既要让读者在杂文中看到真实的成分，比如时间、地点、故事情节等硬事实的确凿，也要让读者在文中看到的人物是“熟悉的陌生人”，这是纯事实的评论所无法比拟的。在《“友邦惊诧”论》中，鲁迅将“友邦”的虚伪和当局的奴才形象刻画得入木三分，这种人物形象的真实使杂文获得了生命力，具有历史认知价值。

鲁迅后期的杂文多源于新闻报道。据考证，鲁迅这个时期的杂文，选题的素材多取材于报纸和新闻杂志上的新闻、通讯，有的甚至取材于报刊上的广告内容。杂文的由头，通常是三言两语，从一个社会现象或作者的见闻或感想入手，展开论述。鲁迅后期的杂文也保留了当代评论的新闻由头形式，不少杂文大段摘录或整篇引用新闻事实，这与鲁迅的剪报习惯有关。当杂文写作与新闻报道相结合时，也就增加了鲁迅杂文的真实性。

鲁迅杂文的第三个新闻特征，即新闻特有的针对性特征。

新闻和文学作品不同，它不是想象的产物，必须一事一报。杂文也有强烈的现实针对性。以事实为依托是新闻的基本特征。事实的五要素使新闻具有特定的时间、地点、人和事。当杂文主要在新闻媒体上刊载时，杂文与新闻的结合具有必然性。受此影响，杂文所议论的对象就具有了针对性。杂文的针对性虽然来自新闻事实，但杂文的艺术性使杂文不会以相机成像的方式直接呈现事实，而是需要以艺术的方式裁剪事实，体现杂文小中见大的特点。

杂文的针对性避免了泛泛而论。鲁迅的杂文把新闻事实当作批判的对象，从一个具体的事实中通过非线性的组合和加工，使杂文可以将批判的矛头精准地指向一个领域和一类人。针对性强化了杂文的批判力量。

鲁迅杂文的第四个新闻特征，是杂文的隐性特征，这就是新闻话题的议程设置功能。

杂文强调言必中当世之过，也就是舆论所关注的热点话题，通过提供观点引导公众逐渐形成社会共识。按照新闻价值理论，新闻的重要程度在于新闻本身社会价值的大小。由此推论，杂文的社会价值在于其所议论对象的现实意义。杂文社会价值的大小取决于杂文写作者对议题的设置。鲁迅的杂文写作，既有当时社会急迫的客观形势的需要，也有指导社会、舆论引导和启迪民众的需要。在杂文写作时，鲁迅选择重大新闻事件，目的在于关注事件的发展走向，而杂文的意义在于通过作者的观点影响公众的看法。这样，杂文就具有了隐性议程设置的功能，作者的见解在一定程度上左右舆论的走向。对于像鲁迅这样的意见领袖，他对一个事件的看法也就可以影响读者的价值判断。杂文的议程设置与杂文写作者的世界观和价值观有关。他们的“三观”就是杂文议程设置的基本原则，爱、憎、好、恶也集中反映在其杂文作品中。

第三节 杂文的论辩特征

杂文和评论均以说理见长。就说理而言，评论强调的是理性和建设性，通过运用内在的逻辑来论证作者的观点是否正确。杂文的说理，则继承了先秦诸子散文的论辩传统。因此，杂文的论证特征比较明显。

人类的思维包括抽象思维和形象思维两种形式，两种思维对于人的社会实践同等重要，在具体的思维过程中很难将二者分开。在动笔写作前，写作者需要将抽象思维和形象思维有机地结合起来。要做到这一点，就需要在杂文写作中寻找一个可以比喻的对象来代替抽象的概念，将这个喻体作为思辨的基础。

一、设喻与论辩

杂文的论辩，首先需要设喻，也就是在看似平淡中找到令人新奇的相似点。杂文写作，很少选择从抽象的概念出发去展开论证。这就遇到了一个难题：杂文追求的是思想性，而概念是阐释思想的基础。所以，构思杂文的第一关就是越过概念这道屏障，寻找到一个形象化的喻体来替代抽象的概念。一个有经验的杂文写作者，需要有在抽象空间和形象空间之间往返穿梭的能力，在现实世界中为抽象的概念找到与之存在对应关系的对象，将喻体与概念有机地结合起来。唐弢先生在杂文《新脸谱》中，以脸谱为喻体，形象地刻画了帮凶文人迎合政客和洋人的嘴脸。

新脸谱[①]**（节选）**

说是受着潮流的影响，文舞台的戏儿一出出换了。脚色虽然依旧，而脸谱却是簇新的。

从前饰员外饰绅士的，如今是要画上愁苦的脸谱，扭着鼻子叫穷了；从前做泼旦，做三角戏里淫妇的，如今也就戴上正经的面具，反串起正旦来了；白脸的回到后台去涂上更白的粉，不久重又上场；青面獠牙的装出不自然的笑容，向着看客们

① 唐弢 . 唐弢杂文集［M］. 北京：生活 · 读书 · 新知三联书店，1984：45-46.

做媚眼。这些这些，全是新的，簇新的。

旧戏虽也还有，然而是新编了。薛平贵西凉招亲，骆宏勋扬州打擂台，从前是武生戏，如今却由半阴性的小生来串演。但也还会使刀，使枪，放暗箭，怪声怪气地吆喝，妞妞妮妮地挑战。

于是看客们就喝采。

脸谱是愈出愈奇了。蓝的、白的、黑的、涂金的，互相竞赛，拉拉扯扯地鏖战，败了，去重画一个再来。最后的是洋脸谱，高鼻子，碧眼儿，走起路来直着腿，嘴里哼着洋四书、洋礼记，杜威、白壁德、哈佛、哥伦比亚。不信，请吃外国火腿；再不信，飞机，坦克，来福枪。

于是，看客们又喝采。

但脸谱是还有其他妙用的。前回萧伯纳到上海来，上海的文人们就送他一套“新发明”的脸谱小模型，而且还收在盒子里，萧伯纳就很高兴地带着走了。可见脸谱还可以馈赠名人，请名人带到外国去播种，以垂永久的。

这自然只限于国货，而且要“新发明”。

批评一个社会现象或者一类人，评论的写法需要直接点题，杂文可以采取迂回的方式揭示问题。相比之下，对于直观的问题或人，语言的描述可以是形象的也可以是直接的。在这篇杂文中，唐弢没有过多着墨于贪官污吏这个公众早已熟知的概念，而是借用中国传统戏剧中的人物脸谱，将之作为喻体，为的是更形象地批评“文痞言行”的群体特征。在杂文写作中“脸谱”是个常见的喻体，唐弢以白描手法把两者的相似点加以放大，令人耳目一新。

使用喻体形象地描绘一类人，应遵循喻体和喻体对应物的自然联结，忌讳为比喻而比喻。有敬仰的杂文写作者不会刻意用新奇的东西作喻体，而是不经意间将寻常之物与某个概念拿来作为喻体，这样的喻体和概念可以更好地融为一体。

“丧家的”“资本家的乏走狗”①（节选）

梁实秋先生为了《拓荒者》上称他为“资本家的走狗”，就做了一篇自云“我不生气”的文章。先据《拓荒者》第二期第六七二页上的定义，“觉得我自己便有点像是无产阶级里的一个”之后，再下“走狗”的定义，为“大凡做走狗的都是想

① 鲁迅．鲁迅自编文集：二心集［M］．南京：译林出版社，2013.

讨主子的欢心因而得到一点恩惠”，于是又因而发生疑问道——

“《拓荒者》说我是资本家的走狗，是那一个资本家，还是所有的资本家？我还不知道我的主子是谁，我若知道，我一定要带着几分杂志去到主子面前表功，或者还许得到几个金镑或卢布的赏赉呢。……我只知道不断的劳动下去，便可以赚到钱来维持生计，至于如何可以做走狗，如何可以到资本家的帐房去领金镑，如何可以到 ×× 党去领卢布，这一套本领，我可怎么能知道呢？”

这正是“资本家的走狗”的活写真。凡走狗，虽或为一个资本家所豢养，其实是属于所有的资本家的，所以它遇见所有的阔人都驯良，遇见所有的穷人都狂吠。不知道谁是它的主子，正是它遇见所有阔人都驯良的原因，也就是属于所有的资本家的证据。即使无人豢养，饿的精瘦，变成野狗了，但还是遇见所有的阔人都驯良，遇见所有的穷人都狂吠的，不过这时它就愈不明白谁是主子了。

梁先生既然自叙他怎样辛苦，好像“无产阶级”（即梁先生先前之所谓“劣败者”），又不知道“主子是谁”，那是属于后一类的了，为确当计，还得添个字，称为“丧家的”“资本家的走狗”。

《“丧家的”“资本家的乏走狗”》用日常生活中常见的犬类来比喻缺乏自重的文人，这样的比喻看似尖刻，实则形象。在这篇杂文中，作者将犬类与其主人的关系形象地刻画出来，与现实世界中某些文人何其相似。随着论述的深入，从普通的犬类到走狗再到其失去主人宠爱后的落魄，鲁迅在适当时候用点睛之笔巧妙地点破这类“文人”的丑恶和窘迫，给人一种特殊的“审丑”享受。

世界总有相似之处，杂文写作需要写作者善于从现实生活中撷取可比之物，将日常的东西点石成金，只要概念附着其上便可获得艺术的生命。

二、正名与论辩

杂文论辩的第二个特征是通过“正名”将概念内涵形象化。众所周知，逻辑思维的起点是概念，未能将概念内涵阐释清楚，就无法理性地思考和严密地论证。如果概念模糊，杂文所状之物也就失去了应有的感性特征，离开形象性杂文也就失去了艺术的生命力。在杂文写作中，需要善于将喻体取代抽象的概念，使形象描绘在杂文中发挥其特殊作用。前面，我们曾提及鲁迅不喜欢“小品文”这个概念，因为这样的名称降低了杂文的批判性，也使杂文批判的对象从当前紧迫的社会问题转向文人墨客的休闲文学。为当时不被文人看重的不能登堂入室的杂文正名，是鲁迅非常关心的问题。为此，他写下《小品文的危机》一文，将“小品文”细分为匕首、投枪式的“生存的小品文”和弄月吟风、玩物丧志的小品文，将之称为处于危机状态的“小摆设”。

小品文的危机①（节选）

仿佛记得一两月之前，曾在一种日报上见到记载着一个人的死去的文章，说他是收集“小摆设”的名人，临末还有依稀的感喟，以为此人一死，“小摆设”的收集者在中国怕要绝迹了。

但可惜我那时不很留心，竟忘记了那日报和那收集家的名字。

现在的新的青年恐怕也大抵不知道什么是“小摆设”了。但如果他出身旧家，先前曾有玩弄翰墨的人，则只要不很破落，未将觉得没用的东西卖给旧货担，就也许还能在尘封的废物之中，寻出一个小小的镜屏，玲珑剔透的石块，竹根刻成的人像，古玉雕出的动物，锈得发绿的铜铸的三脚癞虾蟆：这就是所谓“小摆设”。先前，它们陈列在书房里的时候，是各有其雅号的，譬如那三脚癞虾蟆，应该称为“蟾蜍砚滴”之类，最末的收集家一定都知道，现在呢，可要和它的光荣一同消失。

在这篇杂文中，鲁迅对两种不同性质的小品文褒贬分明。他的重点在于揭示闲适式的小品文已经不符合这个时代，因为那种“冲淡闲适，抒写性灵”的小品文只能属于没落文人的一种精神寄托，与当时的社会环境格格不入，鲁迅嘲讽这类小品文脱离现实、落后于时代，预言这类小品文正在走向没落。即便在当时那个年代，小品文的形式也并非唯一，鲁迅对小品文不是一概否定，而是有意对“闲适”小品文进行概念的界定，将它置于时代、政治、社会、艺术等场景下，将其抽象内涵形象化。这篇杂文的写作方法给我们的启示是，对于社会问题的批评，不是单刀直入就是合适的，而是要深入认识事物的本质，把握概念后才可以明辨是非。

三、运思与论辩

杂文论辩的第三个特征是运思，需要将诗化议论作为出发点。杂文和评论，同样作为言论来归类，但二者的区别也很明显，其中就包括写作的方法。杂文和评论都需要作者进行构思，评论的构思是理性的推理，杂文的构思需要进行艺术的建构。显然，杂文的写作要花费作者更多的心思，需要借助丰富的喻体达到论辩的艺术效果。所以，杂文写作可以称为创作，而评论写作通常不适合创造概念。杂文的

---

① 资料来源：鲁迅:《小品文的危机》,《现代》第3卷第6期，1933年10月，该文后被收入《南腔北调集》。

艺术构思需要写作者善于从现实生活中寻找可以议论的对象。鲁迅的杂文，为论辩有力，在构思方面下足了功夫。我们以《夏三虫》为例，来看看鲁迅如何将蚤、蚊、蝇与各色人等相提并论。

夏三虫①（节选）

夏天近了，将有三虫：蚤，蚊，蝇。

假如有谁提出一个问题，问我三者之中，最爱什么，而且非爱一个不可，又不准像“青年必读书”那样的缴白卷的。我便只得回答道：跳蚤。

跳蚤的来吮血，虽然可恶，而一声不响地就是一口，何等直截爽快。蚊子便不然了，一针叮进皮肤，自然还可以算得有点彻底的，但当未叮之前，要哼哼地发一篇大议论，却使人觉得讨厌。如果所哼的是在说明人血应该给它充饥的理由，那可更其讨厌了，幸而我不懂。

野雀野鹿，一落在人手中，总时时刻刻想要逃走。其实，在山林间，上有鹰，下有虎狼，何尝比在人手里安全。为什么当初不逃到人类中来，现在却要逃到鹰鹯虎狼间去？或者，鹰鹯虎狼之于它们，正如跳蚤之于我们罢。肚子饿了，抓着就是一口，决不谈道理，弄玄虚。被吃者也无须在被吃之前，先承认自己之理应被吃，心悦诚服，誓死不二。人类，可是也颇擅长于哼哼的了，害中取小，它们的避之惟恐不速，正是绝顶聪明。

苍蝇嗡嗡地闹了大半天，停下来也不过舐一点油汗，倘有伤痕或疮疖，自然更占一些便宜；无论怎么好的，美的，干净的东西，又总喜欢一律拉上一点蝇矢。但因为只舐一点油汗，只添一点腌臜，在麻木的人们还没有切肤之痛，所以也就将它放过了。中国人还不很知道它能够传播病菌，捕蝇运动大概不见得兴盛。它们的运命是长久的；还要更繁殖。

但它在好的，美的，干净的东西上拉了蝇矢之后，似乎还不至于欣欣然反过来嘲笑这东西的不洁：总要算还有一点道德子的。

古今君子，每以禽兽斥人，殊不知便是昆虫，值得师法的地方也多着哪。

杂文写作非常考验写作者的观察力。现实世界的各类小动物，虽司空见惯但真正留意它们的人，除了动物学家，可能就当属杂文家了。鲁迅的杂文多与当时的帮闲文人无良有关，他在这篇杂文中“认可”跳蚤，无非是因为这种小动物“直来直

---

① 该文被收录于《华盖集》。

去”，不拐弯抹角。相比之下，“蚊子便不然了”，这类小动物不但害人，还为自己的恶行辩护，这就是当代人所说的“流氓不可怕，就怕流氓有文化”。最后，鲁迅得出小动物也是“人师”的结论。

杂文写作者对社会的观察越仔细，就越能入木三分地把它们惟妙惟肖地刻画出来。运思是一种写作态度，更是一种写作伦理，它要求写作者将此作为杂文写作的原则。鲁迅的杂文总能从常见的小动物入手，使人联想到社会生活中的某类人原来就是这类小动物在人类社会的“形象大使”，这样一来，原本枯燥的道理瞬间就获得了视觉和听觉的效果，可谓意味深长，其乐无穷。

四、缩微与论辩

杂文论辩的第四个特征是取材方面，用以小寓大的“缩微术”。用喻体代概念，在杂文论辩过程中具有特殊的作用。比如，我们要揭示中国封建社会的阶级剥削，这个论题的范围太大，很难在一篇千字文中长篇大论地分析。在当代杂文家中，邓拓就善于将一个宏大的社会问题，浓缩在一个具体的意象中。邓拓的《一块瓦片》这篇杂文，就比较典型。

一块瓦片①（节选）

偶然同编辑同志谈定了这个题目。这意思是说，我写的文章可能比抛砖引玉的砖头还不如，只能算是一块很平常的瓦片。

对于一块瓦片，谁会重视它呢？然而，仔细想想，问题却也不少。

我们的祖先老早就会烧瓦片。相传三国时代西蜀的大学者谯周所撰的《古史考》说：“夏世昆吾氏作屋瓦。”晋代张华的《博物志》说：“桀作瓦。”看来古代学者对于瓦片的起源，只上溯到夏代为止。可惜他们当时不懂得考古发掘，这也没有办法。但是，我们的祖先却很重视瓦片，把它大书特书，传之千古。后来瓦片太多了，人们慢慢地熟视无睹，也是很自然的。

社会不同阶层在经济、文化和社会地位方面的不平等，是客观事实。文明社会致力于缩小社会的贫富差距，实现权利的平等。类似社会关系的问题既宏大也古老，要在区区一两千字的篇幅内阐述清楚相当不易。邓拓的这篇杂文独辟蹊径，选取“瓦片”这个微不足道的建筑材料，通过不同朝代、不同社会群体建筑物的瓦片

---

① 邓拓．燕山夜话［M］．北京：北京出版集团公司，2010：461-464.

使用情况，巧妙地论证了不同阶层的生活条件的差距，可谓化大为小，以小见大，这样的“缩微”艺术赋予瓦片以丰富的信息量，从而揭示了不同社会阶层的社会关系，将瓦片当作封建社会阶级关系的喻体。类似这样的“大题小作”，因把宏大主题浓缩而显得真实可感，从而更具辩论性。

五、形象与论辩

杂文论辩的第五个特征是形象。形象有助于将理性思辨的东西变得风趣，形象的建构也是运用喻体代替概念所期望产生的特殊效果。杂文的形象性为的是更好地阐明事理，随着形象建构的完善，杂文写作者笔下的形象被人格化。形象是想象的结果，想象不是孤立的，它可以让人浮想联翩，从一个意象跳跃到另一个意象。杂文写作者的想象一经定格成文字，就可以勾起读者奇妙而有趣的想象，从而使一个形象具备无数种解读的结果，此所谓“一千个读者就有一千个哈姆雷特”。通过形象塑造，写作者可以将道理、感情和智慧附着在形象物上，充满机智和谐趣。

养猫捕鼠①（节选）

《谈谈养狗》的短文刚发表，有一位同志就提醒我：狗和猫应该并提。人类养猫狗有同样的历史，它们都是有益的动物，如果房子里有老鼠，就更会

想到养猫。所以，养狗、养猫无妨一起谈谈。

此话有理。我们要彻底消除四害，老鼠是四害之一，为了彻底消灭它，养猫也有不小的作用。只是一篇短文不容 易把养狗和养猫两件事都说清楚，还

是分开来谈比较好。现在就专讲养猫吧。

养猫的目的主要为了捕鼠。记得宋代黄庭坚写过一首《乞猫》的七绝，原诗如下：

“秋来鼠辈欺猫去，倒箧翻床搅夜眠。

闻道狸奴将数子，买鱼穿柳聘衔蝉。”

大概当时黄山谷家里的老鼠闹得很凶，竟然倒箧翻床，搅得他夜里总睡不好。其原因就在于他那一－阵子不养猫了。他原先养过一只猫，老鼠在他家里不能活动，他每个晚上都睡得很稳。这就使他麻痹大意了，以为根本没有老鼠，养不养猫关系不大，于是就决定不再养猫。没想到，猫一去，老鼠就闹起来了。这一下子把他弄

① 邓拓．燕山夜话［M］．北京：北京出版集团公司，2011：493-496.

得好苦，到处打听，知道别人家养的猫快要生小猫，就赶紧准备，打算再抱一只来养。

在这篇杂文中，唐弢对不同群体与猫、鼠的关系进行了刻画。为形象起见，他多次援引这些文人描写猫鼠的诗词，通过诗词的画面让猫、鼠的活动跃然纸上。

杂文需要通过塑造形象，向读者呈现栩栩如生的人或物。在这方面，鲁迅堪称给人物画像的大家，他曾给梁实秋等一批文人画像。鲁迅为代表的杂文论辩特征为大家学习杂文写作提供了很好的经验，值得借鉴。

思考题

1. 谈谈你对西晋鲁褒杂文《钱神论》写作技巧的认识。
2. 谈谈你对清代戴名世《鸟说》的看法。
3. 当代杂文的新闻特征有哪些，请结合《杂文选刊》新近的作品进行说明。
4. 分析鲁迅的《“友邦惊诧”论》写作特点。
5. 根据唐弢的杂文《新脸谱》，谈谈你对杂文塑造人物形象的理解。

Chapter 9

第九章　社论写作

第一节　社论的发展历程

学习社论写作，需要了解社论的历史演进过程。

论说文在我国的历史源远流长，但论说文与报纸的结缘则是相当晚的一件事。中国新闻史料中记载的古代报纸，只能算是报纸的雏形，其在传播的内容上连基本的新闻采访稿件都没有，更不用说刊登论说文和新闻评论了。19 世纪，近代报刊的诞生拉开了新闻业发展的序幕。在我国，媒体评论始于英国传教士在马六甲创办的《察世俗每月统计传》。而社论作为媒体的制度性言论文章，这种传统始于欧美的报纸言论制度。据考证，西方媒体的社论栏目源于英国。18 世纪初，“英国近代新闻之父”笛福在英国创办了第一份报纸《评论》，该报与《闲读者》和《旁观者》并称为蜚声英伦三岛的“三大评论期刊”。

除了《评论》，笛福还办过《雾都日报》。他还是评论写作的实践者，发表了不少评论文章，因此又被称为“社论之父”，他奠定了现代报刊社论的基础。到了 18 世纪末，作为代表报社声音的最重要的言论形式，社论已经被报社广泛接受。

美国报纸出现社论是在 19 世纪以后，起初被称为 Editorial，其含义比 Leader 更为宽泛。从西方报刊社论体制确立的过程来看，社论是现代报刊以及新闻评论发展到一定阶段，为适应社会需要、服务政治论争的需要而产生的。

一、我国近现代的报纸社论

在我国，社论作为政论体裁发端于维新派报刊，发展于资产阶级革命派报刊。19 世纪 60 年代以后，维新派出于宣传的需要，开始创办报纸，扩大政治影响，通过办报和发表评论文章倡导改良运动。这个时期，影响最大的是 1874 年 2 月 4 日王韬在香港创刊的《循环日报》，这是我国历史上第一份以政论为主的报纸。王韬主张“强中以攘外，诹远以师长”。他认为报刊政论贵在“直抒胸臆”、以文为“载道之器”“文随时变”，这对于报刊评论的形成具有重要影响，也为社论体制的确立做出了重要贡献。继王韬之后，维新派代表人物梁启超对评论的发展做出了卓越贡献。

梁启超在主编维新派机关报《实务报》的两年当中，先后发表政论文章 60 余篇，在社会上产生了极大的反响，并由此奠定了“实务文体”，即报章文体的基础。这种文体可谓“纵笔所致、略不检束”“务为平易畅达，时杂以俚语、韵语及外国语法”“条理清晰，笔端常带感情”。这种文体的出现，标志着我国报章语言开始有意识地脱离文言文的束缚，积极借用西方语法，运用通俗语言表情达意。这对于我国新闻文体和新闻语言的革新与发展，无疑产生了重大的影响。

20 世纪初期，资产阶级革命派联合组成了中国同盟会，并创办了自己的机关报——《民报》。资产阶级革命派也借助报纸的影响力，力图把《民报》作为宣传民主革命的言论阵地。这个时期，《民报》与梁启超主办的改良派机关报《新民丛报》展开激烈的政治观点大论战。在这场争辩中，梁启超等评论家意识到形式逻辑在评论实践中的重要性，有意识地注意论证在评论文章中的运用，他们的评论写作实践为后世的政论文写作提供了范例。相比之下，商业报纸则关注社会问题，以社论形式围绕民生问题发表看法。例如：

社说：摄政王交谕改良学务感言①（节选）

国家政事条绪万千，得人则治，失人则乱，学堂者人才之出产场也。近闻摄政王因各处大小学堂倡办已历数年，总未见人才之效果。今日前交论张、荣两大臣，速行改良学务。自有此论，凡有办学之书者，宜如何感发奋与争自洁勋俾，学务速间整顿。人才早出一日，上慰贤王之虑念乎？记者不敏就所闻见处陈其缺点，为学务之病案，愿改良者其留意焉。

在辛亥革命前期，于右任创办的“竖三民”报——《民呼日报》《民吁日报》和《民立报》经常发表社论文章，“大声疾呼，为民请命”。社论作为新闻评论中最重要的体裁，运用这种文体的手法已日趋成熟。可以说，真正把言论提高到表达报社及其所代表的政党主张地位的是资产阶级革命派的报纸。从此，社论作为报纸最重要的新闻评论内容的传统一直延续至今。

20 世纪初，我国的报纸在办报过程中依旧重视社论，更为重要的是，当时我国的新闻学教育也开始介绍社论。比如，徐宝璜就曾专门给学生介绍西方的报纸社论。他介绍说，在欧美的大新闻社中，“新闻门与社论门，大抵为对等之机关，两不相属。社论门中，列有一总编辑，并有数编辑佐之。每日开编辑会议一次，由总编辑主持，以新闻部所供给之新闻为材料而讨论之，交换彼此之意见，决定本社对于各种重要时事应抱之态度。然后选定题目，指定某人担任何题，各自按照编辑会议所议决之态度而编撰之发挥之。撰就后，交于总编辑，斟酌其是否可用，如有修

① 摄政王交谕改良学务感言［N］. 申报，1909-04-28，1（3）.

正之处，则修正之。因其为编辑部之公意，故发表时不署名”。在徐宝璜看来，“此种办法，优点有三：一为能收集思广益之效，二为不似署名时之有所忌惮，三为一新闻社之意见，常较一记者之意见，易为社会所重视”[①]。说得通俗一点，就是社论集中了报社同仁的集体智慧，比某个具体评论写作者的见解更为深远和公允，因为不署名，写作时也自然而然地避免了一些忌讳。

谈到社论的发展，这里附带提一下我国香港地区的报纸社论。在香港地区，报纸的商业化程度较高，一些报纸也比较重视社论这种文体。以《明报》为例，自1964年起，评论的排版位置和字体字号基本固定。而金庸一向重视《明报》的社论工作，该报的社论不署名，前期由金庸总揽。1980年以后，转而由若干人按主题分工撰写。尽管如此，社论依然由社长或总编辑统筹把关、协调并负责润色。谈到《明报》的社论，金庸曾说：“社评不光要十年、八年之后看了不后悔，还得立场一致，态度鲜明。”[②]金庸对社论要长期产生社会影响的要求，对学习社论者应该很有启发，学习者应树立社论精品意识，确保社论的生命力比普通的新闻评论作品更为长久。

二、延安《解放日报》的社论

在我国，长时间以来，社论基本是党报的专长。在战争年代，红色报刊就非常重视评论。1941年5月16日创办的《解放日报》将社论作为报纸的重要组成部分。当然，其主要是模仿苏联的《真理报》，每天发表1篇社论。有的时候，社论只是为论而论。1942年4月1日，《解放日报》为改版专门发表社论《致读者》。党报为改版专门发表社论，这在新闻史上是比较罕见的。

致读者[③]（节选）

试问报纸到底如何才能成为党手中最锐利和最有力的武器呢？那末，必须：第一、贯彻着坚强的党性。……不仅要在自己一切篇幅上，在每篇论文、每条通讯、每个消息中都能贯彻党的观点，党的见解，而且更其重要的是报纸必须与整个党的方针党的政策党的动向密切相联、呼吸相通，是报纸应该成为实现党的一切政策，一切号召的尖兵、倡导者。第二、密切地与群众联系、反映群众情绪、生活需求和要求，记载他们的可歌可泣的英勇奋斗的事迹，反映他们身受的苦难和惨痛，宣达他们的意见和呼声。……第三、洋溢着战斗性。党报必须是为着党的革命

① 邓忻忻．报纸社论的周期和功用——析新京报2005年社论样式变化［J］．新闻与写作，2005（3）：21.
② 邓忻忻．报纸社论的周期和功用——析新京报2005年社论样式变化［J］．新闻与写作，2005（3）：21-22.
③ 致读者［N］．解放日报，1942-04-01（1）.

方针和路线而奋斗的战士；报纸则是根据当前的政治事变而进行热忱的鼓动……党报决不能是一个有闻必录的消极的记载者，而应该是各种运动底积极的提倡者组织者。

如果从这样的观点去检查我们十个月的工作，实在是惶恐得很，应该说，解放日报是没有能够完成真正战斗的党的机关报的责任的……

尤其重大的弱点是，最近党中央号召全党反主观主义反宗派主义反八股进行思想革命与改造全党工作的时候，党报没有能尽其应该的责任。一方面，党报在这个时期中没有能成为这个巨大的工作的鼓手和先锋；另一方面，在党报本身还未能尽除主观主义宗派主义和党八股的余毒。……

在检讨我们过去的工作之后，我们认为需要使我们的工作有一个彻底的改革。改革的目的，就是要使解放日报能够成为真正战斗的党的机关报。……

使解放日报成为真正战斗的党的机关报，同时也就是要使它成为天下人的报，成为一切愿意消灭民族敌人建立民族国家的人底共同的喉舌。……

"如果没有办得很好的报刊，那末健康的、巩固的党和苏维埃的建设，便是不可想象的。"

并且愿意，模仿地添加一句：

"没有广大的读者的赞助和鞭策，则报纸要办得好，是不能设想的。"我们诚恳地期望着，读者们给我们一切援助和批评，使我们的报纸能够成为真正的集体宣传者、集体鼓动者和集体组织者。

这篇社论标志着《解放日报》转变为当时的中共中央机关报。《解放日报》的此次改版，是在党中央和毛泽东的指导下进行的。经过一段时间的改版尝试，毛泽东对这份报纸的变化持肯定态度，他认为，"《解放日报》今年四月改版后是有进步的"，"《解放日报》社论及广播消息，是中央向人民说话，个人发表的文章也有很大的影响。今后日常政策问题报社应请示中央。《解放日报》要成为中共中央的机关报，还需要作很大的努力。"①

《解放日报》作为这个时期解放区社会舆论的门户，重视处理党组织与机关报的关系。这个时期的社论，也在探讨这方面的问题。例如，1942 年 9 月 22 日的社论《党与党报》提出："一切要依照党的意志办事，一言一行，一字一句，都要照顾到党的影响。……党报不但要求忠实于党的总路线、总方向，而且要与党的领导机

---

① 毛泽东年谱（1893—1949）：中卷［M］. 北京：人民出版社，中央文献出版社，1993：372.

关的意志呼吸相关，息息相通，要与整个党的集体呼吸相关、息息相通。”[①]

三、《人民日报》的社论

中华人民共和国成立后，中央领导非常重视《人民日报》的社论工作。比如，1956 年 1 月 1 日，《人民日报》发表元旦社论《为全面地提早完成和超额完成五年计划而奋斗》，毛泽东主席和周恩来总理亲自主持对社论的修改工作，并五次作出批示。这里，我们可以感受一下两位领导人亲自主持修改的社论，看看这类社论的主要内容和行文特点：

为全面地提早完成和超额完成五年计划而奋斗[②]（节选）

1955 年 7 月，第一届全国人民代表大会第二次会议通过了我国发展国民经济的第一个五年计划。时间才过去了半年，今天，1956 年的元旦，我们已经清楚地看到，第一个五年计划将被提早完成和超额完成。由此，我国在 1953 年所规定的过渡时期总任务也将被提早完成。

我国过渡时期的总任务，是以社会主义工业化为主体，而对农业、手工业的社会主义改造和对资本主义工商业的社会主义改造是两个不可缺少的组成部分，这三者是互相配合的……

农业合作化的实现，除了许多大家已经熟悉的好处之外，有一个极其重要的好处，就是我国农村中极为巨大的劳动力有了充分发挥作用的机会。……这样，在农村中，出现了从前所没有想象到的巨大的生产力。

这是一件大喜事。这是震动世界的一件大事。

随着农业合作化突飞猛进的发展和社会主义工商业的发展，资本主义工商业的社会主义改造也进入了新阶段。……资本主义工商业的社会主义改造的提早完成，毫无疑义将会增加我国的工业生产力和加速我国的商品流通，这也就将便利于我们提早完成和超额完成五年计划。

农业和资本主义工商业的社会主义改造突破了原来计划的指标向前猛进，这就给予了可能，也提出了要求，使以发展重工业为中心的社会主义工业化的工作提早完成和超额完成五年计划。

① 党与党报的关系［N］. 解放日报，1942-09-22（1）.

② 为全面地提早完成和超额完成五年计划而奋斗［N］. 人民日报，1956-01-01（1）.

这样，在工业、文教事业的面前，就摆着一个问题：要又多、又快、又好、又省地发展自己的事业。

这里一定会有困难，但这是应当办而且办得到的事情，困难是可以解决的，应当根据又多、又快、又好、又省的原则解决这些困难来提高发展速度，因此，这是稳步前进，而不是盲目冒进。

毛泽东同志《关于农业合作化问题》的报告，它的意义，决不止于一个农业合作化问题。它的更普遍的意义在于：它指出了我们领导者中间有些人思想落后于实际，犯了右倾的保守主义的错误。

我们的党，一向是以马克思列宁主义的普遍真理和中国革命的具体实践相结合为自己一切工作的指针的。在民主革命的阶段中是如此，现在，在社会主义革命阶段中也是如此。……

根据我们党在长期复杂的斗争中得出的经验，我们要做好任何革命工作，必须采取马克思列宁主义的领导方法，这就是调查研究，进行阶级分析，全面规划，规定基本措施，推广先进经验。……法，就也可以生产得更多，工作得更好，这就会鼓舞大家前进，创造出先进的平均定额。

1956年到来了。我们是以社会主义建设和社会主义改造工作中的伟大胜利，和肃清反革命分子的工作中的伟大胜利，以及其他工作中的伟大胜利来迎接1956年的。……让我们全国一致，团结得更加紧密，做出更大的成绩；为全面地提早完成和超额完成五年计划而奋斗，为提早完成过渡时期的总任务而奋斗！

读完这篇5,000余字的长篇社论后，再回到这篇社论如何诞生的具体场景中去，就可以了解一篇高水准的社论需要经过怎样严谨而复杂的审核流程。

1955年12月26日，周恩来在读完社论清样后，开始对清样进行认真修改，并在清样上批示："邓拓同志：请照此重打清样10份立即交来。周恩来 十二 . 廿六。"从清样上邓拓（时任《人民日报》总编辑）的旁注"总理：这是改排后重印的样子。邓拓 十二月廿五日夜"看，这是按周恩来要求紧急送审的修改清样。12月25日，周恩来就答塔斯社记者谈话稿致李富春（时任国务院副总理兼国家计划委员会主任）的信中谈到这篇社论："主席（即毛泽东）不赞成过早宣布提前完成五年计划的号召……故1956年元旦社论，决定不宣布什么数字和指标。因此，你的这篇谈话也力求避免绝对数字和过高的百分比。"[①]

---

① 王爱民 . 周恩来五审《人民日报》社论［J］. 百年潮，2013（2）：7-9.

此后，这篇社论不断进行修改，先后往返五次，最终得以定稿。在这篇社论的清样上，有陆定一的一处批语："总理：这是根据电话中的意见修改的新年社论草稿。请阅正后送人民日报邓拓同志。陆定一 31/12 下午三时半。"周恩来立刻对此批示道："邓拓同志：请即照此发给各地各报，以人民日报元旦社论名义同日发表。周恩来 十二.卅一。"此时，离京在外地视察的毛泽东也十分重视这个事情，他在收到社论后就审阅了社论，并于 12 月 30 日致信："周、刘、陈、彭（即周恩来、刘少奇、陈云、彭真，陈云时任中央书记处书记、国务院副总理）各同志：社论写得很好，陈伯达（时任中宣部副部长、中央农村工作部副部长、毛泽东的秘书）作了一点修改，请酌定。……"据此可以推测，陆定一在清样上用红笔所作的多处修改，是毛泽东的修改意见或经其同意的修改。[①]

社论的发展历程，也是社论不断创新的历程。社论本是报纸上常见的新闻评论体裁。在读者的印象中，党报社论的出现意味着重大事件的出现，从某种意义上说，在相当长的一段时期内，《人民日报》社论的作用相当于"红头文件"。因此，社论也成了媒体编辑部需要慎重对待的一种文体，不可经常刊发。

四、我国当代都市报的社论

进入 21 世纪，严肃的都市报开始重视打造社论栏目，并将社论常规化和制度化。其中，自 2005 年 1 月 1 日起，《新京报》在"社论与来信"版（A2 版）上的固定位置，每天刊登代表该报立场、不署名的社论文章。这里，我们可以看看都市报《新京报》一篇国庆节社论：

永怀赤子之心，致敬平凡中的伟大[②]（节选）

9 月 29 日上午，中华人民共和国国家勋章和国家荣誉称号颁授仪式在人民大会堂隆重举行。颁授仪式上，中共中央总书记、国家主席、中央军委主席习近平强调，英雄模范们用行动再次证明，伟大出自平凡，平凡造就伟大。只要有坚定的理想信念、不懈的奋斗精神，脚踏实地把每件平凡的事做好，一切平凡的人都可以获得不平凡的人生，一切平凡的工作都可以创造不平凡的成就。

判断一个人是否不凡，不是看其赚取了多少财富、当了多大官、出了多大名，而是他真真切切做出了多少事，这些事体现了多少个人价值，以及对社会和他人产

① 王爱民．周恩来五审《人民日报》社论［J］．百年潮：2013（2）：7-9.

② 永怀赤子之心，致敬平凡中的伟大［N］．新京报，2019-10-01（2）.

生了多少积极的影响。我们生而为人，皆为生命的价值和意义而来，而所有的价值和意义，都体现在一生中的所作所为上。

当然，我们肯定的平凡，不等于碌碌无为，而是要脚踏实地，志存高远。没有一种伟大是一蹴而就、凭空得来的，所有的伟大都是从一点一滴的平凡中积蓄而来。很多人都只看到别人光彩夺目的瞬间，却忽略了光彩背后的无数个黑夜与白天。

平凡与伟大从来没有万里之遥，平凡造就伟大，伟大出自平凡。而一个平凡的人，要做出伟大的事，便正如鲁迅先生所说的那句话，“能做事的做事，能发声的发声，有一分热，发一分光”。而新中国成立70年，之所以取得这么多伟大的成就，恰恰是有无数平凡的人在自己的岗位上，以赤诚的精神做出了不平凡的业绩。在未来，当坚持事功的平凡人越多，中华民族的未来之路，也就更开阔，更踏实。

自改革开放以来，我国都市报蓬勃发展，涌现出一批具有全国影响力的都市报。像《环球时报》《南方都市报》以及《新京报》，都非常重视社论。不同都市报的社论在选题、立论、论证和语言上也各有特点，需要通过广泛的阅读和充分的对比来了解都市报社论的特点。

第二节 社论的性质和分类

按照传统的新闻评论教科书的分类，社论是新闻评论的一种类型，被认为是最为重要的新闻评论和舆论工具，是新闻机构就重大社会问题发表的评论。

一、社论的定义、特征与类别

社论是英国报纸创造的一种言论体裁。英语的“社论”这个词语是“Leader”，又称“ Editorial”或“ Leading article”，前者指的是“总编评论文章”，后者则有“首席评论文章”之意。美国作者史本沙尔在《社论写作》一书中对“社论”的定义是：“社论是一种事实与意见的精确、合理与有系统的表白，为了娱乐，并影响公众，也为了要解释新闻，使一般读者能够了解其重要性。”① 学习社论写作，可以通过阅读社论文章对社论的定义有更为直观的认识。

① 赵德峰．议论·谈论·评论·社论［EB/OL］．（2020-08-11）［2023-02-08］．https：//www.sohu.com/a/412634632_358939.

我国老一辈新闻学家张友渔对社论也下过一个定义：社论“为报纸上之评论，而由报社中人所撰，是以代表报社之意见者也。故可为之下定义曰社论者，代表报社的意见之论评也。详言之，则为社论者，代表报社之意见，对于时事有所解释、批判及主张，以期指导读者之论评”。①

刘大保在《社论写作》一书中，给社论下的定义是：“社论是代表媒体（报纸、杂志、通讯社、广播电台、电视台等）编辑部和媒体主办者对重大新闻事件或时事政治问题发表的权威性评论，在广播电台、电视台称为‘本台评论’。媒体的社论集中反映并传播一定的政党、社会集团、社会阶层对即时发生的新闻事实或现实问题的立场、观点、主张，是社会舆论的重要组成部分，并对社会舆论发生重大的影响。”②

丁法章的《新闻评论学》一书对社论作了如下界定：“社论（从选题和写作要求上来讲）代表报纸编辑部和同级党委就国内外当前政治、经济、思想、文化领域中的重大问题，进行分析评论，及时表明党的立场和态度，阐释党的路线、方针和政策，注重政策性、思想性、指导性，文风庄重、严谨、朴实、鲜明。（从作用及注意事项上来讲）社论是报纸的灵魂与旗帜，它体现报纸的方向。党的各级领导经常通过自己的机关报对群众进行思想教育，引导舆论，指导实践。”③

根据上面不同报人和学者对社论的不同定义，不难发现，社论具有以下基本特征：首先，社论研究者普遍承认社论是最重要的一种评论形式。其次，社论不同于公民写作，社论的观点代表着媒体编辑部的立场和主张。最后，社论所关注的选题是比较重要甚至重大的问题。

从研究者所归纳的社论特征看，这些特征也就是社论的性质。

社论作为新闻评论的一种形式，它并非最小的评论体裁，而是可以继续细分的。

邓拓在《关于报纸的社论》一文中，把社论归纳为三种类型：“第一种是关于党和政府对内对外路线的解释性评论，第二种是对各项实际问题和部门问题的评论。第三种属于一般政治宣传的评论。”④这样划分的标准是基于社论“基本内容的不同性质”而确定的。这样的划分具有参考价值，但未能突出社论的新闻性和舆论的引领作用。

也有研究者将社论按照评论内容的不同分为五类。

---

① 刘大保 . 社论写作［M］. 北京：中国广播电视出版社：2000：7.

② 刘大保 . 社论写作［M］. 北京：中国广播电视出版社，2000：7.

③ 丁法章 . 新闻评论教程［M］. 上海：复旦大学出版社，2022：228.

④ 程世寿，胡思勇 . 当代新闻评论写作［M］. 武汉：华中理工大学出版社，1999：43.

第一类，政治性社论，这类社论从理论上、政治上阐明党的路线、方针和政策，分析形势，指明任务，多见于党报；第二类，务虚性社论，这类社论主要是针对有关部门在贯彻执行党的方针政策时遇到的问题进行解疑和发表看法；第三类，务实性社论，也叫工作社论或业务社论，这类社论主要是总结、督促、指导各个行业业务方面的工作和生产活动；第四类，评论性社论，这类社论评论国内外重大事件、重要纪念日、节日以及送往迎来的外交礼节，如国庆节、妇女节时发表的社论；第五类，论战性社论，这类社论主要作用是批驳和揭露不良现象以及澄清某些似是而非的观念。①

采取列举的方法划分社论的类型，可以依据社会选题的内容进行无限的划分，但这样的划分未必科学。所谓惯例性社论，是指每年依照特定日期固定发表的社论，这类社论包括全球统一的元旦社论，也包括中国特色的国庆社论和重大政治活动发布的社论；非惯例性社论是指针对现实社会问题发表的社论，这类社论的内容丰富，属于专门的社论研究关注的问题，本书只做简要介绍，不做深入探讨。

二、社论与评论员文章

主流媒体设置评论部负责媒体评论的选题策划、组稿和编辑。同时，评论部负责媒体的社论和其他重要评论文章的写作。社论通常就是媒体评论部的评论员写作的，发表时冠以“社论”，既是栏目的名称，也是集体作品的标识。

人民日报社论：树立新时代改革开放新标杆（节选）

——热烈祝贺深圳等经济特区建立四十周年②

兴办经济特区，是我们党和国家为推进改革开放和社会主义现代化建设作出的重大决策。40年前，在改革开放大幕初启之际，党中央决定兴办深圳、珠海、汕头、厦门 4 个经济特区，实行特殊政策和灵活措施，发挥对全国改革开放和社会主义现代化建设的重要窗口和示范作用。深圳等经济特区从此一直走在我国改革开放最前沿，书写着激情燃烧的“春天的故事”。

40 年来，从蛇口“开山炮”的历史巨响、发出“空谈误国、实干兴邦”“时间就是金钱、效率就是生命”的时代呼声，到一系列思想上、实践上的探索与创新，深圳等经济特区一次次破冰试水，始终引领我国改革开放风气之先。

---

① 魏薇．党报与都市报社论的比较研究［D］．重庆：西南政法大学，2010：8.

② 树立新时代改革开放新标杆——热烈祝贺深圳等经济特区建立四十周年［N］．人民日报，2020-10-14（1）.

比起其他的新闻评论形式，社论强烈排斥随意性，即并非所有的新闻都有必要通过社论进行阐述，而且进行的评论也必须强调整体意识，对个人情感的排斥影响了整体意见的表达，也影响了评论语言的客观性。

在我国媒体的评论实践中，媒体评论员除了负责社论的策划、采访、写作与编辑，还有一种不具名的“评论员文章”。这种体裁的评论集中体现在报纸上，因此，也称作“本报评论员文章”。

本报评论员文章是由本报评论员撰写或以本报评论员名义发表的评论员文章。它作为结合新闻事件或新闻报道配写的重头评论，旨在体现编辑部的立场、观点和态度。

按照评论的重要性划分，评论员文章属于新闻评论实践中的一种常见评论样式。这种评论的重要性次于社论但高于署名的评论文章。受选题重大和权威发声等限制，我国主流党媒的社论数量偏少，评论员文章比社论更为常见，在社论缺位时，评论员文章同样代表着媒体向社会发表意见。因此，评论员文章的规格介于社论和短评之间，这种评论是新闻媒体常用的中型评论，同样具有重要的导向和喉舌的作用。一般来说，评论员文章与社论之间没有严格的界限，在特定情况下，评论员文章可以升格为社论。

下面是《人民日报》的“本报评论员文章”。

解决好这个时代面临的四大课题（节选）

——论习近平主席在世界经济论坛“达沃斯议程”对话会上特别致辞①

本报评论员

过去一年，突如其来的新冠肺炎疫情肆虐全球，全球公共卫生面临严重威胁，世界经济陷入深度衰退，人类经历了史上罕见的多重危机。

历史总在不断前进，世界回不到从前。我们今天所作的每一个抉择、采取的每一项行动，都将决定世界的未来。

人类历史告诉我们，有问题不可怕，可怕的是不敢直面问题，找不到解决问题的思路。

“大道之行也，天下为公。”人类只有一个地球，人类也只有一个共同的未来。无论是应对眼下的危机，还是共创美好的未来，人类都需要同舟共济、团结合作。

---

① 本报评论员．解决好这个时代面临的四大课题——论习近平主席在世界经济论坛“达沃斯议程”对话会上特别致辞［N］．人民日报，2021-01-27（1）．

前面介绍的评论员文章，是指媒体编辑部的评论员撰写的评论。当代社会分工日趋复杂，不同学科领域的知识生产呈现出加速的趋势。社论或评论员文章对写作者的知识结构和理论素养提出了更高的要求。社论和评论员文章的权威性，需要选择最合适的评论写作者执笔。这样，媒体的社论和评论员文章中，偶尔会出现署名“本报（台）特约评论员”的文章。

特约评论员文章是评论员文章的一种特殊形式。冠名“特约”，旨在标明此评论是媒体机构邀请的社会人士撰写的，以突出评论写作者的社会身份。跟社论、评论员文章相似，特约评论员文章通常也不给写作者署名，但在必要时，也可以直接署名。署名的特约评论员文章，写作者的社会身份重要，篇幅也较长，因而也被称为“超重型评论员文章”。

特约评论员文章通常由媒体评论部邀请有关社会权威人士、专家学者就某一重大理论或现实问题发表重要评论，是媒体对外发言的一种灵活方式。特约评论员熟悉所评论话题的方针政策，了解有关情况，因而具有权威性。在版面编排上，特约评论文章的位置（广播电视媒体的时序靠前）、标题、字号（广播电视播音的语调）都比一般评论显著。[①]

除了特约评论员文章，我国媒体上还有“观察家评论”，这是评论员文章的另一种形式。观察家评论通常用于相对重要的时事评论。在这类评论中，评论写作者以观察家的身份出现，也增加了评论文章的客观和权威。

通过对社论作者与评论员文章的介绍，可以将两者进行简要的比较：社论的写作者不能署执笔人的姓名，不管是一个人写作还是多人合作完成，都应以媒体编辑部的整体形象出现。社论必须具备思想上的创新，这种创新常常与新的方针政策紧密相连，因此，新出台的方针政策不仅是作为新闻出现，更是以新思想的面目展示在世人面前，基于这个原因，对于这种新思想、新思路的评论必然要突破之前的传统模式，在思想上有所创新，更好地进行新闻阐释与舆论引导。不管是一人执笔还是多人执笔，社论都不会署个人姓名；而评论员文章，不管是署名的还是匿名的，不管是一般评论员还是特约评论员，都不会以报社的名义出现，而是强调个人意见的表达。

比起评论员文章，社论少了许多个人情感色彩，从更高、更长远的角度来考量问题，更客观、更具全局性。评论员文章往往只针对某一事件、问题、政策发表意见，表明个人态度，而社论则往往是对于具有划时代意义的事件或政策发表评论性意见，而且媒体更期望这种评论能影响新闻舆论。

---

① 刘建明，王泰玄，等. 宣传舆论学大辞典［M］. 北京：经济日报出版社，1993.

第三节 如何写社论写作

自20世纪80年代以来，我国党报发社论的频率不再密集，造成了报纸社论的传播功能被弱化。社论数量少影响到学界对社论的关注，这也不利于社论写作的教学工作。

一、当代的社论与社评

媒体要影响社会，除了依靠新闻和一般的时事评论，还应重视社论工作，通过改变传统社论忽视受众心理的状况，及时围绕社会热点事件发表媒体意见，发挥其作为“舆论领袖”的传播引导作用。

改变传统社论的内容，社论选题的新闻由头应该参照国际上社论题材的做法，注重社论话题的丰富性，使公众追随社论而增加媒体的社会影响力。现在，国内的都市报（如《新京报》《环球时报》）和网络媒体（如澎湃新闻）发表社论（社评）的数量较多。

《新京报》的社论位置在报纸的2版，这家报纸的社论数量多，但并非媒体都有社论。下面是《新京报》的社论文章：

社论：“一号文件”为乡村振兴播下新“种子”[①]（节选）

2月21日，新华社授权发布了《中共中央国务院关于全面推进乡村振兴加快农业农村现代化的意见》。这是21世纪以来，第18个指导“三农”工作的中央“一号文件”。

“民族要复兴，乡村必振兴”。不松懈、不放松，“一号文件”为全面推进乡村振兴、加快农业农村现代化而播撒下的这些新“种子”，才能够尽早发芽。现代化进程中，谁也不该落后。

《新京报》的这篇社论选取中央年度性的“一号文件”，结合乡村振兴立论，阐述这份文件的极端重要性。

《环球时报》是人民日报社主办的一份子报，主要关注国际新闻。由于这份报

① “一号文件”为乡村振兴播下新“种子”[N]. 新京报，2021-02-21（A2）.

纸的办报背景，其在解读中国外交政策方面有一定的权威性。《环球时报》重视评论工作，每天有两个评论版面，每版均有一个社评栏目，其中包括一篇国内话题的社评文章和一篇国际话题的社评文章。

澎湃新闻是一个以原创新闻为主的全媒体新闻资讯平台，隶属于上海报业集团。澎湃新闻自2014年创办以来，重视评论工作，在网站的思想频道下，开辟了社论、澎湃评论、思想湃、思想市场、艺术评论等评论栏目。澎湃新闻的社论发稿较多，但也并非每天刊发。

澎湃新闻的社论选题相对时事化，编排上采取“怀旧”的手法，每篇社论标题下，配有传统媒体的方格稿纸格式的插图，给人视觉上的亲切感（如图9-12）。

【社论】“1米高度”：城市建设要对儿童更友好①**（节选）**

图9-1 澎湃新闻社论

近日，国家发改委等三部门联合印发《城市儿童友好空间建设导则（试行）》（以下简称《导则》）。《导则》提出，要以公益普惠为原则，坚持“1米高度”视角、寓教于乐内涵、安全环保标准，推进儿童友好空间建设，让广大儿童享有安全、便捷、舒适、包容的城市公共空间、设施、环境和服务。

城市不仅仅是成年人的，也是儿童的。打造城市儿童友好空间，实际也是城市建设体现以人为本理念的一个重要方面。

中国是一个儿童人口大国，儿童数量位居世界第二位，因此在城市建设和更新中，儿童视角不可或缺。推进城市儿童友好空间建设，保障好儿童权利、促进儿童健康发展，才能保护好每一位“未来主人翁”。

① “1米高度”：城市建设要对儿童更友好［EB/OL］.（2022-12-05）［2023-02-07］. https：//www.thepaper.cn/newsDetail_forward_21032660.

通过以上对三家不同都市媒体的社论介绍，基本上可以感受到不同的媒体定位与受众区分，及其社论的选题和写作风格的差异。

二、社论写作的方法

一家新闻机构刊载的社论直接关系到公众对这家新闻机构的评价，也决定着该新闻机构引领新闻舆论的水平。社论与媒体和舆论的关系，要求新闻机构重视社论工作。重视社论，既要围绕社论的选题下功夫，又要指定最合适的人撰写社论。在写作过程中，社论的写作者既要着眼于形势判断与趋势预测，也要将调查研究搜集的资料用于社论的论证，将宏观议题与微观论证结合起来，增加社论的可信性。

社论写作强调对宏观议题的把握，社论的选题是否关系到国计民生，决定着社论受社会的关注度及其传播效果。因此，在社论论证中，分析什么往往要胜于具体的写作方法。美国学者欧内斯特·海德斯介绍说，绝大多数社论作者在写作之前，就将对观点的思考和研究置于首要地位。为了解公众对社论的看法，社论写作者曾就社论写作问题发函征询意见，结果，90% 的撰稿人认为“观点的思考”是写作过程中的一个重要步骤。①

社论写作者思考的对象是社论的选题，选题本身来自媒体评论部的集体讨论。因此，社论写作的观点是编辑部集体思考的产物。对于接受撰稿任务的评论员而言，更应对社论选题有自己的思考。否则，社论就难以具有真正的灵魂。当前的一些社论文章，重要性更多体现在字面意义上，而未能让读者发自内心地认可社论的观点和论证。这样的社论，是评论写作的文风问题 .

写好社论，需要社论写作者博览群书，并走出书斋，深入社会生活，从中寻找民众普遍关切的问题。社论虽然代表媒体编辑部发言，但依然要回应社会关切，要更接地气，有人情味。

社论的文风既要富于哲理，也要质朴、自然，用富有时代气息的语言表达观点。在社论的行文中，应注重回应不同群体的诉求，阐明社论的主要论点，确保每个自然段的文字都言之有物，而不是诗意性的抒情文字。

社论写作不同于公民的时事评论写作，也不同于评论编辑的快速点评。社论的选题和写作时间应相对宽裕，给社论的修改留下时间。前面讲过毛泽东、周恩来等领导人对《人民日报》重要社论文章的反复修改完善，这种作风值得发扬光大。

---

① 王泰玄 . 报纸的社论与社论版［J］. 国际新闻界，1983（3）：52-53.

社论的撰写应重视与社论有关的关键因素，包括社论的立意、谋篇、布局、材料取舍、主题提炼、切入点选择等，这是社论写作中需要认真把握的要素。

社论的受众面广，应兼顾不同群体受众的需求。平衡不同知识结构和利益诉求的需要，社论撰写者应站在更高的层次看社会问题，应追求在社论的观点表达中有新的发现和新的见解，深厚的理论修养对于社论写作者来说显得尤为必要。

社论所讲的看似是“大道理”，这样的道理因为包罗万象，更考验社论写作者的出新能力，结合具有时代特色的理论知识分析新的社会问题，并且这样的见解能够经得起时间的检验。

社论写作，需要社论写作者拥有丰富的人生阅历。现在，主流媒体的评论员学历在提升，理论素养也普遍较高。与此同时，还存在媒体专职评论员缺乏下基层经历的问题，这不利于他们积累丰富的社会生活经验，而这些经历对于社论写作者来说，同样是非常宝贵的财富。社论的评论对象多与国家的大政方针相关，这些方针政策与民生息息相关。政策的制定回应的是社会的迫切需求，社论要分析这些政策，需要社论写作者对社会生活、民生问题和新的方针政策有着深入的了解。因此，社论写作者应重视个人阅历的积累，这是增加社论分析厚度的一个重要保证。

第四节　毛泽东与社论

毛泽东的诗词一流，他的消息稿写作也颇有特点。毛泽东在社论写作方面，也是值得我们学习的。

毛泽东不仅亲自审阅党报的社论，还在百忙之中坚持为党中央领导的《解放日报》、新华社和《人民日报》先后撰写过一系列重要的社论。他还指示地方党委，要加强党报社论工作。1958 年 1 月 12 日，他在给广西壮族自治区党政负责人的信中明确指出：“精心写作社论是一项极重要任务，你们自己、宣传部长、秘书长、报社总编辑，要共同研究。第一书记挂帅，动手修改一些最重要的社论，是必要的。”①

在写作社论方面，毛泽东有其独特的写作经验。

---

① 1958 年 1 月 12 日，毛泽东致信刘建勋、韦国清，指出省报问题是一个极重要问题，值得认真研究。资料来源：http：//www.cssn.cn/preview/zt/12967/12988/201311/t20131127_882412.shtml。

一、选题与立论

毛泽东撰写社论特别注重选题和立论的迫切性、针对性和时效性。但凡遇到重大战役的胜利、重要政策的出台、重大事件的出现、重要任务的提出，以及重大典型的披露，毛泽东都要根据政治上和宣传上的需要，及时撰写或组织负责宣传工作和报纸工作的有关同志撰写社论，以求达到或鼓舞士气、或揭露论敌、或释疑解惑、或褒贬评析、或明辨是非等引导舆论的目的。比如，1943 年 7 月，毛泽东为延安《解放日报》及时撰写了重要社论《质问国民党》[①]。

社论：质问国民党（节选）

近月以来，中国抗日阵营内部，发生了一个很不经常很可骇怪的事实，这就是中国国民党领导的许多党政军机关发动了一个破坏团结抗战的运动。这个运动是以反对共产党的姿态出现，而其实际，则是反对中华民族和反对中国人民的。

首先看国民党的军队。

这不能不使人们发生这样的疑问，这些国民党人同日本人之间的关系，究竟是怎样的呢?

许多国民党人肆无忌惮地天天宣传共产党“破坏抗战”“破坏团结”，难道尽撤河防主力，倒叫做增强抗战吗? 难道进攻边区，倒叫做增强团结吗?

其次看国民党的党务。

至此，问题就完全明白了。当你们指示张涤非写电文时，所以绝对不肯在要求“解散”共产党之外附带说一句还有日本党和汉奸党也值得解散者，是由于不论在思想上，在政策上，在组织上，你们和他们之间，都有许多共同的地方，其中最基本的共同思想，就是反共反人民。

还有一条要质问国民党人的，世界上以及中国境内，“破产”的只有一种马克思列宁主义，别的都是好家伙吗? 汪精卫的三民主义前面已经说过了，希特勒、墨索里尼、东条英机的法西斯主义怎么样呢? 张涤非的托洛茨基主义又怎么样呢? 中国境内不论张记李记的反革命特务机关的反革命主义又怎么样呢?

社论选题必须重大，毛泽东为党报撰写评论，都是在国家和中国共产党面临重大挑战时，主动就这类关系国家民族和政党命运的紧迫问题回答舆论的困惑。

---

① 质问国民党［N］. 解放日报，1943-07-12（1）.

这篇社论的写作背景是，1943 年年初，随着抗日战争的形势趋于好转，国民党看到共产党的力量在抗战中不断壮大，开始在军事上采取对抗手段，在舆论上混淆视听，企图配合他们的军事动作。1943 年 5 月，国际局势发生变化，共产国际不再存在。国民党认为自己的军事装备优良，国际形势也不利于中国共产党的发展，遂掀起第三次反共高潮，其中就包括发动媒体宣传机器，发动舆论攻势。在国民党发起的第三次反共高潮面前，毛泽东采取了“以宣传对付他们的反共宣传，以军事对付他们的军事进攻”的策略，除了在军事上采取应对策略，还利用国统区的媒体揭露国民党政府的真实企图。在《质问国民党》这篇社论中，毛泽东的立论是国民党的这些表现实质上既反对中华民族也反对中国人民。这样的立论，跳出了两个政党之间的纷争之小格局，站在更高的角度揭露这样的行径对国家发展和全国人民的危害。毛泽东一针见血地指出，盘算“解散”共产党而不顾国民党在沦陷区和大后方的活动，这显然是别有用心的，将批评的焦点直接指向问题的要害。

社论的选题，如果选取的不是社会重大问题，立论就很难特别高远。在这方面，毛泽东深谙社论选题和立论之间的关系，并身体力行，写下多篇传世的社论文章。

二、精心拟制和修改标题

立论就是为标题的制作提供最宝贵的素材。社论的选题宏大，对于立论非常重要。立论是社论写作者个人思考的过程，其确定的论点是社论的精华。社论写作者在对社论选题进行深入思考后形成的见解，如何用精当的语言表述，非常考验写作者驾驭语言的能力。毛泽东将文学才能运用到社论写作中，对社论的标题总是精益求精，不论是他自己撰写社论还是审阅他人撰写的社论，都特别重视标题的拟制，力求社论标题精当且具有视觉冲击力。他多次强调报纸评论标题“要吸引人看”，要“鲜明泼辣”。[①] 这里，我们可以通过《解放日报》一篇社论的标题制作，看看修改的重要性。

社论：请看今日之域中竟是谁家之天下[②]（节选）

估计日本帝国主义动向的人，往往单从日本对美急进派即法西斯派的主观需要出发，而忘记客观存在着的并且是主要决定日本动向的因素。三国同盟后，国民党

① 胡文龙. 学习毛泽东写作社论的光辉经验［J］. 新闻战线，1993（12）：13-14.

② 请看今日之域中竟是谁家之天下［N］. 解放日报，1941-05-18（1）.

人是这样的，其他人员也有这样的。

世界究竟是谁人的世界？帝国主义强盗们说一定是他们的世界，而人民则说一定是人民的世界。中国究竟是谁人的中国？日本帝国主义者说一定是他的中国，而我们则说一定是中国人的中国。“请看今日之域中，竟是谁家之天下”呢？只有人民，只有我们，才能正确答复这个问题。对的，正确的，只会是人民，只会是我们，而决不是敌人，决不是他们。

全国人民团结起来反对日本帝国主义的进攻，我们是有一切胜利把握的。

标题是社论的眼睛。社论吸引人与否，与标题的艺术感染力有很大关系。毛泽东饱读诗书，对于史书更是喜爱有加。他的文学和历史造诣，也体现在对社论写作的影响方面。这篇社论的标题，取之于唐代诗人骆宾王的檄文标题。

骆宾王写《代徐敬业讨武望檄》时，正值武则天擅权之际。公元684年，武则天为篡夺王位，通过几番废黜与新立皇帝，达到自己临朝称制的政治野心。武则天的行径招致官员不满，大臣徐敬业在扬州起兵，骆宾王被罗致入幕府，军中书檄，均出自他的手笔。为出师有名，骆宾王写下这篇传世的檄文。檄文中，一句“请看今日之域中竟是谁家之天下”，激励多少将士勇战疆场。

这是《解放日报》创刊第三天的社论文章。在报纸创办前，中央正式通知各地，该报社论将由中央同志及重要干部执笔。这篇社论由胡乔木执笔，毛泽东改定标题。他在审阅此稿时，对原稿进行了精心的增删和润色，并挥笔将空泛的原题改为《请看今日之域中竟是谁家之天下》。这里，将骆宾王《代徐敬业讨武望檄》（注：指讨伐武则天的檄文）中的这一惊世妙句直接引作标题，可谓振聋发聩、气壮山河。

三、说理与论述

虽然社论是代表媒体编辑部发言，社论的高站位有利于全面、客观地分析社会问题，但社论无法将一种认识强加于公众。社论文章要达到预期的社会效果，需要在劝说公众接受社论观点方面下功夫，这就涉及社论的说理艺术。对于社会问题，必然存在不同的意见，社论的说理，需要社论写作者既要阐释道理，也要为这样的道理寻找有力的论据。毛泽东执笔的社论非常重视论述的虚实结合，为让读者信服社论观点，他充分运用马克思主义经典理论和辩证唯物主义原理，把中国革命的实践与理论相结合，让读者真正明白他所讲的道理。不论是在革命实践还是在社论写作中，毛泽东都认为："光务实，不务虚，不好。"[1]务实，需要社论写作者掌握充分的事实、材料；务虚，需要社论写作者能将理论、政策融为一体。在为延安《解放日报》撰写的重要社论《红军的伟大胜利》中，毛泽东采用评述的方式运用大量最新的有权威性的军事信息和资料，将它们作为论述的铺垫和依据。

红军的伟大胜利[2]（节选）

斯大林格勒之战，英美报纸比之为凡尔登战役，"红色凡尔登"之名已传遍于世界。这个比拟并不适当。今天的斯大林格勒之战，比起第一次世界大战时的凡尔登来，有性质的不同。但有一点是相同的，即有许多人在这种时候还被德国的攻势所迷惑，以为德国还有获胜的可能。

希特勒在西线胜利以前，他似乎是谨慎的。攻波兰，攻挪威，攻荷、比、法，攻巴尔干，都是注全力于一处，不敢旁骛。西线胜利后，他就被冲昏了头脑，企图在三个月内打败苏联。……他尚未计算到他的实力和他的企图之间的不相称，以致"扁担没扎，两头打塌"，陷入目前的绝路。在相反方面，苏联则是越战越强。斯大林的英明战略指挥，完全站在主动的地位，处处把希特勒引向灭亡。今年冬季开始的第四个阶段，将是希特勒走向死亡的阶段。

拿希特勒在第一阶段上的情况和第三阶段作比较，就可知希特勒是处在最后失败的门口了。

四十八天中，红军的保卫斯大林城，和去年保卫莫斯科市有某种相同。这就是说，它使得希特勒今年的计划也像他的去年计划一样，归于失败。……斯大林格勒一战将停止法西斯的进攻，这一战是带着决定性的。这种决定性，是关系于整个世界战争的。

希特勒面前遇着的，是三个强大敌人：苏联、英美及在其占领区的老百姓。……这样，三条战线夹击希特勒，就将是斯大林格勒战役以后的伟大历史过程。

拿破仑的政治生命，终结于滑铁卢，而其决定点，则是在莫斯科的失败。希特勒今天正是走的拿破仑道路，斯大林格勒一役，是他的灭亡的决定点。

这一形势，将直接影响到远东。明年也将不是日本法西斯的吉利年头。它将一天一天感到头痛，直至向它的墓门跨进。一切对世界形势作悲观观察的人们，应将自己的观点改变过来。

---

① 胡文龙．学习毛泽东写作社论的光辉经验［J］．新闻战线，1993（12）：13-14.

② 红军的伟大胜利［N］．解放日报，1942-10-12（1）.

说理和论述面向的是当下的读者，优秀的社论要经得起时间的检验。真正的道理，必然符合社会发展的规律，具有预见性，这样的说理和论述，面对的是未来读者的检验。毛泽东在社论中预示的战争进展吻合了第二次世界大战的结局，用雄辩的事实反映了社论立论和说理分析的预见性。

四、构思社论结构

社论在篇幅上长于普通的评论。当代社论的篇幅一般在 2,000 字上下。毛泽东执笔的社论，长的可达 5,000 多字，这样的篇幅，要求社论撰写者注意篇章结构的构思，每个自然段之间应该按照严格的逻辑思维规则谋篇布局，避免出现社评的结构性问题。这就需要社论写作者遵循受众的阅读心理，精心构思，使社论思维严密，逻辑严谨，靠逻辑的力量使人信服。这在《将革命进行到底》中体现得最为明显。这篇社论是毛泽东为《人民日报》撰写的新年献词。这篇社论的结构精心安排，层层递进，颇具战斗性。

社论：将革命进行到底[①]（节选）

中国人民将要在伟大的解放战争中获得最后胜利，这一点，现在甚至我们的敌人也不怀疑了。

战争走过了曲折的道路。国民党反动政府在发动反革命战争的时候，他们军队的数量约等于人民解放军的三倍半，他们军队的装备和人力物力的资源，更是远远地超过了人民解放军，他们拥有人民解放军所缺乏的现代工业和现代交通工具，他们获得美国帝国主义在军事上、经济上的大量援助，并且他们是经过了长期的准备的。

敌人是不会自行消灭的。无论是中国的反动派，或是美国帝国主义在中国的侵略势力，都不会自行退出历史舞台。

中国人民决不怜惜蛇一样的恶人，而且老老实实地认为：凡是耍着花腔，说什么要怜惜一下这类恶人呀，不然就不合国情、也不够伟大呀等等的人们，决不是中国人民的忠实朋友。

几千年以来的封建压迫，一百年以来的帝国主义压迫，将在我们的奋斗中彻底地推翻掉。一九四九年是极其重要的一年，我们应当加紧努力。

---

① 将革命进行到底［N］. 人民日报，1948-12-30（1）.

社论写作对执笔者提出了更高的要求。博览群书、掌握当今世界发展的大趋势、了解社会的主要矛盾和改进问题的策略，这是社论写作的前提。

思考题

1. 简要叙述社论的发展历程，谈谈不同阶段的社论有何特点。
2. 试从《申报》上寻找一篇分析社会问题的社论，分析其写作特点。
3. 阅读毛泽东为《解放日报》或新华社撰写的社论，分析其写作特点。
4. 结合近期《人民日报》的社论与评论员文章，分析其异同。
5. 阅读《新京报》和澎湃新闻的社论，分析都市报和网络媒体社论写作的异同。

Chapter 10

第十章　广播评论

第一节 广播评论的发展历程

我们生活在一个“读图”时代。单纯的文字远远不如图片与视频带来的视觉冲击强烈。国内网络论坛刚刚兴起时，有一句话非常流行：“有图有真相。”我们强调传播的视觉效果，但不应忽略听觉在传播中的特殊作用。对于新闻评论的观念传播，报纸、电视和网络评论在新闻评论教学中占据重要位置，以听觉为主的广播评论同样必不可少。

一、“学别人走路”与“走自己的路”

我国广播评论的发展历程可以概括成一句话：从“学别人走路”到“走自己的路”。

我国的广播媒体始于延安新华广播电台。广播新闻节目和评论节目是在延安新华广播电台的基础上得以发展的。延安新华广播电台于 1940 年 12 月 30 日正式开始播音，这个时期的延安新华广播电台隶属于新华通讯社，在创办新的媒介形式方面没有经验，只能在摸索中前行。初期广播电台的节目内容比较单调，没有自办的广播评论节目，为弥补评论节目的缺失，只好将报纸和新华社的评论文章当作广播稿。

广播电台要影响社会，需要发出自己的声音。1946 年 6 月，新华社对内设机构进行改组，将广播组扩充为广播部，创办“广播评论”节目。这个节目除了播出报纸、通讯社的评论，自己也编写评论。“广播评论”节目的创办标志着我国广播评论节目诞生了。[①]

中华人民共和国成立后，中央人民广播电台只摘编报纸和新华社的评论，并没有自办的评论节目。1950 年 7 月，中央人民广播电台成立评论讲坛科，这个部门负责编辑、播发新闻评论节目和人民讲坛节目。这个时期的广播评论节目，原创内容少，广播评论稿源主要来自报纸杂志的评论文章，其中，主要改编自《人民日报》、新华社以及《世界知识》和《新观察》等杂志上的评论作品。

1978 年 12 月，中央人民广播电台重新确立“自己走路”的办台方针，开始创办“本台评论”栏目。1979 年 4 月 26 日，《全国联播》节目播出了本台评论员的文章——《改善中越关系的根本办法》，这是中华人民共和国广播史上第一篇署名“本

---

① 李法宝 . 中国广播评论的发展历程［J］. 现代视听，2007（3）：26-28.

台评论员”的文章，这篇评论由国际广播电台评论组供稿。1979年，中央人民广播电台的《全国联播》节目，共播出评论15篇。这些广播评论节目的影响力虽然有限，却标志着广播评论开始进入“走自己的路”的阶段。①

广播评论不同于报纸评论和电视评论，它是一种独立的评论样式，有自己的节目形式，因此，必须“走自己的路”。所谓“走自己的路”，就是广播不再满足于摘编、播发报纸的评论，而是要建立自己的评论队伍，培养自己的评论员，发表自己的评论。1980年9月，中央人民广播电台组建评论组，曹仁义任组长，成员有5名。评论组是电台直属的节目组，但独立性较弱，由新闻部代管。尽管如此，评论组是中央人民广播里台历史上第一个正式的评论写作班子，标志着我国的广播评论事业掀开了新的一页。同年9月28日，中央人民广播电台播出的本台评论《大快人心的审判》是全国新闻单位第一篇有关审判“四人帮”的评论，先后被两家外国通讯社转发。

1981年2月，中央人民广播电台制订《关于广播评论工作的一些要求和暂行规定》，这是我国首次对广播评论管理工作做出规定的正式文件。这份文件明确了评论在广播工作中的地位与作用，它指出：“评论是舆论机关完成党的宣传任务的重要手段之一。广播电台没有自己的评论，就不能成为名副其实的重要舆论阵地，就难以更好地发挥社会舆论向导的作用。”②

1982年年初，《中央人民广播电台1982年工作要点》提出评论要坚持“两条腿走路”的原则，要求评论组和各专业部、本台和社会力量共同参与评论工作，并提出“大、中、小相结合，以中小为主；要联系实际，一般要配合新闻”③。以上这两个文件将广播评论节目纳入规范化管理的轨道，推动了中央台评论工作的开展。

1982年5月，中央广播事业局更名为广播电视部。时任部长吴冷西十分重视评论工作，他在中央人民广播电台的内刊《编播日报》上批示：“最近中央台评论比较活跃，可总结一下经验，提出改进办法。”1983年，吴冷西在全国广播电视工作会议上提出：“目前广播电视评论工作经验还比较少，质量还不高，特别要发扬开拓的精神，不断进行探索和改革，逐步创造有广播电视特点的评论形式，以扩大宣传效果。”④

---

① 李法宝．中国广播评论的发展历程［J］．现代视听，2007（3）：26-28.

② 中央人民广播电台台史编写组．中央人民广播电台台史资料汇编（1949—1984年）［M］．北京：中国广播电视出版社，1985：136.

③ 中央人民广播电台台史编写组．中央人民广播电台台史资料汇编（1949—1984年）［M］．北京：中国广播电视出版社，1985：137.

④ 罗弘道．广播电视评论工作新起点——新型广播电视评论探析［J］．中国广播电视学刊，1995（9）：4-9.

最能反映广播评论“走自己的路”成就的是《新闻纵横》节目的开播。1994年10月，中央人民广播电台在早七点的时段，开播《新闻纵横》节目，这是一档融深度报道与评论于一体的节目。《新闻纵横》通过敏锐地捕捉新闻热点事件，剖析社会现象，有意识地引导舆论，并以每天一期强势出现，发挥了广播评论应有的“灵魂”和“声音”的作用。作为新闻评论节目，《新闻纵横》在表达风格上也有所突破。按照传统的广播节目编排模式，播音员在播出新闻评论节目时应该字正腔圆，以示庄重和权威。《新闻纵横》推出了编、采、播合一的模式，不设主持人，完全由记者自己采、编、播、评，使这档节目既继承了广播评论传统的手法，又有所创新。①

20世纪90年代以后，不少地方电台也开始重视广播评论工作，广播评论开始在全国同步发展。此后，地方电台产出了大量的广播评论，其中，有不少评论在新闻评论类项目中获奖。比如，山西人民广播电台、四川人民广播电台、湖南人民广播电台、青岛人民广播电台等地方电台的广播评论节目发展十分迅速，水平也较高。这个时期广播评论节目的整体发展形势良好，不少广播电台致力于广播评论节目的自行编制，其中，一些电台还专门开设在固定时间段内播出的评论性节目。这种由中央到地方，由单个评论到评论性节目的发展，充分体现了我国广播评论的数量与规模都在稳步增长，充分说明了广播评论在我国广播新闻类节目中占据非常重要的位置。②

二、新闻评奖与广播发展

一种媒体介质的发展既需要媒体机构的科学管理和从业者的积极创新，也离不开外部因素的鼓励。其中，对新闻评论等节目的社会评价，在一定程度上可以促进媒体的创造积极性。新闻奖项的设置就是刺激媒体改善节目质量的常见手段。20世纪80年代，我国的广播电视媒体正处于发展阶段，两种介质的电子媒体尚不强势，新闻奖项的设置，通常将二者混合评定。这个时期的广播电视新闻评奖开始增设评论类奖项。广播评论类奖项始于第二届“全国好新闻”评奖活动，但在这次评选活动中，并未将广播评论奖项单列。自20世纪90年代中期起，开始增设单独的广播评论节目奖项。为确保评奖的公开、公正，评奖机构邀请广播评论学者、专家成立奖项评委组，从看、听、议、投多个环节，使审评环节更为公正、完善。下面我们

---

① 中央人民广播电台台史编写组.中央人民广播电台台史资料汇编（1949—1984年）[M].北京：中国广播电视出版社，1985：15-17.

② 杨颖，马月娥.广播评论的现状及发展趋势研究[J].西部广播电视，2017（10）：72-73.

来看一篇获得中国新闻奖一等奖的广播评论作品。

警惕指尖上的形式主义[①]（节选）

现在，党员干部的手机几乎每天都会收到上级部门和领导发送的“请立即安排落实，收到请回复”“请XX单位于X日前报送材料”“XX单位，请及时上报工作进度”等消息，各种各样的QQ群、微信群、工作App等已成了党员干部日常工作必不可少、不可或缺的工具，可以说，现在党员干部的工作已经离不开QQ群、微信群、工作App等通讯工具。

现代互联网信息技术发展出的即时通讯工具，在工作部署安排、会议通知、文件资料共享上传等方面有着极为便利的优势，既能提升工作效率，及时快速传达工作要求，又能加强上下级之间、干部之间的交流和联系，但也给基层干部带来了不少的困扰。如果每个部门、每项工作如脱贫攻坚、土地房屋征收拆迁、行政执法工作都建立QQ群、微信群，开发专门的工作App，就会形成QQ群、微信群、工作App过多过滥、遍地开花的现象，就会使得基层的党员干部整天用手指在手机上忙碌，而没有更多的时间和精力来处理实际的工作。

基层的党员干部处于党政系统的末端，直接面对群众，几乎每一件事都需要基层的党员干部来打通政策落实的“最后一公里”，而名目繁多、无所不在的QQ群、微信群、App，让党员干部的工作与生活的界线逐渐模糊，让基层干部身心俱疲。要想解决好这些指尖上的形式主义，将基层党员干部从QQ群、微信群、App的焦虑中解放出来，需要各级各部门善用、慎用、实用QQ群、微信群、App。

首先应统筹工作平台，给手机“减负”“瘦身”。要解决QQ群、微信群、App过多过滥的问题，最根本的解决方法是由各个部门和单位整合内部资源，加大工作统筹，避免一个部门不同科室重复建群，一个事情一个群。

其次应强化信息管理，杜绝工作“摆拍”。有的党员干部在QQ群、微信群中秀加班、晒辛苦，刻意塑造自己履职尽责的“实干形象”。……要防止有的干部由于从众心理，硬着头皮赶进度、做成绩，摆拍工作图片，人为制造工作效果，等到真正实地查看验收时，才暴露出工作实际情况与图片展示的巨大差距。

设置单独的广播评论奖项，促使广播电视媒体机构加大广播评论节目建设，重

---

① 柳芳，等．警惕“指尖上”的形式主义．(2021-05-20)［2023-02-09］. http：//www.zgjx.cn/2021-05/20/c_139955563.htm.

视广播节目的质量，促进了广播评论的发展。

广播评论经过几十年的发展，在中国新闻评论史上占有一席之地。当代中国广播评论的发展历程与党和国家的命运密切相关。早期的广播评论节目因受制于特定的政治、宣传纪律和技术等因素，发展相对缓慢。自改革开放以来，整个社会的发展需要也对广播事业提出了更高的要求。为适应大众传媒的发展，广播节目的深化改革势在必行，其中就包括广播评论节目的改革。

通过广播评论节目的评奖，广播电台的评论同行能发现各自的优缺点，并不断创新广播评论节目的形式，使广播评论的特色更加鲜明。早期的广播评论形式单调，无法体现评论节目的广播特点。当时受多种主客观条件的限制，要播出的主要是报纸和通讯社的评论，品种主要有本台评论、短评、编后和本台评论等样式，实质上仍是报章体评论，即从报纸那里移植而来的评论，写法与报纸评论相近。进入 20 世纪 80 年代，一些广播电台的评论从业者开始尝试体现广播特点的新闻评论节目样式。比如，广东珠江人民广播电台的《一盅两件》和《早餐快餐馆》两档节目，就是该台“独创”的一种评论形式，又称“角色评论”或“戏剧化评论”。这类评论通过三个性格各异的固定角色，每天早晨，聚在一起谈天说地，评说各种社会现象，把新闻性和文艺性有机地结合起来。这种虚拟的人物对话，对社会上百姓关注的热点、难点问题进行评说，鞭挞、抨击不良社会现象，讴歌好人好事，是电台发挥广播优势、增强广播可听性和影响力的成功尝试。在 1993 年 3 月全国“两会”期间，中国国际广播电台推出的系列评论《编辑记者谈盛会》，使谈话体广播评论由“为说而写”开始转变为“以说为主”的评论，这是广播评论在表现方式上的一种新尝试。一篇优秀的广播评论必须具备可读性、可视性、可听性，认识到听众是以听觉来获取信息的方式，就应该吸引听众，影响舆论。广播评论必须符合广大听众的心理要求，一改以往“我播你听”“字正腔圆”“刻板生冷”的“说教”风格①，增加广播评论节目的可听性。

随着广播评论节目质量的不断改进，这类节目在听众中的影响也日益扩大，广播评论逐渐成为在全国有影响的新的媒体舆论中心，在引导舆论方面发挥着积极作用。新时代的广播评论应着眼于民众的根本利益，直面社会进程中无法回避而且迫切需要解决的问题。广播评论节目的发展状况与时代的进步密切相关。相比于报纸评论，广播评论起步较晚，要缩小与报纸评论特别是与《人民日报》的差距，需要遵循媒体发展规律，将广播媒体的声音优势应用于评论节目中。20 世纪 90 年代以

---

① 李法宝 . 中国广播评论的发展历程［J］. 现代视听，2007（3）：26-28.

来，以《中国之声》为代表的广播评论，既拓宽了广播评论的选题范围，也强化了广播评论的喉舌功能和舆论监督功能，社会影响力不断扩大，成为地方广播电台评论节目模仿的对象。

第二节 广播评论的特点

当代的广播媒体已经成为传统媒体中的主力媒体之一，广播节目主要通过无线电波传送声音、表情达意，以听说为基本传受手段。虽然广播媒体也搭乘互联网的快车，开办网络版的广播栏目，但广播的传播特点决定其依然主要是建立在以表情达意的声音和电波传送相结合的基础上的新闻媒介。

粗略地讲，广播评论可以分作两大类：一类是由播音员宣读已经写好的文字评论文稿；另一类是由广播电台的专职或兼职评论员在节目中直接就热点话题发表看法，这类评论属于评论员谈话节目。早期的广播评论主要以前一类评论形式为主；随着广播评论的发展，当代广播评论节目多以后一类评论形式为主。

评论作为意见性文体，不论是报纸评论还是广播评论，都需要针对当前的社会问题，发表观点鲜明的见解。广播以声音传递信息，声音这个优势使广播评论具有报纸评论所没有的优点：声情并茂，富有感染力，传播效果直接。广播评论是各类广播节目中思想性最鲜明、指导性最强的一种。广播评论这种效果的实现，忌讳居高临下的说教，这类“命令式”的广播评论节目不会有真正的公信力。广播评论节目的公信力来自对贴近社会现实问题的话题发表看法，用“谈话体”的节目形式发表看法，在类似“拉家常”的过程中，把评论员对问题的看法说到听众心里去。①

从写作上看，广播评论也有一些与报纸评论不同的要求。

一、时长适中

在传播环节中，受众在接受文字评论和音视频评论时，其心理感受有明显的区别。对于长篇的文字评论，是否逐字逐句阅读，受众有自主选择的权利；而对于音视频评论节目，受众缺乏这方面的自主选择权，其时长即可能影响受众的收听/看兴趣。广播评论缺乏直接的视觉元素，更应照顾听众的心理感受。在广播评论发展的过程中，广播评论的时长与听众对评论节目的兴趣之间的关系逐渐被认识，广播

① 曹石．广播评论特点初探［J］．新闻战线，1984（3）：29-30.

评论的时长趋于适中。如果转换成文字评论文本，三五百字、六七百字的广播评论稿件占 80% 左右，千字上下的广播评论稿件占 20% 左右。无论选题如何重大，广播评论稿件都应控制在千字左右，保证时长适中，这是广播评论的一个特点。下面这则广播评论，就相对简短。

【央广时评】“铁腕治污”不能“一关了之”①（节选）

前不久，太原市宣布，重污染天气，不再对企业一律停产限产。细分行业、地域、主要污染物排放量、不同预警级别，一个企业一个方案，不搞“一刀切”。这种做法应该点赞。

近年来，为了完成环保指标，一些地方不分青红皂白，动不动一纸通告，通通叫停。一些地方设置禁煤区，气源、电源还没着落，先拆个昏天地暗，拿中断群众取暖为代价。不少地方豆腐店、馒头煎饼坊、充气补胎也被殃及。

对少数干部来说，“一关了之”倒也简单，省心省事。实际上简单一关，关掉了干部的担当和责任，也关出了企业叫苦不迭和群众的强烈反感。

“铁腕治污”不是不要发展，而是追求绿色发展，转变过去“大量生产、大量消耗、大量排放”的生产模式和消费模式。卡住污染源头，大幅度降低排放量，标本兼治，重在治本。治本的关键就是调整结构。这才是“铁腕治污”的要害，不是以停滞发展为代价。

“铁腕治污”还得精准，找准污染物源头，结合地理条件，结合产业、能源特点，一个地区，一个政策，一个企业，一个办法。该停的停，不该停的不能停。

北方逐步进入供暖季。群众温暖过冬和治理大气污染，这对矛盾又突出地摆在面前。多重压力下，鱼和熊掌如何兼得，考量着干部的智慧、担当和责任。绝不是“一关了之”那么简单。

这篇 790 字左右的评论，播出时长 2 分 44 秒。在不到 3 分钟的节目中，浓缩了事实和观点，不至于让听众感到厌倦。广播评论的时长安排合理，选择评论的新闻话题紧扣时代主题，引用事例鲜活、生动，字数简练，逻辑清晰，评论视角全面、厚重、深刻，语言平易近人，展现了主流广播评论节目对生态文明建设的深入观察和舆论担当。

---

① 李楠，康维佳 .“铁腕治污”不能“一关了之”[EB/OL] .（2018-09-26）[2022-12-15] . http：//china.cnr.cn/news/20180926/t20180926_524369946.shtml.

二、主题集中

评论贵在就事说理，向受众传递观点。抽象的道理要深入人心，离不开严密的逻辑推理。评论的逻辑性需要评论写作者根据事实材料，遵循逻辑规律、规则，形成概念，做出判断。广播评论主要通过声音传播意见，声音的非直观性容易造成听众注意力的转移，这就需要广播评论的主题必须高度集中，一事一议，一题一评，使听者注意力集中于一件事、一个问题上。一篇广播评论能讲清一个道理或者传达一个新的思想就是成功之作。我们可以通过下面这篇《“形式主义”难掩失职渎职》，看看广播评论是如何展开的。

【央广时评】“形式主义”难掩失职渎职①（节选）

据媒体报道，党的十八大以来，以厕所革命为代表的农村卫生条件改善工作，在各地风风火火展开。但在辽宁省沈阳市的一些农村，由于设计缺陷大、工程质量差、后续保障弱，……这个结果实际上已经超出“形式主义”的范畴了，必须追责。

客观地说，党和政府的民心工程办不到群众的心坎上，原因是多方面的。

改造厕所，群众都叫好，尤其是在寒风彻骨的北方。可为何办不好？相信也会有很多理由。一提厕改，总是要和水联系在一起。同样，在一些干旱缺水的地方，也要用水冲式厕所的理念来改厕。这种僵化教条，也是让厕所革命无法彻底的原因。这个责任应该由哪个部门承担？其实，责任界限再明了不过了。

至于改厕中有水的马桶放在何处，更是五花八门，令人啼笑皆非。

……其关键，政府的钱，浪费些、“形式主义”些“不心疼”。孰不知，这“不心疼”的背后，是一种渎职行为呢？

无论哪一级干部，树立政绩观并没有错。但是，政绩要建立在对党和政府事业忠诚，对人民群众福祉极端负责的基础上。基础不牢，地动山摇也是无法避免的了。

但愿农村厕改的惠民工程让群众能够真切感受到党和政府的实惠和温暖。

这则广播评论围绕“厕所革命”中存在的形式主义进行分析，用数据说明某地改造的厕所超过一半遭废弃，原因在于这些厕所的质量问题。评论的主题是批评

① 许新霞.“形式主义”难掩失职渎职［EB/OL］.（2021-01-29）［2023-01-02］. http：//news.cnr.cn/comment/sp/20210129/t20210129_525403305.shtml.

“厕所革命”中一些地方的失职渎职问题，主张不能用一句形式主义使责任主体逃避责任。评论的 7 个自然段，始终围绕主题展开论述，利于听众的理解。

三、语言明快

广播评论的说理要求评论员用自己的话把道理讲出来，不同的评论员，发音特点不同，说话的方式不同，给人的感受也存在差异。语言表达的个性化是广播评论的一个特点。广播评论的说理要得到听众的认可，需要在有限的时间内，用明快的语言，把新闻评论的事实介绍完整，把道理清楚地摆出来。语言的精练、明快，是广播媒体的性质决定的。直接送入听众心灵的是语言，语言是广播评论力度和深度的直接表现。只有精练、明快的语言，才能同广播评论这种既要据事论理又要短小精悍的文体相适应，发挥广播评论应有的作用。下面这篇广播评论的语言就比较精练、明快。

【央广网评】马保国式“网络审丑”别为了变现失了底线①（节选）

自诩“浑元形意太极拳掌门人”的马保国，在各方炒作下一度成为“网红”，“不讲武德”“耗子尾汁（好自为之）”等“马言马语”也成为网络热词。

武术作为中国传统文化的代表性项目之一，是中国文化软实力的重要内容。马保国式“大师”披着传统文化的外衣，大行商业之道，并在流量裹挟下利用公共空间牟利，这不仅是对武术价值的伤害，也是对中国传统文化的亵渎。

诚然，公民个人有表演自由，通过表演获取正当利益也无可厚非。但马保国式“网络审丑”走红，本质上是哗众取宠，通过流量变现获取利益。这不仅会对社会价值体系产生极大冲击，也会对受众、特别是青少年群体产生错误的价值导向。

流量经济，不能为了变现失了底线。

广播评论要赢得听众的喜爱，需要评论的语言快人快语，评论员的态度越鲜明，语言越简明、流畅，就越能吸引听众的关注。在这则评论中，评论员将传统武术的弘扬与某些机构和个人利用武术制造神秘感相比较，批评平台为制造流量而失去底线，最终点题：流量经济不可失去底线。

---

① 王子衿 . 马保国式“网络审丑”别为了变现失了底线［EB/OL］.（2020-12-10）［2022-12-18］. http：//news.cnr.cn/comment/sp/20201201/t20201201_525348916.shtml.

四、形式活泼

当代报纸评论重视报纸版面的设计，注重为文字评论配上漫画，使版面丰富多彩。广播评论的制作也在追求节目形式的多样性，评论编辑致力于调动听觉元素，避免广播评论的形式单调。这就需要广播评论充分发挥声音特长，创造更生动活泼的评论形式。广播评论的节目形态不再局限于单一的播音，通过与听众“声对声”交流的方法，与听众在语气上、感情上进行交流，达到共情的效果；广播评论也可以用现场实况或人物谈话来做论据，通过不断创新节目形式，使评论节目趋于生动活泼。央广的评论一般依托于新闻节目，在新闻事实呈现结束后，邀请评论员就新闻事件进行点评。下面这则评论，就是紧接着新闻报道做的点评。

【央广时评】校园霸凌为何反复上演？①（节选）

发生于校园内外的未成年人暴力事件，一次又一次触动大众敏感的神经。

因为被伤害者是未成年人，而让人性中的舐犊之情和同情弱者等情感在释放中产生痛楚感。又因为伤人者也是未成年人，所谓“伤害者被伤害”，而让人痛心加伤感。

所以我们必须思考事件背后的深层原因，一个是这种现象是否过去也屡屡发生，只是人们并没有给予太多关注。倘真如此，说明社会大众的权利意识、法治意识不断提升，尤其人文素养上升到新高度。

另一个是这种现象过去不多发生，而今时有发生，且愈演愈烈，那么原因就值得挖掘。

认识问题是解决问题的前提，我们在关心关注一个个未成年暴力事件过程中必须想更多，思更深。

当代广播评论也借着互联网发出自己的声音。央广网的广播评论在新闻节目中穿插对专家学者的采访，在独立的评论节目中创新形式，还在网络上发布广播网评，《校园霸凌为何反复上演？》就是央广的网络评论。虽然是网络评论，但基本延续了广播评论的特点，与传统媒体的评论和一般的网络评论还是有明显差别的。

① 方彬．校园霸凌为何反复上演？［EB/OL］．（2020-11-23）［2022-12-11］．http：//news.cnr.cn/comment/sp/20201123/t20201123_525339768.shtml.

五、听众与评论

广播是为听而生的一种媒体介质，广播节目是与听众通过无线电波进行对话交流而不是朗诵。广播媒体的这个特点需要在所有类型的节目中确定听众的构成和谈话的对象，广播评论节目是评论员与听众进行思想交流的手段。当代广播评论为适应声音传播的需要，谈话体广播评论节目在增多。早期的谈话体评论名称不统一，出现过诸如“广播杂谈”“广播漫谈”“广播谈话”等称谓。这类节目以谈话的方式就新闻事件或社会现象向听众发表看法，或肯定褒扬，或贬斥批评，虽然形式不一，但都是借助广播媒体来说理，达到与听众交流的目的。广播评论以谈的方式与听众进行交流，具体表现在以下几个方面。

广播评论与听众之间首先是思想观点的交流。广播评论需要瞄准当下的社会热点问题，通过透彻的分析阐明观点，以说服听众，影响舆论。说与听的交流，需要广播评论把听众摆进说理的过程中，通过设问、提问和询问使听众直接面对评论者，为沟通思想、交流看法提供桥梁。比如，在人工智能快速发展的今天，老年群体在人工智能发展浪潮中，如何避免“技术歧视”。这样的观念交流，是广播评论可以通过声音讨论的话题。

【央广时评】智能技术不应将老人“抛弃”①（节选）

国家卫健委相关部门负责人近期表示，“我们绝不能让老年人因智能技术挂不上号、看不成病、办不成事”。这话一定程度上反映了我国一些地方老年人看病、办事的尴尬现状。智能技术确实是时候向老人这个庞大的群体倾斜了。

……随着互联网、物联网和人工智能技术走进人们常态生活的同时，老人群体距离这些新的技术越来越远。一方面，这说明了科技企业对于老人市场的开发不够，另一方面也折射出老人掌握数字化智能新技术的种种无奈。

尊老爱幼是中华民族的传统美德。在科学技术日新月异的今天，这个“传统”更应当与智能技术实实在在地“嫁接”起来，更好地为亿万老人服务，为他们的天伦之乐、安享晚年提供更加便利的智能技术产品，延续尊崇老人的优秀文化。进一步开拓市场，实现为老人服务与企业发展的“双赢”。

---

① 许新霞 . 智能技术不应将老人“抛弃”［EB/OL］.（2020-11-28）［2022-05-11］. http：//news.cnr.cn/native/comment/20201128/t20201128_525345509.shtml.

这则评论针对人工智能技术的广泛应用与老年群体使用智能手机中遇到的问题，表面上是说给老年听众听，其实是说给人工智能技术开发、手机生产商和行政管理部门听，让整个社会认真听取老年群体对智能手机的需求与遇到的问题。评论侧重于智能手机设计观念的改变，这样的交流显得真切、迫切。

广播评论与听众之间，其次是感情的交流。评论需要融事、理、情于一体。在这方面，广播评论有促进情感交流的独特优势。广播评论的评论员与听众的交流是不见面的交流，与报纸文字评论不同的是，它是可以闻其声的交流，可以借助声音的撞击使听众产生思想上的火花和情感的涟漪。在广播评论的谈话交流中，谈话双方通过语调、语速的变化，流露出特定的情感。

广播节目中，评论员的声音包含着他的真情实感，他对评论对象的喜好和憎恶，可以通过语态适度反映出来。广播评论通过评论员的情感调控，实现向听众传递情感的目的，使听众在收听节目的同时认同评论员的看法。

【央广时评】实名曝光就是让违纪干部脸红心跳有所惧[①]（节选）

近日，中央纪委再次通报了七起违反中央八项规定精神的问题，上海市、湖南省、民航局的三名省部级干部赫然在列，这种力度让人们再次看到了中央正风肃纪、反腐倡廉的坚定决心。

今年以来，中央纪委已经先后4次对22起违反八项规定精神的问题予以通报曝光。其中既有身在基层的小“苍蝇”，也有高居庙堂的大“老虎”，这种不论职位高低，统统实名曝光的做法，既是执纪必严、违纪必究的要求，更是纪律面前人人平等，公开公正的原则体现。

细看这次通报，措辞的不同让公众看到了些许导向的变化。

在这则评论中，评论员对违反八项规定的腐败案例进行了批评。在谈及纪律条例时，他用平稳的语调说出来，对于需要强调的个别词语，有意拖长语调，让听众能够辨析评论员的情感变化。

广播评论与听众之间最后还有平等的交流。在广播评论中，评论员同听众的地位平等，广播评论的观点是在交流中传递给听众的，而不是要求对方必须接受。人

① 肖志涛．实名曝光就是让违纪干部脸红心跳有所惧［EB/OL］．(2015-12-30)［2022-12-11］．https：//mp.weixin.qq.com/s?__biz=Mjc4NjgzMzYwMA==&mid=401847170&idx=5&sn=ca0e455b775fae25619cb41e0c8eda35&chksm=1c23502d2b54d93bc25fba41ae687a487719c4e59f5345d8c97c43fc5549cc1dc80cde67d526&scene=27.

际交谈应遵循合作原则，这需要交谈双方不存在强势的一方，这是交谈取得效果的先决条件，否则对话关系不可能成立。下面这篇评论就体现了评论员和受众的平等交流。

【央广时评】四平难平大众质疑声浪[①]（节选）

吉林四平农户芦志钢家遭遇暴力拆迁，在当地政府部门调解下，开发商与芦志钢签订了拆迁补偿协议，在支付完补偿款当天，以芦志钢涉嫌合同诈骗为由报警。经一审二审，芦志钢获刑 12 年。此后，芦志钢继续申诉。2020 年 11 月 20 日，芦志钢走出监狱和家人团聚。

芦志钢案最终改判，正义虽然最终得以实现，然而仍有许多疑问待解……

质疑声浪中，人们在等待四平相关方面的追查、回应。

公众对一个案件审理的质疑，本是常见的现象。这则评论选取一个颇具争议且延续多年的司法纠纷，评论员站在听众的立场，表达自己的同样感受。站在公众的角度发声，容易获得听众的信任。

广播评论不同于报纸评论和网络评论，语言的通俗化是其基本要求。广播评论需要通过通俗化的言语，让听众在最短时间内同意评论员的观点。

广播评论的说理性要求评论节目将要表达的思想进行浓缩，在有限的时间内承载更多的信息量，并且不能增加听众的理解难度。日常生活中的人际交流由于双方是面对面进行的，较为容易；广播评论由于听众对象并不确定，需要走扬长避短的道路，采用符合听众心理的方式进行交流。

思考题

1. 简要叙述我国广播评论发展的脉络。
2. 谈一下将广播评论纳入中国新闻奖的积极意义。
3. 广播评论有哪些特点，请结合具体作品进行分析。
4. 结合具体作品，分析央广时评与央广网评的异同。

① 巩盼东 . 四平难平大众质疑声浪［EB/OL］.（2020-11-21）［2023-01-05］. http：//news.cnr.cn/comment/sp/20201121/t20201121_525337856.shtml.

Chapter 11
第十一章　电视评论

第一节　电视评论的发展

在半个多世纪的发展历程中，电视新闻评论节目从无到有，逐渐丰富和完善，在电视评论的每个阶段，评论节目呈现出不同的特征。本书按照时间顺序，将电视评论的发展划分为四个阶段。

一、电视评论的萌芽期（1958—1980 年）

在电视史上，人们通常将 1925 年 10 月 2 日苏格兰人约翰·洛吉·贝尔德在实验中“扫描”出木偶的图像作为电视诞生的标志，他也因此被称为“电视之父”。据考证，同年，美国西屋公司的斯福罗金在西屋公司（Westinghouse）展示了他的电视系统。贝尔德的电视系统属于“机械式电视”，斯福罗金的电视系统属于“电子式电视”。

电视技术的诞生为电视应用奠定了基础。在机械式电视试验最早获得成功的英国，于 1936 年开办电视节目，成为世界上最早出现电视媒体机构的国家。

法国紧随其后，于 1938 年有了自己的电视台。在探索电视媒体发展的过程中，最早试验“电子式电视”的美国，于 1939 年创办了电视台，并于 1953 年设定全美彩电标准，1954 年推出 RCA 彩色电视机。

苏联的电视事业始于 1939 年，并于 1967 年开办了彩色电视节目。原西德的电视媒体筹办于 1950 年，第二年正式播出电视节目。

在亚洲，日本的电视媒体创办于 1953 年。

中国的电视事业诞生于 1958 年。1958 年 5 月 1 日，北京电视台（中央电视台的前身）开始试验播出，这是中华人民共和国历史上的第一座电视台。随着北京电视台的开播，上海、哈尔滨等国内大城市也陆续创办地方性的电视台。1973 年 5 月 1 日，北京电视台开始试播彩色电视节目，中国电视事业从此跨入新的发展阶段。

从 1958 年北京电视台发出第一个电视信号到 1961 年，全国范围内共有 19 座省市级电视台，这标志着中国电视事业进入最初的发展期。由于当时中国社会经济等方面的原因，中国电视事业遭遇挫折。到 1963 年，全国电视台的数量急剧下降，仅保留 8 座省市级电视台。电视事业萎靡不振的状况在整个“文革”时期并无明显改观。电视事业是国家政治经济发展的缩影，电视台数量有限，电视节目的改进也相当不易。当时的社会政治生活也反映在电视节目中，电视新闻节目的新闻特征弱，评论节目也只是借用报纸和期刊的评论稿子，这个时期的电视评论并不具备真正意义上的电视评论节目特征。

直到20世纪70年代，全国的电视机数量也相当有限，电视媒体还不是真正意义上的大众传媒，电视节目的影响力不大。至于电视评论节目的舆论影响，更是微弱。据中央电视台庞啸回忆：1980年，中央电视台成立专题部，开始筹划一个言论性栏目《观察与思考》，栏目的首批成员来自新闻部和社教部的业务骨干。这档节目的宗旨是：通过对具有普遍意义或群众关心的事件、问题、人物进行调查、介绍、分析、评述，引起大家的思考。在我国，电视评论节目如何办，没有现成的经验。但《观察与思考》的成员主要来自新闻采访一线的记者，在言论栏目中也要有现场采访，成为栏目组成员的共识。《观察与思考》的第一期节目是《北京居民为什么吃菜难》，记者7月10日外出采访，第二天剪辑制作完毕，7月12日播出这期节目。[①]

《观察与思考》栏目的灵感来源于《人民日报》的栏目《今日谈》。《观察与思考》是一档真正意义上的电视评论节目，该栏目尝试将电视新闻栏目化和专业化相结合，探索具有中国特色的电视评论节目。在首期节目中，出镜的记者被冠以“主持人”这个称谓，开创了中国电视媒体“主持人”的先河。《观察与思考》的开播意味着电视新闻打破了一味照搬报刊评论的做法，但因为播出时间不固定，终未形成品牌效应。这表明，萌芽期电视媒体的社会功能尚未形成，电视评论节目尚处于草创阶段。

二、电视评论的初始阶段（1988—1993年）

随着我国改革开放的深入，社会经济得到长足发展，新闻事业也迎来一个蓬勃发展的阶段。在电视评论节目形态萌芽后，电视评论功能的重要性被认可，电视评论节目在制作技术上也上升到一个新的高度。这一阶段的电视评论节目也有了较为明显的变化：除了中央电视台的《观察与思考》栏目，地方电视机构也开始重视评论节目，纷纷开设相关栏目。其中，以安徽电视台的《社会之窗》、上海电视台的《新闻透视》（1987年7月5日开播）、北京电视台的《BTV夜话》比较闻名。地方电视评论节目的繁荣也促使中央电视台进行新的探索。1988年，中央电视台成立评论组，将《观察与思考》和《社会瞭望》合并，改组成《观察思考》。《观察思考》具有栏目化特征，属于真正的电视评论栏目，这表现在节目拥有固定的主持人、包

---

① 袁沫.《观察与思考》与节目主持人［J］.电视研究，2000（4）：79-80.

装手段及播出时间。更为重要的是，《观察思考》的评论语态开始与报刊评论截然不同。下面我们看一则《社会之窗》的电视评论解说词。

电视评论：三个同龄人——10年前后[①]（节选）

10年前，城里两个8岁的男孩女孩和一个街头要饭的8岁农村男孩交朋友的故事，在他们和我们的心里都留下烙印。10年后的今天，记录者开始在网上发帖，走访学校打听，重新寻找这三个同龄的孩子。

城里的两个孩子虽然家境富足，但离异的家庭给他们蒙上了阴影。同时面临高考的浴浴、珠珠，他们能顺利地过关吗？那个要饭的农村孩子堂宙，已经长成一个能赚钱养活奶奶和父亲的小伙子，他的能耐究竟有多大？……十年时间，记录了这三个同龄孩子身上改变的和不曾改变的。

在电视评论的初始阶段，省级电视台的评论节目发展较快，不少地方电视台设置了评论节目主持人，有的还设置了专职评论员，并开始尝试运用诸如对话体评论和圆桌评论等多种评论手法。电视评论在全国的推广也促进了我国电视事业的全面发展。

三、电视评论的快速发展阶段（1993—2008年）

进入20世纪90年代，我国电视评论迎来一个快速发展的时期。1993年，中央电视台将新闻评论组扩充成新闻评论部。

1993年5月1日，中国第一档实行制片人负责制的节目《东方时空》开播，它改变了本土观众早间不收看电视节目的习惯，被誉为“开创了中国电视改革的先河”。《东方时空》原本定位为综合杂志类节目，却有着鲜明的新闻评论特征（如图11-1）。

图11-1 《东方时空》标识

① 导演计划入围项目之:《三个同龄人——10年前后》[EB/OL].(2008-05-22)[2022-08-01]. https://tv.sohu.com/20080522/n257006493.shtml.

1994 年 4 月 1 日，中央电视台整合《观察思考》和《东方时空》的资源，推出新的评论节目《焦点访谈》(如图 11-2)。该档节目的定位是：时事追踪报道，新闻背景分析，社会热点透视，大众话题评说。①

图 11-2 《焦点访谈》标识

在我国电视评论史上，《焦点访谈》堪称标志性节目，也是迄今为止最有影响力的电视新闻评论节目之一。

随着电视评论节目的发展，中央电视台越来越重视打造具有原创性的电视评论节目样式。1996 年 3 月 16 日，中央电视台在第一套节目播出谈话类节目《实话实说》，继而在当年 4 月 28 日正式定期开播《实话实说》。节目形式为群体现场交谈，通过主持人、嘉宾、观众的共同参与和直接对话，在生动活泼的气氛中，展开社会生活或人生体验的某一话题。经过叙述、讨论或辩论，达到各抒己见、增进参与者之间交流和理解的目的。

《实话实说》是一种新型的节目样式。类似的电视谈话节目在国外被称为“脱口秀”(Talk Show)，一般具有较高的收视率。中央电视台新闻评论部经过反复实验、多方咨询、不断改进，终于在 1996 年 3 月 16 日播出了首期节目。②

1996 年是中国电视评论发展史上具有纪念意义的年份。1993 年，《东方时空》的开播被认为是中央电视台新闻改革的第一步，次年创办的《焦点访谈》是第二步，1996年3月16日推出的《实话实说》是第三步，1996年5月17日开播的《新闻调查》(如图 11-3)是第四步。逐步深入的新闻节目改革，标志着中央电视台正向国际大台迈进。

---

① 资料来源：焦点访谈官方网站的栏目介绍，链接：https：//tv.cctv.com/lm/jdft/。

② 资料来源：《实话实说》节目简介，链接：http：//www.cntv.cn/program/talkshow/intro/index.shtml。

图 11-3 《新闻调查》标识

早在 1996 年年初，时任评论部主任孙玉胜找到《焦点访谈》一组制片人张步兵和《东方时空 · 音乐电视》制片人王坚平，邀请他们共同参与《新闻调查》的筹办。《新闻调查》的创意得益于对美国名牌电视节目的借鉴，创办者决心将酝酿中的这档节目“做中国的《60 分钟》”。

《60 分钟》是美国哥伦比亚广播公司的王牌节目，是美国历史最悠久、收视率最高的 10 个节目之一，曾经连续 22 年高居全美收视排行榜前 10 名。[①]

时长 45 分钟的《新闻调查》，是当时中央电视台唯一一档深度调查类的节目。节目“注重研究真问题，探索新表达，以记者调查采访的形式，探寻事实真相，追求理性、平衡和深入，为促进和推动社会和谐进步发挥着点点滴滴的作用”。[②]

当时，除了中央电视台不断壮大电视评论节目，省级电视台和地市级电视台也竞相创办评论节目。以河南电视媒体为例，1994 年 2 月 20 日，河南电视台的评论节目《中原焦点》开播；河南新乡电视台的评论节目《镜头聚焦》于 1995 年 7 月开播。这标志着我国电视评论节目开始在千家万户的电视屏幕上强势呈现，为一步步迈向主打节目的高地奠定了基础。

下面，我们通过《焦点访谈》节目的“焦点幕后”（如图 11-4）之《采访野人》，看看电视评论的诞生过程。

采访野人[③]（节选）

一部名叫《宇宙与人》的电影科教片，最近火得不得了。

我先是从报纸上看到有关这部影片的消息，而真正接触这部电影，还是从接手一期《焦点访谈》节目宣传这部影片开始的。

接手这期节目后，正好台里大审看间放映这部影片，而且是一下午连放三场，

---

① 资料来源：《新闻调查》节目介绍，链接：https：//baike.baidu.com/item/%E6%96%B0%E9%97%BB%E8%B0%83%E6%9F%A5/381478?fr=aladdin。

② 资料来源：《新闻调查》节目官网，https：//tv.cctv.com/lm/xwdc/index.shtml。

③ 林风安 . 采访野人［EB/OL］.（2010-04-01）［2022-07-09］. http：//news.cntv.cn/program/jiaodianfangtan/20100401/106174.shtml.

采访的主要对象，是该片的编导忻迎一。

当时的《焦点时刻》节目，记者在节目的头尾都要在现场出镜说两句，大忻的衣服和头发可能害了他，不那么像模像样，或者说有点邋遢，所以老没找着感觉。于是就去神农架拍“野人”了。拍了好长时间，大概有几个月吧，“野人”没拍到，他回到组里时，同事们发现他倒成了个“野人”。后来，他就离开我们这些“文明人”，回到北京科学教育电影制片厂这个“神农架”。一晃几年，没有谁再关注这个“野人”。可瞅冷子，这小子一鸣惊人。一部《宇宙与人》简直使他誉满全球。说是在国际上相当于“奥斯卡”奖的科教片评奖夺得银奖（据说，金奖片并未比本片高明多少），拿下国内的各项大奖当然更不在话下。采访时为了选背景，我去了一趟科影厂的荣誉室，那真叫养鸡专业户，“金鸡奖”奖杯在玻璃柜里有一大群，其中也有《宇宙与人》这只“金鸡”。

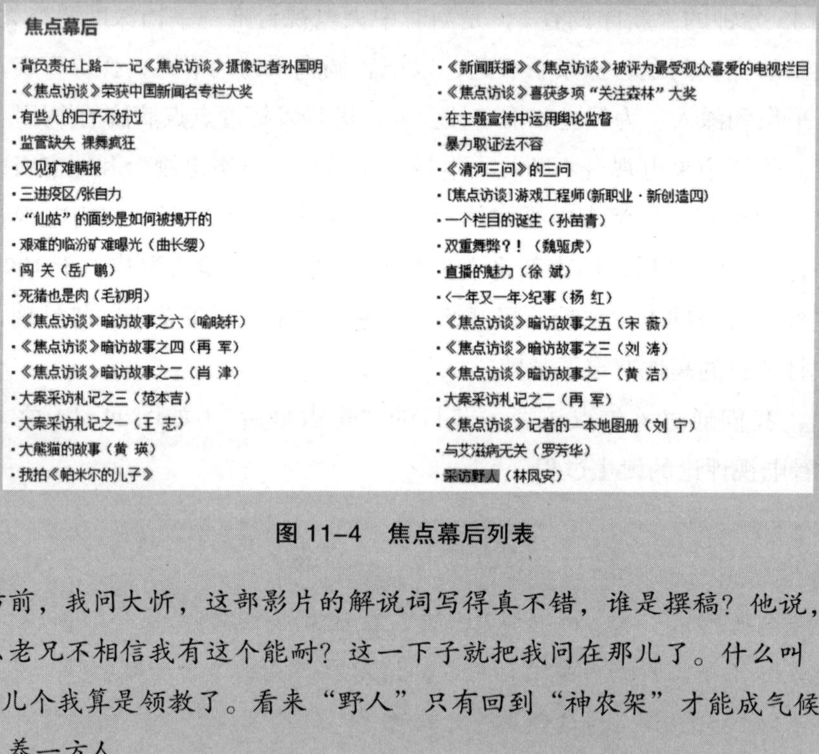
焦点幕后

- 背负责任上路——记《焦点访谈》摄像记者孙国明
- 《焦点访谈》荣获中国新闻名专栏大奖
- 有些人的日子不好过
- 监管缺失 裸舞疯狂
- 又见矿难瞒报
- 三进疫区/张自力
- “仙姑”的面纱是如何被揭开的
- 艰难的临汾矿难曝光（曲长缨）
- 闯 关（岳广鹏）
- 死猪也是肉（毛初明）
- 《焦点访谈》暗访故事之六（喻晓轩）
- 《焦点访谈》暗访故事之四（再 军）
- 《焦点访谈》暗访故事之二（肖 津）
- 大秦采访札记之三（范本吉）
- 大秦采访札记之一（王 志）
- 大熊猫的故事（黄 瑛）
- 我拍《帕米尔的儿子》
- 《新闻联播》《焦点访谈》被评为最受观众喜爱的电视栏目
- 《焦点访谈》喜获多项“关注森林”大奖
- 在主题宣传中运用舆论监督
- 暴力取证法不容
- 《清河三问》的三问
- [焦点访谈]游戏工程师(新职业 · 新创造四)
- 一个栏目的诞生（孙苗青）
- 双重舞弊？！（魏驱虎）
- 直播的魅力（徐 斌）
- 〈一年又一年〉纪事（杨 红）
- 《焦点访谈》暗访故事之五（宋 薇）
- 《焦点访谈》暗访故事之三（刘 涛）
- 《焦点访谈》暗访故事之一（黄 洁）
- 大秦采访札记之二（再 军）
- 《焦点访谈》记者的一本地图册（刘 宁）
- 与艾滋病无关（罗芳华）
- 采访野人（林凤安）

图 11-4　焦点幕后列表

采访前，我问大忻，这部影片的解说词写得真不错，谁是撰稿？他说，就是我啊！怎么老兄不相信我有这个能耐？这一下子就把我问在那儿了。什么叫“士别三日”，今儿个我算是领教了。看来“野人”只有回到“神农架”才能成气候。所谓，一方水土养一方人。

作者在这篇“焦点幕后”的采访札记中，记录了电视评论节目生产中的一点花絮。与文字评论不同，电视评论是合作的产品，需要走出演播厅，到现实生活中获取鲜活的素材。因此，每一期电视评论节目的背后，都会留下值得记忆的轶闻趣事。

在电视媒体快速发展、电视新闻评论节目得到长足发展的同时，互联网的发展也对电视媒体产生了影响。

内地的电视评论主要以中央电视台的评论节目不断推陈出新为代表；在香港地区，凤凰卫视在探索电视评论新的形态方面，也做出了较大的贡献。凤凰卫视的定位不同于内地的电视台，这家卫视在打造一流的新闻报道节目的同时，还确立了以“言论立台”的办台理念，并将“解读”热点事件作为“言论立台”的重要依托。

1998 年 3 月，曹景行开始策划“锵锵”脱口秀栏目，这就是当年 4 月面世的《锵锵三人行》。该栏目取名于“凤凰于飞，和鸣锵锵”。

《锵锵三人行》由窦文涛主持。这是一档针对热门新闻事件进行深度探讨、各抒己见却又不追求问题答案的评论节目，在“俗人闲话”中，将“多少天下事，尽付笑谈中”，达到融汇信息传播、制造乐趣与辨析事理三大元素于一身的目的。

1999 年 5 月 9 日，凤凰卫视开创了时事分析和时事评论类节目的新形态。当天，中国驻南斯拉夫大使馆遭到轰炸，当晚凤凰卫视推出一期特别节目《中国人今天说不》。由于时间仓促，节目组的资料有限，完成这档两个小时的节目存在不少困难。为解决节目时长不足的问题，节目中在直播节目中加入现场评论。由此，凤凰卫视创立了一种被称作“直播加现场即时的分析评论”的电视评论模式。这是《时事开讲》栏目的雏形。

筹划《时事开讲》的初衷有两个：一是当时大都市电视观众在 23 点后缺少时事类节目，二是随着《中国人今天说不》的受欢迎度日益提升，评论员曹景行的人气急剧攀升。1999 年 8 月 22 日，《时事开讲》正式开播。这档评论节目形态以直播的方式解读正在进行的全球热点事件，观众无法预期第二天的变化，评说当天的热点话题，让《时事开讲》具有天然的悬念感，也让观众对评论员的解读充满期待。在《时事开讲》中，新闻评论员曹景行和何亮亮以“深”求“独”，与主持人董嘉耀共同针对热门新闻话题做出第一时间的分析评论，甚至邀请相关专家及权威人士针对不同领域的问题展开深入讨论，以期发掘事件的真相及内幕，帮助观众更立体、更全面地了解和判断国际与两岸形势。

凤凰卫视的评论节目中，《有报天天读》是 2003 年 3 月推出的一档新型新闻时事栏目，该栏目顺应媒介融合的需要，破除不同介质媒体的类型壁垒，将电视和平面媒体（报纸杂志）的资源优势结合在一起，打造出一档个性化电视读报节目，在“读”与“解读”中表达主持人对热点事件的见解。电子媒体的读报节目可以追溯到 1950 年 4 月 10 日广播电台的《首都报纸摘要》节目（中央人民广播电台《新闻和报纸摘要》节目的雏形）。报纸摘要是只“念”不解读，《有报天天读》把平面媒体的新闻报道当作电视评论的由头，重点在于主持人的分析和解读。

《有报天天读》栏目由杨锦麟、何亮亮、邱震海轮流主持。

在《有报天天读》节目中，主持人用笔记本电脑，向观众展示当天世界主流大报报道的重大新闻。经常出现在《有报天天读》中的报纸，主要有美国的《纽约时报》《华盛顿邮报》《洛杉矶时报》；英国的《泰晤士报》《金融时报》《卫报》以及法国的《国际先锋论坛报》等。主持人在叙述新闻报道后，书写点题一个字，总结节目内容。这档节目的主持人的点评总是声情并茂、言简意赅但切中要害，偶尔略带讽刺，给观众以意犹未尽之感。

凤凰卫视的评论员在专业背景上更具优势，其国际化的视野决定了对新闻题材的取舍能够既不失开阔，又兼具匀称。下面节选一期《锵锵三人行》节目的内容：

王蒙：如何把“官话”说得更“实际”（节选）①

窦文涛:《锵锵三人行》，我现在知道“与君一席话，胜读十年书了”。

王蒙：岂敢，岂敢。

窦文涛：您这个九条命的王蒙老师，《王蒙自传》这个“满纸高田阔地言，一把如喜如悲泪”，太多可聊的了，昨天咱们还曾说文化部部长任上聊您有什么政绩？不是，您说这语言，我先打一岔啊，比如说您这说话咱们看着跟侃大山一样，但是我知道当部长是不是也得会说官话？

王蒙：我呀，我一直在追求什么呢？就是把这个官话，把中央的精神，能够尽量和实际的情况，和这个就是老百姓的语言结合起来，尽量用一种谈心的方式，一种讨论的方式。

窦文涛：和风细雨的。

王蒙：一种辨析的方式来把这个中央的精神讲得能够让更多的人接受。

许子东：我这个要好好学学，其实这是你想学的境界。你不说二老嘛，你知道人家怎么称赞他，或者说暗讽他，说他什么？说他跟领导说话呢，领导就觉得好像在跟领导说话，同一番话，群众听了呢，就好像觉得呢，在替群众说话，他说的是同一番话，是不是有人这样说你？

---

① 王蒙．如何把“官话”说得更“实际”［EB/OL］.（2008-07-09）［2022-11-07］. http://phtv.ifeng.com/program/qqsrx/200807/0709_1649_643311.shtml.

四、电视评论的突破期（2008 年至今）

在中国电视新闻史上，2008 年注定是个不同寻常的年份。此时，我国的电视新闻评论类节目在总量上已达到数百个。2008 年，我国经历了汶川大地震，也承办了北京奥运会，这两起世界瞩目的大事件，自然成为电视评论的对象，通过对汶川大地震和奥运会的解读，电视新闻评论节目在回应社会关切的过程中，也拉近了观众与事件发展、事件真相的距离，提升了电视新闻评论节目的社会影响力。

这个阶段，随着网络技术的成熟，不同媒体间呈现出融合的趋势。互联网的普及，在为电视评论的广泛传播提供便利的同时，也带来了电视评论行业间更为激烈的竞争，同时，电视评论还要与报纸评论和网络评论同时展开竞争。电视评论节目从读报到读网，从网络链接到短信互动，吸纳多方的声音，开始进入数字化多媒体视听传播的时期。其中，以 2008 年 3 月 24 日开播的《新闻 1+1》节目最具影响力。

《新闻 1+1》是中央电视台创办的一档深度时事新闻评论对话节目。该栏目突破了传统电视评论节目的框架，从时事政策、公共话题、突发事件等大型选题中选取当天最新、最热、最快的新闻话题展开评论分析。2011 年 8 月 1 日，《新闻 1+1》栏目在形态上寻求突破，改变主持人与评论员一对一的访谈模式，转为由主持人承担评论员职能，对新闻热点展开个性化的评论与报道。改版后的《新闻 1+1》强化“丰富的信息量”“明快的报道节奏”与“鲜明的主题性”，突出评论内容的多元化、深入性与媒体性特色；在关注题材上，栏目进一步强化热点新闻的跟进，依托各地应急报道点资源，第一时间采访新闻当事人，突出热点新闻的即时延展。[①] 改版后第一期播出的《红十字会：为了 100% 的信任》，受到观众的欢迎。[②]

《新闻 1+1》节目因常就关系国计民生的重大事件做出客观公正的评析，收视率一直位居前列。了解一档当代的电视评论节目，可以通过节目的脚本，以静态的方式认识流动的电视评论节目的过程。例如：

---

① 资料来源:《新闻 1+1》官网，链接：https：//tv.cctv.com/lm/xinwen1j1/;《新闻 1+1》百度百科，链接：https：//baike.baidu.com/item/%E6%96%B0%E9%97%BB1+1/7436751。

② 红十字会：为了 100% 的信任！［EB/OL］.（2011-08-01）［2022-03-27］. https：//tv.cctv.com/2011/08/01/VIDEiOXwKaIaJEJQjxkKPkzX110801.shtml.

英语：中国应该怎么考？[①]（节选）

解说：高考不考英语，英语不记入高考总分，江苏省的高考改革还在酝酿之中，但坊间的各种热议却已四起。

严龙文（南京中华中学教研处主任）：传达给社会一种信号，英语依然很重要，但是它不再作为绝对分数考核的指标。

解说：取消英语考试才能保护母语，取消英语能否撬动应试教育，英语考试是取消还是继续，从来都是一个惹人争议的话题。

陈丹青：学会外语对一个艺术家来说跟交流毫无关系，哑巴都能交流。

解说：从1983年英语正式列入高考科目，到今年整整30年，英语到底应该怎么教，又该怎么学，又该怎么考，争议仍在继续。

北京市民：英语只是一个语言工具，大家会说就行，听得明白就行，不需要把它像语文、数学那样。

解说：《新闻1+1》今日关注：英语考试究竟应该怎么考？

白岩松（评论员）：你好，观众朋友，欢迎收看正在直播的《新闻1+1》。

其实今天我们特别想的是，多谈一些问题，我们谈谈具体的这样的这种假设传言中的改革变成现实，它真的很好吗？

接下来马上连线熊丙奇，熊教授，您好。

熊丙奇（21世纪教育研究院副院长）：你好，岩松。

白岩松：您为什么会反对这样的一个传言中的改革方案，毕竟有54.44%赞成，认为减少了分数上的压力，这里存在的大家没有想到的事情是什么？

在这里再次声明，我们只是拿媒体报道当中的“传言”进行一种分析，其实也是为未来究竟会进行怎样的高考改革提供一种思路。

在电视评论快速发展的阶段，节目形态的改革和探索成为电视评论业界承担的历史使命。在我国电视事业发展的每个阶段，中央电视台总是走在前面，《新闻1+1》只是电视评论改革中的一个缩影。

20世纪90年代中后期的电视评论发展浪潮，是我国电视评论节目经历的第一轮改革。始于2009年的第二轮电视评论改革，以中央电视台的创新为标志，涌现出的既有《新闻1＋1》这样的专门的评论节目，也有《朝闻天下》《新闻直播间》等

---

① 英语：中国应该怎么考？［EB/OL］.（2013-10-10）［2022-05-01］. https：//tv.cctv.com/2013/10/10/VIDE1381419838888598.shtml.

“嵌入式”的评论节目。自此，我国电视新闻评论进入“多态并存”的时代。

2010 年前后，以微博和微信为代表的社交媒体先后问世；2016 年，由字节跳动孵化的音乐创意短视频社交软件抖音上线，这是我国首个面向全社会的短视频社区平台，用户可以拍摄作品公开传播。新兴媒体的迅速发展促进了视频评论的发展。

当前，除传统的电视新闻评论节目之外，互联网上还出现了不少个人的脱口秀节目，这些评论作品有的是独立的个人自媒体作品，有的则是机构作品。后者如凯迪社区的《老金曰》等。此外，一些纸媒也开始涉足电视新闻评论节目，比如《南方周末》《新京报》等不仅推出了自己的电视评论节目，还有意打造这些节目的品牌及专业的电视评论员。《新京报》的《我们》，时长通常为 2—5 分钟，通过讲述新近的热点事情，由评论员主持人进行简要的点评。

电视新闻评论从最初借鉴报纸、广播新闻评论的“拿来主义”，发展到今天的“自成体系”，在电视新闻评论节目发展的每个阶段，节目的质与量都有突破与发展。电视新闻评论正是凭借其独特的形式和深刻的思想内容，成为我国电视屏幕上极有魅力的节目样式。

第二节　电视评论的类型和特点

电视评论的类型多样。电视评论的呈现形态，从类型学的角度出发，依照电视评论节目的叙述结构，由叙述人（主持人或评论员）、文本（节目中的元素）、叙述对象（节目所评论的人和事）三者组成。按照这样的划分，电视评论节目的形态可分为点评式、主评式、述评式和互评式四种基本的节目形式。

一、电视评论的类型

电视评论节目的第一种形态是点评式评论。这是电视评论的初级表现形式，在新闻与评论没有分开的情况下，采用夹叙夹议的手法，达到传播事实和观点的目的。具体而言，在一段新闻的播前或播后，由播音员或主播插入对新闻事实的议论，通常以“播（编）后语”“播前语”等形式出现。点评式评论属于“旁观者评”，播音员或主播并非新闻事件的当事人，他们的评论相对客观。点评式评论并非独立的电视评论栏目，这种评论依附于电视新闻节目，在节目中所占的比重较小，点到为止，无法全面、深入地阐述看法，往往言简意赅。点评式评论在我国的电视新闻节目中比较常见，如《新闻联播》等各种时政新闻中的评论。

本台短评：燃尽芳华 为民担当①（节选）

罗从兵曾说，他最喜欢的颜色是红色，因为红色代表着火热理想、赤胆忠诚。他脚踏实地践行着为党和人民奉献一切的庄严承诺。在他深爱的这片土地上，用青春和生命诠释着为民担当的初心使命。他给我们留下了烛照梦想的光芒，更留下了昂然前行的力量。

点评式评论的价值在于抓住播出的新闻中有价值的事项，观点鲜明，提要钩玄，重点突出，结论清楚。

电视评论节目的第二种形态是主评式评论。这种评论包括“评”与“论”，主播或评论员围绕重大主题或公众普遍关心的现实进行评说。在主评式评论中，新闻事实成为由头，主播或评论员在节目中以论为主，重在引导观众对新闻报道的事实进行理性的思考。主评式评论重在“以理论说话”，节目的时间长度较点评式评论明显增加，必要时可以邀请嘉宾参与到节目当中。凤凰卫视的《时事直通车》也是这种形式。在这档节目中，包含了“头条新闻”“国际专列”“时事点评”“社会掠影”等内容。对于重大的热点事件，节目中安排评论员出镜发表看法。

主评式评论节目也有短板，这类节目的独立性不够，如果占用的时间过长，可能使观众失去耐心，影响收视率。

央视快评丨弘扬脱贫攻坚精神 全面推进乡村振兴②（节选）

“脱贫摘帽不是终点，而是新生活、新奋斗的起点。”在全国脱贫攻坚总结表彰大会上，习近平总书记告诫我们，没有任何理由骄傲自满、松劲歇脚，必须乘势而上、再接再厉、接续奋斗。总书记要求各级领导干部切实做好巩固拓展脱贫攻坚成果同乡村振兴有效衔接各项工作，让脱贫基础更加稳固、成效更可持续。

“胜非其难也，持之者其难也。”

落实好党中央决策部署是根本。

---

① 本台短评：燃尽芳华 为民担当［EB/OL］.（2022-07-08）［2022-12-11］. https://baijiahao.baidu.com/s?id=1737785683364746135&wfr=spider&for=pc.

② 央视快评. 弘扬脱贫攻坚精神 全面推进乡村振兴［EB/OL］.（2021-02-27）［2022-02-27］. https://news.cctv.com/2021/02/27/ARTIy8pFpqYDdymP5RsZYDw5210227.shtml.

民族要复兴，乡村必振兴。脱贫攻坚取得胜利后，要全面推进乡村振兴，这是“三农”工作重心的历史性转移。

伟大事业需要伟大精神，伟大精神成就伟大事业。

电视评论节目的第三种形态是述评式评论。早期的《焦点访谈》就是典型的述评式评论。这种类型的评论在节目中夹叙夹议，就一个事件展开论述。述评式评论将新闻事件进行必要的分割，按时空发展的逻辑叙述事件的演变，在必要的节点穿插记者或专家学者、政府部门管理人员的看法，其现场新闻和相关背景材料是“述”的内容，也是“评”的对象，还是“观点”的材料和基础。在这类评论形式中，“述”“评”有机衔接，达到“述”得清楚、“评”得鲜活的效果。述评式评论不同于电视新闻的深度报道节目，其重在“评”，“述”是为了评；电视的深度报道节目重在“叙”，是把新闻叙述清楚。而中央电视台的《新闻调查》介于述评式评论和深度报道之间。对于两种节目形态进行严格的区别，没有太大的必要。述评式评论以《焦点访谈》最具代表性。

“冷”资源变身“热”经济①（节选）

现在，全国很多地方都已经暖意融融，春意渐浓。但在黑龙江，还是摄氏零度以下的低温。但冷归冷，去冰天雪地里旅游，体验冰雪生活和文化，已经成为越来越多人的梦想。……黑龙江在经济转型发展中，如何把冰天雪地变成金山银山，怎么样把天寒地冻这种“冷”资源变成“热”经济呢？

……

采冰观雪和靠山吃山的观念一样，冰天雪地直接拿过来就能产生经济效益。而黑龙江的冰雪产业一开始只是一种简单的资源利用。在生态保护和旅游开发之间如何把握两者关系，过去并没有清晰的认识，旅游发展也是以粗放和短期为主。

冰天雪地是金山银山，并不是对稀缺资源简单地攫取和贩卖。

在《焦点访谈》这期节目中，记者围绕黑龙江的冰雪资源展开调查。通过多方访谈，节目阐述了特殊的自然资源如何产生应有的经济效益，并对困扰这种资源变现的问题进行分析，得出改变思路才有金山银山的结论。

电视评论节目的第四种形态是互评式评论。这种形式的评论充分调动电视媒体

---

① “冷”资源变身“热”经济［EB/OL］.（2021-02-28）［2022-07-08］. https：//tv.cctv.com/2021/02/28/VIDEuF7unUPd64Jp6Vl8cbqr210228.shtml.

的各种资源，对一个社会普遍关注的热点事件进行交互的多层面评说。在互评式评论中，主持人、现场观众和嘉宾共聚一堂，围绕一个话题、两种或多种的声音，进行对话式、互辩式评论，节目中，论点交锋是常见的现象，有时参与辩论的嘉宾之间甚至冲突激烈。在互联网时代，互评式评论的参与者多元，节目形式日渐丰富，有的节目在演播室之外也加上街头采访，还有电话采访或者网络讨论。互评式评论能够调动现场观众踊跃参与，不断引导讨论走向深入，引发观众的理性思考。

凤凰卫视的《一虎一席谈》就是比较典型的互评式评论。节目曾就少数民族考生高考该不该加分进行辩论，设计了应该加分和不应该加分两种对立的观点，都各有其鲜明的理由，观点交锋涉及招生公平、道德评价、鼓励正义、权利保护以及公平与正义等问题。在节目预告中，节目组公布了本期节目的正反两方观点。

民族造假考生该不该取消录取资格？[①]（节选）

《一虎一席谈》PK：民族造假考生该不该取消录取资格？

嘉宾：周泽 陈步雷 刘海明 林格 王渊源

正方观点：学生应该承担责任，往年造假考生也应清查，要遵守公序良俗。

民族加分政策应该保留，如何加是程序的问题。

反方观点：这侵害了受教育权。作为受教育权的主体，凭其真实的文科状元成绩，由大学予以录取，享受受教育权，并不损害任何人的利益，从而也不可能损害什么公共利益。父母有罪，孩子无罪，考分无错。

应取消民族加分政策，可以通过别的手段来实现。并不是所有少数民族都环境差，公民应享受平等的权利。

在节目播出前，主持人跟每位嘉宾单独交流，掌握嘉宾对于即将讨论的话题的观点，并告知在辩论中要直抒己见，坦诚表达自己的观点。

互评式评论这种形式的节目现场气氛较好，主持人抛出话题，穿针引线，调动辩论双方嘉宾的发言积极性，如果辩、评精彩纷呈，便具有极佳的可视性。这类节目为现场直播，对象不易把握，也由于参与者水平参差不齐，非常考验主持人驾驭现场的能力。

---

① 民族造假考生该不该取消录取资格？［EB/OL］.（2009-07-16）［2022-02-08］. http://phtv.ifeng.com/program/yhyxt/200907/0716_1863_1252953.shtml.

二、电视评论的特点

电视评论在不断的发展与完善中，也逐渐形成了一些特点。

电视评论节目的第一个特点，是电视评论论据的形象性。传统的评论基本上是评论写作者独立思考的一项活动。广播电视媒体的诞生，尤其是电视媒体的出现，思想观点的表达不再局限于个体的独立思考，而是以集体的方式策划和制作合作性质的评论。点评式评论是传统报刊评论在电视新闻节目中的延伸，随着电视评论节目的逐渐完善，电视评论的从业者不再满足于将文字评论搬到电视屏幕上，而是尝试借用电视媒体的形象化优势来传播思想观点。电视评论可以把抽象的新闻事实直观地呈现给观众，可以由评论员围绕事件发表看法，还可以借用镜头语言把支撑观点的电视评论节目所提供的论据——事件的现场、记者现场的报道、当事人的直接采访，都展示给观众。电视评论节目的这种具体、形象和富于变化的特点，增加了评论的感染力和说服力。

“改头换面”的色情交易[①]（节选）

深圳警方接到线索，有团伙利用微信，组织模特、女演员等所谓的高端群体进行卖淫，甚至人在深圳还可以叫其他省市的飞到深圳来卖淫，警方立即把它作为2015年的一个重点线索进行侦查。

这批被警方抓获的卖淫女子，不仅有所谓影视明星，还有知名模特。

经鉴定，所有这些打着模特明星名字的身份证，都是假的，在这些以特定人群为造假目标的背后到底隐藏着什么呢?

原来，这些卖淫者的共同特点是在网上包装炒作，有些冒充有一定知名度的大明星，更多卖淫女子在网上冒充选美明星和二、三线的影视明星。只要卖淫者肯出价，就有涉黄的工作室打着经纪公司的招牌，为之拍摄制作各种照片视频，再编造一些天花乱坠的明星经历推广到网站上，起一个艺名，凭空炒作出来一个所谓的明星。

在节目中，从网络搜索的相关信息、冒充者的假证件，到警方查获的当事人，大量鲜活的素材展现在观众面前，节目用大量形象、生动的画面，揭示了色情交易如何通过移花接木，诱惑人们上当受骗。

---

① “改头换面”的色情交易［EB/OL］.（2016-01-06）［2022-09-17］. http：//news.cctv.com/2016/01/06/VIDEhofVPRv10Z0UWIItpalq160106.shtml.

电视评论节目的第二个特点，是评论员在评论节目中居于主导地位。电视新闻节目是一种汇编作品，一期节目将若干条不同记者采集的不同内容的新闻按照新闻价值大小的顺序排列，播音员或主播是新闻节目的掌门人。独立的评论节目所依据的新闻事实单一，此类节目贵在从事实中产生观点，把价值判断的主动权赋予节目中的评论员，这个角色既是节目的主持人——承担着叙述新闻事件的职责，提供解读新闻事件所必需的资讯；又是现场的记者——承担临场采访专家、观众的职责。他们的主要职责是就新闻事件发表看法——承担着评论的职责。评论员在节目中居于核心的主导地位，扮演着公共知识分子的角色，通过分析与思考，对观众的世界观、价值观产生潜移默化的影响。在传统的电视评论节目中，评论节目的主持人就是评论员，评论节目的开始语和结束语都是画龙点睛的评论。在电视评论实践中，节目所提供的观点实际上是由节目编导完成的，主持人是形式上的评论员，未必是真正意义上的评论员。

旅游：请与文明同行①（节选）

【开始语】在期盼万象更新的新年伊始还要说说旅游文明，现在每到年节前后这似乎都是回避不了的话题。之所以要反复地去说，就是因为这事容易出现反复。

【结束语】道理就不重复了，相信大家都懂得，就是那些有不文明行为的人，其实心里也应该明白什么该做、什么不该做。明是非却失分寸，这种矛盾的表现值得我们每一个人反思。这说明，人要管住自己并不容易，所以才需要三思而行、三省吾身，这就是修、这就是养。希望大家都能不断地提高修养，成为知行合一、表里如一的文明人。

电视评论节目的第三个特点，是参与评论生产的嘉宾身份具有权威性。在文字评论中，评论写作者可以引经据典，将古今中外思想家的思想观点合理地用在文本中。在电视评论节目中，评论员也可以采取这种方法，但电视节目的形象性要求避免进行过于抽象的思想阐述，用适合观众感受的元素表达观点。同样是抽象的观点，评论员的转述与现场嘉宾以第一人称进行直接陈述，效果显然不同。电视评论节目电话连线或者邀请最适合发表看法的人参与到节目中，是当代电视评论节目的基本模式。嘉宾的选择必须慎重，这个角色需要站位高、具备国际视野、熟悉国内政策、发表的看法具有一定的权威性，且能为观众解释纷繁复杂的社会现象。评论

---

① 旅游：请与文明同行［EB/OL］.（2016-01-04）［2022-07-06］. https：//news.cctv.com/2016/01/04/VIDE1451909700542967.shtml.

节目的嘉宾相对稳定，以保持栏目的风格和评论员的个性，这同时也是对观众收视习惯的尊重。

第三节 电视评论的语言

电视是一门艺术，语言的艺术对电视节目的质量非常重要。电视评论的思想表达，也需要语言的艺术表达。与其他传统媒体相比，电视节目的优势在于原始的声音和鲜活的画面产生的现场感，电视评论同样有这方面的优势。

一、电视评论的语言特点

第一，电视评论的语言要准确地表达思想观点。文字评论的写作者有充裕的思考时间，有相对安静的思考空间，语言文字应用可以反复挑选和锤炼，有利于语言表达观点的精当确切。而电视评论节目的现场性对评论员、嘉宾的思维和语言的即兴表达要求高，需要参与者事先做好准备。

“嫦娥”归来 “带货”圆满①（节选）

这个银色的罐子里装着我国嫦娥五号从月球上取回来的宝贵的月球样品。……为了取回这 1731 克月球样品，嫦娥五号在 23 个昼夜完成了 1 次对接、6 次分离，两种方式采样、5 次样品转移，经历了 11 个重大阶段和关键步骤。这场接力跑环环相连、丝丝入扣、惊心动魄，每一棒都充满风险和挑战。

《焦点访谈》记者在地面控制中心记录下了关键时刻的关键瞬间。

这是嫦娥五号这 23 天旅程最惊心动魄的时刻之一，此时，距离嫦娥五号回到地球还有 11 天，探测器还在距离地球 38 万公里的月球轨道上。

此前，通过地面导引，取样完毕的上升器和一直绕月飞行等待的轨道器、返回器组合体两两配对成功。轨返组合体接下来要抱住上升器，把封装完毕的采样罐取下来后，装进自己的肚子里。

作为此次探月任务中最大的一个航天器，交会对接时，如果轨道器没能抓住上升器，宝贵的月壤可能会永远留在太空。

---

① “嫦娥”归来 “带货”圆满［EB/OL］.（2020-12-19）［2022-12-15］. 21：28https：//news.cctv.com/2020/12/19/ARTIe6s6FLSB3E0TWwAAw1zg201219.shtml.

涉及航天科技的评论对叙述性语言有更高的要求。在这期节目中，月球土壤的重量单位是“克”，距离地球的长度单位是“公里”，这些数据必须精确，数字不精当将造成节目的局部失实，降低电视评论节目的可信度。

第二，电视评论在追求思想深刻的同时，也应照顾到观众的收听需要，评论语言要通俗易懂。在电视评论节目中，评论员和邀请的嘉宾应注意将思想观念用大众化的语言表达出来，确保评论节目语言的生动活泼，给人以鲜明、深刻的印象。例如河南卫视的《V 观点 · 平心而论》节目，主持人在与嘉宾的对话中，所用的语言相当接地气。再如在2014年10月27日该节目播出的《老人痴迷保健品的背后》①中，开篇语言就非常大众化。

老人痴迷保健品的背后（节选）

主持人：说今天这个话题的时候，我就想先问问三位：家里的老人啊，喜不喜欢买保健品啊？然后你们有没有了解过他们大概花多少钱一年在这个买保健品方面？

嘉宾：我那个岳父啊，这个东西只要在报纸上都剪下来。我就跟他说，我说你报纸也得分那个大报小报啊，可能还多少靠点谱，也不敢全保真。那小报的（刊登的广告），就千万别买。所谓这个“健康报”，那个“什么医生报”，就那种也没有刊号的。

类似这样的电视评论节目，由于是对话性质的节目，主持人和嘉宾都必须用大众化的语言进行交谈，观众才能从这样的“拉家常”中受到思想的启发。

第三，电视评论的语言要善于将抽象的思想用幽默诙谐的语言表达出来。在这类评论节目中，节目主持人的智慧和对新闻事件的独到见解，需要通过幽默风趣的语言表达出来，而这类节目幽默的言辞总能逗得观众捧腹大笑。一个真正具有幽默感的评论节目主持人，不论是在节目中还是在日常的交流中，总能给人带来与众不同的语言表达。

一个真正的电视评论主持人，会让幽默成为一种职业习惯，这样的习惯也会贯穿其日常生活中。在电视评论界，白岩松的语言就颇为幽默。

“2014 年 CCTV 体坛风云人物年度评选”颁奖典礼于 2015 年 2 月 1 日在北京万事达中心隆重举行，“最佳组合奖”的颁奖嘉宾是白岩松和羽毛球名将林丹。他

---

① 老人痴迷保健品的背后［EB/OL］.（2014-10-27）［2022-12-15］. http：//www.le.com/ptv/vplay/21038454.html.

们出场后，白岩松先是故意和林丹商量："我发现许多组合都有个名字，我们二人的组合也可以起个名字，就叫'松林组合'怎么样？""你的名字我的姓，很不错啊！"林丹附和道。闻此，白岩松又坏笑道："不过，一个组合中二人的颜值（容貌英俊指数）相差太大可不行。"

说到这儿，他还特地看了看林丹，而就在所有人都以为他将自嘲时，他却冒出一句："希望林丹不要自卑！"逗得全场哄堂大笑，之后他又问："你和妻子谢杏芳都是出色的单打运动员，要是组成双打组合会怎样？""李永波指导肯定不会要我们的，因为我的双打和混双都打得很烂。"听林丹这么说，白岩松接话道："怪不得你的名字叫林丹（单），那希望你俩的孩子能叫林双。"①

颁奖典礼需要欢声笑语。这期节目中，白岩松围绕"组合"展开对话，他从组合起名发问，再以颜值进行调侃，继而变换发问方式，以林丹的双打和混双引出为孩子取名的笑果，得出令人出乎意料的结论，充分展示他的机智和幽默。

第四，电视评论的评论员要能够融会贯通，把不同学科领域的语言融合在一起。现在社会分工日趋精细，不同专业领域的知识壁垒明显，电视评论要针对新闻事件发表看法，就会不可避免地涉及多个专业领域。每个专业领域的词汇和表达各有特点，这就需要评论员在节目中融会贯通不同学科领域的语言，让观众能够听得明白。一档成功的评论节目，要做到电视评论语言的融会贯通，应注意以下两个方面的问题。

首先，适当设置评论员角色。评论员在访谈节目中是一种区别于主持人的存在，其主要任务是对主持人引开的话题展开自己的阐述与见解，进而升华整个节目。

其次，可以插播真人调查的录像与视频。这种录像与视频具有一定的科学指导性，能更好地论证评论员的观点。

健康文明过新年②（节选）

今年这个牛年春节出于疫情防控的需要，不少人响应就地过年的号召，成了"原年人"。据统计，今年选择留守在 36 个主要城市里的居民比往年增加了将近 4800 万人。怎么把这样一个特殊的春节过得文明健康又有年味儿、欢乐祥和又有意义呢？我们今天就来看一看，文明健康过年大家过得怎么样？

---

① 2014CCTV 体坛风云人物年度评选颁奖典礼［EB/OL］.（2015-02-01）［2022-12-15］. http：//sports.cntv.cn/2015/02/01/VIDE1422802438984191.shtml.

② 健康文明过新年［EB/OL］.（2021-2-27）［2022-12-15］. http：//tv.cctv.com/2021/02/27/VIDEiDkSlE YwR1ivwlzNNm1i210227.shtml.

浓浓的年味，离不开一顿顿团圆饭。如何过上一个文明健康、欢乐祥和的春节，首先就体现在疫情防控、文明用餐上。

大年初一，记者来到了北京市西城区一家老字号餐馆，还不到十一点就有人陆续进入餐厅。记者看到大堂并没有坐满，有些顾客虽然点餐，但并不堂食，而是打包带走。还有一些顾客，则是拿上包装好的礼盒直接离开。

据了解，针对疫情特殊情况，餐馆早早地就推出了半成品的年饭订购，这种形式的外卖颇受顾客欢迎。

健康、文明、节约和环保都是抽象的概念，电视评论节目在谈及这些词语的同时，通过镜头提供的画面，呈现直观的餐馆内景，用事实印证观点，将抽象的概念变成形象的事实，增加评论的说服力。

如今谈论类评论节目越来越多，这类节目主要由主持人与评论员在相互讨论中完成，不仅考验二者的知识面、思维深度、对时事的把握程度，而且考验其语言艺术。主持人、评论员借助自身语言来组织、引导节目的起承转合，进而解决节目中出现的思辩争锋、意外挑战及圆场应对，以把控场面与气氛。

二、电视评论的语言魅力

电视评论节目中每个人的发音特点、词语偏好和修辞能力的不同，造就了评论节目不同于报刊评论语言的鲜明个性特点。多人共同参与评论节目，注重发挥每个人的语言特点，也正是评论节目语言艺术的魅力所在。

首先，电视评论节目的多元参与为语言的丰富多彩奠定了基础。现场采访、电话连线和评论员的语言风格，不同参与者的语言表达习惯犹如音乐的音符，共同演奏出和谐的乐章。

连线前方：南亚发生强烈地震①（节选）

演播室主持人水均益：观众朋友，您好。欢迎收看《焦点访谈》。

据我国地震台网测定，这次地震达到里氏 7.8 级，巴基斯坦政府说这次地震是国家性的灾难，造成了重大伤亡。从昨天开始，南亚大地震成为世界关注的焦点。

① 南亚发生强烈地震［EB/OL］.（2010-04-01）［2022-12-15］. http：//news.cntv.cn/program/jiaodianfangtan/20100401/103318.shtml.

地震灾民：当时我刚接了个电话，之后不到一分钟就地震了。我跑到我店里一看，店里成了一片火海，我遭受了很大损失。

地震灾民：地震了，我非常害怕。

记者：地震发生时你们正在上课吗？

地震灾民：是的。

地震灾民：我们当时在上课，一地震就都跑到这里来了。

由于时间紧迫，节目组无法提前采访所有人，采取部分连线采访的方式，既保证了评论节目的时效性，也增强了节目的参与度。巴基斯坦总统、内政部长和中国驻该国大使均接受了采访，使节目更具权威性。

其次，电视评论节目参与者的个性化表达满足了受众的多元化收听需求。多样化的语言表达，可以在交流中碰撞出更多的思想火花，而这也正是观众所期待的。主持人、评论员的个性化表达可以调动受众的情绪。当代的电视评论重视引入特约评论员，每个特约评论员都有自己的个性化表达观点的习惯，增加了评论节目的可视性。

开播35年来，直播中首度连线评论员
你看，你看，《新闻联播》的脸在改变①**（节选）**

头条新闻聚焦乡村女教师、重头新闻瞄准民生……你看你看，央视《新闻联播》的“脸”偷偷地在改变。近来，央视的各种节目正在“变脸”，《焦点访谈》引入了评论员，《新闻联播》也一改以往“高贵冷艳”形象，引入评论员，让观众耳目一新。

形式改版　直播连线评论员

前晚，《新闻联播》又做出了新突破——首次在节目中增加了直播连线评论员的环节。其实早在去年，央视就已经对外透露称，《新闻联播》将改版或新增现场连线和评论员制度。而前晚评论员杨禹的正式亮相，更是该节目开播35年来第一次引入评论员。

---

① 林艳雯．开播35年来，直播中首度连线评论员　你看，你看，《新闻联播》的脸在改变［N］．青年报，2013-01-25（B12）．

在杨禹与郎永淳的连线中，他就近期社会集中关注的“舌尖上的浪费”问题进行了直播评论。对此，网友们纷纷表示此举既是“意料之外”又是“情理之中”，因为他们已经发现，《新闻联播》在逐渐改变这一不争的事实。

不仅引入了评论员，观众感觉播音的语速也加快了。据央视内部工作人员透露，《新闻主播》的播报语速的确在悄然发生变化。刚开始的时候《新闻联播》播音速度要求是每分钟 160 到 180 字，上世纪 80 年代变成每分钟 220 到 240 字，上世纪 90 年代后，速度更快了，变成了每分钟 280 到 300 字。而现在，随着信息量不断增大，播音速度将达到每分钟 320 字左右。

最后，个性化的电视评论节目主持人、评论员和嘉宾，也通过调动各自的语言所长，增加节目的亲和力和感染力。在全景式的电视评论节目制作环境下，参与评论节目的人员通过个性化的表达，使节目有了人情味，受众也感受到了主持人的魅力。

白岩松谈有人遇事不按规矩而是找人解决[①]（节选）

1 月 13 号，大连一位基层官员面对志愿者要求登记全部信息的要求时，拒绝登记身份证号，志愿者拒绝他之后，他给社区负责人打电话，让志愿者放行。接电话的领导还真打了这个求情电话，但这个环节被曝光，打电话的官员和接电话替他求情的官员分别被当地纪委处以党内严重警告处分和党内警告处分。其实这件事恰恰暴露出在很多地方、很多人心中，遇到事儿不是按照规定去解决，而是找人来解决的一种习惯性思维，这种下意识的习惯不改，这样的事今后还会有。或许改变这种习惯，就应该全社会形成共识：找人就是给自己也是给别人找事儿，是给自己也是给别人添堵，还是按规矩来才能一切顺畅。

新媒体背景下，电视评论节目主持人的优势更多体现在个性化的语言和视角，个性化的语言可以营造节目现场的氛围，更好地把控观众的情绪。

思考题

1. 在电视评论发展的四个阶段中，你认为哪个阶段最具有认知价值，并给出理由。

2. 请结合一期你熟悉的央视《新闻 1+1》节目，谈谈这档电视评论节目的特点。

---

① 白岩松谈“大连‘卢书记’”事件：“找人”就是给别人和自己找事［EB/OL］.（2021-01-17）［2022-12-15］. https：//v.cctv.com/2021/01/17/VIDEnFVBHQ5yy8Tp63dJcwrl210117.shtml.

3. 电视评论有哪些类型，每种类型的节目有何特点？

4. 请结合一档电视评论节目，谈谈电视评论员在节目中的作用。

5. 电视评论节目的语言有哪些特点，试结合一期节目进行分析。

6. 对于电视节目的创新发展，你有什么建议？

Chapter 12

第十二章　跟帖评论

第一节 跟帖评论的发展历程

对于语言和文学是如何产生的，迄今为止没有权威的答案。鲁迅先生推测，早期的人类在进行集体劳动时，“假如那时大家抬木头，都觉得吃力了，却想不到发表观点，其中有一个叫道‘杭育杭育’。第一个说‘杭育杭育’的就是创作；大家也要佩服，跟着‘杭育杭育’的，就等于出版；倘若用什么记号留存了下来，这就是文学；他当然就是作家，也是文学家，是‘杭育杭育派’”。[①] 创作需要氛围，第一个人把作品创作出来后，经常会有人在这个作品的基础上评头论足。这种现象，在新闻门户网站转载的热点新闻后面也会出现，网络用户（俗称“网友”）习惯于七嘴八舌地发表看法，这些按照发帖先后呈现的碎片化的意见性信息，通常被称作“跟帖评论”。

在网络新闻媒体或门户网站转载传统媒体新闻报道的后面，网络用户竞相发表跟帖评论是当代新闻评论的一个新方式。

一、跟帖评论的出现与演变

所谓跟帖，就是网友在网络媒体转载的新闻后面，即兴表达自己对新闻事件的看法。在网络新闻跟帖中，第一条发表的跟帖，通常被称作“顶楼”。处于顶楼的跟帖具有开创性意义，无法参考其他用户的看法，只能对新闻事件本身表达个人的感受。从第二条跟帖（俗称“二楼”）开始，形式变得灵活，既可以是对新闻事件的看法，也可以是对前面帖子的再点评。因此，包括第二条跟帖在内的帖子，都被称为“回帖”。

新闻网站为增加流量，增强用户的黏性，通常会开通新闻的跟帖功能。新闻跟帖功能有两种常见的形式：一是在新闻正文下面直接留下可供用户发表意见的对话框，二是在新闻标题下增加“跟帖”“评论”或者其他图标的按钮。这些预留的跟帖对话框或者跟帖评论的网页，方便用户即时发表阅读新闻之后的感受、观点和意见。如新浪网、腾讯网的“我要评论”、网易的“发帖区”、搜狐网的“我来说两句”、人民网的“我要留言”等。这种跟帖留言式评论，不能等同于传统的“新闻评论”，它有着自身的独特性。为便于直观地认识跟帖评论这种形式，我们可以通

---

① 俞兆平．论鲁迅对马克思主义的接纳［J］．福建论坛（人文社会科学版），2022（2）：34-43.

过网易新闻转载上观新闻的一则报道，看看网易网友在这则报道后的留言情况。

话题：特斯拉官方回应称“潮州2死3伤事故”司机没踩刹车
司机儿子：不作评论，等交警调查结果[①]（节选）

一根电线杆 ［浙江温州］

感觉太高科技也不好，最后会不会像美国电影大片里一样，高科技的车让电脑控制着，变成移动炸弹？

我还是开我的五菱宏光，唯一的高科技，就是那半导体收音机！

杨L ［广东省东莞市］

看了视频，开始在路边停了。后面加速了，没有不踩油门可以加速的车，这车速度，就是油门踩到底的效果！

亚索寓言 ［江西省赣州市］

而且刹车灯一直没有亮，搞不懂什么情况。

地上鞋两双 ［浙江杭州］

你没看到完整视频，中间刹车灯亮了一下，但是没有任何减速，所以我猜车主就没踩刹车。特斯拉官方回应说车主也按了4次p档。家属的说法是，撞到三轮车后气囊弹出但是车依然在加速！

网络跟帖作为一种在线的交流形式，它与网络用户通过即时通信媒体的点对话或群组交流不同，是用户在阅读一则新闻事实后的即兴发言，表达的是用户对新闻事实的看法。跟帖中所蕴含的观点，是用户对新闻事实的直觉判断，也是用户没有通过理性的思考和推理，仅凭感官与新闻事实的结合产生的印象。在网络跟帖中，用户的判断一经在线发表，即进入公共场域为其他用户所知晓。充满智慧或者见解荒诞的跟帖，都可能引起其他用户的兴趣，这样，跟帖者之间的在线对话随之形成。

新闻跟帖是网络时代新闻在网络平台传播形成的个体性意见，这种意见是碎片化的，但也是形成网络舆论的重要素材。网络跟帖也是衡量一则新闻事实价值的指标，人们可以通过跟帖的数量和质量检验新闻传播的效果和网络平台的影响力。在社交媒体时代，网络新闻跟帖在社交媒体平台上的作用更为明显，用户对跟帖评论

① 张万军，刘偲睿，李贤诚.特斯拉官方回应称“潮州2死3伤事故”司机没踩刹车，司机儿子：不作评论，等交警调查结果［EB/OL］.（2022-11-13）［2022-12-15］. https://www.163.com/news/article/HM2EAKPI0001899N.html.

的关注度持续提高。

二、跟帖评论与“网易跟贴”

跟帖评论是网络论坛功能的一种应用方式。网络论坛是在网络技术支持下提供的网上交流空间。早期的 BBS 提供的是电子公告板的功能。网络媒体出现后，新闻频道也开始重视论坛功能的应用，网络跟帖评论就是新闻类网站论坛功能的主要形式。

跟帖评论功能的开发与维护成为各大门户网站和网络新闻媒体的竞争对象之一。跟帖评论是网络用户智慧和社会生态的集中反映。经过多年的竞争，网易新闻的跟帖评论成为国内同类网络新闻论坛的代表。在媒体评选出的“10 年 100 个让生活更美好的东西”中，“网易跟贴”就在其中：“网民智商有多高，得看网易盖楼团。”[①] 从某种意义上讲，网易的新闻跟帖评论的发展历程，基本上代表了我国网络新闻跟帖的发展历程。

汉语词汇中，“跟帖”是一个固定的词语。网易公司为打造网易新闻跟帖评论这个品牌，创造出“网易跟贴”这个词组。根据文献资料介绍，“跟贴”是目前网易评论（官方）的专有名词，即为了区别于现有汉语词汇“跟帖”。“跟帖”泛指网上评论的动作或名称，而“网易跟贴”的“跟”和“贴”都表动作行为，更生动更形象，同时“贴”又表即时贴之名词形态，更体现“网易跟贴”生动多样的特色。

网络新闻跟帖的发展历程，有四个重要的时间节点。

- 2003 年 12 月 3 日，“网易跟贴”问世；
- 2005 年 2 月 24 日，网易第一座楼层盖起；
- 2007 年 1 月 20 日，“网易跟贴”开始加入 IP 地址识别；
- 2008 年 12 月 30 日，“无跟贴，不新闻”专题上线，重新定义了网友的价值。

在众多的新闻网站中，网易新闻跟帖评论脱颖而出，在于它提供了一种独特的交流意见或观点的互动模式，这就是被网友称道的“无跟贴，不新闻”的互动交流模式。

被网络用户所熟知的“无跟贴，不新闻”，是用户生产内容的产物。网络新闻和传统的新闻报道不同，互联网为用户提供了互动交流的可能。对于新闻报道，传统媒体的受众以单向度的接收模式为主，他们有个人的意见或者看法，但很难在公共媒体平台上发表。网络媒体的交互性给用户即时发表意见的机会，为网络媒体根据用户需求打造“有态度的新闻”提供了可能。所有的网络新闻跟帖评论毫无例外

---

① 蒋志高．10 年 100 个让我们生活更美好的东西［EB/OL］．（2010-01-15）［2022-12-15］．http：//www.infzm.com/contents/40321.

地采用 UGC 模式（即“用户生产内容模式”），充分调动网络用户的积极性去参与新闻讨论。在这种模式下，参与交流讨论的网络用户不仅是受众，也是意见性信息的生产者和发表者。

网易新闻的论坛版块由频道编辑设置话题，鼓励网络用户更好地参与话题讨论。网易新闻频道定期整理用户的精彩跟帖，增加了网友参与讨论的荣誉感。虽然“网易跟贴”评论的语言因用户的习惯不同而在表达方式上也非常不同，传达的信息也有差异，但是，当网络用户的互动性越过“语言的表达”指向“流露的表达”，就会得到众所周知的信息，这种互动性更是增加了意见共同体的存在感。

经过多年的发展，“网易跟贴”具有了品牌价值。在新闻同质化内容泛滥饱受诟病的时代，原创性内容早已成为门户网站在传媒市场参与竞争的根本，通过不断提供新的创意来打造品牌，堪称媒体竞争的至上法宝。在这方面，网易新闻的创意值得关注。2010 年 10 月，网易新闻正式提出“有态度”的品牌观念，这个“态度”不是网易公司和网易新闻编辑的态度，而是其通过跟帖评论得到网络用户的认可，树立了良好的社会形象，赢得了网络用户的支持和信任。

网络新闻跟帖评论的蓬勃发展与公众的喜欢密不可分。这种短小精悍的评论样式既满足了当代社会公众快速沟通的需求，也为公众增添了思考乐趣。门户网站和网络新闻媒体提供的跟帖评论功能，满足了网络用户公开、便捷地表达自己看法的需求，对用户媒体素养和舆论的养成，提供了一个广阔的空间。与此同时，跟帖评论的少量内容也存在粗俗化表达的不良现象，媒体对这种糟粕信息应注意识别，并及时予以批评与管理。

第二节　跟帖评论的特征

跟帖评论作为一种新型的评论样式，与传统意义上的报纸评论、广播评论、电视评论和网络评论有着显著的区别。与传统的新闻评论相比，跟帖评论独特的特征如下。

一、即兴式评论

网络跟帖评论的第一个特征是即兴式评论。“即兴”体现在两个方面：一是即时发帖或回帖。新闻和评论关系紧密，网络用户在浏览新闻报道后，难免遇到不吐不快的时候，在这种情况下，有的用户即刻在跟帖功能区发表看法，这种形式的评论，可以称作“即兴式”评论。在跟帖评论区，经常会看到“抢沙发”的说法。所谓“沙发”，就是抢到第一个跟帖的位置。在网络跟帖评论实践中，不少用户希望将自己对新闻事件的观点发布在“沙发”这个位置，受这种心理期待的影响，观点的竞争不再是单纯的思想深刻性的竞争，也包括了思考速度和发帖速度的竞争。在抢占“沙发”的过程中，参与发帖竞争的用户所发表的看法，更多是来自个人的直觉判断。“抢沙发”的优点在于，“沙发”帖的观点因为是第一个出现的，给抢占成功者提供了更多的创意空间，他们在思考的过程中不再有“原创”或者超越“沙发帖”的压力。这类追求时速的跟帖评论，在逻辑的严谨性和语言的优美性上可能不尽如人意，但在观点的敏锐性方面往往有令人称道之处。可见，“即兴”对网友的学识、见识和才华提出了更高的要求，因而这类看似“即兴”的跟帖评论，却是准确、简洁、趣味的表达。

即兴也是技术的产物，在跟帖评论审核机制未完善以前，门户网站普遍对用户的跟帖不设事先审核的门槛，只要在智能审核环节中机器没有发出敏感词提醒，这类跟帖就可以自动发布。在跟帖管理尚不完善的时期，有的用户为了“抢沙发”，可能采取不当竞争的手法，用系统自带的表情符号作为独立的跟帖。跟帖评论区的“表情包大战”，成为网络跟帖评论的一道风景，增添了评论的多样性和生动性。跟帖评论的时效性带来了跟帖的单音节词现象，在即兴式评论中，有的用户常用“好”“赞”“差”之类的“一个字评”来浓缩自己对一则新闻报道的感受。在一则新闻的跟帖评论区，这类跟帖评论的数量多了，表明这则报道的网络舆论反响强烈。

话题：租户退房用瓶子装尿堆满一地，房东：跟个猪来了一样[①]（节选）

热门“网易跟贴”【节选】（跟贴 1,661 条 有 69,455 人参与）

不做没脑子的喷子 ［浙江嘉兴］

这样的租户简直不是人。

ICAN 永不止步 vsz7 ［广东肇庆］

我房子租五年了，都是同一对夫妻，四十多！很干净，我没涨过价，合同也没写，想住几时就几时。

① 租户退房用瓶子装尿堆满一地，房东：跟个猪来了一样［EB/OL］.（2021-03-01）［2022-12-15］.https：//comment.tie.163.com/G40NUU5M0514R9KQ.html.

火星网友

房东也得想想自己做了啥吧。

火星网友

我有个租客没收押金，前几天也退租，房子打扫得干干净净的。

看到一则新闻即兴发表看法，直觉判断和意见表达的即时性决定了其篇幅短小。一句话的跟帖正是即兴式跟帖评论的典型特征。

二、民意式评论

网络跟帖评论的第二个特征是民意式评论。时事评论写作也被称作公民写作，这有别于媒体专职评论员和特约评论员的职业写作。所谓“公民写作”，强调的是评论写作者的社会责任。网络新闻跟帖评论的作者，99.9% 采取匿名的方式发帖，这个庞大的群体既不同于职业写作，也不同于所谓的“公民写作”，而是真正大众意义上的写作。与单篇文字评论的独立写作不同，网络跟帖评论是围绕一个新闻事件，任由用户参与的群体创作。从作品的所有权看，单个跟帖很难享有独立的著作权，网络用户七嘴八舌地跟帖，综合起来恰恰能读出社会的伦理心态，这些心态的文字符号结晶也恰恰折射出新闻事件的民心所向。网络用户的整体态度也就是通常说的民意，我们可以把这种民意称作“大写的意见”或者“大写的评论”。可见，网络新闻跟帖汇集着民意，从里面可以读懂社会、读懂人心。

话题：民工工伤获赔 180 万　律师拿走 90 万[①]（节选）

热门“网易跟贴”【节选】（跟帖 2,210 条 有 103,908 人参与）

沐先生 ［山东济宁］

律师收费虽然确实高，但也无可厚非，白纸黑字，自愿委托；当事人虽是弱者，但事后违反诚信，不足为怜。顶［13,874］踩［13］

火星网友

法律工作者还是不要抽成太狠，毕竟你代表正义的力量。顶［5,694］踩［6］

正牌胡司令 ［北京］

没有律师你九万都拿不到。顶［6,834］踩［6］

---

① 民工工伤获赔 180 万　律师拿走 90 万［EB/OL］.（2021-03-02）［2022-12-15］. https：//www.163.com/dy/article/FV31R9HT0517M785.html.

火星网友

这有一个问题，律师的工作宗旨，是为了案件的正确，还是为了钱？顶［3,420］踩［212］

有态度网友 07Glpi ［山东］

这样的事多了就没人相信合同的约束力了。顶［0］踩［0］

找寻 2011 ［广东深圳］

必须退回多收的部分。顶［0］踩［0］

火星网友

这就是个笑话，农民律师而已，看我七十二般变化，变成律师你就认不出来了。顶［0］踩［0］

牛牛 2017 ［上海］

没拿 170 万算有良心的啦。顶［0］踩［0］

赖客宝 ［四川南充］

正常合约的话，怕是这家人拿不出七年官司的律师费，也耗不起七年时间吧！对赌协议没问题，官司本身又不是包赢。稳赢的官司也不会打七年之久，律师凭本事吃饭，没毛病。顶［0］踩［0］

火星网友

黑心人挣黑心钱。顶［1］踩［0］

火星网友

其实就是信息不对等，当事人比较不懂，这种协议，都是保底多少费用，然后问清楚大概拿到多少，然后不同的赔偿，不同的佣金。协议签了就认了吧！顶［10］踩［0］

在门户网站的跟帖评论区，所有的热点事件都会引来众多用户的围观，围观的过程，也是民意式跟帖评论的生产期。这则新闻被网易新闻频道转载后，在不到 15 小时的时间里，跟帖评论高达 103,649 条。围绕风险代理官司，出现多元化的声音。其中，从“顶”与“踩”的数量上，可以推断某种观点的人心向背。

三、智慧式评论

网络新闻跟帖评论的第三个特征是智慧式评论。跟帖评论形式短小精悍，寥寥数语的评论，如果缺少真知灼见，很难吸引其他用户的视线。跟帖评论要吸引眼球，关键看观点有多少含金量。这里所谓的“含金量”，是指跟帖评论饱含评论者的智慧和知识，给人眼前一亮的感觉，也就是人们常说的“妙不可言”，有这种感觉的跟帖评论才是上乘的评论。在网络新闻跟帖评论中，不乏令人赞叹的妙评。有人说，这种评论在感官上表现为直觉的领悟，在情感上则能引起共鸣。跟帖评论集中的网友众多，常常因跟帖者到位的点评对新闻形成很大的冲击。灵光一闪的妙评不仅仅形象鲜明而且更具生命力，与新闻本身内在的价值相得益彰。智慧式的妙评并非某个网友所独有，而是呈现出一种特殊的群化现象。所谓群化，是指这类帖子或网友成批量地涌现，令人目不暇接。跟帖评论话语的建构大都来自网友的真实感受，评论越多的帖子越能呈现网友对某一事件的看法。

话题：突然全部关闭！这家网红店暂时退出杭州市场，网友：开业时大排长龙[①]**（节选）**

逐梦_96402 ［山东淄博］26 天前

这宣传模式，牛魔王去了都能被忽悠犁二里地。

有态度网友 0gq4TW ［北京市］26 天前

投资人的钱洗干净，戏就不必再演下去了。

小宝宝的宝宝 ［浙江杭州］26 天前

排队公关公司会安排，只要钱到位，但这种是不长久的，套路就是制造紧俏，办卡，说到底就是骗，杭州到处都是这样的套路。

我是人民群众啊 ［江苏］26 天前

所谓网红其实绝大部分都是骗。

有态度网友 0se_rc ［黑龙江哈尔滨］26 天前

钱都用在了所谓的供应链建设、数字化，却忘记了耕耘产品本身，这不是买椟还珠吗？

fish65 ［上海市］26 天前

骗人的东西。

花花村妇女主任 ［山东青岛］26 天前

有啥好吃的，各种植物油，起酥油，全是科技与狠活。

火星网友举报 26 天前

“我的键盘有它自己的想法”。

---

① 突然全部关闭！这家网红店暂时退出杭州市场，网友：开业时大排长龙．［EB/OL］．（2023-03-31）［2023-06-03］.https：//comment.tie.163.com/I15DC2RD0514R9KQ.html.

猛大帅来了 ［天津市］26天前

大冤种

火星网友 26天前

我去买个橘子，你站在这里不要动，终究还是一个人扛下了所有。

互联网将亿万用户聚集在一个平台上，一家网络媒体的知名度与其所拥有的固定用户有关。门户网站作为全国新闻的中转站，必然是网络用户重点关注的媒体平台。当超过一定数量的用户围绕同一新闻事件展开评论时，群体的智慧促成了网络舆论的形成。跟帖评论是众多网络用户的即兴发言，其中不少帖子闪耀着智慧的光芒，这是智慧式评论的特点。

四、盖楼式评论

网络新闻帖评论第四个特征是盖楼式评论。所谓“盖楼”，是指网友的跟帖回复呈现出层级特征。在众多的新闻网站中，“盖楼”是网易新闻的独创，逐渐被其他网站所模仿。盖楼式评论的出现，出乎网络媒体编辑和技术人员的意料，在网络跟帖的设计中，并未赋予用户按照跟帖的层级进行排列这一功能。在跟帖评论实践中，用户和跟帖编辑遇到一个难题：当众多用户就一个帖子进行集体讨论时，连续讨论的网页如何显示成为一个现实的难题。为便于用户就一个帖子连续发言，网易新闻的编辑允许用户连续引用前面用户的回复，这种编辑策略制造出新闻跟帖的“盖楼”奇观。跟帖评论中的盖楼式评论，在一定程度上代表了网络舆论场中意见领袖聚集人气的特殊作用。跟帖评论无法策划，也无法进行组织，在“造楼”期间必然会遭遇不同观点间的碰撞，但这种碰撞是原生态的，集中反映了众多网络用户的辩论过程。在网络跟帖评论实践中，大多数用户参与过跟帖评论的“盖楼”，而盖楼式评论则源于楼顶帖子有趣、犀利，从而在短时间内让用户产生共情。

从形式上看，跟帖评论的“盖楼”类似于电视谈话评论，参与话题讨论的人相继发言，在这种线性的发言中，通过汇集众人的观点完成盖楼式评论的生产。与电视评论生产不同的是，盖楼式评论的参与者不邀自来，这种形式的评论生产也没有策划和导演，因此，盖楼式评论更为真实、淳朴，透露出原生态的评论气息。

第三节 跟帖评论的语言特点

网络新闻跟帖评论与传统新闻评论不同，在语言上差别比较明显。一般来说，传统的评论语言注重表达的规范，这是说理论证的严谨性决定的。网络新闻跟帖评论作为新兴的语体形式，有自己的特点。

一、言简意赅

跟帖评论的特点是观点表达的即时性，发布跟帖评论的用户不需要精密的构思，看过新闻只要有想法即可点评，因为跟帖评论不必考虑字词的精确。跟帖评论直指新闻事件的问题关键，点到为止，不需要论证。从形式上看，跟帖评论言简意赅，少则一个字，多则百余字，通常寥寥数语，表达跟帖作者的意图即可。

在词语使用上，跟帖评论追求网络式的语言表达，使用网络缩写词现象普遍，在跟帖中经常出现诸如 FQ（愤青）、BT（变态）之类的拼音组合。年轻用户多受过良好的教育，英语水平的提高为跟帖评论的词语选择提供了更多的余地，类似 BF（boy friend，男朋友）、GF（girl friend，女朋友）、DL（download，下载）、TTYL（talk to you later，下次回头再谈）之类的英文缩写词语，也经常可以看到。

跟帖评论的句子结构多为省略句、简单句或非主谓语句，甚至是中文与英文的混合句，还有一些网络常见的特殊格式。例如，在《话题：极目寻亲 11 岁女童在自家楼道失踪，父母为等孩子 12 年不搬离伤心地》[①] 中，用户纷纷发表看法："车辆违章，摄像头好用多了。人口失踪，就不好用了。""人贩子死刑！！！！！""必须死刑，比贩毒还该死。"这些评论大多是省略句或非主谓句，言简意赅地表明了评论者的态度。此外，跟帖评论中很少出现复句，如果表达复杂的意思，往往使用紧缩句。如"不懂就别乱喷""有种你来试试"等。[②]

二、生动形象

跟帖评论的作者是普通的网络用户。用户的成分复杂，但在网络跟帖区这个特定的语境下，交流的对象必须满足各个层次用户的阅读需求，生动形象的语言通常

---

① 极目寻亲 11 岁女童在自家楼道失踪，父母为等孩子 12 年不搬离伤心地［EB/OL］.（2022-12-12）［2022-12-15］. https：//comment.tie.163.com/HODPBFH7053469LG.html.

② 冯学民，王珍，姜云龙 . 网络新闻跟帖评论语体初探［J］. 河北北方学院学报（社会科学版），2016（4）：55-57.

以口语化的形式出现，越通俗易懂的语言，表达出来也就越生动形象。简单的言语反映出的恰恰是跟帖用户真实朴素的想法。在跟帖评论区引入语音跟帖功能前，跟帖评论需要用户借用口语词、拟声词和叠音词，通过不同类型的词语表达真情实感。在跟帖评论区，经常可以看到“赞”“顶你”“无语”“你懂的”及“弱爆了”这样的口语化词汇；“灰机（飞机）”“短路（没想法）”“油墨（幽默）”“果酱（过奖）”“桑心（伤心）”“你造吗（你知道吗）”“涨姿势（长知识）”及“神马都是浮云（什么都是浮云）”等谐音词语，总能给人带来愉悦感；此外，类似“3Q（谢谢）”“F2F（face to face、面对面）”以及“I 服了 U（我服了你）”等，在调侃中把洋泾浜语言搬到了跟帖区，给人一种与众不同的感觉。跟帖评论的随意性强，词语表达的主观色彩明显，诸如“呸”“啐”“哼”“呵呵”“哈哈”等语气词和叹词也经常出现在跟帖中。

在句式方面，跟帖评论句式灵活，各种适合用来表示跟帖用户情感的句式，比如疑问句、反问句、祈使句、感叹句和倒装句，总能让人感受到发言者的态度。其中，以“你怎么知道”“你听谁说的”“谁告诉你的”比较常见。在《话题：女子公务员面试说 69 个“呃”答一半遭考官叫停》[①] 的跟帖区，就有网友评论说“69 个，谁数的”？再如一封女教师的辞职信《世界那么大，我想去看看》在网上疯传，对于这一封被称为“最有情怀的辞职信”，网友们纷纷评论，表达自己的观点：“生活不只柴米油盐，还有诗和远方；眼下，或者大多时候，也许只有苟且。”“世界那么大，可是你能去哪儿？”“我也想去，但我五行缺钱！”“心理老师？去看看心理医生吧。”从这些跟帖评论中，书面语色彩浓厚的跟帖表达相对规范，表达质疑和感叹的句式，传递的是跟帖用户多元的态度与情感。

网络语言的开放性适合于跟帖评论观点生动形象的表达。在传统媒体的语言中，使用规范的词语是新闻出版物的惯例，但在跟帖评论区，除了词语的非规范性，还有非文字的语言表达元素，跟帖对话框自带的表情符号的使用比较普遍，表情与各种特殊符号的自由组合，往往可以产生特别的表达效果，使跟帖评论给人以活泼有趣味的表述。比如，有的跟帖用户喜欢将语气词叠加起来使用，通过“！！！”或“？？？”等标点符号的强势组合，来加强语气或表示疑问，而“……”则用来表示不想说或者意犹未尽的感觉。符号组成的表情更是为文字传播增添了趣味，如“ :(”就表示伤心以至于泪流满面。丰富及形象的表情符号往往能给人一种传情达意的感觉。这表明，网络语言的趣味性为跟帖评论添加了一抹光亮的颜色。

---

① 女子公务员面试说 69 个“呃” 答一半遭考官叫停［EB/OL］.（2015-06-08）［2022-12-15］. http://comment.money.163.com/money_bbs/ARITD5R0002554OB.html.

三、个性突出

跟帖评论的作者是普通的网络用户，这个庞大的群体来自世界各地，每个人的身份、职业与受教育程度都不相同，用户间的价值观、世界观和利益取向也不同。所有这些个性方面的差异，不可避免地反映在他们的语言表达习惯上，每个人的习惯在跟帖中都形成了用户的个性特点。跟帖评论区的观点竞争激烈，同样的见解，用个性化的语言才能区别于其他用户的跟帖，才能吸引众多用户的注意力。只要你有才华，面对同样的新闻话题，任由你嬉笑怒骂。妙趣横生的帖子往往发人深省，而这样的帖子也彰显出跟帖用户的语言创造力。例如，在《话题：月薪 5 万的都是什么样的人？达到这个水平的多吗？事实并不乐观》[①] 的跟帖评论区，有跟帖用户调侃自己“又被涨工资了。心情不错，钱包很瘪！王家有财一千万，邻居九个穷光蛋；平均起来算一算，个个都是王百万！——这个溜，很实际”。这样的用户根据自己的会计学知识帮助新闻当事人来计算如何实现令人可望而不可即的高收入数字。这样的计算方法，体现的是这条跟帖者的个性化发言方式。

在围绕同一新闻事件发布的跟帖评论中，个性化的语言在不同用户的留言中得到淋漓尽致的展现。在《话题：女司机连续变道别车，遭男司机暴打住院，还在记者面前博同情》[②] 的跟帖评论区，个性化的语言像来自不同方言区的人在合作演奏“跟帖交响乐”一样，多姿多彩的语言成为网络新闻文化的“生产车间”。比如，用户甲：“女司机不对，也应该报警抓或者批评教育，但是打人总归不对，何况男人自己孩子还看着呢，你就这榜样？”用户乙：“忍一时风平浪静，退一步海阔天空。”用户丙：“遇到这种事，先深呼吸，调整一下情绪，再深呼吸，然后长出一口气，目视前方，继续前进！没事了！”在个性化的跟帖评论中，可以读懂当代社会人们的心声。

四、文学色彩

跟帖评论的语言生动形象，离不开用特殊的修辞手段来丰富跟帖的形式。在跟帖评论中，接龙、讲网络段子和对上下联，有着文学天赋的用户总是喜欢将跟帖接力赛当作一种网络嬉戏的游戏。在新浪微博的讨论区，有一则关于“无人机飞跃黄

---

① 月薪 5 万的都是什么样的人？达到这个水平的多吗？事实并不乐观［EB/OL］.（2022-07-16）［2022-12-15］. https：//3g.163.com/touch/comment.html?docid=HCD6I4D60552257Z.

② 女司机连续变道别车，遭男司机暴打住院，还在记者面前博同情［EB/OL］.（2022-12-09）［2022-12-15］. https：//3g.163.com/touch/comment.html?docid=HO5NVVOB05560RZN.

浦江为癌症患者送救命药”的帖子[1]，引发用户的参与讨论。其中，有人用普通的方式讨论，有人讲起了段子。

Tennyson：笑喷了。这个城市的管理者已经不按正常脑回路思考问题了。（5-1 16:25 来自上海）

对这就是一个小小小小号：自己给自己设置障碍然后再自己感动自己第一名！（5-1 12:38 来自上海）

Listurowski：哈哈哈哈哈（5-1 16:26）

我是一瓶果汁：# 无人机飞跃黄浦江为癌症患者送救命药 # 怎么，桥是被炸了吗？（5-1 11:30 来自 iPhone 客户端）

佚名：从前有个人撑船过河，没多久搁浅江心洲的沙滩上。身上的水袋破了，喝的水都漏了，这个人因为没有水渴死了。点评：到处都是水，却说水袋里没有水，竟然被渴死了。（5-3 19:50 来自上海[2]）

最后一条跟帖，就是用寓言故事的方式表达自己的观点。在网络空间，文学语言在寥寥数语中给人带来美的享受。比如，一句“生活不止眼前的苟且，还有诗和远方”的现代诗歌语言，很快成为网络流行语，并频频被引用到跟帖评论中。

传统的新闻评论实践，需要评论写作者的诙谐幽默，一些脱口秀演员，更是在尖锐风趣中表达他们对热点事件的态度和真知灼见，但其背后仍然隐藏着很强的系统性、专业性和严肃性。跟帖评论则是用户在宽松的网络社区互动式“对话”，往往在无拘无束的状态下，做出批驳、抬杠、起哄的“举止”。这恰如一个众生百态的市井社区，虽然存在粗鄙无聊的个别言论，但更多的是活泼生动、妙趣横生的互动交流，这种评论平台使用户既加深了对新闻事实的理解、认识，又收获了一份轻松、愉悦的体验。[3]

---

① 无人机飞跃黄浦江为癌症患者送救命药［EB/OL］.（2022-05-01）［2022-12-15］. https：//weibo.com/2269710922/Lr2fK1s68?refer_flag=1001030103_.

② 资料来源：时事寓言案例集锦，http：//47.106.15.148/forum.php?mod=viewthread&tid=6052&extra=&highlight=%D4%A2%D1%D4&page=44。

③ 冯学民，王珍，姜云龙 . 网络新闻跟帖评论语体初探［J］. 河北北方学院学报（社会科学版），2016（4）：55-57.

第四节 “网易跟贴”评论的“盖楼”现象

我国文学史上，有不少名家“唱和”的故事。“唱”，是指吟咏歌唱，即一个人先写了一首诗；“和”，是指声音相应，第二个人依第一个人作的诗词体裁、题材、原韵，或第一作者“唱”的思想内容，赋诗词酬答。所谓“一唱一和”，即来源于此。就拿唐代大诗人李白和杜甫来说，他们见面的次数屈指可数，却留下了“一唱一和”的诗篇。

《赠李白》

唐·杜甫

秋来相顾尚飘蓬，
未就丹砂愧葛洪。
痛饮狂歌空度日，
飞扬跋扈为谁雄。

李白看到杜甫的诗体“来信”后，挥笔写下诗体“复信”：

《戏赠杜甫》

唐·李白

饭颗山头逢杜甫，
顶戴笠子日卓午。
借问别来太瘦生，
总为从前作诗苦。

两位大诗人的“唱和”，与网络新闻跟帖评论中的“盖楼”现象有些相似。“盖楼”是网易新闻评论打造的独有的评论样式。

一、“网易跟贴”的“盖楼团”

在第一节，我们已经区分过“跟帖评论”和“网易跟贴”两个词的用法。本书在一般意义上谈及新闻跟帖或跟帖评论时，采用《现代汉语词典》规范的“跟帖”这个词语；在提及“网易跟贴”时，尊重这家网络媒体自创的“跟贴”这个“专有名词”。本节所讲的跟帖“盖楼现象”，因是网易社区的特殊现象，继续沿用“网易跟贴”的表述。

“网友智商有多高，得看网易盖楼团”，这是对“网易跟贴”评论特有文化现象的肯定。“盖楼”成为一种评论实践的方式，这是网络媒介环境的产物。跟帖的线性发布，导致跟帖与跟帖之间的逻辑连贯性无法保证。“盖楼”的功能在于按照新闻话题的相关性，能将一个主题的跟帖组合起来。一座跟帖评论的“楼”，只要一个网络用户的评论引起其他用户的广泛关注，就会形成很多层评论的叠加效果。在这些楼层中，不论是诗词接龙，还是故事接龙，展现的是跟帖评论用户的智慧和集体的力量。因为这些帖子酷似高楼，在“网易跟贴”中这种系列性回复评论的方式被称为“盖楼”。在这种形式的评论中，每个用户的回复代表一个楼层。“盖楼”已成为网易新闻文化的一大特色。

作为一款互联网产品，“网易跟贴”甚至在很长时间里，都没有专门的产品负责人，而是经历了一个自然完善的过程。

在“网易跟贴”刚推出时，评论区并没有楼层叠加的现象。评论区的编辑在管理跟帖评论时，发现一些热门讨论区的跟帖评论因为数量不断增加，影响到用户的连续跟帖，导致后来的用户难以全面浏览一个新闻话题的跟帖内容。为解决用户的连续讨论，“网易跟贴”编辑改进讨论规则，允许不同用户或同一用户连续引用已经发布的用户回复内容。经过这样的改进，用户采取引用某条跟帖的兴趣明显提高，于是在“网易跟贴”区出现了一种壮丽的景观：长短不一的用户跟帖评论，最终显示出来的形状类似于现实空间的“建筑物”，这种景观被用户形象地称作“盖楼”。在“网易跟贴”早期的“盖楼”中，网易采用的是 TABLE 的方式。在这种方式下，最多可以显示 20 层的跟帖评论。由于一个个 TABLE 嵌套，中间的越来越小，最后被收缩成一条粗线，网友将这种现象称作“塌楼”。[①]

在“网易跟贴”中，用户发挥集体创意时，总是有许多呈现出喜感的帖子。下面我们可以从一个经典的用户合力调侃动物的帖子中，认识用户集体“盖楼”的过程。

---

① 网易跟贴，盖楼十年：背后的机制与匠心［EB/OL］.（2013-06-05）［2022-12-15］. https：//www.huxiu.com/article/15417.html.

桃花潭水深千尺，不及母猪救夫情！①（节选）

今天看到这么一条新闻：

福建三明沙县一头母猪飞奔撞伤屠夫谢老汉，救下已在案板上待宰的公猪，老汉将母猪主人告上法庭，要求其承担该母猪撞伤自己所花费的医药费。近日经法院调解，母猪主人赔偿了谢老汉 800 多元的医疗费。

母猪事后一直被主人关在猪圈里，但母猪的事迹感动了大批网友，纷纷表示愿意出资买这头母猪。

此事引起了网友们的热烈讨论，网友们疯狂地跟帖：“桃花潭水深千尺，不及母猪救夫情！”

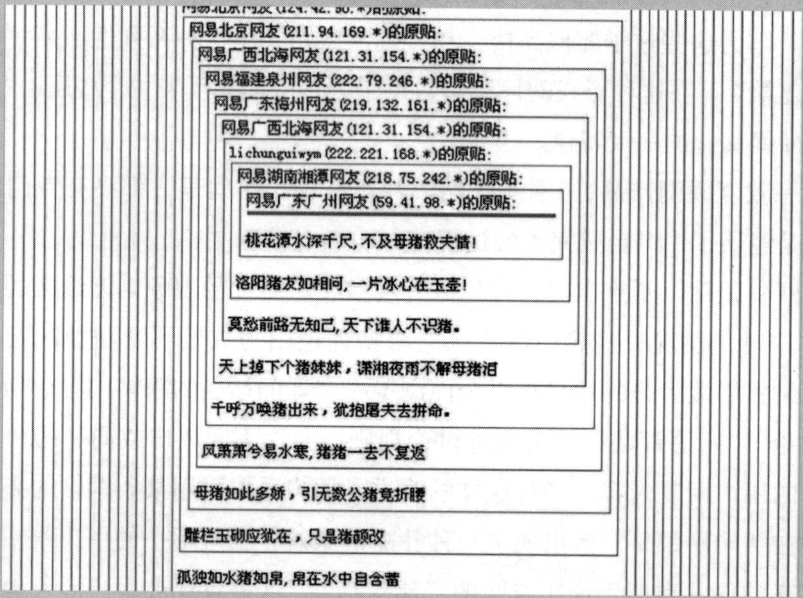

图 12-1“盖楼”截图

随着“网易跟贴”不断改进“盖楼”的管理，后来通过采取 DIV（层叠样式表中的定位技术），评论区发布的跟帖可以扩展到 50 多层。这个修改带来的新问题是，网友将跟帖复制到博客等网站时，DIV 会被过滤或者缺少样式支持，从而无法展现完整的“盖楼”过程。当时只针对特定的博客（网易、新浪、搜狐等）做了修正，但是这种方式下，仍然未解决楼层过高时顶部坍塌的问题（也就是缩成了一条线）。

① 桃花潭水深千尺，不及母猪救夫情！［EB/OL］.（2018-03-27）［2022-12-15］. https：//www.163.com/dy/article/DDT152R30517K1KM.html.

后来，网易采取手机版的方案，将 10 层后的线框修改为不闭合。经过数次测试，网易新闻跟帖选取了一个性能及视觉都在可接受范围内的 70 层的方案。[①]现在，“网易跟贴”的“楼层”极限就在这个高度。

随着社交媒体的普及和抖音、快手等短视频媒体的发展，门户网站的用户在流失，但网易新闻跟帖的“盖楼”现象依然存在，只是出现的频率和参与“盖楼”的用户数量在减少，很难再见到 70 层的“摩天大厦”级别的“盖楼”现象。

“盖楼”现象的实质是网络跟帖评论这种形式受欢迎，这是观点竞争在门户网站的集中反映。一种包含着思想闪光点的跟帖，在公开的交流中受到的关注度就高，即形成所谓的“热帖”和“顶帖”。在“网易跟贴”区，根据跟帖的点赞（“顶”）数排序，点赞次数居于前十的，被称作“热帖”。跟帖评论实践是一种非功利性的舆论现象，用户乐于参与，获得的点赞就表示对跟帖评论用户的热帖的占位效应很明显，被顶上来的基本都是最早生成的跟帖，被顶到热帖后，则会有更多的机会获得支持；这样一些很普通的帖长期占据高位，而某些经典的跟帖评论再没受关注的机会。[②]为规避这个问题，“网易跟贴”改用推荐的方式，通过计算把有思想的帖子推荐显示。为规避内容重复，采取同类合并的方式，节约浏览者的时间。

二、“盖楼”现象与跟帖文化

“盖楼”是“网易跟贴”的特有形式，这种形式本身就是网络文化的组成部分。严格说来，这也是网络评论的文化形式。

通常，人们不愿意承认新闻和评论这两种媒体产品的文化属性。“世事洞达皆学问，人情练达皆文章”，不论是新闻作品还是评论作品，只要做出特色，这些作品本身就是大众文化的组成部分。网络跟帖评论的恶搞、自嘲、正话反说、调侃朝政、讽刺世俗等呈现方式，无形中形成了独特的网络文化，虽然这种文化具有亚文化的成分，只要运用得当，同样可以大放异彩。

“网易跟贴”文化的形成，非一朝一夕所为。以“网易跟贴”为例，网易新闻曾经力推若干专题，对此有直接的推动作用。在这些跟帖评论专题中，用户的创造力和想象力远超跟帖编辑的意料。在这类跟帖中，逐渐涌现出一些固定的角色，其中有“老衲”和“师太”、“小李”与“局长”等人物，所有参与跟帖的用户均可根

① 网易跟帖，盖楼十年：背后的机制与匠心［EB/OL］.（2013-06-05）［2022-12-15］. https：//www.huxiu.com/article/15417.html.

② 网易跟帖，盖楼十年：背后的机制与匠心［EB/OL］.（2013-06-05）［2022-12-15］. https：//www.huxiu.com/article/15417.html.

据自己的需要，选择其中一个角色发帖，只要出现一个角色，很快会有其他用户依据跟帖内容选择配角，在“一唱一和”中完成热帖的“盖楼”工作。

在“网易跟贴”的“盖楼”现象中，出现了一些文化现象。

第一个是“网易跟帖”评论所独有的“二楼定律”。在跟帖用户看来，“自古二楼闹笑话”。一些急于在二楼回帖的跟帖用户，在不明就里的情况下匆忙留言，导致出言愚蠢、滑稽，常常被人耻笑，这是“二楼定律”的初级形态。

“二楼定律”可以说是“网易跟贴”里最具认同感和生命力的用户抱团的玩法之一。“二楼定律”有自己的典型特征、玩法演变和形式表现，需要在关注这类跟帖中获得感性认识。[①] 下面是一个比较典型的二楼定律跟帖。

顶楼的网友说：“现在小学 3 年级的数学题真难。有一桶水，爸爸能喝 25 天，爸爸和儿子一同喝能喝 20 天，请问儿子这一桶水能喝几天？”

二楼回答：“儿子只需要爸爸 5 天的水就可以和爸爸生存 20 天，以此推算 20x5=100（天），这一桶水儿子可以喝 100 天！”

三楼：我怎么感觉二楼的朋友上当了啊。

第二个是广泛流传的“元芳你怎么看？”跟帖句式。“元芳你怎么看”，出自电视剧《神探狄仁杰》。李元芳是狄仁杰卫队长，每一次遇到案件，狄仁杰都会开口征求一下元芳的意见，对案件有什么看法，有什么疑点，然后通过两人的对话把案情分析表达出来。这样反复多次出现的“元芳你怎么看”，在网上掀起了跟风模仿潮，网民定义它为“元芳体”，后成为网络流行语言风格。

第三个是具有讽刺意义的“挖掘技术哪家强”评论句式。“挖掘技术哪家强”本是某技校招生的广告语，最先在“网易跟贴”区等论坛出现，后来演变成网络流行语。开始是跟帖用户零星发一些篇幅很长并且带有剧情的段子，无论剧情如何，最后一句都是“挖掘技术哪家强”，被其他用户争相模仿，形成了只要出现稍长的段子，最后一句必定都是“挖掘技术哪家强”。若出现没有该句子的长段子，甚至会引发用户“没有问挖掘机差评”等盖楼吐槽。后来又演变出“那么问题来了”或者“那么我就要问了”版，有文言文版、日文版、英文版、韩文版等诸多版本。不过，偶尔也会出现用户恶搞这种玩法的段子，在结尾并未出现他们所期待的“挖掘技术哪家强”，而改为“学厨师哪家强”“求阴影面积”等其他问句。

---

① 5 分钟看懂网易二楼定律是啥梗［EB/OL］.（2013-01-26）［2022-12-15］. https：//www.163.com/tie/article/BE8JO8GM00304IOE.html.

阅读完新闻进行评论并不稀奇，当网易新闻频道推出“盖楼”回复功能后，我国的网络评论上了新的台阶。通过“盖楼”，有效地避免了热点跟帖被分散的问题，这样有利于更多的跟帖用户围绕一个主题展开讨论。

在新闻评论写作课程中专门介绍“网易跟贴”，既因为“网易跟贴”的观点丰富、语言幽默，也因为“盖楼”回复的方式具有民主的特性，网民的观点有相互印证的、有相互反驳的、有转移话题的、有文不对题的、有一针见血的，尽管变化无常，经过一次次递进，最终成为各种观点的集合体。①

“盖楼”回复的方式吸引了来自全世界各地、不同行业领域和代表不同立场与利益、不同经历的网络用户网友参与评论，帮助公众还原了热点事件的实情，开阔了公众的视野，创造了崭新的文化形式。在今天，人们上网不全是为了看新闻，有的也是为了看网络用户的跟帖评论。

思考题

1.“跟帖”与“跟贴”的词义有何区别，“网易跟贴”为何要用后一个概念？

2. 简述网络跟帖的发展历程，谈谈你对网络跟帖评论的认识。

3. 谈谈你对“无跟贴，不新闻”的理解。

4. 跟帖评论有哪些特征，结合具体案例进行说明。

5. 结合具体的案例，简述跟帖评论有哪些语言特点。

6.“网易跟贴”的“盖楼”现象蕴含着文化现象，请结合具体新闻事件进行说明。

7.“网易跟贴”存在“二楼现象”，请集合具体案例分析其中的社会心理原因。

---

① 网易跟贴，盖楼十年：背后的机制与匠心［EB/OL］.（2013-06-05）［2022-12-15］. https：//www.huxiu.com/article/15417.html.

Chapter 13

第十三章　诗画体评论

第一节 诗词体评论

媒介融合是新闻业发展的趋势，那么新闻评论有没有和其他文体融合的必要性和可能性呢?

近年来，新闻评论业界和学界倡导新闻评论样式的推陈出新，倡导新闻评论和其他文体交融。例如评论和杂文，两者存在某些“血缘”方面的关系。除了杂文，未来的新闻评论最有可能和哪些文体发生关联呢？当前，新闻评论与传统诗词、新闻漫画的融合已经处于探索中。所谓“诗词体评论”，就是以传统诗词的形式评说是非；所谓“画体评论”，是以漫画形式呈现观点。

一、传统诗词的基础知识

中国是一个诗的国度，其中唐代是中国五言诗、七言诗的高产时期。当时几乎全民都在写诗或传播诗篇，人们在情感勃发时也会吟诵名家的句子。诗词在唐宋时代的发展不是偶然的，是与当时的经济发展和语言的局限性相关的，这也为诗词的创作和流行提供了条件。同时，诗词的盛衰也是时代发展的必然，虽然唐宋之后也有好作品，但整体而言，诗词发展已经开始呈现出衰落的迹象。

诗歌可以分成很多诗体。其中，“古体诗”也称作“古风”或者“古诗”。唐代将时人效法前代诗歌而作的作品称为“古风”。直到今天，人们还普遍将“律诗”当作古诗的代表。

律诗分为“五律”和“七律”，每首共八句，或五言，或七言。律诗的要求比较严格，凡是两句相配成一“联”，分为“首联”（一二句）、“颔联”（三四句）、“颈联”（五六句）、“尾联”（七八句）。五言、七言绝句和律诗也被称为“格律诗”。

词本来是流行于民间的通俗歌词。词这种文体的创作群体多元，内容涉及广泛，发展到宋代，由于士大夫群体加入词的创作，使这种文体渐渐流行于交际宴会，偶尔有些文人也依照歌曲的腔调另作歌词，然后交给歌伎去唱，比如柳永。后来，词逐渐从俗曲发展为雅词，在宋代文人和音乐家们的共同努力下，词的创作队伍不断壮大，视野日渐开阔，达到中国文学历史的又一个巅峰。

曲调即词牌。一个曲调唱熟之后就成了统一的格律，这首曲子也就确定下来了。如果有人配合一首曲子另写歌词，那么一个曲调可以唱出许多歌词。就如同20

世纪八九十年代，我国港台地区涌现出一批优秀的流行歌曲，使用的是日本作曲家的曲子，同时配有粤语和普通话甚至更多语种的歌词。比如马饲野康二作曲的日语歌曲《夕阳之歌》，就演变成梅艳芳版本的《夕阳之歌》和陈慧娴版本的《千千阙歌》。宋人所谓的填词，最初还需要懂一点音律知识，到后来就干脆“依句填词”，完全成为一种纸面的艺术。

二、诗词评论

我国传统的诗词属于文学作品，新闻评论属于议论体裁的作品。在传统诗词和新闻评论之间究竟有何关联呢？在新闻评论中，如果能用诗词形式表达自己的观点，能起到点睛之效，不仅能展示自己的文学功底，也会让整篇文章更灵动。诗词是高度凝练的语言，写难状之景，含不尽之意。如果评论写作者使用得当，其不仅能用作标语、导语，还能充实文章的主题和意境。比如《南方周末》就曾经直接引用杨万里的“万山不许一溪奔”作为新闻报道的标题。[①]

好的诗词或忧国忧民，或直击人心，因此能长久传唱不衰。比如李鸿章的《绝命诗》[②]，诗文是这样的：

劳劳车马未离鞍，临事方知一死难。
三百年来伤国步，八千里外吊民残。
秋风宝剑孤臣泪，落日旌旗大将坛。
海外尘氛犹未息，请君莫作等闲看。

从这首诗中不难发现，面对列强对晚清的鲸吞蚕食，作者有忍辱负重的独特经历，怎奈报国无力，诗作有失落也有大声疾呼，这也是好作品流传的原因。

诗词评论一般针对一个热点新闻事件，以律诗或词的格式发表看法。创作诗词评论，选择用诗还是词，需要依据作者的所长和瞬间的感觉选择，毕竟选择用诗还是用词有不小的区别。用诗时可根据诗的内容拟题，也可用“无题”做标题。但是用词牌就不同了，词牌本身就是有其属性的，词牌后边有固定的曲调，或细腻轻扬，或豪放，或婉约，或慷慨雄壮，或幽怨凄凉。因此，针对不同新闻事件背景选择不同的词牌时，也应格外注意。比如，《卜算子》《雨霖铃》表达的是缠绵哀怨；《摸鱼儿》表达的是苍凉郁勃；《念奴娇》多表达雄壮豪迈；《满江红》多表达壮怀激烈。

不能用词牌的表面字意判断词牌要表达的情感。比如，《千秋岁》不能用来贺寿，

---

① 范泓．万山不许一溪奔：台湾“雷震案”真相［N］．南方周末，2002-10-24.
② 高拜石．南湖录忆：晚清人物纵横谈［M］．台北：新锐文创（秀威资讯），2020.

其曲凄凉哀怨;《贺新郎》也不能用来祝贺新婚大喜，其曲慷慨，与新婚宴尔不协调。

可见，诗词评论写作需要作者具备基本的诗词创作知识，先了解词牌属性再用，否则就会闹出笑话甚至荒腔走板。

网易新闻的诗词跟帖一度很有趣，也成为网易新闻下的独特风景。在诗词跟帖盛行时期，网易出现过几个诗词跟帖群体，比如：内阁派、天山派和画楼派。这些诗人（也是网络用户）从刚开始写打油诗到后来写格律诗、引用词牌填词，诗词作品越来越精致，受到许多网络用户的欢迎，甚至连专业学者都转发这些点评热点新闻事件的诗词作品。这些作品受到欢迎，不仅是因为写得有趣，更重要的是切合新闻内容，跟帖诗人天马行空地抒发自己的情感，给网易新闻增添不少色彩。

在媒介融合时代，新闻和诗词的融合具有必然性和可行性。媒介融合不是简单的文字、图片、音频与视频的同屏呈现，而是不同文体的有机结合。就新闻与诗词的结合而言，我们可以先从对联评说新闻事件开始认识这类跟帖。

话题：十年前设计院市场地位突出，十年后设计院处境尴尬，出路何在？①
（节选）

达拉 beng 巴［山东淄博］ 2022-12-10 11：05：52

上联：走南闯北上山入海我设计的人生

下联：东奔西走披星戴月塑利民的工程

对联跟帖是最简单的诗词跟帖评论。

下面，我们来看一首诗体跟帖评论：

话题：台积电在美建厂再变卦②

有态度网友 0gq4-m［山东青岛］ 2022-12-09 22：39：20

地裂枝断树垂枯，
叶落黄泉恨千古。

① 十年前设计院市场地位突出，十年后设计院处境尴尬，出路何在？［EB/OL］.（2022-12-10）［2022-12-15］. https：//comment.tie.163.com/HO6LBQA90552RM70.html.

② 台积电在美建厂再变卦，张忠谋、魏哲家都表态了，信息量大［EB/OL］.（2022-12-08）［2022-12-15］. https：//comment.tie.163.com/HO2OAHB40531RUG0.html.

无谋无德皆忘祖，
厂迁霸土缺龙骨。

诗体评论中，也包括根据词牌填写的跟帖。2019 年 5 月 27 日，媒体披露，河北邢台市国资委称，陕西彬县（彬州市）县委、县政府欠其下属酒店近 900 万。对此，彬州市相关方面承认此前确因接待任务在相关酒店签单，但强调近期已换了一家酒店签单。当天，有网易诗人填写了一首《南乡子》的词作：

南乡子·签单

网易网友 李不白

乘兴晚回衙，
斗酒千杯不足夸。
犹忆长安烧尾宴，
奢华，
取次签丛剔小牙。
醉里一涂鸦，
片片白条似雪花。
满座宾朋皆酒肉，
吃哇，
赊垮一家换一家。

从上面的诗词评论来看，诗词评论与传统的诗词作品并无本质的区别，两者所记述的都是作者所在时代的生活。传统诗词一般是通过景物描写表达个人情感，诗词评论则是在传统诗词的基础上，以特定新闻为背景，借鉴传统诗词的写法，对新闻中的事实或社会现象进行评论。传统的诗词作品与诗词评论也有不同之处，前者是文言雅士独立创作的，经过若干年后以某种形式（通信、结集出版）得以流传；诗词评论出现于网络新闻的跟帖中，缺乏某种独立性，但传播的及时性强，影响范围广。与此同时，诗词评论与传统新闻评论也有相通之处，都是作者对新闻事件的独到解读，但二者的表现形式迥异。诗词评论既要具有诗词文学的美感（如韵律和意境），又要有一定的思想性和通俗性，它要求作者既要具备一定的传统文化基础和文字运用功底，又要有对社会民生等方面独到的认知和见解。

在确定评论的新闻由头后，不论是写格律诗还是填词，主要看作者个人的偏好。假如他选择以诗的形式表达观点，接下来需要考虑是选择五律、七律还是七绝；假如他选择以词的形式表达思想，需要挑选符合新闻事件的具体的词牌。诗或词的体裁选择没有具体的限制，体裁只是一种表达的方式，各种格式都可以用。一般而言，作者会根据新闻内容拟好一个关键主题句，以此定韵，然后凭自己的喜好选择用律诗、词或打油诗进行创作。一首成功的诗词评论，严谨构思固然不可少，更多的是来自灵感，而灵感需要长期的积淀。诗词评论对于韵脚有较为严格的要求，合适的韵脚更容易（在写作诗体评论时）切入，即时新闻跟帖以七绝小令为主，讲究快、准、狠，有时间推敲的可以选七律和长一点的词牌，精雕细琢。词牌的切入主要看个人习惯，比如，有的作者喜欢错落感比较强的，这更易于发挥幽默戏谑的风格。写诗填词的选择要结合评论的事件，每个词牌都有它所要表达的情绪，与评论事件相契合且符合作者观点的会被优先选择。

新闻评论以观点取胜，诗词体裁的评论又是如何体现作者观点的呢？诗词本身就是个人观点的表达，对同一事件每个人的角度不尽相同。传统诗词可以用最少的字表达最多的意思，而且易读、易联想。首先，从技术上来说就是看到新闻后找出槽点或者重点，确定哪些字眼作为韵脚；其次，确定韵脚后再构思其他句子要怎么围绕主题去构思。诗词评论的主要目的还是一吐胸中块垒，每个跟帖诗人的风格各不相同，比如“网易李不白”，他比较含蓄，尽量不直接表达看法，用诗词的意境代入自己的情感，让读者从中品味体会，产生思想的碰撞或共鸣。

诗词观点的角度与作者个人的知识面和价值观也有关系。例如：“昏天黑地几人忧，遍地污秽谁来愁？”这句诗折射出作者看到新闻事件后的瞬间感受。不同的是，读者是从诗词评论反推出作者的真情实感。诗词评论与传统的新闻评论不同的是，新闻评论强调观点表达的理性，诗词评论中饱含着作者的情感。诗词评论既有思想性也有画面感，读者可以从这类评论中还原出一幅幅形象可感的场面，并且这样的“画面”更有艺术的味道。作品表达的是个人感情，不管是画也好，诗词也好，设计也好，只要是有灵魂的作品，都掺杂了非常多的个人感情。看到作品，如见作者。熟悉诗词的人，如同熟悉的打字输入法一样，不需要盯着键盘琢磨，不需要太多的构思，即可用文字描绘出一幅画面。

写作从来都是一项个性化的事业，不论是传统的新闻评论写作，还是诗词评论写作，每个跟帖诗人的写作都有独特的手法和感悟。诗词就是记录我们看到并感受到的历史底稿，为后世认识当代社会留下某种真实的素材。评论需要意境，这个意境通常需要通过运用哲理性的语言来构建。诗词评论的灵魂也是意境，没有意境的诗词等于没有灵魂。这个意境类似于把主题和自己的感情结合起来，然后用最少的文字表达出来，最通俗地解释意境，也就是人们看到事物时最直接的感觉。

三、诗词评论与“打油诗”

诗歌过于严谨，大众习惯用俗语表达，这是“打油诗”受大众喜欢的原因。打油诗诙谐幽默，但表面上简单的文字不影响其内涵的深度，轻松诙谐的语调、平实朴素的意象反而更加有利于打油诗的传播。

据说某报社总编经常念白字，比如把“墨西哥”念成“黑西哥”，遭到报社同行们写打油诗讽刺①：

黑西哥、墨西哥，
兄弟长得差不多，
无非丢了一点土，
大惊小怪干什么。

对于发生的时事，也有很多有趣的评论，如图 13-1 所示：（图片评论阅读顺序为从下至上）

图 13-1 跟帖诗词

眼看他起高楼，
眼看他宴宾客，
眼看他楼塌了。

这段评论是出自清代戏曲家孔尚任所作《桃花扇》中的一段唱词：

俺曾见金陵玉殿莺啼晓，秦淮水榭花开早，谁知道容易冰消！眼看他起朱楼，眼看他宴宾客，眼看他楼塌了！这青苔碧瓦堆，俺曾睡风流觉，将五十年兴亡看饱。

使用诗词对特定新闻事件进行评论，不能违反起码的人伦常理。2008 年汶川大地震后，某省作协有诗人写了首《江城子·废墟下的自述》，就遭到网友的普遍批评。

作者注：一位废墟中的地震遇难者，冥冥之中感知了地震之后地面上发生的一切，遂发出如是感慨②——

天灾难避死何诉，

---

① 刘继兴．将“墨西哥”读成“黑西哥”的大总编［EB/OL］．（2022-10-12）［2022-12-15］．http：//www.chinavalue.net/General/Blog/2011-1-12/682680.aspx.

② 地震无情，诗词更无情：13 年前的一首《江城子》，毁人三观［EB/OL］．（2022-05-04）［2022-12-15］．https：//www.163.com/dy/article/G963V0C90544541L.html.

主席唤，总理呼，
党疼国爱，声声入废墟。
十三亿人共一哭，
纵做鬼，也幸福。
银鹰战车救雏犊，
左军叔，右警姑，
民族大爱，亲历死也足。
只盼坟前有屏幕，
看奥运，同欢呼。

在重大自然灾难面前，发出“纵做鬼，也幸福”的感慨，显然违背了基本的人性，这是诗词评论创作应注意的。

传统诗词不仅浓缩了历史，也陶冶着人们的情操，值得人们珍视。学习诗词评论写作，不仅仅在于欣赏诗词的美丽意境，还要“咬文嚼字化古诗，意境深远表新情”，通过阅读新闻事件，运用各种方式表达个人的见解。诗词和评论结合，这也是对传统文化的创造性继承。

第二节　画体评论

传统诗词可以与新闻评论结合，新闻漫画和新闻评论之间也有相通之处。

一、漫画与观点

新闻评论是运用文字对新闻事件发表看法，新闻漫画是通过画面就新闻事件表达作者态度。报纸和新闻杂志的评论栏目喜欢配上漫画，有的甚至单独用漫画做成“评论”，形成新的独立文体。新闻评论和漫画结合紧密，读者就可以从漫画中寻找到作者的观点，发现作者的态度。

文学和艺术之间，没有不可逾越的围墙，这在很大程度上源于诗画同源。古希腊诗人西摩尼德斯指出：“画是一种无声的诗，诗是一种有声的画。”其后的贺拉斯在《诗艺》中将画和诗的关系作用看得同等重要：“画如此，诗亦然。”另外，在我国北宋时期的郭熙看来，“诗是无形画，画是有形诗”①。苏轼论唐朝大诗人兼画家王

① 郭思，杨伯．林泉高致［M］．北京：中华书局，2010：81.

维画作《蓝田烟雨图》上的题跋中写道："味摩诘之诗，诗中有画；观摩诘之画，画中有诗。"这个论断引发许多关于诗画是否同源与诗画何以同源的论争。苏轼的论断将诗画同源说上升到新的高度，为更好理解两种不同类型作品的内在联系指明了方向。

以诗词为评论，以漫画为评论，是媒介融合时代新闻评论发展的趋势。关于漫画和评论的关系，可以透过震惊世界的《查理周刊》事件得到间接地印证。

2015 年 1 月 7 日，法国著名讽刺杂志《查理周刊》的巴黎总部遭到恐怖分子袭击，12 人在这次恐怖袭击中遇难。袭击事件的起因是一幅涉及伊斯兰教宗教信仰内容的漫画。《查理周刊》刊登的政治漫画作品曾经讽刺了不少重量级的大人物，从各国最高领导人到耶稣等宗教人物，似乎都没有逃过他们的讽刺。

漫画是作者通过幽默讽刺的方式，表达作者对社会事物的看法。漫画或者批评，或者建议，或者发表感触。漫画需要夸张和讽刺，但应恪守艺术道德，尊重不同的文化和信仰。

新闻漫画作品中浓缩着作者对新闻事件的态度和观点。新闻评论也是评论写作者对新闻事件的看法。漫画和评论都是意见性信息，前者以绘画艺术的形式形象地展示作者的观点，后者以理性的说理形式表达并论证一种观点的成立。在新闻实践中将漫画与评论相结合，是一种传统。新闻评论教学，也需要将漫画引入评论教学中，以适应实践发展的需要。

二、新闻漫画的发展历程

漫画是用简单而夸张的手法来描绘生活或时事的图画，主要运用变形、比喻、象征、暗示、影射的方法构成幽默诙谐的画面或画面组，以取得讽刺或歌颂的效果。

考古发现，早在数百（甚至数千）年前，人们在南亚洞穴中就发现了古老的漫画，在佛教寺庙中发现了一份 12 世纪遗留的日文故事图、中国古代仰韶文化时期的陪葬用品，以及德国 16 世纪宗教改革前的大幅故事图，这些文物是早期漫画文化的起源。谈到漫画的起源，现在多认为始于 16 世纪的意大利，代表人物是达·芬奇。达·芬奇开创了一种实验性的绘画，在他的部分作品里，用一些夸张的变形把人物的结构改变了，这已经有了漫画的形式，可以视为漫画的雏形。

16 世纪德国马丁·路德所绘的漫画已经具有现代漫画的味道，比较接近现代的新闻漫画。当时罗马教廷为了维持特权阶层的奢靡生活，向教徒兜售"赎罪券"，唆使教徒拼命去买，给普通教徒造成了不小的经济负担，导致教徒家庭原本清苦的生活雪上加霜。这个时期，有漫画家将耶稣和耶稣的母亲圣母玛利亚绘成漫画，他们身上背着《圣经》，他们前面站着的官僚地主和贵族阶级正在兜售《圣经》，兜售的同时也将购买者的思想禁锢起来。这样的漫画反映了社会现实，有漫画家清晰的诉求，也体现出某种叛逆精神。漫画实际上是一把刀，在社会变革和社会动荡的时期甚至可能是一把匕首，它直指社会的黑暗面，表现出作者的立场和观点。

（一）19 世纪西方社会的新闻漫画

19 世纪，西方新闻事业发展迅速，报纸在关注社会变迁的同时，也重视运用漫画的形式反映最新的社会变动，新闻漫画在这个时期得到发展。

19 世纪 30 年代，法国社会不满当时的媒体管制政策，1834 年 2 月 27 日，菲力朋在《喧哗》封面刊登法庭针对《喧哗》的判决书。为了讥讽路易 · 菲利普，菲力朋将这份判决书排成“梨”的形状（如图 13–2），并附上编辑部的声明：“……高贵的灵魂终于得到了安慰。”①

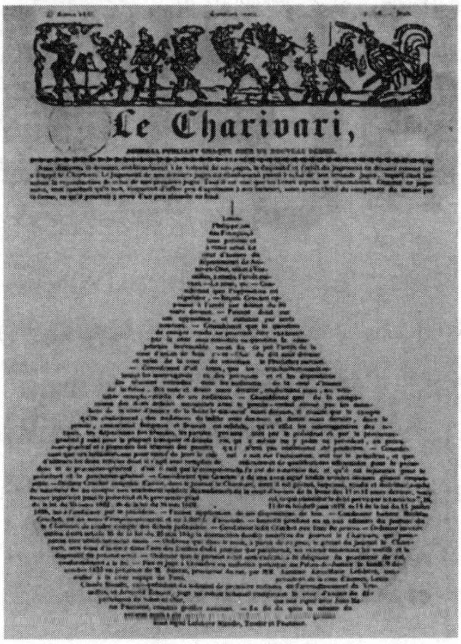
Le Charivari,

图 13–2 《高贵的灵魂》

19 世纪三四十年代，当时的法国媒体通过漫画的形式，隐喻言论表达的权利与新闻事业的关系。1833 年 10 月 3 日，杜米埃在《漫画》上发表的漫画作品中，描绘了一个强壮有力的印刷工人正把“想干涉报刊事业”的路易 · 菲利普压在了印刷

① 韩伟华 . 法国 19 世纪新闻管制政策中的政治漫画［J］. 文艺研究，2015（5）137；福克斯 . 欧洲漫画史（古代—1848 年）［M］. 章国锋，译 . 上海：上海人民出版社，2008：345–346.

机的下面（如图 13-3），非常鲜明地表达了作者的观点。①

19 世纪，报纸以批判现实主义的姿态对当时西方社会的现实进行了反思和批判。漫画在有限的版面空间中，用夸张的方式表达作者对社会现实的看法，讽刺当时的社会事件是这个时期的主题词。

（二）20 世纪西方社会的新闻漫画

进入 20 世纪，在第一轮全球化的进程中，国际局势变幻莫测，两次世界大战以及西方社会与东方社会的长期“冷战”，为漫画家用画笔反映社会现实提供了丰富的素材。这个时期的国际政治漫画经常见诸报端，这类漫画也见证了 20 世纪的世界发展历史，以及漫画家眼中的国际社会。

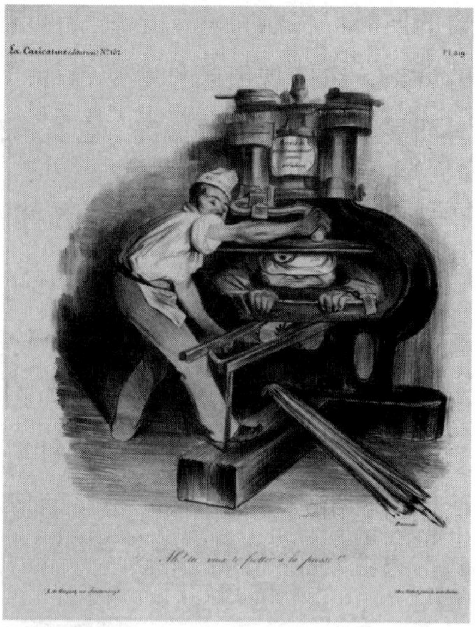

图 13-3 《啊！你想干涉报刊事业》

第一次世界大战后，日本在巴黎和会上签署《国际联盟盟约》，承诺“以和平方式解决国际争端”。1922 年，日本出席华盛顿会议，并签署《九国公约》，承诺“尊重中国之主权与独立及领土与行政之完整”。1928 年，日本在巴黎签署《非战公约》，“缔约各国郑重声明：谴责用战争解决国际争端，并在它们的相互关系中废弃以战争作为实行国家政策的工具”。

历史表明，日本并未遵守承诺，并发动了侵华战争。1931 年媒体上发表的漫画《条约的破坏者》中，印着“日本”（JAPAN）字样的大炮，不仅穿透了《九国公约》（NINE POWER TREATY）、《非战公约》（KELLOGGPACT）、《国际联盟盟约》（L.OF N. COVENANT），也把“世界法院”（WORLD COURT）和“日本政府的承诺”（JAPANESE GOVT. PROMISES）给破坏了。

画面中，一颗炮弹从炮膛里飞出，飞向远处的亭阁，漫画用艺术的手法讽刺了背信弃义的日本发动的侵华战争（如图 13-4）。②

① 韩伟华．法国 19 世纪新闻管制政策中的政治漫画［J］．文艺研究，2015（5）：138.
② 吴广伦．老漫画中的世界史（贰）：20 世纪［M］．上海：东方出版中心，2018：91.

图 13-4 《条约的破坏者》

在第二次世界大战中，日本和德国同属纳粹集团。世界各地的漫画家用画笔做武器，以艺术的方式表达他们的反法西斯态度。在下面这幅漫画中（如图 13-5），希特勒面对强大对手，被吓得像个小丑一样躲在角落里瑟瑟发抖，让人们看到了侵略者内心的胆怯。①

图 13-5 《最轻松？》

① 资料来源：美国二战时的宣传漫画，https：//new.qq.com/rain/a/20210710A056LV00。

在英国漫画家伯纳德·帕特瑞吉的《全知全能》中，继承了德国“铁血宰相”俾斯麦衣钵的希特勒，比俾斯麦更加非理性。《全知全能》这幅漫画构图巧妙，右侧虚幻的画面中，一身戎装的俾斯麦酷似浮现的幽灵，凝视着左侧将皇冠戴在自己头上的希特勒（如图 13–6）。希特勒双手托起的皇冠上镌刻着“总统”（PRESIDENT）、“总理”（CHANCELLOR）和“陆军司令”（ARMY CHIEF）的字样。作者借俾斯麦之口发出这样的感慨：“现在我不确定，是否有更大的危险。”

图 13–6 《全知全能》

在漫画家看来，登上德国政治舞台的希特勒将把整个德国引向比俾斯麦时期更危险的道路上。[①] 后来的历史事实，也验证了帕特瑞吉的预言。

20 世纪 40 年代，在第二次世界大战的炮火声中，非洲的民族意识进一步觉醒。战后的非洲，民族独立浪潮不断高涨。20 世纪 50 年代，继埃及独立后，截至 1960 年，先后有 17 个非洲国家获得独立。这一年被称为“非洲独立年”。英国漫画家罗纳德·塞尔的漫画《被缚的非洲人弯曲地蜷缩在非洲地图中，准备挣脱他的枷锁》，发表于“非洲独立年”前夕的 1959 年 3 月 11 日。在这幅漫画中，一个双手双脚都被捆绑着的非洲人，像未出生的婴儿似的蜷缩在非洲版图状的囚笼中，正奋力挣脱枷锁，准备站立起来（如图 13–7）。塞尔借漫画预示非洲正在觉醒，表达出这里的人民即将摆脱殖民统治、走向民族独立的观点。[②]

---

① 吴广伦．老漫画中的世界史（贰）：20 世纪［M］．上海：东方出版中心，2018：98.

② 吴广伦．老漫画中的世界史（贰）：20 世纪［M］．上海：东方出版中心，2018：310.

图 13-7 《被缚的非洲人弯曲地蜷缩在非洲地图中，准备挣脱他的枷锁》

这个时期，反映非洲独立主题的漫画作品不在少数。1956 年 7 月 31 日，新西兰漫画家大卫 · 洛发表了漫画《苏伊士运河的巨人》。这幅漫画发表时，正值埃及收回苏伊士运河主权期间。在这幅漫画中，一艘印着英、法、美国旗的轮船，正在以“国际交流”的名义通过苏伊士运河，而时任埃及总统的纳赛尔高举一面印有“阿拉伯民族主义”字样的旗子，两腿横跨苏伊士运河，将其拦住。在纳赛尔后方坐着的是时任苏联外交部长的谢皮洛夫（Shepilov），他正悠闲地坐在苏伊士运河岸边垂钓（如图 13-8）。作者借漫画表明，埃及已经从英国手中收回了苏伊士运河的主权，同时也暗示，纳赛尔背后有大国的帮助，这个事件同样是冷战的产物。[①]

图 13-8 《苏伊士运河的巨人》

① 吴广伦 . 老漫画中的世界史（贰）：20 世纪［M］. 上海：东方出版中心，2018：308.

冷战初期，未来的核战争促使大国竞争“航天制高点”，国际竞争从陆地和海洋发展到外太空。空间技术的开发与应用，成了冷战时期美苏争夺的一个新热点。1958 年 2 月 3 日，英国漫画家维琪发表的漫画《最后在峰会见？》，揭示了当时美、苏争夺外太空的情景。

在这幅漫画中，当时的美国总统和苏联领导人，分别化身为导弹和人造卫星，形象地揭示出外太空的激烈角逐（如图 13-9）。维琪借时任联合国大会主席莱斯利·门罗的口吻说：“一场讨论外太空国家主权的会议将在未来的两三个月内在太空举行。”①

图 13-9 《最后在峰会见？》

20 世纪现代化进程加快，环境问题成为新的全球性问题，美国的温室气体排放量占全球排放量的四分之一。然而，1997 年 6 月 25 日，美国通过《伯德·哈格尔决议》，要求美国政府在签署相关国际协议时先评估其对美国经济的影响。

1997 年 12 月 10 日，在《京都议定书》签订的前一天，英国漫画家尼古拉斯·加兰德发表一幅名为《不要吸入》的漫画，表达了对美国环保态度自利取向的讽刺。在这幅漫画中，克林顿化身为自由女神，被黑色浓烟环抱着，他右手高举“化石燃料的排放量”的火炬，左手夹着京都会议文件（如图 13-10）。克林顿在剑桥大学演讲谈到大麻时曾说他“不吸食”，加兰德以此为题进行讽刺。②

---

① 吴广伦 . 老漫画中的世界史（贰）：20 世纪［M］. 上海：东方出版中心，2018：283.
② 吴广伦 . 老漫画中的世界史（贰）：20 世纪［M］. 上海：东方出版中心，2018：291.

图 13–10 《不要吸入》

（三）20 世纪 20—40 年代我国的新闻漫画

在中国，漫画同样经历了一个曲折的发展历程。在 20 世纪三四十年代的漫画史上，丰子恺被称作中国现代漫画事业的先驱，他的漫画作品极具代表性。

“漫画”这个概念，与丰子恺有着深厚的渊源。1925 年，《文学周报》开始连载丰子恺的绘画作品，编辑郑振铎拟定了“子恺漫画”为栏目名称。此后，丰子恺陆续发表了《红了樱桃，绿了芭蕉》等画作，并以“漫画”为题。自此，中国有了“漫画”这个词，丰子恺成了中国漫画创作的鼻祖。

在丰子恺对漫画进行定义之前，漫画有很多名称，先后被称作“幽默画”“讽刺画”“滑稽画”。逐渐地，“漫画”这个词取代了其他概念。西方的新闻漫画被称作讽刺画，这类漫画结合当下的社会背景，将某个新闻以及作者的观点用图形化的语言表述出来。

丰子恺的漫画很有特点。他将中国传统的绘画、书法与漫画相结合，将漫画根植于当时的中国社会现实，使自己的漫画产生了深刻的社会影响。

20 世纪三四十年代的中国，由于社会动荡，许多人流离失所，人民群众处于水深火热之中，许多家庭妻离子散。在《最后的吻》这幅漫画中，母亲和孩子要分离，只能把他送到孤儿院去，因为没有办法养活孩子。丰子恺用了穷人和动物对比的手法，一边是无力抚养孩子的母亲，不得不忍痛把孩子送入育婴堂的墙箱里；一边是墙根下的一只狗，正在给两只狗崽喂奶，并且深情地望着它的狗崽（如图 13–11）。两相对比，使人不禁心酸落泪。①

① 张鸣 . 历史的空白处：另类视野下不为人知的史实［M］. 北京：经济科学出版社，2013：151.

20世纪30年代，中国社会面临着多重危机，这样的社会现实为漫画创作提供了丰富的素材。丁聪在中学时期就开始发表漫画，抗日战争后为《救亡漫画》杂志供稿。他在成都生活期间，目睹了当时社会的巨大贫富差距，留下了《成都饭馆之所见》这幅漫画，这是一幅现实主义风格的作品。在丁聪的笔下，脑满肠肥的有钱人，依旧过着“朱门酒肉臭”的奢侈生活，饥肠辘辘的穷人孩子，虽垂涎欲滴，却只能遭受冷眼（如图13-12）。[①]

图13-11 《最后的吻》

图13-12 《成都饭馆之所见》

20世纪三四十年代，方成从学生时代就善于观察生活，并创作漫画。后来，他在《观察》杂志开设漫画专栏，成为一名漫画记者。这个时期，方成的漫画关注社会问题，画作锋芒犀利。

在漫画《惊梦》中，夜间一只小老鼠跳到了一位熟睡的学生鼻尖上，又准备再跳起来，学生突然惊醒，憨态可掬（如图13-13）。这些反映学校日常艰苦生活的漫画，简单而不失有趣。[②]

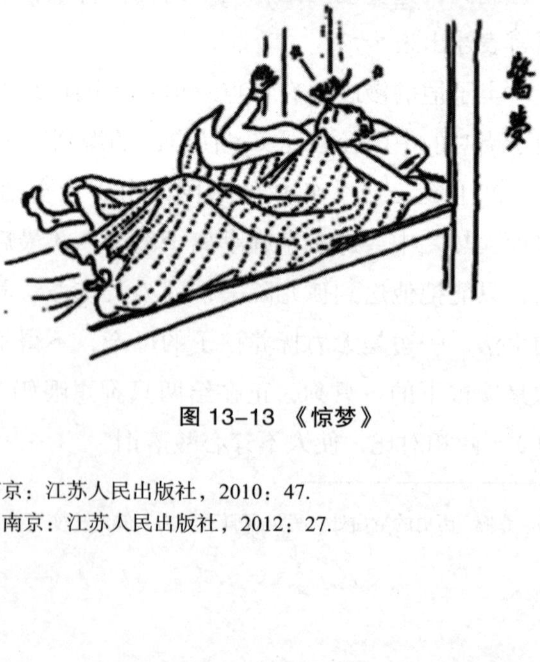

图13-13 《惊梦》

毕业于北平美术专科学校的张仃，曾投身“抗日宣传队”，以

① 郭梅，魏丽敏．漫画大师——丁聪传［M］．南京：江苏人民出版社，2010：47.
② 张维．漫画人生 幽默大师——方成传［M］．南京：江苏人民出版社，2012：27.

漫画为武器宣传抗日。1946 年他到《东北画报》任职，其间，发表了《城头变幻大王旗》《十五年前的一幕童话》等漫画。

在《十五年前的一幕童话》这幅漫画中，他画的是喜爱戏剧的张学良，在“九一八”事变当晚，张学良带着夫人于凤至和赵四小姐，在中和戏院看梅兰芳的新戏《宇宙锋》，以至于参谋副官无法联系到他（如图 13-14）。马君武的诗《哀沈阳》云：“告急军书夜半来，开场弦管又相催。”这首诗，刚好可以为这幅漫画作注脚。[①]

图 13-14 《十五年前的一幕童话》

（四）改革开放以来的新闻漫画

优秀的漫画作品在任何时代都能够让读者清晰地读出它要表达的意思。

中华人民共和国成立后，我国也涌现出一批优秀的新闻漫画作家和一大批优秀作品。比如，在抗日时期已经开始为延安《解放日报》创作新闻漫画的华君武，到 20 世纪五六十年代仍在坚持创作。图 13-15 是他于 1962 年创作的一幅漫画：华君武讽刺了当时的一些单位人浮于事，经常存在推诿扯皮的现象，明明一个人可以完成的事情，却要“吃大锅饭”。

图 13-15 《科学分工》

1978 年 12 月，中国开始实行对内改革、对外开放的政策。一批在中华人民共和国成立

① 张鸣.历史的空白处：另类视野下不为人知的史实［M］.北京：经济科学出版社，2013：104.

前已经成名的漫画家，在这个时期继续为我国新闻漫画的发展作贡献。

图 13-16 《武大郎开店》

方成的《武大郎开店》（如图 13-16），揭露了当时的一种社会现象：“比我高的不用。”这个“高”，实际上一语双关：一是说个子比我高，不请个子比我高的人；二是指有能力、有水平，不请比我有能力、有水平的人。这幅漫画讽刺了当时社会一部分人的某些病态心理。因为当时没有电脑，没有多媒体手段，所以他采用了国画小品这种方式。这张水墨新闻漫画是非常经典的作品。

《武大郎开店》的画面简单、滑稽，是方成最满意的代表作。①

图 13-17 《望房兴叹》

1998 年，丁聪先生针对当时的房价，画了一幅名为《望房兴叹》的漫画（如图 13-17）。丁聪先生的画，现在把数字稍微改一下同样适用，因为这幅画放在我们现在的新闻里观点同样成立，讽刺的对象同样适用。应该说，再过几十年，这幅画依然可以表现社会现实。

优秀的漫画，必然具有超强的生命力。新闻漫画与新闻评论的共同点在于：过了很多年之后，其深邃的思想观点，同样适合评论类似的新闻事件。②

经典的漫画作品，往往让读者拍案叫绝，但当下上乘的新闻漫画作品数量并不多。任何作品都需要经历一个大浪淘沙的过程，不能指望每天出现的作品个个都

① 张维．漫画人生　幽默大师——方成传［M］．南京：江苏人民出版社，2012：89.
② 丁聪先生漫画作品［EB/OL］．（2018-12-06）［2022-12-15］．https：//weibo.com/1191965271/H5Z1cpcRt?type=comment.

是精品，这既不现实，也不符合艺术发展的规律。至于新闻漫画是否会被新闻照片所取代，应该说，新闻漫画在西方的主流媒体依然有一席之地。从媒体的运作规律看，新闻照片无法完全替代新闻漫画，用一张漫画作为插图，比新闻照片的效果更佳。

三、画体评论

媒体融合对评论写作者提出了更高的要求。除了要掌握传统的文字评论写作和音视频评论策划、文案撰写、拍摄和制作，还应关注新闻漫画，了解漫画作品观点表达的特点，取长补短。

学习画体评论，有必要了解当前国内外知名的新闻漫画网站。比如，美国政治卡通漫画网汇集了美国本土以及全球漫画家的作品。《中国日报》的漫画团队是我国最好的新闻漫画团队之一，这个团队大概七八个人，主要以做政治漫画为主，且漫画的质量上乘。

新闻漫画和杂文一样，在社会动荡时期或者社会变革时期直击社会问题，将社会的阴暗面用艺术的方式呈现出来。在中国式现代化建设进程中，如何将有中国社会主义特色的事物用漫画表达出来，与如何写好新闻评论和杂文一样，都是非常值得研究的问题。

优秀的新闻漫画，应具备三个要素。

首先是新闻性。根据新闻漫画的定义，它一定是和现实生活习惯结合在一起的。当代社会，新闻的供给和消费继续增长，对新闻事件的解读要及时配备相关的漫画作品，失去时效性的漫画即便是围绕已经过去的社会热点事件画的，也失去了最佳的传播效果。新闻评论和新闻漫画同步生产、传播，对于新闻舆论的形成和引导，具有积极的社会作用。

其次是艺术性。新闻漫画作为一种新闻评论体裁，是用漫画的方式表达作者对新闻事件的态度。这需要一定的艺术性，符合基本的审美标准，比如说人物结构、人物造型、色彩搭配、构图以及文字与画面的搭配等，此外也都要具备很幽默的画面设计。因此，新闻漫画一定要有艺术性。

最后是可读性。好的新闻漫画一定要有比较好的社会反响。好的新闻要有足够的评论价值，好的评论作品要有一定的社会认可度，同样，优秀的画体评论作品，除了具备这些因素，还应有艺术的生命力。因此，漫画不仅具有强烈的视觉冲击力，而且饱含着作者的喜怒哀乐。尤其是新闻漫画，观点鲜明，嬉笑怒骂，自成一体，给人过目不忘的艺术享受。

在学习新闻评论的过程中，学习者不妨多阅读媒体上刊载的中外新闻漫画作品，研究漫画作者在角度选择、立意体现、观点呈现上的方式方法，以使作品达到让人过目不忘的效果。

学习新闻漫画创作，正如选好一个新闻选题，需要考虑如何将它用一些很新颖有趣的形式表现出来。画体评论，需要创作者学习绘画基础知识，真正认识漫画，明白自己选取的新闻和思考的观点，进而明确自己需要一张什么样的图，才能够让自己的思想观点更出彩，最终清晰地将自己的观点表达出来。

学习画体评论，需要鉴赏当下的新闻漫画，了解漫画和评论的配合和相融。《新华日报》曾发表短评《年轻干部切莫信奉“不洗不破”》，在这篇234字的评论中，讽刺了部分年轻干部以“躺平”的姿态对待工作。曹一（曹祎）就这篇评论创作了《年轻“老干部”》这幅漫画（如图13-18），画中的“老干部”在水池边，放着成堆的碗筷不管，而做着洗洗涮涮的样子。[①]《年轻“老干部”》用艺术的方式，讽刺部分中青年干部“尸位素餐”的现象。

图13-18 《年轻“老干部”》

在国际传播实践中，中国媒体既要“讲好中国故事”，也要发出自己的声音，针对国际热点事件发表文字、音视频、诗体评论的同时，还应创作国际题材的画体评论，传递出真正的“中国声音”。

在《醉心党争　危机四伏》中（如图13-19），曹一讽刺了美国的枪支泛滥、种族主义等问题，民主党和共和党在中期选举前，为各自的政治利益而争斗，放任棘

① 曹一，袁媛.年轻“老干部”[N].新华日报，2021-12-30（2）.

手的社会问题恶化。漫画以“舟”形容美国政局的不稳，党争让民众生活陷入困境。[1]

图 13-19 《醉心党争　危机四伏》

评论、诗词和漫画的有机融合也是主流媒体探索的方向。新闻漫画面向中国式现代化建设，为正面新闻报道发出积极的声音，也是画体评论探索的方向。在这方面，《人民日报》评论版一直在进行探索，如图 13-20。

加快推进科技创新，打造智能建造产业集群，培育具有关键核心技术和系统解决方案能力的骨干建筑企业，增强建筑企业国际竞争力……住房和城乡建设部不久前印发通知，选取北京、天津、重庆等 24 个城市开展为期 3 年的智能建造试点，积极探索建筑业转型发展的新路径。

设计施工高效，绿色低碳降耗。

数字赋能建造，尽显科技之妙。[3]

图 13-20 《智能建造》[2]

① Cao Yi.Blinded by partisan battles. [EB/OL] . (2022-11-08) [2022-12-15] . https: //news.cgtn.com/news/2022-11-08/Blinded-by-partisan-battles-1eMSY9PeqsM/index.html.

② 曹一 . 智能建造［N］. 人民日报，2022-11-25（5）.

③ 卜拉 . 智能建造［N］. 人民日报，2022-11-25（5）.

《人民日报》评论版将这个文、诗、画组合而成的文章，命名为“图片报道”。这样的融合性评论增加了报纸评论的文学色彩和艺术色彩，提升了作品的传播力，在新闻评论的融合进程中，画体评论的艺术魅力在于漫画创作者的精品意识。善于观察、勤于思考、富于联想，在深刻揭示社会问题的同时，向公众分享创作者的观点，给公众以艺术的享受，这是精品意识在画体评论实践中的基本要求。

第二十六届中国新闻奖新闻漫画类一等奖作品《大活人自证活着是何方规矩》（如图 13-21）[①]，就是精品意识在画体评论实践中的体现。

图 13-21 《大活人自证活着是何方规矩》

这幅漫画揭示了多年来社会上存在着一个怪象：一些单位习惯于懒政，做什么事情前都要求出示证明，提供正常的服务表现出来的却是僵化和非人性化。在这幅作品中，漫画创作者提炼的关键词是一个人要证明自己还活着，才能正常去办理补贴证明。这个新闻点原本可以画一些很平常的画面，比如在一张办公桌前面，工作人员对老人解释：“我们这是政策，要证明你还活着，你要把这个证明单填了，”然后旁边再搭配对白，这种是很直白的读图式的新闻。而在这幅漫画中，创作者抓住了一位老人的形象，刻意将登记照给去掉，以一种很滑稽的形象，将这个证明套在老人的头上。套在头上有枷锁的含义，让老人觉得很不自在、很尴尬、很不舒服，他的右手拿着当天的报纸，拍照证明自己还活着，他的眼神透露出无奈。这幅看似有点搞笑的漫画，能够让读者在笑过之后理解作者想表达的思想。

① 大活人自证活着是何方规矩［N］. 新华日报，2015-09-28.

四、新闻漫画与评论教学

在新闻实践中，评论与漫画的配合是一项传统。国内的新闻评论教学，受传统新闻教育理念的影响，把漫画归入艺术学的范畴，因此新闻漫画多从理论层面展开，漫画的内容长期未纳入评论教学环节。

在互联网时代，由于技术的高速发展，信息的生产和传播门槛逐渐降低。一方面自媒体兴起，让“人人都是记者 / 评论员”成了现实，读者打开手机或电脑，面临的是海量信息；另一方面，信息传播形式也在不断“升级”——从文字到图片，从音频到视频，再到 AR/VR（虚拟现实 / 增强现实），等等。

一种观点、一种看法如果想拥有更多“出圈”的可能，势必得在形式上进行创新，跟上新的传播趋势和格局。仅仅依靠单一的文本，一支笔头打天下，显然越来越难。近年来，红网的评论产品生产沿着多元化的方向发展，从文字评论到漫画评论，再到视频评论，其都进行了尝试。红网“评论之星”大赛就对新闻评论教学提出新的要求，需要新闻评论教学向学生讲授评论与漫画之间的联系，并引导学生用艺术的形式表达对新闻事件的理解。红网遵循的思路是：第七届大赛增设“视评”赛道，第八届大赛再添“漫评”比拼。通过拓展评论的形态，引导新闻评论学习者跟上新的传播生态，同媒体一起与时俱进。

将新闻漫画引入新闻评论教学，需要的不只是一块文字评论的“训练场”。讲授漫画评论，鼓励评论学习者通过漫评赛道锻炼自己，能够更好地配合新闻评论的融合教学，为评论课堂提供更多助力。

新闻评论学习者的漫画评论实践在质量上无法与主流媒体的职业漫画家处于同一水平。评论学习者的漫画评论作品多停留于“呈现新闻”的层面，缺少观点的输出，缺乏巧思和创意。另外，受限于评论写作者的绘画技能，漫画评论作品的笔法较为稚嫩，画风难言成熟美观，同时制作周期也较长，时效性跟不上媒体热点的更迭。

在“评论之星”大赛的漫画评论应征作品中，漫评作品的来稿数量比较可观，也涌现了不少优异的作品。例如在作品《隐私问题，“码”上消失》中，创作者配了《网课骗局》的漫画（如图 13–22）。①

---

① 孙小葳 . 网课骗局［EB/OL］.（2022–12–14）［2022–12–15］. https：//hlj.rednet.cn/content/2022/10/24/11974324.html.

图 13–22 《网课骗局》

行程卡下线，是一次对历史的告别，也预示着新生活的开始。三大运营商对于隐私问题及时且迅速地回应，疏解了公众对于隐私泄露的不安，当我们对行程卡说“再也不见”的同时，也可以对大数据带来的隐私问题说“再也不见”。对这个漫画评论，评委肖涛肯定道，“有评论价值，漫画形象，望图知义”。

在漫画评论《虚假的“奠基石”》①（如图 13–23）中，创作者针对国家自然科学基金委员会查处的不端行为案件，创作出这幅作品。该作品对比强烈，有很强的讽刺意味。读者看后，给人一图胜过千言的感觉，看出了要表达的观点。

图 13–23 《虚假的“奠基石”》

通过对国内外新闻漫画发展历程的简要回顾，在评析了部分漫画作品和新闻评论的有机融合后，我们不难发现，如果评论写作者是思想家，那么漫画创作者既要具备思想家的素质，还得是优秀的导演，他要将他想表达的意思凝练成选题里面的关键字词，再准确地选取可以匹配的具体图画形象。此外，漫画创作者也可能是编剧，他要选择合适的角色，然后在固定的画面尺寸内制造扑面而来的戏剧冲突。

画体评论可以针砭时弊，鞭笞邪恶，为民请命。好的画体评论创作者，也一定

① 柳昕，程诗玥，王博闻 . 虚假的“奠基石”［EB/OL］.（2022–10–30）［2022–12–15］. https：//hlj.rednet.cn/content/2022/10/30/11992296.html.

是胸怀天下、批评时政、监督职能部门、沟通社会的思想者和艺术家。评论写作者不一定是专业的学者，但是他既要从整体上研究社会，又要有敏锐的洞察力，更要用自己的知识、智慧和良知去审视社会，用丰富的方式表达自己的见解，为社会的健康发展做出贡献。

思考题

1. 通过本章的学习，请简述你对传统诗词基础知识的认识。

2. 结合李鸿章的《绝命诗》，谈谈作者对当时中国社会现实的认识。

3. 从网易新闻跟帖中，寻找一篇就热点事件写的诗词，对比同题的新闻评论作品，谈谈二者的异同。

4. 你如何看待“网易跟贴”的“盖楼”现象，谈谈这样的接龙现象对观点艺术化表达的作用。

5. 如何认识新闻漫画中包含的思想观点？

6. 结合当下的新闻漫画，谈谈漫画的观点与媒体评论的观点在表达方面的各自特点。

Chapter 14

第十四章 评论写作与跟帖评论的伦理

第一节 评论写作的伦理

在互联网时代，新闻评论作为一种公民写作方式，在网络用户的积极参与下变得更为活跃。且由于新闻评论写作的门槛不高，作者队伍规模大，评论作品数量多，这种文体在发展过程中也存在一些问题。

一、网络舆论对评论写作实践的批评

媒体评论用稿量越来越大，尤其是网络媒体的评论频道，对评论的需求量更大。由于评论写作者的媒介素养和写作素养参差不齐，一些质量堪忧的评论作品随之出现。在网络上，有人总结了评论界存在的多种不良现象①：

其一，自树靶子，疯狂打击；

其二，一知半解，断章取义；

其三，标题党大行其道；

其四，色评流行火爆；

其五，言过其实，夸大其词；

其六，跟风赶潮，进行泡沫式评论；

其七，玩文字游戏；

其八，随意转载。

通观这八种现象，笔者认为，这其中既有时评人的责任，也有媒体的责任，希望大家都负起责来，把时评和时评界往"局面上生动活泼、形式上丰富多彩、秩序上井然有条理"引导，进而促进时评界的健康发展。

新闻评论写作实践的公民性质，使这项写作实践面向全社会开放。在传统媒体时期，人们参与评论写作实践时，作品需要通过媒体评论的编审流程，才能与公众见面。网络时代，评论的发表不再由媒体机构垄断，从早期的 BBS 论坛，到之后的 QQ 空间、博客，再到后来的社交媒体账号，包括现在的头条号和短视频平台，评论写作者个人的网络空间就是意见传播的场域。随着媒介环境的变化，评论发布的途径变得多元，媒体机构认可的评论作品数量有限，更多的评论作品通过评论写作

---

① 沧海 . 眼下时评的八种乱象令人担忧［EB/OL］.（2022-07-25）［2022-12-15］. http：//news.163.com/09/0901/10/5I4C6V2V00012Q9L.html；新闻评论写作案例集锦（2）［EB/OL］.（2022-01-08）［2022-12-15］. http：//47.106.15.148/forum.php?mod=viewthread&tid=2429&highlight=%D0 %C2%CE%C5%C6%C0 %C2%DB.

者的微信公众号和头条号等平台发布。

随着意见传播环境的变化，评论写作成为一种自由写作，人人随时可以就热点事件发表意见。评论写作实践的伦理问题，与评论写作理性的欠缺有关。前面有关对评论写作乱象的批评，从经验事实层面概括了评论写作实践中因有悖于评论写作伦理原则而导致的任性写作。造成这些乱象的原因在于部分评论写作者的写作观念错误、写作动机不端正，在物质和精神的双重利诱下，任性地参与评论写作实践。

评论写作者对于写作有着强烈的热爱，那么他对精神利益的追求必然大于物质利益。想追求前一种利益，写作者必须提高自己的写作水平，这样，评论作品才可能得到媒体的承认并正式发表。这种发表，一是证明写作者的劳动得到社会的承认，二是可以获得稿酬。因此，评论写作者成功与否，在很大程度上与评论作品的质量有关，作品的高质量是在理性作用下实现的。所以，媒体评论编辑在选稿和稿件写作方面的要求，可以引导评论写作者回归评论写作实践的理性，避免陷入评论写作的“奴隶状态”（精神追求和物质追求的不自由状态）。

针对评论写作实践中的乱象，也有评论编辑对评论写作者提出写作实践的原则。[①] 这位评论编辑提出的建议，实际上归纳了评论写作实践的五项伦理原则：第一，事实原则（明辨新闻事实）；第二，调查原则（多搜集相关数据）；第三，限度原则（不要简单批评对象）；第四，沉淀原则（不要急于“学以致用”）；第五，回避原则（不熟悉的领域不要写）。

评论写作实践有个假象，即这项实践看似没有门槛，人人皆可写评论。这种断言是基于宪法赋予的表达自由权利而言的，作为抽象的权利，每个公民都享有写评论的权利。评论写作面向公众，若要拓展公众的视野，启迪人的心灵，具有社会认知价值，评论写作就应有相应的实践要求。事实原则要求评论写作者具备相应的媒介素养，具备识别真假新闻、判断新闻事实价值大小的专业素养；调查原则是建立在新闻专业主义基础上的责任伦理，要求评论写作者具有进行事实核查的专业水平，并将对事实的核查作为写作的义务；限度原则是评论写作的艺术性原则，评论写作者应具备平衡的艺术，以客观的姿态讲两面理，全面、客观地对待自己所评论的对象；沉淀原则是评论写作职业化的要求，要求写作者终身学习，不断提高理论素养，深刻分析社会问题；回避原则是实践的智慧原则，即评论写作实践中的“有所为”和“有所不为”，对于个人认知“六合之外”的话题，明智地选择放弃议论，让熟悉本话题的专业人士发表意见。

---

① 彭远文．给时评作者提五个最基本的要求［EB/OL］．（2022-03-27）［2022-12-15］．https：//news.ifeng.com/opinion/pingzhongping/200903/0327_3362_1080641.shtml.

二、评论写作者的责任意识

新闻评论是一种试图改变读者价值观、行为和信仰的文体，它必然要受到伦理的审视。不负责的评论，反而会误导和伤害公众。作为意见性信息，评论文本的传播范围广泛，社会影响大，新闻评论实践的伦理性显而易见。自愿参与评论写作实践的写作者，应当致力于通过评论作品，提高公众的思考力、鉴别力、批判力和创造力。通过坚持阅读评论，使公众具备独立观察和独立思考的能力，引导公众的价值观，而不是让公众成为被操控或同化的对象。要实现上述的伦理目标，评论写作者的实践目的就不在于驳倒某一方，而在于共同追求真理、达成共识。评论写作者的伦理责任更多地表现出积极的一面，应尽可能多地传播全社会的各种声音，搭建“开放的话语空间”和“意见的自由市场”，尤其是确保话语权和发言机会的均衡分配，让弱势、边缘群体发出自己的声音。新闻评论作品要尽可能地彰显人性中的光辉，显示人道主义和推崇人文关怀，弘扬和释放道德力量，凝聚社会共识，舒缓社会情绪。[①] 评论作品的伦理目标，需要由评论写作者肩负起相应的道德责任：在评论写作实践中坚持公正原则，不模糊地发表看法。

中国社会在现代化转型期有两大重要事件：一个是改革开放，另一个是互联网的普及。从一种社会状态进入另一种社会状态，特别是双重的社会转型，容易让公众产生种种困惑和迷惘，因此媒体有义务向公众解释社会上正在发生的一切，这就需要通过发表大量的新闻评论作品，解读隐藏在社会事件背后的原因。专业的评论要影响社会和舆论，需要评论写作者成为专家型的写作者，具有各自擅长的专业知识，具备对复杂社会现象进行深度洞察的能力。具备这种能力的评论写作者，他们的评论作品往往更容易揭示事物的本质，击中问题的要害，显示媒体评论的权威性与公信力。当前，新闻评论写作队伍的“专家化”趋势正在成为主流，彰显了专家应有的“铁肩担道义”的精神。

“专家化”问题是现代性的悖论之一，历来受到关注与质疑。当前，一些领域的专家学者喜欢跨界发表观点，而部分“专家”的标签和“专家言论”的不负责任，使这个群体面临着现实的“公信力危机”。在公众眼里，“专家”既然是求真务实的科学精神的象征，就完全有理由要求专家的评论严谨缜密、正当公正、持中守正。由此，新闻评论的“专家化”趋势，必然涉及某些伦理问题，需要承担相应的伦理责任。[②]

---

① 李智．论新闻评论的社会责任［J］．西部学刊，2016（10）：22-24.

② 范兵．“专家时代”的新闻评论伦理初探［J］．新闻记者，2010（8）：20-23.

传统的新闻伦理研究偏重采编环节的伦理问题，对评论写作的伦理关注偏少。当代社会，社交媒体平台成为名副其实的公共领域，每个用户都可以在这个平台上发表自己的看法。在社交媒体平台上，多元的观点不断碰撞，每一种观点都直接或间接代表着不同利益共同体的诉求。公共领域形成的网络舆论场，对评论写作实践带来前所未有的挑战，评论写作者既要代表自己所在的利益共同体发声，又要能说服公众接受自己的观点，还不能用欺骗的方式达到引领舆论的目的，这就导致一些新的伦理问题出现，如评论写作者的利益冲突。

评论作品的公信力，与评论写作者的伦理素质有关，一个有社会责任感的评论写作者，必然会克服利益的诱惑，以对社会负责的态度发表看法。评论写作者的道德责任缺位，意味着评论写作者的良知处于“冬眠状态”。当评论写作者的良知无法发挥作用时，评论写作的底线伦理就面临沦陷的危险，在这种状态下，他们难以履行自己所承担的社会道德义务。评论写作实践的伦理问题主要表现在：有的写作者出于私利的考虑，在明知一种观点错误的情况下，依然选择牺牲公平正义而为利益集团代言。评论写作者的道德责任在于，维护公平正义，替弱势群体代言。在评论写作实践中，有的写作者用种种“学术话语”遮蔽其利益动机，这样的写作者及其作品可能挑战公众的认知底线；有的写作者喜欢生搬硬套“国际惯例”，忽视我国的基本国情与现实问题；有的评论写作者在评论中颠倒是非，为博眼球而制造违背公序良俗的极端观点。这些非理性的评论写作实践倾向，是写作者责任伦理缺位的表现，也降低了新闻评论的品质。这样的写作者和作品，自然无公信力可言。

新闻评论的价值在于揭示问题所在，指明社会发展的方向，承担起相应的伦理责任。为此，这一方面需要评论写作者自律，另一方面，更需要媒体筛选出优质的评论作品，在评论的讨论区接受公众的批评与监督。

三、评论写作实务的伦理问题

评论写作实践的动机千差万别，需要初学评论的写作者树立正确的评论写作功利观。在新闻评论的个人功能部分，我们已经强调，评论写作可以训练并提升写作者发现问题、分析问题以及表达思想观点的能力。通过坚持不懈的评论写作，写作者的专业素质和个人发展将有明显的提高。如果在本科阶段就积极参与评论写作实践，大学毕业选择就业时，自己发表的评论作品就可以在激烈的岗位竞争中提升自己的竞争力。评论写作实践的效果，体现在延时的回报方面，通过评论写作训练和评论投稿，评论写作者将会有精神和物质双方面的收益，而这将进一步激发写作者的写作热情。

在评论实践中，适度的功利是必要的，但不能为片面追求切身可感的名利而参与评论写作实践。如果利益诱惑压倒评论写作的伦理原则，评论写作者将处于伦理自然主义的状态，明知某个观点站不住脚或者值得商榷，仅仅为了追求另类或者吸引眼球而去论证，这就涉及评论写作的伦理问题。评论写作者需要独立分析问题，得出的结论符合基本的社会道德标准，而非仅仅满足于“为了发表而写作”或者“只要给钱我就写”。这样的评论写作实践，将降低评论的品质，也将扰乱舆论秩序。

社交媒体时代，各自矛盾的信息同时存在于舆论场，在后真相时代，评论写作者应注意甄别虚假信息，避免选择虚假信息作为评论写作的由头。对新闻真实的认识需要一个过程，新闻的时效性原则对新闻生产与传播的周期提出了时间要求；随着技术的进步，新闻事实核查的周期在缩短。评论写作的选题只要核心事实准确，通常对评论立论的影响不大。相反，评论选题的核心事实模棱两可或者不符合事实，可能造成新闻失实，事实澄清后将迎来反转新闻。反转新闻的存在，对评论写作者提出了更高的要求。

在现实生活中，并非所有的虚假新闻都能引发轰动。评论写作者在事件发生初始阶段未能发现疑点，等真相浮出时，由这样不完全真实的新闻得出的结论是否存在偏颇，这涉及评论写作的伦理问题。在这种情况下，评论写作者的职业素养受到质疑：评论写作者写新闻评论之前，要不要严谨地去甄别事实？有的评论写作者认为自己的新闻由头引用的是新闻报道，这些媒体需要负责任，而评论写作者不应承担责任。记者和编辑有避免新闻失实的责任，评论写作者有甄别新闻失实的责任。面对着无法辨别事实真伪的报道，评论写作者应该首先具备相应的新闻素养，才有资格就新闻事件发表看法。

评论写作还有一个很常见的伦理问题：抄袭。评论写作的抄袭通常分为两类。第一类全文抄袭，这是原始的、简单粗暴的抄袭办法，也是最冒险的一种抄袭方法。由此引申出了一个值得探讨的问题：为什么风险这样高的原始抄袭方式，直到今天依然屡见不鲜？有的写作者参加评论大赛，入围后被举报其评论文章抄袭他人的作品，为此失去了评奖资格。这样的抄袭者，在投稿前应该非常清楚复制他人文章的风险。靠抄袭他人作品去冒险参加评论大赛，反映出的是作者个人的道德素养与媒介素养的双重缺失。

第二类是抄自己的旧文，或者重复旧观点。例如，评论写作者曾写了关于国庆假期景区交通安全问题的评论，在文章发表两年后，这位写作者将新闻由头和标题换了一下，旧评论里两三段核心内容继续使用，这就是所谓的“旧瓶装新酒”。这种情况最难被查证，因为不涉及其他作者的权益，被举报的概率较低。编辑忙于校对海量的稿件，很少有人能清晰地记住一篇评论的标题或核心观点。互联网时代，一旦有人通过关键词检索，很容易把作者的原始文章找出来，同一作者、不同年份的同题评论，意思大同小异，同样会引发舆论批评。

第二节　跟帖评论的伦理

在网络时代，人们在网络平台上发表观点的门槛大大降低。遇到热点事件，越来越多的人喜欢参与网络跟帖评论，这也带来了新的问题：网络新闻跟帖中充斥着大量垃圾信息，其中也不乏低俗的内容，因此跟帖评论与传统媒体经过严格筛选和编辑的评论作品有着较大的差别。就社会发展的趋势看，未来网络跟帖会更加活跃，因此应该重视对网络跟帖评论的引导与规范。

一、跟帖评论实践的制度伦理

2017 年 10 月 1 日，国家互联网信息办公室制定的《互联网跟帖评论服务管理规定》开始施行，这是我国首次对网络跟帖评论从制度层面进行规范。2022 年 12 月 15 日起，修订后的《互联网跟帖评论服务管理规定》（以下简称《规定》）付诸实践。新版《规定》共 16 条。[①]

根据《规定》第 2 条的解释，跟帖评论是指网络用户在具有舆论属性或社会动员能力的网站平台上，以评论、回复、留言、弹幕、点赞等方式表达自己的即时感受。

一项专业实践的出现，必然先处于自然发展的状态，随后在实践中通过解决问题建立专业规范，再向伦理状态过渡。跟帖评论是互联网的产物，网络的交互性允许用户自主表达他们对新闻的即时感受。跟帖评论实践，从用户的兴趣到表达行动，需要在理性的限度内活动。网络空间的虚拟性使参与跟帖评论实践的用户更多按照个人意愿表达观点，与他人进行互动。跟帖评论给予网络用户更多的表达权限，跟帖评论实践激发了用户的创造力，丰富了我国的网络文化和新闻文化。与此同时，跟帖评论实践也存在相应的问题。在《规定》中，跟帖评论遵循先审后发的

① 新闻信息跟帖评论先审后发！新规定 12 月 15 日起施行［EB/OL］.（2022-11-18）［2022-12-15］. https：//mp.weixin.qq.com/s/2B_G0Hx4YDwKrMMPXNLzEw.

原则，配备审核编辑队伍，提高审核编辑人员专业素养；禁止干扰跟帖评论秩序，误导公众舆论[①]，这就涉及跟帖评论的伦理规范。

《规定》的第 4 条要求跟帖评论服务提供者承担管理主体责任，并赋予其相应的管理义务。这些义务，也是对义务主体提出的几项伦理原则。

（一）后台实名原则

第 4 条第 1 款规定，按照“后台实名、前台自愿”原则，跟帖评论服务提供者在审核用户注册时，应核验申请者的真实身份信息，给予注册用户昵称自主设定的权利。同时，服务者必须保证所掌握的注册用户身份信息不被挪作他用，不得向外泄露用户的真实身份信息。

（二）知情告知原则

在管理注册用户身份信息时，服务提供者应根据第 4 条第 2 款的规定，遵循合法、正当、必要和诚信原则，以及公开处理的规则，告知个人信息处理目的、处理方式、处理种类、保存期限等，并依法取得个人的同意。

（三）先审后发原则

在管理跟帖评论时，第 4 条第 3 款规定，对新闻信息提供跟帖评论服务的机构，应坚持先审后发的原则，服务者提供对跟帖评论内容是否合法、合规与是否符合公序良俗进行审查，在内容不违背法律法规和风俗道德的情况下，允许发布跟帖评论。

（四）创新管理原则

跟帖评论是互联网时代涌现出来的新型评论形式，这方面的管理和立法相对滞后，根据第 4 条第 6 款规定，服务者需要创新跟帖评论管理方式，注重利用技术手段提高跟帖评论的管理效率，不断提升对不良信息的处置能力；及时发现跟帖评论服务存在的安全缺陷、漏洞等风险，采取补救措施。

创新跟帖评论管理方式，需要积极与网民互动，与主要网站对接，建立日常联络机制；鼓励理性跟帖、倡导文明评论，主动回应网民关切，以严肃活泼的方式开展跟帖评论。在禁用词管理方面，技术团队根据编辑反馈实时添加或移除，确保跟帖评论审核安全有序。[②]

---

① 章红雨 . 新《互联网跟帖评论服务管理规定》今日起施行［N］. 中国新闻出版广电报，2022-12-15（1）.

② 齐慧杰，唐颢宸 . 探析客户端跟帖评论的管理策略［J］. 网络传播，2019（9）：88-89.

二、跟帖评论实践的伦理规约

随着跟帖评论实践的发展，微言大义的跟帖评论日益受到网络用户的欢迎。现在，“无跟帖、不新闻”，“小跟帖、大文章”，正在成为网络时代新闻消费的发展趋势。针对跟帖评论的任意性，《规定》主要对跟帖评论服务者提出制度建设的要求。面对跟帖评论实践中的非理性表达和群体极化等现象，也需要跟帖评论与作者理性评论，遵守国家的法律、法规，树立跟帖评论自律精神，理性地表达对新闻事件的看法。

《规定》第 9 条对跟帖评论服务使用者提出要求，跟帖评论写作者应当遵守法律法规，遵循公序良俗，弘扬社会主义核心价值观，不得发布法律法规和国家有关规定禁止的信息内容。

网络用户是跟帖评论的创作者，跟帖评论实践的规范程度，跟帖评论服务者的制度建设，可以从外部对跟帖评论实践进行限制。跟帖评论的创造性强，管理制度和制度伦理原则对跟帖评论服务者产生约束力，但无法从根本上限制跟帖评论写作者的实践活动。为规范跟帖评论秩序，“网易跟贴”频道发布过《网易跟贴用户自律公约》[①]（以下简称《公约》），规范用户的跟帖行为。

这份《公约》基本依照 2017 年版的《互联网跟帖评论服务管理规定》的内容，更多地对网络用户的跟帖评论实践行为做出原则性的要求。《公约》的 9 条约定，可以概括为以下四项伦理原则。

（一）底线原则

跟帖评论的内容，需要遵循底线伦理。跟帖评论实践的底线，就是我国《宪法》所确定的基本原则。在跟帖评论实践中，言论不得危害国家安全，不得损害国家统一，不得损害国家荣誉和利益。这些禁止性的跟帖评论内容，是跟帖评论实践的底线伦理，是跟帖评论者在任何时候都不能触碰的。

（二）尊重原则

每个人都有善邻义务，这些义务要求尊重他人。在跟帖评论实践中，用户间的互动，可能带来跟帖评论用户的情绪波动，导致非理性的跟帖评论出现，可能造成不尊重其他用户的现象，煽动民族仇恨，挑起民族歧视、性别歧视，以及残疾人歧

① 网易跟贴用户自律公约［EB/OL］.（2022-10-12）［2022-12-15］. https：//tie.163.com/gt/special/zlgytest/.

视的评论屡见不鲜。有的用户还利用人肉搜索报复、攻击他人，这些行为都应及时被制止。

（三）文明原则

跟帖评论的内容健康与否，体现着我国网络社会的生态状况。在社交媒体和门户网站的跟帖评论中，有伤风化的言语降低了跟帖评论的品质，其中夹杂着淫秽、色情、暴力的词语。在跟帖评论区，也有制造或传播不实信息的内容，这类跟帖评论误导舆论，扰乱网络跟帖评论秩序，违背文明跟帖的原则。

（四）价值原则

跟帖评论是对热点事件发表意见，评论的对象应该是关系社会民生大计的话题。在跟帖评论实践中，有些不具备评论价值的新闻，反而出现大量的跟帖评论；在新闻价值高的新闻下方，跟帖评论的活跃度不高。跟帖评论的娱乐化倾向，在跟帖评论实践中客观存在。跟帖评论应遵循价值原则，自觉摈弃无公共讨论意义的话题，使跟帖评论推动社会的健康发展。

我们应通过构建跟帖用户的伦理原则，规范跟帖评论的行为，引导跟帖评论实践在理性的氛围下文明跟帖，繁荣我国的跟帖文化。

思考题

1. 针对评论写作存在的乱象，请结合自己评论写作的经历，就某一个现象进行具体的分析。

2. 结合一篇你写过的评论作品，谈谈评论写作者应该具备的基本素质。

3. 评论写作者应具备哪些责任意识？请用具体的事例进行说明。

4. 依据失实新闻撰写评论，危害有哪些？

5. 针对反转新闻普遍存在的情况，评论写作者如何甄别新闻的真假？

6. 围绕《网易跟贴用户自律公约》的具体内容，选择其中一个你感兴趣的约定进行分析。

后　记

自1996年在报纸上发表新闻评论作品以来，我开始跟评论结缘。1997年春季我进入新乡电视台，被安排到新闻评论部，在继续写文字评论的同时，也学习采访、制作电视评论节目；2003年秋季，我到广西《南国早报》时评版实习；2004年春季，又辗转到深圳《晶报》“讲场”版实习，依然是跟评论有关；2004年夏季，到西南科技大学任教，开始讲授新闻评论课程。这样的经历，为这本评论写作教材的问世，奠定了基础。

早在十多年前，我就萌生编写一本新闻评论教材的念头，并做好了教材的目录。其间，由于教学、科研、评论写作等多种事情缠身，迟迟未能动笔。遗憾的是，由于几次更换电脑，先前拟定的新闻评论教材的“目录”已经无法找到。

2018年春季，重庆大学开展第一批习近平新时代中国特色社会主义思想和党的十九大精神“三进”工作专题课程建设项目申报。同年6月，我承担的新闻评论课程被列为“专业教育示范课程”建设项目。如何适应形势变化，将新闻评论教学与“三进”工作有机地结合在一起，颇费一番周折。我依据以前阅读多卷《马克思恩格斯全集》的经历，决定在评论教学中，增加马克思主义经典作家的新闻评论实践活动内容。

在媒体融合进程中，新闻评论融合实践走到了新闻评论教育的前面，如何在评论教学中体现媒体融合的特征愈发重要。鉴于长期关注网易新闻跟贴，结识了一批“画楼派”的网络诗人，我决定将网络新闻诗词融入评论教学。此外，在多年的评论写作实践中，我积累了评论与漫画相结合的经验，曾与漫画作者联手从事评论创造，于是在项目建设中，我尝试将新闻漫画引入评论教学。为将这些内容做得专业、扎实，我分别邀请网易新闻跟贴画楼派的诗人“繁星耀海”先生和长江日报社美编、漫画家曹祎先生（笔名“曹一漫画”），在线为学生讲授网络诗词和漫画与评论知识。将马克思主义经典作家的评论实践活动、跟帖评论、传统诗词以及新闻漫画融入新闻评论教学，是本教程的独创，也是媒介融合时代新闻评论教学的融合创新。

2018 年秋季的新闻评论课堂上，2016 级广播电视学专业本科生孙小虎、岳翀玮两位同学，帮我进行全程录像，为我将讲课内容转换成文字奠定了基础。

2019 年，重庆大学开展第五批在线课程建设项目申报工作，我将新闻评论课申报为建设项目。2019 年春季，我将录像转换成录音文件，再将录音转化成文字，并进行梳理。2019 年暑假，我完成《新闻评论》在线课程的录制工作。同年 12 月，《新闻评论》在线课程在中国大学慕课网上线，受到兄弟院校师生的肯定。

为追求课程质量，我的研究生参与节目的文字纠错工作。其中，宋婷、冯梦玉两位同学付出的努力最多。为扩大在线课程的影响，自 2020 年 2 月我开始申报学习强国课程，经过八个月的反复完善，2020 年 11 月 27 日，新闻评论在线课程最终通过学习强国慕课的审核并正式上线，大大扩大了该课程的社会影响力。

2020 年，我着手将讲义改编为教材。初稿完成后，我的研究生臧博同学协助进行编校工作，付出大量的时间。2021 年春节期间，我再次增补 5 万字的内容。2022 年 11 月至 12 月，根据出版社的审核意见，我又将这本教材再次完善。

从发表第一篇评论作品到现在，已经 22 年，在报纸、新闻杂志、电视台工作过，也在高校讲授评论 16 年之余，但要写一部新闻评论教材，面临的挑战远超出当初的预料。特别是从录像、录音到文字转换与整理的过程中，虽几经修改，口语化的痕迹依稀可见。

在本教程的编写过程中，节选了多家媒体、多位评论写作者的评论作品（含诗词、漫画），红网的评论编辑张瑜老师提供了部分漫画作品。同时，参考了国内同行的新闻评论研究成果，本书的责任编辑曾婧娴、沈刘红两位女士，对教材的修改给予指导，这里一并表示谢意。

本教材的出版得到第三批重庆大学一流专业核心课程群建设（编号 014）项目经费支持。此外，本课程于 2023 年 5 月获得国家级一流课程，并已在中国大学慕课网和学习强国慕课网上开课，链接是：https://www.icourse163.org/course/CQU-1449259163，https://www.xuexi.cn/lgpage/detail/index.html?id=9316486246226154805。

限于本人的水平和时间，本书难免存在诸多差错，期待大家在使用过程中予以指正，以便不断完善。

刘海明

2023 年 6 月 18 日

图书在版编目(CIP)数据

新闻评论写作教程 / 刘海明著 . -- 北京 : 中国传媒大学出版社 , 2023.9（2024.7 重印）
ISBN 978-7-5657-3377-2

Ⅰ. ①新… Ⅱ. ①刘… Ⅲ. ①评论性新闻—新闻写作—高等学校—教材 Ⅳ. ① G212.2

中国国家版本馆 CIP 数据核字 (2023) 第 013978 号

新闻评论写作教程
XINWEN PINGLUN XIEZUO JIAOCHENG

著　　者	刘海明		
策划编辑	曾婧娴		
责任编辑	曾婧娴　沈刘红		
责任印制	李志鹏		
封面设计	拓美设计		
出版发行	中国传媒大学出版社		
社　　址	北京市朝阳区定福庄东街 1 号	**邮　　编**	100024
电　　话	86-10-65450528　65450532	**传　　真**	65779405
网　　址	http://cucp.cuc.edu.cn		
经　　销	全国新华书店		
印　　刷	三河市东方印刷有限公司		
开　　本	787mm × 1092mm　1 / 16		
印　　张	17.75		
字　　数	327千字		
版　　次	2023 年 9 月第 1 版		
印　　次	2024 年 7 月第 2 次印刷		
书　　号	ISBN 978-7-5657-3377-2/G · 3377	**定　　价**	65.00元

本社法律顾问：北京嘉润律师事务所　郭建平

上海海关学院年鉴

2023

《上海海关学院年鉴（2023）》编纂委员会　编

中国海关出版社有限公司

·北京·

图书在版编目（CIP）数据

上海海关学院年鉴．2023/《上海海关学院年鉴（2023）》编纂委员会编．—北京：中国海关出版社有限公司，2023.10
（中国海关史料丛书）
ISBN 978－7－5175－0706－2

Ⅰ．①上…　Ⅱ．①上…　Ⅲ．①上海海关学院—2023—年鉴　Ⅳ．①F752.5-40

中国国家版本馆 CIP 数据核字（2023）第 147747 号

上海海关学院年鉴（2023）

SHANGHAI HAIGUAN XUEYUAN NIANJIAN（2023）

作　　者：《上海海关学院年鉴（2023）》编纂委员会
责任编辑：夏淑婷
出版发行：中国海关出版社有限公司
社　　址：北京市朝阳区东四环南路甲 1 号　　邮政编码：100023
编 辑 部：01065194242-7539（电话）
发 行 部：01065194221/4238/4246/5127（电话）
社办书店：01065195616（电话）
https://weidian.com/?userid=319526934（网址）
印　　刷：北京新华印刷有限公司　　经　　销：新华书店
开　　本：889mm×1194mm　1/16
印　　张：20.25　　字　　数：389 千字
版　　次：2023 年 10 月第 1 版
印　　次：2023 年 10 月第 1 次印刷
书　　号：ISBN 978－7－5175－0706－2
定　　价：180.00 元

《上海海关学院年鉴（2023）》编纂委员会

《上海海关学院年鉴（2023）》编辑部

总　　　编　詹庆华

执行主编　姚永超

执行编辑　蒋书怀

编辑部成员　（按姓氏笔画排序）

卜彦君　王宏俊　王雨辰　王晶晶　史晓东　刘　飏
刘晓敏　杜婷婷　李　明　李　楠　李祝玛　余　越
张雪凤　张嘉伦　陈耀辉　金舒莺　赵雨田　胡植野
钟昌元　钱晓岚　黄　娟　薛　菲

编辑说明

一、《上海海关学院年鉴（2023）》以习近平新时代中国特色社会主义思想为指导，全面系统记述2022年上海海关学院事业发展基本情况，总结经验，凝心聚力，为建设海关特色鲜明、服务国家战略、具有国际影响力的一流海关大学提供精神动力和史实支撑。

二、《上海海关学院年鉴（2023）》记述时限和范围为2022年1月1日至12月31日学校发生的重大事件、重要活动及学校事业新进展、新成果。

三、《上海海关学院年鉴（2023）》框架结构分为类目、分目、条目三个层次，以条目为基本记述单元，设有特载、专记、大事记、党的建设、教育教学、学术科研、学生工作、师资队伍建设、党校干部教育与国际交流合作、二级院系（部）、办学支撑与综合保障、表彰与奖励、附录13个类目。

四、《上海海关学院年鉴（2023）》由学校各单位确定专人撰稿，各单位负责人审稿，海关史研究院组织统稿核校，最后由学校编委会审定。撰稿人按姓氏笔画排序。

学校专题图片

| 领导活动 |

^ 2022 年 12 月 14 日，学校党委书记施宗伟（中）在复旦大学调研

< 2022 年 11 月 2 日，学校党委副书记、校长丛玉豪（右一）在世界海关组织（WCO）第二十届亚太地区培训中心主任会议上发言

^ 2022 年 12 月 30 日，学校党委副书记杨德春（中）看望慰问备考国家公务员的学生

^ 2022 年 11 月 24 日，学校党委委员、纪委书记侯长立（左三）督查基层党建工作

^ 2022 年 9 月 16 日，学校党委委员、副校长李纳新（中）参加图书馆党支部主题党日活动

< 2022 年 9 月 2 日，学校党委委员、副校长岳龙（左二）赴上海中医药大学开展合作交流

> 2022 年 9 月 8 日，学校党委委员、副校长王晓刚（左二）与张江高校派出所人员座谈交流

< 2022 年 12 月 31 日，学校党委委员、副校长詹庆华（左一）召集国家社科基金特别委托“中国海关史”项目第二课题组研讨会

^ 2022 年 10 月 16 日，学校党政领导干部集中收看党的二十大开幕会

^ 2022 年 11 月 8 日，学校党委书记施宗伟为海关与公共经济学院专题宣讲党的二十大精神

^ 2022 年 11 月 8 日，学校校长丛玉豪（中）为工商管理与关务学院专题宣讲党的二十大精神

^ 2022 年 12 月 1 日，学校党委理论学习中心组（扩大）学习贯彻党的二十大精神专题培训班赴中共四大纪念馆参观学习

> 2022 年 12 月 9 日，学校举行“与书记面对面”新生座谈会

^ 2022 年 10 月 25 日，学校党校工作部党支部举行学习《习近平谈治国理政》第四卷主题党日活动

^ 2022 年 9 月，学校领导深入宿舍楼、门卫室等重点场所检查新冠疫情防控工作

^ 2022 年 3—6 月，学校教师奋战在校园新冠疫情防控一线

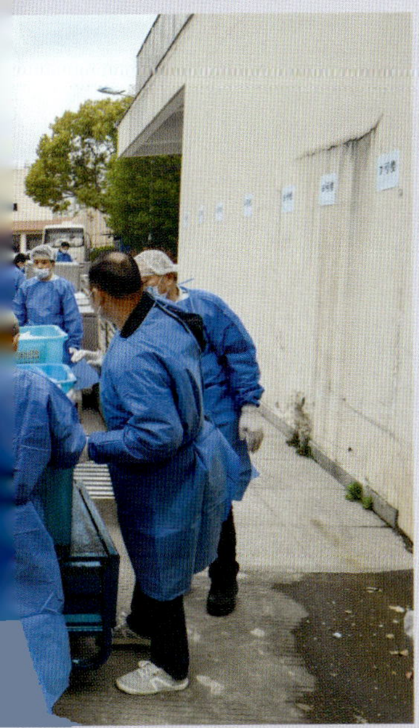

< 2022 年 3—6 月，学校餐厅员工保障在校师生一日三餐，送餐上门

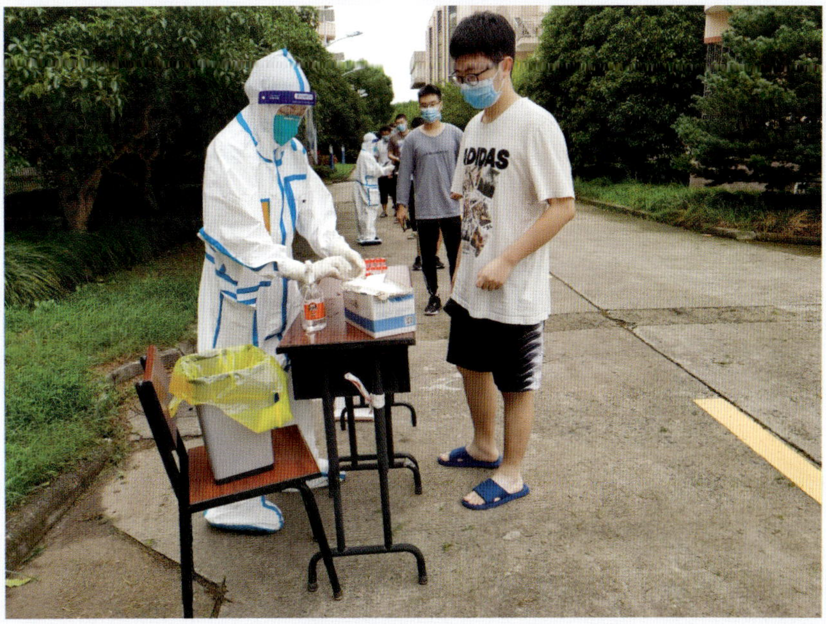

^ 2022 年 9 月，学校卫生所组织学生核酸检测

^ 2022 年 2 月 28 日，学校开展新学期开学现场办公

^ 2022 年 9 月 1 日，学校欢迎 2022 级新生报到入学

< 2022 年 10 月 21 日，学校召开 2022 年志愿实践总结表彰大会暨第五届中国国际进口博览会志愿者出征仪式

^ 2022 年 10 月 28 日，学校举办第三十三届校运会

> 2022 年 11 月 25 日，第一届海关院校大学生国际学术论坛在学校举行

> 2022 年 12 月 17 日，长三角高水平行业特色大学联盟 2022 年年会暨改革创新论坛在学校举办

^ 2022 年 8 月 12 日，学校领导看望慰问退休老干部

^ 2022 年 9 月 10 日，学校领导慰问教龄满 30 年的教师

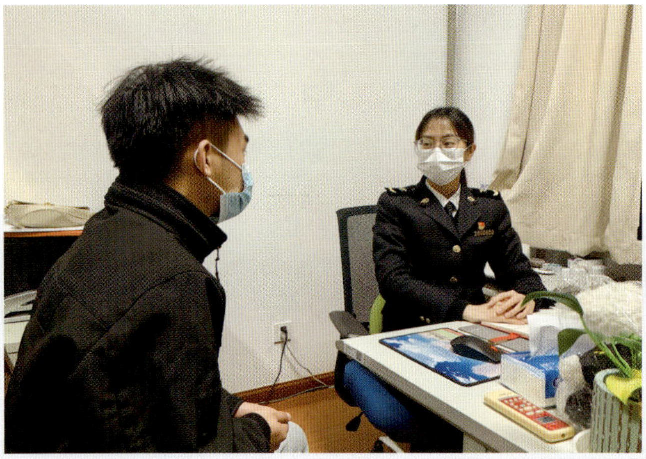

^ 2022 年 3 月，学校辅导员对在校学生开展一对一心理健康知识宣传教育

^ 2022 年 11 月，学校海关与公共管理学院本科班导师指导学生学业

^ 2022 年 11 月 8 日，学校工商管理与关务学院教师开设课程思政示范公开课

目　录

第一篇　特　载

第二篇　专　记

第三篇　大事记

第四篇　党的建设

第五篇　教育教学

第六篇 学术科研

第七篇 学生工作

第八篇　师资队伍建设

第九篇　党校干部教育与国际交流合作

第十篇　二级院系（部）

第十一篇　办学支撑与综合保障

第十二篇 表彰与奖励

附 录

后 记

“中国海关史料丛书”编委会

第一篇

特载

上海海关学院党委2022年工作要点

2022年，上海海关学院（以下简称“学校”）党委工作总体思路：以习近平新时代中国特色社会主义思想为指导，深入贯彻党的十九大和十九届历次全会精神，以学习、宣传、贯彻党的二十大精神为全年工作主线，坚持和加强党对学校的全面领导，弘扬伟大建党精神，深入学习领会“两个确立”的决定性意义，增强“四个意识”、坚定“四个自信”、做到“两个维护”；坚持稳中求进工作总基调，立足新发展阶段，贯彻新发展理念，加快构建新发展格局，全面落实立德树人根本任务，推动学校事业高质量发展；坚持马上就办、真抓实干，深化改革创新，守牢安全稳定底线，提升办学治校能力水平，蹄疾步稳、勇毅笃行，奋力走好学校事业发展新赶考路。

一、持续加强党的政治建设，增强政治自觉，捍卫“两个确立”，做到“两个维护”

（一）强化党的创新理论武装

始终坚持把学习领会、贯彻落实习近平总书记重要指示批示精神作为第一议题，强化督促检查，持续跟踪问效。扎实开展捍卫“两个确立”、做到“两个维护”、强化政治机关建设专项教育活动，坚持领导带头、条块结合、全员覆盖，切实把讲政治从外部要求转化为内在主动、有力举措，成为推进学校事业发展的实践力量。组织师生做好迎接、宣传党的二十大各项工作，充分发挥党校、马克思主义学院资源集聚优势，做好理论宣讲、培训和研究阐释。推进党史学习教育常态化长效化，6月底前完成学习党的十九届六中全会精神处级以上领导干部全员轮训和党员干部系统培训。

（二）提升思政铸魂育人实效

深入推进习近平新时代中国特色社会主义思想“三进”（进教材、进课堂、进头脑）工作，丰富教材形式和载体，开好《习近平新时代中国特色社会主义思想概论》课程；加强海关史研究，持续开发完善“国门中国”系列课程，强化具有鲜明海关特色的“三全育人”体系建设；结合学习宣传党的二十大精神，校领导带头为广大师生讲好新时代思政课，传承红色基因用活红色资源，强化海关职业精神教育。贯彻落实《上海市加强新时代马克思主义学院建设实施意见》，大力支持马克思主义学院建设，引进高水平人才，提升马克思主义理论学科建设水平。坚持德育为先，全面落实“五育并举”，持续提高学生综合素养，促进学生德智体美劳全面发展。贯彻落实《上海市高校教师思政工作和师德师风建设标准》，充分发挥教师工作部作用，开展“高校教师思想政治和师德师风建设深化年”系列活动，常态化开展教师思想动态调研，关注教师全面发展需求，加强教师师德师风培训。

（三）筑牢意识形态工作防线

全面落实意识形态工作责任制，加强课堂教育教学、宣传思想阵地管理，强化学生社团管理引导。扎实推进精神文明建设，认真做好2021—2023年上海市文明校园中期评估；深挖选树宣传新时代先进典型。

二、全面贯彻党的组织路线，夯实政治根基，锻造坚强战斗堡垒

（四）推动党建业务深度融合

贯彻执行《中国共产党普通高等学校基层组织工作条例》，推动学校党的建设与海关高等教育事业发展深度融合。深化拓展“强基提质工程”，建立推进党建工作高质量发展长效机制，用好“智慧党建”系统，推进党务干部能力提升。深化“四强”党支部建设，常态化开展基础工作检视，持续做好党建品牌创建；发挥属地和垂管“两个优势”，着力破解党建工作难题，完善党建考核办法，形成党建工作合力。根据上级党委部署，启动第二届党代会换届选举工作，根据上级党委部署要求组织做好“两代表一委员”的推荐和选举工作。

（五）加强高素质专业化干部队伍建设

统筹做好干部选拔任用、新一轮集中聘任工作，加大干部岗位交流力度，强化干部日常监督与考核，科学优化干部培育体系。推进人才引培计划，加大高层次人才引入力度，搭建各类人才发展平台，做好青年教师的培育与成果孵化；加强骨干教师与管理人员的人才储备；做好兼职师资队伍聘用与管理。优化组织人事机制，全力推进“人才强校”发展战略规划实施；完善教职工聘任与考核管理体系，坚持量化考核；健全管理人员与专业技术人员的职务职称晋升机制。

（六）深入细致做好群众工作

贯彻落实《中国共产党统一战线工作条例》，做好党外知识分子工作，加强少数民族学生教育管理。充分发挥好工青妇等群团组织凝聚群众、促进校园稳定的桥梁纽带作用，发挥工会民主管理作用，推进基层民主政治建设，丰富广大教职工精神文化生活；组织开展好校园文化建设活动，做好志愿服务和社会实践工作。关心关爱老干部，加强思想政治引领，鼓励老干部发挥余热，认真落实各项有关政策，让老干部在政治上有荣誉感、组织上有归属感、生活上有幸福感。

三、提升办学治校能力水平，展现政治担当，践行立德树人根本使命

（七）聚焦“国之大者”，精准谋划顶层设计

坚持和加强党对学校的全面领导，坚定社会主义办学方向，坚持和完善党委领导下的校长负责制，严格执行“三重一大”事项集体决策制度。坚持遵循高等教育发展规律，坚持高质量精准服务海关，构建以国家和海关战略需求为导向的人才培养体系、科研创新体系、开放合作体系，为国家和海关发展提供强有力的人才保障、智力支撑和文化服务。

（八）聚焦根本使命，全面深化改革创新

着力破解教育观念、体制、结构、模式等

难点问题；着力推进制度创新，加大制度执行力度，提高运用制度推进工作的能力和水平，提升综合保障效能。认真落实“十四五”海关教育培训规划和海关人才发展规划，积极探索党校教育规律和干部成长规律，注重发挥系统课程、师资、教材等培训要素的整体效能，实现高标准办学，精准化服务，高质量发展。主动融入“双一流”建设、教育信息化和国际化大潮流，提高科研创新和服务能力，深化国际合作内涵。

（九）聚焦目标任务，确保“十四五”规划落地落实

围绕“一个中心”“两个提高”“三个协同”“四个升级”的目标，做好任务分解，明确部门责任，逐条制订落实方案，研究细化推进举措，确保规划落地见效；坚持标本兼治、与时俱进，立足学校实际，着眼长远发展，继续加强前瞻性问题研究，优化规划实施工作机制，推动规划成果更好转化为发展成果，实现学校事业高质量发展。

四、纵深推进全面从严治党，扛起政治责任，涵养良好政治生态

（十）压实管党治党责任

发挥党委班子“头雁效应”，率先垂范，自觉接受监督，各党支部书记以第一责任人身份认真履行党内监督主体责任、敢抓真管，支部委员“一岗双责”，纪检委员承担支部监督专责。加强对党员领导干部执行党内政治生活制度的监督检查，严格落实《党委班子成员联系党支部工作制度》，完善党委指导监督检查考核机制，强化责任传导、压力传导，确保党的领导和监督层层落实、一贯到底。强化纪检监察部门监督责任和协助职责，定期开展政治生态分析研判，精准规范问责，不断加强纪检干部队伍建设，提升规范化、法治化、正规化水平。

（十一）做好巡视“后半篇文章”

全面落实“四个融入”，把巡视整改中长期措施落实作为 2022 年全面从严治党工作的重要内容，列入各党支部全面从严治党责任清单。持续深化精准整改，加强跟踪督办，抓实成果落地，问题清零见底；持续加强对巡视整改工作的日常监督检查，抓好阶段性成果的延伸拓展，适时组织开展再督查再核实，坚决防止反弹回潮。探索深化巡视巡察工作联动机制，以专项巡察为抓手，推动巡视整改监督工作落地见效。

（十二）深化纪律作风建设

不断加固中央八项规定堤坝，锲而不舍纠治“四风”树新风，完善党政重点工作督办机制，继续为基层减负。扎实推进党风廉政建设和反腐败斗争，认真贯彻十九届中央纪委六次全会精神；突出做好关键领域监督，紧盯二期大修、临港国际校区建设，开展“海关重点项目和财物管理以权谋私”专项整治。强化警示震慑，建立典型案例通报分析制度，深化运用“四种形态”，保持正风肃纪反腐政治定力。深化准军内涵建设，持续开展内务规范强化月、疫情防控专项检查等；加强队伍规范化管理，抓好经常性、实战性岗位练兵和技能比武。慎终如始抓好疫情防控工作，坚持“人、物、环境同防”，全面排查化解风险，按照海关总署有关要求和属地防疫政策，落实落细疫情防控各项措施，筑牢校园疫情防线。

上海海关学院 2022 年行政工作要点

2022 年学校行政工作的总体思路：坚持以习近平新时代中国特色社会主义思想为指导，坚决贯彻落实党的十九大和十九届历次全会精神，深入贯彻落实习近平总书记关于海关和教育工作的重要论述精神，认真落实 2022 年全国海关工作会议、全国海关全面从严治党工作会议及上海市高校党政干部会议部署，坚持稳中求进工作总基调，落实立德树人根本任务，以“十四五”学校发展规划为引领，推动学校行政工作高质量发展，以实际行动迎接党的二十大胜利召开。根据学校党委总体安排，重点做好以下各项工作。

一、思政教育

（一）提升思政工作水平

落实《新时代学校思想政治理论课程改革创新实施方案》，加强以习近平新时代中国特色社会主义思想为核心内容的思政课程、教材建设。坚持发挥思政理论课堂主渠道作用，深入开展宣传宣讲和研究阐释，引导学生准确把握党的历史发展的主题主线、主流本质。加大课程思政示范课程及团队建设力度，力争高水平课程思政示范项目获得省部级、国家级立项。强化校园意识形态阵地建设，结合重大节日和重要时点，抓好校园政治安全稳定工作。

二、疫情防控

（二）抓好新冠疫情防控工作

加强校园疫情防控工作，完善疫情防控应急预案和技术方案，强化疫情防控重点环节的督导检查，确保疫情防控措施和要求有效落实。加强突发情况处置，加大疫情防控投入，做好应急储备保障，确保校园安全稳定。有序推进符合条件师生新冠病毒疫苗接种。

三、人才培养

（三）专业布局综合调整

继续对接新时代新海关新业务需求，调整学校专业结构和布局，推动海关类专业群建设，修订完善专业变方向培养方案，争取成功申报 2 个行业急需、具有前瞻性和交叉复合特点的新专业。进一步优化海关管理专业课程设置，强化海关检验检疫安全专业、海关稽查专业建设。

（四）做好审核评估准备

按照《普通高等学校本科教育教学审核评估实施方案（2021—2025 年）》，准确把握新一轮审核评估的指标内容和要求，明确建设目标和任务，搭建迎评组织机构，形成工作方案，做好迎接本科审核评估的准备工作。以迎接审核评估为抓手，进一步引导教师对人才培养模式、专业建设、课程体系、教学内容、教学方法等进行综合改革研究与实践，聚焦课堂教学质量，推动教学改革向纵深发展。

（五）一流专业、一流课程、特色教材培育

继续开展一流专业、一流课程、特色教材的培育与选优工作，常态化推进教育教学改革，不断提升教育教学水平。继续实施校级本科教学质量工程，并根据教育部最新政策适时启动 2022 年国家级一流本科课程、教育部新文科项目、教育部课程思政示范项目及教育部虚拟教研室申报等工作，加大 2022 年国家级及上海市级高层次教学项目培育及建设力度，在优质在线课程和社会实践课程上取得突破。

（六）加强实践教学体系建设

围绕国门安全和海关检验检疫职能，重点建设检验检疫专业实验室，制订实验室规划培育方案，启动培育省部级重点实验室 1～2 个。完善现有的实践教学体系，提高学生的实践与创新能力及解决海关实际问题的能力。

（七）推进分类评价工作

将分类评价指标分解到责任部门，认真组织研究各项指标，不断提高办学条件与资源、提升办学质量与水平，争取在高校分类评价中提升 1 位名次。

（八）提升研究生培养质量

继续做好一级学科硕士点的培育工作，完成新一轮硕士点申报特别是一级学科硕士学位点申报方案。做好公共管理硕士和税务硕士学位点的迎评准备工作，完善研究生学位质量体制机制建设。构建国际商务、翻译两个新学位点的培养体系，完成新增学位点招生工作，形成全日制、非全日制两种类型招生工作系列规范。完成新增学位点新一轮导师遴选、聘任与培训。完成学校首批全国研究生招生考试初试标准化考点建设，达到国家级标准。

四、科研工作

（九）颁布实施科研管理制度

根据国务院办公厅印发的《关于改革完善中央财政科研经费管理的若干意见》《国家社会科学基金项目资金管理办法》《国家自然科学基金资助项目资金管理办法》等最新精神和规定，修订《上海海关学院纵向课题经费管理办法》《上海海关学院横向课题经费管理办法》《上海海关学院校内课题经费管理办法》《上海海关学院科研项目级别认定办法》等制度，并正式实施。

（十）修订科研奖励办法

根据《上海海关学院教师系列专业技术职务评聘条件》中关于科研成果的认定及级别，针对目前学校科研成果奖励办法实施中存在的不合理问题，分类别、分层次确定成果属性，明确科研成果归属，修订《上海海关学院科研成果奖励办法》，并正式实施。

（十一）完善智库建设

组建跨学科研究平台，聚焦海关及外经贸事业发展前沿领域的热点问题开展学术研究，形成稳定的研究队伍；推进智库建设，在关注海关学科、海关国门安全和国际贸易规则与海关开放监管研究等的同时，加强上海市经济发展相关问题的研究，为重大基础理论课题申请奠定基础。提高《海关与经贸研究》期刊质

量，成立期刊编委会。

（十二）加强海关史研究

组建承担海关史研究团队，建立兼职研究员聘用考核管理办法。做好“中国海关史”项目子课题研究。

五、学科建设

（十三）提升学科建设质量

启动博士授予单位培育建设和博士后流动站筹建工作。对标一级学科硕士学位授权点、博士学位授权点申请基本条件，查漏补缺，进行对标建设。继续推进海关学学科论证工作，形成校级重点学科建设方案，启动校级重点学科培育工作。

六、队伍管理

（十四）优化队伍结构

持续优化师资结构队伍，专任教师占比提高2%；完成新一届干部聘任、选任工作；明确各部门各岗位的属性和人员归属，切实明确人员的分类管理；开展一般管理服务人员岗位交流，着力激发教职工工作活力；加强高层次人才及优秀管理人员引进，力争有所突破。完成兼职教师队伍新一轮考核聘任工作。

（十五）完善队伍管理制度

在总结近两年实施经验的基础上，进一步修订优化部门绩效考核办法、个人年度考核办法；组织实施新修订的专业技术人员职务晋升办法；出台教学、科研、管理服务三大奖励办法。

（十六）提升队伍获得感

加强资金筹措，稳定教职员工收入；推进分配制度改革，根据海关总署核定的绩效工资总额，结合学校实际，对各类岗位津贴进行调整，充分体现对高质高效工作的激励；完成学校已纳保教职工养老保险清算工作，维护教职工切身利益。

七、学生工作

（十七）促进学生全面发展

做好毕业生就业工作，多措并举提升学校毕业生就业率；加强课内课外联动，多方位提升育人效果；加强政校企合作，发挥行业导师和专家的力量，助力学校办学和人才培养；推进科创竞赛工作；加强学生社团建设，打造市级科创、艺术类社团；承办上海高校主题教育活动，举办国际海关院校学生学术论坛；打造校园文化艺术特色作品，获市级以上奖项；筹备建设准军院校联盟，形成准军院校联盟章程及工作机制。修订规章制度，完善孵化平台，加强资源整合，推进工作协同；持续开展“生命守门人”计划，继续加强学生心理保健和生命教育意识和能力培养。

八、服务保障

（十八）提升服务保障能力

完成二期改造、临港国际校区修缮等基建工程项目，形成临港国际校区规划使用方案；推进上海海关学院苏州分校落地；继续推进综合保障改革试点，完成常态规模下综合保障改革方案并进行试运行，巩固减员增效的成果；加强校园消防及技防设施物联网系统建设，推进教育数字化转型，上线一网通办和一网统管平台。启动建校70周年校庆筹备工作。创造收入增长点，加强校园运行成本核算。提高财务工作质量，按时按质完成预算编报，有效提升财政资金预算执行率。

九、其他工作

（十九）修订《上海海关学院章程》

以学校章程修订为契机，总结上一轮章程制定以来学校改革发展取得的新进展新经验，结合学校实际，创新和完善学校内部制度规范，强化学校全面贯彻党的教育方针、落实立德树人根本任务的举措，使学校制度体系更加健全。

（二十）提升国际化办学水平

继续拓展境外合作高校，有效增加留学生课程数量和全英课程数量，建立留学生教学督导制度，提升留学生教学质量。完善外专相关管理制度，争取立项3项国家外专局或教育部、上海市外专局等系统引智项目。

（二十一）优化整合党校培训资源

主动创新培训方式，积极拓展培训资源，为学校稳定收入提供有效支撑。继续发挥培训学员资源优势，推进党校培训与学历教育融合有实质性的成效。

（二十二）加强图书资源建设

进一步提升海关特色馆藏建设力度与利用效率，打造一站式发现该学科领域学术资源的门户，为师生提供更加便捷的学科信息发现和获取通道。

上海海关学院 2022 年党政工作总结

2022 年，学校坚持以习近平新时代中国特色社会主义思想为指导，深入学习贯彻党的二十大精神，坚决落实海关总署党委各项决策部署，围绕署领导对学校提出的“发挥优势、打造特色、服务大局、提升地位”的工作要求，主动跟进海关改革与发展的实践，强化使命担当，持续接力奋斗，聚焦立德树人根本任务，加强思政引领，持续推进一流海关本科教育及研究生教育，开展有组织的科研，学校工作取得新成效，涌现出一批高质量的教育教学成果和科研成果。

一、2022 年主要工作

（一）贯彻落实党的二十大精神，持续推动学习教育

将学习宣传贯彻党的二十大精神作为当前首要政治任务抓紧抓好。第一时间组织全校师生集中收听收看党的二十大开幕会；第一时间制订学习宣传贯彻方案，举办理论学习中心组（扩大）专题学习班；班子成员带头深入师生宣讲，各级领导干部共面向师生 2100 人次举办宣讲会、研讨会 21 场，书记校长带头为新生上好“学习贯彻二十大精神，奋进新征程、共筑复兴梦”思政教育第一课。1 名教师、2 名学生入选上海市教卫系统师生宣讲团成员。

（二）强化党的理论武装，切实提高政治站位

坚持“第一议题”制度，全年集体学习习近平总书记重要讲话和指示批示精神 36 次。提升思政工作实效，推进习近平新时代中国特色社会主义思想“三进”工作，加强马克思主义学院内涵建设，加强海关史研究。完善全面从严治党制度体系，年度全面从严治党 33 项任务清单全部完成。完成 113 项巡视整改措施，组织对二级单位的校内专项巡察，开展“海关重点项目和财物管理以权谋私”专项整治工作。

（三）统筹疫情防控和校园稳定，筑牢校园安全防线

强化底线思维，重点做好师生健康安全、实验室安全、网络安全、工程安全等管理，确保校园安全稳定。2022 年 3 月，面临常态化疫情防控以来最严峻的考验，学校在海关总署的指导和支持下，快速有效地控制了疫情的蔓延，维护了师生的健康和校园安全稳定。一是科学精准防控，严防校园疫情扩散。二是做好线下、线上教学有序转换，降低疫情对教学秩序的影响。三是不断优化校园服务，及时回应

学生关切，保证校园各类物资的供应。四是不断完善校园突发疫情应急处置预案，提高疫情监测、预警和处置能力。

（四）深入推进内涵发展，教育教学成果突出

深入学习贯彻海关总署党委关于加强新时代廉洁文化建设要求，将廉洁教育纳入思政教育范畴，深入推进海关廉政教育基地建设。专业布局持续优化，海关稽查新专业成功获批，并被列入《普通高等学校本科专业目录》外国家控制布点专业名单；完成 2021 级海关管理专业方向分流工作。优秀教学成果不断涌现，5 项教学成果获评上海市优秀教学成果奖，其中，特等奖 1 项、一等奖 1 项、二等奖 3 项，获奖等次数量都创历史新高；获批教育部虚拟教研室项目 2 项、教育部产学协同育人项目 2 项；获批市级一流课程、重点课程 7 门，上海市课程思政示范项目、教学团队和教学名师 11 项。

（五）学位点建设取得新突破，高质量科研成果涌现

公共管理硕士获批世界海关组织（WCO）PICARD 标准认证，学校成为目前国内和世界上唯一一所本硕教育阶段均获得世界海关组织教学资源和专业认证的高校。推进研究生教育质量工程建设，获批上海市研究生教学成果奖一等奖，新建研究生实践基地 5 个，获评海关总署优秀教学案例 2 项、上海市教育改革优秀案例 1 项，首次入选上海市公共管理硕士教学案例。

揭牌成立海关史研究院，建立国家社科基金特别委托项目“中国海关史”研究基地。学校获批国家级资助项目 4 项，省部级及以上项目 27 项，横向项目 54 项；发表高质量论文 40 余篇，出版专（译）著 20 部，一级学会获奖 7 项。聚焦海关学科、海关国门安全和国际贸易规则与海关开放监管研究，形成 3 个跨学科研究团队。

（六）育人内涵持续丰富，国际化进程稳步推进

积极组织学生参加各类竞赛，获得 27 项上海市级荣誉。发挥社团育人功能，数学建模社、3D 建模社获评“十四五”期间首批上海市学生科技创新社团。打造校园文化艺术特色作品，墨轩书画社获汉字书写大赛上海赛区大学生组软笔优秀奖，舞蹈队作品《追熠》成功入围 2022 年上海市群文新人新作展评展演活动。筹备准军院校联盟，建立准军院校联盟章程及工作机制。

为学生搭建国际化学习平台，选拔近 70 名学生参加国际课程。继续拓展境外合作高校，招收国际留学生 77 人。促进留学生课程数量和质量双提升，新增 5 门全英课程。获批 1 项国家外专局引智项目，高质量完成涉外培训项目 9 个。积极参加世界海关组织（WCO）亚太地区培训中心主任会议，深化与地区其他培训中心的务实合作。选派教师参加世界海关组织（WCO）海关学术研究与发展伙伴关系大会（PICARD）及《经修订的京都公约》研讨会，举办第一届“海关院校大学生国际学术论坛”，开阔师生视野。

（七）加强干部队伍建设，基层基础不断夯实

修订完善专业技术职称职务晋升办法等系列制度，逐步建设科学合理的人才发展支撑体系。建立党建考核指标体系，完善部门绩效考

核工作，严格实施个人年度考核。实现青年博士教学科研培育计划全覆盖，3位教师获上海市高校教师教学创新大赛部属高校二等奖，1位教师获上海市青教赛三等奖。开展新一轮干部聘任、选任工作，有序进行管理服务人员岗位轮岗，进一步实现岗位优化配置。深化支部党建品牌创建，22个二级基层党组织全部凝练党建工作品牌或特色项目。

（八）聚焦党校主业主课，服务海关成效凸显

突出主业主课，把学习贯彻习近平新时代中国特色社会主义思想和党的二十大精神作为党校教学的首要任务。举办各类培训班次22期，培训学员2212人次。适应疫情防控常态化形势，完善线上培训新模式，全年共举办线上培训班18期，线上培训1.8万人次。发挥党校智库优势，组织学员围绕海关“十四五”改革发展等问题进行交流研讨，为海关事业发展建言献策。

（九）聚力民生实事保障，办学条件明显改善

克服疫情影响，积极推进校园二期维修改造项目和临港国际校区维修项目，主校区与苏州分校、临港国际校区“一体两翼”办学新格局逐步形成。开展智慧教室建设项目，改善学校办学硬件条件。完成各类民生服务保障实事15项，涉及信息技术、修缮及后勤保障等方面。推进教育数字化转型，上线一网通办和一网统管平台。优化财务报销流程，缩短报销平均流转时长。落实基层民主管理，顺利召开教代会七届三次会议和工代会十届三次会议。

二、存在的主要问题

一年以来取得的工作成绩，离不开海关总署党委的坚强领导和兄弟海关单位的大力支持。学校工作仍存在一些不足，面临一些挑战。一是党建引领业务作用需进一步强化，运用马克思主义立场观点方法解决办学治校中实际问题的能力有待进一步提高。二是学科专业建设需要加强，跟踪学科前沿、响应国家需求、实现引领发展的能力不强，专业结构有待进一步优化。三是高水平科研平台建设亟待突破，参与国家重大项目研究的能力不够，科研启动的指导和扶推工作力度不够。四是师资队伍水平有待提升，中青年拔尖人才储备不足，新教师促进教学科研双长进机制保障需要完善；高层次人才数量偏少，高水平创新团队引进、培育的建设成效不够。五是内治外谋需要进一步强化，学校治理效能有待进一步提升；干部担当作为意识和干事创业能力亟待增强；争取社会资源参与学校办学的渠道不宽。对于这些困难和问题，全校上下将进一步强化责任意识和大局意识，采取更加切实有效的方法加以克服和解决。

在 2022 年秋季学期工作会议上的讲话（一）

上海海关学院党委书记　施宗伟

（2022 年 9 月 1 日）

今天我们召开新学期工作会议，这是在迎接党的二十大、贯彻落实上海市十二次党代会精神、全国疫情形势不确定这样一个特殊时期召开的一次会议。这次会议十分重要，既要传达刚刚召开的上海市高校党政负责干部会议精神，同时更重要的是再次深入学习贯彻习近平总书记关于教育工作的重要论述，贯彻落实海关总署党委一系列会议精神，特别是俞署长对我们学校工作提出的一系列要求。党委高度重视，充分准备，并在昨天的党委会上进行了专题研究。

2022 年以来，在海关总署党委的坚强领导下，学校党委按照习近平总书记关于“疫情要防住、经济要稳住、发展要安全”的要求，大力弘扬伟大建党精神，全面落实立德树人根本任务，紧紧围绕学校事业发展总目标，一手防控特大疫情，一手抓学校事业发展，做到了“两手抓”“两不误”。2022 年 3 月，学校出现新冠疫情后，党委坚决扛起疫情防控主体责任，第一时间启动应急预案，以快制快，在上海高校中较早实现清零目标并保持稳定，全校师生以坚定的决心和坚韧的毅力，抗住了极限条件的压力，为打赢大上海保卫战贡献了力量。同时，学校各项工作稳步推进，捍卫“两个确立”、践行“两个维护”更加坚决有力；党建工作质量持续提升；干部队伍活力进一步激发；全面从严治党不断深入。

这些成绩的取得，离不开海关总署党委的坚强领导，离不开市教卫工委的关心支持，更离不开全校师生员工的同心同德、辛勤付出。借此机会，我代表校党委，向大家表示最衷心的感谢，向全校师生致以最诚挚的问候！再过一个星期，我们将迎来我国第 38 个教师节，在这里，也提前祝老师们、祝全校教育工作者节日快乐，身体健康，工作顺利！

下面，我就贯彻落实上海高校党政负责干部会议精神，并结合这段时间的调研和我的一些思考，讲五点意见。

一、强化政治建设，把党的领导落实到办学治校各领域各方面各环节

古人云，“大学之道，在明明德，在亲民，在止于至善。”大学之为大，就是在授业解惑

中引人以大道，启人以大智，使人努力成为栋梁之才。对于今天的高校来说，立德树人是根本任务，要回答好总书记关于“培养什么人、怎样培养人、为谁培养人”的教育“三问”。

（一）把牢社会主义办学方向

古今中外，每个国家都是按照自己的政治要求来培养人的，世界一流大学都是在服务国家发展中成长起来的。我们的高校是党领导下的高校，是中国特色社会主义高校，肩负着培养德智体美劳全面发展的社会主义事业建设者和接班人的重大任务，必须坚持正确政治方向。我们只有坚持社会主义办学方向，将党的领导贯穿立德树人全过程，使学校成为坚持党的领导的坚强阵地，才能办好、办出中国特色世界一流大学。一旦在办学方向上走错了，在培养人的问题上走偏了，那就像一株歪脖子树，无论如何都长不成参天大树。

把牢社会主义办学方向，必须增强政治意识，不断提高政治判断力、政治领悟力、政治执行力。要加强政治理论学习，深入学习习近平新时代中国特色社会主义思想，特别是即将召开的党的二十大精神，不折不扣贯彻落实习近平总书记关于海关和教育工作的重要指示批示精神，理论上清醒了，工作才能不偏离方向。要抓好党的建设工作，习近平总书记强调：“要处理好党建和业务的关系，坚持党建工作和业务工作一起谋划、一起部署、一起落实、一起检查。”俞署长在年中工作会议上也强调：“没有脱离政治的业务，也没有脱离业务的政治。”因此，学校的干部和教师也不能单纯强调自己的业务身份。我们要以系统思维推动党建工作和业务工作深度融合，深化“强基提质工程”，加强基层党组织建设，认真组织筹备学校第二届党代会，把基层党组织建成师生最贴心、最信赖的组织依靠，建成学校教书育人的坚强战斗堡垒，以高质量党建引领学校事业高质量发展。

（二）推动思政工作守正创新

“守正”就是要守住“以马克思主义为指导”这个根本。要巩固马克思主义在意识形态领域的指导地位，严格落实意识形态工作责任制，加强课堂教育教学、宣传思想阵地管理，确保意识形态工作不“偏航”、不“触礁”。要大力加强马克思主义学校建设，深入推进习近平新时代中国特色社会主义思想“三进”工作，把习近平新时代中国特色社会主义思想讲活，讲出特色，形成精品的课程，加大以新思想为核心内容的课程群建设，不断夯实思政教育基础。

“创新”就是要因事而化、因时而进、因势而新。要以“大思政课”建设为抓手，坚持问题导向、目标导向和效果导向相统一，持续开发完善“国门中国”系列课程，强化具有鲜明海关特色的“三全育人”体系建设，构建完善“大思政”育人格局，提升思想政治工作的时效性和实效性。要着力推动师德师风建设，常态化开展思想动态调研和师德师风培训，推动实施教师“大思政课”能力提升计划，建设“大思政课”兼职教师库，突出课堂主渠道建设，积极开发现场教学课程和资源，用好国家智慧教育平台，引导促进教学方式方法创新，提升思政育人实效。

（三）齐心协力办好海关党校

《干部教育培训工作条例》指出，干部教育培训是建设高素质干部队伍的先导性、基础性、战略性工程，在推进中国特色社会主义伟大事业和党的建设新的伟大工程中具有不可替代的重要作用。海关总署党委把“海关总署党校”设在海关学校，这是对学校的高度信任和殷切期待，同时也为办好学历教育提供了特别重要的政治资源和丰富的系统资源，这是我们学校的特殊优势。我们要正确认识党校干部培训与学历教育的关系，办好党校是我们党委班子义不容辞的责任，各主要职能部门都要把党校工作作为自己分内的事，与学历教育一起谋划，一起推进，切实加强对党校工作的支持力度，促进干部教育与学历教育融合发展、协调发展、共同发展。

要坚持把“党校姓党”根本原则具体落实到党校各项工作中去，精心筹备、全力保障、高质量办好全国海关司局级干部学习贯彻党的二十大精神专题培训班，还要克服疫情影响持续办好“中青班”。要充分发挥党校的“阵地”“熔炉”作用，把党性锤炼贯穿党校教学、管理、评价的全过程，不断增强党性教育的针对性、实效性。要认真落实“十四五”海关教育培训规划和海关人才发展规划精神，积极探索党校教育规律和干部成长规律，注重发挥系统课程、师资、教材等培训要素的整体效能。要推动党校文化建设，成立工作专班，细化落实建设方案，打造党校红色文化品牌项目，在党的二十大召开前要初见成效。要进一步加强党校内涵建设，提高优质培训资源供给能力，加快推动《新时代加强海关党校建设的意见》出台，推动党校教育高质量发展，为全国海关党员领导干部的教育培训提供有力支撑。

二、突出鲜明特色，把行业优势转化为推动学校事业高质量发展的强大动能

大学要始终与国家发展和民族振兴同向而行，这是高等教育的基本规律，也是世界一流大学发展的重要经验。行业特色型大学是我国高等教育的重要组成部分，特色发展、差异化发展是行业高校的生命。我们海关学校是海关的大学，自创办以来，就是培养海关专门人才的学校。要推动学校事业高质量发展，就必须坚持特色办学理念，坚定走特色办学之路，人无我有，人有我优，人优我特，以特色促办学质量提高，以特色促学校竞争力提升，以特色求得自身更大发展。

（一）在服务国家战略中彰显海关特色

我校作为一所行业特色型高校，因海关需求而生，因海关发展而兴。海关作为国家进出境管理机关，围绕服务国家经济社会发展大局，强化监管优化服务，维护国门安全，促进外贸高质量发展，在“打通内外贸，构建双循环”中发挥着重要作用。在长期办学实践中，我校形成了依托海关、面向海关、服务海关的办学传统和鲜明特色，开了局但是这篇文章还没有写好。新时代新海关在“百年未有之大变局”中迎来了新的发展机遇，也面临着从发展理念、运行模式到资源配置、体制机制等全方面、深层次调整，我们应系统把握党中央对新发展阶段海关建设发展和高等教育发展的重大部署，把新发展理念融入办学治校全过程，牢牢把握时机，拓展发展格局，增强发展动力，既要强优拓新，也要结合学校实际坚持有所为有所不为，聚焦力量，主动融入海关重大改革发展战略。同时我校地处上海，还要积极主动融入上海区域发展战略，每个部门都要深入思考“我们能够为上海多做什么？上海能够为我校带来什么？”让学校发展的小逻辑服从国家发展的大逻辑，增强主动服务地方经济社会发

展意识，积极主动对接地方政府、行业企业和社会各类主体，充分发挥海关优势，为地方发展输送高水平应用型成果，进而争取地方政府支持，在署市共建中寻求新的合作机会，赢得更多发展资源。

（二）在学科建设中彰显海关特色

学科建设是大学发展的龙头，是办学特色和水平的集中体现。专业建设是大学人才培养的核心工作，专业建设的好坏与学科发展质量休戚相关，与人才培养质量密不可分，与服务经济社会发展紧密相联。特色学科和特色专业是行业特色型大学的“立身之本”，是区别于其他院校的独特“身份标志”。

习近平总书记指出，“要推动一批高水平大学和学科进入世界一流行列或前列，提升我国高等教育综合实力和国际竞争力，培养一流人才，产出一流成果”。我校的学科建设要以“中国特色、世界一流”为目标，瞄准世界海关科技前沿，深入探索产学研协同合作模式，集中力量加强攻关。比如，海关与公共管理，政府有公共管理，而我们一定要把海关融入血脉之中，海关是国际上是最热门的，并且要求最高的，我们要在公共管理中突出海关的特性，打造出品牌。党委要专门研究一次学校教育改革和学科设置问题，这是学校事业发展的核心。我们要充分利用与海关紧密联系的天然优势，出台政策举措激励教师到海关一线去，为教师创建直面行业现状、解决实际问题的平台，在真刀真枪的实战中提升整体水平，对海关出现的新问题、新情况、新经验及时提炼与总结，形成能够指导专业学术研究、课程教学、布局设置的理论性成果，进而打造国际国内有特色、有品牌、有影响的真正王牌专业。同时，还要加强学生到海关一线的现场教学和专业实习，提高毕业论文质量，以质量检验教学成效。

（三）在教书育人中彰显海关特色

立德树人是大学的根本任务，为海关发展提供坚实的人才保证是海关学校的本职所在。全国海关队伍现在有 10 万余人，每年都需要补充新生力量，近几年海关业务改革发展很快，对海关专业人才的需求更加迫切。我们要增强海关意识，努力将海关特色转化为办学特色，依托海关办学校，办好学校为海关。围绕海关需求，特别是海关监管、征税、缉私、统计、稽查、检验检疫等核心业务，加速推进学科专业建设、教育教学改革和体制机制创新，引导学生在深入海关、亲身实践中涵养强烈的创新意识、奋斗精神、家国情怀，努力培养海关需要的高素质人才。

三、聚焦现代化目标，在求真笃行中为海关和外经贸发展贡献力量

中共中央、国务院印发的《中国教育现代化 2035》，部署了面向教育现代化的十大战略任务，对我校来说，推进现代化建设任务很重，我重点就开放办学、科技赋能、智库建设和深化改革进行阐述。

（一）坚持开放办学

大家都学过系统论，一个系统只有开放，它才是有活力的，而孤立封闭的系统，会导致熵增，最后变得混乱以至于衰亡。海关处在对外开放第一线，国内国际双循环的重要交汇节点，我们要准确把握本土化和国际化的关系，坚持中国特色和扩大教育开放相统一，在国际化当中始终坚持中国本位。近年来，学校在国

际化办学方面进行了有益的探索和实践，实现了从无到有的跨越式突破。但总体来看，相较于其他部属院校，我们学校的国际化办学虽有亮点，但距离群星灿烂还存在一定差距，国际化办学水平有待提升。

国际化办学是培养高素质、涉外型海关专门人才的重要条件。我们要扎根中国、立足海关，发挥好临港国际校区作用，积极拓展合作办学渠道，主动融入国际海关“朋友圈”，探索引领国际海关领域的职业与学术标准制定与更新，提升中国海关国际话语权。同时，还要加强与WCO、RCEP及“一带一路”沿线国家（地区）海关的教育培训和学术合作，搭建常态化共商共建共享平台，更好地讲好中国故事，传播中国理念，贡献中国智慧。

同时，开放办学不仅仅是向国际开放，还要加强与国内高校、科研院所和海关单位的合作。积极借鉴各兄弟高校的办学经验，主动加强与主持国家项目的和科研院所的合作，特别是加强与直属海关的共建共享。比如，检验检疫学科规划和实验室建设问题，学生的毕业实习、硕士双导师制等，都需要建立机制，加快推进。

（二）坚持科技兴校

当前，新一轮科技革命和产业变革加速演进，要把教育信息化作为发展的战略制高点，以教育信息化引领高等教育现代化。《中国教育现代化2035》提出，要建设智能化校园，统筹建设一体化智能化教学、管理与服务平台。利用现代技术加快推动人才培养模式改革，实现规模化教育与个性化培养的有机结合。

习近平总书记提出的“智慧海关、智能边境、智享联通”，是以“智能化”为依托，以高新技术驱动制度创新，推动海关一体治理、边境协同治理、全球合作治理，共促全球贸易安全与便利。我们要进一步理顺科技工作机制，强化顶层设计，加快促进高等教育和现代技术的融合发展，大力培育“互联网+”“智能+”等新模式新形态。要利用“互联网+”、虚拟现实（VR）、增强现实（AR）、元宇宙等新技术，加快智慧校园、智慧课堂、虚拟实验室建设，打造更多一站式的学习教育平台，沉浸式的学习体验，伴随式的学习服务，特别是检验检疫学科的实验室建设，一定要虚实结合。在这方面我们要实现弯道超车，主动与海关单位和科研院所共建共享，通过科技赋能，强化一流人才培养。同时，要善于利用大数据等信息手段来提升精细化管理的水平，通过各种数据来发现问题，为精确解决问题提供预警和支撑，实现校园管理、学生工作等各方面的智慧管理。

（三）坚持科研增智

高校是国家战略科技力量的重要组成部分。学校科研是教学质量提高的重要基础，但高校科技创新仍存在有组织体系化布局不足，对国家重大战略需求支撑不够等突出问题。作为一所行业院校，从学校以往的科研成果看，力量还不够集中，距离高质量服务海关还有较大差距，还要在加强海关基础理论研究、国际海关科技前沿研究方面下功夫。

习近平总书记强调，科学研究要坚持“四个面向”，即面向世界科技前沿、面向经济主战场、面向国家重大需求、面向人民生命健康。俞署长在2022年的全国海关年中工作会议上出了6道思考题，分别是：“如何进一步深化改革融合，如何更加精准高效开展常态化疫情防控，如何推动新时期海关特殊监管区域高质量发展，如何促进新贸易业态健康规范持续发展，如何更好发挥海关科技的引领支撑作用，如何提高一体推进‘三不腐’能力和水平”。我们要在继续发挥好自由探索基础研究的基础上，加快变革科研方式和组织模式，强化“有组织科研”，开展协同攻关，深入研究海关发展规律，积极破解海关监管难题，努力为海关改革发展提供理论和技术支撑。

（四）坚持改革强校

治理效能的现代化，是推进高等教育现代化的内在动力。我们要坚持党委领导下的校长负责制这个根本制度，同时，要简政放权，充分发挥职能部门和基层党组织的作用，形成高效、协调、顺畅的运行机制，为教师教书育人提供更有力的支持，进一步扩大二级学校在教学科研管理的自主权，激发院系的“中场发动机”作用。要进一步深化综合保障体制改革，增强服务意识，精兵简政，提高效率。

同时，要学习借鉴国内外办学治校的先进经验，充分发挥学术委员会在学科建设、学术评价、学术发展和学风建设等事项中的作用，充分发挥工会、教代会、学代会在学校民主管理和监督中的作用，调动广大师生参与学校改革发展的积极性，推进学校决策的科学化和民主化，进一步提升治理效能。

四、坚持人民中心，把师生满意作为一切工作的出发点落脚点

习近平总书记指出，“教师是传播知识、传播思想、传播真理的工作，是塑造灵魂、塑造生命、塑造人的工作，理应受到尊敬，要在全社会弘扬尊师重教的良好风尚。”同时，高校要“为党育人，为国育才”，我们一定要把教师和学生放到最重要的位置，增进团结和谐，凝聚奋进力量。

（一）倾听师生关切

对于学校来说，以人民为中心不是一个抽象的概念，必须落实到办学实践中。在办学过程中，要尊重广大师生的主体地位，主动从广大师生员工中汲取智慧，激发他们的主人翁意识，增强认同感，调动积极性，使得广大师生自觉成为推动学校发展的强大力量。学校党委班子成员、各级领导干部、全体管理服务人员，要将“服务师生、促进发展”作为工作的出发点和落脚点，要下力气推动“我为群众办实事”制度化、常态化、长效化。

要建立健全重大事项决策、重大政策出台前的调研、征询、听证等论证制度，最大限度地尊重民意、汇集民智、凝聚民力，以师生的广泛参与度和知晓度促进政策措施的认可度和贯彻落实的自觉性。要将征询到的师生“急难愁盼”的“心愿清单”变为“工作清单”“责任清单”，积极回应师生关切，集中力量每年研究解决几件广大师生关心的困难事、烦心事，在解决实际问题中持续提升师生的幸福感、获得感。

（二）加强队伍建设

加强干部队伍建设，坚持党管干部，让想干事、肯干事、能干事、干成事的干部脱颖而出、有用武之地。要树立正确选人用人导向，坚持好干部标准，统筹做好干部选拔任用、新一轮集中聘任工作，通盘考虑使用干部，做到人岗适配；大力培养选拔使用年轻干部，加强墩苗育苗，建立日常发现机制，分级分类建立

优秀年轻干部库。要优化组织人事工作机制，坚持“一盘棋”“一张单”“一把尺”，强化党组织领导和把关作用，充分激发干部干事创业的热情和激情。

加快推进人才强校战略，下大气力全方位培养、引进、用好人才，让近者悦、远者来。要注重培养本土人才，立足学校现有师资情况，合理制定教师培养中长期发展规划，形成师资队伍成长梯队。要聚天下英才而用之，优化引才思路，一定要从学校的实际需求出发，注意引才的结构性，要建立一套指标体系去选择；强化“智力引进”的理念，通过举办国际学术会议、开展学术论坛等，密切与人才的联系，不求所有，但求所用，不求所在，但求所为。

（三）加强海关“三实”文化建设

俞署长向全国海关提出建设“求实、扎实、朴实”的文化，我们要切实加强“三实”文化建设，以文化人、以文育人、以文润心。要在政治、业务、用人等各方面，树立重实干、重实绩、重担当的鲜明导向，决不能让苦干实干的同志流汗又流泪。强化责任担当，敢于直面问题，善于化解矛盾，不能上推下卸。要深化准军内涵建设，持续开展内务规范强化月、疫情防控专项检查等，抓好经常性、实战性岗位练兵和技能比武，加强队伍规范化管理，整肃校容风纪、强化日常养成。要强化下对上的响应，左和右的呼应，上对下的反应。各级领导干部特别是“一把手”要发挥带头示范作用，提升两级想问题，下沉一级抓落实，既当“指挥员”，又当“战斗员”，干在实处、走在前列，推动形成良好作风。

要发挥群团组织优势，丰富师生文化体育活动，在继续办好校园艺术节、毕业晚会、秋季运动会等学校传统校园文化项目外，要多策划举办一些体现中国传统文化、涵养师生道德情操、提升师生文化素养、健康师生体能的群众文化体育活动，让广大师生在活动中交流思想、增进感情。

五、推进全面从严治党，以良好的政治文化涵养风清气正的政治生态

没有一个行业地方是全面从严治党的法外之地，我们学校也不例外。新一届党委班子已经明确，一定要把纪律规矩挺在前面，任何事情都要依法依规依纪。

（一）强化政治责任担当

习近平总书记指出，“管党治党一刻也不能放松，必须常抓不懈、紧抓不放，决不能有松动歇脚、疲劳厌战的情绪，必须持之以恒推进全面从严治党，以党的自我革命引领社会革命。”在推进学校事业发展的新征程上，要始终坚持把全面从严治党作为最重要的政治保证，始终牢记核心是加强党的领导，基础在全面，关键在严，要害在治。

要持续深化“四责协同”机制，切实履行党委主体责任、纪委监督责任、党委书记第一责任人职责和班子成员“一岗双责”；各级党组织、各院系、职能部门要不断提升落实全面从严治党责任的意识和能力，不折不扣推动各项决策部署和工作任务有序推进、落地见效。要持续加强对“一把手”的监督、同级领导班子监督、对下级领导班子的监督，形成一级抓一级、层层抓落实的监督工作格局。要坚持“四个融入”，持续做好巡视整改“后半篇文章”，扎实推进“海关重点项目和财物管理以

权谋私”专项整治工作的整改落实，确保党的二十大前全面完成整改任务。

（二）强化准军纪律建设

习近平总书记指出，“我们党是靠革命理想和铁的纪律组织起来的马克思主义政党，纪律严明是党的光荣传统和独特优势。”俞署长指出，海关在纪律作风方面存在“五个有之”：一些单位、一些人不以为然、自作主张、自以为是搞软对抗的有之；按个人的偏好行事，权力最大化，责任最小化，功劳最大化，付出最小化，上推下卸的有之；有利于自己，有利于部门、单位的就执行，不利于本人，不利于本单位的一推了之、应付了事、选择性执行的有之；调子很高、动作很少、效果没有，搞形式主义、做表面文章的有之；跑风漏气、制造散布小道消息的有之。对此，我们学校也不能置身事外，而要自觉警醒，努力改进。

要把纪律作风建设作为全面从严治党、从严治校的重要内容，紧紧围绕“政治坚定、业务精通、令行禁止、担当奉献”的十六字方针，强化纪律意识和规矩意识，结合学校特点，加快推进准军事化工作体系建设，从行政管理的方方面面严起、从课堂教学的各环节严起，从纪律作风的日常养成抓起，把准军纪律要求内化于心、外化于行，切实增强思想自觉和行动自觉。

要加强校园安全管理，特别是师生个人信息安全的保护，统一归口管理。未经批准，任何人无权采集调用相关信息。比如，私下调取学校摄像头监控信息等。

（三）强化清廉校园建设

习近平总书记在中央政治局第四十次集体学习中指出，“要加深对新形势下党风廉政建设和反腐败斗争的认识，提高一体推进不敢腐、不能腐、不想腐能力和水平，全面打赢反腐败斗争攻坚战、持久战。”

要坚持从政治上认识反腐败斗争的本质要求，始终保持反腐败的政治定力，把防治腐败作为系统性工程，把“全周期管理”理念方式贯穿反腐败斗争全过程，强化对科研管理、资产管理、基建后勤、招生等重点领域的全流程、全要素、全方位管控，将“制度+科技”作为全周期管理的重要抓手，贯穿“三不腐”全过程，推动齐头并进、联动贯通。

要保持零容忍的警醒、零容忍的力度，统筹推进各领域反腐败斗争，精准运用“四种形态”，充分发挥震慑、促改和教育的综合效应，保持反对和惩治腐败的强大力量常在。

要贯彻落实海关总署党委《关于加强新时代海关廉洁文化建设的实施意见》，抓好纪法教育，经常性开展党章党规党纪和国家法律法规学习教育，加强党风廉政形势教育，提升警示教育实效。各级党组织书记要讲好廉政党课，引导党员干部认清所在部门和岗位的廉政风险，时刻保持对“腐蚀”“围猎”的警觉；努力发挥海关院校资源优势，积极培育和传播海关廉洁文化，不断加强廉政建设理论研究，持续推进海关廉洁文化阵地建设，打造新时代清廉校园。去年，学校制定了《上海海关学校纪委关于查处诬告陷害和失实检举控告澄清工作的实施办法（试行）》，今年要继续加强对诬告陷害的整治工作，采取必要措施，抓反面典型，对发现的问题要依规依纪依法处理，保护党员、教职工合法权益和干事创业积极性，树立学校风清气正的良好政治生态氛围，持续涵养良好的校园政治生态。

中央已经决定于10月16日召开党的二十大，迎接党的二十大，学习、宣传、贯彻党的二十大精神是我们当前和今后一个时期工作的主线。结合学校实际，我再强调一下近期重点工作。

一是全力抓好意识形态和校园安全，为党的二十大召开营造良好环境。党的二十大召开在即，全校各部门必须深刻认识安全稳定工作的极端重要性，提高思想认识和政治站位，以“时时放心不下”的责任感，把抓好意识形态安全和校园安全作为工作的重中之重，为迎接党的二十大胜利召开营造良好的宣传舆论氛围和安全稳定的校园环境。要加强宣传思想阵地管理，严格执行“学术研究无禁区、课堂讲授有纪律、公开言论守规矩”的要求；做好教材管理使用，加强新学期教材教辅的审核把关，建立应急处置机制。要聚焦网络信息安全、信访事件处置、实验室管理、二期大修和临港国际校区建设等重点领域，深入开展安全生产大检查，加强风险隐患排查研判和突发事件应急演练。完善安防基础设施建设，建立健全相关制度规范，更好发挥“人防、物防、技防”作用和效用，切实提升安防支撑能力。加强日常监督检查，明晰责任清单和任务清单，压紧压实责任，坚决守牢安全底线，确保校园安全稳定。

二是全力筑牢校园疫情防控严密防线。当前，国内新冠疫情总体呈零星散发状态，疫情防控形势依然严峻。高校最容易发生聚集性疫情，一定要坚持“动态清零”总方针，慎之又慎，以更高标准、更严要求抓好常态化疫情防控工作。要高度重视，坚决克服麻痹思想、厌战情绪、侥幸心理、松劲心态。疫情就是命令，防控就是责任。各部门各单位“一把手”要切实扛起疫情防控的主体责任，不能麻痹大意，不能自以为是，不能自降标准，对于违反规定造成人员感染和不良影响的，一律追究相关领导的领导责任、一律追究当事人的直接责任、一律追究监督人员的连带责任。要严格遵守工作纪律和属地防疫要求，做实做细校园疫情防控各项工作，落实开学疫情防控工作方案，精准防控、科学防控。在落实既定防疫措施基础上，细化校园管理服务，保障师生在校教学、科研、学习、运动、餐饮、住宿、医疗、快递需求，构建安全舒心的校园环境。完善校园突发疫情应急处置预案，增强处置突发疫情能力，充实防控物资储备。

今天，在座的都是各部门主要负责人、学科带头人，借此机会，提几点希望。一要忠诚，忠诚党的事业，心系“国之大者”，切实把旗帜鲜明讲政治落实到管党治党、办学治校的全过程和各方面。二要担当，把主要精力和心思放在推动事业发展上，把学校“十四五”规划落实好。三要干净，学校掌握了招生、学位、学术评审、科研经费、工程项目等资源，处理不当也会成为问题多发的领域。在座的各位都是学校的中坚和骨干，一定要带头严于律己、以上率下，特别是对于巡视指出的问题，要深化整改落实，进一步完善制度，建立长效机制。

征程万里风正劲，重任千钧再出发。工作任务已经明确，关键在于落实，让我们更加紧密地团结在以习近平同志为核心的党中央周围，深刻领会“两个确立”的决定性意义，增强“四个意识”、坚定“四个自信”、做到“两个维护”，以更加饱满的政治热情、更加昂扬的精神斗志、更加务实的工作作风，踔厉奋发、笃行不怠，以实际行动迎接党的二十大胜利召开！

在 2022 年秋季学期工作会议上的讲话（二）

上海海关学院党委副书记、校长　丛玉豪

（2022 年 9 月 1 日）

今年的秋季学期工作会议，我报告的题目是《抓重破难，建改并举，模块化推进学校事业发展》。

回望过去，学校改革发展稳定工作取得了很大的成绩。但我们应该有这样一种自觉，或者说有这样一种辩证思维，那就是：成绩不说跑不掉，问题不找会发酵。成绩越大，就越应该同时看到问题，越要有忧患意识。我今天报告的预设立场是以问题为导向，查问题、讲问题、改问题，这样，我们就会有更好发展的希望。

高等教育中的 OBE 理念，最重要的一条就是持续改进。所谓持续改进，一定是基于问题的。那么，怎么查找问题？怎么进行改进？这里面有个思想方法：我们面临的事务是复杂的，我们遇到的情况是多样的，有时候各种矛盾会交织在一起，剪不断理还乱，这就需要我们有破解困难、解决问题的实践智慧和科学方法。持续改进有时候可以齐头并进，有时候需要分类推进。我今天要表达的观点是，对于复杂的、系统性的问题，可以根据各个模块的工作特点和具体情况，哪个模块解决自身问题的条件具备了，可以走得快一点，否则，宁可慢一点，不搞“一刀切”。当然，工作模块之间是有联系的，改进工作、破解难题要注意联动。分模块推进工作不是独立作战，不是单兵突进，而是抓住矛盾的主要方面，实事求是地精准化推进改革发展。

8 月 25 日，俞建华署长到上海，对学校工作提出了 16 个字的要求，就是“发挥优势，打造特色，服务大局，提升地位”，学校要尽快落实，努力创新、办出特色。

在上海市高校党政负责人会议上，市教卫党委提出要落实落细立德树人的根本任务，学校要把贯彻落实习近平新时代中国特色社会主义思想作为人才培养的核心工作。要建好建强马克思主义学院；要把思政课和课程思政的改革创新作为立德树人工作的重要抓手；要在学校的各项育人工作中，融入和体现思想政治教育。

立德树人是我们学校各项工作的总纲。下面我讲的各模块的工作都是以此为纲、以此为魂、以此为根本任务。

今天，我主要讲五个工作模块，虽然它不是学校行政工作的全部，但构成了行政工作的主体部分。

一、模块一：教育教学

学校各类教学成果、教改项目、课程、教材、教学团队获奖大幅度增加。例如，获得省部级教学成果奖13项、省部级教改项目11项；获得国家级一流课程1门，省部级重点课程9门，省部级一流课程4门，省部级示范性全英课程4门；省部级优秀教材4部，省部级教学团队1个。成绩的取得来之不易，是靠全体师生的共同努力，经过艰苦奋斗才取得的，绝对不是轻而易举获得的。

海关检验检疫安全和海关稽查新专业申报获批，学校专业布局迈出重要一步；获批国家一流本科专业建设点1个和省级一流本科专业建设点2个；招生录取分数线不断创新高，学校的社会关注度不断提升；获得上海市青年教师教学比赛一等奖1项，省部级虚拟仿真实验教学项目1项；获得上海市一流本科项目和上海市一流研究生项目；形成税务、公共管理、工商管理以及翻译4个硕士学位授权点集群；获批进入博士授予单位培育单位和博士后流动站建设单位名单。

根据问题导向，下面谈一谈教育教学模块存在的问题。

第一个问题，专业布局的顶层设计在落地方面面临再难也要推进的要求。表现在：在破和立的统筹方面谋划不够；在抓内涵的改革方面办法不多；在专业循序过渡方面后劲不足。以海关化专业布局为例，学校海关化专业布局是一项非常大的变革。顶层设计已经基本完成，现在是落地的问题。增量好做，存量难解。例如，许多原有的专业，按照海关的某个方向转型，到底内涵上转了没有，到底有没有内在的变化？教师的知识结构是如何进行调整的？需要大家深入思考、深入研究、持续改进。

第二个问题，两个新专业的建设面临紧迫的合格和超越双重要求。包括：新专业建设标准和具体目标有待明确；新专业师资队伍的建构仍在起步阶段；新专业办学条件的形成缺乏清晰蓝图；新专业与海关合作的新起点尚未确立。

新专业获批是好事，但建设是难事。专业评估必须合格，这是底线要求。新海关的新需求对新专业有了高起点、高标准的要求。专业的建设标准、具体目标、师资队伍、实验实习条件以及如何和海关业务深入对接等，这些问题的解决需要令人满意的解决方案和令人放心的推进行动，必须未雨绸缪，落实责任。

第三个问题，教学基本要素面临提档升级上层次的时代要求。包括：课程体系与内容的重构性建设进程缓慢；教材开发与建设的针对性突破未见成效等。

教育部对高等教育的内涵建设和发展，有了更高的明确要求。例如，对课程建设提出了重构的要求，这是一个比较高的改革要求。同样，对于教学方法、实验条件、资源建设，对各种教学基本要素，都有更高更新的要求。达到要求既是学校教育教学必须做到的，也是比较大的挑战。

第四个问题，融入海关的教育形态面临系统设计的特色要求。例如，关校融合、海关特色在教学模块中，需要做什么，应该如何做？海关趋势、前沿改革在教学格局中，如何去呼应，应该如何跟？

教务处和院系部要专题务虚，以问题为导向进行思考；在务虚基础上进行务实，形成破解方案和实施办法。

二、模块二：科学研究

学校成立海关与国家安全研究中心、海关与经贸研究院；完善科研管理制度，全面实施新的科研考核评价体系；获批科研项目数、科研经费、高质量论文数不断增加。例如，国家级项目1项；省部级项目26项，包括：教育部人文社科5项，上海市自然科学1项，启明星扬帆计划4项，署级课题15项，全国统计科学研究课题重点项目1项。从各个维度可以看出，学校的科研工作正在呈现新的、积极的变化，科研各方面指标也都在被刷新，这虽然是多种因素的叠加，但也和去年全面实施新的科研考核评价体系有直接的关系。可以说，科研工作取得的成绩，是各院系、各部门共同的成绩，是以改革的思路攻坚克难的结果。

科研工作模块还存在如下的问题。第一个问题，教师“人人搞科研”的局面尚未形成。科研启动的指导和帮扶工作缺失，存在开头难的现象；新教师的积极性高于其他教师，但存在后劲不足走不远现象；科研工作考核指标还需优化，存在正向激励作用不明显现象。

第二个问题，论文、项目、课题数量上去，质量如何随即跟上。科研数量取得了来之不易的成绩，开创了新的局面。在这个时间节点，我们要考虑，在继续扩大数量的同时，要加强对质量的追求，比较快地提升科研质量。要强化上层次要求，须与时俱进，防止下滑；科研考核评价对质量追求的导向作用尚需强化，防止异化；教师的研究方向要进一步围绕海关需求，防止脱节。

第三个问题，科研组织的形成及形成之后如何防止空转。科研目前存在“单打独斗”“各自为战”现象，难以出大成果；科研团队目前状态还难以握指成拳、形成有效战力；科研组织生命周期和生命力运筹，难以保持旺盛活力。

一般来说，要出大的成果，必须依靠一个强有力的科研团队。如何组建科研团队，我这里就不多说了。我要说的，是对我们已经有的科研团队，或者即将组织的科研团队，如何形成有效的战斗力，如何保持科研团队正确的研究方向、团结和谐的团队氛围？在共同攻克科研大题目、难题目、急题目的过程中，保持旺盛的科研活力。这些问题，我们必须有所准备。

科研如何结合海关改革发展的需求，如何组建有效的科研团队开展研究工作。这两件事情要合并在一起谋划。学校科研工作能不能蒸蒸日上，这两件事是基础性的，也是关键性的。

科研处要在制度和机制层面对打造科研团队通盘谋划、集成研究；海关与经贸研究院、海关史研究院对如何不落旧套、走出新路提出设想；各研究中心及各院系部就创新开展科研工作提出行动方案。

三、模块三：学生工作

在学生工作方面，学校重视学风建设，持续改善学生准军事化管理；数学建模社、3D

建模社入围“十四五”上海市学生科技创新社团；完善科创育人平台，推进科创实践工作；第十三届“挑战杯”竞赛中荣获上海市1银5铜；第十二届“三创赛”荣获上海市优秀组织奖、优胜奖3项；第七届“汇创青春”大赛7个项目入围决赛，2个项目入围全国“三下乡”重点团队。

特别值得一提的是，学生的各类竞赛和科创实践、学生社团等方面做得非常好；准军事化管理工作虽然存在一些问题和困难，但是在持续的推进。

成绩来之不易，但依然有一些问题需要引起我们重视。

第一个问题，辅导员管理由院系部划归学生处后，如何扬长避短，防止扬短避长？“大学工”后缺少改进性思考和动态性变革；辅导员内在潜力挖掘、内生动力激发，对个体而言还不均衡；学生处和院系部在“三全育人”学生工作方面协同性不够。

学生工作的格局已经转为“大学工”。问题在于，不是一转就灵的，任何改革都是有利有弊的，需要我们在实际工作中做到利大于弊。换句话说，要扬长避短。辅导员归学工口管，好处是统一性、专业性有所加强；不利面是学生处和各院系部相对脱节，需要不断地加强协调和协同工作。旧的矛盾解决了，新的矛盾又出现了，这是个问题。这里先不讲怎么解决问题，先把问题提出来。

第二个问题，学生工作的管理偏重、服务偏轻。学生学业帮辅、心理健康排摸、就业信息通达等服务工作成效不高，学生获得感不强。对每个学生的深入交谈、深刻了解、个性化“画像”的工作比较滞后。

管理就是服务，这个观点有人赞成，有人不赞成。但管理中，一定包含着服务的成分，这是没有错的。学生工作在与时俱进，我觉得，改革深化的一个重要表现就是做好服务工作，群体化、粗放式的管理要向个性化、精准化转变。

第三个问题，学工口和教学口在具体的育人工作中存在相对脱节的现象。在学风建设、创新教育等方面学工与教学联动的有效度不高；辅导员工作与院系（部）工作协调协同的办法不多；学生处与教务处的合力未很好形成。希望学工口能够主动一点，率先发球，破解这个问题。一定要把学工口和教学口联合行动这件事情，做成做好、做到有声有色。

学生处要明确以一到二个兄弟高校的学生工作作为参照，有全面的、有重点的对标，列出指标比较项，连续追踪、立足追赶；学生处和教务处设立联席会议制度，互通信息、商讨需合作事项、拟定联合行动方案、评价小结基础上优化下一轮工作；思考基于现状和解决问题的工作导向，改善辅导员年终述职的方法和内容。

四、模块四：师资队伍

学校在队伍建设方面做了许多卓有成效的工作。包括：修订年度个人绩效考核管理办法，激发教师教学和科研活力；发挥海关行业专家作用，真正实现海关专家进校进课堂授课；注重“双师型”教师培养，加大教师赴行业产学研践习力度等。在调队伍结构方面，成绩很明显，经过努力，专任教师在教职工总数中的比例从2016年的46.32%上升到2021年的57.44%。

然而，仍然存在一些问题需要我们思考。

第一个问题，教职工按需设岗、依规定岗、以岗定责的工作未全部完成，仍需进一步明确。三定的“最后一公里”步履缓慢，啃骨头的力度小。“最后一公里”的难度是大的，考验着我们的实践智慧。

第二个问题，新教师保持朝气和活力，促进教学科研双长进缺乏机制保障。新教师目前的科研工作多为博士研究的延伸，与海关业务结合形成后劲的实现路径不清晰；新教师的教学“传帮带”的安排，持续性不强、实效不足；博士沙龙等活动缺少系列设计和有效安排，激发激励作用不强。

新教师团队是学校持续发展的希望所在。新教师是有朝气和活力的，也是有很强的教学科研积极性的。在持续科研和教学工作方面，目前都是个体作战为主，按照个性需要进行帮助指导的机制比较缺乏。博士沙龙的功能没有很好的发挥，只是流于一般的活动。

第三个问题，教师融入高等教育主流，缺少可行安排和实际行动支撑。院系开放开门的意识仍比较淡薄，安于现状，紧迫性不强，缺乏行动自觉和主动出击。我们一直讲学校要融入高等教育主流，首先要和上海市各高校有人才培养、科学研究、社会服务方面的深入交流和合作。我们要更加主动，更加虚心地追求深度的合作，在学科层面、专业层面、院系层面和教师个体层面都要鼓励主动融入。这方面是我们现在的薄弱环节，绝不能把融入主流作为口号，而缺乏实际的作为。

第四个问题，“双师型”队伍结构和内在质量还未达到理想目标。包括：海关发展对人才培养的需求大部分教师还不清晰不了解；海关专家进校参与人才培养和科学研究深度推进处于瓶颈状态；教师进入海关参与产学研活动的广度、深度远远不够，不断改善的态势未能显现。

应用型人才培养对“双师型”队伍有很高要求。“双师型”结构是从两个方面体现的：一是整个队伍中既要有校内的教师，又要有行业的专家；二是我们的教师，要安排校外单位实践、挂职的经历，进行产学研一体化的训练。我以前说过，海关对各专业的人才培养有什么具体的要求？培养出的人才需要什么样的知识结构和能力？如果这个基础的问题没有解决好，就谈不上培养海关需要的人才。当前，虽然海关专家进校了，也有一定的数量，但参与的程度还不够深入，在深度参与学校的人才培养和科学研究还存在一些问题。现在提出的问题都是难点问题。好解决、能解决的问题基本解决了，现在需要有“啃硬骨头”的精神来破解难题。

五、模块五：管理服务

近年来，学校努力开拓办学空间，加强苏州分校建设，推进临港国际校区建设；加强内部治理，管理人员减少情况下，提高效率，不误工作；注重民生改善，教职工收入水平和福利待遇逐年提高。上半年疫情期间，学校地处上海疫情最严重的北蔡镇，不少教职工和劳务工坚守在学校，克服重重困难，众志成城守护校园。

我们管理服务模块的第一个问题，就是同时存在管理不强、服务更弱的现象。或多或少存在“管理是职责所在是硬通货，服务是附加动作是软要求”的认识；缺乏衡量服务水平和质量的方法。

如果说管理有制度可以依托的话，那么，服务是相对软的要求，更多地是良心活。服务质量怎么考核？缺少制度和指标方面的测量。为广大师生提供更好的服务，从长远来说是依靠风气、依靠文化，从现实来说，还应该有考核层面的约束。但如何考，是一个比较难的问题。

第二个问题，智慧校园的信息化板块成为短板。信息化素养不高成为制约智慧校园成功的瓶颈问题；为学生精准“画像”、预测预警、个性化服务、针对性施策的大数据集成应用成为现实问题。

硬件的问题比较好办，难点在软件方面。例如，智慧教室的使用对每个教师来讲，它的需求是不一样的，而且每个人都需要进行信息化素养的提升。不是放PPT、放视频就是智慧教室的功能，智慧教室已经具备了很多功能，特别是需要根据教师自己提出的独特需求，来配置新的功能。现实的问题是，许多教师提不出需求。这样智慧的效应就出不来，智慧校园是同样的道理。教育部在力推教育信息化转型，海关也有科技进关的要求，我们这方面步履缓慢，认真想一想，是很令人着急的。

第三个问题，管理综合改革雷声大、雨点小，矛盾交织，路在何方？综合改革统筹的顶层设计和可行的推进方案还不成熟；出台与实施的论证环节乏力，说不清理还乱；布局与落子尚未清晰，关键路线和关键拼图尚未找到。

要将信息化补强和数字化转型工作列为专项工作，定期向校长办公会作专项汇报；尽快完善管理综合改革办法，进行可行性论证，在全面推进的同时寻找突破口，先行攻克，发动全身；服务质量不能满足于打分评价，需要出台考核的适用方法，创设评价指标。

最后，再强调疫情防控工作。上海的疫情还在零星散发，海关总署、市教委对疫情防控三令五申，请各单位务必还是加以重视，切莫松懈。学校疫情防控专班要根据疫情防控形势变化和上级有关工作要求适时调整防疫政策，如有变动及时通知师生员工，把工作落实到位。

今天的报告以问题为导向讲了很多问题，我认为，敢于讲问题是内心强大的表现，是敢于刀刃向内、坚持改革的前提。需要说明的是，学校行政工作中的问题是前进中的问题、发展中的问题、改革中出现的问题。对于这样的问题，我们必须用持续改革的办法解决，抓重破难、建改并举。希望大家坚定信心，齐心协力，共同为了学校的美好明天不懈奋斗！

上海海关学院学科建设与科研工作“十四五”专项规划

一、“十三五”发展状况

（一）发展概况

学科是高校开展人才培养、科学研究、社会服务的核心载体，学科建设水平是高校办学水平和核心竞争力的集中体现。为全面贯彻落实党的十九大、全国教育大会、全国高等学校本科教育工作会议精神以及海关系统“政治建关、依法把关、改革强关、科技兴关、从严治关”建设和“关效融合”的精神，学校以内涵建设为总基调，实施“人才强校”“关校融合”“国际化”三大战略，在办学层次提升、学科发展和科学研究及社会服务，署市共建，高素质专业化海关人才培养、高质量探索中国特色社会主义海关发展规律的科学研究等诸多方面取得突破性进展。

（二）“十三五”规划完成情况

1. 重组院系（部），优化学科布局

在检验检疫并入海关职能以及对中国特色社会主义新海关职能系统梳理和深入研究的基础上，深入领会学科建设对学校发展中的引领作用，借助学校“三定”机构改革契机，确立了“以管理学学科为主，管理学、经济学、法学、文学等多学科交叉融合、互相支撑、优势互补、协调发展的现代海关学科体系”的学科发展定位，以优化学科布局、凝练海关特色为导向，按一级学科的主线对原有系、部结构进行大幅度调整，新组建海关与公共管理学院、海关与公共经济学院、工商管理与关务学院、海关法律系、海关外语系、公共教学部及马克思主义学院。调整后的院系（部）更加强调海关特色，形成了由“一级学科”侧重海关业务的学科布局体系，有利于二级单位院系学科建设的职责更加清晰明了，同时，学科建设和专业发展更加紧密，有利于高素质人才培养体系的建设。

2. 硕士授予单位获批，办学层次历史性突破

海关总署对海关“五关建设”的规划要求高层次的人才为海关未来发展服务，针对海关公务员学历结构特点及发展趋势，学校作出积极发展研究生教育的重大决策，明确办学的层次定位是“以本科教育为主，积极发展研究生教育”。2017 年底，学校抓住硕士授予单位申报的历史性机遇，凝聚共识、克服阻力、创造条件、迎难而上，2018 年经国务院学位委员会

批准，学校获批硕士授予单位，获批公共管理和税务硕士两个专业学位硕士授权点，一改学校多年来既不是硕士授予单位，也没有硕士点的现状。硕士授予单位和专业学位硕士授权点的成功申报是学校办学层次的重大历史性突破，意味着学校必须从本科层面的专业建设向研究生层面的学科建设转变。在此基础上，2020 年 11 月，学校又成功申报国际税务、翻译二个硕士学位授权点，目前正处在国务院学位办的审核中。硕士授予单位的成功申报为教师业务发展提供了广阔空间，显著提升了学校的本学层次，具有重要的战略意义。

3. 署市共建重大突破，学科建设融入体系

作为应用技术型大学，只有开放办学，积极服务上海市经济和社会发展，解决海关系统实际面临的问题，坚持有所为、有所不为，才能实现学校的定位和发展愿景。为此，上海市为支持学校事业的发展，于 2019 年 4 月由海关总署党委书记、署长倪岳峰和上海市委副书记、市长应勇共同签署署市合作备忘录，为学校服务上海市对外经贸发展奠定了良好的基础。在备忘录中，海关总署与上海市决定共建上海海关学院，更好地发挥学校在兴关强国、丰富上海市高校办学模式和服务上海经济社会发展中的作用。署市合作备忘录的签署使学校学科建设发展纳入上海市学科建设的整体布局，为学校学科建设获得上海市的支持提供了通道。

4. 加强内涵建设，强化研究生培养质量

立足于服务国家、海关与社会，致力于培养符合海关事业和社会经济发展需要的应用型、复合型、涉外型的高素质人才。学校研究生教育把对党忠诚、政治立场坚定放在人才培养的首位，强调关校合作的实践教育，从内涵建设入手，注重遵规守纪的养成教育，把准军事化管理贯穿于人才培养的全过程；在夯实基础理论的基础上，增强创新实践能力，严格把控质量管理，完善教育评价体系，落实立德树人根本任务，推进专业人才培养模式创新。2018—2022 年，研究生公开发表学术论文近 30 余篇；学位论文在上海市教育评估院抽检中 100%通过，研究生毕业率到达 100%，初步就业率实现 100%，用人单位满意率在 95%以上。2019 届税务硕士孙军超同学的学位论文《CAFTA 框架下关税减让对中国机电产品出口影响的实证研究》荣获“全国税务专业学位研究生教育指导委员会第四届全国优秀税务硕士学位论文”一等奖；2020 届研究生罗宇同学考入中央财经大学攻读博士学位。

同时，拓展国际交流与合作渠道，实现“国内+国外”双向发力，大胆探索使用国外资源，推动教学模式多元化，为公共管理专业学生免费申请到世界海关组织（WCO）远程教育课程，成为全世界唯一一所获得世界海关组织（WCO）教学资源的研究院校。实现硕士研究生在世界海关组织（WCO）实践教学零突破，与世界海关组织就委派研究生赴布鲁塞尔总部和世界海关组织（WCO）亚太能力建设办公室实习达成一致。

在本科专业已通过世界海关组织（WCO）设立的海关与学术界合作框架项目认证的基础上，即将完成公共管理硕士的 PICARD 标准认证工作。

5. 优化师资队伍，提高培养水平

学校深刻认识到，具有一定规模效应的、富有科研竞争力的师资队伍关系到学科建设的未来。学校实施人才强校战略，在引进和培养本校教师的基础上，积极利用海关系统和社会资源，实现师资队伍的优化和加强研究生实践和应用能力的培养，先后来自海关的 5 名司局级领导担任学校客座教授，25 名高校和科研院所的专家担任学校兼职教授、客座教授，17 名海关及有关行业企业的业务骨干担任学校的兼职教师。这些举措营造人才成长的良好环境，推动师资队伍的规模不断壮大和学术水平进一步提高，师资结构日趋合理。

6. 科研水平明显提高，服务社会效果明显

作为高校的职能之一，教师应从事高质量的学术研究和社会科技服务，学校大力推动高水平科研以及解决上海经济社会发展和海关总署面临的实际问题，“十三五”期间取得了一系列的成果。科研论文和咨询决策质量较此前有显著提升，被 CSSCI 收录论文 44 篇，被三大检索机构（SSCI、SCI、EI）收录论文 22 篇，出版著作 141 部。省部级获奖 6 项，一级专业学会获奖 10 个。被省部级成果要报录用成果 27 个，获得省部级领导肯定性批示 9 个。共获得国家级课题 13 项、省部级课题 61 项，厅局级项目 35 项，横向项目 97 项，共计获得科研经费近 1400 万元，其中，纵向项目经费 600 余万元。国家级高质量高水平课题成功申报表明学校科研实力有所提升，对推动学校学科建设起到了重要的促进作用。

学校推进海关特色智库建设，在服务海关及上海市经济社会发展决策咨询研究方面，取得新突破。“十三五”期间，学校主持 7 项署级课题，并获得系列批示成果。《创新跨境电子商务海关监管模式》专报获得李国副署长的批示。在服务上海市经济社会发展方面，《上海自贸试验区贸易监管创新三周年总评价与下一步展望》课题成果获得第十一届上海市决策咨询二等奖。学校获得上海市第十四届哲学社会科学优秀成果奖（2016—2017）2 项。其中，《全球供应链管理与国际贸易安全》获得学科学术著作奖二等奖；《要顺应形势，调整“单一窗口”试验》获得决策咨询和社会服务二等奖。在获得批示方面，《要顺应形势，调整“单一窗口”试验》获得周波常务副市长的批示；《争取在自由贸易港区试行境外港口式海关监管》获得应勇市长批示；《深化上海自贸区“一线放开”改革内涵的对策建议》获得周波常务副市长、吴清副市长的批示。

（三）存在主要问题及原因

1. 学科发展特色不明晰，对专业支撑度不够

学校学科建设力度有待加强，教师“重专业轻学科”的思想依然存在，结合海关的学科发展特色不鲜明，发展思路不清晰。尽管“三定”对院系（部）按照“一级学科+海关特色”的思路进行了布局，凝练学科特色，特别是海关特色工作不到位，“一级学科+海关特色”的学科建设具体路径尚在摸索，尚不够清晰。

对于新建专业“检验检疫安全”的学科建设尚属起步阶段，众多问题需要深入调查研究，在此基础上，逐步完善“检验检疫安全”的学科建设工作。

2. 专业学位点建设有待加强，科学学位点有待突破

与其他高校相比，学校获批为硕士授予单位，学科建设起步较晚、缺乏积淀。专业学位点布局尚未覆盖所有学科，目前仅有 4

个专业学位授权点，研究生培养质量有待进一步提升，且还没有一级学科学位授权点。学校获批成为硕士授予单位是学校重内涵建设的结果，提升了学校的办学层次，下一步需要在专业硕士学位点建设积累的基础上，实现学术型硕士学位点突破，为学科建设进一步“破局”。

3. 学科领军人物匮乏，成为制约学科发展瓶颈

高水平的学科领军人物匮乏，是制约学校学科建设和发展的关键问题。高水平学科和高水平研究人员是相辅相成的，只有形成高水平的学科平台，才能吸引高水平研究者。同时，高水平研究者可迅速提升学科的整体研究水平，进而推动该学科向更高水准发展。在当前学校学科发展特色不明晰，缺乏高层次学科平台的背景下，探索学科领军人物的培养和引进的新机制成为学科队伍建设的关键。

4. 标志性的科研成果不多，科研创新能力有待提升

学校科学研究科研起步时间不长，成果积累较少，聚焦“海关”特色开展的理论研究的水平还不高，缺乏原创性、全局性、前瞻性的标志性海关基础理论研究，缺乏标志性的科研成果。科研团队的创新能力还有待进一步提升，围绕重大科研项目的组织能力、协同创新的能力和水平还有待提升。

5. 学科对海关及外经贸事业的贡献度不高，服务能力有待增强

学校的社会科技服务能力有待增强，学科建设服务海关及外经贸事业发展的能力较弱，主要体现在：面向海关及外经贸事业发展需求的学科整合能力和跨学科攻关能力相对不足；面向海关及外经贸事业重大标志性决策咨询研究成果相对较少；对海关及外经贸事业发展重大需求的关注度和竞争意识不强。

6. 国际化意识不强，学科建设国际化水平有待提高

学校的国际化战略尚处于起步阶段，学科建设对标国际一流海关院校的意识不强；以国际化视野推动学科特色发展的思路不够明晰；教师参与国际学术交流的积极性不强；师资队伍中有海外留学及研究经历的教师队伍数量偏少。这些因素阻碍了学科建设的国际化视野。

二、“十四五”发展目标的确定

（一）面临的机遇与挑战

1. 海关进入新发展阶段，对学科建设提出新要求

随着中国特色社会主义进入新时代，海关进入了新的发展阶段，面临着一系列的新问题、新任务。在守卫国门安全方面，传统安全威胁与非传统安全威胁相互交织，通过口岸渗透入境的方式更加隐蔽多样。2018 年 3 月，中共中央印发的《深化党和国家机构改革方案》明确提出，将国家质量监督检验检疫总局的出入境检验检疫管理职责和队伍划入海关总署。海关监管对象更多、监管范围更广、监管链条更长，海关传统职能的内涵和外延均得到拓展，海关维护国门安全的任务比历史上任何时候都要艰巨繁重。在促进经济发展方面，随着以国内大循环为主体、国内国际双循环相互促进的新发展格局提出以来，海关作为国内国际双循环的交汇枢纽，要求海关发挥自身职能优势，切实采取更加有效的措施，打通国内国际双循环堵点，推动更深层次改革，实行更高水平开放，为国家构建以国内大循环为主体、国内国际双循环相互促进的新发展格局提供强大动力。为此，海关在守护好国门安全、强化口岸安全管控能力，优化开放环境，助力双循环良性互动，释放政策红利、助力完善国内大循环体系等方面应着力突破。

中国海关新职能和新任务迫切要求学校学科建设转变思路和方向，对学科方向进行凝练和思考。同时，关检融合迫切要求学校加强检验检疫的学科建设，深入谋划发展支撑海关检验检疫管理职责的相关学科发展。学校学科建设既要立足学科自身发展的逻辑，更要面对海关与外经贸事业领域的现实问题，遵循学科逻辑和问题导向两条主线，注重实践支撑和理论建构并重。

2. “五个中心”的建设提供了学科调整和优化的机遇

上海市正加快推进国际经济、金融、贸易、航运、科技创新“五个中心”建设，为抢占新科技革命制高点，上海市布局建设全球科创中心。学校需从海关视角切入，聚焦上海市“五个中心”建设的需求，调整学科发展布局，利用已有的学科积累和科研优势，积极推动学科建设的转型和特色发展，在服务地方、产业、企业的发展中，提升学科发展活力和学术水平。

3. 学校改革发展为学科建设带来了新动力

党的十八大以来，学校以内涵建设为工作的总基调，实施“人才强校”“关校融合”“国际化”三大战略，在办学层次提升、署市共建等多方面取得突破性进展。2019 年，利用“三定”机构改革的契机，学校理顺体制机制，形成“一级学科+海关特色”的布局，促进了释放存量、引入增量，呈现持续向好的发展态势。同时，学校确立大学要求建设和服务海关宗旨，学科发展的潜能也得以激发。学校要利用这一前所未有的历史机遇，变压力为动力，坚持问题导向、需求导向和目标导向，加强学科的顶层设计，主动对接外部需求的变化，完善学科治理体系，提升学科治理能力；挖掘学科特色和优势，全面提升学科建设水平，全面激发学校师生投身学科建设的热情，通过学科资源优化和集聚，推动学科的特色发展。

4. 硕士授予单位获批，为加强学科建设带来了新机遇

2018 年，学校获批硕士授予单位和公共管理和税务硕士两个专业学位硕士授权点，对学校学科建设提出了更高的要求。同时，“双一流”建设明确一流大学建设要“以学科为基础”，瞄准自身特色、寻求学科突破、注重学科的特色发展，建设好与本校办学定位和办学特色相匹配的学科专业群。近期，国家安全学纳入国家一级学科这为学校学科论证、学科归属、学科布局等借势发展提供了新的机遇。

从上海市层面而言，上海市注重对高校的分类指导和特色发展，通过科学规划、重点建设、动态调整，重点支持一批优势学科率先建成高峰学科，巩固提升一批潜力学科形成高原学科，持续支持一批建设目标明确、对接社会需求的亟需学科。国家层面和上海市层面对高校特色发展和学科特色发展的支持政策，为学校海关特色学科建设的发展带来了机遇。

5. 面临高层次、高素质人才培养需求的挑战

新时代下的海关建设对人才培养提出了新

的、更高的要求，加之学校获批硕士授予单位，原有依托专业的培养人才模式已不适应新时期海关事业的需求，学科建设对人才培养的支撑作用更加重要。学校亟需从“专业育人”向“学科育人”的思路转变，应以学科为依托，在学科发展的基础上，实现学科-专业-海关业务链的有序对接。

6. 面临高校间激烈竞争的挑战

当前，国内高校竞争态势趋于激烈，教育部所属高校、地方老牌高校有着长期学科建设的经验积累，在几轮教育部学科评估的过程中形成了强烈的学科发展和竞争意识。以对外经济贸易大学为例，作为除学校以外唯一设有海关管理专业的高校，拥有公共管理一级学科博士点，学科门类齐全，有着地缘、学缘等优势，且有着长期的学科积累。教育部所属高校、地方老牌高校对学校的学科建设形成倒逼机制和挤压态势。只有拥有强烈的忧患意识和进取意识，“做好、做特、做强”学科，学校的学科建设和人才培养才能服务好新海关建设的需要。

7. 面临资源相对紧缺的挑战

作为海关总署直属的唯一具有本科办学资格的高等学府，尽管因与海关业务的紧密联系而具备建设特色学科的得天独厚优势，但也因此造成办学相对封闭的缺陷，导致在学科建设方面面临诸多掣肘和瓶颈。随着国家“双一流建设”计划等的实施，教育部所属高校、地方老牌高校的学科建设取得了长足的进步，发展速度极快，积聚了各种优势资源，特别是人才资源明显优于学校，而且其经费投入会持续增长。面对这一情况，学校要紧密围绕海关及外经贸事业的需求，进一步优化学科布局，聚焦发展重点学科，在学科特色上有所突破，才能赢得国家、海关以及地方政府的优先投入和支持。

8. 面临师资队伍质量进一步提高的挑战

学科的发展和研究生的培养依赖于高水平的师资队伍，而学校本科和研究生培养历史较短，有规划、有步骤的学科建设刚刚起步，因此，师资队伍水平成为制约学科发展和高水平人才培养的关键因素。根据学科建设和研究生培养的发展与需要，要持续引进或培育高层次高质量师资人才。要注重培育学科、学位点带头人，要注重培养青年教师，要注重提高研究生导师队伍的整体水平。要继续加强校内导师、行业导师的联合、融合，关注内涵建设，进一步提高研究生的科研能创新能力和国际视野。

（二）发展的战略思路

坚持学科内涵和特色建设，持续推进科学发展。以海关和外经贸事业的重大基础理论以及上海市经济社会建设的实际问题为主攻方向，以全国教育大会的指导思想指引，依据国家“双一流”计划的建设原则和建设思路，瞄准创办大学具体指标和服务海关的建设要求，结合学校目前已有基础，找准优势、凝聚特色，确定学科发展方向，探索出具有鲜明海关办学特色的差异化学科发展道路。同时，根据以国家和海关行业的发展要求，做好学位点的合理布局，全面提升研究生培养质量。

（三）发展愿景及具体目标

学科布局完善，海关特色鲜明，服务国家战略，具有一流的科学研究和政府咨询决策研究能力，培养高质量人才，满足新海关的需求，在行业内具有一定的国际影响力。

大力推进学科建设，在“十四五”期间，重点建成与海关领域紧密对接的、一流的公共管理学科和工商管理学科。构建海关学的学科体系和学术体系，形成科学可行的建设思路，瞄准国家安全学一级学科建设和发展的机遇，完成二级学科“海关学”的论证工作，为海关改革和发展提供强大的学科支撑和学理支持。加强检验检疫安全管理相关学科的内涵建设，初步形成面向海关全业务链，马克思主义理论、英国语言文学、数学、计算机等基础学科有力支撑，公共管理学领衔，工商管理特色明晰，应用经济学、行政管理、法学、等学科交叉融合、协调发展具有海关特色的学科体系。

做好研究生学位点布局，力争实现法律、审计学、统计学、应用经济学等专业学位硕士的成功申报，积极筹备交叉学科硕士学位点国家安全学硕士学位点的建设申报工作，加强公共管理学科、工商管理学科和历史（海关史）等科学硕士学位点的培育，实现科学硕士点零的突破。积极谋划专业博士点和博士后工作站（合作）的建设，为学校升格大学奠定基础。

紧密对接海关业务，强化海关问题的应用型研究，形成2个高水平研究团队。大力推进关校融合、校企协同和校校合作，加强省级实验室和产学研基地建设，建设2个省部级的实验室。以海关与贸易研究院为平台，与海关系统和上海市合作开展重大项目研究，打造2个服务上海经济社会发展和现代化海关建设的省部级高端智库，为政府和海关提供智力支持。建设若干学科平台，如成立海关史研究中心、《经修订的京都公约》研究中心、跨境电商研究中心等研究机构，推出一大批具有广泛影响力的科研成果和资政咨询成果。

以为海关培养高水平人才为目标，健全研究生招生宣传机制，完善人才选拔标准体系，有效提高研究生生源质量。积极探索以海关职业需求为导向，以实践能力、创新能力和判断能力培养为重点，产学研结合、具有鲜明海关特色的专业学位研究生培养模式，强化特色品牌意识和内涵建设，加大省部级研究生教育教学成果奖的培养力度，提高研究生导师队伍质量和水平，建立适应专业学位特点的研究生管理体制和机制，不断提高研究生培养质量。

力争“十四五”期间各类科研成果较“十三五”期间有较大增长。被CSSCI收录论文80篇，被三大检索机构（SSCI、SCI、EI）收录论文超40篇，出版著作（译著）180余部。省部级及以上获奖8项。被省部级及以上成果要报录用成果约40个，获得省部级及以上领导肯定性批示约10个，国家级课题15项、省部级课题100余项，横向项目150项，科研经费达到2500万元，其中，纵向项目经费800余万元。

三、“十四五”建设主要内容

（一）总体目标及基本思路

紧密围绕“努力把学校建成海关特色鲜明、服务国家战略、具有国际影响力的一流高等学府”的学校发展目标，根据新形势下学科发展趋势和海关行业需求，逐步完善学校的学科布局，提升学科建设和研究生质量，做好专业硕士点新增以及科学硕士点和专业博士点的培育和建设工作，形成与海关业务发展相适应的学科和专业体系及其人才培养模式，提高人才培养质量。

（二）主要举措及主要内容

1. 形成具有鲜明海关特色的学科布局体系

按照“一级学科+海关特色”的思路，不断凝练学科建设中的涉关问题，以问题为向导，聚焦海关领域的特殊性和综合性，构建具有鲜明海关特色的研究方向和学科布局体系，并集全校乃至全海关系统和兄弟院校之力，启动“海关学”学科论证工作。

以海关及外经贸事业发展需求为牵引，紧密对接海关及外经贸事业发展的需求，统筹学校、海关系统等优势资源，注重特色提升和内涵建设，重点建设具有鲜明海关特色的管理学科和工商管理学科，公共管理一级学科重点建设行政管理、公共政策与风险管理、海关管理、口岸综合治理4个学科方向。在海关特色的管理学科基本理论、学科体系和研究方法上取得突破性进展，丰富公共管理一级学科基本框架。

重点针对海关管理领域的相关理论和应用实践开展基础和应用研究，通过对海关改革和发展中的热点、难点等问题的综合研究以及跨学科方法的综合运用，凝聚一支高水平的学科队伍，产出一系列具有重大理论创新及应用的研究成果。

工商管理一级学科重点建设国际商务、物流与供应链管理、审计管理3个学科方向。科学合理地凝练学科特色，结合海关业务确定主攻方向，逐步改善学科结构和布局，形成相互支撑、优势互补、协调发展的特色学科体系。加强智库建设，提高国内外智库合作水平，形成1个具有海关特色高水平之苦团队，为促进中国海关服务国家战略和地方社会经济发展作出贡献。

建设具有鲜明海关特色的税收学、经济统计学、国际贸易研究方向的力度，完成税收学方向、应用统计方向的海关化建设。紧密对接新海关建设业务链，研究基于以大数据分析和人工智能为基础的海关税收和统计方法和技术。

法学一级学科重点建设行政法、国际经济法、刑法3个二级学科，研究涉关业务法律的基础理论和应用，以海关法、国门安全法和国际关贸合规为主攻方向，对《经修订的京东公约》、中欧全面投资协定的法律问题、关务行业的PICARD标准等进行应用型研究，逐步形成特色鲜明的法学学科，为海关总署相关政策的制定提供理论依据。

外国语言学一级学科建设3个学科方向，包括：翻译学、专门用途外语、英语语言文学，重点建设翻译学，关注国际商务领域和国际海关法规与文献的研究与翻译，形成以海关法为特色的外国语言学，为打造我国先进的、在国际上最具竞争力的海关监管体制机制，确保国际合作竞争优势服务。

在马克思主义理论一级学科建设马克思主义中国化研究、中国近现代史基本问题研究、思想政治教育3个学科方向，落实“马克思主义理论学科重点建设专项计划”，开展思想政治教育、马克思主义中国化研究，将研究成果及时应用于人才培养之中。同时，以海关史研究院为平台，开展中国近现代史基本问题研究，并聚焦海关史，特别是红色海关史的研究。

以检验检疫安全专业为基础，与海关及相关高校全力合作，遵循以项目带队伍，以队伍建学科，关注公共卫生、农学、食品科学、动物学和植物学与管理学科的交叉，逐步形成检验检疫类安全的学科体系。

2. 全面提升学科的内涵建设水平

推动公共管理学科在国内同类学科中进入前40%，其中“海关特色”研究方向进入国内一流行列。强化税务、国际税务和翻译学专业硕士点的建设，力争实现学校其他学科专业学位硕士点的成功申报，筹备交叉学科硕士学位点国家安全学硕士学位点的建设申报工作。在此基础上，加强科学硕士学位点的培育工作，实现科学硕士点零的突破。积极谋划专业博士点和博士后工作站（合作）的建设，使学校各学科在国内同类排名有所提升，进一步凝练学科特色，国内影响力提升。

实施“人才强校”战略，加强学科队伍建设，采用引进与培养相结合的方式，提升学科队伍水平，使“十四五”期间，学科队伍专业背景、年龄层次、职称职级进一步优化。培养2~3名在国际海关界具有一定知名度的专家学者，5~10名在国内海关研究界有一定影响力的专家学者，推动学校科研创新团队向更高水平迈进。

在科学研究方面，在省部级及以上科研项目、高水平论文等方面有较大提升。同时，提升社会科技服务的能力，为新海关监管制度的制定，如贸易便利化、跨境电商和外贸统计监测预警等提供支撑，显著提升各学科科研指标。

在服务海关及外经贸事业发展方面，为海关及外经贸事业的发展提供智库支撑。针对全球贸易规则变动趋势及特点以及自由贸易规则对贸易投资和经济的影响，研究稳定和开拓产业链供应链、海南自由贸易港和各类自贸区、保税区监管等政策和制度，为政府决策提供依据，提高学校服务海关及外经贸事业的水平。

在理性看待学术期刊评价作用，依据学术期刊评价的关键指标，建立《海关与经贸研究》期刊学术和编辑质量保障体系，提高期刊学术影响力，充分发挥《海关与经贸研究》期刊对推动学科建设的积极作用。

（三）量化指标汇总

学校“十四五”规划指标见表1。

表1　学校“十四五”规划指标

序号	指标	具体指标
1	高水平科研创新团队建设	2
2	被 CSSCI 收录的论文	80
3	被 CSSCI、SCI、EI 检索机构收录的论文	40
4	学术专著（译著）出版	180
5	省部级及以上获奖	8
6	国家级项目	15
7	省部级项目	100
8	省部级及以上成果要报录用成果	40
9	省部级及以上领导肯定性批示	10

续表

序号	指标	具体指标
10	科研项目总资助经费（万元）	2500
11	纵向项目总资助经费（万元）	800
12	横向项目总资助经费（万元）	1700
13	新增专业硕士生点	4
14	新增学术硕士生点	1
15	省部级的实验室	2

四、保障措施

（一）构建学科建设组织管理运行机制

1. 强化学校对学科建设和规划的宏观调控和全面统筹

成立由学校主要领导领衔的“学科建设领导小组”，全面负责学校学科建设的顶层设计、统筹协调、整体推进、督办落实。科研处负责学科建设的推进，相关院系（部）具体实施。建立科研处牵头、相关院系（部）共同参与的学科建设立项、检查、评估、调整等管理机制和服务体系。

2. 明确院系（部）学科规划和建设的主体责任

建立健全院系（部）学科建设责任制。院系（部）负责学科建设子规划的编制和绩效指标的研制，确保其科学性和可操作性。

3. 发挥学校学术委员会的作用

院系（部）制定的学科子规划，需要经分管校领导审核通过，再由归口管理职能部门提交学校学术委员会审议。

（二）完善学科建设绩效考评机制

由学校学科建设领导小组确定各学科建设经费投入额度，研究解决规划实施中的重大问题和新情况。对院系（部）学科建设进行全过程管理，实施绩效考评与奖惩。完善符合学校特点的学科建设评价体系、考核评估机制和激励约束机制，全面评价各学科建设情况，正确发挥考评的导向作用。实现自主评估和专家评估相结合、内部评价和外部评价相结合、诊断指导和改进提高相结合的原则。实施绩效考核问责制，依托学校学术委员会组织实施各学科建设绩效的评估，学校根据评估结果动态调整学科资源投入。探索逐步引入第三方评估的可行性，借鉴其他高校学科建设的评价标准，寻找新的发展路径。

（三）建立聚焦重点的学科经费投入机制

根据学科建设评估情况，实现有重点、分层投入，形成以学校统筹规划布局为基础，以学科发展目标和内涵建设为导向的学科建设资金投入机制，进一步优化学科结构，提高学科建设水平，促进学校发展的战略。推行“绩效预算、分期追加”的经费管理模式，根据各学科建设的成效及预算执行情对经费的追加予以动态调整。

第二篇

专记

统筹疫情防控与校园安全稳定

自上海新冠疫情发生以来，学校坚决贯彻习近平总书记的重要指示精神，严格落实海关总署和上海市教育委员会的部署要求，提高政治站位，加强统筹安排，协调各方力量，适时调整防控策略，强化联防联控，全力以赴守护校园安全。

一、健全疫情防控工作体系

（一）完善组织领导机制，强化责任落实

根据海关总署和上海市教育委员会的有关要求，学校成立了疫情防控工作领导小组，下设疫情防控工作组具体承担学校疫情防控日常工作，学校党政主要领导为防控新冠疫情工作的第一责任人。面对此次疫情的严峻形势，学校深刻认识到疫情防控的极端重要性，疫情防控各成员单位明确职责分工，各司其职，团结带领全体师生员工，坚决把思想和行动统一到习近平总书记重要讲话精神和党中央的决策部署上来，毫不动摇坚持“动态清零”总方针。

学校上下坚决克服麻痹思想、厌战情绪、侥幸心理、松劲心态，坚持依法防控、科学防控，确保各项措施有效落实。学校成立了应急处置专班、流调工作专班、消杀与防控监督工作专班、对外沟通协调专班、物资保障专班、巡查整改专班等，坚持“人、物、环境同防”，坚持突出重点和分片包干相结合，层层压实责任。

（二）健全“联防联控机制”，确保有效运转

学校形成了与上海市教育委员会、浦东新区疾控中心、浦东新区教育局、北蔡镇防控办、社区医院“点对点”的联防联控机制，明确联系人，设立工作群，及时了解情况，反映问题，沟通交流应急处置工作。一旦出现疫情，学校第一时间报告市教委和区疾控中心，反复与相关单位协调，及时做好涉疫人员转运工作，为有效切断传播链赢得了先机。同时，在上海海关专家的大力指导下，及时学习专业知识，不断提升科学防控能力。

（三）合理分配人力资源，保证校园运转秩序正常

在学校疫情相对严峻且仅有 46 名在编教职工和 170 余名劳务工在校情况下，为保证防控工作正常运转，校内人员划分为 A/B 班并建立了志愿者预备队和校外应急预备队，定期抽调应急预备队的部分教职员工进校承担一线校园疫情防控工作。学校还建立学生志愿服务队，组织学生志愿者开展送餐、收取垃圾、消

毒、物资派送等工作。对于一线工作人员和学生志愿者加强人文关怀，关心关注其思想动态和心理状况，帮助缓解心理压力，妥善解决其学习、工作、生活的困难和问题，为保障学校防疫队伍的建设形成长效机制。

二、疫情防控基本情况

（一）加强制度建设，健全防控体系

学校于2月28日正式开学，为确保春季学期开学工作的有序开展，及时修订完善疫情防控工作方案和应急处置预案，特别是针对师生返校安排、教育管理、教学改革、心理援助等重点问题，形成《上海海关学院2022年春季开学工作方案》，做好师生返校前、返校中、返校后疫情防控安排，严格师生健康日报、就餐管理和进出校园审批制度。3月13日学校根据上海市教育委员会安排进入闭环管理后，修订完善《上海海关学院关于进一步加强疫情防控工作的实施方案》《上海海关学院巩固清零阶段网格化闭环管理实施方案》《上海海关学院新冠肺炎疫情防控技术方案》等多项制度方案，方案分工明确，确保疫情防控各项措施有效落实。

学校根据疫情变化，严格执行最新疫情防控规定，形成风险研判机制，加强对重点人员和密接人员的管理，建立人员台账。在校师生员工若出现发热、干咳等症状，立即做好佩戴口罩等防护措施，第一时间落实检测要求。

（二）建立应急工作机制，确保快速响应

学校制订《新冠疫情防控应急演练方案》和处置流程示意图，明确了信息上报、校内排查、隔离转运等工作流程。通过多次演练优化流程、完善预案、增强配合、积累经验，形成快速响应机制。如出现检测异常情况，立即启动应急预案，将异常人员在30分钟内转运至学校集装箱隔离点，并向疾控部门或教委申请迅速转运到上海市集中治疗点；立即将密接和次密接人员转运到校内临时隔离点进行隔离观察，并及时汇总和审核学生信息，向疾控部门申请转运至隔离观察点进行健康观察。

学校党委班子靠前指挥，实行扁平化管理，每天召开疫情防控工作领导小组例会，加强信息沟通，及时研判处置防疫事项。学校出现核酸检测异常后，迅速成立临时应急指挥部（办公室设在学生处），主要校领导亲临一线指挥，防控工作小组下沉防控一线，连夜组织相关部门会商研判楼宇管控、送餐安排、核酸抗原测试、密接排查转运、防护物资保障，场所消杀等工作，确保了疫情发生后的应急处置工作总体平稳。

（三）落实“三区两通道”，实施分区管理

学校转入准封闭管理后，校内学生生活园区、教学区、办公区等实施网格化管理，严禁人员跨区域流动，各区域人员除就餐、核酸检测及其他必要联系外，原则上在本区域活动。师生开展线上教学，不开展线下聚集性活动，在校学生暂停校外实习，学校公共场所开放，实施预约限流制度。学校出现核酸混检异常后，立即进入封闭式管理，所有学生“足不出舍”“足不出层”，送餐到宿舍门口。学校制订《上海海关学院校园网格化分区管理实施方案》，严格落实“三区两通道”布局要求，完善隔离区设置。区分校内各区域的防控等级，重点规范学生生活园区管理；完成校内人员风险等级分类，突出餐饮员工管理，实行前后厨隔离管理，送餐人员、配餐人员、用餐人员无

接触分发交接。取消堂食制，采取送餐方式。严格落实校园人员封闭管理“足不出楼”相关要求，制订错时、错峰如厕、洗浴、打水时间安排表，避免交叉感染。强化就医管理，除重危病外原则上不批准外出就医。

做好校园环境卫生消杀，加强校园内办公场所、食堂、宿舍等学生重要聚集场所和洗手间的保洁消毒和通风。针对消杀工作不专业、不彻底的问题，学校专门组建了消杀工作队，加强日常培训，以落实随时性消毒工作；采购第三方专业消杀队伍，对涉阳人员相关场所进行终末消杀。闭环管理期间，累计完成隔离区消毒 255 次。设置洗消点和医用废弃物等垃圾固定堆放点，分类收集并及时清运各类垃圾。

（四）从严管好校门，严控人员物资进出

自学校转入准封闭管理，全体教职工一律从南门进出；西门作为后勤保障及校外配送、垃圾分类清运专用通道；东门作为施工专用通道。特殊情况下有进出需求的人员，经审批后从西门进出。学校封闭管理期间，学校严格把好校门，无关人员、车辆禁止入校，暂停外卖配送和快递。所有进校人员须提交 48 小时内两次核酸检测阴性报告，严格落实核验身份、检测体温、查看健康码和行程卡等措施，到校后须在隔离区观察 7 天。进出校人员均经严格审批，并做好记录登记。

（五）加强人员健康管理，及时发现异常

加强日常健康管理。学校坚持全面摸排师生员工情况做好分类管理，覆盖教职员工、学生及第三方服务人员，做到有情况必登记，有需要随时查。建立健康状况台账，严格落实“一人一档”健康管理，坚持“日报告”“零报告”制度。校内人员出现异常情况，学校第一时间落实集中隔离留观、配合转运等工作。

严格“绿码”上岗制。自学校转入封闭管理以来，所有入校教职员工均需通过企业微信提前一天提交申请，且健康码、行程码均为“绿码”，两次核酸检测结果均为“阴性”方可通过审批入校。

持续推进疫苗接种。学校对符合接种条件的师生员工做好宣讲和组织工作，确保疫苗接种应种尽种。对未接种人员了解原因，做好台账登记，持续推进全员疫苗接种工作。

扩大核酸检测覆盖面。学校按照上海市教育委员会的相关要求，在出现疫情前，按照每周2~3 次核酸检测的频率组织全员核酸筛查工作；出现核酸异常情况后，开展加强频次的核酸检测、抗原检测筛查方式；目前对于重点人员实施每日核酸检测，其他人员实施隔天核酸检测，隔天抗原筛查，严格做到“应检尽检”，全员覆盖，并做好检测结果的台账登记。针对核酸采样人员校内外流动存在的交叉感染风险，学校安排第三方检测机构驻校服务，保持人员稳定。3 月 13 日至 5 月 13 日，学校共组织核酸检测 55 场次，70307 人次，其中，全员检测 27 场，58001 人次，重点人员检测 28 场，12306 人次，累计总检测时间长达 256 小时。

（六）及时开展流调工作，快速完成人员转运

学校组建专门的流调团队，对流调人员开展专业培训，提高流调排查的专业性、及时性和准确性。发现异常情况后，第一时间开展全方位的流调和人员排查追踪，对密接和次密接人员进行仔细甄别。学校成立流调工作专班，对检测异常人员的流调情况进行综合分析，在海关总署督导组指导下，全面梳理形成学校新冠疫情基本情况流调溯源报告。学校成立对外沟通专班，与市教委、区和街道疾控部门建立高效的协调沟通机制，一旦出现检测异常，第一时间报送异常信息，及时汇总和审核密接、次密接人员信息，与市教委和疾控部门的联络专员立即协调、沟通转运方案，确保了异常人员、密接和次密接人员的快速转运。

（七）加强防控知识培训，提高防控能力

学校定期通过邮箱、企业微信、微信公众号等多种途径向全校师生员工推送疫情防控常识。多次邀请海关专家开展疫情防控在线专题培训，切实提高全体师生员工的防护意识和能力。海关总署督导组同志坚持跟班作业、现场指导，确保师生员工及时掌握疫情防控的最新要求和规定。

（八）加强物资保障工作，满足师生需求

在海关总署、上海海关、南京海关的支持帮助下，防护服、口罩、手套、医废专用垃圾箱等防疫物资得到有效补充。校园封闭管理期间通过各方筹措，截至5月13日，共采购防护服3400套、N95口罩3.05万只、医用外科口罩3.95万只，防护面屏7500只、防护手套6.25万只、免洗手凝胶1184瓶；储备行军床540张、睡袋870个、毛毯1000条。学校设立防疫物资仓库并由专人管理，设立出入库台账，并开发“防疫物资领用”审批应用程序，经部门负责人审批后方可领用。同时，学校积极争取上海高校后勤中心的支持，确保生活物资基本能保证校内人员2周以上最低需求。积极协调医疗、超市资源，解决师生就医配药和个性化生活物资采购需求。

（九）加强监督检查，不断改进工作

一是成立专门监督组，每天在海关总署督导专家指导下，聚焦师生个人防控工作措施落实情况、上级部门和学校要求关注的防控重点开展监督检查，围绕网格化管理、隔离区管理、物品消杀管理等12个方面工作共提出180多条具体的监督意见建议。二是成立环境巡查整治专班，对学校产生的医废和专项垃圾的处理、洗消点的日常使用和管理等进行监督检查，确保学校疫情防控技术方案中的各项要求落地落细。三是主动开展防疫物资管理专项督查，对上海本轮疫情以来采购的防疫物资管理开展指导和督查，规范物资管理，提高使用效益。

（十）做好舆情管理，引导师生科学防控

学校密切关注有关疫情通报，提倡不信谣、不传谣。将宣传教育与疫情防控工作同部署、同落实，融入疫情防控全过程。加强与相关部门的沟通联系，进一步增强宣传舆论工作的协同性、针对性、实效性，形成工作合力。充分利用新媒体传播学校疫情防控重大行动，让师生和家长了解学校在清洁消毒、后勤保障、网络教学等疫情防控工作的安排部署和进展情况，宣传师生员工抗击疫情的好人好事，提振抗击疫情的决心和信心。

三、疫情防控工作体会和经验

（一）必须坚决贯彻落实党中央重大决策部署，坚持“动态清零”总方针不动摇

此轮疫情流行范围广、传播速度快、感染性强，学校又是人员密集场所。只有毫不动摇地坚持“动态清零”总方针，才能迅速遏制疫情蔓延势头，才能尽快打赢本轮疫情阻击战，

才能保障师生身体健康，让校园早日恢复平静。

（二）必须充分发挥“联防联控机制”优势

校园疫情之所以在较短时间内得到控制，得益于学校建立了协同抗疫的工作机制。一是海关总署高度重视，署领导亲自来校指导督查疫情防控工作，海关总署建立工作专班，派驻海关专家驻校给予精心指导；二是海关系统单位及时给予资助，上海海关在防疫物资、核酸检测、消毒工作等方面及时资助，南京海关、杭州海关等对转运当地的密接人员给予关心和帮助；三是上海市教育委员会和属地政府部门支持，建立联防联控机制，沟通交流顺畅，应急处置迅速高效。

（三）必须坚决做到果断快速处置

疫情发生后，学校能够准确研判疫情形势，第一时间采取封闭管理措施，高效做好密接信息统计，快速完成人员校内管控隔离和紧急物资保障。即使是在疫情防控形势趋于平稳的情况下，学校仍然没有丝毫松懈，继续采取从严从紧的防疫措施，限制校内人员流动，治愈人员返校后继续隔离观察，每天开展核酸或抗原检测。

（四）必须调动一切力量共同抗疫

学校实施准军事化管理，组织纪律性强，已形成服从命令、听从指挥、吃苦耐劳、团结协作的工作作风。疫情发生后，在校教职工任劳任怨，经常通宵抗疫，校领导靠前指挥，带领教职工在校奋战 70 余天；校外人员居家办公，做好手头业务工作的同时，主动配合校内人员做好各类防疫工作。学生在配合学校防疫相关工作的要求下，合理安排时间，认真完成线上学习任务，主动参加抗疫志愿者服务。

上海海关学院 2021—2022 学年本科教育教学综述

一、本科教育基本情况

（一）学校简况

上海海关学院直属于海关总署，是全国唯一的服务国家特殊需求、培养国门卫士的海关高校。学校前身为创建于 1953 年的上海海关学校；1980 年 5 月，经国务院批准，升格为上海海关专科学校；2007 年 3 月，经教育部批准，设立上海海关学院，成为新设置的全日制普通高等学校。学校于 2011 年获得学士学位授予权，2014 年 11 月通过教育部本科教学工作合格评估，现有海关管理、海关检验检疫安全、海关稽查等 11 个本科专业；2018 年 4 月获批为硕士学位授予单位，现有公共管理、税务、国际商务、翻译 4 个硕士专业学位授权点。2018 年学校入选上海高校一流本科建设引领项目和上海高校一流研究生教育引领项目；2019 年 4 月海关总署与上海市人民政府签署合作备忘录，决定共建上海海关学院，为学校发展和服务上海城市建设提供更加广阔的天地。2021 年，学校顺利纳入上海市博士授予单位培育建设名单以及上海市博士后流动站建设筹备单位名单，使得学校高层次人才培养体系日趋完整。

（二）人才培养目标定位

学校深入贯彻落实习近平总书记和党中央关于高等教育的各项部署，立足海关，服务社会，面向国际，围绕“人才强校、关校融合、国际化”三大战略，以需求、目标、问题、效果为导向，坚持继承、稳定、改革和发展，立地顶天，依特做特，以特促强，走特色办学的内涵发展之路。

学校始终坚持社会主义办学方向，坚持为党育人、为国育才，以服务国家战略、社会主义现代化海关建设以及上海经济社会发展为使命，紧密对接社会主义现代化海关建设的新需求，全面深化教育综合改革和教育评价改革，以培养能适应海关与外经贸事业发展需要的应用型、复合型、涉外型的高素质专门人才为己任，加快建设海关特色鲜明、服务国家战略、具有国际影响力的一流高等学府。

（三）专业设置

学校现设有海关与公共管理学院、海关与公共经济学院、工商管理与关务学院、海关法律系、海关外语系、公共教学部、马克思主义学院、检验检疫技术交流部等 8 个教学院系（部）；设置海关管理、海关检验检疫安全、海关稽查、行政管理、税收学、经济统计学、物流管理、审计学、国际商务、法学、英语等 11 个本科专业，涵盖管、经、法、文等 4 个学科门类。其中，海关管理、海关检验检疫安全、海关稽查专业为国家控制布点特设专业，海关稽查专业为 2022 年新增《普通高等学校本科专业目录》外本科专业。

11 个本科专业中，海关管理专业于 2018 年通过世界海关组织 PICARD 标准认证，2019 年 12 月获批为首批国家级一流本科专业建设点；法学、税收学专业分别为教育部第二、三批高等学校特色专业建设点，相继获批为上海市级一流本科专业建设点。

（四）在校本科生情况

截至 2022 年 9 月 30 日，学校在校本科生 2712 人，比 2021 年增加 2.73%，其中，海关管理、海关检验检疫安全、海关稽查 3 个主要为海关培养人才的海关类专业学生占比为 70.39%，比 2021 年增加 10.77 个百分点。各专业在校本科生人数见表 1。

表 1　学校 2022 年在校本科生一览表

层次	学科类别	专业名称	学生人数
本科生	管理学	海关管理	1646
		海关检验检疫安全	144
		海关稽查	119
		行政管理	68
		物流管理	87
		国际商务	106
		审计学	78
	经济学	税收学	134
		经济统计学	88
	法学	法学	128
	文学	英语	114
	合计		2712

（五）本科生生源质量

2022 年，学校面向 31 个省（直辖市、自治区）本科招生计划 703 人，实际录取 703 人，录取率达 100%；实际报到 690 人，报到率达 98.15%。在招生的 8 个本科专业①中，海关管理、海关检验检疫安全、海关稽查 3 个本科专业在各省（直辖市、自治区）提前批次招生，其他专业分别在普通本科批、本科一批、本科二批等批次招生。本年度各专业计划招生数、实际录取率、一本（自招）上线率、实际报到率、第一志愿录取率详见表 2。

实际录取的 703 名新生中，累计 693 人超过生源地一本（自招）控制线，一本（自招）

① 2022 年行政管理、国际商务、审计学 3 个本科专业暂停招生，实际招生为另外 8 个本科专业。

上线率 98.58%。其中，海关类专业录取新生 598 人，在全国各地录取最低分均超当地一本（自招）录取控制线（文史类平均超 40 分，理工类平均超 81 分）；非海关类专业①录取新生 105 人，其中 95 人超过生源地一本（自招）控制线，一本（自招）上线率 90.48%。

学校积极落实国家相关政策，招收国家专项、南疆专项、内高班考生。2022 年安排国家专项计划 40 人、南疆专项计划 6 人、内高班计划 49 人（含内地西藏班 12 人，内地新疆班 37 人），分别占招生计划的 5.69%、0.85%、6.97%，合计 95 人，占招生计划的 13.51%。

表 2　学校 2022 年本科各专业招生录取情况表

专业名称	招生计划	实际录取人数	录取率（%）	一本上线率（%）	实际报到人数	报到率（%）	第一志愿录取率（%）
海关管理	388	388	100	100	385	99.2	98.71
海关检验检疫安全	90	90	100	100	87	96.7	53.33
海关稽查	120	120	100	100	119	99.2	54.17
税收学	21	21	100	90.47	21	100	85.71
经济统计学	21	21	100	90.47	20	95.2	57.14
物流管理	21	21	100	95.2	18	85.7	52.38
法学	21	21	100	85.7	21	100	71.43
英语	21	21	100	90.47	19	90.4	52.38
合计	703	703	100	98.58	690	98.15	65.58

二、师资与教学条件

（一）师资队伍

学校持续深化实施人才强校战略，分类别、分层次、分重点地开展师资队伍建设工作，加大对优秀青年博士的招聘与培养力度，青年人才快速涌现，初步建成了一支规模相对合理、素质优良、结构不断优化的教师队伍。

1. 师资队伍数量与结构

截至 2022 年 9 月 30 日，学校有专任教师 155 人，其中，正高级 20 人、副高级 48 人，具有高级专业技术职务教师的比例为 43.87%；拥有博士学位教师 102 人，硕士学位教师 43 人，拥有博士、硕士学位教师的比例为 93.55%。师资队伍年龄、学历、学缘、专业技术职称结构较为合理。详见表 3 至表 5。

① 学校面向社会为海关管理行政相对人培养的外经贸专业人才设置的专业称为非海关专业，分别是行政管理、税收学、经济统计学、物流管理、审计学、国际商务、法学、英语等 8 个本科专业。

表 3 学校近三学年教师队伍职称结构统计表

学年	职称	正高级	副高级	中级	初级
2019—2020	数量（人）	19	49	78	1
	比例（%）	12. 93	33. 33	53. 06	0. 68
2020—2021	数量（人）	20	48	82	2
	比例（%）	13. 15	31. 58	53. 95	1. 32
2021—2022	数量（人）	20	48	85	2
	比例（%）	12. 90	30. 97	54. 84	1. 29

表 4 学校近三学年教师队伍学位结构统计表

学年	学位	博士	硕士	学士
2019—2020	数量（人）	88	46	13
	比例（%）	59. 86	31. 29	8. 84
2020—2021	数量（人）	96	46	10
	比例（%）	62. 91	30. 46	6. 62
2021—2022	数量（人）	102	43	10
	比例（%）	65. 81	27. 74	6. 45

表 5 学校近三学年教师队伍年龄结构统计表

学年	年龄（岁）	≤30	31～40	41～50	51～60	≥60
2019—2020	数量（人）	9	44	65	27	2
	比例（%）	6. 12	29. 93	44. 22	18. 37	1. 36
2020—2021	数量（人）	16	40	67	28	1
	比例（%）	10. 53	26. 32	44. 08	18. 42	0. 66
2021—2022	数量（人）	8	55	51	40	1
	比例（%）	5. 17	35. 48	32. 90	25. 81	0. 65

2. 生师比

截至 2022 年 9 月 30 日，学校专任教师 155 人，兼职教师 69 人。在校本科生 2712 人，硕士生 245 人，折合生师比 16. 25∶1。

各本科专业生师比见表 6。

表 6　学校 2022 年各本科专业生师比一览表

<table>
<tr><th>专业名称</th><th>专任教师数</th><th>兼职教师数</th><th>本科生数</th><th>生师比</th></tr>
<tr><td>海关管理</td><td>24</td><td>18</td><td>1646</td><td>49.88：1①</td></tr>
<tr><td>海关检验检疫安全</td><td>7</td><td>3</td><td>144</td><td>16.94：1</td></tr>
<tr><td>海关稽查</td><td rowspan="2">7</td><td rowspan="2">2</td><td>119</td><td rowspan="2">24.63：1②</td></tr>
<tr><td>审计学</td><td>78</td></tr>
<tr><td>行政管理</td><td>8</td><td>2</td><td>68</td><td>7.56：1</td></tr>
<tr><td>税收学</td><td>11</td><td>2</td><td>134</td><td>11.17：1</td></tr>
<tr><td>经济统计学</td><td>7</td><td>2</td><td>88</td><td>11：1</td></tr>
<tr><td>物流管理</td><td>8</td><td>2</td><td>87</td><td>9.67：1</td></tr>
<tr><td>国际商务</td><td>10</td><td>2</td><td>106</td><td>9.64：1</td></tr>
<tr><td>法学</td><td>13</td><td>3</td><td>128</td><td>8.83：1</td></tr>
<tr><td>英语</td><td>13</td><td>3</td><td>114</td><td>7.86：1</td></tr>
</table>

3. 教师发展与服务

学校深入推进师德师风专题教育培训，提高教师职业素养。抓好党史学习教育，举办“立德树人、思政铸魂——高校思想政治理论课高质量发展”“助力落实破五唯，助推科研反哺教学”等网络培训班，组织教师学习贯彻落实习近平总书记关于教育的重要讲话精神，引导教师立德修身、潜心治学。

学校持续加强沟通协调，推进落实署市共建项目，进一步深化在资源共享、人才培养、学科建设和科学研究等方面的合作，为教师发展提供更大平台。例如，国家社科基金特别委托项目“中国海关史”研究基地落地学校，有助于提升学校在海关史研究方面的科研能力和学术影响力，更为学校教师提供了参与海关史研究、融入海关的宝贵机遇。

学校构建教职工能力提升工作体系，以立德树人为根本，以事业发展为中心，以终身学习为理念，深入实施教师队伍能力提升工作计划。例如，加强双师型教师培养，通过部门推荐、专家评审、与海关总署沟通联络等，本学年推荐 5 名教师赴海关总署、上海海关开展产学研践习，提高教师实践能力，促进教书育人；加强对新入职教师的培养指导，为每位新进教师配备一名教学经验丰富的老教师，通过线上、线下及线上线下相结合的方式组织教学理念、教学方法、课程思政等培训，帮助年轻教师尽快适应教学工作岗位，站稳讲台。

坚持以赛代练、以赛促教。举办校内教师教学创新大赛等教学比赛，组织教师参加上海市青年教师教学比赛、教学创新大赛、课程思政展示大赛等教学比赛活动，通过举办系列化

① 自海关管理专业开始招生以来，学校举全校之力办好该专业，专业的部分专业基础课、专业主干课由其他专业教师承担。自 2021 年开始，海关管理专业实行“专业招生、特色分流、分段培养”的培养模式改革，海关管理专业设置 11 个方向，其中 7 个方向的绝大部分专业基础课和主干课由其他专业教师承担。

② 海关稽查专业为 2022 年新获批的《普通高等学校本科专业目录》外专业，该专业以审计学专业为基础，专业获批后原审计学专业停止招生。

培训和竞赛打磨，提升教师的教学素养，营造良好的教学文化氛围。

2021—2022 学年，学校教师荣获第二届上海市高校教师教学创新大赛二等奖 3 项、青年教师教学比赛三等奖 1 项；获批教育部虚拟教研室项目 2 项、教育部产学协同育人项目 2 项；荣获海关总署署级教学成果特等奖 1 项、一等奖 1 项、二等奖 2 项，一流课程 4 门，优秀教材 2 项，优秀教学案例 2 项，课程思政示范项目 4 项，实验实训教学中心与基地 4 个等荣誉和成绩。

（二）本科生课程及主讲教师

2021—2022 学年全校开设本科课程总门数为 484 门、总门次为 1139 门次，分别较上年增加 26. 70%、9. 73%。生均课程门数为 0. 178 门/生，较上年增长 22. 76%。生均课程门次 0. 420 门次/生，较上年增长 6. 88%。当年新开课程总门数 84 门、总门次 129 门次。开课情况统计见表 7。

表 7 学校近三学年本科课程开设情况统计表

学年	课程总门数	生均课程门数	课程总门次	生均课程门次数	新开课程门数	新开课程门次
2019—2020	316	0. 125	822	0. 324	32	39
2020—2021	382	0. 145	1038	0. 393	66	75
2021—2022	484	0. 178	1139	0. 420	84	129

本科生课程主讲教师全部为讲师及以上职称或具有硕士及以上学位，符合教育部相关要求。20 名正高级职称教师 100%给本科生授课，承担了 108 门次的本科生课程，课程门次数占比为 9. 48%。

（三）教学经费投入

为加强本科教学建设，学校始终坚持“教学优先”的原则，除保证学科专业建设、本科教学质量工程相关项目建设等专项教育经费外，还不断加大日常教学经费的投入。2021 年，学校积极克服新冠疫情影响，在整体经费下降的情况下确保本科教学经费预算和执行，本科日常教学经费、教学改革与建设专项经费分别为 1374. 82 万元、752. 42 万元，较上年分别增长 6. 59%、26. 34%。三年来日常教学经费支出、专项教学经费支出、生均日常教学经费、生均专项教学经费、生均实验经费和生均实习经费统计见表 8。

表 8 学校近三学年本科教学经费投入统计表

年度	日常教学经费总额（万元）	生均日常教学经费（元/生）	专项教学经费总额（万元）	生均专项教学经费总额（元/生）	生均实验经费（元/生）	生均实习经费（元/生）
2019—2020	1378. 10	5371. 78	731. 77	2851. 79	301. 13	467. 65
2020—2021	1289. 83	4885. 72	595. 54	2255. 83	223. 14	308. 26
2021—2022	1374. 82	5069. 40	752. 42	2774. 41	337. 83	160. 07①

① 2021 年受新冠疫情影响，学生实习多以在线形式进行，该年度学生实习总费用有所减少，生均实习经费下降较多。

（四）教学设施应用

1. 校舍面积

学校占地面积312250平方米，总建筑面积125981平方米，其中教学及辅助用房46230平方米，行政办公用房7218平方米，生均教学行政用房19.71平方米；实验、实习场所面积4971平方米，生均实验实习场所面积1.83平方米/生，均超过教育部《普通高等学校基本办学条件指标》的相关标准。

2. 运动场所

学校室外运动场所总面积为25119平方米，其中8道跑道标准田径场17444平方米，标准篮球场5个，室内体育馆面积8125平方米（包括篮球场、温水游泳馆、乒乓球馆、艺术体操馆、健身房和台球房），各类室内外体育场馆设施齐全，开放程度和利用率较高，能充分满足本科教学、学生课外体育锻炼、各单项体育协会活动和体育竞赛的需求。

3. 图书馆及图书资源

学校图书馆总建筑面积7121平方米，阅览座位813个，有16个向读者开放的区域，采用全开架借阅服务。截至2022年底，图书馆有中外文纸质图书79万册，电子图书280.4册；订阅中外文纸质期刊543种，其中原版外文期刊66种；中外文电子期刊7.7万种。2022年新增纸质图书16049册。

除海关管理网、有线互联网外，图书馆还建立了无线校园局域网，实现了三网覆盖，互联网及海关管理网数字资源全天候向读者开放。在读者服务工作中，图书馆实行开架阅览、借阅合一模式，周开放93小时，为全校读者提供全天候24小时网络服务，每天13小时阅览服务，每周6天每天13小时的借阅服务。2021年纸质图书借阅量35098册次，生均借阅12.94册次，较2020年增加485.52%①；电子资源访问量758225次，较2020年增加8.76%。

2003年，图书馆以其海关特色馆藏，加入上海市中心图书馆行列。同时，“全国文化信息资源共享工程”海关基层中心的建立，拓宽了“共享工程”文化资源的渠道，也为广大教师和学生提供了丰富的信息资源。近年来，图书馆加大海关特色馆藏建设力度，“海关信息资料中心”目前已收集中国海关、世界海关组织（WCO）和各国海关等各类文献资料10000余册。

4. 校园信息化建设

学校实现校园网全覆盖，构建了一个为教学、科研和管理服务的网络技术支撑平台。截至2022年年底，拥有海关管理网、带宽为1000M的电信网和100M的教科网，信息点接入数2400个。校内各楼宇主干链路为千兆，通过千兆网络交换机连接至用户桌面。同时，图书馆、学生餐厅、学生活动中心、教学行政办公楼实现校园无线网络覆盖。学校因特网主要分为教学服务类和管理服务类，建有Web系统、教务管理系统、科研管理系统、图书管理系统、学生管理系统、人事系统、研究生管理系统、校园一卡通系统、课程中心、WCO远程教学系统、外语教学资源库和各类教学应用系统等近20个应用系统。因特网同时建有公

---

① 学生借阅数据增长较快，原因有两个：一是2020年上半年受新冠疫情影响，学生未返校；二是学校采取多项措施，鼓励学生阅读和课外学习。

共数据平台，大部分应用系统通过统一身份认证与信息门户相连，提升了应用系统的使用效率。

5. 教学科研仪器设备

在海关总署的支持下，学校不断加大对实验室和教学仪器设备的投入，办学条件良好。截至 2022 年底，学校教学科研仪器设备总值 9552.63 万元，当年增加 316.90 万元；生均教学科研仪器设备值为 3.52 万元，超过教育部新建本科院校生均 0.3 万元的标准。

三、教学建设与改革

（一）专业设置与调整

学校根据服务国家开放型经济新发展和国家战略需要，紧密结合海关建设和上海市城市建设的要求，围绕一流本科建设目标，对接新时代海关各岗位对人才的新需求，积极申报海关类专业，强化学校办学的海关特色。

2021—2022 学年，根据全面落实习近平总书记关于总体国家安全观的重要论述，聚焦社会主义现代化海关改革发展对人才队伍建设提出的新要求，结合学校发展定位和办学特色，成功申报并获批《普通高等学校本科专业目录》外国家控制布点专业海关稽查。海关稽查专业的获批，是贯彻落实习近平总书记关于深化海关贸易安全和通关便利化合作的重要论述精神，结合学校发展定位和办学特色，优化学科专业布局迈出的重要一步，也是学校深入推进创新人才培养，建设一流海关特色本科专业，有效提升海关高等教育办学质量的重要举措。

（二）课程建设

学校始终聚焦第一课堂育人主渠道，狠抓思想政治理论教育教学改革，推动习近平新时代中国特色社会主义思想入脑入心。丰富和完善思想政治理论课课程体系，2020 年 9 月，2020 级海关管理专业开设“习近平新时代中国特色社会主义思想概论”，学校是上海市首批开设习近平新时代中国特色社会主义思想概论课程的 15 所高校之一，2021 年该课程在全校所有专业开设。2021 年 9 月，在法学专业中开设“习近平法治思想概论”课程。2022 年秋季，学校指定马克思主义学院成立专门课程建设小组，制定“习近平总书记关于教育的重要论述研究”课程教学大纲，并将于 2023 年起在全校范围内开设该课程。

2021—2022 学年，学校通过一流本科课程、市级和校级重点课程、市级示范性全英语课程、优质在线课程、校级网络（开放）课程建设，形成了一批优质课程资源，进一步推进教学内容、教学方法和手段改革，努力改善教学效果，全面提高学校课程建设的整体水平。共立项建设优质在线课程 4 门、校级重点课程 9 门、课程思政示范项目 41 项。另外 3 门课程获批上海市市级重点课程立项，6 门课程被认定为上海市课程思政示范课程。

截至 2022 年底，学校共有国家级一流课程 1 门，省部级一流课程 12 门，市级重点课程 33 门，省部级精品课程 5 门，省部级课程思政示范课程 16 项、示范性全英课程 4 门、虚拟仿真实验教学项目 1 项、虚拟仿真实验课程 1 门。另外，有校级一流本科培育课程 20 门、重点课程 66 门、精品课程 12 门、网络（开放）课程 29 门、示范性全英语培育课程 23 门、课程思政示范课程 77 门、优质在线课程 20 门。

（三）课堂教学

2021—2022 学年，学校通过鼓励教师开设选修课，增加课程门数，给学生更多选择的同时缩小了班级规模，另外专门发文限制合班教学，通过这些措施推行小班化教学，成效显著，30 人及以下小班比例较上年提高 8.8%，60 人及以上班级规模逐渐降低。1139 个教学班级中 30 人及以下班额占 26.43%（301 个），31～60 人班额占 53.47%（609 个），61～90 人班额占 15.01%（171 个），90 人以上班额占 5.09%（58 个）。具体情况见表 9。

表 9　学校近三学年课堂教学规模统计表

学年	教学班级总数	30 人及以下占比（%）	31～60 人占比（%）	61～90 人占比（%）	90 人以上占比（%）
2019—2020	822	18.37	50.73	23.11	7.79
2020—2021	1038	17.63	58.67	16.09	7.61
2021—2022	1139	26.43	53.47	15.01	5.09

（四）实践教学

1. 实验教学

围绕培养应用型本科人才的目标，学校坚持以能力为重的实践教学体系建设，以专业建设为依托，以完成本科生专业基础课、专业课实验教学任务，形成专业化人才培养特色为主要目的，加强学生的专业基本技能训练和综合素质的培养。

学校重视实验室建设，目前共有海关商品归类实验室、海关通关模拟实验室、“互联网+海关”仿真模拟实验室、海关虚拟仿真实验室等 16 个专业实验室和 1 个公共实验室。学校实验室总面积为 4971 平方米，生均实验室面积为 1.83 平方米/生。实验室具体情况见表 10。

表 10　学校实验室一览表

序号	实验室名称	所属教学部门	实验室性质
1	海关实务实验室	海关与公共管理学院	专业实验室
2	海关通关模拟实验室	海关与公共管理学院	专业实验室
3	海关商品归类实验室	海关与公共管理学院	专业实验室
4	“互联网+海关”仿真模拟实验室	海关与公共管理学院	专业实验室
5	海关监管查验实验室	海关与公共管理学院	专业实验室
6	海关虚拟仿真实验室	海关与公共管理学院	专业实验室
7	海关检验检疫样本采集实验室	检验检疫技术交流部	专业实验室
8	税收征管实验室	海关与公共经济学院	专业实验室
9	智慧口岸物流仿真实验室	工商管理与关务学院	专业实验室
10	关务综合实验室	工商管理与关务学院	专业实验室
11	审计实验室	工商管理与关务学院	专业实验室

续表

序号	实验室名称	所属教学部门	实验室性质
12	ERP 沙盘模拟实验室	工商管理与关务学院	专业实验室
13	模拟法庭	海关法律系	专业实验室
14	海关缉私实验室	海关法律系	专业实验室
15	翻译实验室	海关外语系	专业实验室
16	英语语言实验室	海关外语系	专业实验室
17	计算机基础实验室	公共教学部	基础实验室

为进一步规范实验教学管理，提升实验教学质量，本年度教务处在多轮征求学院（系部）及相关教学管理人员的建议后，出台《上海海关学院实验（训）教学管理规定（试行）》和《上海海关学院实验（训）教学中心建设工作小组工作规程》等规章制度，为进一步规范学校实验教学和管理工作、保障实验教学质量提供了制度依据。

2. 实习

学校重视校外实习基地建设，在 23 个直属海关建立“上海海关学院实习基地”，与经贸、物流、法务、税务等政府机关和大中型知名企事业单位合作共建 44 个校外实习基地，较好地满足了应用型人才培养要求。同时，为了加强实习基地建设，提高本科生实习效果，学校根据《上海海关学院示范性实习基地建设项目管理办法（试行）》继续开展示范性实习基地建设工作，目前已经建设完成校级示范性实习基地共 11 个，省部级示范性实习基地 2 个。具体情况见表 11。

表 11　学校各本科专业实习基地数量一览表

序号	专业名称	校外实习基地数量
1	海关管理	23
2	海关检验检疫安全	2
3	行政管理	4
4	税收学	6
5	经济统计学	2
6	审计学	2
7	物流管理	3
8	国际商务	11
9	法学	7
10	英语	7
合计		67

注：部分实习基地为多个专业共建共用。

健全以专业认识教育、专业实习、毕业实习、创新创业教育为主要内容的实习教学体系；各专业按照新修订的《上海海关学院学生实习管理规定》制订实习教学大纲，对实习的基本环节、基本内容、基本设施、指导教师、课时和学分等都提出明确要求，确保实习教学的系统性、规范性和科学性。

3. 毕业论文（设计）

学校高度重视本科毕业论文的指导工作，在毕业论文选题、毕业论文指导的过程管理、毕业论文完成质量等关键环节严把毕业论文质量关。

各专业严格按照新修订的《上海海关学院本科毕业论文工作管理规定等若干规定》的要求，成立毕业论文工作领导小组，确定指导教师名单和指导学生人数，结合学生实习、课程学习内容、专业领域研究热点和社会关切问题，由指导教师与学生共同商定毕业论文参考选题，供学生进行选题参考。鼓励学生立足本专业，以社会实践的热点问题作为选题来源，确保选题与专业密切相关。作为应用型本科院校，各专业明确要求学生尽可能选择来自实验、实习、工程实践和社会调查等实践活动中的题目，并确保各专业这一类型的题目不少于50%。2022届的615名毕业生中，各专业通过实验、实习、工程实践和社会调查等实践活动完成的论文占比达73.17%。

各专业严格审查毕业论文指导教师资格，并遴选实践经验丰富的行业兼职教师参与毕业论文指导，规定每位指导教师或双导师制指导的学生数不超过8人。实行毕业论文指导教师负责制，全程负责毕业论文指导工作；完成定稿后的毕业论文统一通过中国知网毕业论文重复率检测，检测合格方可进入论文评阅和答辩环节。整个指导过程中，毕业论文指导教师、答辩小组及教研室认真做好开题答辩、指导、评阅和答辩的记录，指导教师及时填写《本科毕业论文指导手册》。

学校各专业实行毕业论文开题答辩、中期检查、重复率检测、终审答辩制度，严格执行学校本科毕业论文工作的管理规定；严格遴选毕业论文指导教师、评阅教师，科学调配开题答辩小组、论文答辩小组成员；毕业论文成绩按指导教师、评阅教师和答辩成绩4∶3∶3比例构成，严控毕业论文质量。近年来，80%以上毕业论文的成绩达到80分以上。每年均按3%的比例推荐优秀本科毕业论文，以此鼓励学生努力提高论文质量。

（五）教材使用与建设

学校严格规范教材使用的审核管理制度，把握意识形态阵地的正确导向。为规范教材选用，2019年修订《上海海关学院本科课程教材选用管理办法》，对教材选用原则，新增加“优先选用国内外先进水平的教材，如‘马工程’重点教材、‘十三五’国家级规划教材等”。同时规定所选教材的内容必须符合本专业人才培养目标和课程教学大纲要求，体现科学技术发展水平，符合教学改革方向，具备正确的立场、观点和方法，体现新时代中国特色社会主义思想，与课程设置及教学要求相适应，符合该门课程的教学大纲，对教师和学生真正具有指导和参考意义。2022年，在海关总署的领导和指导下，对海关类专业教材还建立起了学院系（部）、学校、海关总署三级编审制度和机制，加强对教材编写、使用的审查与审核。

学校严格执行“中央关于马工程重点教材统一使用的决策部署”，涉及马工程重点教材的相关课程 100% 使用马工程教材。2022 年 8 月，学校组织教师参加教育部举办的《理解当代中国》多语种系列教材任课教师专题培训，积极推进《习近平谈治国理政》多语种版本进高校进教材进课堂工作，要求教师结合《理解当代中国》系列教材、结合每位教师课程思政教学的实际，把相关内容有机地融入课堂教学中，在教学大纲、教学计划、课堂设计、课堂教学、课后练习中力争有所体现。2021—2022 学年两个学期学校使用的近三年出版教材比例近 80%，使用省部级及以上获奖教材（包括国家级优秀教材、省市级优秀教材、各类规划教材）的比例约为 50%。

学校通过教学改革不断推进教学水平，将科学研究和教学研究的成果转化到教学中，提升教学质量水平，进一步推进教材建设和规划工作，并将教材编审工作纳入常规工作，推动本科教材质量提高。2022 年学校新修订出版教材 3 本。

（六）教学改革

1. 培养模式改革探索

学校按照新文科建设的内涵要求，以关校融合为基础，推动不同学科和专业的交叉融合，通识与专业教育的融合、理论知识与实践实验、现代技术与专业教育的融合，积极探索和推动“专业招生、特色分流、分段培养”的海关类专业与涉关类专业相融合的人才培养新模式探索与改革，从 2021 级海关管理专业开始实施。该模式将海关管理专业按照大类招生的方式，明确各阶段培养的目标和任务，学生在大学一年级学习公共课、学科基础课和部分海关类基础课；二年级学习海关类相关专业基础课，学生到大二末期根据海关岗位需求、学校培养计划、个人专业兴趣进行“特色分流”，进入二级院系的相关专业进行专业学习；在三、四年级根据不同海关业务的专业人才素质要求，进行海关专业特色核心课程学习和专业实践训练，使学生在已有综合素质训练的基础上，不断强化海关不同业务岗位的专业素质培养。

2. 教学研究与改革

学校积极开拓资源，加强横向拓展、联系，探索虚拟教研室建设。海关管理专业教研室立足于本专业教研室实体，与来自学校其他院系的专业教师、上海海关的兼职教师（全部为海关科级以上业务骨干和资深海关业务专家）、其他高校公共管理专业兼职教授和相关专业教师组成虚拟教研室，定期围绕专业建设、课程建设、教学团队建设、实验室建设等主题开展教学活动，组建了《海关管理概论》《海关风险管理》《海关监管》等海关管理专业核心课程团队，有效提升了专业教师的理论与实践水平，加强了对海关业务前沿理论与技术的认识与了解。2021 年年底，海关管理专业教研室的教学成果《贯彻新文科理念，创新海关管理专业应用型人才培养模式》获批海关总署优秀教学成果一等奖。

四、本科人才培养

（一）思政教育

聚焦学校人才培养的中心任务，构建大思政育人工作体系，建立健全学校党委统一领导、党政工团齐抓共管，教学管理与学生工作高效联动的体制机制，构建“三圈三全十育人”新格局。加强马克思主义学院建设，充分发挥马克思主义学院在思政育人方面的功能。推进“思政教育矩阵体系构建计划”，以思想政治理论课为主线，以铸造“关魂”为核心，推动思想政治理论课、学科课程思政、通识教育课程、综合素养课、实践课程等同向同行，全面强化学生思想政治教育。深化学校课程思政改革，以开发和建设“国门中国”系列课程为抓手，建设“国门中国”系列品牌思政课程。

实施“国门卫士晨曦计划”，围绕人文艺术素养和海关精神元素，持续打造具有海关特色的原创话剧、微故事、微视频、微电影、案例教材和文创作品，通过“关校”协同育人，弘扬和传播中国海关精神，助力国门卫士成长。创建大学生艺术中心，培育特色社团，探索“思政+艺术”的“德美一体化”教育模式。探索搭建准军事化院校联盟平台，通过以联促建，以联促改，不断完善和深化准军事化管理的内涵。构建由外聘专家、专兼职心理健康咨询教师以及专业教师共同介入的学生心理健康教育与咨询平台，探索心理危机分级分类的主动干预模式。

（二）课程育人质量提升

为深入贯彻落实习近平总书记关于教育的重要论述和全国教育大会精神，贯彻落实中共中央办公厅、国务院办公厅《关于深化新时代学校思想政治理论课改革创新的若干意见》，把思想政治教育贯穿人才培养体系，全面推进高校课程思政建设，发挥好每门课程的育人作用，提高高校人才培养质量，落实立德树人根本任务，构建学校全员全过程全方位育人体系，将思想价值引领贯穿教育教学全过程和各环节，学校制订上海海关学院课程育人质量提升计划。

该计划围绕全面提高人才培养质量这个核心，构建起以思想政治理论课为核心、综合素养课程为支撑、专业教育课程为辐射的课程思政育人体系。完善与课程思政建设要求相匹配的管理制度，全面提升广大教师开展课程思政建设的意识和能力，不断提高课程育人的实效。让课程思政理念深入人心，课程思政建设全面融入学校现代治理体系。加强师德师风建设，引导教师自觉将思政教育融入各类课程教学；强化思想理论教育和价值引领，发挥哲学社会科学育人功能，充分发掘和运用各学科蕴含的思想政治教育资源，建设一批充满德育元素、发挥德育功能的通识教育课程和专业课程。

该计划制定了提升育人质量的十二条具体措施，一是加强党对思政课建设的领导；二是完善思政理论课课程教材体系；三是加强思政理论课教师队伍建设；四是实现课程思政全覆盖；五是构建多层次课堂体系和实践育人模式；六是提高教师的课程思政意识与能力；七是提升思政元素融入课程；八是组织开展教师队伍课程思政学习及培训；九是加强示范课程及示范团队建设；十是加强教材建设与管理；十一是全面修订人才培养方案，完善课程教学管理；十二是完善教学质量监控体系。

五、质量保障体系

2021—2022 年，学校全面落实全国教育大会和新时代全国本科教育工作会议精神，始终把人才培养放在中心的地位，全面推进教育教学秩序规范，严格本科教育教学过程管理，紧紧抓住核心环节，加快构建振兴本科的长效机制和制度保障，修订完善课堂教学建设和管理的相关规定，认真查找课堂建设和管理中存在的突出问题和薄弱环节，严管、严抓教学秩序，切实把本科教育工作会议的精神、要求落实到学校人才培养各项工作、各个环节中，逐步建立并完善自我评估制度，加快建立自律、自查、自纠的教学质量评价体系和质量文化。同时，面对新冠疫情，严格根据教育部和上海市教育委员会有关要求，落实“停课不停学、停课不停教”的要求，并通过多种途径对在线教学进行监控，确保在线教学质量。

（一）教学各环节质量管理

根据日常教学管理与质量监控要求，教务处依托三次教学检查（期初检查、期中检查、期末检查）、期末考试试卷复查、日常教学督导听课、校领导和教学部门领导听课、同行听课、师生座谈会等途径对教学质量进行监控，通过各种渠道获取教学质量信息充分进行现场交流、随时反馈。

本年度，学校对全部期末考试试卷进行了教师自查、教研室互查，并且对 20%的期末考试试卷进行了督导抽查，确保了试卷命题质量和批阅的规范性。6 名校领导听课 32 次，32 课时；10 名校内外教学督导听课 314 次，628 课时；教学部门及教学管理部门中层领导听课 215 次，430 课时；同行相互听课 615 次，1230 课时；学生评教课程 1028 门次（见表 12）。两个学期各召开一次教师座谈会，每次抽调全校 10%的专任教师参加会议，听取一线教师对教学和教学管理的意见和建议；每学期教务处组织召开一次学生座谈会（每次各个年级 1 场），各教学部门召开一次学生座谈会，听取学生对于课程教学和教学管理的意见和建议。通过一系列的措施，学校对教学质量实现了全过程监控，获得了大量一手资料，并且对这些资料进行分析，及时反馈，立行立改，确保教学质量的稳步提升。

表 12 学校 2021—2022 学年各类人员听课评价结果统计表

评价对象	评价门次数	评价结果			
		优（≥95）	良（85~95）	中（70~85）	差（<70）
校领导	32	18. 75%	75%	6. 25%	0
中层领导	215	17. 21%	76. 28%	6. 51%	0
督导	314	3. 82%	60. 19%	33. 76%	2. 23%
同行	615	56. 10%	42. 93%	0. 98%	0
学生	1028	53. 21%	46. 60%	0. 19%	0

（二）发布质量报告促进自我提升

学校根据国务院教育督导局和上海市教育委员会有关要求，认真撰写年度本科教学质量报告，在描述取得成绩的同时，深入剖析办学过程中存在的短板和问题，并制定相关措施予以改进。同时，各本科专业每年发布《本科专业人才培养质量年度报告》，重点反映学年内本专业在人才培养过程中的特色工作和改革措施、成效、存在的问题与改进措施等。通过学校和专业两个层面的质量报告，不断促进自我完善与提升。报告质量逐年提升，得到专家的认可与好评。

（三）学位论文质量管理

学校进一步完善学位论文各环节考核要求，在学位论文各环节建立行业专家参与评价机制，由行业专家和校内教师对学生论文选题可行性共同进行质量评价与监控。2021 年年底，参考上海市学位委员会制定的“学位论文基本要求和评价指标体系”，制定各个专业的“毕业论文基本要求和评价指标体系”，作为毕业论文质量监控的基本标准，加强过程管理。同时建立学位论文校院两级 100%全覆盖的盲审机制，严把学位论文及学位授予质量关。

六、本科生学习效果

（一）学生课程学习

1. 学生考试成绩绩点

学校对学生学习成绩实行 5 分制绩点管理，2021—2022 学年学生绩点分布呈正态分布，各年级学生绩点统计见表 13。

表 13　学校 2021—2022 学年本科生平均成绩绩点统计表

年级	平均绩点分区分布比例					
	4~5（%）	3.5~4（%）	3~3.5（%）	2.5~3（%）	2~2.5（%）	0~2（%）
一年级	0.87	26.60	38.66	22.24	9.45	2.18
二年级	1.05	18.47	34.53	31.53	10.81	3.60
三年级	1.73	22.66	39.68	25.54	7.65	2.74
毕业班	2.99	27.72	40.79	21.89	5.98	0.63
合计	1.64	23.83	38.40	25.32	8.50	2.31

2. 学生补考

2021—2022 学年，学校狠抓校园学习氛围，进一步推进课堂教学方法改革，课堂教学质量逐步提高。同时为了切实提升本科教学质量，提高人才培养水平，学校提高了课程考核相关要求。学生学习效果提高的同时，学生补考人数和补考人次较 2020—2021 学年明显下降。具体情况见表 14。

表 14　学校近三学年本科生期末考试补考情况统计表

学年	本科学生总数	补考人数	补考人数占比（%）	补考人次
2019—2020	2429	335	13.79	509
2020—2021	2538	428	16.86	773
2021—2022	2640	195	7.39	359

（二）学生参加各类竞赛获奖情况

2021—2022 学年，学校学生积极参加各类学科竞赛、创新活动等，取得较好成绩。学校本科生在各类学科竞赛中获得 3 个国家级奖项和 307 个省部级奖项；在文艺、体育类竞赛中获得 123 个省部级奖项。

（三）本科生创新创业

自 2012 年以来，学校规范开展大学生创新创业训练计划项目，全面培养学生创新能力、创业意识和实践能力，在全校范围内形成了日益浓厚的创新创业氛围，丰富了学校实践教学环节的内容。

2022 年，学校新增大学生创业训练项目 14 项、大学生创新训练项目 78 项，合计 92 项，其中国家级 22 项（创业训练项目 6 项，创新训练项目 16 项）、上海市级 28 项（创业训练项目 3 项，创新训练项目 25 项）、校级 42 项（创业训练项目 5 项，创新训练项目 37 项）。共资助 108.36 万元。

截至 2022 年年底，学校累计共有 793 个项目获得创新创业项目立项（创新项目 643 项、创业项目 150 项），其中，国家级项目 311 项，市级项目 230 项，校级项目 252 项。所立项目覆盖所有本科专业，参与学生达 3536 人次，共资助经费 1065.84 万元。

（四）应届本科生毕业

1. 毕业与学位授予

2021—2022 学年，学校全面落实以本为本，推进“四个回归”，全面整顿教育教学秩序，严格本科教育教学过程管理，合理提升学业挑战度、增加课程难度、拓展课程深度，切实提高课程教学质量，推进课程考核评价，严格考试纪律、严把毕业出口关，教风和学风明显提升。同时通过学业预警、学习帮扶等活动，为学习困难学生提供帮助。在一系列措施共同作用下，本科人才培养质量明显提升。2022 年，618 名应毕业生中，3 人申请延期毕业，转入下一年级继续学习。正常毕业的 615 名学生全部获得学士学位。各专业毕业情况见表 15。

表 15　学校 2022 年各专业毕业情况统计表

专业	毕业生人数	实际毕业人数	毕业率（%）	授予学位人数	学位授予率（%）
海关管理	261	261	100	261	100
国际商务	81	81	100	81	100
审计学	45	45	100	45	100
税收学	93	92	98.92	92	98.92
英语	51	50	98.04	50	98.04
物流管理	39	39	100	39	100
法学	48	47	97.92	47	97.92
合计	618	615	99.51	615	99.51

2. 学生就业

2022 年，面对新冠疫情和经济形势下行的双重影响，为贯彻落实党中央、国务院“稳就业”“保就业”决策部署，学校高度重视就业工作，认真落实就业工作“一把手工程”。党委主要领导、分管校领导多次主持召开就业工作推进会、各院系就业工作现场办公会等，研究部署推进，明确院系主体责任，推动就业各项工作落实落细。构建院系、家长、毕业生协同互动机制及“学校就业指导中心—院系党政领导—专业带头人（专业教师）—毕业班班主任（班导师、辅导员）—学生骨干（毕业班级联络人）”五级联动运行机制，完善“就业思政”工作体系；鼓励校内各部门、教职员工共同参与学生就业指导工作，形成“学校统筹、院系为主、全员参与”的就业工作格局。受新冠疫情影响，物流管理和法学两个专业就业率相对较低。

2022 年本科毕业生 615 人，截至 2022 年 8 月 31 日，就业 553 人，初次就业率 89.92%。各专业就业率统计见表 16。

表 16　学校 2022 届分专业初次就业率统计表

专业	毕业人数	就业人数	就业率（%）
海关管理	261	249	95.40
国际商务	81	78	96.30
审计学	45	42	93.33
税收学	92	84	91.30
英语	50	43	86.00
物流管理	39	30	76.92
法学	47	27	57.45
合计	615	553	89.92

从就业单位性质看，本科毕业生到党政机关就业人数最多，达 224 人，占就业人数的 40.51%，较 2021 年提高 4.45 个百分点；到企业工作 188 人，占就业人数的 34.0%；到事业单位工作（含高等教育、中等、初等教育单位、其他事业单位）75 人，占就业人数的 13.56%；到部队工作 4 人，占就业人数的 0.72%；国家地方基层计划项目 5 人，占就业人数 0.90%。本科毕业生中攻读研究生 53 人，占毕业生人数的 8.62%，其中，国内读研 32 人，国外读研 21 人。近三年就业与升学相关统计见表 17。

表 17　学校 2020—2022 年本科生就业与升学情况统计表

年度	毕业生人数	就业率（%）	攻读研究生人数		攻读研究生人数占比（%）
			国内读研	国外读研	
2020	557	84.92	31	24	8.62
2021	574	89.37	32	14	8.01
2022	615	89.92	32	21	9.58

注：统计数据均截至当年 8 月 31 日。

七、特色发展案例

（一）新文科背景下海关特色专业建构

学校作为海关总署和上海市共建的一所行业性高校，自建校以来为海关培养了大批专业人才。在新时代背景下，海关既要发挥好作为国内国际双循环的“交汇枢纽”的重要作用，又要深入落实总体国家安全观，全面履行海关在维护政治安全、经济安全、文化安全、社会安全、生态安全等方面的职责，充分履行维护国门安全的神圣职责。这一新的历史使命，对海关高等教育的人才培养提出了全新的要求。按照新文科建设工作会议要求，全面深化学校专业改革与创新，全面推进海关特色专业的建设，是学校培养“国门卫士”的内在要求，也是落实习近平总书记关于总体国家安全观重要思想的实践要求。

积极推动海关类特色专业群建设，强化学校办学的海关特色。学校聚焦以本为本，对接社会主义现代化海关改革和发展的需要，精准对接海关业务链和创新链，聚焦海关发展岗位要求的核心能力，完善与海关协同育人的机制，打造以现代化监管为核心的海关监管专业群、以国门安全为核心的海关检验检疫专业群和以大数据分析、人工智能为基础的海关风险防控专业群。各个专业群建设以培养学生的专业能力、复合能力和可持续发展能力为目标，以构建“文化公共课筑基、海关基础课共享、学科基础课分立、专业核心课精选、专业方向课拓展”的共享型一体化海关特色课程体系为核心，以通识教育课程体系为支撑，以强化优化海关实习实践教学体系和学校实验教学体系为重点，建设一批本科专业课程优质课程、品牌课程，省部级以上一流课程，打造具有鲜明海关特色的高质量课程体系。以智慧教学平台建设为契机，以优质在线课程资源建设为抓手，以其他高校优质通识课程资源引入为补充，以海关专家参与课程资源建设为辅助，建立优质学习资源共享平台。

以培养高素质的“应用型、涉外型、复合型”人才为核心，围绕社会主义现代化海关所需人才的知识、能力和素质，构建监管、风控和检验检疫安全三位一体的新课程体系。作为把守国门的执法队伍，海关关员既要有高度的忠诚度和责任感，又要有能即时执法的多元化专业素养和处决各种复杂情况的综合能力。为此，我们围绕这一要求构建全新的课程体系。新的课程体系由通识教育、专业教育、专业实践教学三大平台课程组成。其中通识教育平台课程以“人—中国人—海关人—现代化的海关人”为主线，着重从思想政治素养、基本知识素养、职业素养、能力发展与国际视野等方面培养学生综合素质；专业教育平台课程则重在夯实学生学科基础，按照学科门类、海关基础和专业核心设置专业教育课程；各专业强化专业核心课程建设，凝练专业核心课程，体现专业基本培养要求。此外结合专业优势和培养特色，设置专业方向课程模块，为学生搭建多样化发展平台；在专业实践教学平台课程设置中，注重实践教学与课程教学有机融合，充分拓展校内外实践教学形式与内涵，满足学生多样化成才和创新创业发展需求。

全面进行“专业招生、特色分流、分段培养”的新培养模式改革探索。学校按照新文科建设的内涵要求，以关校融合为基础，推动不同学科和专业的交叉融合，通识与专业教育的融合、理论知识与实践实验、现代技术与专业教育的融合，积极探索和推动“专业招生、特色分流、分段培养”的海关专业与涉关类专业相融合的人才培养新模式探索与改革。新模式将海关专业按照大类招生的方式，明确各阶段培养的目标和任务。学生在大学一年级学习公共课、学科基础课和部分海关类基础课；二年级学习海关类相关专业基础课，到大二末期根据海关岗位需求、学校培养计划、个人专业兴趣进行“特色分流”，进入二级院系的相关专业进行专业学习；在三、四年级根据不同海关业务的专业人才素质要求，进行海关专业特色核心课程学习和专业实践训练，使学生在已有综合素质训练基础上，不断强化适应不同业务岗位的海关专业素质培养。在条件成熟后，还将在人才培养模式中采取跨专业、多专业的联合培养模式，让学生得到“海关管理+X（海关业务）”的综合性培养，为新时代新海关提供“一专多能”“多专多能”的创新型、高素质的管理人才和业务骨干，使学生具有宽厚的专业基础、宽广的学科视野，较强的专业适应能力；在体现学校总体培养目标的基础上，充分体现专业特色、社会需求和基础，充分体现学生发展的多元需要。

深化教学方式和学业评价方式改革，注重学生学习力、创新力、发展力培养。学校积极推动教学方式改革，引导课程教学从以“教”为中心向以“学”为中心转变。采用“内化式教学”“对分课堂”等以学生为中心的教学模式，推行研讨式、启发式、参与式、项目式等教学方式；推进信息技术与课堂教学的深度融合，推行线上线下相结合的混合式教学和翻转课堂教学。按照新时代教育评价改革的要求，以学生能力达成为导向，建立灵活多样、科学合理的学业评价方式。根据课程性质、课程内容、教学要求、教学方式等特点，采用闭卷考试、开卷考试、课程论文、研究报告、面试、实际操作、论文、作品等多样化的考核方式。强化过程考核，课程学习的每一个阶段，安排适当的考核方式，如分组讨论、随堂测试、专题论文、读书报告、案例分析等，并在其学业成绩中有所体现。

（二）虚拟仿真实验室建设

1. 发掘自身特色元素，促进实验教学

科技是第一生产力、人才是第一资源、创新是第一动力。为深入贯彻落实习近平新时代中国特色社会主义思想，贯彻落实习近平总书记关于教育的重要论述，提升学校社会科学原始创新和“四个服务”能力，学校坚持以“海关国门安全虚拟仿真实验室建设”为教学改革重要抓手，充分发挥实验教学在创新型人才培养中的重要作用，按照国家级和省部级虚拟仿真实验教学室的标准，努力建设具有海关特色的虚拟仿真类实验室。

提高实验室建设标准，重点突出海关特色。在实验室建设方面，“海关国门安全虚拟仿真实验室”按照国家级和省部级虚拟仿真实验教学室的标准建设，由 CAVE 教学空间与综合教学实验空间两部分组成。CAVE 教学空间利用三面区域构建沉浸式教学空间，主要能够用于学历教育和干部培训课程的情景体验式教学，有效还原海关查验情景，有效还原海关应急管理的环境、要素、环节及流程等，充分在教学活动中实现海关业务现场的沉浸感。在综合教学实验空间内，设置有 55 寸主屏幕、VR 体验屏、桌面系统、SMART 黑板等综合教学设备，以设备优化促进理论与实践进行连接，增强培训的整体效果。

健全实验室信息化架构，强化实验教学管理。在建设设施齐备的虚拟仿真实验室的同时，学校还拟定了相应信息化建设架构，打造海关国门安全虚拟仿真实验教学中心门户，对接院级平台和海关总署教育平台，下设资源开放共享管理平台、仿真实训平台、教学管理平台和实训中心，确保虚拟仿真课程顺利开展，多角度提升授课质量；为加强对实验教学的指导与管理，学校还成立了实验教学指导委员会，推动制定了相关制度，如《上海海关学院实验室管理办法》等，同时在师资队伍建设等方面加强制度化、规范化建设，建立确保实验室高效、优质运行的长效机制，以强化管理提升实验教学质量。

促进对企合作，不断完善教学项目。学校利用先进的理念和科技技术，集成整合现有相关教学资源，通过将资源统一规范管理，形成优质教学资源库，实现教学改革和创新教育。截至2022年年底，虚拟仿真实验教学中心已建立包括动植物检疫、卫生检疫、商品检疫、危机应急推演在内的共四类十一项虚拟仿真实验教学项目；学校已与中检邦迪（北京）智能科技有限公司共建海关虚拟仿真平台，利用先进的理念和科技技术，集成整合现有相关教学资源，通过将资源统一规范管理，形成优质教学资源库，实现教学改革和创新教育，完成从碎片化向系统设计的转变。

2. 开展特色育人，实现学生培养与教学创新双丰收

虚拟仿真实验教学中心实现了实践教学内容视频化、三维化、网络化、虚拟化，增强互动性和多感知性，为学生提供自主学习平台，同时进一步丰富了教学模式。

实现资源开放、教学交互。虚拟仿真实验教学中心网络访问便捷，授课方式灵活，扩展了学生学习、考试、答疑等互动式学习的时间和空间范畴，取得了良好的教学效果。其中，实验资源实现完全开放，充分拓展学生自主学习的时间和空间，增强了社会辐射示范效应；学生可以在学习过程中记录问题和笔记，向指导教师提问，对具体虚拟仿真实验项目提出问题和建议。学生可以方便地在同学和老师之间进行互动，遇到难点可以及时得到解答，降低学习难度。平台管理功能可以自动追踪学生的学习过程、学习进度、了解学生的笔记和提问等情况，教师可以第一时间了解学生的学习状况，帮助学生更有效率地学习。

做到“以虚补实，虚实结合”。平台依托强大的实体实验基础构建有特色的虚拟实验，进一步培养学生的基础实践能力和创新思维，发掘学生的创新能力和科研潜能。推动项目整合，教学相长。实现特色内容创新，结合多年动物科学的教学和实验经验，开发出新型的教学模式。将科研应用于教学并相互促进，打造整合性或设计性实验项目，派生出来更多的综合性实验项目。其中，以生物物种对象为中心的教学模式，以虚拟动物为框架，从胚胎学、细胞生物学、遗传学、解剖学、组织学、病理学等各学科阐述各个方面，打破常规的学科界限，大跨度学科整合，进一步夯实基础知识。

上海海关学院2022年学位点建设与研究生教育综述

一、学位与研究生教育总体概况

（一）学位授权点与学科建设情况

自2018年正式获得硕士学位授权以来，学校坚持服务需求、提高质量、科学布局、特色引导，不断优化学位点布局和结构，加快学位点内涵建设，着力打造紧密对接国家重大战略、海关行业特色的学位授权体系。经过短短五年的发展，学位点建设成效显著，现有公共管理、税务、国际商务以及翻译4个硕士专业学位点，见表1。

表1 学校硕士学位授权点一览表

学位名称	专业代码	学位类别	学制
税务硕士（MT）	0253	专业学位	2年
公共管理硕士（MPA）	1252	专业学位	3年
国际商务硕士（MIB）	0254	专业学位	2年
翻译硕士（MTI）	0551	专业学位	2年

围绕学校发展目标，学校确立“以管理学学科为主，管理学、经济学、法学、文学等多学科交叉融合、互相支撑、优势互补、协调发展的现代海关学科体系”的学科发展定位。2022年，学位点建设扎实稳步推进，学校开展新增学位点建设及人才培养工作，顺利启动新增学位点招生工作，加快已有学位点内涵建设，持续完善公共管理、税务硕士学位点评估工作，完成下一轮硕士点特别是一级学科硕士学位点申报方案，启动应用经济学、公共管理、国家安全学、中国史4个学术型硕士学位授权点的筹备与申报准备工作，积极培育和筹备博士授予单位和公共管理等一级博士点建设。教学教研成果取得突破，荣获上海市教学成果奖特等奖1项、一等奖1项、二等奖3项；申报并获批国家级教学项目（虚拟教研室、教育部产学协同育人项目）4项；获批上海市级一流课程、重点课程7门，上海市教师教学创新大赛二等奖3项。科研水平明显提高，学校与海关总署统计分析司及上海市人民政府发展

研究中心建立协同创新共同体，整合多方资源，组建跨学科研究团队；与海关总署企业管理和稽查司、上海海关签署合作备忘录，共建AEO实训项目。持续推进海关学的学科论证工作，调研对外经济贸易大学学科设置、研究方向等，查阅和综述海关学学科论证的相关文献，对海关学的构成形成初步框架，为学校海关学的错位发展奠定了基础。

（二）研究生招生及生源情况

1. 研究生招生组织工作

2022年3—4月，学校首次采用“全云端”的分散线上复试录取工作形式，复试考生、专家和考务管理人员全部于线上云集，开展“云复试”。全校线上线下一盘棋，坚决落实教育部和上海市教育考试院要求不打折扣，坚持招生工作为考生服务、为提升人才培养质量服务。学校硕士研究生招生计划数110人，一志愿报考人数超300人，录取110人，招生计划完成率为100%。

2. 研究生录取生源情况

2022年研究生招生生源较为充足，在录取的新生中，生源质量明显提升，有近55%（见图1）的学生毕业于中央财经大学、南开大学、中国政法大学、浙江大学、哈尔滨工业大学、上海财经大学等国内“双一流”高校。

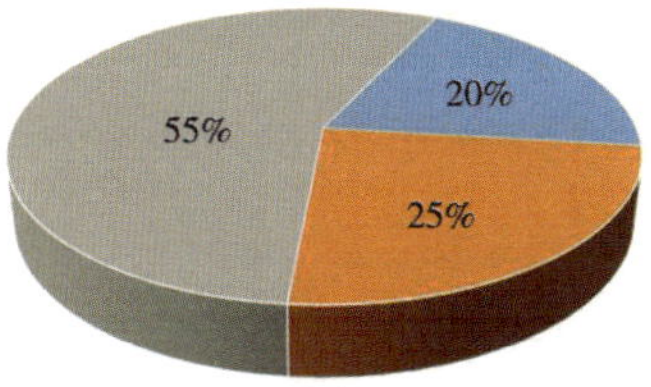

▲图1　学校全日制税务硕士录取生源来源高校分布图

全日制税务专业学位点录取的40名考生生源以应届毕业生等社会生源为主，毕业于经济学类专业的学生占比为83%。非全日制公共管理专业学位点录取的50名MPA考生中，2名考生在地方院校和税务局工作，海关系统在职人员占96%（见图2），包括来自上海、广州、南京、昆明等全国20个直属海关单位，较往年新增汕头海关关员。历年录取的公共管理硕士研究生分布于全国35个直属海关单位，有效推动学校继续发挥行业办学优势和特色，主动服务国家战略和地方经济社会发展。

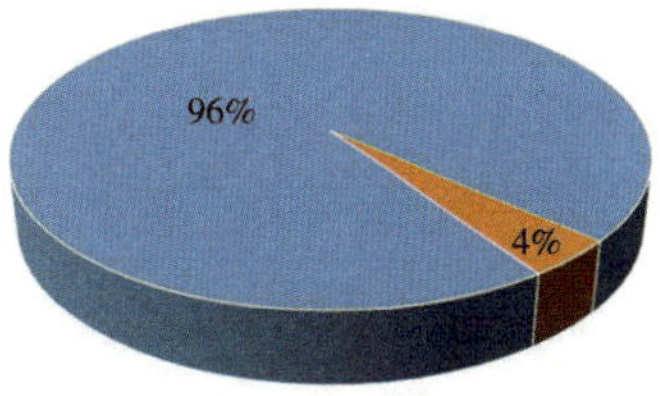

▲图2　学校2022年非全日制公共管理专业招生生源分布图

（三）研究生规模及就业情况

1. 在校研究生规模稳中有升

截至2022年12月31日，学校在籍研究生246人，在校研究生244人（见图3），其中全日制税务硕士研究生98人，非全日制公共管理硕士研究生146人。

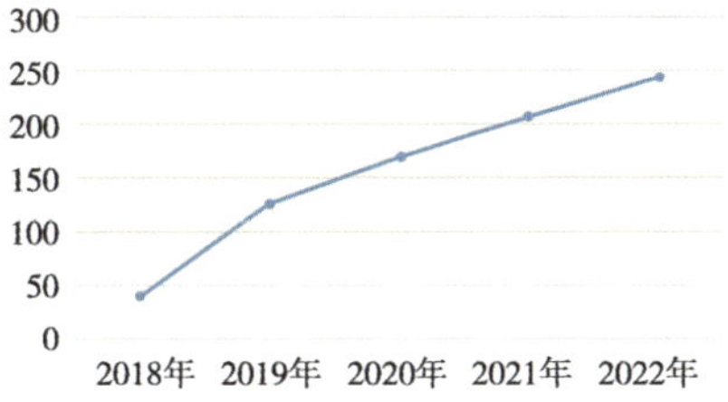

▲图3　学校2018—2022年研究生在校生规模图

2. 研究生毕业去向

2022年，学校全日制硕士共有毕业生38人，毕业去向落实率为100%，上海市研究生平均毕业去向落实率为93.63%。近五年学校全日制硕士毕业生就业去向落实率连续多年保持较高水平（见图4）。

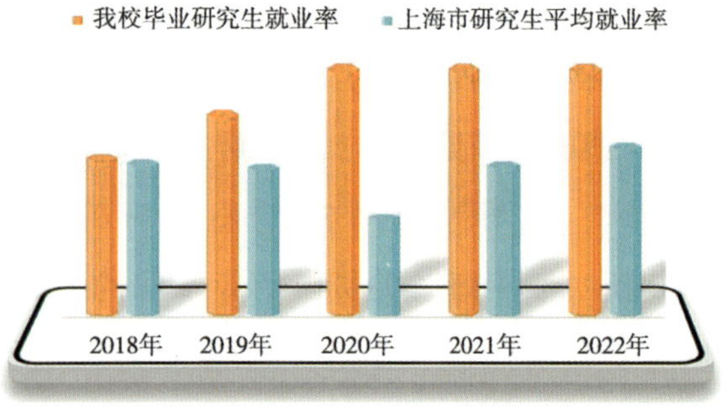

▲图4　学校2018—2022年硕士毕业生就业去向落实率图

全日制硕士毕业生38人中，考取公务员9人，事业单位就业2人，企业就业25人，参加西部计划1人，出国留学1人。非全日制硕士毕业生41人，全部为定向就业，均为海关在职人员。

（四）学位授予情况

2022年，学校利用研究生管理系统及腾讯会议等线上平台，有效保障学位论文盲审评议、学位论文答辩、学位授予审议等工作顺利开展，圆满完成2022届毕业生的顺利毕业与学位授予。

根据《上海海关学院硕士研究生学位授予工作实施细则》，经研究生所在院系初审，研究生处复核，2022年共有79名硕士研究生完成培养方案规定的专业实践、课程学习、论文研究等学业任务，修满规定学分，并通过论文答辩，符合硕士学位授予资格。经学校学位评定委员会审议，学校授予硕士专业学位的研究生共79人，其中公共管理硕士学位41人，税务专业硕士学位38人。

（五）导师队伍规模及结构情况

研究生导师是研究生培养的第一责任人，更是落实立德树人根本任务的第一责任人，肩负着培养德智体美劳全面发展的高层次创新人才的崇高使命。打造一支有理想信念、道德情操、扎实学识、仁爱之心的导师队伍，对提高研究生培养质量尤为重要。

研究生导师结构不断优化。学校深入贯彻习近平总书记关于全国研究生教育会议的重要指示精神，认真落实《教育部关于全面落实研究生导师立德树人职责的意见》，坚持“为党育人、为国育才”的初心与使命，将立德树人作为研究生导师的首要职责，不断加强导师队伍建设。2022年，学校遴选新一批导师，截至年底，共聘任校内导师90名（见表2），其中，导师72人，副导师18人；行业导师76名。公共管理硕士研究生校内导师40人、行业导师21人；税务硕士研究生校内导师27人、行业导师33人；国际商务硕士研究生校内导师15人、行业导师16人；翻译硕士研究生校内导师8人、行业导师7人。

表2　学校研究生校内导师职称、学位、年龄分布情况表

合计		职称			学位			年龄		
		正高	副高	讲师	博士	硕士	学士	45岁以下	45~55岁	56岁及以上
数量	90	21	33	36	82	7	1	53	26	11
比例（%）	100	23.33	36.67	40.00	91.11	7.78	1.11	58.89	28.89	12.22

学校聘请具有行业背景的导师与校内导师联合指导硕士研究生培养全过程。行业导师中有43.42%是海关总署各司局和直属海关负责人，其余是来自国家税务总局上海市税务局等税务机关以及德勤、中瑞岳华税务师事务所等知名企业的高级管理人或技术人员，承担着研究生指导和培养任务，充分发挥行业专家在高端人才培养中的作用，不断提升协同育人成效。

二、研究生党建与思想政治教育工作

（一）研究生党建、思想政治教育工作

截至2022年12月31日，在校244名硕士研究生中，有中共党员152名，党员人数占研究生总人数的62.3%。

1. 坚持党建引领，培育时代新人

学校以研究生党支部和团支部为主阵地，紧紧围绕立德树人根本任务，强化党支部和团支部的育人功能，以标准化、规范化建设和提升党员团员的自我修养和政治素质为目标，重点加强组织建设及研究生党员、团员培养与教育等工作。依托“初心讲堂计划”思政主题教育平台，按照学校党建工作提示，学习贯彻习近平总书记系列重要讲话和党的二十大精神；围绕“坚决打赢疫情防控阻击战”任务，组织支部党员、预备党员和入党积极分子开展“疫情防控与在线教学保障”专项活动；以提升党员政治性、先进性、模范性为目标，以思想理论学习和实践教育为主线，以“使命行动计划”为特色载体，系统开展支部建设工作，引导学生党员“不忘初心，牢记使命”，知行合一，争做合格党员，形成“海燕——一体两翼育先锋”的品牌特色，并被入选“上海高校百个学生样板党支部”，1名研究生党员入选“上海高校百名学生党员标兵”。以党团建设为引领，用党的创新理论武装青年，用党的初心使命感召青年，用党的光辉旗帜指引青年，用党的优良作风塑造青年，有效提升党员、团员的政治性和先进性，在广大青年学生中起到良好的示范带头作用。

2. 坚持价值引领，塑造科学精神

根据研究生特点，学校组织开展科学道德讲座、观看全国劳模先进事迹、海关先进工作者事迹讲座等活动，坚持价值引领，将社会主义核心价值观、科学道德和学术诚信教育有机融入研究生培养全过程，引导研究生坚守科学道德，勇于创新、乐于实践，在实践中探索真理，在创新中推动实践。通过“WCO世界海关组织青年学生线上论坛”、“经济学人”科研创新竞赛、读书节、科研论坛、案例大赛、社会调研等系列学习与创新活动，营造爱学习、勤学习的良好氛围，引导研究生践行科学道德与创新精神，实现学风育人。

（二）研究生思想政治教育队伍建设

1. 加强专职思政队伍建设

学校党委高度重视研究生思想政治教育队伍建设，建立健全研究生思想政治教育的领导体制与工作机制，完善研究生思想政治教育队伍建设，根据全国思想政治工作会议精神和《教育部关于进一步加强和改进研究生思想政治教育的若干意见》等文件精神，将辅导员作为教师队伍和管理队伍的重要组成部分，形成了“专职为主、兼职为辅，专兼结合”的辅导员工作队伍，切实保证辅导员工作有条件、干事有平台、待遇有保障、发展有空间。实施“辅导员激励计划”，激励辅导员落实“八个一

工程”制度：每周晚上坐班指导不少于1次、每月听课不少于1次、每周下宿舍不少于1次、每周指导学生队列不少于1次、每月开展学业促进谈心不少于1次、每学期进行学风建设专题活动不少于1次、每学期撰写1篇调研报告、每学期上好1门思政教育课。

2. 发挥思政课教师价值引领作用

学校马克思主义学院配备专职教师承担研究生《新时代中国特色社会主义理论与研究》《马克思恩格斯列宁经典著作选读》等思政课教学和课程建设工作。在新时代中国特色社会主义理论专题中，突出强调习近平新时代中国特色社会主义思想的理论成果和实践经验，充分发挥思想政治理论课在立德树人中的关键课程作用。围绕研究生思政课程，马克思主义学院已形成一支具备马克思主义中国化、法学、经济学等多学科领域背景的教师团队，为高质量开设研究生思想政治理论课提供保障。

（三）思政课与课程思政建设

1. 研究生思政课建设不断深化

学校高度重视研究生思想政治理论课建设，严格按照要求开设《新时代中国特色社会主义理论与实践》《马克思恩格斯列宁经典著作选读》等思政课程。2022年，学院配备专职教师授课，采用学生喜闻乐见的专题讨论式、案例讨论式等教学方式、贴近生活的教学内容，及时把党的创新理论、党的二十大精神，特别是将习近平新时代中国特色社会主义思想融入研究生系列课程，推进党的创新理论“三进”工作，课程教学效果良好。

为进一步推动习近平新时代中国特色社会主义思想进课程教材，提高研究生思政课教学质量，研究生思政课教学团队组织修订《新时代中国特色社会主义理论与实践》课程教学大纲；借助学校设立的研究生思政课教学专项建设项目，聚焦思政课教学内容与方法改革、教学效果提升、考试考核方法、案例教学、实践教学等诸多方面改革，深化研究生思政课改革创新，不断增强研究生思政课的思想性、理论性、亲和力和针对性。

2. 课程思政建设成效显著

2022年，学校聚焦立德树人根本任务，抓牢教师队伍“主力军”、课程建设“主战场”、课堂教学“主渠道”，扎实推进研究生课程思政建设，坚持各类课程与思政课程同向同行，课程思政建设取得新成效。

（1）获批上海市研究生课程思政示范项目3项。2022年11月，根据《中共上海市教育卫生工作委员会　上海市教育委员会关于公布课程思政示范项目名单的通知》（沪教委德〔2022〕32号）及公布的课程思政示范项目名单，学校申报的《贸易安全与便利》《研究生英语》《公共经济学》3门研究生课程获批上海市课程思政示范课程，《贸易安全与便利》课程任课教师获批课程思政教学名师，《贸易安全与便利》《研究生英语》课程教学团队获批课程思政示范团队。这是学校继获批全国研究生课程思政示范项目后的又一大突破，对持续推动研究生课程思政建设具有重要的引领价值与示范作用。

（2）全面落实课程思政元素进研究生人才培养方案，构建科学合理的课程思政教学体系，将思政元素融入公共课程、专业课程、实习实践环节等方面，充分发挥课程思政教育功能。如增加《马克思恩格斯列宁经典著作选读》等课程，推动习近平新时代中国特色社会主义思想进培养方案、进课程教材，坚持用习近平新时代中国特色社会主义思想铸魂育人，坚持用当代中国马克思主义的基本观点深入分析当代世界重大社会问题等，提高研究生正确分析、研判当代世界问题的能力，加强培养研究生的政治素养。

（3）注重专业课程价值教育引导，构建“课程—实践—课堂”三位一体的教学组织形式，挖掘不同课程蕴含的思想政治教育资源。一是积极组织教师研讨交流，明确建设目标、锚定教学目标，真正解决研究生课程思政“是什么、为什么、怎么做”等基本问题。二是将课程思政建设融入课程体系、教育教学体系、育人模式改革，将课程思政贯彻育人全过程。三是督促教师撰写研究生课程思政案例，并运用到教学中。四是邀请校外专家讲授专业前沿并融入思政案例，实现课程思政育人效果。五是积极组织教师参加上海市“课程思政”教学设计活动。

（4）坚持育人导向，优化课程教学评价指标。学校进一步完善教学过程中思政育人评价维度，修订学生、督导、同行等线上线下四类共60项课堂教学质量评价指标，设置“价值引领”观测点，融入思政元素，完善课程思政教学质量监控体系，建立健全课程思政评价体制与机制，把“价值引领”作为教师课堂教学效果的评价要素之一。

（四）校园文化建设

2022年，学校围绕“发挥优势、打造特色、服务大局、提升地位”，持续发掘和凝练海关精神和文化元素，不断丰富校园文化建设内涵，为推进一流海关大学建设提供坚实思想基础和精神力量。深度发挥海关廉政教育和廉洁文化建设的阵地作用，把廉洁文化教育与海关人才培养特色紧密融合，常态化开展廉政宣传教育，组织开展廉洁文化作品创作和征集活动，推动建设“关苑清风”海关廉政教育基地，使廉洁文化成为校园文化中的独特色彩；持续开发校史馆育人功能，培育大学生文化建设骨干力量，深入师生讲述党史校史，弘扬校训校风精神；组织开展内务规范月、廉洁文化月、校园艺术节等校园文化主题活动，打造“青莲社”“海思宣讲团”“青马社”等学生理论实践社团，深入校内外开展学习宣传党的二十大精神宣讲活动；以“艺术+思政”为主线，组织创作《追熠》等海关特色鲜明的校园文化艺术特色作品，在海关系统和上海高校产生广泛影响。

（五）日常管理服务工作

1. 研究生管理人员队伍不断壮大

学校研究生处是研究生教育管理机构，现有5名工作人员，负责对学校研究生招生、培养、学位点建设、学位与研究生教育工作进行规划、管理和服务。

公共管理硕士学位点以海关与公共管理学院为依托，成立MPA教育中心，设置院长1名、执行主任1名、办公室主任1名、教学秘书1名、学生辅导员3名，主要负责公共管理硕士研究生招生、教学培养、学位论文、学生管理等工作。税务硕士学位点所在的海关与公共经济学院设置院长1名、副院长1名、办公室主任1名、教学秘书1名；国际商务硕士设置院长1名、办公室主任1名、教学秘书1名；翻译硕士设置主任1名、副主任1名、办公室主任1名、教学秘书1名。各学位点将研究生工作划分为招生、培养和学位管理三大模块，安排专人负责研究生的日常教学管理工作。学校其他各院系（部）、科研处等部门为研究生教育提供师资、科研等方面的支持。

2. 在管理服务中实现价值引领

学校切实加强组织保障和系统联动，促进“大思政”管理服务育人格局的实现，不断探索和实践“围绕学生、服务学生”的管理服务育人机制建设。以促进研究生的成长和发展为主要目标，以提升管理服务能力为主要途径，以加大资源投入为支持保障，在服务学生成长中实现价值引领，更好地提升研究生培养质量。2022 年，学校通过研究生管理系统的持续性建设，着力满足研究生对管理服务的个体化需求。通过企业微信端研究生教育推送提醒等定制化功能的开发，向研究生传递日常管理的“温度”。通过组织线上线下同步教学、线上招生复试、线上线下同步答辩，探索研究生教育模式的变革与创新。通过建设智慧教室、组织培训、增设教改项目，引导教师在授课时自觉运用现代信息技术，加大教学方式的改革创新力度。

三、研究生培养相关制度及执行情况

（一）导师选拔与培训、师德师风建设情况

思想引领养师德，规则筑基正师风。学校深入贯彻习近平新时代中国特色社会主义思想、党的二十大精神，深入推进导师评聘制度改革，建立健全导师培训体系，强化导师育人能力。建立学校主导、学院主责及国家省市不定期培训相结合的全员参与的研究生导师培训体系。明确学校职能部门负责新聘导师培训、学院负责本单位在岗导师培训，实现国家、省市和校院四级导师培训工作良性互动。组织导师参加两期上海市高校新聘导师培训班；通过在校内建立经济学院与关务学院两个分会场组织导师参加上海市导师能力提升工作坊；邀请海关专家为新导师开展“关于做好海关研究的几点体会”“写作能力与发展”等专题讲座；与超星等公司合作为导师提供在线培训课程等，提升导师“课程育人”“科研育人”“实践育人”“心理育人”和“文化育人”五个层面的素质和能力。

（二）研究生培养制度建设情况

2022 年，学校进一步强化制度建设，逐步形成全方位质量保障体系，实现对人才培养全过程、全方位、全覆盖的监测和分析，学校制定或修订研究生培养相关管理制度，涉及导师遴选与管理、学位授予等，共计 8 个。其中，学位授予工作 5 部、导师工作 2 部、招生培养工作 1 部，如《上海海关学院硕士研究生学位授予工作实施细则》《上海海关学院硕士研究生学位授予成果要求》《上海海关学院研究生学位论文校级盲审办法》《上海海关学院硕研究生学位论文写作规范》《上海海关学院优秀硕士学位论文评选办法》等，并评选出校级优秀硕士学位论文 9 篇。进一步强化学位论文过程管理和学位授予环节相关主体的责任，切实发挥学位评定委员会在学位论文质量和学位授予质量的保障作用。

（三）课程建设与实施情况

1. 打造特色专业学位研究生课程体系

学校围绕专业学位研究生培养目标定位和培养基本规格，不断优化课程设置，加强特色课程体系建设，强化突出“关税”特色，构建了以“经典课程、核心课程、前沿课程”所组

成的特色课程体系。优化以关税为核心的原产地、归类和估价三大海关技术知识组成的经典课程，以全国各专业学位研究生教育指导委员规定的核心专业课程，以对接国际海关、自由贸易港海关监管和自由贸易协定发展的前沿课程。这些课程体系既保证了专业学位研究生培养的宽口径，又体现了专业学位研究生培养的特色性。2022年，学校按照专业硕士研究生培养方案和研究生培养计划，共开设研究生课程51门。

2. 研究生教材建设与出版情况

为全面加强党的领导和贯彻党的教育方针，聚焦立德树人根本任务，学校根据国家《普通高等学校教材管理办法》（教材〔2019〕3号）等文件精神，落实教育部以及上海市教育委员会相关要求，结合学校办学特色，加快研究生教材建设，出版《美国协调关税税则》《完善地方税体系——理论与现实》《国际商务教学案例集》等研究生教材。

3. 课程教学质量水平不断提升

学校加强线上课程建设，在线教学进展顺利，获得上海市教育委员会肯定。着力开发线上教学资源，加强线上教学培训，鼓励教师及时总结线上教学经验，线上教学水平持续提升，每门课程学生满意度达98分。为保证研究生在线教学进度和教学质量，研究生处60%的人员驻校轮岗，统筹做好部门协调、技术沟通、数据导入和问题回复等在线教学保障和检查工作，奋力保证研究生在线教学有效运行。2022年，学校新冠疫情防控期间的研究生教育的工作成果和经验获得上海市教育委员会的工作经验交流刊发。

（四）研究生学术训练和学术交流情况

2022年，学校以促进国内外学术交流，提高教师与研究生科研能力，提升科研学术综合素养为目标，成功举办学术报告37场次，内容涵盖理想信念、科研指导、学术诚信、海关前沿、国际时事等板块，邀请海关业务领导及复旦大学、上海财经大学、中央财经大学、上海交通大学等高校知名专家37人，扎实研究生学科专业理论基础，开拓研究生学术视野，帮助把握学科前沿知识及学术前沿动态，跟踪海关理论与实践热点并进行探究。

此外，学校各院系制定研究生成果孵化及激励制度，鼓励研究生发表学生论文及参加各种科创竞赛，鼓励学生积极参与学术训练与科研成果发表；同时鼓励各课题组与教研室举办学术沙龙及学院分享会，并提供相关经费支持。学院设置学术研讨室，提供专门空间为师生学术研讨提供便利。邀请图书馆相关教师对研究生和教师进行论文查阅、数据资源使用的培训，培养研究生科研兴趣，提高研究生学术素养和研究能力。

（五）实习实践基地建设情况

2022年，学校研究生采用的分散模式开展专业实习和社会实践，在学位点提供实习实践基地的基础上，发挥主观能动性自行寻找实习实践单位的形式较多。39名全日制研究生主要在毕马威华振会计师事务所、安永会计师事务所、立信会计师事务所等50几家企业分散实习。非全日制研究生结合工作实际，分散在上海海关、广州海关、深圳海关等29个海关进行社会实践。

2022年，为进一步深化产教融合协同育人，加强专业学位研究生实践教学，全面提高人才培养质量，学校加强各级、各类研究生实习实践基地建设，与上海金山区安联企业服务中心、上海徽盟企业服务中心、上海科橘信息科技有限公司、上海正译科技发展有限公司、上海译国译民翻译服务有限公司 5 家企业就建立校外实习实践基地和加强教育培训工作等互助协作事宜达成合作，签署合作协议，实现资源共享、互惠互利、共同发展。学校签订实习实践基地不仅能为研究生提供相应的实习岗位，而且能够在人才培养方案修订、行业导师选派方面提供支持。校外实践教学基地经过多年的发展，功能已不再局限在学生的创新实践教育上，已成为政、校、企深度合作的重要平台和产、学、研紧密结合的黄金纽带，企业能够为学生的科创和学科竞赛提供相应的指导。学校为研究生班级配备专门的实习实践导师，在实习实践开始之前对其进行安全教育、专业教育、职业教育等。建设一批稳定优质的校内外实习实践教学基地是解决和提高实习实践教学质量的首要问题。为此，今后学校将以学科专业为基础，根据教学大纲的计划和要求，认真做好实践教学基地建设规划。

（六）研究生奖助情况

1. 研究生奖助制度体系建设情况

根据《上海海关学院全日制研究生综合测评及评奖评优实施办法》（沪关院学〔2019〕200 号）、《上海海关学院全日制研究生“三助”工作实施办法》（沪关院学〔2019〕199 号）和《上海海关学院 MPA 非全日制研究生奖学金管理办法（试行）》（沪关院研〔2021〕121 号）等文件以及实践中的不断完善优化，2022 年形成了集“综合奖学金”“国家助学金”“社会奖助学金”“学业奖学金”“三助一辅”岗位津贴和临时性特殊困难补助于一体的“五位一体”全日制研究生奖助体系及自筹设立的非全日制奖学金体系。

一是实行综合奖学金制度，包括学业奖学金（校级一等、二等、三等）和单项奖学金（社会活动奖、科研创新奖），奖励范围比例达到总人数的 65.31%；二是实行 100%覆盖全日制研究生国家助学金制度，助学金发放标准为每位研究生 7000 元/年。三是实行社会奖助学金制度，积极争取社会捐助，促进研究生培养，共有 4 人获评校友企业捐助的奖助学金；四是实行全日制研究生“三助一辅”勤工助学制度，包括“助管、助教、助研、助理辅导员”四类岗位，岗位数占学生总数的 21.42%，岗位平均补助 2000 元/年；五是实行临时性特殊困难补助制度，针对因疫情、自然灾害、家庭成员或本人突发重大疾病等特殊情况的学生给予临时性补助，补助金额视困难程度评定；六是在教育部奖助资金仅面向全日制在校生的情况下，学校自筹资金建立面向非全日制公共管理专业研究生的奖学金制度，设立新生入学、边关人才激励和学业激励三种奖学金，奖学金覆盖面超过 58.9%。

2. 研究生各类奖助情况

2022 年，学校研究生各类奖助学金合计 120.38 万元，覆盖 343 人次，较 2021 年有所增加（见表 3）。获评校级优秀学生干部 4 人、优秀团干 6 人、优秀团员 10 人、优秀学生 8 人、市级优秀毕业生 2 人、校级优秀毕业生 24 人。

表3 学校2022年研究生各类奖助学金情况统计

项目名称	发放人数（人次）	金额（万元）
国家奖学金	1	2
国家助学金	136	59.78
社会奖学金	2	1
社会助学金	2	0.4
学业奖学金	115	38.1
单项奖学金	4	0.32
个人荣誉	23	0.69
集体荣誉	3	0.1
三助岗位津贴	21	3.99
边关人才奖学金（非全日制）	6	6
新生入学奖学金（非全日制）	30	8
合计	343	120.38

四、研究生教育改革情况

（一）研究生教育教学改革成效

建构“六特铸魂”特色培养新模式，成果荣获上海市优秀教学成果奖一等奖。在成果奖申报过程中，学校领导高度重视，多次邀请专家指导，成果完成人认真凝练改革成果、突出特色成效，呈现了学校在立德树人、教书育人、教学改革方面所取得的成绩与进展。学校申报的《服务国家特殊需求的海关高层次人才培养教学模式建构与实践》教学成果获评上海市优秀教学成果奖（研究生）一等奖。这是学校开展研究生教育以来首次获评省部级教学成果奖一等奖，凝聚了广大教师潜心教学、积极探索的劳动成果，展现了学校服务国家战略和海关事业改革发展，推动人才培养、课程教学建设和改革所取得的突出成绩，将对学校教育教学改革的进一步深化起到良好的示范与推动作用。

首次入选上海市公共管理教学案例。案例研发和教学是培养海关高层次公共管理人才的重要途径，也是学位点评估和认证的重要指标，学校一直以来高度重视教学案例编写和开发原创性、高质量的管理案例，在教学管理实践中积极推进案例研发项目和案例教学改革创新。2022年10月，经过专家层层评审，学校报送的《当海关遇到“灰犀牛”——新冠疫情下口岸治理启示录》案例成功入选，充分展示了学校公共管理案例教学过程中取得的良好成果，对提高研究生培养质量和助推公共管理硕士教育内涵式发展具有积极意义。

荣获上海市教育改革优秀案例。学校深入贯彻落实中央和上海市关于深化新时代教育评价改革的总体部署，坚决克服唯分数、唯升学、唯文凭、唯论文、唯帽子的顽瘴痼疾，充分发挥师资队伍和教学资源方面的优势，主动探索“服务国家战略，对接行业需求，获得国际认证”的可持续发展模式，主动跟进海关改革与发展实践，着力推进硕士研究生教育理念、机制和内容创新，努力培育符合海关事业发展需要的高素质专业化人才，为社会主义现代化海关建设提供智力支持和人才保障，实现新时代行业特色高校新发展。学校总结教育改革成果，报送的“聚焦立德树人根本任务探索研究生教育综合评价改革”案例成功入选“2021 年度上海市教育评价改革优秀案例”，下一步将再接再厉，进一步深化教育评价改革，争取创造更多可复制、可推广的改革成果。

学校将进一步做好成果的推广应用，充分发挥教学成果奖在教学实践、改革、研究中的引领和激励作用，进一步加大教育教学建设和改革力度，全面落实立德树人根本任务，积极推动广大教师教育教学研究、专业建设和教学改革，坚持为党育人，为国育才，坚持高质量精准服务海关，按照大学规格建设发展，进一步提升学校教育教学质量和海关人才培养质量。

（二）人才培养特色及成效

1. 研究生学术科研创新能力不断提升

2022 年，着重提高研究生参与各类学科竞赛、学术论坛、撰写学术论文的兴趣和能力。在学校组织和导师指导下，研究生积极参与各省、各高校举行的各类学术论坛、竞赛，共获各类奖项 12 项，其中，省部级及以上 9 项。研究生向国际学术论文投稿 6 篇，其中，2 篇分别获得一等奖、三等奖。

学校“立足海关，服务社会，面向国际”的办学定位，鼓励教师和学生共用进行项目研究及科创比赛，师生共创取得一定成果。如师生合作在《科学决策》《中国经济评论》《模型世界》等有影响力的刊物上发表多篇论文。有 10 余位学生参加横向、纵向课题研究。

2. 集关校合力，“六特铸魂”，育海关人才成效明显

学校培养的研究生在党的正确领导下，以服务国家重大战略为己任，心中始终牢记海关人的责任与使命，投身于海关事业，作为基层一线青年，参与推动国际规则制定、海关改革方案和监管规范起草等工作，如 2020 级部分研究生参与编译《美国联邦采购条例》，负责口岸卫生检疫、传染病风险评估；2021 级部分研究生参与推动海关物流监控改革、旅检智能化创新、海关关税政策调整研究、海关总署进出口食品法律法规制定，以及参与制定“一机一策”检疫通关方案、RCEP 第十五轮原产地规则谈判、免税监管领域的制度集成创新，并获得“第二十八届海南青年五四奖章”，在共青团成立 100 周年之际海关总署召开的全国海关青年干部理论学习交流会上交流发言；2022 级部分研究生参与国际执法合作、打击“套代购”走私案件侦办、相关政策法规研究、调研报告撰写、宣传普法等工作，以及服务于中国对缅贸易最大陆路口岸瑞丽口岸，带头深入“险情”，以绝对忠诚和专业精神坚决筑牢国门第道防线，收获“全国青年文明号”“云南青年五四奖章”等多项荣誉。

（三）科学研究情况

1. 科研成果数量质量双提升

研究生教育肩负高层次人才培养和创新创

造的重要使命，是国家发展、社会进步的重要基石，是应对全球人才竞争的基础布局。学校深入贯彻落实教育部《关于全面落实研究生导师立德树人职责的意见》，落实导师是研究生培养第一责任人的要求，发挥导师以德立身、以德立学、以德施教作用，遵循研究生教育规律，创新研究生指导方式，以导师科研创新能力促进学科发展和提升研究生学术创新能力，实现全过程育人、全方位育人，做研究生成长成才的指导者和引路人。

2022年，学校研究生教师和导师坚持创新研究，共承担科研项目62项，占学校科研海关总署项目的71.3%；论文成果51篇，其中，高级别论文17篇；著作类17本；被省部级内参录用决策咨询报告10篇。具体情况见表4。

表4　上海海关学院研究生教师及校内导师科研成果情况统计表

科研成果类型			数量	经费数（万元）
课题研究项目	纵向课题	国家级	3	223
		省部级	22	
	横向课题		37	278.3
论文类	SSCI、SCI		8	—
	CSSCI、EI、WCJ		14	
	其他刊物		31	
著作类	专著		6	—
	译著		1	
	编著、工具书		7	
	教材		3	
研究报告			10	—
成果获奖			3	—
合计			145	501.3

2. 科研平台建设情况

2022年，学校成立国家社科基金特别委托项目“中国海关史”研究基地和《经修订的京都公约》研究中心，并以海关与经贸研究院、“中国海关史”研究基地和《经修订的京都公约》研究中心为平台，遴选若干重大理论和应用课题，从学校层面组成以学校教师为骨干，一线海关专家及地方院校学者为辅的若干跨学科科研团队，充分发挥学科交叉的优势，对接海关及外经贸事业发展以及上海经济社会发展，以问题为牵引，共同开展重大课题项目攻关，提高科研创新能力和科研服务水平，产出高水平的科研成果。

（四）产教融合、科教融合等方面的改革创新情况

1. 推动长三角行业特色高校共谋未来改革创新路径

学校全面贯彻落实党的二十大精神，助力

新时代行业特色高校高质量发展，推动联盟高校共商合作大计、共建合作平台、共享合作成果，同心协力提升办学实力和水平，更好地服务于国家战略、行业及区域经济社会的发展，于2022年12月17日以线上的方式在学校召开长三角高水平行业特色大学联盟2022年年会暨改革创新论坛。会议期间，主动发起长三角高水平行业特色大学联盟关于研究生联合培养的倡议，起草《长三角高水平行业特色大学联盟关于研究生培养的合作备忘录》，得到全体联盟成员高校一致同意，并与联盟成员高校共同签署了该合作备忘录。中国计量大学、南京审计大学、安徽理工大学、江苏科技大学、上海海关学院5所高校领导分别从不同角度作主旨演讲，为行业特色高校的建设和发展提供宝贵的经验启示和实践借鉴。

大会另设“行业特色高校高质量研究生培养的经验、问题与解决路径”“行业特色高校一流学科建设的挑战与发展路径”等8个分论坛，各联盟高校的学科办主任、研究生院（处）院（处）长、科技（研）处长以及相关专家60多人参加了相关论坛，其中，各研究生院（处）院（处）长共同探讨交流各高校高质量研究生培养的经验、问题与解决路径。加强联盟高校在研究生教育人才培养、科学研究、社会服务、国际交流、咨政建言等方面开展多样化、多形式的广泛合作，探索符合新时代高质量培养人才要求的研究生培养模式，为长三角地区高层次人才培养、经济社会发展、服务地区和国家战略贡献智慧和力量。

2. 推动教学、科研、实践融合，彰显育人目标

学校致力于产教融合与科教融合协同育人机制的积极探索，将高质量硕士生培养与智慧海关建设、国际化海关建设紧密结合，发挥行业导师优势，走产教、科教融合之路，提升人才培养质量，为“打通内外贸，构建双循环”贡献绵薄之力。一是强化实习实践基地建设，新建5家实习实践基地，为研究生提供实习实践场所。二是邀请行业导师与研究生深入交流，为学生作“如何做一个高效有为的税务专硕研究生”“财税专业大学生职业生涯展望”“专业学习与职业发展”“关于做好海关研究的几点体会”“空间治理与‘三区融合’”等产教融合型讲座，使学生深入了解产业对高层次人次的需求状况，鼓励学生提升自身综合素质，做“四有”新人。三是坚持以海关及行业需求为科研导向，鼓励和支持研究生创新课题，围绕学科前沿基础问题、国家重大战略需求、国门安全、智慧海关、数字贸易建设等前沿领域热点问题开展探索性研究，并资助20个研究生科研创新项目共计15.6万元。同时重点推动学位论文与海关建设课题的互动互联，通过毕业论文写作找到工作中的痛点与难点，在毕业论文写作中找到解决方案反哺解决工作中遇到的瓶颈问题。四是在不断提升学生科研创新能力建设的同时，重点关注学生工作经验总结，结合课堂理论知识，将科学研究成果应用到日常课程教学中，进一步服务海关、反哺教学，实现科研协同育人。

（五）“破五唯”等方面的特色及改革案例

1. 强化综合评价，健全多元化质量评价体系

坚持破立并举，破除“五唯”倾向，改进结果评价，强化过程评价，健全综合评价，严把研究生培养与学位授予质量关，将研究生科研训练、学术训练和实践训练等成果纳入综合评价体系；明确质量底线，构建学位论文“双盲”、学术规范和学术不端一票否决制的工作机制，实现从开题到学位授予全过程质量保障。

重质量，轻数量。学校推动学术成果标准多元化，修订完成硕士研究生学位授予细则《上海海关学院硕士研究生学位授予工作实施细则》；制定《上海海关学院研究生硕士学位授予成果要求》，将各类竞赛获奖、政府决策咨询、专利、著作、社会服务咨询及《海关研究》等海关智库类论文等10多种成果纳入研究生综合评价体系，丰富多元化评价。

坚持教学与科研并重，利用国际国内海关科研资源，举办国际海关学术论坛，帮助学术在国际舞台发出声音，荣获一等奖、三等奖；深化科教融合，以国家和海关需求为科研导向，与各地海关开展结对工作，组织学生参与中国海关学会、海关总署科技发展司、海关总署统计分析司等组织的科研项目。学校吸纳优秀科研成果，将科研成果转化为课程教学资源，以及反哺海关理论研究与实践创新。

2. 深化教师职称制度改革，激发教育发展活力

为进一步深化学校教师和其他专业技术职务评聘制度改革，根据国家和地方关于深化教师职称制度改革和师资队伍建设的工作精神，结合海关总署要求、上海市相关规定和学校实际，制定《上海海关学院教师和其他专业技术职务评聘实施细则》，进一步优化评聘程序，分类评聘岗位、完善成果要求、丰富成果类别、明确认定口径，按学术水平与工作业绩相结合的原则对其他系列的评聘条件均作了明确，打通了各系列专业技术人员的晋升通道，以期建立科学的激励制度、创造良性的竞争氛围，使教师的能力得到最大限度的发挥，引导人才不断成长、促进教师以更加自觉的姿态进行学术研究，回归教学本源。

（六）国际合作交流情况

1. 争取优质国际资源，获得国际组织认证资质

通过世界海关组织（WCO）公共管理硕士PICARD标准认证。为进一步深化国际化办学，2019年学校正式启动公共管理硕士PICARD标准认证工作。2021年年底，学校完成向世界海关组织（WCO）正式递交认证报告的任务，推动建立人才双向交流机制，不断提升国际化办学内涵，进一步搭建国际海关教育资源共享平台。2022年3月，学校正式获批世界海关组织（WCO）公共管理硕士PICARD标准认证资质，成为目前国内和全球唯一一所本硕教育阶段均获得世界海关组织（WCO）教学资源和专业认证的高等院校。

2. 推进项目实施，拓宽人才培养渠道

完善国际化人才培养体系，推动海关总署海外公派访问学者项目落地实施。在海关总署人事教育司的大力支持下，为贯彻落实《“十四五”海关人才发展规划》，更好服务海关高水平对外开放和外交外贸大局，凝心聚力培养更多海关事业发展需要的德才兼备、具有国际视野的高素质专业人才，着力推动研究生教育国际化发展，拓宽学校国际化人才培养形式，丰富研究生教育国际化发展内涵，提升海关系统公共管理硕士的国际海关高层次人才竞争力，2022年5月正式面向公共管理硕士发布参加海关总署公派访问学者的选拔工作。

根据“公开、公平、公正”原则，依次执行经学生自主申请、培养单位推荐、研究生处审核、学校评审、海外院校选拔审查、校内公示、校长办公会审议、海关总署审批等程序推进该项目首次实施。根据国家留学基金委审批结果，2022年公共管理硕士选拔推荐1名研究生参加海关总署公派留学访问学者项目，计划于2023年派出前往荷兰方提斯应用科技大学（Fontys University of Applied Sciences）开展为期半年的访学任务。项目的实施是学校从理论教学和实践教学两层维度，积极探索深度融合海关特色和国际化特色的海关高层次人才培养模式的有效举措。

3. 成功举办国际学术论坛

2022年11月，为进一步提升学校在国际海关院校间的影响力，学校筹划开展“WCO世界海关组织青年学生线上论坛”。本次论坛共征集到51篇学术论文，以线上和线下相结合的形式开展，来自阿塞拜疆海关学院、乌兹别克斯坦海关学院、韩国建国大学等5个国家6所海关院校的221人参与。本次论坛聚焦“关通天下共研共享”主题，不仅更好地联通全球海关院校及研究机构，促进海关院校大学生的科学研究与相互交流，也有利于加深学生对于现代化海关职能及其发展趋势的认识，提升学生海关业务知识的理解和应用能力。在与学生处的通力合作下，推进第一届海关院校大学生国际学术论坛征文活动顺利进行，组织开展专家评审工作，学校研究生获一等奖1名、三等奖1名，为学生拓展国际学术视野、积累学术研究经验打下更坚实的基础。

五、教育质量评估与分析

（一）学科自我评估进展及问题分析

1. 科学学位点有待突破

与其他高校相比，学校获批为硕士授予单位，学科建设起步较晚、缺乏积淀。专业学位点布局尚未覆盖所有学科，目前仅有4个专业学位授权点，研究生培养质量有待进一步提升，且还没有一级学科学位授权点。对标应用经济学、国家安全学等一级学科建设条件要求，还有一定差距，学科方向和学科特色建设有待加强。从目前取得的科研成果来看，学科特色需要进一步凝练，研究方向需要进一步聚焦。学校获批成为硕士授予单位是学校重内涵建设的结果，提升了学校的办学层次，下一步需要实现学术型硕士学位点突破，为学科建设进一步“破局”。

2. 学科领军人物不足，成为制约学科发展瓶颈

高水平的学科领军人物不足，是制约学校学科建设和发展的关键问题。高水平学科和高水平研究人员是相辅相成的，只有形成高水平的学科平台，才能吸引高水平研究者。同时，高水平研究者可迅速提升学科的整体研究水平，进而推动该学科向更高水准发展。在当前学校学科发展特色不明晰，缺乏高层次学科平台的背景下，探索学科领军人物的培养和引进的新机制成为学科队伍建设的关键。

3. 学位授权点建设质量保障机制有待健全

尽管学校已经形成了较为完备的课程评价体系和论文质量保障体系，但尚未形成完备的学位授权点建设质量保障体系，尤其缺乏对各学位授权点建设质量进行定期的评价和反馈制度。学校对各学位授权点的建设情况的掌握主要通过各学位授权点的自我评估，有待形成全面有效的外部评价机制，对评估对象的自评报告、实地考察情况和相关数据、材料进行评议分析形成评估意见并及时反馈。学位授权点建设质量保障制度尚未形成“规划—建设—评价—反馈”的闭环。

（二）学位论文抽检情况及问题分析

2022年，学校顺利通过上海市硕士学位论文抽检评议，这是学校连续8年通过上海市硕士学位论文抽检评议，合格率为100%。

学校坚持“严进严出”培养模式，严把“出口关”，不断加大研究生学位论文质量管理力度。一是建立了校、院二次查重处置机制，对论文的文字复制比作了明确的规定与处理要求，将质量监管覆盖至学位论文撰写全过程。二是优化工作流程，增加了学位论文预答辩、校级盲审环节。2022届毕业生80篇论文全部委托第三方权威机构进行盲审，1篇论文送2位专家盲审；79篇论文盲审成绩合格。

论文抽检及校级盲审情况显示，学校研究生学位论文质量还存在个别问题，如个别学生治学态度不严谨、个别学位点导师责任压实力度不够等。但学位论文质量总体良好，研究生总体上学术功底扎实，具有独立完成科学研究的能力，学校研究生教育与管理工作到位。

六、改进措施

（一）加强学科梯队建设，优化师资结构

一是引进和培养高水平的学科领军人物。引进和培养高水平的学科领军人物是学科队伍建设的突破口；制定更为宽松灵活的人才引进政策，以待遇和良好的学术氛围，多渠道多形式引进高水平的学科领军人物和学术骨干，以学科领军人物为核心，汇聚各学科的优秀人才，逐步形成4~5支结构合理、勇于创新、善于合作、可持续发展的学科团队；探索建立有利于学科人才集聚的政策环境，吸引和稳定国内一流人才。二是以青年教师建设为基础，加强后备力量培养。设立青年教师资助项目，着力培养青年教师的学术能力、教学水平；推动青年教师队伍的国际化建设，培养一批具有国际视野、进入国内外海关学术前沿的优秀青年教师。三是完善师德师风建设长效机制。坚持把师德作为教师职业的准入门槛，将师德评鉴作为教师评聘、绩效考核的首要内容，实行师德师风一票否决制。

（二）强化合作科研和科研培育，提高科研创新能力

在明确学科建设方向的前提下集中合力，以重大科研项目、重大智库项目为抓手，有目的、有重点地与海关总署、相关司局和兄弟海关开展合作研究。建立开展海关合作科研的激励机制，使得课题负责人和团队潜心研究，开展原创性研究，出系列成果，包括SSCI/SCI论文、系列研究报告及成果转化等。以海关及外经贸事业重大发展需求为导向，鼓励教师组建科研团队，竞争性申报省部级以上学术研究课题和决策咨询研究课题，提高高水平科学研究的能力，为海关及外经贸事业的发展作出贡献。围绕学科建设布局聚焦重点研究领域，推出一批在高层次学术刊物发表或优秀出版社出版、能够在相关学术领域产生影响、具有良好社会效应和学术效应的成果，以此助推学科建设，扩大学校科研在海关系统内外的影响力。

（三）以智库建设为抓手，服务海关及外经贸事业发展

学校与海关总署统计分析司、研究中心及上海市人民政府发展研究中心建立协同创新共同体，通过整合多方资源，共同开展重大课题项目攻关，产出高水平的科研成果。对接海关及外经贸事业发展，以及上海经济社会的发展，确立具有发展潜力的研究方向。例如，海关发展战略问题研究、海关深化改革难点重点问题研究、海关基础储备性研究、上海市经济社会发展研究等研究方向。以科研项目尤其是重大科研项目和决策咨询项目为抓手，聚焦一批有影响力的学科队伍，推出一批原创性标志性成果。鼓励各学科立足海关及外经贸事业发展重大需求开展应用研究，通过科研聚焦，形成学科特色和新的学科增长点。通过建设，力争在国家级课题、省部级课题、高被引论文、科研成果转化等方面取得重大突破。

（四）凝练思政特色，深化课程思政改革

加强思想政治理论课建设，开全开好研究生思想政治理论课，推进习近平新时代中国特色社会主义思想“三进”工作。加大课程思政项目培育和经费支持力度，建设一批课程思政示范课，将社会主义核心价值观、中华民族传统文化及海关红色基因融入教学和课程体系；融通海关红色资源优势，打造独具特色的以融合海关党建为核心的特色课程育人体系，着力培养研究生国门卫士的正确价值观和职业精神。

（五）坚持质量优先，持续把控好学位论文与学位授予质量关

坚持质量导向，提升学位论文与学位授予质量。继续完善优化工作流程，升级研究生管理系统，强化工作的规范化、信息化；严格落实新制定或修订的规章制度，并在实践中不断完善，强化工作的制度化、精细化；继续坚持学位论文的二级查重、二级盲审，坚持高标准、严要求，充分发挥二级管理职能。

（六）加大国际化培养力度，提升国际组织人才培养水平

强化国际交流，着力提高研究生培养质量。一是争取获得世界海关组织（WCO）挂牌。发挥学校已有国际资源和优势，与世界海关组织（WCO）及其守法便利司、能力建设司等几个业务司局合作获得挂牌，成立国际组织办公区，引进国际组织工作人员，双方联合开展海外实习实践、学术研究等项目，进一步对标国际、加强自身建设，努力打造成国际组织合作中心，力争成为对外交流合作的重要平台，加强国际组织人才培养。二是搭建国际海关学术交流平台。借助已有海外学术资源优势，将学校临港国际校区建设为国际海关学术交流平台，邀请国际海关知名专家、学者及海关行业专家来校交流，举办国际海关青年学生论文交流会议、国际高端学者论坛、国际海关学术交流等系列活动，更好地联通全球海关院校及研究机构，促进海关院校师生科学研究与相互交流，探讨海关热点问题，推进国际化办学。三是探索联合培养研究生。应借助国际海关大学联盟优势，探索与阿塞拜疆海关学院、乌兹别克斯坦海关学院等国际海关院校通过学分互认、学位互授联授、双导师等形式，开展高水平研究生联合培养，在临港国际校区开设国际海关人才培养实验班，建立国际组织人才培养实习实践基地等，推动学校人才培养国际化水平。

上海海关学院 2022 届毕业生就业综述

一、毕业生基本情况

（一）总体规模

学校 2022 届毕业生共计 694 人，其中，本科毕业生总数为 615 人、硕士研究生毕业生总数为 79 人。学校 2022 届毕业生分学历比例情况见图 1。

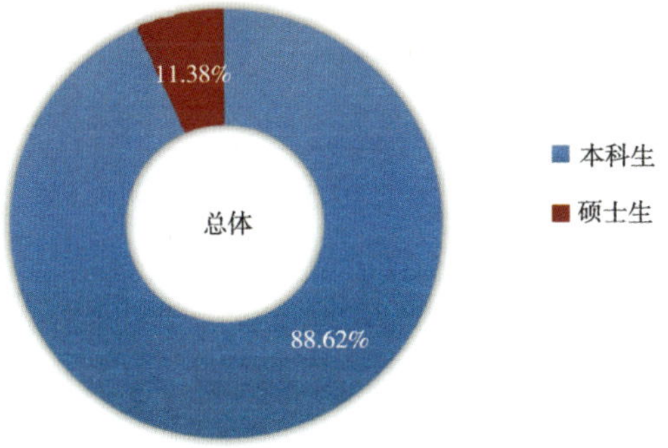

▲图 1　学校 2022 届毕业生比例情况图

（二）性别结构

学校毕业生中男生 329 人，占全部毕业生人数的 47.41%；女生 365 人，占全部毕业生人数的 52.59%。硕、本毕业生中女生均多于男生。学校 2022 届各学历性别情况见表 1。

表 1　学校 2022 届毕业生男女比例一览表

学历层次	毕业人数	男生	女生
本科	615	290	325
硕士	79	39	40
合计	694	329	365

（三）生源地分布

学校硕士毕业生 79 名，其中，上海生源 8 人，非上海生源 71 人、占全部毕业生人数的 89.88%；非上海生源中浙江省最多，占全部毕业生人数的 15.18%。学校硕士毕业生生源地分布情况详见表 2。

学校本科毕业生 615 名，其中，上海生源 76 人，非上海生源 539 人、占全部毕业生人数的 87.64%；非上海生源中广东省生源最多，占全部毕业生人数的 12.85%。学校 2022 届本科毕业生生源地分布情况见表 3。

表 2　学校 2022 届硕士毕业生生源地分布表

省份	人数	比例（%）	省份	人数	比例（%）
浙江省	12	15. 18	福建省	3	3. 80
山东省	10	12. 65	广东省	3	3. 80
江苏省	9	11. 39	内蒙古自治区	1	1. 27
上海市	8	10. 12	吉林省	1	1. 27
江西省	4	5. 06	黑龙江省	1	1. 27
河南省	4	5. 06	安徽省	1	1. 27
湖北省	4	5. 06	广西壮族自治区	1	1. 27
重庆市	4	5. 06	云南省	1	1. 27
四川省	4	5. 06	青海省	1	1. 27
河北省	3	3. 80	宁夏回族自治区	1	1. 27
辽宁省	3	3. 80	合计	79	100. 00

表 3　学校 2022 届本科毕业生生源地分布表

省份	人数	比例（%）	省份	人数	比例（%）
广东省	79	12. 85	内蒙古自治区	14	2. 28
上海市	76	12. 36	山东省	14	2. 28
新疆维吾尔自治区	48	7. 81	重庆市	14	2. 28
河南省	27	4. 39	安徽省	13	2. 11
江苏省	26	4. 23	贵州省	12	1. 95
浙江省	23	3. 74	宁夏回族自治区	11	1. 79
福建省	22	3. 58	河北省	10	1. 63
西藏自治区	20	3. 25	青海省	10	1. 63
江西省	20	3. 25	黑龙江省	10	1. 63
四川省	19	3. 09	湖南省	9	1. 46
云南省	17	2. 76	辽宁省	9	1. 46
海南省	17	2. 76	陕西省	9	1. 46
天津市	17	2. 76	吉林省	8	1. 30
山西省	17	2. 76	湖北省	8	1. 30
甘肃省	17	2. 76	北京市	4	0. 65
广西壮族自治区	15	2. 44	合计	615	100. 00

（四）民族比例

学校 2022 届少数民族毕业生共 87 人，其中，本科生 82 人，研究生 5 人。学校 2022 届少数民族本科及硕士毕业生比例情况见图 2。

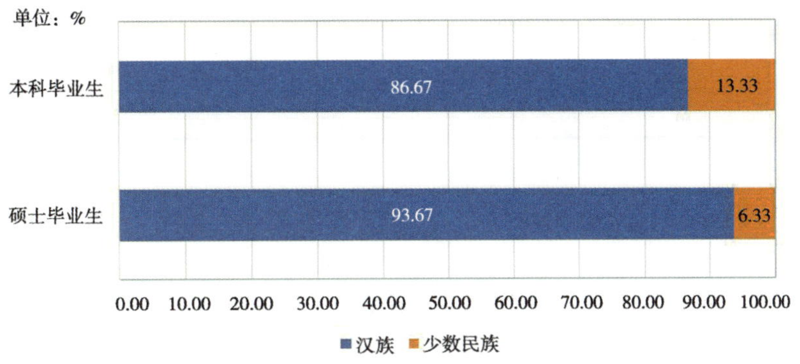

▲图 2 学校 2022 届少数民族毕业生比例情况图

二、毕业生就业基本情况

（一）2022 届毕业生初次毕业去向落实率

截至 2022 年 8 月 26 日，学校 2022 届毕业生初次毕业去向落实率为 90.92%，本科、硕士毕业生初次毕业去向落实率分别为 89.92%、98.73%。

1. 学校男女生就业情况

学校 2022 届研究生毕业生中，男生就业 39 人、女生就业 39 人，初次毕业去向落实率分别为 100%、97.50%。本科毕业生中，男生就业 271 人、女生就业 282 人，初次毕业去向落实率分别为 93.45%、86.77%。从毕业生整体就业情况来看，男生的初次毕业去向落实率高于女生。学校 2022 届男女毕业生初次毕业去向落实率见表 4。

表 4 学校 2022 届毕业男女生初次毕业去向落实率基本情况表

学历	男			女			初次毕业去向落实率（%）
	人数	就业人数	初次毕业去向落实率（%）	人数	就业人数	初次毕业去向落实率（%）	
本科生	290	271	93.45	325	282	86.77	89.92
硕士生	39	39	100	40	39	97.50	98.73

2. 家庭经济困难毕业生和少数民族毕业生就业情况

学校 2022 届毕业生中的家庭经济困难毕业生 96 人（占全部毕业生人数的 13.83%）就业 81 人，初次毕业去向落实率为 84.38%；少数民族 87 人中 68 人就业，初次毕业去向落实率为 78.16%。学校 2022 届各学历层次家庭困难毕业生、少数民族毕业生就业情况见表 5、表 6。

表 5　学校 2022 届家庭困难毕业生就业情况表

困难生	总人数	就业人数	初次毕业去向落实率（%）
本科生	96	81	84.38
硕士生	0	0	0.00
合计	96	81	84.38

表 6　学校 2022 届少数民族毕业生就业情况表

少数民族	总人数	就业	初次毕业去向落实率（%）
本科生	82	63	76.83
硕士生	5	5	100
合计	87	68	78.16

（二）各院系 2022 届毕业生初次毕业去向落实率

学校 2022 届毕业生分布在 5 个院系，3 个院系毕业生初次毕业去向落实率达到 90%以上，实现充分就业。学校各院系 2022 届毕业生初次毕业去向落实率情况见表 7。

表 7　学校各院系 2022 届毕业生初次毕业去向落实率情况表

院系	毕业人数	落实人数	初次毕业去向落实率（%）
海关与公共管理学院	302	290	96.03
海关与公共经济学院	130	121	93.08
工商管理与关务学院	165	150	90.91
海关外语系	50	43	86.00
海关法律系	47	27	57.45
合计	694	631	90.92

（三）2022 届各专业毕业生初次毕业去向落实率

学校 2022 届毕业生分布在 9 个专业，其中，6 个专业的初次毕业去向落实率达到 90%以上。学校 2022 届各学历层次毕业生分专业初次毕业去向落实率统计情况见表 8。

表 8　学校 2022 届各学历层次毕业生分专业初次毕业去向落实率统计表

专业	学历	毕业人数	就业人数	初次毕业去向落实率（%）
公共管理	硕士	41	41	100.00
税务	硕士	38	37	97.37
国际商务	本科	81	78	96.30
海关管理	本科	261	249	95.40
审计学	本科	45	42	93.33
税收学	本科	92	84	91.30
英语	本科	50	43	86.00
物流管理	本科	39	30	76.92
法学	本科	47	27	57.45
合计		694	631	90.92

三、毕业生就业情况分析

（一）2022 届毕业生毕业去向情况及分析

学校 2022 届毕业生的主要去向有以下 7 类：派遣就业、合同就业、升学（国内）、出国（境）深造、其他录用形式就业、灵活就业（含自主创业和自由职业）、国家地方基层项目。其中，本科、硕士毕业生以签订就业协议形式就业为主，占全部毕业生人数的 44.67%。学校 2022 届毕业生毕业去向分布情况见图 3 和表 9。

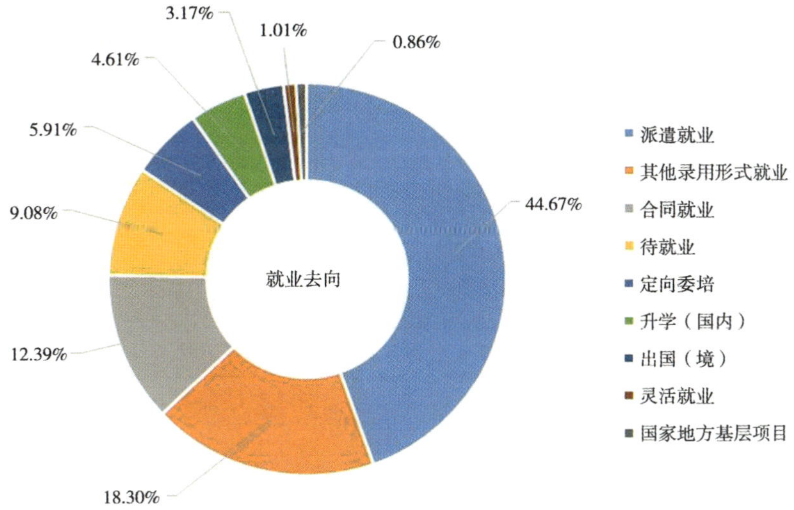

▲图 3　学校 2022 届毕业生毕业去向一览图

表 9　学校 2022 届毕业生毕业去向一览表

类别	人数	比例（%）
派遣	310	44.67
其他录用形式就业	127	18.30
合同就业	86	12.39
待就业	63	9.08
定向委培	41	5.91
升学（国内）	32	4.61
出国（境）	22	3.17
灵活就业	7	1.01
国家地方基层项目	6	0.86
合计	694	100

（二）升学情况及分析

1. 国内升学

2022 届毕业生中，国内升学（含研究生、第二学士学位）32 人，“双一流”大学建设高校深造 15 人，占国内升学人数的 46.88%。学校 2022 届毕业生国内升学高校分布见表 10。

表 10　学校 2022 届毕业生国内升学高校分布表

学校名称	录取人数	学校名称	录取人数
上海海关学院	7	西北大学	1
中央民族大学	1	新疆大学	1
北京师范大学	1	北京工商大学	1
北京交通大学	1	广东工业大学	1
对外经济贸易大学	1	南通大学	1
南京航空航天大学	1	华东政法大学	1
苏州大学	1	上海海事大学	1
东华大学	1	上海体育学院	1
上海外国语大学	1	浙江财经大学	1
郑州大学	1	浙江工业大学	1
安徽大学	1	集美大学	1
中南财经政法大学	1	长沙理工大学	1
宁夏大学	1	青海民族大学	1

2. 出国（境）深造

学校 2022 届毕业生出国（境）深造 22 人，主要集中在英国、中国香港等地。除此之外，还有部分同学选择到其他国家留学深造。学校 2022 届毕业生出国（境）深造人数情况见表 11。

表 11　学校 2022 届毕业生出国（境）深造人数情况表

学历	出国（境）留学人数	比例（%）
本科生	21	3. 41
硕士研究生	1	1. 27

（三）毕业生就业单位分析

1. 就业单位性质流向

学校 2022 届毕业生中，党政机关是学校毕业生就业的主渠道，吸纳毕业生 272 人，占全部毕业生人数的 43. 11%。企业（含国企、三资企业、中小企业、其他企业）吸纳毕业生 209 人，占全部毕业生人数的 33. 12%，其中，国企占比 18. 18%；从学历层次来看，硕士生单位流向以国企、中小企业为主，占全部毕业生人数的 75. 00%，本科生单位流向以其他企业为主，占全部毕业生人数的 48. 68%。学校 2022 届毕业生单位性质流向情况见表 12。

表 12　学校 2022 届毕业生单位性质流向表

单位性质	本科就业人数	比例（%）	硕士就业人数	比例（%）
党政机关（基层党政机关）	224	40. 51	48	61. 54
其他企业	92	16. 64	5	6. 41
高等教育单位	64	11. 57	3	3. 85
中小企业	42	7. 59	7	8. 97
升学	32	5. 79	0	0. 00
国有企业	30	5. 43	8	10. 26
三资企业	25	4. 52	0	0. 00
出国（境）	21	3. 80	1	1. 28
其他事业单位	8	1. 45	0	0. 00
预征入伍	3	0. 54	0	0. 00
三支一扶（国家）	3	0. 54	0	0. 00
自由职业	2	0. 36	0	0. 00
医疗卫生单位	2	0. 36	0	0. 00
中等、初等教育单位	1	0. 18	0	0. 00
西部计划（国家）	1	0. 18	1	1. 28
选调生（地方）	1	0. 18	0	0. 00

续表

单位性质	本科就业人数	比例（%）	硕士就业人数	比例（%）
自主创业	1	0.18	0	0.00
农村建制村	1	0.18	0	0.00
其他灵活就业	0	0.00	4	5.13
科研设计单位	0	0.00	1	1.28
总数	553	100	78	100

学校2022届本科毕业生中，党政机关为毕业生就业主渠道，吸纳毕业生224人，占全部毕业生人数的40.51%；其中共有48人到边关（基层党政机关）就业，占党政机关就业毕业生总数的21.43%。企业吸纳毕业生189人，占全部毕业生人数的34.18%，其中，全部毕业生人数的其他企业占企业单位吸纳毕业生人数的48.68%。学校2022届本科毕业生单位性质流向情况见图4。

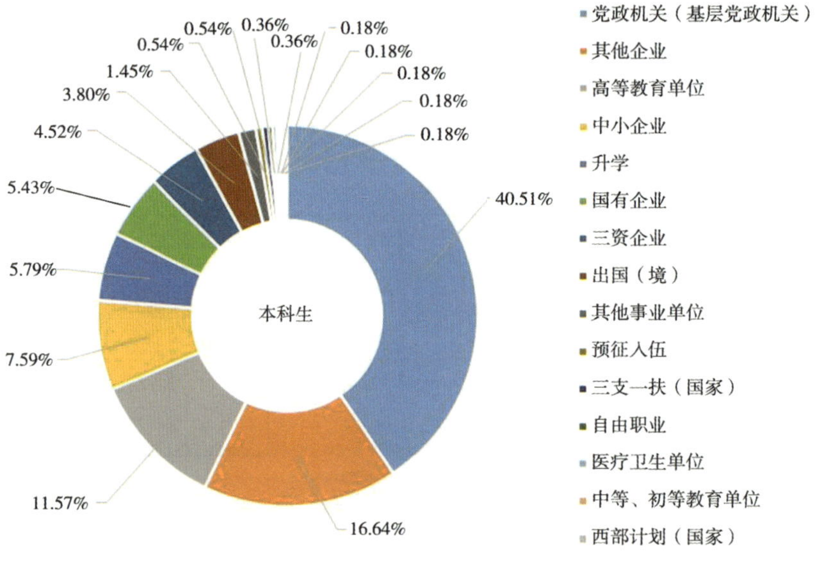

▲图4 学校2022届本科生单位性质流向图

学校2022届硕士毕业生中，党政机关为吸纳毕业生就业的主渠道，占全部毕业生人数的61.54%。其次，企业单位吸纳毕业生20人，占全部毕业生人数的25.64%。学校2022届硕士毕业生单位性质流向情况见图5。

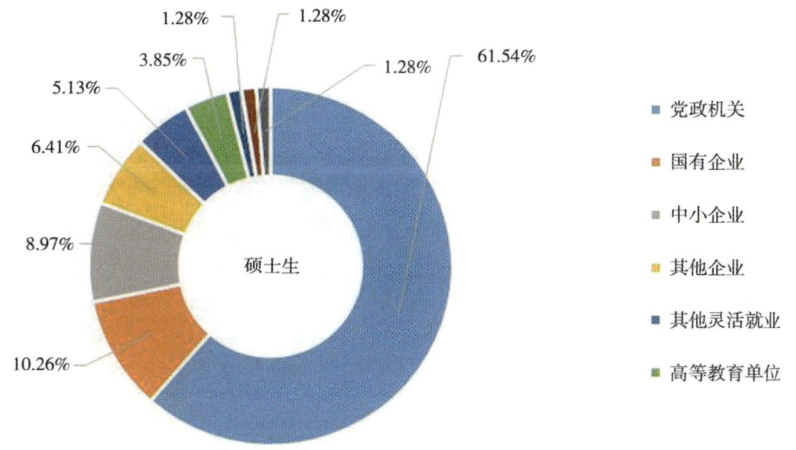

▲图 5　学校 2022 届硕士生单位性质流向图

2. 就业单位行业分布

2022 届毕业生就业流向人数位居前三位的行业分别为公共管理、社会保障和社会组织，教育，租赁和商务服务业，这些流向分布与学校人才培养定位及专业设置相契合。分学历来看，硕士毕业生主要流向了公共管理、社会保障和社会组织，制造业，租赁和商务服务业；本科毕业生主要流向了公共管理、社会保障和社会组织，教育，租赁和商务服务业。学校 2022 届各学历层次毕业生就业行业流向排名前十位分布情况见图 6。

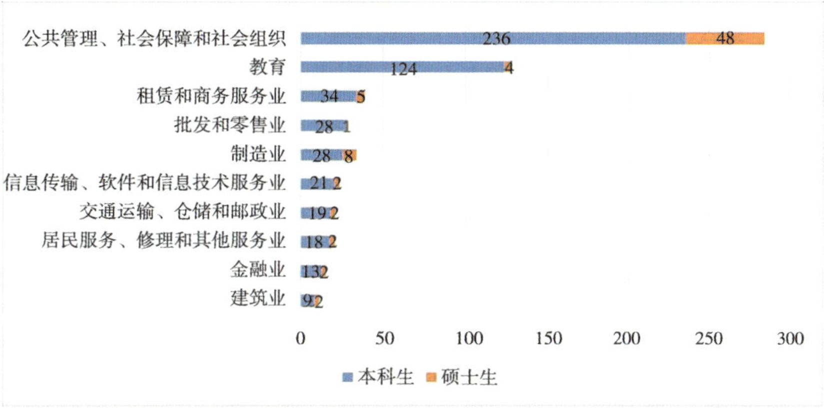

▲图 6　学校 2022 届各学历层次毕业生就业行业流向排名前十位分布图

3. 就业单位地区分布

从就业地域来看，华东地区为 2022 届毕业生就业主战场，本科生主要流向上海市，占全部毕业生人数的 38.52%，研究生主要流向华东地区其他城市，占全部毕业生人数的 35.90%，江苏、广东、浙江、福建是毕业生择业的热点省份。随着社会经济的发展和就业形势的变化，不少毕业生的就业观念也随之发生转变，求职时逐渐扩大选择范围，华南地区为毕业生带来了较多的就业机会和发展空间。学校 2022 届毕业生就业区域分布情况见图 7 和表 13。

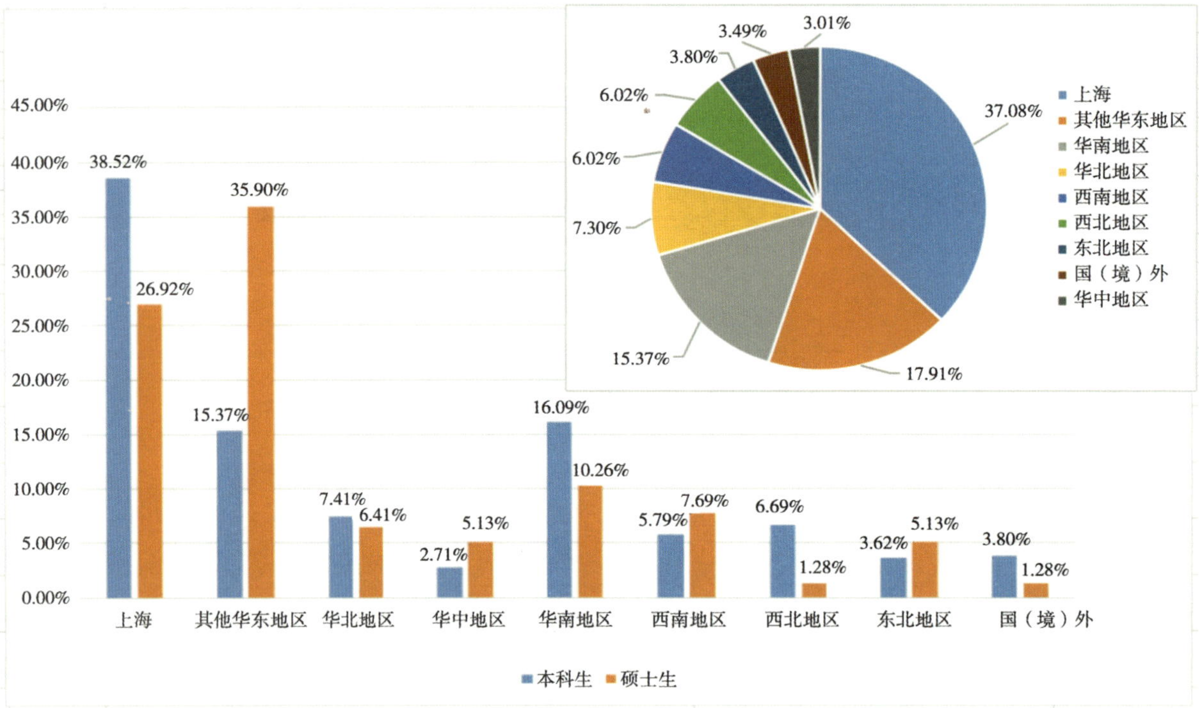

▲图 7　学校 2022 届毕业生就业区域分布图

表 13　学校 2022 届毕业生就业区域人数分布表

就业、升学、创业地区		人数	比例（%）
华东地区	上海	234	37.08
	其他华东地区（江苏、浙江、安徽、江西、山东、福建）	113	17.91
华南地区（广东、广西、海南、香港）		97	15.37
华北地区（北京、天津、山西、内蒙古、河北）		46	7.30
西南地区（重庆、四川、贵州、云南、西藏）		38	6.02
西北地区（陕西、甘肃、青海、宁夏、新疆）		38	6.02
东北地区（黑龙江、吉林、辽宁）		24	3.80
国（境）外		22	3.49
华中地区（河南、湖北、湖南）		19	3.01
总就业人数		631	100

4. 就业生源地区分布

从不同地区生源流向分析看。上海生源、华中地区生源留沪就业为主要选择。学校 2022 届毕业生生源地就业地区分布详见表 14。

表14　学校2022届毕业生生源地就业地区分布表

	上海生源占比（%）	华中地区生源	西北地区生源占比（%）	西南地区生源占比（%）	华北地区生源占比（%）	其他华东地区生源占比（%）	华南地区生源占比（%）	东北地区生源占比（%）
留沪就业	91.03	43.48	38.27	33.33	32.26	27.46	21.70	6.67
华中地区就业	0.00	34.78	1.23	0.00	0.00	0.65	0.94	0.00
西北地区就业	0.00	4.35	43.21	0.00	0.00	0.65	0.00	0.00
西南地区就业	0.00	0.00	1.23	48.00	0.00	0.65	0.00	0.00
华北地区就业	1.28	4.35	0.00	4.00	59.68	0.65	0.94	3.33
其他华东地区就业	0.00	6.52	4.94	8.00	6.45	60.13	1.89	6.67
华南地区就业	2.56	6.52	6.18	1.33	0.00	4.58	73.59	3.33
东北地区就业	0.00	0.00	0.00	0.00	0.00	0.00	0.94	76.67

（四）国家区域发展战略就业分析

学校持续加强就业教育引导，主动对接西部地区、京津冀协同发展地区、长江经济带地区、粤港澳大湾区等国家重大战略需求，鼓励毕业生到国家重点地区建功立业。

1. 西部地区就业分析

学校积极引导鼓励毕业生到西部地区工作，在祖国最需要的地方建功立业。学校2022届毕业生中，西部就业人数为98人，占全部毕业生人数的15.53%。

2. 京津冀协同发展地区就业分析

32名毕业生赴京津冀协同发展地区就业，占比为5.07%。学校2022届毕业生京津冀协同发展地区就业分布情况见图8。

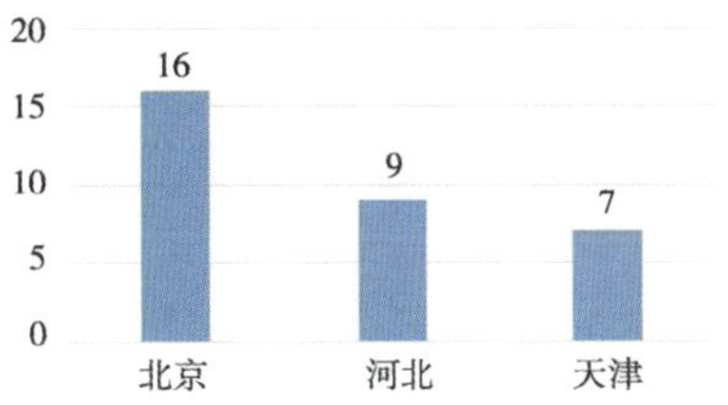

▲图8　学校2022届毕业生京津冀协同发展地区就业图

3. 长江经济带就业分析

352名毕业生赴长江经济带地区就业，占全部毕业生人数的55.78%。学校2022届毕业生长江经济带地区就业分布情况见图9。

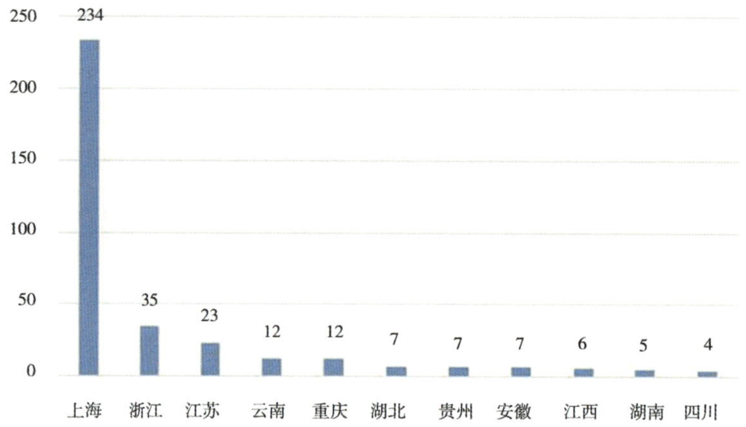

▲图 9　学校 2022 届毕业生长江经济带地区就业图

4. 粤港澳大湾区就业分析

68 名毕业生赴粤港澳大湾区地区就业，占全部毕业生人数的 10.78%。学校 2022 届毕业生粤港澳大湾区就业分布情况见图 10。

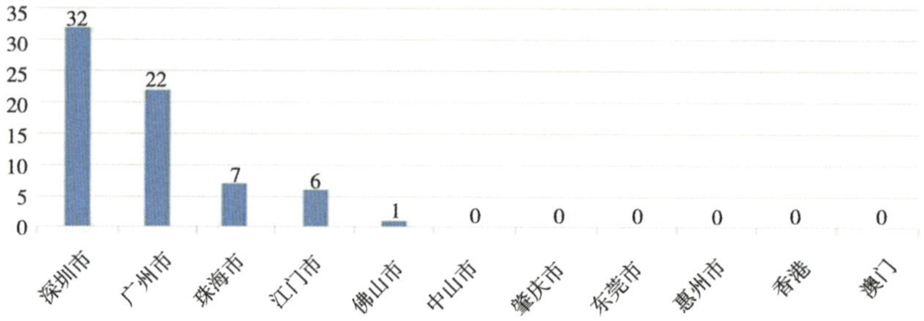

▲图 10　学校 2022 届毕业生粤港澳大湾区就业分布图

四、评价与反馈

（一）毕业生的评价与反馈

1. 毕业生自我能力评价

调查显示，2022 届毕业生自我能力评价中，对适应能力、责任感与纪律性三方面认可度较高。学校 2022 届毕业生自我能力评价情况见图 11。

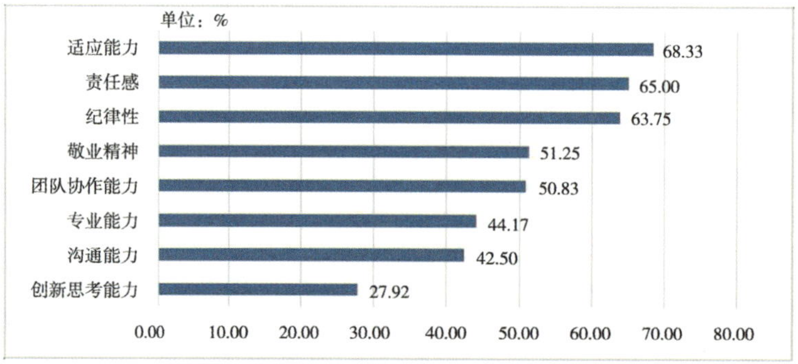

▲图 11　学校 2022 届毕业生自我能力评价图

2. 对学校人才及教学培养的建议

2022届毕业生对学校人才及教学培养的建议中，60.00%毕业生希望调整专业课程设置，加强专业知识的学习，使其更加符合海关及社会需求；55.00%毕业生希望开展更多的课外活动，增加学生社会实践；54.17%毕业生希望充分利用海关优势，全面加强海关与学校的合作；50.00%毕业生希望学校能够营造浓厚的校园文化氛围。学校2022届毕业生对学校教育教学评价情况见图12。

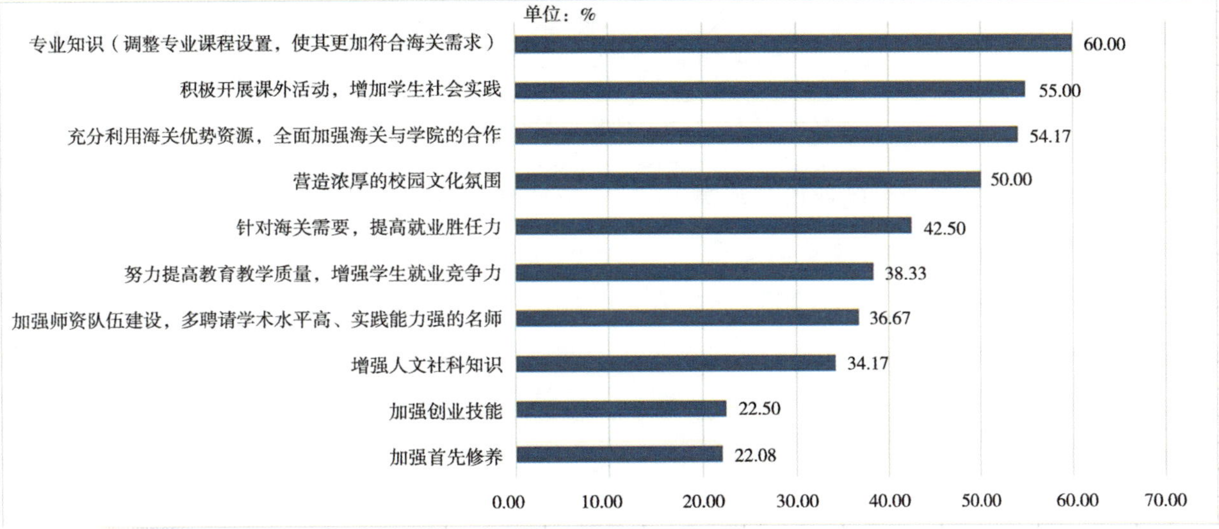

▲图12 学校2022届毕业生对学校教育教学的评价图

3. 对学校就业服务的评价

2022届毕业生对学校就业服务的评价中，对学校就业指导与服务工作的评价总体满意度为97.91%，可见学校就业指导服务工作在毕业生就业工作中发挥了“促就业、稳就业”的重要作用，得到了毕业生的认可。学校2022届毕业生对学校就业服务的评价情况见图13。

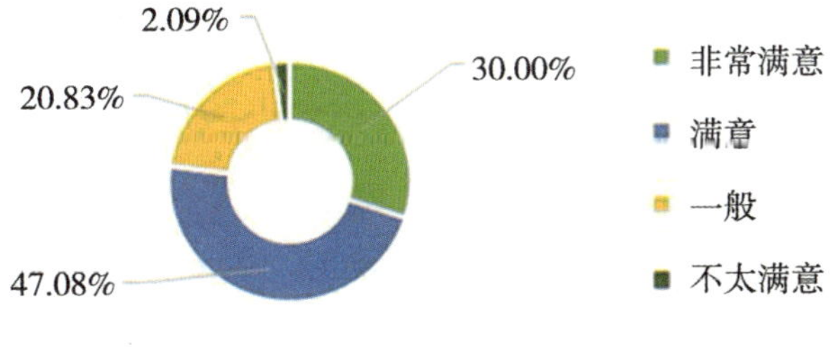

▲图13 学校2022届毕业生对学校就业服务的评价图

4. 对学校总体的满意度

2022届毕业生对于学校的培养总体表示满意，整体满意度达93.47%。对人才培养、教学和学习资源及校园学风的满意度均在92%以上。学校2022届毕业生对学校满意度的评价情况见图14。

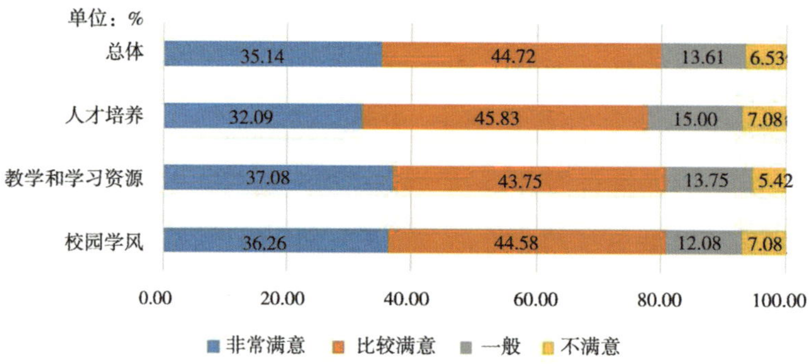

▲图 14　学校 2022 届毕业生对学校满意度的评价图

（二）用人单位对毕业生的评价与反馈

1. 用人单位对毕业生培养质量满意度

调查显示，用人单位对学校 2022 届毕业生的培养质量总体满意度达到 100%。用人单位均表示愿意与学校开展深度的校企合作，如共建产学研实习、实训基地，人才协同培养及输出等。用人单位对学校 2022 届毕业生质量的满意度评价情况详见图 15。

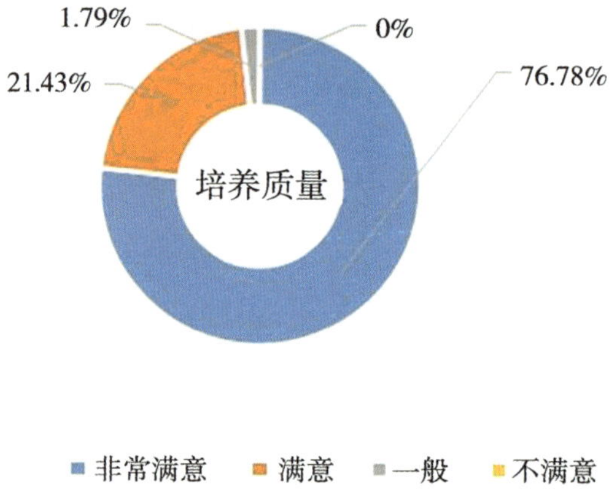

▲图 15　用人单位对学校 2022 届毕业生质量的满意度评价图

2. 用人单位对毕业生工作能力的评价

调查显示，用人单位对 2022 届毕业生的工作能力总体评价较高，体现在对应知应会知识的掌握情况、对本职工作的胜任情况、语言文字表达能力、实践及动手操作能力四个方面，其中，对应知应会知识的掌握情况认可度最高，达 96.43%。用人单位对学校 2022 届毕业生工作能力的评价情况见图 16。

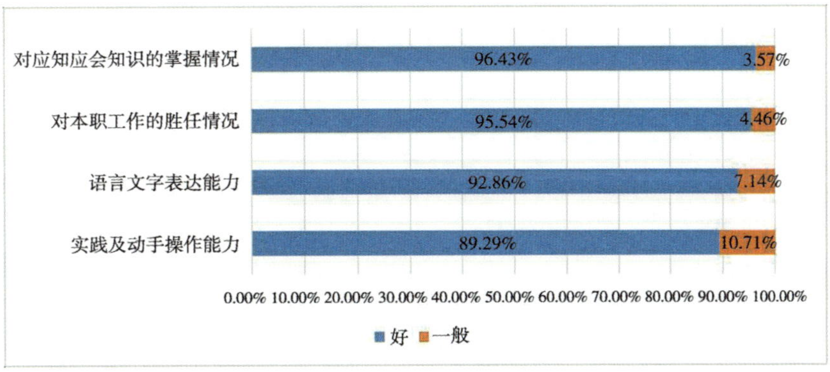

▲图16 用人单位对学校2022届毕业生工作能力的评价图

3. 用人单位对人才培养的建议

调查显示，用人单位对学校在人才培养方面提出了建议，52.68%的用人单位认为学校应充分利用行业优势资源，全面加强用人单位与学校的合作；42.86%的用人单位认为学校应调整专业课程设置，使其更加符合用人单位需求；41.96%的用人单位认为学校应积极开展课外活动，增加学生社会实践机会。用人单位对学校人才培养的建议情况见图17。

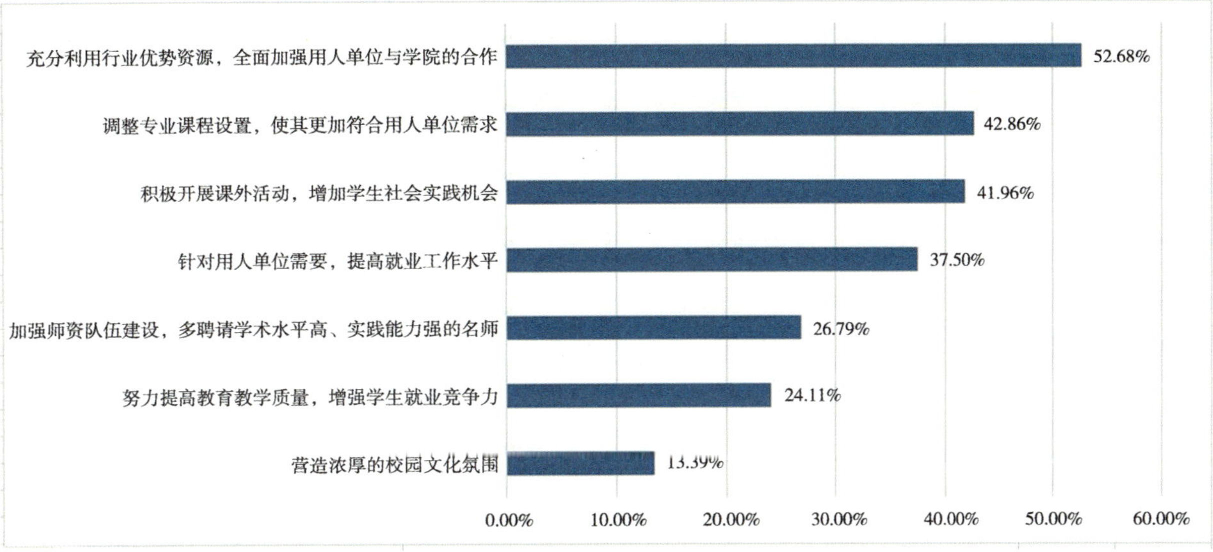

▲图17 用人单位对学校人才培养的建议图

4. 用人单位对上海海关学院与其他院校2022届毕业生的就业表现对比评价

用人单位认为学校跟其他同类高校学生相比有一定的优势，主要表现在：业务基础知识扎实；敬业爱岗、团结协作；守纪律、体现出准军事化管理独特气质；吃苦耐劳、适应能力强。协调、公关、组织管理能力，宏观调控管理能力及创新能力与其他高校毕业生相比还有上升空间。用人单位对学校与其他院校2022届毕业生的就业表现对比评价情况见表15。

表 15　用人单位对学校与其他院校 2022 届毕业生的就业表现对比评价表[①]

优势选项	平均综合得分	提升选项	平均综合得分
业务基础知识扎实	4.79	协调、公关、组织管理能力较弱	2.13
敬业爱岗、团结协作	3.33	宏观调控管理能力较差	1.79
守纪律，体现出准军事化管理独特气质	2.89	创新能力较差	1.71
吃苦耐劳、适应能力强	2.51	基础不厚实，知识面窄，发展后劲不足	1.27
业务操作技能好	2.1	专业适应性强，但综合能力较差	0.88
有钻研精神、创新能力强	1.31	艰苦奋斗精神不足	0.81

五、毕业生就业工作举措

（一）强化落实“一把手工程”，凝聚合力促就业

学校坚持以习近平新时代中国特色社会主义思想为指导，认真贯彻党中央、国务院关于就业工作的“稳就业”“保就业”决策部署，始终把毕业生就业摆在突出位置，作为重要的民生工程来抓。党政主要领导在学校党委常委会、校长办公会上多次专题研究部署就业工作，深入落实“书记校长访企拓岗促就业”专项行动，制定《关于开展上海海关学院书记校长访企拓岗促就业专项行动工作方案》，率先垂范，带动全校全员深度参与，落实“一把手”工程。创新实施校领导、职能部门、院系“结对”机制，开展督战与指导，召开不同层面的线上线下就业工作推进会，压实各方责任。建立就业工作周报、月分析制度，做好就业工作，强化“五位一体”联动协同机制，学校统一领导、学生处统筹协调、院系主要负责，毕业班辅导员重点推进、班导师及专业负责人全程参与、班级骨干（就业联络员）协同推进，合力、全力促进毕业生更加充分、更高质量就业。

（二）实施精准就业指导，增强学生职业发展能力

强化“国门卫士”思想引领，厚植行业情怀。以课堂为阵地，引导学生树立海关意识。学校将海关特色融入课程思政教学中，通过“国门中国”系列课程，聚焦学生价值观的养成，培养学生正确的价值观。与此同时，组织向全国海关先进集体、先进个人学习的图片展，集中展示海关优秀集体的先进事迹，帮助学生从中学习奋进的人生目标，推出“关长大讲堂”活动，先后举办多次报告会，成功打造了“海关朗读者”品牌，坚定了学生奉献服务海关发展大局的信念意识。党建引领毕业季，提升毕业生服务国家的使命感。将党史学习活动与毕业季主题活动紧密结合，开展价值观、就业观、择业观教育，组织校领导为毕业生上最后一次思政课、毕业生党员座谈会、边关校友座谈会、海关岗位职业素养分享会、优秀毕业生交流等活动，增强毕业生行业情怀和责任担当意识。选树朋辈典型，注入服务基层吸引

① 表现评价分数为每选项下选择 0~5 分后的加权平均分，分数的高低代表认可程度的高低，5 分为满分。

力。开设“就业先锋”专栏，利用校园网、微信等媒体平台宣传西部就业、基层就业校友风采，发挥先进典型示范引领作用，引导毕业生到西部、到边关、到基层就业。2022届本科毕业生中，48人到边关（基层党政机关）就业，占党政机关就业毕业生总数的21.43%。

紧贴学生需求，着力提高就业竞争力。开展毕业生就业意向调查及就业进展排摸，精准掌握毕业生需求，推进“供需”有效对接，“一对一”推送就业信息，精准对接双选平台，提高学生求职成功率。全程跟踪，建立毕业生动态就业档案。开展“精细化、个性化”就业指导服务，针对各类毕业生群体的具体需求，提供定制就业服务，保障就业过程全程通畅。强化毕业生的求职能力培训，组织求职技能提升训练营、模拟面试实战训练营、优“仕”项目等活动共计30余场，覆盖学生900余人次。完善多元职业咨询体系，持续引进校企合作资源，实施职业能力测评、“一对一咨询”，提供线上精细化的职业发展辅导。

（三）挖潜创新拓岗位，加强供需匹配对接

积极落实“书记校长访企拓岗促就业”专项行动，书记校长带队线上线下走访102家用人单位，深化校企合作交流，推进“供需”有效对接。精准分析毕业生求职需求，开展分类、分行业线下线上立体化宣讲会、招聘会17场，吸引5000余家用人单位参会，发布职位数16000余个。就业公众号推送就业600余条，阅读量累计4万人次以上。坚持校政联动，发挥政府资源优势。积极与全市各区的就业促进中心合作，完成各区就业专场活动16场，吸引19000余家用人单位，发布职位数38000余个。打通校企人才输送绿色通道，开展“简历直通车”活动，高效输送，为马士基集团、国药集团、普华永道等多家单位直接推荐毕业生简历130余人次。创新求职新通道，利用抗疫党员下沉一线群、邻里群搭起求职桥，宣传学校和推荐毕业生，并成功推荐学生入职。

（四）落实托底的保障工作，打好重点帮扶组合拳

为特殊困难毕业生群体提供精准的“下沉式”就业服务。加大就业帮扶力度。对建档立卡贫困家庭、少数民族、身体残疾等毕业生群体进行“前置性”排查，辅导员对学生就业状况“一口清”；建立台账，做到“一人一策”，实施“一对一”就业跟踪指导服务，为160余人次发放求职创业补贴及办理就业困难补贴申领。落实就业优先政策。针对困难学生优先提供就业服务，优先推荐工作3个以上岗位，同等条件下鼓励用人单位优先录用，尽最大努力保障困难群体就业。强化困难生就业能力提升。与浦东就业促进中心合作开展专属线上就业指导服务活动，持续开展“一对一”简历指导、线上远程面试辅导等培训，提升困难毕业生就业能力，助力及时就业。

（五）加强就业信息化建设，提升智慧就业服务水平

全方位启动“线上就业手续”模式，优化就业信息系统功能模块，推进AI智能面试咨询服务，持续为毕业生提供“毕业生报到证办理”和“毕业生签约手续”线上办理等服务，积极推进网上签约。创新企业微信工作模式，做好新冠疫情防控期间对2022届毕业生的就业动态管理和监测，收集未就业毕业生名单，并实时跟进，及时指导。

上海海关学院2022年高等继续教育发展综述

学校继续教育工作坚持以习近平新时代中国特色社会主义思想为指导，落实海关总署领导关于学校建设“主渠道、主阵地、主平台”的要求，坚持政治立校、特色办校、基础建校、从严治校的办学思路，持续强化教学研究职能，充分发挥与马克思主义学院及海关系统培训教学资源的合力作用，发挥好党校平台作用，聚焦海关培训主业主课，服务于海关队伍建设、党的建设。作为世界海关组织（WCO）亚太地区培训中心，涉外培训是学校推进国际化办学向多元化发展、响应国家“一带一路”倡议的重点项目。学校涉外培训始终坚持服务于党和国家外交大局，立足于扩大中国对外开放，促进中国海关对外交流与合作，培养出更多知华友华爱华人才，提升中国海关国际影响力和全球贸易便利化水平。

一、概况

学校继续教育办学机构主要包括党校工作部（继续教育部）、国际交流部。其中，党校工作部（继续教育部）主要承办海关总署计划内海关中高级干部的政治理论、知识更新和业务培训；国际交流部主要承办海关总署、商务部等部委以及世界海关组织（WCO）、各国家或地区海关委托举办的涉外培训项目。

2022年，学校共举办各类培训34期，培训学员2740人次（28705人天次），其中，国内培训23期，培训学员2266人次（21849人天次）；涉外培训11期，学员474人次（6856人天次）。国内培训对象以海关系统各级领导干部或业务骨干为主，涉外培训对象为外国海关官员。

二、主要做法

（一）制度建设

学校严格按照有关规定，加强制度建设，自2016年起陆续制定18项制度，不断完善教学管理、学员管理、培训保障等方面的管理制度，从教学计划制订与审核、教学过程监控、学员评价等各环节加强规范，确保各类培训班次符合党中央及海关总署党委关于干部教育培训工作的要求。2022年，学校起草了《海关总署党委关于加强和改进新时代海关总署党校工作的意见》《中共海关总署党校党性教育教学大纲》两份文件，并面向全国海关征求意见；制订了《上海海关学院党校工作部（继续教育部）关于加强准军事化纪律部队建设管理细则》，进一步加强部门准军事化纪律部队建设，严格日常管理。同时，涉外培训制订《上海海关学院外国专家项目管理办法（试行）》，为规范外国专家来校授课、交流提供了制度保障。

（二）师资保障

学校按照"政治合格、素质优良、结构合理、专兼结合，以兼为主"的原则，积极建设高素质干部教育培训师资库，共有 487 名专兼职教师入选海关党校培训师资库、46 名专兼职教师入选涉外培训师资库，助推干部教育培训工作提质增效。2022 年，学校共有 21 名专任教师为培训班授课。同时，充分利用上海本地和全国资源，共聘请中央党校、其他各级党校、高校专家教授 76 名参与授课等教学活动。积极挖掘海关系统内优质资源，共有 41 名实践经验丰富、理论水平高的海关领导和专家走上培训讲台。

（三）管理人员配备

学校党校工作部（继续教育部）现有在职事业编制员工 17 人，国际交流部现有在职事业编制员工 7 人，全职从事非学历继续教育工作。

（四）资源建设

学校认真贯彻落实习近平总书记关于干部教育培训工作的重要论述，加强海关兼职教师队伍管理。2022 年，全国海关教育培训中心组织海关总署各部门、各直属海关单位开展海关总署干部教育培训师资的组织推荐和遴选工作，共有 258 人入选海关总署干部教育培训师资库，供全国海关单位根据干部教育培训工作需要，加强入库师资的使用和培养。

（五）信息化建设

学校积极开展培训信息化建设，现有海关总署党校培训管理系统。该系统涵盖教务管理、教学资源库、评价管理、学员管理等 10 个模块。有效地将信息化体系融入党校培训的各项日程工作中，实现了培训班次教务工作的项目化、流程化管理，促进了师资库、课程库的进一步完善，提升了教学资源的使用效率。

三、社会贡献

（一）发挥海关总署党校、世界海关组织（WCO）亚太地区培训中心平台作用，拓宽上海市高等继续教育的广度与内涵

区别于其他普通高校非学历继续教育部门，学校继续教育工作主要体现在服务海关总署和国际组织以及国（境）外海关机构，教育对象主要为海关中高级领导干部，教育内容主要为党的理论、党性教育和海关改革发展前沿问题，具有鲜明特色，有效拓宽了上海市继续教育事业的广度与内涵。

学校自 2004 年成为世界海关组织（WCO）亚太地区培训中心，多年来致力于搭建高水平的能力建设平台和人员交流平台。着力打造涉外培训品牌项目，连续多年举办世界海关组织（WCO）跟班作业项目、香港海关和澳门海关关务研修班，"十三五"期间，多次举办阿拉伯语国家海关贸易便利化研修班、海关知识产权保护及执法能力研修班、非洲国家海关"经认证的经营者"（AEO）及执法能力研修班等涉外培训项目，品牌效应已经凸显。

此外，学校多次承办世界海关组织（WCO）等国际组织的重大会议，不但提升了我国海关的国际影响力，在增进我国海关与发展中国家海关间的友谊，促进双边、多边交流，推进区域经济合作等方面更是发挥了重要

作用。

（二）为党育才，服务社会主义现代化海关干部队伍建设

抓实抓好理论武装办好党校主体班次。2022年，学校落实海关总署党委加强青年人才培养的规划，着力办好中央党校中央和国家机关分校2022年秋季海关中青年处级领导干部进修班（总第20期）暨学习宣传贯彻党的二十大精神理论进修班（第1期），加强精细化、规范化管理。顺利举办党校主体班次8期，培训学员853人次，服务新海关干部队伍建设。

发挥主阵地主渠道作用，完成重大轮训任务。完成党的十九届六中全会精神轮训任务。按照海关总署统一部署，克服新冠疫情影响，成功举办全国海关司局级干部学习贯彻党的十九届六中全会精神集中轮训示范班，为全国海关轮训出方案。同时为上海海关、上海特派办、上海海关学院等举办党的十九届六中全会精神轮训班。共培训署管干部77人、处级干部582人。把学习贯彻习近平新时代中国特色社会主义思想作为主线贯穿始终，通过专家讲座、专题研讨、学员论坛等教学方式，组织学员深入学习《中共中央关于党的百年奋斗重大成就和历史经验的决议》精神，引导学员洞察历史规律，掌握历史主动，汲取前行力量。

（三）为党献策，理论研究、学术研究助力海关总署党委中心工作

参与谋划党校发展，服务海关总署党委中心组学习。根据海关总署党委指示，深入研究党校工作，起草代拟稿《海关总署党委关于党校建设》《党性教育大纲》；开展理论研究，为海关总署党委摘录和汇编《习近平新时代中国特色社会主义思想学习纲要》学习参考材料。加强海关党建和教育培训研究。完成署级课题《海关总署党校培训体系高质量发展研究》，进一步加强理论和实践研究、切实推动成果转化。2022年，公开发表学术论文6篇，新立项国家级课题1项、省部级课题3项，研究报告获署领导批示2次。

四、特色创新

（一）突出主业主课，把学习贯彻习近平新时代中国特色社会主义思想作为党校教学的首要任务和中心内容

在党校各类班次中，着力推进习近平新时代中国特色社会主义思想、习近平总书记重要讲话精神第一时间进课堂、进教材、进头脑，组织学员学习党的二十大精神、党的十九届六中全会精神和《习近平谈治国理政》（第四卷），及时跟进学习习近平总书记最新重要讲话精神，引导学员读原著、学原文、悟原理，领会科学内涵、核心要义、精神实质、实践要求。把学习宣传贯彻党的二十大精神作为首要政治任务，第一时间举办中央党校中央和国家机关分校2022年秋季海关中青年处级领导干部进修班（总第20期）暨学习宣传贯彻党的二十大精神理论进修班（第1期），帮助学员学深悟透党的二十大精神，学懂弄通做实习近平新时代中国特色社会主义思想。2022年，全年党校主体班次党的理论教育和党性教育课程占总课时的85%，其中党性教育课程占总课时的35%，习近平新时代中国特色社会主义思想占理论课时的65%。第一时间组织支部开展党的二十大精神专题学习，组织《习近平谈治国理政》（第四卷）系列专题学习活动。

（二）深化党性教育，将百年党史教育贯穿党校培训全过程

以《中共中央关于党的百年奋斗重大成就和历史经验的决议》为纲，组织学员认真研读《习近平论中国共产党历史》等4本指定书目。邀请中央党校、中国浦东干部学院、上海市委党校等专家来校授课辅导。引导学员充分认识党在新民主主义革命、社会主义革命和建设、改革开放和社会主义现代化建设、中国特色社会主义新时代四个时期的伟大奋斗历程，深刻领会和把握“两个确立”的决定性意义，增强坚定拥护“两个确立”、坚决做到“两个维护”的思想自觉、政治自觉、行动自觉。

（三）加强学员党性锤炼，从严管理培树优良学风

以政治历练提升学员政治能力，在学习贯彻党的十九届六中全会精神轮训、党的二十大精神轮训、中青年处级领导干部进修等重点班次中，组织学员制定党性锻炼计划。充分发挥临时党支部和党小组的引领作用，召开支委会、专题组织生活会，使学员自觉加强政治历练，接受党内政治生活锻炼。通过集中学习研讨、党性分析等活动，牢记入党初心，使学员更加坚定做党的光荣传统和优良作风忠实传人的信念。把加强学员党性锻炼、增强党性修养作为基本内容、基本要求落实到培训目标、教学内容、教学方式、教学管理、学员作风等各方面，贯穿于党校学习培训全过程。对所有线下培训班次，明确了决不允许出现的“七种情况”，必须严格执行的“三个动作”，学员和党校需共同做好的“三个方面”。要求学员临时党支部带头倡议，积极配合班主任从严从细管理，建立新冠疫情防控台账，加强巡查监督，严格日常管理，形成自律标杆，营造良好安全氛围。

（四）创新培训方式，不断提高培训质量

适应新冠疫情防控常态化形势，进一步探索和完善线上培训新模式。全年共举办线上培训班18期，线上培训18143人天次。在2022年春季上海市封控管理阶段，居家线上开展了第一期拟选升三级关务监督衔级人员培训班等10个培训班次，克服授课教师、带班老师、参训学员无法进校，居家教学设备差等困难，校内外联动并创新线上教学模式，完成426名学员、6756人天的培训任务。在新任司局级领导干部培训班和海关总署机关处长班，开展在线研讨的方式，组织学员围绕海关“十四五”改革发展等问题进行交流研讨；同时设立线上临时党支部，加强支部学习和学员管理，组织开展在线党性分析交流，提升培训学习效果。举办全国海关抗击新冠疫情先进代表面对面访谈式教学，邀请获评全国人民满意的公务员和公务员集体作先进事迹分享交流，通过现场感受、情感共鸣、交流探讨，引发深入思考。

第三篇

大事记

2022 年上海海关学院大事记

1 月

4 日 学校召开党委班子民主生活会征求意见座谈会，就党史学习教育征求相关单位负责同志的意见建议。

5 日 中共海关总署党校校委会第二次会议在学校召开，海关总署党委委员、副署长、政治部主任、党校第一副校长、校委会主任胡伟出席，听取 2021 年党校工作汇报，对 2022 年党校工作提出要求。

学校校长丛玉豪主持召开校长办公会，审议临港国际校区维修改造项目招投标等事宜。

全国海关司局级干部学习贯彻党的十九届六中全会精神专题培训班（第一期）开班。

6 日 全体校领导及相关人员参加全国海关专题会议。

7 日 学校党委召开党委会会议，学习传达习近平总书记在中共中央政治局专题民主生活会上的重要讲话精神，研究审议有关工作事项。

10 日 学校召开民主生活会督导工作会。

12 日 学校党委召开党史学习教育专题民主生活会，党史学习教育；海关总署第七巡回指导组组长王文喜一行和上海市教卫工作党委孙利强调研员出席会议。

全体校领导参加上海市教卫工作党委党史学习教育总结会。

17 日 校领导带队对教学楼、图书馆、学生宿舍、餐厅、校门等重要场所开展新冠疫情防控监督检查。

学校校长丛玉豪主持召开校长办公会，审议教职工社会养老保险改革等事宜，通报学校新冠疫情防控等情况。

18 日 学校组织开展新冠疫情防控应急演练。

校领导督导公共教学部、综合保障处、学生处等部门班子民主生活会。

19 日 学校举行 2021 年度党政领导班子、班子成员及选人用人工作考核述职与测评会。

学校召开 2021 年安全生产工作领导小组会议。

23 日 上海市人大代表、学校校长丛玉豪参加上海市第十五届人民代表大会第六次会议。

25 日 学校党委召开党委会会议，学习习近平总书记在省部级主要领导干部学习贯彻党的十九届六中全会精神专题研讨班开班式上的重要讲话精神等内容，研究学校贯彻落实意见。会议还研究审议了有关工作事项。

27 日　学校党委调整党政领导班子工作分工。

28 日　文汇审计中心主任、浦东内部审计师协会会长王永兴一行到校交流座谈。

2 月

15 日　学校校长丛玉豪主持召开校长办公会，审议 2022 年二期建筑维修改造资产报废处置（第一期）等事宜，传达上海市教育委员会新冠疫情防控工作视频会议精神。

学校党委召开党委会会议，学习习近平总书记关于党的建设工作系列重要讲话精神，研究学校贯彻落实意见。会议还审议了有关工作事项。

22 日　国家社会科学基金特别委托“中国海关史”项目启动会暨上海海关学院海关史研究院揭牌仪式在学校举行，海关总署“中国海关史”项目领导小组组长胡伟主持会议并为海关史研究院揭牌。

23 日　学校校长丛玉豪主持召开校长办公会，审议 2022 年中央部门“二上”预算等事宜，传达 2022 年春季上海高校党政负责干部会议精神。

学校召开 2022 年春季学期工作会议，校长丛玉豪作题为“锚定航向，瞄准航标，破浪前行”的报告。

28 日　学校春季学期本科生正式开课，校领导带队检查本科教学情况。

学校获悉教育部下发的《教育部关于公布 2021 年度普通高等学校本科专业备案和审批结果的通知》（教高函〔2021〕14 号），学校“海关稽查”专业获批国家控制布点新专业。

3 月

2 日　学校举行上海市第十二次党代会代表候选人初步人选考察对象民主测评会。

3 日　学校党委召开党委会会议，学习习近平总书记在中央党校（国家行政学院）中青年干部培训班开班式上的重要讲话精神等内容，通报有关情况，研究学校贯彻落实意见。会议还审议了有关工作事项。

学校获批世界海关组织（WCO）公共管理硕士 PICARD 标准认证资质，成为目前国内和全球唯一一所本硕教育阶段均获得世界海关组织教学资源和专业认证的高等院校。

4 日　学校召开“海关重点项目和财物管理以权谋私”专项整治工作动员部署会。

7 日　学校校长丛玉豪主持召开校长办公会，审议《上海海关学院教师和其他专业技术职务评聘实施细则》以及启动新一轮章程修订等事宜。

学校组织召开上海特派办巡视整改监督见面会。

学校召开党的建设领导小组暨专项教育活动领导小组会议。

学校召开新冠疫情防控工作小组会议。

8 日　学校成立章程修订领导小组，启动新一轮学校章程修订工作。

12 日　学校党委召开党委会会议，学习习近平总书记关于新冠疫情防控工作的重要指示批示精神，以及全国海关新冠疫情防控工作视频会议和上海市高校新冠疫情防控工作部署会议精神，研究学校贯彻落实意见。

14 日　学校校长丛玉豪主持召开校长办公会，审议学校 2021 年财务决算报告、2022 年二期建筑维修改造资产报废处置（第二期）、2022 年本科招生工作等事宜，传达海关总署、上海市高校新冠疫情防控会议精神并部署相关工作。

学校按照海关总署和上海市教育委员会新冠疫情防控要求，进一步严格校园管理，从 3 月 14 日开始全面启动在线教学活动。

学校召开预决算委员会会议。

15 日 学校召开安全生产工作领导小组会议。

16 日 校领导深入校园检查新冠疫情防控工作并慰问在校师生员工。

学校党委召开党委会会议，传达学习习近平总书记在 2022 年全国“两会”上的重要讲话精神，通报有关工作，审议有关工作事项。

21 日 校领导参加上海市教育系统新冠疫情防控工作视频会议。

22 日 学校校长丛玉豪、纪委书记侯长立分别督导海关与公共管理学院、海关与公共经济学院组织生活会。

24 日 学校校长丛玉豪及有关人员参加全国海关持续推进审计问题整改工作视频会。

校领导参加上海市教育系统新冠疫情防控工作视频会。

25 日 学校分别收到海关总署关税征管司、海关总署国际检验检疫标准与技术法规研究中心、国际合作司、科技发展司、缉私局等单位来函致谢，表扬温朝柱、宗慧民、周国荣、孔哲礼、郑夏、祝少春等教师在《商品名称及编码协调制度》转版、技贸措施研究、海关国际合作、海关信息化业务、全国反走私综合治理调查研究等相关工作中的突出表现和专业素养。

学校针对奥密克戎病毒开展疫情防控培训与演练。

校领导参加上海市教育系统新冠疫情防控工作视频会，组织召开疫情防控工作会。

30 日 学校召开研究生招生复试工作会议。

31 日 学校党委召开党委会会议，传达学习贯彻习近平总书记关于新冠疫情防控工作的重要讲话精神等，对学校疫情防控工作再研判再部署。

4 月

3 日 学校开展研究生招生复试。

4 日 学校召开新冠疫情防控工作部署会。

5 日 学校召开学生工作会议。

7 日 学校党委召开党委会会议暨新冠疫情防控领导小组会议，学习贯彻习近平总书记重要指示批示精神，传达学习海关总署署长倪岳峰批示要求，对学校疫情防控工作再研判再部署再落实。

8 日 学校党委召开党委会会议暨新冠疫情防控领导小组会议，研究部署学校疫情防控工作。

13 日 学校召开新冠疫情防控专题会议。

14 日 学校党委召开党委会会议暨新冠疫情防控领导小组会议，研究部署学校疫情防控工作。

17 日 学校召新冠疫情防控工作会议。

22 日 校领导带队前往学生处、综合保障处等部门，看望慰问坚守在校园新冠疫情防控一线的教职员工。

25 日 学校校长丛玉豪主持召开校长办公会，审议学校 2022 年本科招生分省分专业计划以及招生章程等事宜。

5月

3日　学校党委召开党委会会议，学习贯彻习近平总书记在中国人民大学考察时的重要讲话精神，研究学校贯彻落实意见。会议还研究了有关工作事项。

学校党委召开党委理论学习中心组（扩大）会议，专题学习研讨习近平总书记考察中国人民大学时的重要讲话精神，党委班子成员作交流发言。

6日　学校党委召开党委会会议，学习习近平总书记5月5日在中央政治局常委会会议上的重要讲话精神，传达上海市委常委会5月5日扩大会议精神，研究学校贯彻落实意见。

学校校长丛玉豪主持召开校长办公会，审议AEO实训基地共建、新冠疫情防控物资紧急采购、2022年行政工作要点及部门绩效指标等事项，通报学校能源审计情况。

9日　校领导参加上海市教育委员会新冠疫情防控工作例会，召开疫情防控校内工作会。

10日　学校召开2022年行政工作部署会。

校领导参加上海市教育委员会新冠疫情防控工作例会，召开疫情防控校内工作会。

11—13日　校领导参加上海市教育委员会新冠疫情防控工作例会，召开疫情防控校内工作会。

13日　学校党政主要领导参加海关总署署长俞建华与各直属海关单位主要负责人谈话会议。

16日　学校召开新冠疫情防控督导工作会议。

学校召开网信工作领导小组会议。

18日　学校召开全面从严治党工作会议。

25日　学校召开学位评定委员会会议。

26日　学校举行2022届毕业典礼暨学位授予仪式。毕业典礼通过线下线上相结合的方式进行，全体校领导、相关单位负责人、教师代表、2022届毕业生、家长代表参加。

30日　学校校长丛玉豪主持召开校长办公会，审议学校2021年学位与研究生教育质量报告、上海市优秀毕业生候选人以及校级优秀毕业生名单、《新冠疫情防控紧急物资采购办法（试行）》等事宜。

31日　学校校长丛玉豪主持召开校长办公会，审议专项工作绩效方案等事宜。

6月

2日　学校党委召开党委会会议，学习习近平总书记在庆祝中国共产主义青年团成立100周年大会上的重要讲话精神，研究学校贯彻落实意见。会议还研究审议了有关工作事项。

20日　学校校长丛玉豪主持召开校长办公会，审议学校2022届优秀硕士专业学位论文评审等事宜。

27日　学校党委召开党委会会议，学习习近平总书记在中共中央政治局第四十次集体学习时的重要讲话精神，传达2022年上海市教卫工作党委系统全面从严治党会议精神，研究学校贯彻落实意见。会议还研究审议了有关工作事项。

28日　学校召开集中采购工作领导小组会议。

29日　校领导参加上海市教育委员会高校

新冠疫情防控视频例会。

7月

1日 全体校领导及有关人员参加全国海关年中工作会议。

8日 学校校长丛玉豪主持召开校长办公会，审议海关总署教材编审委员会上海海关学院分委会名单、2022年10万元（含）以上项目采购汇总计划，以及《上海海关学院章程》修正案等事宜，通报学校2022年网络安全保障工作等情况。

29日 中共海关总署委员会任命施宗伟同志担任上海海关学院党委书记。

8月

1日 学校校长丛玉豪主持召开校长办公会，审议学校MPA优秀毕业生名单、2022年二期建筑维修改造固定资产报废处置（第三期）、二期维修改造项目和临港改造项目阶段性审计报告等事宜，通报学校二期建筑维修改造项目以及临港改造项目推进情况。

5日 学校召开全校干部大会，海关总署党委委员、政治部主任许大纯宣布施宗伟同志任上海海关学院党委书记，施宗伟同志作表态讲话。

党委书记施宗伟主持召开党委会会议，原文学习毛泽东同志的《党委会的工作方法》，研究部署学校近期重点工作。学校校长丛玉豪、纪委书记侯长立、副校长李纳新、副校长岳龙、副校长王晓刚及各部门主要负责同志出席会议。

9日 学校党委书记施宗伟主持召开党委理论学习中心组（扩大）会议，专题学习贯彻习近平总书记在省部级主要领导干部“学习习近平总书记重要讲话精神，迎接党的二十大”专题研讨班上的重要讲话精神和《习近平谈治国理政》（第四卷）中有关加强党的政治建设和教育工作的重要论述。党委班子成员作交流发言。

12日 学校党委书记施宗伟上门看望慰问学校退休老干部。

17日 学校党委书记施宗伟主持召开党委会会议，传达学习习近平总书记在新疆大学考察时的重要讲话精神，研究审议有关工作事项。

22日 学校校长丛玉豪主持召开校长办公会，审议学校秋季学期开学新冠疫情防控工作方案、学校与上海中医药大学合作、《上海海关学院基本建设管理实施细则》等事项。

29日 学校校长丛玉豪主持召开校长办公会，审议学校成立二期维修改造项目建设工作专班、开展党校校园文化建设项目、《上海海关学院信访突发事件应急处置预案》（试行）等事宜。

学校召开新学期新冠疫情防控工作会议。

30日 学校党委书记施宗伟、校长丛玉豪参加2022年秋季上海高校党政负责干部会议。

31日 学校党委书记施宗伟主持召开党委会会议，传达学习2022年秋季上海市高校党政负责干部会议精神，听取有关工作汇报，审议有关工作事项。

9月

1日 校领导带队赴中兴通讯股份有限公司考察交流。

学校召开2022—2023学年第一学期工作会

议。学校校长丛玉豪作题为“抓重破难　建改并举　模块化推进学校事业发展”的工作报告，学校党委书记施宗伟提出强化政治建设、突出鲜明特色等工作要求。

2日　校领导带队赴上海中医药大学商讨合作事宜。

6日　学校新学期如期开学，前两周采用线上教学模式。开学第一天，全校共有70门课程、117个教学班开展线上教学。

学校党委书记施宗伟调研学校马克思主义学院工作。

7日　学校党委书记施宗伟主持召开党委会会议，传达学习中央纪委国家监委驻海关总署纪检监察组组长王林在“海关重点项目和财物管理以权谋私”专项整治工作动员部署会上的讲话精神。

海关总署企业管理和稽查司、上海海关、上海海关学院三方在学校签署合作备忘录，依托上海海关学院临港国际校区，共建AEO实训项目。海关总署企业管理和稽查司副司长朱昉、上海海关副关长邹兴伟、上海海关学院副校长岳龙分别代表三方签署合作备忘录。学校校长丛玉豪出席签约仪式。

学校召开“喜迎二十大，奋进新征程”为主题的教师节座谈会，学校党委书记施宗伟出席座谈并讲话。

9日　学校校长丛玉豪慰问学校从事教育教学满30年的教师。

10日　海关总署向学校致教师节慰问信。

13日　学校党委书记施宗伟主持召开党委会会议，审议上海市第十六届人大代表候选人初步人选有关事项。

学校召开新冠疫情防控工作领导小组会议，会后校领导深入一线实地检查。

14日　学校校长丛玉豪主持召开校长办公会，审议《上海海关学院全日制本科生学籍管理办法》、新增学位点研究生招生、2023年“一上”预算申报方案等事宜。

学校党委书记施宗伟调研学校检验检疫技术交流部工作。

15日　学校校长丛玉豪、副校长岳龙参加上海市教学成果奖答辩。

16日　学校党委书记施宗伟主持召开党委会会议，传达学习教育部《习近平新时代中国特色社会主义思想概论》课程建设推进会会议精神，研究学校贯彻落实意见。会议还审议了有关工作事项。

学校召开二期维修专班会议。

19日　学校校长丛玉豪主持召开校长办公会，审议《上海海关学院政府采购管理实施细则》、第33届运动会、2022年上海高校分类评价等事宜。

学校党委召开党委理论学校中心组（扩大）会议，邀请中国浦东干部学院沈斐教授作题为“抓住历史主动推进伟大工程——深入学习《习近平谈治国理政》（第四卷）”的专题辅导报告。

学校召开校园稳定工作会议。

20日　学校召开食堂工作会议。

21日　学校召开2022年署级海关史专项课题中期检查交流会。

22日　学校召开新冠疫情防控工作小组会议。

学校印发《上海海关学院政府采购管理实

施细则》。

23日　学校党委副书记、校长丛玉豪主持召开党委会会议，听取人事处关于7名同志任职批复意见的报告。

24日　来自武汉大学、复旦大学、中国社会科学院大学、西安交通大学和浙江工商大学等多所高校的专家学者，通过学校海关管理专业虚拟教研室平台参加“高水平开放与公共管理学科高质量发展”学术论坛。学校校长丛玉豪出席论坛并讲话。

26日　学校校长丛玉豪主持召开校长办公会，审议《上海海关学院医疗费补助管理办法》、海关总署疫情防控督查组反馈问题整改任务分工等事宜，传达2022年秋季上海高校本科教学工作会议精神，会议还研究部署有关工作。

校领导参加上海市教育系统安全生产和新冠疫情防控工作专题视频会议。

27日　学校印发《上海海关学院医疗费补助管理办法》。

28日　国家社会科学基金特别委托项目“中国海关史”研究基地揭牌仪式暨研究大纲研讨会在学校举行，海关总署“中国海关史”项目领导小组组长胡伟出席，学校校长丛玉豪主持“中国海关史”研究基地揭牌仪式。

学校校长丛玉豪参加上海市教材委员会扩大会议。

学校召开“海关税收”专业申报集中评审工作会。

30日　学校召开“海关风险防控”专业申报集中评审工作会。

10月

1日　学校党委书记施宗伟、校长丛玉豪带队检查国庆假期校园新冠疫情防控、安全生产和值班值守应急管理工作，并慰问坚守岗位的教职员工和在校学生。

8日　学校党委书记施宗伟主持召开党委会会议，学习习近平总书记关于高校新冠疫情防控的重要指示批示精神等内容。

13日　学校召开二期维修项目专班工作会。

学校组织召开数字化教学研讨会。

14日　学校党委书记施宗伟主持召开党委会会议，传达学习中央纪委国家监委驻海关总署纪检监察组组长王林在海关系统纪检监察干部监督工作会议上的讲话精神、海关总署安全生产工作会议精神等内容。

16日　学校全体师生通过电视直播集中收看党的二十大开幕。开幕会结束后，学校党委书记施宗伟主持召开理论学习中心组（扩大）会议，学习研讨习近平总书记所作的报告精神，党委班子成员作交流发言。

17日　学校校长丛玉豪主持召开校长办公会，审议上海市一流本科课程申报及评审情况、重点项目和财物管理领域专项审计报告、《上海海关学院年鉴》等事项，传达上海市教材委员会扩大会议精神，通报2022年防疫物资管理专项督查情况。

18日　学校召开二期大修及临港维修改造项目推进会。

学校召开采购工作沟通协调会。

19日　学校召开核酸检测单位招投标以及食堂改革工作会。

21日　学校校长丛玉豪会见来校交流座谈的中兴通讯股份有限公司副总裁胡江涛一行。

学校聘任丛玉豪等 5 人为青年教师导师。

学校召开志愿实践总结表彰大会暨第五届中国国际进口博览会志愿者出征仪式。

25 日 学校召开新冠疫情防控工作小组会议。

27 日 学校党委书记施宗伟主持召开党委会会议，学习习近平总书记在二十届中共中央政治局第一次集体学习时的重要讲话精神，以及全国海关、上海市教卫工作党委学习宣传贯彻党的二十大精神的部署要求，研究学校贯彻落实意见。

学校召开检验检疫学科建设和新专业申报研讨会。

28 日 学校党委书记施宗伟主持召开党委会会议，学习习近平总书记给北京师范大学“优师计划”师范生的回信以及《推进领导干部能上能下规定》，听取有关工作汇报，研究审议有关工作事项。

学校举办第三十三届运动会。

31 日 学校校长丛玉豪主持召开校长办公会，审议 2022 年研究生导师遴选名单、2021—2022 学年政府奖学金评审、2023 年本科招生计划编报、与俄罗斯总统直属国民经济与公共管理学院签署合作备忘录等事项。

全体校领导及党委班子成员、处科级党员领导干部、专职组织员参加海关总署党委理论学习中心组（扩大）学习视频会。

11 月

1 日 学校党委书记施宗伟主持召开党委会会议，学习《中国共产党处分违纪党员批准权限和程序规定》，听取有关工作汇报。

学校召开学习宣传贯彻党的二十大精神专题交流研讨会。

学校召开实验室建设和信息化工作调研会议。

2 日 学校作为世界海关组织（WCO）亚太地区培训中心（RTC）参加世界海关组织（WCO）第二十届亚太地区培训中心主任会议，学校校长丛玉豪出席线上会议并发言。

全体校领导及党委班子成员、处科级党员领导干部、专职组织员参加海关总署党委理论学习中心组（扩大）学习视频会。

3 日 学校召开全面深化改革领导小组第一次会议，学校领导小组组长、党委书记施宗伟主持会议并讲话，学校领导小组组长、学校校长丛玉豪出席会议并讲话。

学校党委书记施宗伟主持召开党委会会议，听取检验检疫技术交流部重要工作事项汇报，研究部署下一阶段工作。

学校召开党代会筹备小组秘书组会议。

4 日 上海市公布优秀教学成果奖名单公布，学校 5 项教学成果获评，其中特等奖 1 项、一等奖 1 项、二等奖 3 项，获奖等次、数量都创下历史之最。

学校校长丛玉豪主持召开校长办公会，审议 2022 年秋季学期新生返校工作方案、2021 级海关管理专业方向分流工作方案、学校 2022 年部门绩效考核方案以及教职工个人考核工作方案等事项，通报并审议 2020—2021 学年本科教学质量报告整改措施。

8 日 学校党委书记施宗伟到海关与公共经济学院宣讲党的二十大精神。

学校党委调整全面深化改革领导小组

组成。

学校校长丛玉豪到工商管理与关务学院作“学习宣传贯彻党的二十大精神，凝聚奋进新征程力量”的专题宣讲。

学校校长丛玉豪参加海关总署举办的“非关税贸易措施高质量发展论坛”开幕式，并看望慰问学校进博会志愿者。

9日　学校党委书记施宗伟参观进博会，重点了解国际进出口贸易的现状以及科技发展前沿动态，并看望慰问学校进博会志愿者。

11日　学校党委书记施宗伟主持召开党委会会议，学习习近平总书记关于新冠疫情防控工作的重要指示批示精神等，研究学校贯彻落实意见。会议还研究审议了有关工作事项。

14日　学校校长丛玉豪主持召开校长办公会，审议新生开学典礼方案、举办首届海关院校大学生国际学术论坛、2023年公开招聘计划等事项，传达海关总署财务司预算执行督导会会议精神。

15日　学校召开巡察工作小组会议。

16日　学校启动2022年度基层党组织书记抓党建工作述职评议考核工作。

17日　学校印发《上海海关学院关于海关管理专业方向分流的指导意见》，教务处制定了《2021级海关管理专业方向分流方案》，启动2021级海关管理专业学生专业方向分流工作。

21日　学校校长丛玉豪主持召开校长办公会，审议上海海关学院70周年校庆总体工作方案（审议稿）、承办长三角高水平行业特色大学联盟2022年年会暨改革创新论坛、《上海海关学院兼职教师管理办法》和《上海海关学院客座教授、兼职教授管理办法》等事项，传达教育部、人社部2023届全国普通高校毕业生就业创业工作会议精神以及深化新时代教育评价改革工作推进会会议精神。

22日　学校举行2022级新生开学典礼，学校党委书记施宗伟、校长丛玉豪、纪委书记侯长立、副校长李纳新、副校长岳龙、副校长王晓刚以及各部门负责人、教师代表、全体新生辅导员、2022级全体新生、高年级学生代表参加了典礼。

学校党委书记施宗伟主持召开党委理论学习中心组（扩大）会议，邀请党的二十大代表、上海海关党委书记、关长高融昆作题为“现场感悟真理伟力，学思践悟重在行动”的宣讲报告。

学校召开党的二十大精神专题学习会。

23日　学校党委书记施宗伟主持召开党委会会议，传达学习习近平总书记11月17日对做好当前新冠疫情防控工作的重要指示批示精神，以及2023届全国普通高校毕业生就业创业工作视频会议精神，研究学校贯彻落实意见。会议还审议了有关工作事项。

学校党委书记施宗伟为2022级新生讲授“学习贯彻党的二十大精神，奋进新征程、共筑复兴梦”为主题的思政课。

25日　“第一届海关院校大学生国际学术论坛”在学校举行。本次论坛以线上和线下相结合的形式开展，来自5个国家6所海关院校的221人参与。学校校长丛玉豪致欢迎辞并宣布开幕，国际海关院校联盟主席Mikhail Kashubsky、阿塞拜疆海关学院校长Gulu Novruzov、韩国建国大学社会科学大学院教授金旭、俄罗斯联邦总统直属国民经济与国家行政学院西北管理分院安全与海关系主任Alexander Getman、乌兹别克斯坦海关学院校长Rustam Khabibov等嘉宾通过视频出席开幕式并致辞。开幕式由副校长王晓刚主持，副校长岳龙出席论坛并为获奖代表颁发证书。

28日 全体校领导参加高校安全稳定工作专题会议。

12月

1日 学校党委召开党委理论学习中心组（扩大）学习会。

2日 学校党委召开党委理论学习中心组（扩大）学习贯彻党的二十大精神专题培训总结会，会议由学校党委副书记、校长丛玉豪主持，学校党委书记施宗伟作总结讲话。人事处、研究生处、工商管理与关务学院和检验检疫技术交流部主要负责同志就学习贯彻党的二十大精神，落实立德树人根本任务，推动党建和业务工作有机融合高质量发展作交流发言。

6日 教育国际化暨全英课程建设咨询交流会在学校举行。会议采取线上线下相结合的方式，来自华东师范大学、上海商学院、上海师范大学和《教育发展研究》杂志社的专家以及学校部分全英课程负责老师参加本次会议。

学校召开数字化教学研讨会。

7日 学校召开就业工作推进会。

8日 由商务部主办、学校承办的“巴基斯坦海关官员研修班”开班仪式在学校举行。学校副校长王晓刚、中国驻巴基斯坦大使馆参赞李勇出席仪式。

学校举行2022年基层党组织书记抓党建述职与部门绩效考核测评会。全体校领导、各直属党（总）支部书记、各部门主要负责人、校学术委员会委员、学位委员会委员、教学工作委员会委员、聘任委员会委员、各专业带头人、各支部党员群众代表、各部门基层代表参加会议。

9日 学校党委书记施宗伟出席“与书记面对面”2022级新生代表座谈会。

13日 学校印发《优化调整校园新冠肺炎疫情防控工作方案》。

14日 中共上海市教育卫生工作委员会、上海市教育委员会公布上海市课程思政示范项目名单，学校共有9门课程获批课程思政示范课程，其中本科教育6门（《海关缉私》《国际经济法》《高等数学》《海关管理概论》《法理学》《国际商务概论》）、研究生教育3门（《贸易安全与便利》《研究生英语》《公共经济学》）；祝少春、胡蓉等2位教师荣获课程思政教学名师；共有6个团队获批课程思政示范团队，其中本科教育4个（“国际经济法”“高等数学”“海关管理概论”“法理学”）、研究生教育2个（“贸易安全与便利”“研究生英语”）。

学校党委书记施宗伟、副校长李纳新带队赴复旦大学调研。

学校校长丛玉豪为海关稽查专业2022级全体学生作学习贯彻党的二十大精神专题辅导。

15日 由商务部主办、学校承办的“刚果（布）海关管理研修班”在学校开班。

17日 长三角高水平行业特色大学联盟2022年年会暨改革创新论坛在学校举办。本次会议以“联心联智共享共荣”为主题，13所联盟成员高校共商学校发展大计。

21日　学校印发《上海海关学院餐饮工作管理办法（试行）》（沪关院综〔2022〕131号）。

27日　学校举行班子见面会暨党委副书记、副校长任职仪式，杨德春同志任党委副书记，詹庆华同志任党委委员、副校长。会议由学校党委书记施宗伟主持，学校党委班子成员和相关部门主要负责同志参加会议。

学校党委调整党政领导班子工作分工。

第四篇

党的建设

党建工作

【概况】2022年，学校党委坚持以习近平新时代中国特色社会主义思想为指导，深刻领悟“两个确立”的决定性意义，增强“四个意识”、坚定“四个自信”、做到“两个维护”，以政治建设为统领，深入学习宣传贯彻党的二十大精神，落实立德树人根本任务，推动学校党的建设全面进步、全面过硬，为保障学校事业高质量发展提供坚强思想保证、政治保证、组织保证。

深化理论武装。深入学习贯彻党的二十大精神，第一时间组织全校师生集中收听收看党的二十大开幕，第一时间制订学习宣传贯彻方案，举办理论学习中心组（扩大）专题学习班；党委班子成员带头深入师生宣讲，举办宣讲会、研讨会21场，受众师生2100人次，党委书记、校长带头为新生上好“学习贯彻二十大精神，奋进新征程、共筑复兴梦”思想政治教育第一课，学校1名教师、2名学生入选上海市教卫系统师生宣讲团成员。坚持“第一议题”制度，全年集体学习习近平总书记重要讲话和指示批示精神36次，坚持用党的创新理论武装头脑、指导实践、推动工作。落实海关总署党委决策部署，在全校开展捍卫“两个确立”、做到“两个维护”、强化政治机关建设专项教育活动，突出政治引领，突出主体责任，突出岗位职责，牢牢把握学校工作的正确政治方向。

夯实基层基础。贯彻落实《中国共产党普通高等学校基层组织工作条例》，健全学校基层党组织制度体系，制定相关细则，提升党支部组织力，强化党支部政治功能，激励师生党员奋发进取、创先争优，发挥党支部战斗堡垒和党员先锋模范作用。完善基层党建考核，制订党建考核工作方案、党建工作述职评议考核评分细则，加强党建考核与绩效考核的统筹融合，将党建考核结果作为年度部门绩效考核的重要项目之一，以考核促建设、促发展。在2022年全国海关系统先进集体、先进个人评选中，1名党员入选全国海关先进个人，1名党员荣获海关系统党务之星荣誉称号。落实基层党建“双提升”行动，学校21个基层党组织均形成党建品牌或者特色项目。做好党员发展工作，按计划发展党员72名。

坚持全面从严。制定《中共上海海关学院委员会关于加强对“一把手”和领导班子监督的实施细则》，加强对“关键少数”的监督。开展落实中央八项规定精神、整治形式主义官僚主义问题专项自查和整治“象牙塔”官僚主义问题专项调研，为基层减负赋能。组织开展“海关重点项目和财物管理以权谋私”专项整治工作，聚焦政策支持力度大、资金密集、资源集中的领域和环节，查找管理风险、制度漏洞和责任缺失等问题，强化正风肃纪反腐，推动全面从严治党、从严治校向纵深发展。坚持巡视巡察一体推进，完成全部113项巡视整改任务，组织开展3个单位的校内巡察工作。加强校园廉洁文化建设，制订并实施加强新时代校园廉洁文化建设的相关方案，组织“清风校园”廉洁文化创意作品征集活动，推进学校廉政教育基地建设。

【**2021年党史学习教育专题民主生活会**】1月12日，学校党委召开党史学习教育专题民主生活会，深入学习贯彻习近平新时代中国特色社会主义思想和党的十九届六中全会精神，大力弘扬伟大建党精神，坚持和发展党的百年奋斗历史经验，坚定历史自信，践行时代使命，厚植为民情怀，勇于担当作为，团结带领广大党员干部群众走好新的赶考之路，以优异成绩迎接党的二十大召开。党史学习教育海关总署第七巡回指导组组长王文喜一行和上海市教卫工作党委调研员孙利强出席会议。

【**2022年全面从严治党工作会议**】5月18日，学校召开全面从严治党工作会议。会议传达学习习近平总书记在中央纪委第六次全会上的重要讲话精神以及全国海关全面从严治党工作会议精神，总结回顾2021年学校全面从严治党工作，从坚持党的全面领导，坚决做到“两个维护”；强化政治监督，督促“关键少数”以上率下；保持政治定力，驰而不息正风肃纪；深化作风建设，营造风清气正政治生态；坚持“四个融入”，提高巡视巡察监督质量等五方面部署2022年度学校全面从严治党重点工作。

【**党委书记任职仪式**】8月5日，海关总署党委委员、政治部主任许大纯参加上海海关学院党委书记任职仪式，宣读海关总署党委任职决定：施宗伟任上海海关学院党委书记。

【**“喜迎二十大，奋进新征程”教师节座谈会**】9月7日，学校召开“喜迎二十大，奋进新征程”为主题的教师节座谈会，庆祝第38个教师节，学校党委书记施宗伟出席座谈并讲话。施宗伟向长期以来辛勤耕耘在学校教学、科研以及管理服务一线的全体教职工致以节日的问候，强调教职员工要全面落实习近平总书记对“四有”好教师的要求，落实好立德树人根本任务，把握新时代教育改革评价的四个维度，真正做到“教好书，育好人”。

【**组织观看党的二十大开幕会并召开理论学习中心组（扩大）会议**】10月16日，中国共产党第二十次全国代表大会在北京人民大会堂胜利召开。学校全体师生集中收看开幕会盛况，聆听习近平总书记代表党的第十九届中央委员会向大会所作的报告。开幕会结束后，学校党委迅即召开理论学习中心组（扩大）会议，学习研讨习近平总书记所作的报告精神。会议要求，要深刻认识党的二十大召开的重大意义，深刻领会新时代十年伟大变革的里程碑意义，准确把握新时代新征程中国共产党的使命任务；要按照海关总署党委和上海市委部署，把学习宣传贯彻党的二十大精神作为当前和今后一段时期的重大的政治任务抓实抓好；要对照报告内容和全会精神，突出重点，丰富形式，各级党员领导干部带头学、示范学，一级抓一级，组织好党的二十大精神的学习宣传阐释工作；要结合实际抓好贯彻落实，落实好大会精神“三进”工作，高质量完成海关系统党的二十大精神专题培训任务，以学习贯彻落实党的二十大精神为主线，统筹谋划好学校第二届党代会筹备工作；要对标海关总署署长俞建华对学校提出的“发挥优势，打造特色，服务大局，提升地位”的要求，精准对接海关需求，推动“十四五”发展规划目标落地落实，促进学校事业高质量发展，坚持依特做特、以特促强，走特色发展之路，加强海关专门人才培养和海关智库建设，为强化社会主义现代化海关、社会主义现代化国家建设提供人才和智力支撑，为建设海关特色鲜明、服务国家战略、具有国际影响力的一流高等学府而不懈奋斗。

【专题宣讲党的二十大精神】 11 月 8 日，学校党委书记施宗伟在海关与公共经济学院，与教师党员、入党积极分子面对面交流，宣讲党的二十大精神。施宗伟结合海关工作实际，对开辟马克思主义中国化时代化新境界、以中国式现代化推进中华民族伟大复兴等精神进行深入阐释，并指出，学习领会党的二十大精神是一个长期的渐进过程，全校师生党员要在全面学习、全面把握、全面落实上下功夫，党员领导干部要做到先学一步、学深一层，结合师生所思所想所盼开展专题宣传开展全覆盖学习宣讲，引导大家进一步把握大会精神、领悟核心要义，切实把学习成效转化为工作实效，以更高标准、更大力度做好各项工作，为全面建设社会主义现代化国家贡献智慧力量。

【学习贯彻党的二十大精神宣讲报告会】 11 月 22 日，学校党委召开理论中心组（扩大）会议，邀请党的二十大代表、上海海关党委书记、关长高融昆作题为“现场感悟真理伟力，学思践悟重在行动”的宣讲报告。高融昆指出，海关系统学习宣传贯彻党的二十大精神，务必要落实到海关总署署长俞建华提出的“铸忠诚、担使命、守国门、促发展、齐奋斗”上，要以“三线五讲”落实这“十五字”要求。撸起袖子加油干，为全面建设社会主义现代化国家、全面推进中华民族伟大复兴而团结奋斗。党委书记施宗伟在总结讲话中强调，学习宣传贯彻党的二十大精神是学校的首要政治任务，要聚焦“铸忠诚”，全面贯彻党的教育方针，始终坚持社会主义办学方向，用党的创新理论引领学校事业高质量发展；聚焦“担使命”“守国门”，立足本职落实立德树人根本任务，努力培养堪当民族复兴大任的新时代海关新人；聚焦“促发展”，积极投身全面深化改革，坚持问题导向、系统思维，全面提升办学治校能力和人才培养水平；聚焦“齐奋斗”，崇尚求实扎实朴实的海关文化，强化准军内涵建设，锻造一支忠诚干净担当的高素质教师队伍，为把学校建设成为

“海关特色鲜明、服务国家战略、具有国际影响力的一流高等学府”而团结奋斗。

【举办理论学习中心组（扩大）学习贯彻党的二十大精神专题培训】 12月2日，学校召开党委理论学习中心组（扩大）学习贯彻党的二十大精神专题培训总结会。会议指出，本次培训以学习贯彻党的二十大精神为主题，聚焦全面学习、全面把握、全面落实的要求，突出培训重点，注重实际效果，通过静心研读自学、专题报告导学、研讨交流促学、实地参观助学等立体多样的教学组织形式，教育引导全校党员干部坚持不懈用习近平新时代中国特色社会主义思想凝心铸魂，深刻领会“两个确立”的决定性意义，增强“四个意识”、坚定“四个自信”、做到“两个维护”，切实把思想和认识统一到党的二十大精神上来，把智慧和力量凝聚到党的二十大对教育工作提出的各项目标和任务上来，起到了进一步增强理想信念，明晰工作目标，改善工作作风的作用，学习培训达到了预期效果。会议对下一步工作提出要求：一是各基层党组织以中心组学习为新起点，迅速兴起学习贯彻党的二十大精神热潮，做到深入学、全面学、系统学、结合实际学；二是学习和宣讲相促进，要做到全覆盖，走进师生员工、走进基层，加强与海关的横向交流；三是深入思考学校工作与海关总署署长俞建华提出的海关工作“12个必”的结合，更好推进学校“十四五”事业发展规划落实工作；学出新的成效，为建设一流学校增光添彩；要严管厚爱师生员工，营造校园风清气正的良好氛围；要凝心聚力，破解难题，认真筹备开好学校第二次党员代表大会。

【举行“与书记面对面”新生座谈会】 12月9日，“与书记面对面”2022级新生代表座谈会在学校创客中心举行。学校党委书记施宗伟与海关与公共管理学院2201班全体在校新生进行面对面交流互动。新生代表围绕学习党的二十大报告、新生入学感受、专业学习挑战、准军事化管理、未来规划等作主题分享交流。施宗伟希望广大新生，要争做学习先锋，在学习宣传党的二十大精神上走在前列，谨记习近平总书记对青年的殷殷嘱托，在学习中刻苦钻研、厚积薄发；要争做践行表率，深刻理解党的二十大报告中关于科技、人才、创新的论述，努力成为有理想、敢担当、能吃苦、肯奋斗的“四有”新青年。

撰稿人

王　溪　张嘉伦　郁梦娇　周亚杰　童　话

思政工作

【概况】2022年，学校深入贯彻全国高校思想政治工作会议精神，坚持把立德树人作为中心环节，把思想政治工作贯穿教育教学全过程，实现全员全程全方位育人，推动思想政治工作在实践中加强、在创新中发展。

强化思想引领。组织学习宣传贯彻习近平总书记关于教育的重要论述和考察高校系列重要讲话精神，持续掀起学习实践热潮，学校党委书记、校长带头为新生开设思想政治教育第一课。5月至6月底，学校组织开展以“聚焦十四五，促进新发展”为主题的大学习大讨论活动，重点围绕“坚持社会主义办学方向，聚焦立德树人根本任务，强化学生思政教育改革，服务社会主义现代化海关建设”等内容进行学习研讨；10月至11月，在全校范围师生员工中开展为期一个月的“内务规范强化月”活动，持续推动学校准军事化纪律部队建设。

推进课程思政建设。学校把课程思政建设作为落实立德树人根本任务的重要抓手，深入落实《高等学校课程思政建设指导纲要》，开展课程思政研究和推进课程思政教育教学改革，总结凝练、推广辐射建设示范经验，让课程思政建设全面融入学校现代治理体系，切实提高课程育人实效。2022年，学校组织专业课教师参与课程思政项目培育，并立项41门课程为校级课程思政建设培育项目；在培育建设基础上，学校有9门课程获批上海市级课程思政示范课程，6个团队获批为上海市级课程思政示范团队。

加强辅导员队伍建设。学校把辅导员队伍建设作为教师队伍和管理队伍建设的重要内容，坚持系统谋划、管培并重、考评结合，不断提高辅导员队伍能力水平，着力打造一支高素质专业化职业化辅导员队伍。2022年度，宋兆岩老师获得2022年度教育部人文社会科学研究专项任务项目（高校辅导员研究）立项；任丽杰老师2022年市社科规划年度课题立项；王杨老师获评上海高校毕业生就业工作优秀典型；宋丽萍老师、袁梦老师获得2021年度上海共青团调研奖三等奖。易灿老师荣获上海市“喜迎党的二十大 说说我的新变化”资助育人主题征文优秀指导教师，并为学校赢得优秀组织奖。

【第七届超级梦想班活动】2022年5月，学校举办第七届超级梦想班活动。本次活动以习近平新时代中国特色社会主义思想为指导，旨在以班级为单位打造风清气正的校园网络环境，进一步健全学校思政工作体系，切实加强和改进思想政治工作；进一步激发广大师生的责任担当，深入推进爱国主义教育；进一步展现当代青年大学生积极健康、蓬勃向上的良好精神风貌。活动涵盖全校一至三年级的全部班级，参赛班级需要完成包括一次主题班会、一次征文写作、一次班级展示等系列班级活动。作为上半年校园内举办的唯一大型线上主题班会活动，对新冠疫情期间的班级氛围起到带动作用，并荣获全国易班年度优秀共建案例。

【易班发展中心迎新】2022年，为迎接2022级新生，易班发展中心举办了“海关情·大学梦·塑新生”迎新活动，2022年度完成新生入学账号注册688人，完成率达100%；同时，新生课群的活动成功入选2022年度易班优秀组织奖。在疫情防控背景下，易班多次组织同学们举行原创活动，国庆期间针对新生开展寓教于乐的防疫知识竞赛，共有11个班级收获答题优秀表彰证书，活动热度较高。

【加强学生思想引领】2022年，学校广泛开展“学习二十大，永远跟党走，奋进新征程”主题教育实践活动，进一步加强思想政治引领，形成立体化深层次理论学习。在2022年上海学校共青团主题微团课大赛斩获上海市二等奖1项、三等奖2项。在上海高校、高中阶段学校活力团组织、团干部典型申报中，学校入围1个活力团支部，1个活力社团、1个高校标杆、2个团干部示范典型。学校“红色关缘”团队荣获上海团员青年党史知识竞赛最佳表现奖。4个理论社团深化党的二十大精神宣讲与培训。

【青年舆情研究助力网络思政】2022年，学校高度重视校园青年舆情工作，及时收取与反馈生活密切相关的校园议题或重大时事热点，开辟以线上调查问卷为主、线下访谈为辅的校园舆情监测与反馈渠道。通过周研讨、月调研等机制，团结联系广大青年，思辨实时热点，开展舆情调研。在2022年，该部门围绕“爱国主义”“新生返校”等7个主题，共发放1795份问卷，形成3篇舆情报告、4篇微调研报告。此外，举办“喜迎党的二十大”主题演讲比赛，学习党的先进思想；设立了“关院心语屋”匿名提问箱，畅通同学和老师的沟通渠道，以实际行动践行党的二十大精神，营造良好积极的校园舆论氛围。

【“宪法卫士”系列活动】2022年，为学习贯彻习近平法治思想，深入贯彻党的二十大全会精神，同时让学校学子更加了解宪法知识，理解宪法内涵，学校结合“学宪法，讲宪法”的主题，深入开展了“宪法卫士”系列相关活动，引导学生积极参与“宪法卫士”网上学习及竞答活动，全校青年参与率高达91.22%，其中，海关与公共管理学院2201等共计50个班级的参与率达100%，学生处决定授予海关与公共管理学院2201等50个班级2022年度宪法卫士网上学习竞答活动先进班级称号，给予表彰。“宪法卫士”系列活动成果丰硕，获上海市教育委员会表扬。

【2022级导生团队】2022年，为延续校园导生制度的传统，充分做好学校2022级新生的迎新工作，学校组建一支由2020级和2021级48名优秀

学生组成的导生团队。8 月，导生们共完成三次线上岗前培训，切实了解导生工作内容的同时做好行动规划，9 月初开始接触迎新工作，在指导老师的带领下，各班级导生积极协助学校做好新生入学安排及准军事化教育工作，共有 691 名新生完成入学报到及相关事宜；帮助新生顺利完成从高中生到大学生的角色转换，成功举办职业生涯起航月系列活动；同各班班委一起培养良好的班级习惯和作风，开展班级破冰及联谊等活动；在认真起到表率作用的同时做好导生日常工作。导生团队同心同力，切实做到让学生从每一个细节中体会到学校的用心，感受到用真情育人的工作理念。

【学生处微信公众号“青莲湖畔”改版升级】2022 年 1 月，学校学生处依托新理念、新技术，启动学生处微信公众号“青莲湖畔”的改版升级工作，将部门内相关新媒体平台，如就业指导中心、青青草、管发会、创客、自委会、资助中心、学业发展中心等进行整合优化，同时升级 App 界面，增设学工在线、师生风采、优秀校友事迹、海关速递、党的二十大精神学习等全新栏目。截至 2022 年 12 月 20 日，该公众号共发送 1082 篇推送，累计阅读量超 20 万次，极大助力学校各项活动的通知与宣传等工作。

【“基于‘三全育人’理念的高校资助育人模式创新研究”项目获批】2022 年，学校学生资助中心成功申请上海市教育委员会学生处预算项目“基于‘三全育人’理念的高校资助育人模式创新研究”。截至 2022 年年底，召开 4 次研讨会，先后调研复旦大学、上海交通大学等 6 所部委高校，上海大学、上海师范大学等 5 所市属高校，上海民航职业技术学院等 4 所职业院校，上海建桥学院等 1 所民办院校，共 16 所高校。学校还承办教委学生处征集 2022 年度上海高校社会捐助资助育人典型案例的具体联络工作，开展 2022 年度上海高校社会捐助资助育人主题沙龙暨创优评先活动。

【“学习贯彻党的二十大精神”专题思政课（一）】11 月 23 日，学校党委书记施宗伟在志学楼阶梯四教室，以“学习贯彻党的二十大精神，奋进新征程、共筑复兴梦”为主题，为 2022 级新生讲授了一场有思想性、理论性和针对性的思政课。课上，施宗伟书记带着同学们一起学习党的二十大精神，深刻领会“两个确立”的决定性意义，寄语新生要“怀抱理想、脚

▲2022 年 9 月 21 日，学校举行“基于‘三全育人’理念的高校资助育人模式创新研究”项目研讨会

踏实地、心存大我、勇于担当”，他希望广大学校青年学子要有所作为，勇做走在时代前列的奋进者、开拓者、奉献者，以执着的信念、优良的品德、丰富的知识、过硬的本领，践行“请党放心，强国有我”的青春誓言，勇闯干事创业第一线、坚守国门边关主战场，用青春和汗水创造出新征程上的新奇迹。

【“学习贯彻党的二十大精神”专题思政课（二）】 12月14日，学校校长丛玉豪教授作学习贯彻党的二十大精神专题辅导，为海关稽查专业2022级全体学生带来了一场精彩的思政课。他以“求知奋进正当时，筑梦担当谱新篇”为主题，围绕“学深悟透党的二十大精神”和“求知奋进青春筑梦谱新篇”两个方面，首先介绍了党的二十大报告的基本结构和主要内容，以及学习党的二十大报告的关键词。接着，他结合自身的学习心得，谈了三点体会：一是中国共产党作为一个百年大党的先进性，我们党是一个始终坚持实事求是的党，是一个敢于自我革命、勇于自我净化、善于自我修正的党；二是党的二十大报告高屋建瓴，是党的光辉文献，不仅彰显了中国智慧，更看到一个愈发自信的中国正阔步走向世界；三是必须率先实现中国式高等教育现代化，报告把“实施科教兴国战略，强化现代化建设人才支撑”作为一个专门篇章来进行论述，体现了对科教的高度重视。

撰稿人

刘晓敏　易　灿　袁　梦

纪检监察

【概况】2022年，学校纪检监察工作坚持以习近平新时代中国特色社会主义思想为指导，认真贯彻党的十九届中央纪委六次全会及二十大精神，全面落实驻署纪检监察组、上海市纪委监委及学校党委部署要求，围绕学校中心工作，积极协助党委推进全面从严治党、从严治校，切实履行监督责任，聚焦重点，强化政治监督，牢牢把握腐败阶段性特征和变化趋势，深化标本兼治，探索监督力量协同联动有效途径，一体推进不敢腐、不能腐、不想腐，持之以恒正风肃纪，纪检监察工作保持稳中有进的良好态势。

以政治监督推动上级决策部署落地见效，坚定拥护“两个确立”、坚决做到“两个维护”，围绕党和国家的战略部署强化政治监督，落实到纪检监察工作全过程。认真落实海关总署领导关于学校新冠疫情防控工作批示要求，通过多种形式深入新冠疫情防控一线，积极开展新冠疫情防控专项监督工作；紧盯“一把手”和领导班子这个“关键少数”，牢牢抓住管党治党政治责任“牛鼻子”，通过制定印发相应实施细则，加强对学校“一把手”和领导班子的监督；聚焦全面从严治党政治责任、巡视整改、学校党政重大改革举措等落实情况，有针对性地组织开展监督检查，及时发现问题、纠正偏差。

强化日常监督，提升监督质效，坚持不懈把学校全面从严治党向纵深推进。聚焦二期建筑维修改造、临港国际校区维修改造、招标采购项目管理、招生复试、选人用人、第二次党代会选举监督等重点领域和关键环节，靠前监督、跟进监督、全程监督，抓日常重经常，抓苗头重提醒，着力发现问题、纠正偏差、督促整改；坚持以严的基调强化正风肃纪，积极开展纪律警示教育，严肃整治享乐主义、奢靡之风，重点纠治形式主义、官僚主义，一以贯之纠“四风”树新风，推动学校纪律作风建设持续向善向好；依规依纪依法，加强问题线索的规范管理和精准处置，严肃监督执纪，推进以案促改，做深做实做细监督执纪“后半篇文章”；坚持以铁的纪律加强纪检监察队伍建设，组织纪检干部深入学习党的二十大精神，积极参加业务培训，选调人员充实纪检队伍，严防“灯下黑”，持续加强自身建设，推动学校纪检监察工作高质量发展。

【新冠疫情防控监督检查】2022年，学校纪委发布《中共上海海关学院纪律检查委员会关于加强疫情防控工作的通知》《疫情防控不力问题警示专刊》等，教育引导全体师生在新冠疫情防控工作中严守纪律、坚守底线。成立新冠疫情防控工作监督小组，编制《上海海关学院疫情防控监督检查工作手册》，采取“四不两直”方式，下沉现场一线监督检查50余次，书面反馈检查意见44份，发现问题134个，制发《疫情防控监督建议书》6份。

【“海关重点项目和财物管理以权谋私”专项整治】2—9月，根据海关总署党委、驻署纪检监察组统一部署，学校成立“海关重点项目和财物管理以权谋私”专项整治工作领导小组、综合组和工作专班，扎实开展“海关重点项目和财物管理以权谋私”专项整治，梳理2012年以来重点项目105项，组织个人违规事项申报100人次，逐一谈话104人次，研判排查问题30个，参加5场质询会和1场问题线索专题汇报会。制订整改方案和119条整改措施，按时完成整改，累计制定14条廉政风险防控措施，建立1个规章制度，修订5个规章制度，制定4个操作指引，完善8个作业流程，整改13个短板弱项。

【招标采购专项监督】3—9月，按上海市纪委监委要求，围绕学校2019年以来在工程建设、后勤服务等领域226个招标采购项目，学校纪委、纪检监察室开展专项监督检查，自查问题7个，已完成全部整改工作。

【重大工程项目监督】2022年，针对学校二期建筑维修改造项目、临港国际校区维修改造项目，学校纪委、纪检监察室通过多种方式跟进监督，共开展监督工作事项10余次，及时发现反馈相关问题并督促整改。

【招生复试监督】2022年，通过线上和线下相结合方式做好本科生和研究生招生监督工作，开展落实新冠疫情防控规定、研究生自命题、复试、调剂录取等各环节全程监督，连续7年实现各类招生工作“零投诉”。

【规章制度建设】2022年，落实政治监督具体化、精准化、常态化工作要求，推动监督力量贯通协同，学校制定印发《关于加强对“一把手”和领导班子监督工作的实施细则》和《上海海关学院纪检、组织、巡察、审计监督联动协调工作办法》，完善制度长效机制。

【纪律警示教育】2022年，会议通报专项整治相关领域违纪违法典型案例及学校自查案件，督促教职工引以为戒，时刻正身律己，以案促改。同时，紧盯春节、中秋、国庆等重要节点，开展警示教育，严防“四风”反弹，编印相关专刊5期，并通过企业微信“关苑清风”平台推送全体教职工。

撰稿人

史晓东　张　麒

群团工作

【学生组织建设】2022年，学校共青团强化组织力、引领力、服务力建设，全面从严治团。加强制度建设，精简团学部门，严格骨干遴选把关，规范社团发展；强化组织保障与政治引领，加强学生会、社团功能型团支部建设；定期组织开展党的二十大精神宣讲、高校团委书记宣讲等活动，引领广大青年听党话、跟党走；组织开展团员发展教育工作，落实“三会两制一课”制度、智慧团建、青年大学习，激发组织活力。学校学生会、研究生会组织建设纳入学校党建工作整体规划，落实党对校学生组织工作的领导，支持团委加强对校学生组织的建设和管理，选举产生学校第三十四届学生委员会委员、学生委员会主席团和第十届研究生会主席团，推进学生组织工作规范化、民主化、公开化。

【举办第三十三届校运会】10月28日，学校举行第三十三届运动会。学校校长丛玉豪、副校长岳龙参加开场仪式。本届运动会以“以体育人、强国强身、运动向未来”为主题，号召青年学子们树立科学锻炼的观念和持之以恒的锻炼意志，在体育锻炼中享受乐趣、增强体质、健全人格、锤炼意志，在运动中传承和发扬拼搏奋斗的体育精神，把赛场上挥洒汗水、挑战自我的干劲融入学校、海关事业发展的进程中，在各自岗位上作出更大贡献。根据新冠疫情防控的要求，此次运动会以个人单项比赛项目为主。

【召开第七届三次教代会暨第十届三次工代会】12月23日，学校召开第七届教代会第三次会议暨第十届工代会第三次会议，会议采用线上线下相结合的方式召开。学校校长丛玉豪作题为《发挥优势主动作为，抢抓机遇打造特色，努力实现学校事业高质量发展》的工作报告，总结回顾七届二次教代会以来学校在重点工作落实、新冠疫情防控、教育教学成果、学位点建设、高质量科研成果、服务海关、人才队伍建设、国际化合作、民生实事保障等方面取得的成绩，分析学校进一步发展所面临的四个方面的困难和不足，并在此基础上梳理学校今后工作思路，提出和部署学校今后的工作任务。大会还听取和审议相关工作报告等文件。学校党委书记施宗伟作总结讲话，指出教代会是教职工依法参与学校民主管理和监督的基本形式，在学校工作中发挥积极作用，特别是在学校重大问题的决策过程中，教代会能够充分反映民意，团结各方力量，促进决策的科学化、民主化。同时提出，要深入学习领会党的二十大精神，凝心铸魂筑牢思想根基；加强党的全面领导，始终保持学校高质量发展的战略定力；要始终坚持以师生为中心，切实解决实际问题增强每一名教职工的幸福感；践行全过程人民民主，更有效发挥“双代会”在学校治理体系中的重要作用。

撰稿人

吴新胜　宋丽萍

第五篇

教育教学

本科生教育

【概况】2022年，学校认真贯彻落实习近平总书记和党中央关于高等教育工作各项要求，按照海关总署对学校提出的“培养中国特色社会主义新海关急需人才的主平台”要求，紧紧围绕“为党育人、为国育才”这一主题，坚持立德树人根本任务，强化价值引领，结合学校实际，突出融入海关、服务国家和地方经济社会发展这一主线，围绕“人才强校、关校融合、国际化”三大战略，秉承行业办学传统，对标行业需求，立地顶天，依特做特，以特促强，走特色办学内涵发展之路，培养适应海关与外经贸事业发展需要的应用型、复合型、涉外型高素质专门人才。精准对标行业需求，优化学科专业布局。截至2022年年底，共有海关管理、海关检验检疫安全、海关稽查、行政管理、税收学、经济统计学、物流管理、审计学、国际商务、法学、英语11个本科专业。其中，本科法学、税收学专业分别是教育部第二、第三批高等学校特色专业建设点；海关管理、海关检验检疫安全、海关稽查专业为国家控制布点特设专业；海关管理专业为国家级一流本科专业建设点；税收学、法学专业为省级一流本科专业建设点。

坚持立德树人根本任务，全面推进课程思政建设。学校坚持立德树人根本任务，深入推进习近平新时代中国特色社会主义思想“三进”工作，将思政工作体系贯通人才培养体系全过程，强化示范引领，强化资源共享，充分挖掘海关特色，全面推进课程思政高质量建设。截至2022年年底，学校《国际商务概论》等6门课程获批普通本科教育类课程思政示范课程，祝少春副教授荣获普通本科教育类课程思政教学名师，“国际经济法课程教学团队”等4个团队获批普通本科教育类课程思政示范团队。

强化内涵建设，课程建设效果显著。学校共有4门课程成功入选上海高校一流本科课程，3门课程获批上海高校市级重点课程立项。截至2022年年底，学校共有国家级一流课程1门，省部级一流课程16门，市级重点课程30门，省部级精品课程5门，省部级课程思政示范项目4项、示范性全英课程5门、虚拟仿真实验教学项目1项、虚拟仿真实验课程1门。另外，有校级一流本科培育课程20门、重点课程57门、精品课程12门、网络（开放）课程29门、示范性全英语培育课程23门、课程思政立项课程36门、优质在线课程16门。

聚焦重点项目，实现双创工作新突破。学校进一步推进大学生创新创业训练计划工作，双创项目校级立项105个，市级立项43项、国家级立项17项。聚焦优秀创业项目，聘请创业导师专项指导，在第八届中国国际“互联网+”大学生创新创业大赛（高教主赛道）上，工商管理与关务学院梁瑞焜同学负责的“江河智航——新时代长江智慧订舱的领航者”创业项目荣获全国总决赛铜奖、上海赛区银奖，另1项目获上海赛区铜奖，双创成果取得历史最好成绩。

坚持以赛促教，促进教师教学能力提升。学校坚持“以赛促教、以赛促学、以赛促改”，推进一流课程建设，促进教师综合素质、专业化水平和创新能力提升，为提高人才培养质量提供服务保障。崔志坤教授、赵振刚副教授、陈蓉讲师分获第二届上海市高校教师教学创新大赛部委高校正高组、副高组、中级及以下组二等奖；王争老师获第五届上海高校青年教师教学竞赛暨第六届全国高校青年教师教学竞赛自然科学基础学科组三等奖，陈蓉老师获社会科学组优秀奖；税收学课程虚拟教研室、海关管理专业虚拟教研室获批教育部第二批虚拟教研室建设试点。

严把毕业论文关，全面提高论文质量。学校贯彻教育部关于《本科毕业论文（设计）抽检办法（试行）》（教督〔2020〕5号）的通知要求，全面落实2021届毕业生毕业论文抽检工作，压实论文督查工作，严把重复率关。顺利完成上海市教育委员会组织的第一次毕业论文抽检工作，是上海市少数几个100%通过论文抽检的高校之一。

本科人才培养质量明显提升。学校全面落实以本为本，推进“四个回归”，全面整顿教育教学秩序，严格本科教育教学过程管理，合理提升学业挑战度、增加课程难度、拓展课程深度，切实提高课程教学质量，推进课程考核评价，严格考试纪律，严把毕业出口关，教风和学风明显提升。同时通过学业预警、学习帮扶等活动，为学习困难学生提供帮助。2022年，618名应毕业学生中，3人申请延长学制，暂缓毕业和申请学士学位。正常毕业的615名学生全部获得学士学位。

【本科毕业和学位授予】2022年，根据《普通高等学校学生管理规定》（教育部令第41号）和《上海海关学院全日制本科学生学籍管理办法》（沪关院教〔2019〕36号）、《上海海关学院全日制本科生学士学位授予实施办法》（沪关院教〔2016〕72号）相关规定，学校2022届本科生共有618人，其中，615人在学校规定学习年限内，修完教育教学计划规定内容，达到毕业要求，符合学士学位授予资格，同意授予毕业证书和学位证书。3人因未完成学分要求申请延长学制，暂缓毕业和申请学士学位。

【本科海关稽查新专业申报及批复】2月28日，教育部下发《教育部关于公布2021年度普通高等学校本科专业备案和审批结果的通知》（教高函〔2021〕14号），学校申报的海关稽查新专业成功获批，并被列入《普通高等学校本科专业目录》外国家控制布点专业名单。海关稽查新专业的申报与获批，是贯彻落实习近平总书记关于深化海关贸易安全和通关便利化合作的重要论述精神，结合学校发展定位和办学特色，优化学科专业布局迈出的重要一步；也是学校深入推进创新人才培养，建设一流海关特色本科专业，有效提升海关高等教育办学质量的重要举措。3月，教务处启动本科新专业申报工作，各教学院系根据实际情况组织团队共申报7个《普通高等学校本科专业目录》外专业，经校外专家组评审，最终决定海关风险防控和海关税收专业申报2022年本科新专业，经校内公示、网上填报材料、网上公示、教指委专家评审等一系列程序。9月28日，海关风险防控和海关税收本科新专业申报海关总署专家组评审论证会顺利召开，专家组一致认为增设海关风险防控和海关税收新专业符合教育部关于本科专业设置所需要的条件和标准，同意学校申报设置两个专业。

【法学专业获批省级一流本科专业建设点】6月7日，教育部发布《教育部办公厅关于公布2021年度国家级和省级一流本科专业建设点名单的通知》（教高厅函〔2022〕14号），学校法学专业获批省级一流本科专业建设点。截至2022年年底，学校共有3个专业获批一流本科专业建设点，其中，海关管理专业为国家级一流本科专业建设点，税收学和法学专业为省级一流本科专业建设点。

【创新创业训练计划】3月，学校进一步推进大学生创新创业训练计划工作，双创项目校级立项105个、市级立项43项、国家级立项17项，预算投入财政专项经费100.5万元。

【本科生双创项目获奖】8月，工商管理与关务学院梁瑞焜同学负责的“江河智航——新时代长江智慧订舱的领航者”创业项目获第八届中国国际“互联网+”大学生创新创业大赛（高教主赛道）全国总决赛铜奖、上海赛区银奖，另1个项目获上海赛区铜奖；1个项目入选第十五届全国大学生创新创业年会，7个项目获第七届“汇创青春”上海大学生文化创意作品三等奖。

【获第二届上海市高校教师教学创新大赛二等奖】6月23日，在第二届上海市高校教师教学创新大赛上，学校崔志坤教授获部委高校正高组“二等奖”、赵振刚副教授获部委高校副高组“二等奖”、陈蓉老师获部委高校中级及以下组“二等奖”。

【在第五届上海高校青年教师教学竞赛上获奖】11月，在第五届上海高校青年教师教学竞赛暨第六届全国高校青年教师教学竞赛选拔赛上，学校公共教学部王争老师获自然科学基础学科组三等奖、海关与公共管理学院陈蓉老师获社会科学组优秀奖。

【入选上海高校一流本科课程】1月，上海市教育委员会印发《上海市教育委员会关于公布2021年度上海高等学校一流本科课程认定结果的通知》（沪教委高〔2021〕66号），学校组织申报的《物流管理》《高等数学》《国际海关法法》及《国际贸易实务》等4门课程成功入选上海高校一流本科课程。

【获批教育部第二批虚拟教研室建设试点】6月，经学校组织、海关总署推荐、教育部网络审核和会议审议等程序，学校共有2个虚拟教研室（税收学课程虚拟教研室、海关管理专业虚拟教研室）获得批准立项，在国家级教学研究项目中实现新的突破。

【获市级重点课程立项】7月，上海市教育委员会发布《上海市教育委员会关于公布2022年度上海高校市级重点课程立项名单的通知》（沪教委高〔2022〕27号），学校《海关管理概论》（线下课程）、《统计学》（线下课程）、《跨文化商务交际》（线上线下混合式课程）3门课程获批2022年度上海市教育委员会本科重点课程立项，申报获批率再度实现100%。

【获上海市高等教育教学成果奖】10月，学校4项本科教学成果获评，其中特等奖1项、二等奖3项。学校校长丛玉豪主持的成果《精准对接，深度融合：卓越海关人才培养体系的改革与创新》获评特等奖，是学校教学成果奖在历届上海市教学成果奖获奖质量和等级上新的突破。万曙春教授主持的成果《关校深度融合推动海关法律人才培养的创新》、黄胜强教授主持的成果《需求引领，学科交叉：新时代海关管理专业建设的创新实践》、孙浩教授主持的成果《关校企三方协同的创新型关务人才培养模式探索与实践》获评二等奖。

【获批上海市课程思政示范项目】12月，学校《国际商务概论》《国际经济法》《高等数学》《海关管理概论》《海关缉私》和《法理学》6门课程获批普通本科教育类课程思政示范课程，祝少春副教授荣获普通本科教育类课程思政教学名师，国际经济法课程教学团队、高等数学课程教学团队、海关管理概论课程教学团队、法理学课程教学团队4个团队获批普通本科教育类课程思政示范团队。

【毕业论文抽查工作】2022年，学校贯彻教育部关于印发《本科毕业论文（设计）抽检办法（试行）》（教督〔2020〕5号）的通知，本科毕业论文抽检每年进行一次，2022年是第一次迎接抽检。抽检对象为上一学年度（2021届）授予学士学位的论文，抽检比例原则上应不低于2%。经过几轮精细筛查，向上海市教育委员会提交抽查论文及抽查专家。经审核，学校成为上海市少数几个100%通过论文抽检的高校。

【复合型人才培养】2022年，学校2021级在籍学生，报名第七届跨校辅修专业的有114人，录取87名，录取率达76.3%。赴复旦大学、华东政法大学、上海外国语大学等兄弟高校进行跨校辅修金融学、法学、德语、法语、日语专业学习，借助联合办学，实现复合型人才培养。

【本科人才培养改革】8月，学校完成2022年度本科招生专业人才培养方案修订，其中海关稽查专业为本年度新增专业。为更好地对接海关建设和发展对人才的需要，三年来，学校本科海关类专业由原来的一个专业发展为现在的三个专业，分别为海关管理专业、海关检验检疫安全专业和海关稽查专业。

撰稿人

辛　一　武冠宇　杭玉婷　饶文方　钱晓岚　曾祥霖

研究生教育

【概况】2022年，学校紧紧围绕“为党育人、为国育才”主题，落实立德树人根本任务，秉承行业办学传统，对标国际、对接行业需求，走特色办学内涵发展之路，加快学位点建设，不断优化学位点布局和结构，丰富学科内容。学校现有公共管理硕士（MPA）、税务硕士（MT）、国际商务硕士（MIB）、翻译硕士（MTI）4个硕士专业学位点，分属海关与公共管理学院、海关与公共经济学院、工商管理与关务学院、海关外语系。截至2022年12月31日，硕士研究生在校生共有244人，全日制研究生98人，非全日制研究生146人。

硕士研究生教育教学工作。2022年，学校狠抓研究生培养质量，以实际行动推进落实“立德树人、服务需求、提高质量、追求卓越”的研究生教育发展要求，在研究生国际化教育、研究生课程思政和教学成果建设等方面取得突破。组织修订完成2022级税务硕士和公共管理硕士研究生人才培养方案，根据培养方案开设研究生课程52门。研究生线上教学整体运行良好、秩序井然，线上教学工作成果和经验获得上海市教育委员会的工作经验交流刊发（2022年5月30日上海教委高教处工作简报第十三期）。学校以立德树人为根本任务，深化研究生教育评价改革，全面推进研究生课程思政项目建设工作取得新突破，荣获上海市研究生优秀教学成果奖一等奖1项、课程思政示范项目3项、教育改革优秀案例1项；入库上海市公共管理教学案例1项；出版研究生《国际商务教学案例集》等教材3本；新建研究生实践基地5个。组织研究生参与各级各类论坛、学术交流和讲座21余次。

研究生教育国际化工作。学校不断提升研究生国际化办学内涵，推动建立人才双向交流机制，进一步搭建国际海关教育资源共享平台，完成向世界海关组织（WCO）正式递交认证报告的任务，通过世界海关组织（WCO）公共管理硕士PICARD标准认证。推动开展WCO世界海关组织青年学生线上论坛1次，研究生获得国际海关大学生论坛文章一等奖和三等奖。选拔推荐1名公共管理硕士研究生参加海关总署2022年公派留学访问学者项目。

硕士研究生学位与质量管理工作。学校完成国际商务、翻译硕士2个新增学位点新一轮导师遴选、聘任、培训工作，开展多次新任导师培训。导师指导研究生在《中国经济评论》等北大核心期刊及《海关编译参考》等有影响力的海关刊物上发表多篇研究成果。研究生学位论文质量稳步提升，2022届研究生学位论文外审工作进展顺利；2021届研究生学位论文参加上海市学位办组织的论文抽检，合格率达100%。研究生学位与质量管理体制机制日益完善，学校以助推研究生教育高质量发展为目标，建立健全研究生教育管理体制机制，组织制（修）订8部研究生教育教学相关规章，制（修）订学位授予系列制度5部、研究生导师管理系列制度2部、招生管理系列制度1部，为研究生人才培养提供制度保障。

【荣获上海市教育改革优秀案例】学校深入贯彻落实中央和上海市关于深化新时代教育评价改革的总体部署，坚决克服唯分数、唯升学、唯文凭、唯论文、唯帽子的顽瘴痼疾，主动跟进海关改革与发展实践，着力推进硕士研究生教育理念、机制和内容创新，努力培育符合海关事业发展需要的高素质专业化人才。2022年1月，上海市教育委员会公布2021年度教育评价改革优秀案例名单，经评选，54个案例入选2021年度上海市教育评价改革优秀案例，学校报送的“聚焦立德树人根本任务探索研究生教育综合评价改革”案例成功入选。

【通过世界海关组织（WCO）公共管理硕士PICARD标准认证】2022年，学校充分利用学校作为世界海关组织（WCO）亚太培训中心及国际海关高校网络（INCU）成员的优势，推动加强与世界海关组织（WCO）及各国海关院校的合作交流，依托公共管理硕士学位点，打造国际海关领先的高层次应用型人才培养模式。2022年3月3日，学校正式获批世界海关组织（WCO）公共管理硕士PICARD标准认证资质，成为目前国内和世界上唯一一所本硕教育阶段均获得世界海关组织（WCO）教学资源和专业认证的高等院校。

【召开2022届硕士毕业生学位授予工作会议】5月25日，学校学位授予工作会议（线上线下相结合的方式）在志远楼D303会议室召开，主要审议2022届硕士毕业生学位授予、研究生教育相关规章制度及2022级研究生培养方案修（制）订。会议由学校学位评定委员会主席丛玉豪主持，全体学位委员会委员出席会议。经全体委员审议表决：同意授予79名研究生专业硕士学位；同意对学位授予及导师管理等6部规章制度的修订；同意税务、公共管理、国际商务、翻译4个学位点对2022级研究生培养方案的修（制）订。

【推进海关总署海外公派访问学者项目落地实施】5—8月，学校正式面向公共管理硕士研究生开展参加海关总署公派访问学者选拔工作。根据“公开、公平、公正”原则，依次执行经学生自主申请、培养单位推荐、研究生处审核、学校评审、海外院校选拔审查、校内公示、校长办公会审议、海关总署审批等程序推进该项目首次实施。根据国家留学基金委审批结果，成功选拔推荐1名公共管理硕士研究生参加海关总署公派留学访问学者项目，前往荷兰方提斯应用科技大学

(Fontys University of Applied Sciences)开展为期半年的访学任务。

【启动新增学位点2023年研究生招生工作】9—12月，学校组织国际商务硕士、翻译硕士2个新增学位点开展首届全国硕士研究生招生工作，确保新增学位点招生工作顺利推进。按照教育部的研招工作进程和相关要求，在原有硕士学位点形成的工作规范基础上，进一步梳理和优化招生简章和考试大纲制定、招生计划申报、招生政策宣传、初试自命题等工作要求和流程。面对日益严峻的研考形势，严格把握各项时间节点要求，督促落实和指导各项工作顺利推进，积极利用社会面平台指导新增学位点开展在线招生宣传直播活动，梳理初试自命题科目工作清单，形成全日制、非全日制2种类型招生工作系列规范。全力确保各学位点在面对不同阶段研招任务时有规矩可守、有制度可依，坚决提高政治站位，严格落实研招工作，精益求精，守住底线，不越红线，确保招生环节的公平、公正、公开，把好研究生教育高质量发展的第一关。

【获上海市优秀教学成果奖一等奖】10月，根据《上海市教育委员会关于公布2022年上海市优秀教学成果名单的通知》(沪教委人〔2022〕33号)及公布的优秀教学成果奖名单，学校申报的“服务国家特殊需求的海关高层次人才培养教学模式建构与实践”教学成果获评上海市优秀教学成果奖(研究生)一等奖。这是学校开展研究生教育以来首次获评省部级教学成果奖一等奖，是学校全面落实立德树人根本任务，凝练研究生教育教学管理特色、总结实践成果，推动人才培养、课程教学建设和改革所取得的突出成绩。

【首次入选上海市公共管理教学案例】2022年，学校高度重视教学案例编写和开发原创性、高质量的管理案例，在教学管理实践中积极推进案例研发项目和案例教学改革创新。10月，上海公共管理专业学位研究生教育指导委员会公布了2021年度上海市公共管理教学案例评审结果，经过专家层层评审，共有31篇案例入选，学校报送的“当海关遇到‘灰犀牛’——新冠疫情下口岸治理启示录”案例成功入选，充分展示了学校公共管理案例教学过程中取得的良好成果，对提高研究生培养质量和助推公共管理硕士教育内涵式发展具有积极意义。

【获批上海市研究生课程思政示范项目】11月，根据《中共上海市教育卫生工作委员会 上海市教育委员会关于公布课程思政示范项目名单的通知》(沪教委德〔2022〕32号)及公布的课程思政示范项目名单，学校申报的研究生《贸易安全与便利》《研究生英语》《公共经济学》3门课程获批上海市课程思政示范课程，《贸易安全与便利》课程任课教师获批课程思政教学名师，《贸易安全与便利》《研究生英语》课程教学团队获批课程思政示范团队。这是学校继获批全国研究生课程思政示范目后的又一大突破，对持续推动研究生课程思政建设具有重要的引领价值与示范作用。

【完成学位点新一轮导师遴选、聘任和培训】10—11月，学校组织开展学位点新一轮导师遴选活动，经导师申请、院系推荐、研究生处审核、学位评定委员会审议、校长办公会审定、校内公示通过后，共遴选出76名导师。遴选的导师包括校内导师、行业导师、青年副导师、导师指导专家，并涵盖税务、公共管理、国际商务和翻译4个学位点。开展多种形式的新任导师培训活动，如组织导师参加两期上海市高校新聘导师培训班；在学校建立两个分会场，组织导师参加上海市导师能力提升工作坊；邀请海关专家和行业专家为新导师开展《关于做好海关研究的几点体会》《写作能力与发展》等专题讲座，进一步强化导师立德树人职责。

【发起研究生联合培养合作倡议】 2022年，学校全面贯彻落实党的二十大精神，聚焦长三角行业高等教育一体化高质量发展，主动发起长三角高水平行业特色大学联盟关于研究生联合培养的倡议，起草《长三角高水平行业特色大学联盟关于研究生培养的合作备忘录》，得到全体联盟成员高校一致同意。12月17日，在长三角高水平行业特色大学联盟2022年年会暨改革创新论坛中，联合中国计量大学（联盟秘书处）、安徽工业大学、安徽理工大学、杭州电子科技大学、江苏海洋大学、江苏科技大学、南京审计大学、南京信息工程大学、上海电力大学、上海海关学院、苏州科技大学、浙江海洋大学、浙江理工大学13所联盟成员高校共同签署《长三角高水平行业特色大学联盟关于研究生培养的合作备忘录》；并组织长三角高水平行业特色大学研究生院（处）院（处）长近20人参加分论坛，共同探讨交流各高校高质量研究生培养的经验、问题与解决路径。加强联盟高校在研究生教育人才培养、科学研究、社会服务、国际交流、咨政建言等方面开展多样化、多形式的广泛合作，探索符合新时代高质量培养人才要求的研究生培养模式，为长三角地区高层次人才培养、经济社会发展、服务地区和国家战略贡献智慧和力量。

【新建研究生实习实践基地】 2022年，为进一步深化产教融合协同育人，加强专业学位研究生实践教学，全面提高人才培养质量，学校加强各级、各类研究生实习实践基地建设，与上海金山区安联企业服务中心、上海徽盟企业服务中心、上海科橘信息科技有限公司、上海正译科技发展有限公司、上海译国译民翻译服务有限公司5家企业就建立校外实习实践基地和加强教育培训工作等互助协作事宜达成合作，签署合作协议，实现资源共享、互惠互利、共同发展。

撰稿人

蔡丽丽　薛　菲

第六篇

学术科研

科研工作

【概况】2022年，学校科研工作坚持以习近平新时代中国特色社会主义思想为指导，以聚焦深化改革、聚焦内涵建设、聚焦特色发展为主基调，加强科研创新，强化服务海关，促进工作创新发展，科研事业稳步推进。

学校全年承担科研项目总数87项，总经费709.95万元，其中，纵向课题经费309万元，较2021年增长60.1%；横向课题经费400.95万元，较2021年增长29.98%。获批国家级资助项目4项，较2021年的1项国家级项目有显著增长，省部级项目27项，其中海关总署署级课题2项，海关总署科技发展司项目1项，海关总署专项课题13项，获批海关总署及省部级课题数量创历史新高，同时参与海关总署署级课题3项；横向项目总数56项，创横向项目总数新高。年内共发表SSCI、SCI论文14篇，CSSCI、EI、WCJ论文11篇，其中，SSCI、SCI一区、二区和B类及以上学术论文15篇；正式发表的普刊论文90篇；出版专（译）著10部。获上海青年经济学者优秀成果奖1项，一级学会获奖6项，领导批示决策咨询报告3篇。

学校依托海关与经贸研究院，持续推进海关学的学科论证工作，就学科设置、研究方向等问题广泛开展调研，查阅和综述海关学学科论证的相关文献，初步形成海关学基本框架，推动学校"海关学"建设工作向前发展。

学校加强学术期刊建设，学术期刊《海关与经贸研究》已被中国知网、万方、维普、超星、博看、国家哲学社会科学学术期刊等数据库收录，实现期刊数字化，扩大了期刊的传播力和影响力。2022年，学校围绕《区域全面经济伙伴关系协定》（RCEP）、海关数字化转型、海关"三智"（智慧海关、智能边境、智享联通）、数字贸易、碳达峰与碳中和、深入学习贯彻党的二十大精神等主题，策划专栏稿件，加强质量把关，不断提升期刊的学术影响力。2022年共出版6期，每期发行3000册。

上海海关学院海关学会充分利用海关学会作为学校与海关、社会学术团体之间的重要桥梁开展学术交流。在新冠疫情期间，上海海关学院海关学会秘书处通过邮件、微信等方式，及时向各基层海关学会小组传达中国海关学会总会、中国海关学会上海分会的年度工作计划。2022年报送中国海关学会年度征文投稿共计9篇，其中，中国海关学会上海分会主题征文中获得一等奖1篇、二等奖1篇；中国海关学会上海分会综合类征文中获得一等奖1篇、二等奖1篇、三等奖1篇；中国海关学会上海分会海关史征文中获得一等奖1篇、二等奖1篇、三等奖1篇。中国海关学会上海分会2022年评优工作中，海关与公共管理学院小组被评选为优秀学会小组，韩晓梅被评为优秀会员，赵世璐被评为优秀学会工作者。

【发挥学术评价和指导作用】 2022年，学校学术委员会按照章程履行职责，围绕学校中心工作，以积极参与、科学评价、主动服务为工作导向，围绕学校党政提出的工作目标，在科学研究、专业建设、队伍建设、项目及成果评审、学术规范管理、重大事项学术咨询、教师高级职务学术能力材料评议等方面发挥作用，推动学校学术工作向更高水平迈进。

【获批海关总署署级课题立项】 3月，学校校长丛玉豪教授负责的“DEPA与海关参与数字贸易国际规则标准制定引导研究”获批2022年度海关总署署级课题立项。项目从我国数字经济高质量发展、深度参与全球数字经济治理和建设数字中国等方面，深入分析了我国加入《数字经济伙伴关系协定》（DEPA）的重要意义。副校长岳龙副教授负责的“强化口岸绩效评估提升口岸通关空间布局”获批2022年度海关总署署级课题立项。项目从推动全方位对外开放，实现制度型开放视角，深入开展口岸通关空间布局研究，研究提出加快构建口岸绩效评估体系、推进口岸管理有进有退的动态机制建设。

【修订科研管理制度】 5月，学校修订并实施新的经费管理办法等科研管理制度，体现自主创新精神，形成创新性、科学性和可操作性强的科研管理机制，为科研管理工作的规范化、科学化提供良好的制度保障和政策保证。

【专题征文活动获奖】 上海海关学院海关学会主动与中国国际贸易学会秘书处联系，学校期刊《海关与经贸研究》成为中国国际贸易学会年度征文活动的期刊合作单位，扩大学校期刊的知晓度和影响力。8月，上海海关学院海关学会积极组织参与中国国际贸易学会开展的2022年“中国外经贸发展与改革”专题征文活动，组织上报5篇高质量论文，其中获得三等奖1篇、优秀奖3篇，学校获得组织奖，扩大了学校教师在相关专业领域的影响力。

【获批国家社科基金一般项目立项】 8月，学校胡啸天博士负责的“韧性城市视域下社区教育推展机制研究”获批国家社科基金“十四五”规划2022年度教育学一般项目立项，资助经费20万元。9月，学校姚海华副教授负责的“区域协同发展视角下产业关联效应的测度优化及其政策含义研究”获批2022年度国家社科基金一般项目立项，资助经费20万元。学校王菲易副教授负责的“中国与RCEP成员国国门安全风险的跨境协同防控与韧性治理研究”获批2022年度国家社科基金一般项目立项，资助经费20万元。

【获批国家自然科学基金青年科学基金项目立项】 9月，学校王静博士负责的“基于空间网络的动植物贸易及潜在疫病海关风险防控研究”获批 2022 年度国家自然科学基金青年科学基金项目立项，资助经费 30 万元。项目拟通过动植物贸易网络分析模型及潜在疫病传播路径预测，建立基于空间的跨境动植物贸易监管分析工具，归纳分析网络结构特征及其驱动因素，揭示动植物贸易网络结构对潜在疫病传播路径的影响。其研究成果能够为落实国门安全，保护公共卫生健康与生物多样性，深入理解动植物—疫病关系，完善国际贸易协调制度提供新视角的策略性建议。

【加强对科研创新团队管理】10 月，学校科研部门梳理和分析学校科研团队的建设情况，组织科研创新团队中检和结项。在此基础上，进一步明晰思路，在明确学科特色发展方向的前提下，紧密对接海关发展亟须破解的难题，着力在海关学基础、海关发展战略、上海市经济社会发展重大问题等方面开展科学和应用研究，形成一系列专报成果。学校“碳关税对我国进出口贸易影响与应对研究”“联合国贸易和发展会议：数据和跨境数据流动的全球治理框架”“选择重点行业，探索在洋山特殊综合保税区试行加工增值免税政策”等十余篇研究报告被海关总署等相关部门内参录用。

【举办青年教师科研能力提升交流会】11 月 9 日，为提高教师的科研水平和能力，进一步营造教师从事科学研究的氛围，学校举办青年教师科研能力提升交流会。科研处处长杨骁教授主持会议，科研处编辑部赵世璐老师对如何撰写文章以及投稿流程提出了指导意见。会上邀请获得国家社会科学基金项目立项的姚海华博士和国家自然科学基金项目立项的王静博士进行宣讲，分别从选题意义、课题内容、书写规范、申报技巧等方面对如何申报国家级项目提出个人感悟和建议。老师们也就自己申报课题中遇到的问题进行咨询和交流。通过举办此次讲座，使广大青年教师对课题申报书的填写、研究选题和论文撰写与发表等方面有了全新的认识，也激发青年教师从事教学研究和科研研究的积极性，同时对提升青年教师教科研能力发挥重要作用。

【科研数据统计】2022 年，学术论文发表情况，被录用研究报告情况，出版专著、译著，国家级、省部级项目情况分别见表 1～表 3。

▲2022 年 11 月 9 日，学校科研处举办青年教师科研能力提升交流会

表 1　学校 2022 年论文发表一览表

序号	论文题目	所属单位	作者	发表刊物	刊物类型
1	*Development of the system of Customs Experts—the example of China Customs*	国际交流部	童话	*World Customs Journal*	WCJ
2	*The changes and impact of China's tariff concession policy in the context of the Regional Comprehensive Economic Partnership Agreement*	党校工作部	董强、成竟	*World Customs Journal*	WCJ
3	试论明代小说中钞关书写之景象版图与空间隐喻	公共教学部	杨国明	明清小说研究	CSSCI 来源期刊
4	影响人脸识别系统案件的刑法认定	海关法律系	纪康	中国社会科学报	CSSCI 来源期刊
5	国门安全治理的跨界性：双层跨域治理框架	海关与公共管理学院	王菲易	国际安全研究	CSSCI 来源期刊
6	贸易开放与地区经济增长：基于市场一体化的门槛效应考察	海关与公共经济学院	李向阳、赵永辉、柯稚晖	科学决策	CSSCI 来源期刊
7	区块链技术视角下我国跨境电商海关监管创新研究	工商管理与关务学院	匡增杰	国际贸易	CSSCI 来源期刊
8	数字经济模式下国际税收第一支柱对我国的影响与应对	海关与公共管理学院	黄丙志、朱雷檬	国际贸易	CSSCI 来源期刊
9	*Application of artificial intelligence in higher education senarios*	海关法律系	黄宇彤	*Journal of Harbin Engineering University*	EI
10	*Analysis of 3D Modeling and Detection of Wrong Action in Sports Training*	公共教学部	邵怡	*Springer Nature Switzerland AG*	EI
11	*Internal control index and enterprise growth: an empirical study of Chinese listed-companies in the automobile manufacturing industry*	工商管理与关务学院	高琦、吴烨、张佳玮、卜彦君	*Applied Mathematics and Nonlinear Sciences*	EI
12	*Age-related musk secretion and body weight in captive forest musk deer (Moschus berezovskii Flerov, 1928)*	海关与公共管理学院	王静、Robert B. WELADJI、孟秀祥	*North-Western Journal of Zoology*	SCIE 四区

续表1

序号	论文题目	所属单位	作者	发表刊物	刊物类型
13	*Optimization of Energy Management Strategy for Fuel Cell Hybrid Electric Vehicles Based on Dynamic Programming*	海关与公共管理学院	Du Changqing、Huang Shiyang、姜玉瑶、Wu Dongmei、Li Yang	*Energies*	SCI 三区
14	*Distributed Intrusion Detection System for Big Data Environment*	综合保障处	陈荣	*Computational Intelligence and Neuroscience*	SCIE 二区
15	*An efficient DBSCAN optimized by arithmetic optimization algorithm with opposition-based learning*	工商管理与关务学院	Yang Yang、Qian Chen、Haomiao Li、Yuchao Gao、Jinran Wu、刘婵娟、Shangrui Zhao	*The Journal of Supercomputing*	SCIE 二区
16	*Long-Range Dependence and Multifractality of Ship Flow Sequences in Container Ports: A Comparison of Shanghai, Singapore, and Rotterdam*	工商管理与关务学院	刘婵娟、Wu Jinran、Jayetileke Harshanie Lakshika、Hu Zhi-Hua	*Applied Sciences-basel*	SCIE 二区
17	*Overseas Warehouse Deployment for Cross-Border E-Commerce in the Context of the Belt and Road Initiative*	工商管理与关务学院	刘婵娟、Jinran Wu、Harshanie Lakshika Jayetileke	*Sustainability*	SCIE 二区
18	*Do circular economy practices matter for financial growth? An empirical study in China*	工商管理与关务学院	Yubing Yu、Jiawei Xu、Justin Zuopeng Zhang、吴烨、Zhongju Liao	*Journal of Cleaner Production*	SCI 一区
19	*Exploring a structural model of teaching enjoyment, Teacher self-efficacy, and work engage*	海关与公共管理学院	严晓	*Frontiers in Psychology*	SSCI 一区
20	*Long-Term Optimal Management of Rapeseed Cultivation Simulated with the CROPGRO-Canola Model*	检验检疫技术交流部	Wang Chunmei、Xu Mancan、王雨辰、Batchelor WD、Zhang Jian、Kuai Jie、凌霖	*Agronomy*	SCIE 一区
21	*Finite element approximation of fractional hyperbolic integro-differential equation*	公共教学部	赵振刚、郑云英、曾祥霖	*AIMS Mathematics*	SCIE 一区
22	*China's Embodied SO_2 Emissions and Aggregate Embodied SO_2 Intensities in Interprovincial and International Trade*	海关与公共经济学院	王恩慈、苏斌、钟声、郭钦鑫	*Technological Forecasting and Social Change*	SSCI 一区

续表2

序号	论文题目	所属单位	作者	发表刊物	刊物类型
23	*How to choose the signature operator such that the periodic pseudo-Jacobi inverse eigenvalue problem is solvable?*	公共教学部	Xu Wei-Ru、龚毅、Bebiano Natalia、Chen Guo-Liang	*Applied Mathematics Letters*	SCIE 一区
24	*Humble Leadership and Team Innovation: The Mediating Role of Team Reflexivity and the Moderating Role of Expertise Diversity in Teams*	工商管理与关务学院	雷星晖、刘蔚、苏涛永、单志汶	*Frontiers in Psychology*	SSCI 一区
25	*Trust, political knowledge and institutionalized political participation: Evidence from China*	海关与公共管理学院	李勇、于潇	*Current Psychology*	SSCI 一区

表2　学校2022年出版专著、译著一览表

序号	著作名称	作（译）者	所属单位	出版单位	著作类别
1	国际投资条约仲裁司法审查制度研究	魏彬彬	海关与公共管理学院	天津人民出版社	专著
2	全球治理视域下的国际海关法研究	王珉	海关法律系	法律出版社	专著
3	企业税务筹划合规指南	王永亮	海关法律系	人民邮电出版社	专著
4	海关法学	万曙春、娄万锁、吴展	海关法律系	法律出版社	专著
5	环境规制政策影响经济增长机理研究	于潇	海关与公共管理学院	天津人民出版社	专著
6	高校田径教学创新与体育教育教学改革研究	谢忆军	公共教学部	东北师范大学出版社	专著
7	世界贸易组织《贸易便利化协定》技术措施分析	郑继正	海关外语系	中国海关出版社有限公司	译著
8	贝乐兔故事集	安全勇	海关外语系	北京联合出版公司	译著
9	德国妈妈的儿童成长抗压课	邱海颖	海关外语系	中国经济出版社	译著
10	海行者：营救海豚女孩	邱海颖	海关外语系	海峡文艺出版社	译著

表 3　学校 2022 年承担国家级、省部级项目一览表

序号	项目类别	课题名称	负责人
1	国家级	区域协同发展视角下产业关联效应的测度优化及其政策含义研究	姚海华
2	国家级	中国与 RCEP 成员国国门安全风险的跨境协同防控与韧性治理研究	王菲易
3	国家级	基于空间网络的动植物贸易及潜在疫病海关风险防控研究	王静
4	国家级	韧性城市视域下社区教育推展机制研究	胡啸天
5	省部级	RCEP 框架下我国海关物流风险管控的机理与策略：基于网络分析的研究	刘婵娟
6	省部级	中国近代进口关税实际税率测算与经济效应研究	杨敬敏
7	省部级	大学生“躺平”心态的生成与应对机制研究	宋兆岩
8	省部级	双循环新发展格局下模块化跨界搜寻驱动中国本土制造企业高质量发展研究	王瑜
9	省部级	国家创新型城市建设对企业创新的影响研究：理论机制与中国经验	邓敏
10	省部级	准单边 Lipschitz 非线性延时系统的稳定化	董文强
11	省部级	基于高通量测序的食源性病毒风险评估体系构建及其在上海海 关口岸的应用	张子蕾
12	省部级	面向突发公共卫生事件的智慧应急物资保障体系研究	郑夏
13	省部级	跨境动植物贸易网络与海关动植物疫源病风险防控研究	王静
14	省部级	副溶血弧菌 PirAvp 和 PirBvp 毒素蛋白致病机制研究	刘厚荣
15	省部级	抑郁诱发大学生自杀意念的作用机制和干预研究	任丽杰
16	省部级	中国近代洋关、常关二元体系演化历程及制度比较研究	姚永超
17	省部级	中国海关史研究成果综述	王晓刚
18	省部级	中国近代海关法治化建设成效及其经验教训研究	娄万锁
19	省部级	中国海关高等教育史研究——基于对海关高等教育档案史料的分析	石博文
20	省部级	中国近代海关进口关税与经济近代化研究	杨敬敏
21	省部级	陕甘宁边区海关法律制度研究	陈阳
22	省部级	新中国海关管理体制的历史演进及其学科体系研究	王菲易
23	省部级	新中国海关工作方针和管理体制演变历史研究	王瑜
24	省部级	多维视阈耦合下的国门安全与近代海关应因研究	董强
25	省部级	涉密专项	丛玉豪
26	省部级	涉密专项	胡蓉
27	省部级	涉密专项	郑鹏飞
28	省部级	涉密专项	贾亮亭
29	省部级	强化口岸绩效评估提升口岸通关空间布局	岳龙（课题组组长）、谢晶（课题负责人）

续表

序号	项目类别	课题名称	负责人
30	省部级	DEPA 与海关参与数字贸易国际规则标准制定引导研究	丛玉豪（课题组组长）、万曙春（课题负责人）
31	省部级	数字技术冲击下的劳动者就业和收入分配效应研究	段景辉

撰稿人

冷　蓉　张雪凤　赵世璐

海关与经贸研究院

【概况】2022年，学校海关与经贸研究院认真学习贯彻党的二十大精神和习近平总书记关于经济全球化、贸易强国等重要论述精神，持续推进海关智库建设，聚焦海关改革发展问题开展研究，为服务上海等地方经济社会发展提供智力支持。年内完成译著《贸易合作：优惠贸易协定的目的、设计与影响》（*Trade Cooperation：The Purpose，Design and Effects of Preferential Trade Agreements*），发表《“双循环”推动中国自由贸易区高质量发展的思考建议》《整体性治理视野下的口岸管理现代化：理论逻辑、兴起动因与实践路径》2篇论文。

【服务教育培训】2022年，学校海关与经贸研究院黄胜强教授为商务部委托外援项目示范电子口岸与贸易便利化能力建设研修班、发展中国家海关通关便利化研修班（APEC、金砖、澜湄及“一带一路”）、发展中国家开放平台（自贸区、开发区、海关特殊监管区、高新技术开发区、国际产业合作园、境外经济合作园）建设与管理研修班分别作题为《电子口岸与贸易便利化》《中国边境口岸管理》《海关特殊监管区域在我国对外开放中的地位和作用》授课。

【出席上海市RCEP企业服务专场活动】9月9日，学校海关与经贸研究院黄胜强教授应上海市商委邀请，出席上海市RCEP企业服务专场活动，受聘上海市RCEP企业服务咨询中心站专家，并作题为“RCEP原产地规则与企业合理利用及风险规避”的主题演讲。

【出席上海市世界经济学会2022年年会】11月12日，学校海关与经贸研究院黄胜强教授应邀出席上海市经济学会2022年年会并作题为“我国对外开放战略的选择及海关职能的调整”的主题演讲。

【出席2022年大湄公河次区域经济走廊省长论坛】11月20日，学校海关与经贸研究院黄胜强教授应云南省人民政府邀请，出席2022年大湄公河次区域经济走廊省长论坛，就“RCEP下GMS合作发展模式”进行发言，从中国海关贸易便利化、边境口岸放大RCEP贸易自由化红利的作用等方面，讲解应如何深化国际合作，推动边境贸易发展。期间与社科院学部委员张宇燕等专家学者共同受聘大湄公河次区域经济走廊省长论坛专家委员会委员。

撰稿人

胡植野

海关史研究院

【概况】2022年，海关史研究院认真学习贯彻党的二十大精神和习近平总书记关于重视历史、研究历史、借鉴历史等重要论述精神，全面贯彻海关总署关于加强中国海关史研究的工作部署，全力推进海关史研究工作，为推动学校海关史学科建设、树立海关史研究学术权威谋篇开局。

组建科研团队，推进海关史研究。组织参与“中国海关史”项目研究。依托海关总署承接的国家社会科学基金特别委托项目“中国海关史”这一重要载体，组织引荐学校具有海关史研究基础的11名教师，参与“中国海关史”项目的3个子课题组［近代海关史卷、新中国海关史（中、下卷）］，海关史研究院副院长姚永超教授任该项目近代卷子课题组副组长。年内，海关史研究院承办“中国海关史”项目研究大纲的集中研讨工作2次。组织推进海关史专项研究。在海关总署2022年度海关史专项选题立项申报中，学校有9项课题获批立项，署级课题获批数量创历史新高。其中，海关史研究院获批1项，并承接海关总署关史办委托的“中国海关史研究动态”编制项目。

编纂出版学校首部年鉴。根据海关总署关于年鉴编纂出版工作统一部署，学校成立年鉴编纂委员会，制定编纂出版工作方案，由海关史研究院牵头负责学校首部年鉴即《上海海关学院年鉴（2022）》的编纂出版工作，以及《中国海关年鉴（2022）》撰稿等工作。首部年鉴编纂工作从2021年12月底启动，至2022年11月中旬交付中国海关出版社有限公司，历时近一年时间。2022年3月至6月，因新冠疫情学校实施封闭管理，年鉴编纂进度放缓，之后海关史研究院克服新冠疫情影响，通过线上线下结合的方式，相继组织完成资料收集整理、篇目大纲编制审定、分目撰稿、文稿统稿及校审等工作，经学校年鉴编纂委员会审定、校长办公会审议通过后，上报海关总署关史办审稿，定稿后交付中国海关出版社有限公司编辑出版。

建章立制，探索科研新路。根据《海关总署关于上海海关学院设立海关史研究院的批复》，海关史研究院主要承担开展海关史研究、学术交流合作、课题研究、期刊编辑等职责；同时，海关史研究院负责海关总署在学校设立的“中国海关史”研究基地的日常工作。作为新成立的内设研究机构，海关史研究院着力建立健全制度机制，探索科研工作“不落旧套、走出新路”的实践路径，年内制定出台特邀研究员管理办法等制度，探索建立机构开放、人员流动、内外联合、竞争创新的运行机制，以集聚海关史研究力量，高质量推进海关史研究工作。年内，海关史研究院从“中国海关史”项目组成员中首批聘任特邀研究员4人。

【举行“中国海关史”项目启动会暨海关史研究院揭牌仪式】 2月22日，国家社科基金特别委托“中国海关史”项目启动会暨上海海关学院海关史研究院揭牌仪式在学校举行。海关总署“中国海关史”项目领导小组组长胡伟主持启动会并讲话。胡伟组长要求项目组坚持以政治标准为首要、以确保精品为目标、以科学研究为中心，高效推进项目研究工作。海关总署党委委员、办公厅主任黄冠胜通报《国家社科基金特别委托项目“中国海关史”研究工作计划》，项目首席专家黄胜强对初步研究工作安排进行说明。项目启动会后举行海关史研究院揭牌仪式，校长丛玉豪主持并致辞，海关总署人事教育司时任司长吕伟红宣读海关总署关于同意成立上海海关学院海关史研究院的批复，胡伟组长为海关史研究院揭牌。会议以视频形式召开，在学校设主会场，海关总署有关部门领导、项目首席专家、各子课题负责人等在海关总署机关、广州海关、拱北海关分会场参加会议。

【举办“中国海关史”项目研究大纲集中工作会】 7月17日至22日，国家社科基金特别委托“中国海关史”项目组在学校举办研究大纲编写集中工作会。“中国海关史”项目领导小组副组长、首席专家黄胜强全程主持，会议围绕第二、三、四组编写的大纲初稿进行线上线下集中研讨，提出修改意见，对编写体例、结构顺序、概念表述、时间节点等问题达成共识。学校副校长王晓刚、海关总署关史办副主任詹庆华、项目组在沪成员等参加线下集中工作会，项目组其他成员参加线上会议。7月22日召开“中国海关史”项目推进情况暨海关史研究院工作汇报会，“中国海关史”项目领导小组组长胡伟主持会议并讲话，学校校长丛玉豪出席。首席专家黄胜强作项目推进情况汇报，学校副校长王晓刚作海关史研究院工作情况汇报。胡伟组长对项目组取得的工作成效予以肯定，对下一步研究工作提出要求。

【召开2022年海关史署级专项课题中期检查交流会】 9月21日，学校召开2022年海关史署级专项课题中期检查交流会，学校副校长王晓刚主持，各课题负责人、海关史研究院和图书馆等有关人员参加交流会。各课题负责人围绕课题研究进展情况、现阶段取得成果、结题计划及存在困难等进行交流；在研究成果方面，截至2022年年底，公开发表论文4篇、投稿且有望公开发表的论文3篇、获署领导批示的研究成果1项，孵化新增加国家社科基金一般项目1项、教育部人文社科基金一般项目1项。

【举行“中国海关史”项目研究基地揭牌仪式暨研究大纲研讨会】 9月28日，国家社科基金特别委托“中国海关史”研究基地揭牌仪式暨研

▲2022 年 9 月 28 日，国家社科基金特别委托“中国海关史” 项目研究基地揭牌仪式暨研究大纲研讨会在学校举行

究大纲研讨会在学校举行。海关总署“中国海关史”项目领导小组组长胡伟出席。学校校长丛玉豪主持“中国海关史”项目研究基地揭牌仪式，组长胡伟、副组长黄胜强共同为研究基地揭牌。胡伟组长全程主持研究大纲研讨会，听取“中国海关史”项目第一至第四子课题组研究大纲编制情况汇报，参与讨论并给予点评指导。海关总署关史办领导、学校相关领导、各子课题负责人在学校主会场参加会议，项目组其他成员线上列席。

撰稿人

蒋书怀

第七篇

学生工作

招生工作

【本科生招生】2022年，学校8个本科专业（审计学、行政管理、国际商务当年暂停招生）在31个省（自治区、直辖市）招生703人，完成招生计划数100%，实际报到人数690人，报到率为98.15%。海关管理、海关检验检疫安全、海关稽查3个本科专业在各省提前批次招生，录取新生598人，一本（自招）上线率100%，在全国各地录取最低分均超当地一本（自招）录取控制线，文史类平均超40分，理工类平均超81分，其中，内蒙古海关类专业理科最低录取分超当地本科一批线127分，辽宁省历史类最低录取分超当地特招线91分。其他专业分别在普通本科批、本科一批、本科二批、各类专项、内高班等批次招生105人，一本（自招）上线率90.4%。各专业累计693人超生源地一本（自招）控制线，一本（自招）上线率98.58%，继续保持较高水平。具体情况见表1。

表1　学校2022年各省（自治区、直辖市）录取分数线

序号	地区	科类	本一控制线[①]	本科提前批录取分数线[②]		本科普通批次录取分数线[③]		国家专项批次录取分数线[④]	
				最低分	最高分	最低分	最高分	最低分	最高分
1	北京	综改	518	570	601				
2	天津	综改	583	638	661				
3	河北	历史类	506	589	608				
		物理类	487	592	608				
4	山西	文史	517						
		理工	498	557	576				
5	内蒙古	文史	459	542	563			477	529
		理工	427	554	588			514	528

续表1

序号	地区	科类	本一控制线①	本科提前批录取分数线②		本科普通批次录取分数线③		国家专项批次录取分数线④	
				最低分	最高分	最低分	最高分	最低分	最高分
6	辽宁	历史类	500	591	615				
		物理类	501	606	650				
7	吉林	文史	511	536	565			536	536
		理工	488	557	566			536	550
8	黑龙江	文史	463	518	557			522	527
		理工	429	538	565			521	541
9	上海	综改	503	528	563	512	518		
10	江苏	历史类	525	582	599				
		物理类	516	611	627				
11	浙江	综改	592	639	657				
12	安徽	文史	523	566	580				
		理工	491	584	599				
13	福建	历史类	542	573	618				
		物理类	520	610	643				
14	江西	文史	529	576	577				
		理工	509	581	596				
15	山东	综改	513	593	630				
16	河南	文史	527	584	589				
		理工	509	589	627				
17	湖北	历史类	527	601	601				
		物理类	504	591	599				
18	湖南	历史类	499	559	605				
		物理类	475	593	610				
19	广东	历史类	532	548	599				
		物理类	538	592	642				
20	广西	文史	532	560	589			548	548
		理工	475	550	587			497	509
21	海南	综改	569	671	747			600	637
22	重庆	历史类	493	595	607				
		物理类	476	590	609				
23	四川	文史	538	577	619				
		理工	515	605	627				

续表2

序号	地区	科类	本一控制线①	本科提前批录取分数线②		本科普通批次录取分数线③		国家专项批次录取分数线④	
				最低分	最高分	最低分	最高分	最低分	最高分
24	贵州	文史	549						
		理工	451	571	574				
25	云南	文史	575	625	651			618	619
		理工	515	603	626			582	584
26	西藏汉	文史	430					523	523
		理工	400	484	484			520	520
	西藏民	文史	340					407	407
		理工	305	350	350			351	351
27	陕西	文史	484	554	554				
		理工	449	556	559				
28	甘肃	文史	485					513	513
		理工	442	512	518			516	516
29	青海	文史	445						
		理工	393	493	493				
30	宁夏	文史	487	526	530				
		理工	412						
31	新疆汉语言	文史	443					437	452
		理工	400					393	427
	新疆民考汉	文史	340						
		理工	308						
32	内地西藏班	文史	390			345	367		
		理工	360			328	407		
	内地新疆班汉语言	文史	485	505	581				
		理工	472	482	541				
	内地新疆班民考汉	文史	453			441	469		
		理工	425	491	491	417	458		

注明：

①各省（自治区、直辖市）本一控制线以各省（自治区、直辖市）公布为准，浙江省为第一段分数线，北京市、天津市、上海市、山东省、海南省为特殊类型招生控制线。

②本科提前批指海关管理、海关检验检疫安全专业、海关稽查专业。

③本科普通批次指法学、税收学、经济统计学、物流管理、英语专业，上述专业除河北省、河南省、青海省纳入本科普通一批次录取外，海南、天津、辽宁、山东、浙江、上海、广东实行本科同一批次录取（不区分本一、本二批

次），其他各省（自治区、直辖市）上述专业均在本科二批次录取；空白项表示该批次在该地无计划。各省（自治区、直辖市）分专业录取批次以各省（自治区、直辖市）招生办公布为准。

④新疆汉语言的国家专项批次为南疆专项计划和国家专项计划。

⑤各省（自治区、直辖市）录取最高分和最低分以各省（自治区、直辖市）招生办公布为准。

【硕士研究生招生】2022 年 4 月，学校开展硕士研究生复试工作，首次采用“全云端”的分散式线上复试录取工作方案，复试考生、专家和考务管理人员全部于线上云集，全校线上线下一盘棋，坚决落实教育部和上海市教育考试院要求不打折。在校研究生招生工作领导小组统一领导、监察小组全程监督下，2022 年共计划招生 110 名，录取 110 名，招生计划完成率达 100%。录取的 50 名公共管理硕士考生中，有 48 名来自全国海关，包括大连、广州、哈尔滨等 20 个直属海关，较往年新增汕头海关关员。历年录取的公共管理硕士研究生已分布全国 35 个直属海关单位；税务硕士考生生源中，本科毕业于南开大学、中央财经大学、上海财经大学等“双一流”重点院校的考生同比增长近 10%，生源质量明显提高。

撰稿人

桂　佳　蔡丽丽

培养工作

【概况】2022年，学校学生工作坚持以习近平新时代中国特色社会主义思想为指导，深入学习宣传贯彻党的二十大精神，深刻认识“两个确立”的决定性意义，不断增强“四个意识”、坚定“四个自信”、做到“两个维护”。全年工作始终聚焦立德树人根本任务，围绕学校党政工作要点，立足“三型一高”人才培养，不断强化“三全育人”，切实提升学生综合素养。坚持为党育人、为国育才，充分发挥党建示范品牌引领作用，艰难挺过疫情大考，进一步增强学工队伍凝聚力、战斗力，带动核心业务高质量发展，推动学生工作再上新台阶。

凝聚力量，强化党建工作引领力。持续跟进学习贯彻习近平新时代中国特色社会主义思想，认真学习党的十九大和十九届六中全会精神。党的二十大召开以来，学校学生党支部书记积极做表率，为支部学生党员讲党课、开展谈心谈话等，有力促进了党的二十大精神在学生党员中入脑入心。在疫情大考面前，全体师生党员亮身份、做表率、勇担当，冲在最苦、最累、最难、最险第一线，有效保障师生的生命安全和心理健康。

广泛参与，争创优质思政品牌。学校学生思政工作以“贴近学生、乐于接受、真正受益”为导向，提高学生的参与度和获得感，且取得了较好的效果。年内，广泛动员学生，组织开展了“宪法卫士”系列活动、“海关情·大学梦·塑新生”迎新活动、第七届超级梦想班等学生喜闻乐见的活动，这些活动也已经成为了面向学生的优质思政品牌项目。其中，“宪法卫士”网上学习及竞答活动，全校青年参与率高达91.22%，成果丰硕，获上海市教育委员会表扬；新生课群活动成功入选2022年度易班优秀组织奖；第七届超级梦想班荣获全国易班年度优秀共建案例等。

推动创新，积极组织学生参加各类竞赛。学校积极开展学生创新教育，组织学生参加国家级、省市级高水平竞赛。全年学校荣获上海市“挑战杯”1银5铜，“互联网+”1银1铜，“知行杯”三等奖7项，“工行杯”三等奖1项、优胜奖1项，“汇创青春”三等奖7项，“三创赛”优胜奖3项、最佳组织奖1项共28项荣誉。

拓展视野，打造国际学生学术论坛。面向全球海关专业院校及研究机构开展首届海关院校大学生国际学术论坛，共收到来自5个国家6所院校的51篇学术论文。11月25日，以线上线下相结合的方式隆重举行国际学术论坛。学术论坛在“上海第一教育”进行了宣传报道。

强化使命，就业工作成效显著。面对疫情对就业工作的强大冲击，学校强化使命担当，认真落实就业工作“一把手”工程，各教学单位主动担责，凝聚合力促就业，初次毕业去向落实率为90.92%。着力推进“书记校长访企拓岗促就业”专项行动，开展线上线下宣讲会、招聘会30余场，参与单位2万余家，发布职位数7万余个。强化思想引领，开展8场次“就业创业政策宣传”系列主题教育活动。落实就业优先政策，针对困难学生“一人一档”精准帮扶，优先推荐3个以上工作岗位。

加强关爱，构筑学生心理健康堤坝。年内，为扎实做好学生心理健康教育与生命教育，学校组织开展“第十七届心理健康宣传月、生命教育宣传月、新生季主题活动、学生心理普测等活动。学校承办上海市教育委员会“生命守门人”专项培训，增强对师资队伍实战、操作能力的训培训，取得了良好的效果，受到了参训学员、高校和上海市教育委员会的高度认可与肯定。

强化安全，建设高校安全教育示范点。在浦东反恐办的协助下，已在活动中心二楼建立高校安全教育示范点。通过“生命守门人”培训等项目，来自同济大学、华东师范大学、华东政法大学、上海体育学院、上海视觉艺术学院、上海邦德职业技术学院、上海农林职业技术学院、上海震旦职业技术学院等10所高校的24名保卫处领导和干部参加了本次培训。学校安全教育的做法和效果得到上海市其他高校的充分肯定和宣传，进一步扩大了学校的影响力。

多元联动，推动准军建设再上新台阶。学校筹备建设准军院校联盟，形成准军院校联盟章程及工作机制。由上海海关学院牵头，联合南京森林警察学院、上海公安学院、上海海事大学、上海民航职业技术学院、浙江警察学院共同发起准军事化管理院校联盟。现已建立准军院校联盟章程及工作机制，起草形成《准军事化管理院校联盟章程（草案）》与《准军事化管理院校联盟成员高校合作协议》，并在工作群中征求了各方意见，相关筹备工作已完成。

【学生处党总支积极发挥抗疫战斗堡垒作用】2022年，面对上半年上海遭遇的特大疫情，在学校实施封闭管理期间，学生处全体党员亮身份、做表率、勇担当，冲在最苦、最累、最难、最险第一线，连续112天24小时在校服务学生：从防疫宣传教育培训到特殊学生的情绪安抚危机处理；从一日三餐配送到核酸抗原检测；从送医送药上门到密接确诊转运；从筹措打包物资一间间清扫毕业生宿舍到联系专车运送学生安全返乡等。下半年4批次1773名学生返校，全员披挂齐上阵，保障返校工作各环节顺利进行。在整个校园保卫战中，学生处党总支充分发挥了战斗堡垒作用和党员先锋模范作用，得到了家长和学生的理解和认可。

【开展党的二十大等精神专题学习】2022年，学校持续跟进学习贯彻习近平新时代中国特色社会主义思想，认真学习党的十九大和十九届六中全会精神，围绕《习近平谈治国理政》（第四卷）重点篇目，特别是习近平总书记关于教育和青年工作的重要论述开展学习研讨，切实抓好政治理论武装。党的二十大召开以来，学生处党总支带头示范学习，11 个隶属支部书记齐上阵，一线领学悟精神，累计开展宣讲 20 余次。通过学习，深刻领会“两个确立”的决定性意义，切实增强“四个意识”、坚定“四个自信”、做到“两个维护”。

【深化队伍思想政治建设和师德师风建设】2022 年，学校加强党员队伍建设，安排辅导员参加上海市的线上线下培训 17 人次，进一步拓展视野，提升能力。全体学工人坚持人民至上，坚持以学生为本，主动增强服务意识，克服人员少、业务杂、条线多等困难，努力把“三全育人”落到实处。在年底学校开展的调研中，学生对全体辅导员工作的满意度达到 96%。

【推动“3+2 学工先锋”品牌建设】2022 年，学校学生工作部门认真探索工作规律，大力推动“3+2 学工先锋”品牌建设，以“学习型、服务型、活力型”基层党组织建设为主要目标，以“党建带团建、思政带培养”为基本思路，不断完善党建工作机制，全力提升学生教育培养的效果。年内，参加全国海关党建示范品牌复审，经海关总署审核顺利通过。隶属学生党支部中的第一党支部、第六党支部获评上海高校“百个学生样板党支部”，1 名研究生党员获评“百名学生党员标兵”。

【以党建带团建】2022 年，学校重点打造“海思宣讲团”“关魂青年团队”“时代先声研习社”“青马社”4 个学生理论社团，以培训会、读书会等形式提升大学生理论素养，指导学生面向校内外，开展线上线下相结合的理论宣讲，通过“党史故事”“中国海关故事”等大学生喜闻乐见的方式大力宣传习近平新时代中国特色社会主义思想。4 个社团均入选“百团知百年”沪上高校党史主题宣讲活动百大社团，“海思宣讲团”入围上海市高校理论社团联盟。

【培养学生骨干队伍】2022 年，学校深入学习贯彻党的二十大精神，强化学生骨干队伍建设。在学生组织建设方面，积极开展团支书大会、团校培训等培养活动，动员全校基层团支部开展党史学习活动，主题活动开展率均为 100%，先后斩获 2021 年上海团员青年党史知识竞赛最佳表现奖、2022 年上海学校共青团主题微团课大赛二等奖和三等奖。在评优表彰方面，学校共评选出 6 个红旗团支部、210 个优秀共青团干部、278 个优秀共青团员、10 个十佳优秀青年，表彰志愿服务标兵 244 人、优秀志愿者 730 人。在骨干队伍建设方面，定期召开团代会、学代会，开展团学骨干“青马工程”培训与述职评议工作，共开展 6 场“青马工程”骨干培训，培养学员 349 人，覆盖座谈交流、技能培训、专题团课等内容。

【学生科创竞赛成果丰硕】2022 年，学校举办第八届科创文化节，搭建“关创”海关特色科创育人品牌，组建科创教师和学生团队，开设名师讲坛，构建培训课程安排，形成立体化科创培育体系；组织优秀学生团队参加市级、国家级比赛选拔，培育和选树创新创业人才。全年学校荣获上海市“挑战杯”1银5铜，“互联网+”1银1铜，“知行杯”三等奖7项，“工行杯”三等奖1项、优胜奖1项，“汇创青春”三等奖7项，“三创赛”优胜奖3项、最佳组织奖1项共28项荣誉。

【学生青春战“疫”勇担当】 2022年，在SCC志愿服务总队的基础上，创新组建6个分队，打造学雷锋志愿服务队、校园战疫志愿服务队、迎新服务队、暑期常态化志愿服务队、红十字志愿服务队、进博会志愿服务队品牌，组织了千余名志愿者在服务学校疫情防控、西部计划、为老行动、社区服务等中建功历练。累计有31篇媒体报道，其中市级及以上有14篇，学习强国、海关发布、青春上海、《青年报》、上海青年志愿者等多家媒体对学校志愿者进行了相关报道。

【第五届中国国际进口博览会志愿服务】 2022年，学校团委积极响应团市委号召，有序组织第五届中国国际进口博览会（以下简称“进博会”）志愿服务工作。经过严格筛选审核等程序，选拔出28名优秀学生成为学校第五届进博会“小叶子”，开展校级及市级培训相关课程，举行学校第五届进博会志愿者出征仪式，组织开展志愿者临时党、团支部成立仪式及志愿者主题团日活动。在校团委的引领下，学校28名进博会“小叶子”完成志愿服务工作，每人日均上岗时间近12小时，累计签到256人次，累计志愿服务时长达2649.6小时，发布推送15篇，累计阅读量近7000次。志愿者们用坚定的决心、顽强的信念彰显了新时代海关青年爱国奉献、堪当大任的青春本色。

【学生权益维护】 2022年，学校持续深化学生权益维护服务，努力发挥“点亮一盏灯、照亮一大片”作用，定期举办“校长面对面”“书记零距离”“关院说”评论员等品牌活动，传达校情校讯，给学生提供与党政领导、职能部门面对面沟通的常态化畅通渠道；创新性地搭建了“解忧信箱”线上解忧平台，“有一分热，发一分光”，探访舆情学风，反馈学生诉求，以实际行动解决学生“急难盼愁”问题；不断优化学生权益工作机构，擦亮新品牌“关小权”工作室，建好做强模拟政协学生社团；为深化组织改革，转变工作方式，助力学生成才和学校发展，召开学校第三十四次学生代表大会，扩大提案征集范围，强化广大学生的“主人翁”地位，更好地维护同学权益。

【开展“我为同学办实事”主题活动】 2022年，学校持续深入开展“我为同学办实事”系列主题活动，围绕迎新、就业、疫情防控、权益维护等方面为学生服务；举办“学子论坛”“校园公益伞”等服务项目，进一步深化全心全意服务广大同学的根本宗旨。强化就业指导，助力学生发展积极开展“千校万岗”就业团干部精准帮扶行动、“扬帆计划”、“返家乡”社会实践、“志愿服务西部计划”等就业工作项目。

【学生社团建设】 2022年，学校学生社团深入实施精品社团养成计划，强化思想引领，着力推动社团品牌发展。学校乘风话剧社获评2022年度上海高校活力社团，数学建模社、3D建模社获评“十四五”期间首批上海市学生科技创新社团，关雎合唱团、民乐社分别成功加入上海学生合唱联盟、上海学生民乐联盟。在上海大学生舞蹈才艺展示活动中，学校获评优秀组织奖，舞蹈作品《和离书》《伊茹勒》荣获非专业组三等奖。学校学生荣获第四届中华经典诵写讲大赛上海赛区比赛三等奖 1 项、优秀奖 6 项。1 项戏剧作品入围第一届上海校园戏剧节，获评入围奖。舞蹈队作品《追熠》成功入围 2022 年上海市群文新人新作展评展演活动，并参加线下展演。

【开展心理健康宣传月】2022 年，在上海市教育委员会德育处及上海学生心理健康教育发展中心的指导下，学校心理健康教育中心于 3 月至 5 月组织开展了“第十七届心理健康宣传月”。本次宣传月的活动主题为“我型我秀，拥抱当下，心向未来”。活动期间共举办主题活动、心理班会、研讨会、讲座与团体辅导等共计 21 场，覆盖师生共计 2000 余人次。

【开展生命教育宣传月】2022 年，学校第十届生命教育宣传月于 11 月至 12 月开展，活动主题为“倚光而栖，用心生活——疫情当中的自我生命照顾”。本次宣传月旨在普及生命教育知识，让学生更加了解生命、珍爱生命，引导学生适应后疫情时期的新形势，以积极乐观的心态面对生活。本次宣传月共组织开展专题活动 16 次。

【开展“新生季”主题活动】2022 年，学校的“新生季”主题活动旨在帮助新生习得新角色、适应大学生活、学会人际交往，帮助新生顺利实现从高中到大学的角色转变，树立心理健康意识。“新生季”主题活动自 10 月至 11 月开展，针对新生心理委员进行了专业心理知识培训，面向新生开展了一系列心理讲座和团体活动，并向全体新生发放了心理适应手册。

【组织学生心理普测】2022 年，为全面掌握学校新生心理健康状况，帮助学生更好地认识自我、发展自我、完善自我，学校心理健康教育中心组织开展了 2022 年秋季学期新生心理健康评测筛查工作。包括研究生在内的共 817 名新生参与了本次普测。本次普测借助信息化平台，配有专人组织监督；同时，针对部分学生进一步进行访谈。通过本次普测工作，校心理健康教育中心掌握了新生的基本状况，为后续开展学生心理健康工作提供了方向。

【承办“生命守门人”专项培训】2022 年，在上海市教育委员会的支持下，学校举办了“生命守门人”专题培训。该专题培训为期两天，来自华东师范大学、华东政法大学、同济大学、上海体育学院、上海视觉艺术学院、上海农林职业技术学院、上海震旦学院等 10 余所高校的 34 名教师参加。培训内容侧重于对师资队伍实战、操作能力的训练，在课程设计上受到了参训学员、高校和上海市教育委员会领导的高度认可与肯定。

撰稿人

刘晓敏　宋丽萍　蔚晗嫣

就业工作

【概况】2022年，学校秉承“为党育人、为国育才”的理念，深入贯彻落实党中央、国务院“稳就业”“保就业”决策部署，强化落实“一把手工程”，实施精准就业指导，挖潜创新拓岗位，落实托底的保障工作，加强就业信息化建设，促进2022届毕业生充分就业、高质量就业。

学校强化“国门卫士”思想引领，厚植行业情怀。以课堂为阵地，引导学生树立海关意识；党建引领毕业季，提升毕业生服务国家的使命感。组织校领导为毕业生上最后一次思政课、毕业生党员座谈会等活动，增强毕业生行业情怀和责任担当意识。强化毕业生的求职能力培训，组织求职技能提升训练营、模拟面试实战训练营、优“仕”项目等活动共计30余场，覆盖学生900余人次。完善多元职业咨询体系，持续引进校企合作资源，实施职业能力测评、“一对一咨询”，提供线上精细化的职业发展辅导。

学校2022届毕业生694人，其中，本科毕业生615人，硕士研究生毕业生79人，初次毕业去向落实率为90.92%。2022届毕业生对学校就业指导与服务工作的评价总体满意度为97.91%。

孙浩、王杨两位老师分获2022年上海高校毕业生就业工作优秀工作者。

【实施“一把手工程”压实就业责任】2022年，学校坚持以习近平新时代中国特色社会主义思想为指导，认真贯彻党中央、国务院关于就业工作的“稳就业”“保就业”决策部署，始终把毕业生就业摆在突出位置。党政主要领导在学校党委常委会、校长办公会上多次专题研究部署就业工作，针对性推动工作。创新实施校领导、职能部门、院系“结对”机制，开展督战与指导。强化“五位一体”联动协同机制，合力、全力促进毕业生更加充分、更高质量就业。

【推进2022届毕业生就业工作】6月4日，学校召开2022届毕业生线上就业工作推进会，校长丛玉豪、副校长岳龙和王晓刚、各院系党政负责人、研究生处、教务处、学生处部门主要负责人、专业负责人、毕业班辅导员参加了此次会议。会议由副校长岳龙主持。

【“书记校长访企拓岗”促就业】2022年，学校深入落实“书记校长访企拓岗促就业”专项行动，制定《关于开展上海海关学院书记校长访企拓岗促就业专项行动工作方案》，率先垂范，带动全校全员深度参与，线上线下走访用人单位；分类、分行业线上线下宣讲会、招聘会14场，吸引5000余家用人单位参会，发布职位数1.5万个；加强校政企合作，积极与全市各区的就业促进中心合作，完成各区县就业专场活动16场，吸引1万余家用人单位参会，发布职位数3万余个。推送就业指导、就业岗位信息600余条，就业公众号阅读量累计4万次以上。

【举办2023届毕业生秋季视频面试招聘会】11月18日，学校启动2023届毕业生就业促进服务月系列活动，开展2023届毕业生秋季精细化视频面试招聘会。

【“数据跑路”推进就业】2022年，学校面向2022届毕业生及用人单位开展就业调研，全面、客观、准确地反映学校2022届毕业生就业状况，分析、评价毕业生就业质量，有利于改进本校人才培养和就业创业服务工作。全方位启动“线上就业手续”模式，优化就业信息系统功能模块，持续为毕业生提供“毕业生报到证办理”和“毕业生签约手续”线上办理等服务，积极推进网上签约，做到了“疫情隔不断，就业不掉线”。

【获上海市高校创业指导站年度评估达标B级】2022年，根据《上海市人民政府办公厅关于印发〈上海市鼓励创业带动就业专项行动计划（2018—2022年）〉的通知》（沪府办发〔2018〕24号）、《关于落实本市鼓励创业带动就业专项行动计划有关事项的通知》（沪人社规〔2018〕37号）、《关于进一步推进院校创业指导站高质量发展的实施意见》（沪就促〔2021〕7号）的文件精神，上海市就业促进中心联合上海市学生事务中心于10月18日至19日举行了2021—2022年度院校创业指导站服务成效集中评审会（本科组）。学校创业指导站认真筹备，顺利通过了书面评审、负责人陈述、专家组提问等环节，获评达标B级。

撰稿人

古宇薇　易　灿

第八篇

师资队伍建设

人事工作

【概况】2022年，学校坚持以习近平新时代中国特色社会主义思想为指导，贯彻落实中央人才工作会议精神，按照海关总署各项工作要求，紧密围绕学校事业发展方向和重点目标，全力推进干部队伍和人才队伍建设。

强化思想政治教育。以习近平新时代中国特色社会主义思想教育引导全体教职工，组织教职工学习宣传贯彻党的二十大精神，学习习近平总书记系列重要讲话和指示批示精神、习近平总书记关于教育的重要论述特别是关于教师工作的重要指示批示精神等，分级分类抓好学习，教育引导广大党员干部和教师增强“四个意识”、坚定“四个自信”、做到“两个维护”，进一步把握好正确方向引导。

开展岗位技能和专业培训。聚焦海关发展需要和社会发展需求，组织教职工参加“2022年海关统计制度方法网上培训班”“2022年哲学社会科学教学科研骨干研修班”“中青年干部培训班”等，不断提升学校教职工育人能力、创新能力和服务社会能力；组织教工参加海关行政执法考试，进一步增强学校教职工学法用法的积极性和主动性，加深对海关行政法律法规和业务知识的理解。

完善部门绩效考核和个人年度考核。学校每年年初根据海关总署要求、学校事业发展目标和发展规划、对标上海市高校分类评价指标体系，制定各个单位和部门的绩效指标，2022年共制定417项。年终考核落实情况，考核成绩与评优评先挂钩，一方面将考核工作与正向激励相结合，充分调动了教职员工的积极性；另一方面将考核工作与学校事业发展相结合，立足学校薄弱环节，重点突破，建立以绩效为导向的激励约束机制激发各部门的潜能。同时，根据个人考核中存在的问题，对个人年度考核实施办法进行了修订，针对教职工关注的临退考核、人员分类、科研成果等内容进行了优化和明确，突出人文关怀，调动教职工积极性、主动性。

【公开招聘工作】2022年，学校通过公开招聘方式持续提高专任教师比例，不断优化专任教师比例。经公开招聘，2022年正式录用6名青年博士（海关与公共管理学院2名、工商管理与关务学院1名、检验检疫与技术交流部2名、公共教学部1名）。人事处持续做好已录用人员后续工作跟进，包括办理落户手续5人次、办理事业单位身份备案手续6人次、组织上海市青年教师岗前培训7人次、组织海关系统新关员初任培训7人次；结合各部门申报情况和学校实际，拟定学校2023年公开招聘简章，计划对外公布三大类共计36个岗位，一是其他专任教师21人；二是高层次人才10人；三是辅导员5人。

【培训管理】2022年，学校深化对教职工的思想政治引领。组织“上海海关学院学习贯彻党的十九届六中全会精神培训”“学习贯彻党的十九届六中全会精神网上专题班”“学习宣传贯彻党的二十大精神专题课程”等培训工作，进一步把握好正确方向引导。在海关总署人事教育司、卫生检疫司、全国海关教育培训中心的统一安排部署下，学校对接深圳海关、广州海关，组织学校师生及重点岗位工作人员参加“校园疫情防控”专题直播培训。4月19日至20日学校师生线上收看讲座，累计观看1000余人次，不断提升师生疫情防控和应急处置能力。组织海关行政执法资格考试，助力提升法治素养。根据海关总署的相关要求，9月组织了3场海关行政执法资格考试，进一步增加了学校教职工学法用法的积极性和主动性，加深了对海关行政法律法规和业务知识的理解，提升了学校教职工业务能力和法治素养。组织教职工参加了“全国高校党委书记校长提高政治能力专题培训班”“2022年海关统计制度方法网上培训班”“联合国货物贸易统计制度方法网上培训班”“2022年哲学社会科学教学科研骨干研修班”“中青年干部培训班”等，不断提升学校教职工育人能力、创新能力和服务社会能力。

【专业技术聘任】2022年，为进一步深化学校教师和其他专业技术职务评聘制度改革，学校结合实际反复组织论证，并面向全体教职工征求意见后再次论证，经校学术委员审议并报校长办公会议同意后，于3月份正式印发《上海海关学院教师和其他专业技术职务评聘实施细则》。该实施细则分别就教师系列专业技术职务评聘条件、教育教学类成果及级别认定、各类学术期刊认定、科研项目级别认定、科研获奖级别认定、决策咨询类成果级别认定等方面进行明确；在进一步优化评聘程序的基础上，分类评聘岗位、完善成果要求、丰富成果类别、明确认定口径，并结合海关总署要求、上海市相关规定和学校实际，按学术水平与工作业绩相结合的原则对其他系列的评聘条件均作了明确，打通了其他系列专业技术人员的晋升通道。根据这一实施细则的相关规定，结合海关总署、上海市工作要求，学校于9月启动相关程序，组织教师系列高级职务申评人员外送评议。

【薪酬福利与机构编制】2022年，学校完成43名“中人”（2014年10月1日至2021年9月30日期间到达退休年龄的在编教职工）工作年限认定工作；完成41名“中人”的养老待遇申领工作；对《上海海关学院教职工医疗费补助办法进行了修订》，同时，完成本年度90余名教职工医疗费补助审核、发放及材料归档工作；根据学校学科专业发展实际、职能部门工作实际，完成对相关部门主要职责、隶属科室和人员编制的调整工作。完成在编教职工、校管劳务工按月工资发放工作，完成各类慰问补助10余人次、探亲费托幼费报销100余人次。完成海关总署和上海市各类统计报表6份。初步拟定学校收入分配制度改革方案。

【部门绩效考核】2022年，根据学校事业发展目标和学校“十四五”发展规划，人事处紧紧围绕2022年的主要工作任务，对标上海市高校分类评价指标体系的要求，制定教学单位部门绩效指标54类，共272项；非教学单位根据行政工作要点及绩效目标要求分为Ⅰ类、Ⅱ类和Ⅲ类指标，共175项。年底制定了部门绩效考核工作方案，推动部门绩效考核有序进行，组织召开非教学单位绩效考核量化评议会和2022年度基层党组织书记抓党建述职与部门绩效考核测评会，实现“线上”民主测评和“线下”量化评议综合考核，完成2022年度全校所有部门的绩效考核工作。

【个人年度考核】2022年，根据个人考核中存在的问题，在广泛征求意见基础上，学校对教职工个人年度考核实施办法进行了修订，主要对教职工关注的临退考核、科研成果周期、考核结果适用等内容进行了优化和明确，考核办法修订对临退休教职工给予了适合其年龄特点的科研考核要求，突出人文关怀，不断让教职工厘清岗位需要与个人水平适应度，调动其积极性、主动性，以推进学校更好更快发展。下半年针对教职工考核过程中人员分类、数据统计等难点问题，提前做好考核前置和人员分类工作，制定2022年度教职工个人考核工作方案；根据教务处、科研处、研究生处和国际交流部提供的教学科研数据，对全校教职工考核数据进行数据采集，同时组织开展对除专任教师外的其他人员进行线上民主测评，对特殊情况教职工开展线下考核。对所有二级单位负责人开展总结述职和基层民主测评考核。根据各部门考核人数确定各部门优秀等次人员比例，最终确定学校全体教职工年度考核等次。

【离退休工作】2022年，学校离退休工作坚持以习近平新时代中国特色社会主义思想为指导，以习近平总书记关于老干部工作重要指示为根本遵循，以“让党委放心、让老同志满意”为目标，坚持政治引导与生活关心并重，总结探索疫情防控常态化形势下离退休干部工作的经验做法，不断优化传统服务方式，丰富线上服务手段。积极提升老干部工作信息化、精准化、规范化建设成效，助力学校老同志共享改革发展成果。截至12月31日，学校离退休人员158人。学校积极组织离退休党支部活动，举行“建言二十大”“我看中国特色社会主义新时代”专题调研座谈，开展“送温暖、送关爱”共同抗疫慰问，为满50年党龄的老党员颁授“光荣在党50年”纪念章，持续更新离退休教职工的健康档案，积极推进亲情化、个性化、多样化和“一人一策”的精准服务。

撰稿人

杜婷婷　杨　翎　陈　敏　夏开封

队伍建设

【概况】2022年，学校坚持以“严”为基，以“实”为要，用高标准、严要求提升干部工作的针对性和规范性。为进一步加强高素质专业化干部队伍建设，激发干部队伍活力，学校启动新一届干部聘任、选任、管理人员职级晋升、辅导员“双线”晋升等工作，学校制发《上海海关学院2022年管理人员晋升聘任工作方案》，修订《上海海关学院辅导员“双线”晋升实施办法》，晋升七级管理岗位干部10名、八级管理岗位干部3名；制发《上海海关学院2022年部门领导干部聘任工作方案》，聘任部门正职13名、部门副职17名、科室领导干部8名；其中6名部门正职、7名部门副职、3名科室领导干部进行了岗位交流；选任五级管理岗位干部6名；选任六级管理岗位干部7名、科室领导干部12名。

持续做好青年教师的培育。组织上海市青年教师岗前培训、组织海关系统新关员初任培训；选派教师赴海关总署、上海海关开展产学研践习工作；实施“青年博士教学科研扶助计划”，修订《上海海关学院科研启动费管理办法》和《上海海关学院教育教学培育计划实施办法》，采用资助和考核相结合、分类申请项目的方式，鼓励新录用青年教师积极取得高水平科研成果和教学成果，2022年新入职青年教师科研启动费和教学培育计划达100%全覆盖。

加强师德师风建设。将师德考核贯穿于教育教学和科学研究的全过程，把政治标准和师德表现贯彻到教师考核、评聘和奖惩等各个管理环节。围绕“喜迎二十大，奋进新征程”主题，召开教师节座谈会倾听教师心声；定期开展教师思想动态调研；开展师德师风网络培训班；颁发“30年教龄”荣誉称号，制作教职工获奖光荣册，宣传先进典型。

【加强干部日常监督】2022年，学校严格开展领导干部个人有关事项报告查核工作，对39名五级、六级岗位领导干部个人有关事项报告进行全面审查，其中随机抽查核实4名；结合干部选任工作，对15名拟提任干部个人有关事项进行重点抽查核实；2022年，如实报告率达100%。开展违规兼职及投资企业专项清理整治，完成287名在编教职工自查工作，11名企业兼职或投资人员完成退出或注销手续。

【教师工作部工作】2022年，学校以培训学习为载体，提高教师政治能力和职业素养；以支部为单位，组织教师深入学习贯彻党的二十大精神、观看《习近平的教师情》专题片、学习习近平总书记给北京师范大学“优师计划”师范生重要回信精神等，全员覆盖完成党的十九届六中全会精神专题培训；举办“立德树人、思政铸魂——高校思想政治理论课高质量发展”等2期网络培训班，教育引导教师深刻认识“两个确定”、坚决做到“两个维护”。以思想动态调研为抓手，增强教师思政工作有效性。年内，围绕教师价值观念、从业态度、师德建设、教风学风、学生评价等方面，开展2次教师思想动态调研，调查显示，教师思想状况稳定，重视师德素质，能严格按照规范要求自己，关心学校发展规划。以培养教师实践能力为目标，促进教师教书育人。年内，完成青年教师教育教学培育计划第一阶段考核14人，配备青年教师导师5人，启动青年博士科研启动经费项目结项11项、立项5项，推荐5名教师赴海关总署、上海海关开展产学研践习。以师德考察为依托，夯实师德师风建设。全年全面落实教师年度考核，在人才引进、公开招聘、干部选任、专业技术职务晋升等制度中明确体现“师德”考核内容，全面实施师德师风“一票否决制”，年内无师德违规问题。

【教师教学科研培育计划】10月，学校根据修订后的《上海海关学院科研启动费管理办法》和《上海海关学院教育教学培育计划实施办法》，采用资助和考核相结合，分类申请项目的方式，持续鼓励新录用青年教师围绕海关事业和学校发展需要、紧密结合海关人才培养和学校本科教学积极取得高水平科研成果和教学成果。全年，经个人申请、院系推荐、职能部门审核、专家评审，完成青年教师教育教学培育计划第一阶段考核14人、配备青年教师导师5人、启动青年博士科研启动经费项目结项11项、立项5项，覆盖率达100%。

撰稿人

孔令兰宣　陈　敏

第九篇

党校干部教育与国际交流合作

党校干部教育

【概况】2022年，党校工作部（继续教育部）坚持以习近平新时代中国特色社会主义思想为指导，认真学习贯彻党的十九届六中全会精神、党的二十大精神，践行“政治立校、特色办校、基础建校、从严治校”办学思路，统筹开展线上线下培训工作，服务学校事业总体发展，全年共举办各类培训班次23期，培训学员2268人次、21939人天，其中，党校主体班次8期，培训学员853人次。

坚持用党的二十大精神和习近平新时代中国特色社会主义思想武装头脑、凝心铸魂。突出主业主课，把学习贯彻习近平新时代中国特色社会主义思想作为党校教学的首要任务和中心内容。在党校各类班次中，着力推进习近平新时代中国特色社会主义思想、习近平总书记重要讲话精神第一时间进教材、进课堂、进头脑，组织学员学习党的二十大精神、十九届六中全会精神和《习近平谈治国理政》（第四卷），及时跟进学习习近平总书记最新重要讲话精神，引导学员读原著、学原文、悟原理，领会科学内涵、核心要义、精神实质、实践要求。党的二十大胜利闭幕以来，把学习宣传贯彻党的二十大精神作为首要政治任务，第一时间举办中央党校中央和国家机关分校2022年秋季海关中青年处级领导干部进修班（总第20期）暨学习宣传贯彻党的二十大精神理论进修班（第1期），帮助学员学深悟透党的二十大精神，学懂弄通做实习近平新时代中国特色社会主义思想。全年党校主体班次党的理论教育和党性教育课程占总课时的85%，其中党性教育课程占总课时的35%，习近平新时代中国特色社会主义思想占理论课时的65%。第一时间组织支部开展党的二十大精神专题学习，组织《习近平谈治国理政》（第四卷）系列专题学习活动。

完成党的十九届六中全会精神轮训任务。按照海关总署统一部署，克服疫情影响，成功举办全国海关司局级干部学习贯彻党的十九届六中全会精神集中轮训示范班，为全国海关轮训出方案。同时为上海海关、上海特派办、上海海关学院等举办党的十九届六中全会精神轮训班。共培训署管干部77人、处级干部582人。把学习贯彻习近平新时代中国特色社会主义思想作为主线贯穿始终，通过专家讲座、专题研讨、学员论坛等教学方式，组织学员深入学习《中共中央关于党的百年奋斗重大成就和历史经验的决议》精神，引导学员洞察历史规律，掌握历史主动，汲取前行力量。

认真研究党校教学规律和干部教育规律，运用特色教学活动促进学员学思践悟入脑入心。举办中央党校中央和国家机关分校2022年秋季海关中青年处级领导干部进修班（总第20期）。组织学员系统深入学习习近平新时代中国特色社会主义思想和党的十九大、二十大精神，学习贯彻党的基本理论、基本路线、基本方略，坚持使用马克思主义立场观点方法研究重大理论和现实问题，进一步提高理论素养、党性修养和领导能力。举办习近平新时代中国特色社会主义思想读书报告会，组织学员认真学习领会习近平新时代中国特色社会主义思想，认真研读《习近平的七年知青岁月》《习近平在正定》《习近平在厦门》《习近平在宁德》《习近平在福州》《习近平同志地方领导实践》6本指定书目，开展集体学习和交流研讨，邀请党校专家点评。学员普遍表示，通过读书报告会，进一步领会习近平新时代中国特色社会主义思想的历史逻辑、理论逻辑、实践逻辑、核心要义，在真学真信中坚定理想信念，在学思践悟中牢记初心使命。获中央和国家机关党校刊物、中国海关、署内信息快报等载体报道10余次。

把增强党性修养作为党校培训必修内容贯穿始终。将百年党史教育贯穿党校培训全过程。以《中共中央关于党的百年奋斗重大成就和历史经验的决议》为纲，组织学员认真研读《习近平论中国共产党历史》等4本指定书目。邀请中央党校、中国浦东干部学院、上海市委党校等专家来校授课辅导。引导学员充分认识党在新民主主义革命、社会主义革命和建设、改革开放和社会主义现代化建设、中国特色社会主义新时代四个时期的伟大奋斗历程，深刻领会和把握“两个确立”的决定性意义，增强坚定拥护“两个确立”、坚决做到“两个维护”的思想自觉、政治自觉、行动自觉。

加强学员党性锤炼。以政治历练提升学员政治能力，在学习贯彻党的十九届六中全会精神轮训、党的二十大精神轮训、中青年处级领导干部进修班等重点班次中，组织学员制订党性锻炼计划。充分发挥临时党支部和党小组的引领作用，召开支委会、专题组织生活会，使学员自觉加强政治历练，接受党内政治生活锻炼。通过集中学习研讨、党性分析等活动，牢记入党初心，使学员更加坚定做党的光荣传统和优良作风忠实传人的信念。

突出实际实用实效，不断提高办学质量。创新培训方式。适应疫情防控常态化形势，进一步探索、完善线上培训新模式。全年共举办线上培训班18期、18143人天。在2022年春季上海市封控管理阶段，居家线上开展了第一期拟选升三级关务监督衔级人员培训班等10个培训班次，克服授课教师、带班老师、参训学员无法进校，居家教学设备差等困难，校内外联动并创新线上教学模式，完成426名学员、6756人天的培训任务。在新任司局级领导干部培训班和海关总署机关处长班，开展在线研讨的方式，组织学员围绕海关“十四五”改革发展等关心问题进行交流研讨；同时设立线上临时党支部，加强支部学习和学员管理，组织开展在线党性分析交流，提升培训学习效果。举办全国海关抗击新冠疫情先进代表面对面访谈式教学，邀请获评全国人民满意的公务员和公务员集体作先进事迹分享交流，通过现场感受、情感共鸣、交流探讨，引发深入思考。年内，部门有2人获中国海关学会上海分会2021年度优秀论文主题征文二等奖，1人获得中国海关学会上海分会优秀会员。

从严管理培树优良学风。把加强学员党性锻炼、增强党性修养作为基本内容、基本要求落实到培训目标、教学内容、教学方式、教学管理、学员作风等各方面，贯穿于党校学习培训全过程。对所有线下培训班次，明确了决不允许出现的“七种情况”，必须严格执行的“三个动作”，学员和党校需共同做好的“三个方面”。要求学员临时党支部带头倡议，积极配合班主任从严从细管理，建立疫情防控台账，加强巡查监督，严格日常管理，形成自律标杆，营造良好安全氛围。

坚持理论联系实际，切实加强党校自身建设。参与谋划党校发展，服务海关总署党委中心组学习。根据海关总署党委指示，深入研究党校工作，起草代拟稿《海关总署党委关于党校建设》《党性教育大纲》；开展理论研究，为海关总署党委摘录和汇编《习近平新时代中国特色社会主义思想学习纲要》学习参考材料。

大力开展党校文化建设。完成“习近平新时代中国特色社会主义思想”主题展板、“从党的一大到二十大”步道等硬件设施的设计、建造，形成浓厚的党校学习氛围。完成党校微信公众号平台“海微e课堂”的结构升级改版，增加“e史前行”“学海无涯”等板块，增加百年党史系列内容。

加强理论研究和党校发展研究。完成署级课题《海关总署党校培训体系高质量发展研究》，进一步加强理论和实践研究、切实推动成果转化。全年共公开发表学术论文6篇，新立项国家级课题1项、省部级课题3项，研究报告获署领导批示2次。

【学习贯彻党的十九届六中全会精神专题培训班开班】 1月5日，海关总署党委委员、副署长、政治部主任胡伟在海关总署党校出席全国海关司局级干部学习贯彻党的十九届六中全会精神专题培训班（第一期）开班仪式，对全体学员提出三点要求：一是深刻认识全会重大意义，切实增强学习贯彻全会精神的使命感、责任感、紧迫感；二是深入领会全会精神实质，切实从党的百年奋斗历程中汲取奋进力量；三是深化贯彻落实全会精神，切实承担起学习示范和组织推动的重要责任。

【海关总署党校校务委员会2022年全体会议】 1月5日，海关总署党委委员、副署长、政治部主任、党校第一副校长、校委会主任胡伟出席校务委员会2022年全体会议，听取党校2021年工作情况汇报，并对2022年的党校工作提出5点要求：一是推进习近平新时代中国特色社会主义思想学习培训走深走实走心；二是扎实开展党的十九届六中全会精神教育培训；三是更好发挥党校干部党性锻炼熔炉作用；四是全面提升党校教育培训质量；五是加强自身建设提升办学治校水平。

【学习宣传贯彻党的二十大精神理论进修班开班】11月8日，海关总署副署长吕伟红视频出席中央党校中央和国家机关分校2022年秋季海关中青年处级领导干部进修班（总第20期）暨学习宣传贯彻党的二十大精神理论进修班（第1期）开班仪式，对学员提出四点要求：一是提高政治站位，深刻认识党的二十大的重大意义；二是珍惜学习机会，突出党的二十大精神、习近平新时代中国特色社会主义思想、习近平总书记关于年轻干部工作的重要论述、马克思主义世界观和方法论等学习重点，提高思想觉悟、精神境界、能力素质；三是创新学习方法，切实提升培训实效，坚持系统观念、整体把握学习要求，坚持读原文、悟原理，坚持问题导向、切实提高学习效果，严守规矩、形成良好学习氛围；四是坚持知行合一，争做德才兼备、忠诚干净担当的高素质专业化新海关年轻干部。

【党校建设调研】10月20日，学校党委书记施宗伟赴党校工作部调研。施宗伟指出，党校是海关系统干部培训的主阵地，必须高度重视和加强党校建设，认真仔细研究分析当前党校工作与海关总署党委要求存在差距和不足的原因，提出切实可行的措施方法。施宗伟强调，要办好党校，把准定位“党校姓党”、突出海关特色，坚持中国特色社会主义、坚持党的领导，进一步争取海关总署党委的重视和支持；要管好党校，解决体制机制方面的问题，加强制度尤其是考核激励机制建设，加强党校和学院协调、和海关总署司局、各直属海关协调；要建好党校，解决办学空间问题，建好师资队伍，加强“智慧党校”等信息化专项建设，加强党风廉政教育基地建设。施宗伟要求党校工作部立志高远、振奋精神，以政治建设为统领，以党校事业为使命，按照海关总署党委要求，落实学校党委部署要求，狠抓落实、有力推进，确保再上台阶。

【党校工作部组织开展AED急救技能培训】12月9日，党校工作部（继续教育部）组织部门全体人员和第20期中青班全体学员开展AED急救技能培训。学校副校长李纳新高度重视党校培训安全与培训班应急管理能力建设，通过此次针对部门工作人员和在校学员的培训活动，以及在学员宿舍等区域配置

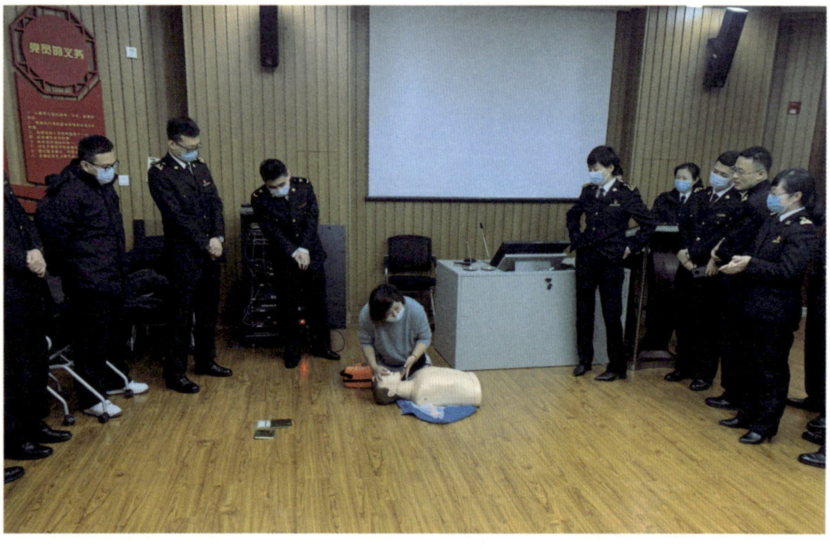

▲2022年12月9日，学校党校工作部（继续教育部）组织开展AED急救技能培训

AED 设备等实际措施，为党校学员的身心健康与人身安全提供进一步保障。

【党校工作部党支部与浦江海关党委所属党支部联合开展主题党日活动】 12 月 14 日，党校工作部党支部与浦江海关综合业务一科党支部联合开展“联学新党章　携手新征程”党的二十大精神学习交流主题党日活动。浦江海关综合业务一科党支部书记陈伟介绍支部学习党的二十大精神的主要做法、心得体会和当前阶段支部的主要业务工作，党校工作部党支部宣传委员李明介绍了支部学习宣传贯彻党的二十大精神，以及在党校主体班次推进党的二十大精神和习近平新时代中国特色社会主义思想第一时间“三进”的主要做法。全体党员参加上海市委党校周敬青教授主讲的“做学习践行党章的表率”线上专题讲座。

撰稿人

李　明

国际交流合作

【概况】2022年，学校坚持开放办学理念，实施国际化发展战略，国际化办学取得新进展。为学生搭建国际化学习平台，学校与荷兰方提斯应用科学大学续签合作协议、与香港海关学院达成合作意向并确定合作协议文本；来自俄罗斯西北管理学院、阿塞拜疆海关学院和乌兹别克斯坦海关学院的77名留学生参与学校学分互认项目；选拔67名在校学生参加俄罗斯西北管理学院和阿塞拜疆海关学院线上国际课程；MPA研究生首次获国家留学基金委公派访学荷兰；加强全英课程建设，新开设5门英语授课课程；申报上海高校国际学生英语授课示范性课程资质，3门课程获批2022年示范性课程。作为世界海关组织（WCO）亚太培训中心之一，年内学校共举办11个涉外培训项目，主题涵盖税收征管、贸易便利化、“智慧海关、智能边境、智享联通”等，共计474人参训；参加世界海关组织（WCO）亚太地区培训中心主任会议，深化与亚太地区其他培训中心的务实合作；选派教师参加世界海关组织（WCO）海关学术研究与发展伙伴关系大会（PICARD）及《经修订的京都公约》研讨会，举办第一届“海关院校大学生国际学术论坛”，开阔师生视野。结合学校“十四五”国际化办学顶层设计和临港国际校区功能定位，制订临港国际校区内部规划使用方案，推进临港国际校区建设。

【出席世界海关组织（WCO）第二十届亚太地区培训中心主任会议】11月2日，学校校长丛玉豪参加世界海关组织（WCO）第二十届亚太地区培训中心主任会议。本次会议聚焦“在新冠肺炎疫情背景下需要吸取的经验教训和未来海关能力建设活动的发展方向”这一主题。学校校长丛玉豪用全英文介绍了中国RTC的最新进展及未来发展方向，介绍了学校学科专业建设、公共管理硕士通过世界海关组织（WCO）的PICARD标准认证、国际交换生、涉外培训、临港国际校区建设等方面取得的新进展，提出了三项加强与世界海关组织（WCO）、亚太ROCB和RTC深化合作的倡议。

▲2022 年 12 月 8 日，巴基斯坦海关官员研修班在学校开班

【举办巴基斯坦海关官员研修班】12 月，受商务部培训中心委托，学校举办巴基斯坦海关官员研修班。学校副校长王晓刚和中国驻巴基斯坦大使馆参赞李勇出席仪式。本期研修班的举办，是学校服务海关总署国际合作大局、进一步深化中巴两国海关合作的重要举措之一。共有巴基斯坦海关高级官员和各行业代表 40 余名参加本期研修班。

【举办教育国际化暨全英课程建设咨询交流会】12 月 6 日，学校举办了教育国际化暨全英课程建设咨询交流会。学校副校长王晓刚出席会议并致辞。来自华东师范大学、上海商学院、上海师范大学和《教育发展研究》编辑部的专家分享了在高校国际化、全英课程建设和援外培训方面的经验，并与学校英语课程授课老师开展了面对面交流。此次会议是推动学校“十四五”国际化办学核心指标引入专家机制全新尝试。

【举办刚果布海关管理研修班】12 月，受商务部培训中心委托，学校举办刚果（布）海关管理研修班。刚果（布）海关与间接税总局局长姆博戈·库穆·格诺尔博士开班式并致辞。这是学校第一次为刚果（布）海关举办专题研修班，共有来自约旦海关总署及一线海关的 16 位中高级海关官员参加本次研修班。

撰稿人

成　竞　李　楠

第十篇

二级院系（部）

海关与公共管理学院

【概况】2022年，海关与公共管理学院在喜迎党的二十大召开的节拍中，不断增强发展动力，按照学校“十四五”规划，锚定目标、团结奋进，以学科建设推动专业发展与人才培养工作。海关与公共管理学院现有教研室3个，分别为海关管理教研室、行政管理教研室和海关技术教研室。现有教职工33名，其中具有博士学位的教师25名、硕士生导师19名。截至年底，海关与公共管理学院学生总数1860名，其中硕士研究生147名、本科生1713名。6月，在教师学术专长和研究领域进行排摸的基础上，初步构建行政管理、海关国门安全、海关风险防控等3个学术共同体，重点开展学科建设，致力于打造行业一流的海关特色学科，高质量精准服务海关事业发展。年内，海关与公共管理学院在学校绩效考核中获得优秀等次。

海关与公共管理学院现任院长为黄丙志教授。

【学科专业建设】2022年，海关与公共管理学院组织开展海关管理专业培养方案与课程设置的修订工作，对专业所有方向增加《实验室安全教育》课程，将国门安全与口岸管理、海关风险与应急管理、海关监管、通关与行政管理4个方向的专业核心课《海关信息化管理》调整为《海关数字治理》，对国门安全与口岸管理、海关风险与应急管理和海关监管3个方向增设专业方向课《国门生物安全治理》。同时，对部分课程的学分、学时和开课学期进行调整，优化专业方向的课程设置，进一步完善人才培养方案。海关与公共管理学院以校长丛玉豪教授为专业负责人，申报海关风险防控本科专业。该专业的申报既是海关落实国家总体安全观、推动高水平对外开放的重要保障，同时也是学校人才培养服务海关发展的必然选择。在课程建设方面，海关与公共管理学院建设并开设18门新课，不仅包括原产地、估价、商品归类、国门生物安全、检验检疫法律法规等对标海关业务职能的专业课程，还包括涉及RCEP、智慧海关、政务礼仪交往、品牌管理等多领域的通识课程，紧密结合新时代海关职能和业务工作对人才的需求。

在实验室建设方面，海关与公共管理学院贯彻落实学校《关于推进一流本科教育建设工作的意见》，结合学院一流本科建设和实验室建设的具体实际，成立学院实验室建设推进小组，研究并制定《海关与公共管理学院实验室建设规划与实施方案（2022—2025）》，配套制定《海关与公共管理学院实验室安全须知》。同时，海关与公共管理学院启动海关国门安全虚拟仿真实验室、海关监管查验省部级重点实验室的培育工作，提高学院实验室建设的整体水平。

在学位点建设方面，由学校副校长岳龙副教授牵头，王菲易副教授、胡蓉副教授等成员参与的《服务国家特殊需求的海关高层次人才培养教学模式建构与实践》，获2022年上海市优秀教学成果奖（研究生教育）一等奖；胡蓉副教授主持的《贸易安全与便利》课程和张慧副教授主持的《公共经济学》课程，获批上海市研究生课程思政项目；严晓、王菲易、于潇共同编写的教学案例《当海关遇上“灰犀牛”——新冠疫情下的口岸治理启示录》，入选上海市公共管理硕士教学案例。年内，海关与公共管理学院继续推进学位点评估工作，谋划一级学科硕士点申报工作。海关与公共管理学院学位点根据评估要求一贯做好评估材料收集、完成评估指标对标检查，同时对标公共管理学一级学科硕士点的申报标准，撰写《上海海关学院公共管理学一级学科硕士点申报及建设方案》。年内，首届公共管理硕士研究生顺利毕业，海关与公共管理学院在提高研究生学位论文质量方面出台多项措施，涵盖从论文开题到毕业论文答辩的全过程，滚动式推动论文质量不断提升。

【教学工作】2022年，海关与公共管理学院施行《海关与公共管理学院本科生毕业论文抽查工作方案》，修订本科教学工作审核评估实施方案。在教学成果方面，黄胜强教授牵头，黄丙志教授、周欣副教授等一批骨干教师共同建设的海关管理专业虚拟教研室纳入国家级第二批虚拟教研室建设试点名单。丁敏副教授牵头的《海关管理概论》课程教学团队入选上海市“课程思政示范团队”、丁敏副教授主讲的《海关管理概论》课程获上海市级重点课程立项、胡蓉副教授入选上海市“课程思政名师”。黄胜强教授、黄丙志教授、陈振海副院长、周欣副教授等共同参与研究的《需求引领，学科交叉：新时代海关管理专业建设的创新实践》获2022年上海市本科教育优秀教学成果奖二等奖。在教材建设方面，海关与公共管理学院组织修订《进出口商品归类》（第三版），并组织编写《海关风险管理》和《海关管理学》两本教材。人才培养成绩喜人，学生研习中心的作用凸显，学生科研竞赛获奖20项，其中学院刘高源等3位同学荣获首届“哲寻杯”全国公共管理决策大赛一等奖。

【科研工作】2022年，海关与公共管理学院教师共发表论文20篇，出版专著、教材、编著等6部。承担科研项目19项，获得各类项目经费205.4万元，其中，承担纵向课题9项，合计经费123万元；承担横向课题10项，合计经费82.4万元。王菲易副教授负责的“中国与RCEP成员国国门安全风险的跨境协同防控与韧性治理研究”获国家社科基金一般项目立项，王静博士负责的“基于空间网络的动植物贸易及潜在疫病海关风险防控研究”

获国家自然科学基金（青年）项目立项，王瑜博士、邓敏博士分别获教育部人文社会科学研究青年基金项目立项，王静博士、郑夏博士分别获上海市 2022 年度“科技创新行动计划”启明星项目（扬帆专项）立项，另有王菲易副教授、谢晶博士和王瑜博士分别获海关总署课题立项。全年，海关与公共管理学院教师发表 8 篇 CSSCI 以上级别期刊论文，占本年度论文总量的 40%。教师发表论文在数量和质量上均比 2021 年有较大提升。其中，于潇发表的论文“*Trust, political knowledge and institutionalized political participation: Evidence from China*”、严晓发表的论文“*Exploring a structural model of teaching enjoyment, teacher self-efficacy, and work engagement*”被 SSCI 区收录，邓敏发表的论文《通往创新之路：国家创新型城市建设能否促进中国企业创新》被 CSSCI、A 类期刊收录；另有王静、姜玉瑶发表的论文被 SCI 收录，王瑜发表的论文“*The impact of knowledge power on enterprise breakthrough innovation: From the perspective of boundary-spanning dual search*”被 SSCI 收录，黄丙志教授、王菲易副教授、刘宗沅博士各发表 CSSCI 论文一篇。年内，于潇博士的专著《环境规制政策影响经济增长机理研究》、宗慧民副教授的专著《进出口商品编码》、魏彬彬博士的专著《国际投资条约仲裁司法审查制度研究》相继出版。邓敏博士的论文《历史痕迹、信任偏好与最优贸易伙伴区位》获第十六届上海青年经济学者优秀成果奖，黄丙志教授和邓敏博士的报告《选择重点行业，探索在洋山特殊保税区试行加工增值免税政策》刊登于相关内参上，获上海市人民政府领导批示。黄丙志教授的论文《国际贸易协议和典型经验对我国海关检验检疫监管模式创新的借鉴》获“中国入世 20 周年：全球经贸治理与中国海关贡献”主题征文获奖一等奖。

【交流合作】2022 年，海关与公共管理学院学生在学校组织下，在国际学术论坛投稿 9 篇，54 名学生参加国外高校的课程学习，其中 44 名海关管理专业学生参加俄罗斯西北管理学院的课程学习，含 33 名学生参加《海关管理与外贸》课程学习、11 名学生参加《世界经济和金融市场发展》课程学习；10 名海关管理专业学生参加阿塞拜疆海关管理学院《海关管理与国际贸易》课程学习。海关与公共管理学院在建留学生课程 2 门、新建 1 门面向海关专业的全英课程，胡蓉副教授负责的《贸易安全与便利》课程获批上海市高校留学生英语授课示范课。

【学生工作】2022 年，海关与公共管理学院继续推行实施班导师制度，选派责任心强、教学经验丰富的老师与学生辅导员共同开展班级学风班风建设。积极开展专题讲座、论文辅导会、经验交流会等活动，实现第二课堂与第一课堂有机结合，丰富学生课余生活，全年共举办 23 场线上线下讲座等学生活动。本科毕业生 261 人，落实就业人数 249 人，就业率达 95.4%。海关与公共管理学院本科生共申报立项创新项目 57 项，其中，国家级 9 项，市级 12 项；申报立项创业训练项目 10 项，其中，国家级 1 项，市级 3 项；申报立项创业实践项目 2 项，其中，国家级 1

项。海关与公共管理学院本科生发表论文 10 篇，科创竞赛获奖 20 项。

【通过公共管理硕士 PICARD 标准认证】3 月，学校正式获批世界海关组织（WCO）公共管理硕士 PICARD 标准认证资质，成为目前国内和全球唯一一所本硕教育阶段均获得世界海关组织（WCO）教学资源和专业认证的高等院校。海关与公共管理学院在 2020 级公共管理硕士培养方案的基础上，筛选出 12 门课程，严格对标 PICARD 认证标准，明确海关公共管理硕士人才的培养理念及目标定位，制定既符合国际标准、又体现中国特色、满足中国海关现实需求的人才培养标准——具有爱国情怀、全球素养、扎实基础、知识综合与创新能力的引领性海关高级公共管理人才。

【举办公共管理学科发展论坛】9 月 24 日，海关与公共管理学院邀请武汉大学、复旦大学、中国社会科学院大学、西安交通大学和浙江工商大学等多所高校的丁煌、竺乾威、东艳、朱正威、郁建兴等一批公共管理学科领域的知名专家学者，通过海关管理专业虚拟教研室平台以线上线下相结合的方式举行“高水平开放与公共管理学科高质量发展”学术论坛，共同研讨破解学科建设和人才培养难题。本次论坛在公共管理学科和海关管理学科的发展和转型中，积极推动学校在海关数字治理、安全与空间治理、海关全球治理等领域深耕探索，共同探讨公共管理学科高质量发展的未来前景。本次论坛的参会专家认为，高水平开放背景下的中国公共管理学科发展应坚持“借鉴”与“创新”的有机统一，要在国家“十四五”时期哲学社会科学发展规划的总体思路下，正确借鉴国外先进的成果，继续探索立足中国的公共管理学科发展的创新。高水平开放时代背景下的中国公共管理学科发展，既要注重基于中国公共管理实证研究的规律概况，也需要加强公共管理学的比较研究，通过“比较借鉴”使高水平开放时代背景下中国公共管理学科发展的“创新”具有更高起点。

▲2022 年 9 月 24 日，学校举办“高水平开放与公共管理学科高质量发展”学术论坛

【举办海关管理专业建设专家论坛】11 月 16 日，海关与公共管理学院在线举行“新时代新征程，服务海关新发展”海关管理专业建设专家论坛，海关总署风险管理司副司长王延春、原海关总署统计分析司副巡视员温韧、海关总

署科技发展司处长曹泉、上海海关自贸处处长万骏、上海海关统计处副处长李计融等海关专家受邀参会。本次论坛提出，在学生培养中融入“贸易和安全的平衡、技术贸易壁垒、数字贸易”等海关发展和改革问题，在海关数字化转型中，以创新型人才培养为主线，从哲学、科学、创造力等方面进行课程设置，打造具有创新能力的海关人才。学校应加强教师实操能力的提升，建设实训中心，在理论战略层次使学生了解海关工作所处的国家战略定位，在海关宏观政策层次普及贸易强国等相关海关知识，在实践层次设置交叉课程、培养跨界人才。海关课题研究应服务国家战略，支持区域发展，以及促进海关改革。

【编写专业案例集】2022 年，海关与公共管理学院组织编写名为《“最具国际竞争力的海关监管体制机制”生动实践》的公共管理硕士与海关管理专业案例集，围绕新时代海关业务职能从海关监管、关税征管、海关风险防控、海关缉私、海关稽查与企业管理、海关检验检疫、海关科技、口岸综合治理等八个方面，收录 88 个典型案例，以期更好地发挥案例教学在提升课堂教学知识更新，强化海关职业精神教育，提升“讲好海关故事”课程思政效果方面的重要作用。

撰稿人

朱秀变　陈耀辉

海关与公共经济学院

【概况】海关与公共经济学院成立于2019年7月，前身为经济与工商管理系，学院以立德树人为根本任务，以服务海关和国家战略、上海经济社会发展为使命，以建设海关特色鲜明的应用经济学一级学科为核心任务，对接社会主义现代化海关建设新要求，优化学科专业结构和人才培养模式，提升教学和科研层次，增强服务海关、行业和社会的能力，为新时代中国特色社会主义海关事业的发展培养复合型、应用型、涉外型高素质的一流专业人才。

海关与公共经济学院现有税收学、经济统计学两个本科专业和税务硕士专业学位点，其中税收学本科专业是第三批国家特色专业建设点和上海市一流本科专业。下设办公室和税收学、经济统计学2个教研室，以及海关税收研究中心1个科研机构，主要承担本科专业和硕士学位点的建设和人才培养任务。截至2022年年底，海关与公共经济学院学生总数320人，其中，本科生222人、硕士研究生98人。海关与公共经济学院有教职工20人，其中，专任教师17人、行政人员3人。专任教师中有教授3人、副教授6人，高级以上职称教师占比为52.94%；博士学位教师14人，占比为82.35%。

海关与公共经济学院现任院长为崔志坤教授。

【学科专业建设】2022年，海关与公共经济学院加强专业改造和学科建设，围绕“人才强校、关校融合、国际化”三大战略，以需求、目标、问题、效果为导向，坚持继承、稳定和发展，立地顶天，依特做特，以特促强，走特色办学的内涵式发展之路。年内，海关与公共经济学院的专业进行“海关化”改造，申报“海关税收”《普通高等学校本科专业目录》外新专业。以“应用经济学一级学术点”建设为目标，海关与公共经济学院根据学校学科专业现状确定明确3个方向：税收学、经济统计学、国际贸易学，其中税收学、国际贸易学为2个主干方向；根据学科方向组建“碳关税与海关税收改革”“经济贸易指数”等学术团队，凝练科研方向，进行有组织的科研活动。海关与公共经济学院组织教学能力与科研引领计划活动共计12期，主题集中在“教学创新实践、教学科研与决策咨询、教学科研双促进、国家一流课程建设经验、科研工作论文分享、论文写作与发表”等方面；新建5个学生实习实践基地，加强与海关、企业合作，提升实践育人水平，培养高层次应用型人才。

【教学工作】2022年，根据学校和海关与公共经济学院相关制度，海关与公共经济学院加强课堂教学、实习实践、毕业论文等教学各环节质量控制。海关与公共经济学院教学工作重点举措，一是对标海关事业“十四五”规划和学校“十四五”规划，积极进行专业改造，申报“海关税收”新专业；二是召开行业专家研讨会，邀请海关总署、上海海关、上海财经大学等单位专家，优化完善本硕人才培养方案；三是组织全体教师开展课程思政大纲编写与完善工作，深化课程思政建设；四是积极进行教学改革研究，鼓励教师进行教学质量工程申报。年内获批教育部税收学课程虚拟教研室1项、市级重点课程1门、上海高校国际学生英语授课示范性课程1门、上海市研究生教学成果一等奖1项、上海市高校教师教学创新能力大赛二等奖1项，建设海关税收特色的省部级教学团队1个，出版研究生特色教材1本，建设研究生教学案例库1个，新建课程8门；完成海关与公共经济学院实验中心“十四五”事业发展规划，梳理修订教学类管理制度13项，开展“以能力培养为导向的互动性课堂教学的设计、实践与效果”教学改革；以经济学人学术作品大赛为基础，开展项目设计与学术写作工作坊；推进双创教育，创新创业训练计划立项13项，6名学生参加俄罗斯西北管理学院课程交换生学习。

【科研工作】2022年，海关与公共经济学院教师发表B类及以上学术论文1篇，CSSCI、EI、WCJ、学术论文5篇。完成系列著作《关税纪事与评论》（2019—2020），承担纵向省部级科研项目2项，其中，横向科研项目7项，共获得各类课题经费47.7万元。获中国税务杂志社2022年论文评奖三等奖1项，报送决策咨询报告2篇。学生获得各类学科竞赛奖项12项，发表学术论文6篇，参加国际学术论坛4人次。

【学生工作】2022年，海关与公共经济学院在校学生320人，其中，本科生党员15人，硕士生党员48人。年内海关与公共经济学院学生共获2021—2022年国家奖学金、“正大杯”全国统计分析大赛上海市二等奖、上海市第七届“汇创青春”大学生文化创意作品三等奖等奖项。海关与公共经济学院应届毕业生130人。其中，税收学本科生92人、税务硕士38人。截至8月，落实就业人数121人，毕业去向落实率达93.08%，其中，本科生为91.3%，税务硕士为97.37%。

【师资队伍】2022年，海关与公共经济学院税收学专业教师共11人，经济统计学专业教师共7人。专业老师积极参加培训进修学习，税收学专业教师参加教育部财政学教学指导委员会举办的2022年暑期师资培训班、全国税务专业学位研究生培养单位师资培训班、全国财税法学师资研修班等6人次，高军参加上海对外经贸大学“面向真实世界的经济学”暑期培训，陈一飞参加管理世界杂志社“管理世界案例研究写作培训班”第七期。

【获批外国引智项目】3月，国家外国专家局批复2022年

“高端外国专家项目”立项名单。海关与公共经济学院李向阳博士申报的“贝叶斯时间序列分析与 SVAR 模型结构识别前沿研究进展”获批立项，该项目期限 2 年，获资助经费 20 万。高端外国专家项目是国家外国专家局为进一步落实中央人才战略，加快建设高层次外国专家人才队伍建设，搭建富有活力、以用为本的高层次外国专家引进平台而特别设立的引智项目。其入选条件和项目审批严格，获批项目的外国专家可获得国家外国专家局在资金上的重点支持。外国专家引智项目是高校师资国际化的重要标志。本项目获批立项，是海关与公共经济学院也是学校第一次参与此类项目竞争，也是学校第一次通过竞争获得国家外国专家高端项目，更是学校外国专家引进领域的又一次突破。

【课程思政建设示范项目立项】5 月，教务处公布了 2022 年校级课程思政建设示范项目名单，海关与公共经济学院崔志坤教授主讲的《税收学》、段景辉副教授主讲的《统计学》、张建勋讲师主讲的《微观经济学》3 门课程获批立项。海关与公共经济学院秉承“课程承载思政”和“思政寓于课程”的理念，根据学院实际和专业人才培养目标，加强课程思政的顶层设计，大力推进课程思政建设，深入挖掘各类课程的思想政治教育资源，全面加强学生思想政治教育，提升课程建设水平和质量，提升育人水平。

【虚拟教研室建设试点】5 月 19 日，教育部办公厅下发了《关于公布第二批虚拟教研室建设试点名单的通知》，海关与公共经济学院税收学课程虚拟教研室获批教育部第二批虚拟教研室建设试点，崔志坤教授担任负责人。该虚拟教研室在新文科建设的指引下，以一流专业和一流课程建设为抓手，突破常规教研室边界，实现各种资源的有效共享，服务海关发展战略和地方经济发展，为培养一流税收人才服务。税收学课程虚拟教研室充分利用云技术等现代信息技术，突破传统教研室时间与空间约束，更大限度地实现优秀教育资源校内外共享。税收学课程虚拟教研室围绕《税收学》《中国税制》《海关税收制度》《国际税收》等核心课程，强化资源校际共享、教研校际互通，夯实人才培养的基础，强化教学研究，打造高水平教学团队，培育高质量教育教学成果，将虚拟教研室建设成为校际相关课程教师紧密联系的高水平“税收教研基地”。

【获创新大赛二等奖】6 月 23 日，在第二届上海市高校教师教学创新大赛上，海关与公共经济学院崔志坤教授获部委高校正高组二等奖。近年来，海关与公共经济学院深入学习贯彻习近平总书记关于教育的重要论述，落实立德树人根本任务，激励全体教师围绕人才培养中心工作，推动信息技术与教育教学融合创新发展，加强课堂教学建设与改革，提高课堂教学质量。同时充分发挥大赛的示范引领作用，全面推进思政课程与课程思政同向同行，不断提升育人质量。

【获批重点课程立项】6 月 30 日，上海市教育委员会公布 2022 年度上海高校市级重点课程立项名单，海关与公共经济学院经济统计学专业负责人段景辉副教授主持的《统计学》获批线下重点课程立项。海关与公共经济学院严格按照立项申报要求，依据申报课程的建设规划和建设任务，切实加强对立项课程建设的指导和管理，进一步推动本科教学建设与改革工作。海关与公共经济学院着力打造一批高质量课程，为后续建设市级、国家级一流课程夯实基础，不断提升课程建设水平与人才培养质量。

【获批示范性课程】8 月 29 日，上海市教育委员会公布 2022 年上海高校国际学生英语授课示范性课程名单，海关与公共经济学院张国红教授主讲的《经济学原理》获批该荣誉称号。高校国际学生英语授课示范性课程建设是留学生教学的核心，是未来申办全英专业或中外合作办学的基础，是促进留学生教学内涵发展的一项重要内容。海关与公共经济学院以此为契机，以国际学生英语授课示范性课程建设作为发展国际化教育的重要抓手，以示范课程建设为引领，搭建多层次、宽领域、全方位的国际教育交流与合作平台，提升学院国际化合作办学水平。

撰稿人

王　双　钟昌元　段景辉　崔志坤　曾祥霖

工商管理与关务学院

【概况】2022年，工商管理与关务学院深入学习宣传贯彻党的二十大精神，围绕“培养什么人、怎样培养人、为谁培养人”这一教育根本问题，结合海关和高等教育实际，以学科专业建设为核心，不断提高教学科研水平和人才培养质量。以按照大学规格建设和高质量精准服务海关为抓手，切实推进“十四五”规划落实落地，为建设行业特色鲜明、服务国家战略、具有国际影响力的一流高等学府不懈奋斗。

学科专业建设方面，获批海关稽查新专业，海关稽查新专业的申报与获批，是贯彻落实习近平总书记关于深化海关贸易安全和通关便利化合作的重要论述精神，结合学校发展定位和办学特色，优化学科专业布局迈出的重要一步；也是学校深入推进创新人才培养，建设一流海关特色本科专业，有效提升海关高等教育办学质量的重要举措。海关稽查新专业成功获批后，工商管理与关务学院形成了由海关稽查、物流管理、审计学、国际商务4个本科专业以及国际商务硕士专业学位点组成的新的学科专业布局。

教学教改方面，工商管理与关务学院全体教师积极探索教育教学改革，从新专业建设到海关专业方向培养方案制订，一流专业、一流课程申报，以及推陈出新汰旧课增新课等，不断地创新提质发展。加强课程思政顶层设计，发挥学科专业特色优势，整合优质师资力量，深入挖掘各门课程所蕴含的思政元素，切实发挥课堂教学主渠道的作用，把思政元素寓于专业知识中。全年，荣获1项上海市教学成果二等奖，获批省部级教学项目3项，省部级课程思政示范课程1项。

科学研究方面，工商管理与关务学院继续努力营造良好的学术研究氛围，通过邀请校外专家进行专题指导、支持教师参加校外各类学术会议、组织开展同事之间日常的学术交流研讨等多种渠道，不断浓郁学术氛围。院领导以身作则带头参加课题申报，积极鼓励老师们申报省部级以上课题，邀请专家一对一指导提升，营造良好学术氛围。

工商管理与关务学院成立“青年博士先锋号”，激励青年博士积极投身学术研究，提升自身的科研能力，并带动科研水平的进一步提高和学院学科建设的高质量发展。全体教师牢记立德树人的崇高使命，成立“学科竞赛指导教学团队”，以学科竞赛为抓手，促进教师和学生对于“教”与“学”观念的转变，促进课堂教学方法和教学内容的不断改革与创新，提高课程挑战度，开阔了学生的视野，有效提升了学生的应用能力，推动了人才培养质量的提高。

工商管理与关务学院现有教职工 24 人，其中，正高级职称 1 人、副高级职称 9 人。全年引进青年博士 1 人。现有学生 402 人，2022 届本科生初次就业率达 90.91%。

工商管理与关务学院现任院长为匡增杰副教授。

【学位点建设】2022 年，工商管理与关务学院完成国际商务硕士导师遴选、聘任与培训（至少开展一次院系导师培训），导师学生配比达到 1∶3。组织出版研究生特色教材《国际商务教学案例集》；开展研究生教育教学案例建设，建设中国工商管理国际案例库。与上海科橘信息科技有限公司签署研究生实践基地建设协议。

【教学工作】2022 年，工商管理与关务学院加强课程思政建设，着力培养具有家国情怀、创新精神和实践能力的高素质人才。开展 2022 年课程思政优秀教学案例评选并形成案例集。《国际商务概论》获上海市课程思政示范课程立项。年内，修订完善人才培养方案，新开课程 20 门，课程设置精准服务海关，体现行业特色。制订《数智时代背景下一流海关稽查专业实验室（后续监管实训中心）建设方案》。完成“以能力培养为导向的互动性课堂教学设计与实践”专家辅导、学习交流、教学设计与改革。“关校企三方协同的创新型关务人才培养模式探索与实践”荣获上海市教学成果二等奖；《国际贸易实务（全英）》获批上海市留学生全英示范课程，《物流管理》《国际贸易实务（全英）》获批上海市一流课程。出版教材《会计学基础》。指导学生获批创新创业训练计划 10 项。

【科研工作】2022 年，工商管理与关务学院继连续获批 3 个国家社科项目后，“区域协同发展视角下产业关联效应的测度优化及其政策含义研究”获批国家哲学社会科学一般项目。“RCEP 框架下我国海关物流风险管控的机理与策略：基于网络分析的研究”获批教育部社科青年项目。在《国际贸易》、《学习与探索》、*Electrical Power and Energy Systems*、*Frontiers in Psychology* 等核心期刊上发表高质量论文 8 篇，其中 SCI、CSCI 二区或 B 类及以上论文 6 篇。获批纵向科研经费 28 万、横向科研经费 56 万。

【师资队伍】2022 年，为更好地凝聚和发挥青年博士教师力量，工商管理与关务学院成立“青年博士先锋号”，旨在充分发挥青年博士的先锋模范作用，激励青年博士积极投身学术研究，提升自身的科研能力，并带动学院科研水平的进一步提高和学院学科建设的高质量发展。工商管理与关务学院聘请来自复旦大学、同济大学、华东师范大学、上海财经大学、上海纽约大学等国内一流高校的国家级人才计划学者、知名专家与本学院国际商务、审计学和物流管理三个专业的十名青年博士进行“一对一”结对，通过项目研究、论文指导、学术交流等多种形式，加速提升青年博士的科研创新能力。

【学生培养】2022 年，工商管理与关务学院组织开展“学生科创与学科竞赛辅导”专题讲座等学风建设系列活动。指导学生发表《基于风险因子理论的财务舞弊研究》《基于PCA的上海自由贸易试验区贸易便利化实证研究》《出口管制法背景下我国稀有金属产业出口管制效应分析——以钨为例》《针对海关公考信息集聚共享平台—“竹岸”的分析研究》等学术论文。在2022年“挑战杯”全国大学生创业计划大赛等学科竞赛中取得上海市银奖等佳绩。

【国际化办学】2022年，工商管理与关务学院从国际学术交流、全英课程开发和学生对外交流三大方面积极寻求新发展。新增留学生全英课 *Cross-Border Logistics Operations*（《跨境物流运作》）。组织选拔学生学习俄罗斯西北管理学院课程。组织师生参加“管理科学与工程国际论坛暨第七届风险分析国际研讨会”（7th IEEE Symposium on Analytics and Risk, ARTC 2022）、“Information Processing & Management Conference”、“第一届海关院校大学生国际学术论坛”等国际会议并宣读交流会议论文。

【基层党组织建设】2022年，工商管理与关务学院党支部深入学习宣传贯彻党的二十大精神，将党的二十大精神落实到教育教学改革发展各方面、全过程，以高质量党建保障引领学校事业发展，将学习成果转化为“为党育人、为国育才”的强大动力。实施“党建思政引领工程”，重点推进领航铸魂计划、对标争先计划、先锋示范计划、创新提质计划等四项计划，充分发挥二级基层学院党支部政治功能，积极探索党建工作与教学、科研、育人紧密融合的作用发挥机制，不断推动党的建设和学校事业发展深度融合，为推动学校内涵式建设和高质量发展提供了坚强的政治保证。2022年，工商管理与关务学院党支部获批上海市教卫党委“上海高校党建工作样板支部”。

【获批海关稽查新专业】2月，教育部发布了《教育部关于公布2021年度普通高等学校本科专业备案和审批结果的通知》，海关稽查新专业成功获批，并被列入《普通高等学校本科专业目录》外国家控制布点专业名单。海关稽查专业主要培养适应新时代中国特色社会主义发展需要，德、智、体、美、劳全面发展，具有正确的政治意识和坚定的爱国情怀，系统掌握海关稽查的基本理论和方法，熟悉国内外海关稽查技术标准与法规，熟练掌握海关稽查专业技能，了解海关稽查的国际动态和国内现代化海关发展的前沿知识，具备较强的海关稽查风险分析与防控能力，毕业后能在海关等国家机关和国内外审计中介机构等从事海关稽查工作，通晓海关稽查业务的应用型、复合型、涉外型的高素质专门人才。

【举行工商管理与关务学院院长任职仪式】10月9日，工商管理与关务学院院长任职仪式在校举行，学校校长丛玉豪、副校长李纳新出席。工商管理与关务学院原院长孙浩、新任院长匡增杰作表态发言。学校校长丛玉豪作总结讲话并对工商管理与关务学院发展提出指导性意见：一是守正创新。进一步优化服务管理机制，为学科建设和人才培养营造良好环境；二是锐意进取。希望匡增杰同志转变角色、履职尽责，把学科专业建出水平建出特色；三是同心同德。全体教师要继续发扬勇挑重担、敢为人先的精神，不断提高学科专业建设水平和人才培养质量，为学校事业发展添砖加瓦。

【举办上海市世界经济学会2022年年会】 11月12日，上海市世界经济学会与学校共同举办上海市世界经济学会2022年年会。年会主题为“推进高水平对外开放，加快构建新发展格局”。来自上海市世界经济学会、上海社会科学院、复旦大学、华东师范大学、上海财经大学、上海大学、上海对外经贸大学、南开大学、吉林大学、北京师范大学、中南财经政法大学、南京财经大学等全国多所高校和学术机构的专家学者共同参加。年会由主论坛、6场分论坛和1场专题论坛组成，200多名专家学者和青年博士交流学术思想、碰撞智慧火花，共同呈现了一场精彩的学术盛宴。本次年会的召开，不仅为学者提供了一个展现自我学术能力的平台，也促进了学校和上海市世界经济学会、上海市兄弟院校学术交流合作。

【举行“青年博士先锋号”授牌仪式】 11月18日，“青年博士先锋号”授牌仪式在校举行，学校副校长李纳新出席并授牌。“青年博士先锋号”旨在充分发挥青年博士的先锋模范作用，激励青年博士积极投身学术研究，提升自身的科研能力，并带动学院科研水平的进一步提高和学院学科建设的高质量发展。聘请来自复旦大学、同济大学、华东师范大学、上海财经大学、上海纽约大学等国内一流高校的国家级人才计划学者、知名专家与本学院国际商务、审计学和物流管理三个专业的十名青年博士进行“一对一”结对，通过项目研究、论文指导、学术交流等多种形式，加速提升青年博士的科研创新能力。

撰稿人

王晶晶

海关法律系

【概况】2022年，海关法律系紧密对接社会主义现代化海关建设业务链和创新链，以应用型、复合型、涉外型的高素质人才培养目标为指导，秉承开放办学、打造精品理念，办全国唯一以海关法为特色发展方向的法学专业；致力于培养适应建设社会主义法治国家和新时代新海关法治工作发展国家急需，系统掌握海关法学理论、熟练运用海关专业知识和技能，德法兼修，践行明法笃行、知行合一，具有国际化宽广视野的高端法律人才。

海关法律系下设2个教研室，分别是：海关法教研室和缉私教研室；建有1个研究中心，即海关法研究中心。法学专业是省部级一流本科专业建设点。拥有面积各225平方米的模拟法庭实验室和海关缉私实验室，建有上海市第三中级人民法院、上海市人民检察院第三分院、上海海关缉私局、上海市环球律师事务所、北京市德和衡（上海）律师事务所、上海靖予霖/浙江靖霖律师事务所等校外实践教学基地。同时，与学校其他专业实验室和实验软件共通共用。通过关校融合、校企协作、国际合作的协同育人机制，积极深入地开展实践教学工作，培养学生实践应用能力。

截至2022年底，海关法律系有教职工14名，其中，教授2名，副教授5名；本科学生131名。年内，海关法律系在学校的部门绩效考核中评为进步奖部门。

海关法律系现任副主任为祝少春副教授。

【学科专业建设】2022年，根据《教育部办公厅关于公布2021年度国家级和省级一流本科专业建设点名单的通知》（教高厅函〔2022〕14号），海关法律系法学专业获批一流本科专业建设点，成为学校3个省部级以上本科专业建设点之一。对接国家战略和海关需求，对标对表，完成下一轮一级学科硕士点申报方案。年内，法律系对标法律专硕或学硕的申报标准，完成包括现状分析、对标差距与建设目标举措的下一轮学硕申报建设方案。

【教学工作】2022年，海关法律系围绕立德树人根本任务，把思政课程与课程思政两者的紧密结合，作为新时代新形势下开展“三全育人”工作的有力抓手、培养担当民族复兴大任时代新人的重要举措，深入挖掘课程和教学方式中蕴含的思想政治教育资源，取得多项突破。作为上海市首批开设《习近平法治思想概论》课程的学校，一年来，在课程负责人李纳新副校长带领下，课程的建设推进迅速，课程教学文件、在线建设等工作基本完成，教学研究有序展开；和华东政法大学等高校的教学交流合作顺畅，并申报了海关系统学习习近平中国特色社会主义思想特色课程。年内，海关法律系《海关缉私》《国际经济法》《法理学》3门课程入选上海市课程思政示范课程，占学校入选课程数的50%；国际经济法教学团队、法理学教学团队入选上海市课程思政示范团队；祝少春入选上海市课程思政教学名师。4门课程获年度校级课程思政立项，占年度学校立项课程数的10%。

教学改革成绩斐然。年内，海关法律系“关校深度融合推动海关法律人才培养的创新”（负责人万曙春）获得上海市教学成果二等奖；《国际海关法》获得上海市一流本科课程，全校9门省部级及以上一流课程中，海关法律系有2门；《海关缉私》课程被学校推荐申报获得上海市一流本科课程。另有多门课程获得校级各类教改项目立项。

课程建设取得新成果。对标学校的“十四五”发展规划中对本科教学的总体要求和具体目标，立足专业特色和培养德智体美劳全面发展的人才需求，年内，海关法律系教师共建设新课8门，分别是娄万锁的《简明法理学》、吴展的《英美法律文化（全英）》、纪康的《刑事案例研习》《影视中的刑法》、刘海燕的《自由贸易区海关法律制度》、范筱静的《电影与法律》和王永亮的《反走私实务讲堂》《民法典与税收（税务硕士）》。线上线下共发力，做好疫情防控下的教学工作。一年来，无论是在疫情最为严峻时期，还是常态化防控时期，党员同志在疫情防控、教学、学生工作中都能站在一线，发挥模范带头作用。疫情防控最吃紧时期，朱江华在校坚守89天，参与学生管理服务；纪康参与消毒、医废处置整改巡查组；这期间，全系教师做好在线教学，撰写了教学案例9篇。

涉外法治教育取得新进展。年内，万曙春申报的“财税与海关法专题研究引智项目（2022年）”（编号B31—2022090102）、“应对数字经济的税收法律制度研究——中法城市数字化转型比较视野”（编号B31—2022111501）外专引智项目成功立项。此外，在校领导和教务处的支持下，海关法律系和国际交流部、海关外语系联合申报了上海市涉外法治人才教育培养基地。

【科研工作】2022年，海关法律系科学研究全面推进，立项省部级及以上纵向课题4项、横向课题13项，获纵横科研经费116万元。其中，“世界海关组织：海关AEO认证程序指南”“推进区域诚信体系建设研究——打造外高桥保税区海关诚信管理示范区”决策咨询报告获得主管部门采用和好评。另外，出版《全球治理视域下的国际海关法研究》（王珉著）、《企业税务筹划合规指南》（王永亮著）、《海关法学》（万曙春、娄万锁、吴展著）、《中国自由贸易试验区航运法律制度》（刘海燕著）、《海关行政处罚研究》（王丽英著）等专著5本。

【师资队伍】2022年，海关法律系立项的17个纵横向课题，其研究团队构成除实务部门专家外，主要成员均为海关法律系教师，科研团队作用在项目的申报和研究中凸显。获批的教研项目中，每门课程或项目均形成了有海关法律系 2 名以上教师，以及 1 名以上的实务专家的教学教研团队。关心、关爱、关注教师成长发展，多项举措维护教师队伍稳定。海关法律系关注教师职业发展规划，组织教师积极参与研究生导师、辅导师遴选等，在教师申报课题、出版著作、“产学研践”、职称晋升等工作中给予切实帮助与指导。

【交流合作】2022 年，海关法律系服务海关和地方形成较为稳定的合作渠道，取得一定成效，立项的 17 个纵横向课题中 16 个来自海关总署及各业务司局和上海市有关部门和机构。此外，海关法律系和政策法规司、缉私局、海关总署国际检验检疫标准与技术法规研究中心等形成较为稳定的合作渠道。

【学生工作】2022 年，海关法律系以“以人为本”的管理和服务理念为主导，扎实推进系部学生工作新局面。修订完善法学专业（海关法方向）2022 级人才培养、海关管理专业（海关法方向）2022 级人才培养两个方案，进一步完善课程设置，体现行业特色，对标精准服务海关。年内，在海关法律系专任教师指导下，学生完成创新创业训练计划立项 5 项，其中，国家级项目 2 项，分别是“企业合规不起诉制度的中国实践”（项目负责人赵世博）、“上海自贸（试验）区海关监管制度创新给汽车平行进口行业带来的机遇与挑战”（项目负责人赖杨）；市级项目 1 项：“房产税试点政策落地的分析与测算报告”（项目负责人陈曦）；校级项目 2 项，分别是“国门安全视角下的中澳生物安全法比较研究”（项目负责人李昕儒）和“‘一带一路’与西藏自治区开放发展重点法治问题研究”（项目负责人冯博）。

【参加《海关法》修订集中工作】2 月 17 日，海关法律系教授朱秋沅、副教授王珉应邀参加海关总署政策法规司举办的《海关法》修订集中工作。

【举办专题讲座】6 月 1 日，法国艾克斯—马赛大学政法学院、法国国际税收科学研究院院长、教授蒂埃尔兰伯特应海关法律系邀请，进行“比较法视野下的海关法——海关法与税法比较”的专题讲座，万曙春做评议，学校税务专业硕士研究生以及法学 1901 班学生参加讲座。

【举办走私犯罪研究分论坛】7 月 16 日上午，第十四届海关法论坛走私犯罪研究分论坛举行。论坛由上海海关学院、上海海关缉私局、上海市人民检察院第三分院、上海市第三中级人民法院主办，上海市法学会海关法研究会、上海海关学院海关法研究中心承办，来自高校及实务部门的百余名专家、学者线上参与此次论坛。海关法律系副主任祝少春作题为“海关缉私部门在‘企业犯罪相对不诉适用机制改革’中的定位与应对”的主题发言。

【开展《海关法》课程教学改革研讨】8 月 31 日，海关法教研室就如何在《海关法》课程教学中提高两性一度的课堂教学展开研讨。《海关法》课程被上海市教育委员会认定为线上线下混合式教学一流本科课程。活动由海关法律系海关法教研室主任万曙春主持，海关法律系副主任祝少春、教师娄万锁、吴展、范筱静和纪康参加，研讨会同时邀请同济大学、上海海事大学、对外经贸大学相关老师以及本校部分学生参加。

【《海关法学》专著出版】9月，海关法律系海关法教研室教师专著《海关法学》，由法律出版社正式出版，作者万曙春、娄万锁和吴展。《海关法学》以海关问题为研究对象，考察海关问题的总体演变，同时注重吸收海关法理论和实践发展最新成果，推进理论创新。该书的突出特点是致力于解释海关法规定的出发点和落脚点，同时将海关最新实践作为不可或缺的观察视角；书中各个部分，都是以海关法研究和实务发展新的研究成果为依托。该书系统介绍海关法基本知识和基本理论，内容连贯，体系完整，结合海关监管实践和制度创新，对海关法问题展开适度探讨。《海关法学》的内容，体现学校多年教学成果的积累，结合海关院校学科发展前沿，以及学校在建设法学（海关法方向）省级一流本科专业过程中的成果，回应新时代新海关法治发展对法律人才的需求。

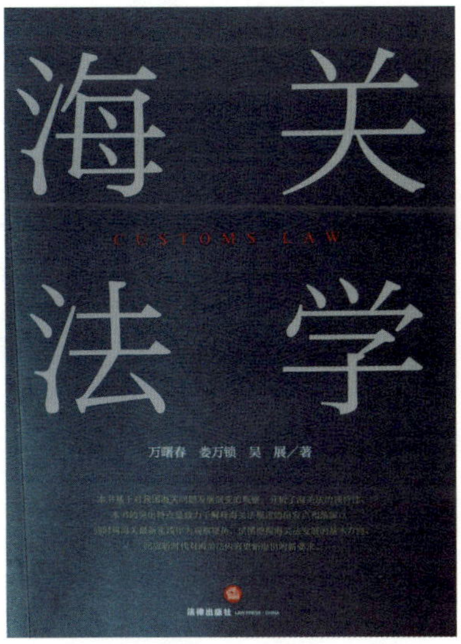

▲2022年9月，《海关法学》专著出版

【参加上海反走私立法专家座谈会】10月19日，海关法律系教师祝少春应邀参加上海市人民政府发展研究中心召开的上海反走私立法专家座谈会，并作“构建区域联动反走私协作体系 加快上海反走私综合治理立法”主题发言。

【召开“行政裁量基准的实践发展与理论问题”学术研讨会】10月25日，海关法律系召开“行政裁量基准的实践发展与理论问题”学术研讨会，会议以网络视频方式举行。会议邀请东南大学青年首席教授、博士生导师、副院长、教育部青年长江学者熊樟林，华东政法大学法律学院教授、博导江利红，上海海关缉私局法制二处副处长平晓钢和科长陆晓凝等专家与会；海关法律系副主任祝少春，专业负责人万曙春，海关法研究中心成员，海关法教学激励计划全体成员，法学和海关管理专业在校本科生，MPA培养对象以及海关执法一线关员100余人参会。

【举行“海南自贸港知识产权保护监管制度研究”课题研讨推进会】10月31日，海关总署综合业务司知识产权处安排、组织“海南自贸港知识产权保护监管制度研究”课题研讨推进会。研讨会由海关法律系教授朱秋沅主持，海口海关、拱北海关、黄埔海关、南京海关、上海海关、杭州海关相应科室的业务专家出席并讨论论文前期成果和焦点问题。

【与上海市打私办商谈科研合作】11月15日，海关法律系海关缉私团队祝少春、朱江华、纪康一行走访上海市政府办公厅打击走私综合治理处（上海市打私办），商谈反走私领域合作事宜。上海市政府办公厅打击走私综合治理处处长高翔、副处长任扬、工作人员张祎斌等参与研讨。

撰稿人

黄 娟

海关外语系

【概况】2022年，海关外语系始终坚持立德树人根本任务，从学科队伍、科学研究及学术活动、人才培养、社会贡献、国际化等五个方面开展工作，以期通过不懈的努力在建设翻译专业硕士学位点的基础上，抓住机遇，努力拼搏，迎头赶上，以使海关外语系的学科建设及人才培养能够真正提升水平和层次。

海关外语系翻译硕士，主要侧重于海关文献和法规的笔译，以使外语系在学科建设层次更上一层楼。根据《中华人民共和国学位条例》、《中华人民共和国学位条例暂行实施办法》、教育部《翻译硕士专业学位设置方案》、全国翻译专业学位研究生教育指导委员会《翻译硕士专业学位研究生教育指导性培养方案》（2011年8月修订），对标国务院翻译硕士《学位授权审核申请基本条件》，同时结合学校“十四五”发展规划、研究生教育有关规定和海关外语系办学实际，制定海关外语系翻译硕士点建设总目标，从长计议，通过不懈的努力达到甚至在某些方面超过国务院翻译硕士《学位授权审核申请基本条件》。

英语本科专业坚持“以语言基础为根、以涉关知识为用、以实践能力为重”的人才培养原则，培养适应新时代中国特色社会主义发展需要，具有扎实的英语语言基础，掌握语言文学、法学（国际商法）等基本知识，了解海关业务基本知识，熟悉进出口业务、国际物流及通关业务等基础知识，具备较全面的人文与科学素养和较强的跨文化商务交际能力，能适应政府部门、经贸等涉外行业工作要求的复合型、应用型、涉外性高素质英语专门人才。

海关外语系现有教职工23人，其中，正高级职称2人、副高级职称3人；硕士研究生导师8人、具有博士学位教师10人。截至年底，海关外语系本科生总数114人，当年招收本科生19人，毕业49人。

海关外语系现任主任为王志军教授。

【学位点建设】2022年，学校全日制翻译硕士研究生开展首次招生工作，海关外语系完成全日制翻译硕士研究生招生简章制订、招生考试自命题、人才培养方案修订、教学大纲修订等工作，计划招生15人。9月16日，在全国翻译专业学位研究生教育指导委员会和上海市翻译专业学位研究生教育指导委员会指导、外语教学与研究出版社协办下，学校海关外语系联合上海电力大学外国语学院、上海第二工业大学外语与文化传播学院三家单位联合主办的“新时代、新机遇、新挑战——翻译硕士专业学位（MTI）人才培养高端论坛”以线上形式成功举办。全国翻译专业学位研究生教育指导委员会主任委员、中国外文局局长于涛，上海市翻译专业学位研究生教育指导委员会主任委员柴明熲，外语教学与研究出版社社长助理、高等英语教育出版社分社社长李会钦作开幕致词，中国翻译协会常务副会长、中国外文局原副局长黄友义等出席论坛并作主旨报告，来自国内主要国际传播机构、知名高校和企业的二十余位专家学者作专题发言。

【教学工作】2022 年，海关外语系王燕副教授的《跨文化交际》获批上海市重点课程；吴慧教授的“研究生英语”项目获批上海市课程思政师范项目；同时吴慧教授的课程思政示范项目研究生英语教学团队获批上海市教学团队。修订出版教材《海关英语阅读》《海关英语视听说》2 部。

【科研工作】2022 年，海关外语系本年度共发表论文 8 篇，编撰《英汉关务词典》1 部，出版译著《世界贸易组织〈贸易便利化协定〉技术措施分析》、《我叫比比比利》、《海行者：营救海豚女孩》、《贝乐兔故事集 8》4 部，获批纵向科研经费 5 万元、横向科研经费 58.5 万元。在全系共同努力下，实现了科研指标尤其是横向科研经费的大幅度跃升。

【基层党组织建设】2022 年，海关外语系党支部“树人先锋”品牌获批海关总署党建示范品牌支部。海关外语系党支部始终按照海关总署和学校党委统一部署，以习近平新时代中国特色社会主义思想和习近平总书记关于教育的重要论述为指导，以党的政治建设为统领，以立德树人为根本任务，以理想信念教育为核心，以社会主义核心价值观为引领，以“三会一课”为载体不断加强政治理论学习，提升支部组织生活质量，同时通过“课程思政”建设把思想政治工作贯穿于教育教学全过程，通过践行“教好外国语、育好中国人”理念，运用“以教促学、以讲促学”的微党课形式教育引导海关外语系广大师生严明党的政治纪律和政治规矩，不断增强“四个意识”、坚定“四个自信”、坚决做到“两个维护”，全面贯彻党的教育方针，不断深化师德师风建设，打造“四有好老师”的教师队伍和新时代“三全育人”体系，切实提高本系思想政治工作的亲和力和实效性，着力培养德智体美劳全面发展的社会主义建设者和接班人，培养担当民族复兴大任的时代新人。

【学生工作】2022 年，海关外语系教师指导学生参加各级各类学科竞赛，共获得省部级以上奖项 17 项，学生获奖共计 48 人次。

【参加亚太翻译论坛】6 月 25—26 日，海关外语系副主任胡兴文副教授线上参加第十届亚太翻译论坛（APTIF10）。本届论坛由国际翻译家联盟和中国翻译协会联合主办、北京外国语大学承办。论坛主题为“翻译世界中的合作：新时代、新变化、新模式”。与会代表围绕翻译国际传播合作、文学翻译合作、机器翻译中的人机合作模式、流媒体时代的翻译合作等主题开展了10场主旨演讲和16场平行分论坛研讨。来自瑞士、英国、澳大利亚、中国香港等全球35个国家和地区的近300名翻译界专家学者及语言服务公司研究人员相聚云端，分享最新研究成果。在主题为“外事外宣翻译及翻译合作研究”的第九分论坛，胡兴文副教授从译前、译中、译后论述了海关翻译合作的多维特征，有助于拓宽人们对海关翻译甚至整个翻译中合作的认知。

【参加国际跨文化交际研究学会大会】 6月27日至7月1日，学校教务处处长王志军教授、海关外语系王燕副教授线上参加第二十七届国际跨文化交际研究学会（IAICS）2022年大会。会议主题是“生活与交流中断：疫情后跨文化交流的挑战与机遇”。王志军教授和王燕副教授以“新冠疫情期间的流行幽默：中西社交媒体幽默的比较研究”（Pandemic Humor during the Covid-19 Lockdown: A Comparative Study of Chinese and English Social Media Humor）为主题在大会发言，展示了中国学者在跨文化学术研究和跨文化教学方面的研究成果和教学经验，有利于增进世界对中国文化和中国经验的了解；对参会教师而言，有助于开拓学术思路，及时了解掌握跨文化交际领域学术前沿动态，推进学校外语教学与科研向前发展。

【《英汉关务词典》出版】 9月，海关外语系海关英语翻译团队经过五年多的艰苦努力，在整合深圳海关和广州海关优势资源的基础上，从千万字的海关英语语料库中遴选出共计45000多个词条、200多万字的例证，精心打造出国内首部基于现代国际海关业务体量超百万字的《英汉关务词典》。该词典编撰是海关外语系2018年获批的教育部人文社科项目，由郑继正老师领衔。在编撰过程中，翻译团队从海量的语料库中精选出涵盖海关估价、原产地规则、商品归类等重要领域具有代表性的词条和例证，并查阅各种资料以确保每个术语和例证的准确翻译。同时，收集以英语为官方语言的主要国家或地区海关的法律法规以及国际或区域组织涉及海关的法律和其他文献资料，整理并收录大量的海关业务术语、俚语等，并列出中文释义。该词典的出版，为一线关务和海关英语教师提供了一本专业、权威的工具书，为学校“海关智库”建设工作和“十四五”规划目标的实现提供有效支持，也为现代化海关建设和国际交流合作提供基础支撑。

▲2022年9月，由学校海关英语翻译团队编纂的《英汉关务词典》出版

【举办“翻译硕士”人才培养高端论坛】 9月16日，在全国翻译专业学位研究生教育指导委员会和上海市翻译专业学位研究生教育指导委员会指导、外语教学与研究出版社协办下，学校海关外语系联合上海电力大学外国语学院、上海第二工业大学外语与文化传播学院联合主办“新时代、新机遇、新挑战——翻译硕士专业

学位（MTI）人才培养高端论坛”。全国翻译专业学位研究生教育指导委员会主任委员、中国外文局局长于涛，上海市翻译专业学位研究生教育指导委员会主任委员柴明熲，外语教学与研究出版社社长助理、高等英语教育出版社分社社长李会钦作开幕致词，中国翻译协会常务副会长、中国外文局原副局长黄友义等出席论坛并作主旨报告，来自国内主要国际传播机构、知名高校和企业的二十余位专家学者作专题发言。海关外语系主任王志军教授主持师资建设与产教融合分论坛。

【开展基地交流合作】 12 月 14 日，海关外语系主任王志军带队走访浦东新区社区学院英语教研基地、北蔡镇社区学校。在参观北蔡镇社区学校别具特色的教学空间与设施后，与浦东新区社区学院副院长蔡瑾、北蔡镇社区学校暨浦东新区英语教研基地校长朱慧俐等举行座谈，双方就支部共建、平台搭建、语言服务、教研合作等方面进行深入交流，为下一步深化合作打好基础。

撰稿人

李祝玛

公共教学部

【概况】2022年，公共教学部围绕学校党政重点工作目标，确立部门“十四五”发展规划和年度工作计划，在做好常规教学管理工作的前提下，从年度绩效指标、通识教育改革、线上教学质量、课程思政建设、青年教师培养以及学科竞赛和学生活动等方面，抓重点、破难点、展亮点，完成了既定的工作任务。

公共教学部始终坚持知识传授、价值引领、素质培养等“三位一体”的通识教育理念，基于“人、中国人、海关人、新时代海关人”等四个逻辑层次，着重从价值观与职业道德、国家意识与海关职业素养、数据思维与分析能力、计算机思维与信息素养、技能储备与体能素质等方面培养学生核心素质，构建起具有海关特色的高校通识教育教学体系，不断完善人才培养方案，在做优通识公共必修课程的同时，做强通识教育选修课程；在线上教学质量提升方面，面对新冠疫情的挑战，部门通过多种形式、多个主题，稳步提升线上教学质量。线上开课门数32门、122门次，课程教学覆盖2021级、2020级以及2019级等三个年级的学生，高质量保障教学运转，顺利完成线上教学任务；在课程思政建设方面，贯彻落实第一议题制度，组织全体教师持续深入学习习近平总书记重要指示批示精神，坚持通过月度教学例会制度贯彻落实课程思政教学工作，强调教师积极主动将习近平总书记重要讲话重要指示精神融入课程思政教学内容中；在青年教师培养方面，组织青年教师开展公开课观摩活动，聘请校外专家指导青年教师，从课堂教学内容的选择、教学语言的把握、课程思政融入等方面进行指导，引导青年教师进一步强化立德树人理念、锤炼教学基本功，深化课堂教学改革；在学科竞赛和学生活动方面，组织学生参加中国大学生计算机设计大赛、上海市大学生计算机应用能力大赛、全国大学生数学建模竞赛、上海市第十七届运动会健美操比赛暨2022年上海市大学生健美操啦啦操锦标赛、上海市学生阳光体育大联赛桨板比赛，均取得优异成绩。

年内，公共教学部获批两项省部级科研项目，发表多篇高质量论文，并获得各类课题经费46.8万元。在学校多方努力下，成功举行“以体育人、强国强身、运动向未来”为主题的运动会，号召学生树立科学锻炼的观念和持之以恒的锻炼意志，在体育锻炼中享受乐趣、增强体质、健全人格、锤炼意志，在运动中传承和发扬拼搏奋斗的体育精神，担当起新时代赋予的责任与使命。

公共教学部下设4个教研室，分别是人文艺术教研室、数学教研室、计算机教研室和体育教研室。现有教职工共18人，专任教师16人、行政兼职教师2人，其中教授3人、副教授3人、讲师7人、助教3人；拥有博士学位5人。

公共教学部现任副主任为龚毅副教授。

【课程建设】2022年，公共教学部开设《中国文化概论》《中国审美文化》《艺术导论》《经典音乐作品赏析》《文学经典阅读（世说新语）》《仰泳Ⅱ（男）》《仰泳Ⅱ（女）》《活力健身跑Ⅱ》《力与美的融合：基本体操Ⅱ（男）》《力与美的融合：基本体操Ⅱ（女）》《体育养生与保健Ⅱ》《文学经典阅读（红楼梦）》《数学建模进阶》《人工智能技术与应用》《数字化学习》《Unity与海关虚拟现实》《海关科技创新前沿》《乒乓球Ⅰ（男）》《乒乓球Ⅰ（女）》19门新课程。

【教学工作】2022年，公共教学部组织申报校级课程思政培育项目9项，其中《公文写作》《逻辑学》《概率论与数理统计》《模糊数学在经济管理中的应用》《数学建模初步》《数据分析与可视化实践》《程序设计语言（Python）》7门课程获批立项；建立部门内部质量监控体系；坚持周教学提示制度和学生信息员教学信息反馈制度；完成年度教学常态信息采集。

【科研工作】2022年，公共教学部获批两项省部级科研项目，董文强老师的相关项目获批上海市2022年度启明星计划扬帆专项；共发表高质量论文6篇，其中SCI一区2篇、CSSCI期刊1篇、EI检索2篇；出版专著1本；申请专利4项；获得各类课题经费46.8万元，其中，纵向科研经费24万元、横向科研经费22.8万元。

【基层党组织建设】2022年，公共教学部党支部加强思想理论武装，提高队伍的政治素质。通过个人自学、集中研学、聆听党课、参与交流、撰写心得等形式，集中学习22次。组织召开支委会8次，党员大会3次、党课3次，开展“抗击疫情，党员在行动”等主题党日活动7次、完成专题学习研讨2次，召开专题组织生活会1次，开展谈心谈话和民主评议党员1次，召开党联席会议共计8次。

【获奖成果】5月，公共教学部赵振刚老师讲授的《高等数学》获上海市高校教师创新大赛二等奖；11月，公共教学部赵振刚等教师讲授的《高等数学》获上海市课程思政项目，公共教学部高等数学教学团队获上海市课程思政项目教学团队称号；11月，公共教学部青年教师王争参加第五届上海高校青年教师教学竞赛，荣获自然科学基础学科组三等奖。9月，公共教学部组织学生参加2022年（第15届）全国大学生计算机设计大赛，在曹晓洁和吴江两位老师的指导下，获二等奖1项、三等奖1项；9月，组织学生参加2022年全国大学生数学建模竞赛，在数学教研室全体教师指导下，获得二等奖1项，三等奖2项；11月，组织学生参加2022年（第14届）上海市大学生计算机应用能力大赛，在曹晓洁和吴江两位老师的指导下取得优异成绩，获一等奖1项、三等奖1项。12月，公共教学部组织校健美操、啦啦操队参加上海市第17届运动会健美操比赛暨2022年上海市大学生健美操啦啦操锦标赛，在段鹏老师的指导下首次获得市运会2金，实现了学校在市运会比赛中金牌零的突破，同时获得健美操锦标赛2金、啦啦操锦标赛1铜。

12月，公共教学部组织校桨板队参加2022年上海市学生阳光体育大联赛桨板比赛（高校组），获男子团体二等奖和女子团体三等奖。

撰稿人

卜彦君

马克思主义学院

【概况】2022年，马克思主义学院坚持以习近平新时代中国特色社会主义思想为指导，深入学习宣传党的二十大精神，积极贯彻落实习近平总书记在全国高校思想政治工作会议、全国教育大会和学校思政课教师座谈会上的重要讲话精神，教育部《新时代高校思想政治理论课教学基本要求》《高等学校马克思主义学院建设要求与标准》等文件精神，树立开门办思政理念，以高质量、内涵式建设为目标，搭建共建平台，助力提升教学科研水平；积极探索教学改革，着力提升思政课教学质量和实效，在科学研究、教学改革、交流合作、人才培养等方面均取得实效性进展。

培育校级课程思政项目3项，分别为中国经济史专题、大学生交往心理学、军事理论。重点培养思政教学团队，由杨寄荣教授担任团队负责人，团队成员包括学校思政专兼职教师8名，教学团队承担的课程《中国海关史》《毛泽东思想和中国特色社会主义理论体系概论》入选上海市重点课程，《中国近现代史纲要》课程入选上海市优秀思政教学案例。

思政教师参与申报的“服务国家特殊需求的海关高层次人才培养教学模式建构与实践”项目，获批2022年高等教育上海市优秀教学成果奖一等奖。

马克思主义学院下设马克思主义中国化和思想政治教育2个教研室，共有专任教师5名。现有教授1名，副教授4名，讲师2名，含硕士生导师2名。

马克思主义学院现任院长为钱薇副教授。

【学科专业建设】2022年，马克思主义学院对研究生培养方案中思政课程进行修订，按有关要求调整学分设置，并在公共管理硕士、翻译硕士、国际商务硕士培养方案中设置选择性必修课程《马克思恩格斯列宁经典著作选读》；对本科生通识教育选修课中思政课程设置进行修订，拟增设《习近平总书记关于教育重要论述》《中国哲学史》等课程。围绕“以能力培养为导向的互动性课堂教学”主题，通过多次集体备课活动，组织教师进行积极深入学习讨论，持续推进“边关精神风采”虚拟仿真课程建设，并在教学实践的基础上，进一步突出“以学生为中心”的教学理念，凝练实践教学中的能力培养目标以及探索互动性教学方式。

【教学工作】2022年，马克思

主义学院制订马克思主义学院在线教学课程建设与质量监控方案，修订一流课程建设规划。教学改革取得实效：一是及时全面将党的二十大精神有机融入各门思政课程，通过专家辅导、集体备课、专题研讨等方式，实现党的二十大精神在思政课内容体系的有效转化。目前党的二十大精神的相关内容均已纳入所有思政课程；二是推进课堂教学改革，积极申报省部级重点教改项目、思政类教研项目，组织教师参加上海高校思想政治理论课“金课”、精彩案例、上海市“大思政课”建设重点试验高校等的申报，参评参建，以报促建。做好一流课程的培育建设工作，开发的“边关精神风采”虚拟仿真实验教学项目申报上海市一流本科虚拟仿真课程。

【科研工作】2022年，马克思主义学院共获批省部级及以上课题6项，其中，国家级课题1项、省部级课题5项；国家社科教育学专项课题1项；教育部人文社科规划项目1项；教育部人文社科专项课题1项；署级专项课题2项；上海市哲学社会科学项目1项；在 *Word Customs Journal* 发表文章1篇；被相关内刊录用决策咨询成果1篇；获批科研经费55万元，其中，纵向课题经费40万元、横向科研经费11万元。

【师资队伍】2022年，马克思主义学院坚持理论学习与业务学习相结合，及时组织学习习近平总书记最新重要讲话精神及相关文件精神，全面理解和准确把握党中央重大决策部署，用好教育主管部门关于思政课教师培训平台、专题培训和实践研修，加强师德师风教育，确保教职工思想认识、理论水平与业务能力同步精进；培育与打造教学名师和科研骨干，加强教学科研梯队建设，整体提升教师队伍教学科研水平；加强思政课教育教学团队建设，实施思政课教师教学能力提升计划，积极做好对青年教师培养、指导等导师制工作，完善思政课教师参与思政课教育教学及教学改革的激励保障机制。

【交流合作】2022年，马克思主义学院与上海社会科学院中国马克思主义研究所、上海应用技术大学马克思主义学院等高层次科研机构及兄弟高校建立共建，并与上海应用技术大学马克思主义学院合作承办《习近平新时代中国特色社会主义思想概论》课程建设论坛暨教学研习会、学习贯彻党的二十大精神理论研讨会等，为学校马克思主义学院进一步建设好《习近平新时代中国特色社会主义思想概论》课程起到了非常好的指导作用，进一步明确该课程建设的方向和重点，同时也向兄弟院校展示学校思政课程建设的最新情况，对于学校加强与同行互动交流、深化思政理论课程建设具有重要意义。

【开展马克思主义学院建设工作调研】9月6日，学校党委书记施宗伟同志赴马克思主义学院开展调研，副校长王晓刚陪同。施宗伟书记认真听取了马克思主义学院成立以来建设情况的汇报，详细了解了马克思主义学院在推进习近平新时代中国特色社会主义思想“三进”、教学改革、理论研究、师资队伍等方面的具体情况和存在的困难，并同与会人员进行了深入交流。在听完汇报后，他充分肯定了马克思主义学院取得的成绩，并就学院下一步工作方向进行指导。他强调要强化党对马克思主义学院建设的领导，把马克思主义学院建设工作摆在重要位置，纳入党委会重要议事日程，加强领导和统筹规划，切实将马克思主义学院作为重点学院、将马克思主义理论学科作为重点学科、将思政课作为重点课程加快建设。座谈会后，施宗伟书记还参观了马克思主义学院红色文化走廊，并就进一步做好马克思主义宣传教育工作提出要求。

【开展本科教育教学审核评估专题学习】 9 月 27 日，马克思主义学院全体教师在学院会议室集体学习《普通高等学校本科教育教学审核评估实施方案（2021—2025 年）》（以下简称《方案》），并围绕学院如何开展迎评工作开展研讨交流。钱薇院长介绍《方案》出台的背景及其意义，指出教育部印发这一《方案》是为了贯彻落实《深化新时代教育评价改革总体方案》和《关于深化新时代教育督导体制机制改革的意见》，推进高校分类评价，改进本科教育教学评估，推动提高本科人才培养质量，对“十四五”新发展阶段普通高等学校本科教育教学审核评估工作作出的整体部署和制度安排。她要求全院教师通过学习，要全面掌握方案的指导思想、基本原则、评估对象周期及分类、评估程序等，深入了解指标体系中涉及思政教学、课堂教学、师德师风及教师发展等各项具体指标，统一思想、提高认识、做好准备，以最佳状态迎接学校的审核评估工作。全体教师集体学习了《方案》中关于办学方向与本科地位、培养过程、教学资源与利用、教师队伍等内容，以及指标体系中涉及思政教育、专业建设、师德师风、教学成效等具体指标，并进行深入交流探讨。

【承办教学研习会】 10 月 15 日，由上海应用技术大学马克思主义学院主办、上海海关学院马克思主学院和上海城建职业学院马克思主义学院共同承办的《习近平新时代中国特色社会主义思想概论》课程建设论坛暨教学研习会在线上举行。会议聚焦《习近平新时代中国特色社会主义思想概论》课程建设主题，从教育部文件规定和上海市教育委员会要求，到课程内容学习和课件使用，再到经典案例借鉴和交流，参会各方全方位、多角度地展示出加强这门课程建设的重大意义和实践价值。本次研习会共有上海应用技术大学、上海海关学院、上海城建职业学院 4 所高校的专兼职思政教师 70 余人参加。马克思主义学院院长钱薇以“关—校融合，探索建设具有海关行业特色的习近平新时代中国特色社会主义思想概论课程体系”为题发言，重点介绍课程建设方面突出海关行业特点、邀请行业专家进入课堂、充分利用海关领域的资源建立实践基地、创新实践教学等做法和成效，得到了参会代表的认同。

【举办教学能力提升专题活动】 10 月 25 日，马克思主义学院和教务处联合举办“教学能力提升计划”系列活动，邀请华东政法大学马克思主义学院副院长严宇鸣，为思政课专兼职教师作了题为“思政课程教学实践与思考”的辅导报告。辅导报告从专业教师、学情分析、讲课技巧三个方面展开，结合自己所授的《毛泽东思想和中国特色社会主义理论体系概论》课程案例，对课程整体设计、做好学情分析、开展有效互动等方面进行深入阐析。之后，马克思主义学院教师围绕教学中的具体问题与严副院长开展交流，并就党的二十大精神如何有效融入思政课程开展研讨。

【参加上海市教委集体备课会】 10月27日，上海市教卫工作党委、市教委举办党的二十大精神融入学校思想政治理论课线上集体备课会，马克思主义学院组织全校专兼职思政课教师、学生处辅导员代表等参会，学校副校长王晓刚出席会议。会上，市教卫工作党委书记沈炜结合自己作为党的二十大代表的经历，带领与会同志共同学习党的二十大报告，并就党的二十大精神融入学校思政课提出要求。他强调，高校思政课教师和辅导员要深入学习贯彻党的二十大精神，切实增强推动党的二十大精神进教材、进课堂、进学生头脑的政治自觉；要推动党的二十大精神全面融入学校思政课教育教学全过程，坚持用习近平新时代中国特色社会主义思想铸魂育人。在集体备课阶段，教育部、上海高校的9位专家，分别从高校各门思政课角度进行了领讲学习，就学习党的二十大精神内涵、重点难点把握、有机融入课程等方面提出了教学建议。会后，马克思主义学院组织专兼职思政教师，结合学校情况和特点开展了校内集体备课，大家认真学习领会，统一思想认识，围绕专家领讲内容，就理论与实践相结合、相关教学科研重点、教学方式方法等展开研讨。

【组织集体备课会】 11月1日，马克思主义学院组织全体专兼职思政教师开展党的二十大精神融入思政课第二次集体备课会。马克思主义学院院长钱薇领学习近平总书记在中央政治局学习贯彻党的二十大精神集体学习时的讲话精神，对习近平总书记提出的学习贯彻党的二十大精神，要从“三个全面”下功夫进行解读。马克思主义中国化教研室主任杨敬敏结合党的二十大报告中习近平总书记阐述的新时代十年的伟大变革，重点从三个历史决议、党的自我革命、开辟马克思主义中国化时代化新境界、中国式现代化四个方面探讨了如何将报告精神融入《中国近现代史纲要》课程教学中。思政教研室主任顾荣以“不断谱写马克思

▲2022年11月1日，马克思主义学院开展党的二十大精神融入思政课集体备课会

主义中国化时代化新篇章”为主题进行发言，由三个方面对党的二十大报告精神如何融入《马克思主义基本原理》课程教学进行了分享交流。《毛泽东思想和中国特色社会主义体系概论》课程任课教师潘婷和与会教师交流探讨《毛泽东思想和中国特色社会主义理论体系概论》《习近平新时代中国特色社会主义思想概论》两门课程在教学中融入党的二十大报告精神的不同侧重点，探讨如何更好将报告精神融入课程等问题。

【开展“上海高校思政理论课精彩实例”申报活动】11月8日，马克思主义学院邀请上海财经大学马克思主义学院院长章忠民为申报本年度“上海高校思想政治理论课精彩案例”的教师进行专题辅导。杨寄荣教授、董强老师分别围绕“两山论的安吉实践”、“海关是国门安全的守护者”两个主题，介绍了此次申报“上海高校思想政治理论课精彩案例”准备情况，并展示相关教学课件。章忠民教授围绕申报书中如何突出学校行业特色、如何突出案例内容的时效性与特殊性、如何理顺教学案例与教材之间的关系、如何突出案例的重点和创新点等问题与两位老师进行充分交流。

【讲授新生新学期“第一课”】11月22日，学校校长丛玉豪教授在综合楼大礼堂为2022级新生讲授新学期“第一课”，来自全国各地的700名本科生和120名研究生到会聆听。丛校长在讲话中强调，党的二十大胜利召开，习近平总书记在党的二十大报告中亲切寄语大学生，青年强，则国家强。当代中国青年生逢其时，施展才干的舞台无比广阔，实现梦想的前景无比光明。广大青年要坚定不移听党话、跟党走，怀抱梦想又脚踏实地，敢想敢为又善作善成，立志做有理想、敢担当、能吃苦、肯奋斗的新时代好青年，让青春在全面建设社会主义现代化国家的火热实践中绽放绚丽之花。

【参加党的二十大精神宣讲报告会】11月22日，学校举行学习宣传贯彻党的二十大精神宣讲报告会，会议特邀党的二十大代表、上海海关党委书记、关长高融昆同志作宣讲报告。学校全体思政课专兼职教师参加报告会。高融昆在题为“现场感悟真理伟力，学思悟践重在行动”的报告中强调，党的二十大报告回顾总结党的十八大以来中国特色社会主义伟大事业所进行的战略性举措、变革性实践，取得的突破性进展、标志性成果，以新时代理论创新和实践伟力，科学回答中国之问、世界之问、人民之问、时代之问。学校党委书记施宗伟同志作会议总结讲话，强调学习宣传贯彻党的二十大精神是学校当前和今后一个时期的首要政治任务。会后，思政课专兼职教师们表示此次宣讲活动论述深刻、内容翔实、重点突出，为系统、全面、深入学习党的二十大精神提供了依循和指导，作为高校思政教师，应该以党的二十大精神为指引，以实际行动推进落实党的二十大精神进课堂，不断提升思政课堂教学的实效性，实现党的二十大精神与思政课堂的深度融合，为培养德智体美劳全面发展的社会主义合格建设者和可靠接班人贡献力量。

【举办国家社科项目申报交流会】12月13日，马克思主义学院举办国家级社会科学项目申报的经验与分享交流活动，特邀上海社会科学院中国马克思主义研究所副研究员、中外马克思主义比较研究室主任陈祥勤博士作经验分享，全体专兼职思政教师参会。陈祥勤博士结合自身申报国家级社会科学项目的经验，详细介绍课题论证过程中的各项内容，主要包括论证类别、国内外研究状况述评、选题意义、研究重难点、研究思路和方法、主要观点与创新之处等的撰写要求与技巧，强调要树立正确的申报观、精心选择选题、提高论证技巧，并持之以恒，磨炼科研基本功，积累科研成果，最终就修得正果。最后，他针对课题遴选和课题辅导提出了相关建议。在交流环节，思政专兼职教师们针对自己在申报过程中的体会和困惑，展开深入探讨，陈祥勤博士给予了充分的解答，交流充分，气氛热烈，进一步激发了老师们进行高层次项目申报的积极性，并为提升申报质量和水平做好充分准备。

撰稿人

余　越

检验检疫技术交流部

【概况】检验检疫技术交流部成立于2019年10月，它的成立是学校聚焦新时代海关改革发展对人才队伍提出的新要求，结合学校发展定位和办学特色，优化学科专业布局迈出的重要一步。

检验检疫技术交流部下设海关检验检疫安全教研室，拥有一个《普通高等学校本科专业目录》外国家控制布点专业——海关检验检疫安全专业。现有教职工10名，其中副教授1名、专任教师7名。2022年，招收海关检验检疫安全专业本科生87名。检验检疫技术交流部现建成海关检验检疫样本采集实验室、海关智慧监管虚拟仿真实验室，正在积极推进建设海关检验检疫综合实验（训）实验室，用于支撑卫生检疫学、植物检疫学及动物检疫学等专业基础课程的实训实验室。

检验检疫技术交流部现任主任为钱明副教授。

【实验室建设】2022年，检验检疫技术交流部建成海关智慧监管虚拟仿真实验室、海关检验检疫样品采集实验室，在建海关检验检疫综合实验（训）实验室（推进中），并与上海海关动植物与食品检验中心、上海中医药大学实验中心签订合作协议，联合开展学科基础课程、专业核心课程的课内实验。

【教学工作】2022年，检验检疫技术交流部充分利用智慧教室，持续开展“海关检验检疫大讲堂”系列学术讲座等方式，邀请专家学者开展系列讲座，创新授课方式，提高学生参与度，保证专业教学与海关检验检疫业务相辅相成。

【科研工作】2022年，检验检疫技术交流部获批省部级以上科研项目2项，教师共发表论文6篇，其中，SCI 4篇，中文期刊2篇。

【师资队伍】2022年，检验检疫技术交流部引进2名博士为专任教师，他们分别担任动物检疫学及智慧海关大数据方向专任教师，进一步充实了部门的专业师资队伍。

【交流合作】2022年，为促进海关检验检疫安全专业实验实训课程开展及建设，检验检疫技术交流部分别组织教师赴上海中医药大学开展教学实验中心交流研讨，并与上海中医药大学教学实验中心签署了共建合作协议，奠定了相互交流合作的基础。

【学生工作】2022年，海关检验检疫安全专业学生在思想、学习、生活等方面紧紧围绕党委中心工作，积极开展党建活动，例如，“学习二十大，永远跟党走，奋进新征程”征文活动、“学习党的二十大精神”系列团课教育活动等；定期组织召开团员大会；利用寒暑假积极参与各类志愿活动等。在知识、能力、素养培养方面，在校期间同学们积极参加学校各类活动，获得“活力团支部”、“2022年宪法卫士先进班级”、“锚定生涯、筑梦远航”优秀职业生涯规划三等奖、“科学武装战‘疫’，同心守沪健康”主题团日活动优秀奖、2022年度“超级梦想班”线上主题班会三等奖、2022年寒假“五个一实践活动”优秀班级等荣誉；积极参加各项知识竞赛活动，分别在“麟兮杯”政策性辩论邀请赛、上海市大学生安全教育在线学习与考试、超新星上海赛区辩论赛中取得优异成绩；积极参加校内校外志愿活动，获2022校园封闭管理期间战疫优秀志愿者、垃圾分类志愿者、光盘行动志愿者等一系列荣誉称号。

【开展海关检验检疫大讲堂】4月，检验检疫技术交流部持续开展“海关检验检疫大讲堂”，定期邀请校内外专家学者开展讲座，开拓学生们的视野，丰富其专业知识，通过收集学生在课堂学习之余发现的问题，及时与专家学者沟通交流，进行答疑解惑，让学生深入了解海关检验检疫发展趋势等。通过线上线下教学互动和举办系列讲座等形式，保证海关检验检疫安全专业教学不与海关检验检疫业务脱节。

【与上海中医药大学交流合作】9月，深入贯彻教育部办公厅关于印发《教育部产学合作协同育人项目管理办法》的通知精神，深化高校间的产学研合作，促进人才培养目标、师资队伍、实验实训等方面的教学协同，进一步提升社会主义现代化海关亟需的高素质检验检疫人才培养质量，学校副校长岳龙带队赴上海中医药大学进行考察，就相关合作事宜进行交流研讨。双方还就两校共建合作相关内容和方式进行了深入地交流探讨，初步达成共建合作意向，下阶段双方将在实验实训新模式、共育人才新机制、共谋科研成果转化新举措等方面充分发挥各自优势，形成合力，共同构建一个全方位、多层面的对话交流与协同合作平台，共同实现持续发展。

【开展实践教学活动】11月，检验检疫技术交流部组织的卫生检疫实践课程在上海中医药大学开展，此次联合教学开创了学校第一次校际联合开展实践课程教学活动的历史，开启了与其他高校之间的合作新模式，迈出了创新且具有历史意义的一步。

【研讨教材建设】结合海关实际需求，围绕检验检疫类专业方向和人才培养的核心能力，完善推进专业核心课程教材建设，做好专业的基础建设工作。

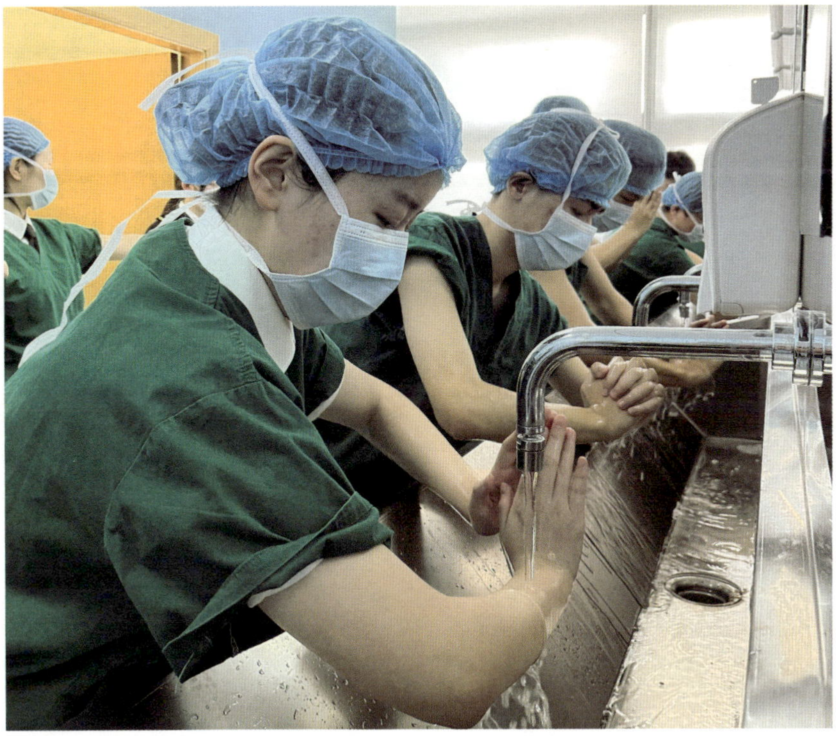

▲2022 年 11 月 24 日，学校检验检疫技术交流部与上海中医药大学联合开展实践教学活动

【实验室项目通过验收】 11 月，检验检疫技术交流部立足新专业未来发展，不断完善加强实用新型的教学平台建设，海关检验检疫虚拟仿真实验研究中心建设项目顺利通过验收。这一项目的顺利验收推动了实验室数字化转型，优化了实验教学模式，提升了检验检疫相关专业研究生及本科生培育平台水平。

撰稿人

王雨辰

第十一篇

办学支撑与综合保障

财务与采购

【概况】2022年，学校认真贯彻落实国家教育改革发展部署和全国海关财务工作要求，紧紧围绕学校中心工作，依托政府、社会、学校共建机制，多渠道筹集办学资金，实现财力稳步增长。坚持以规划目标和预算绩效管理为导向，努力提高资金使用效益，为推进学校各项事业发展提供坚实的财力物力保障。

拓宽办学经费来源，实现财力稳步增长。以财政保障为主渠道，向财政和海关总署积极争取改善办学条件及“双一流”建设专项经费，落实二期校园建筑维修改造、临港国际校区建设等重大项目投入。依托署市共建，向上海市争取更多资源支持，加大学科及专业建设、学位点建设及对学校发展有标志性影响的学科、平台、团队资源配置的倾斜力度。调动全校力量，扩大社会合作，争取智慧校园建设、平安校园建设等投入，争取更多学生奖助捐赠资金。建立培训激励机制，鼓励开拓高水平非学历国内外培训市场，挖掘自筹收入潜力，扩大社会效益的同时提升经济效益。提高事业收入规范化、专业化管理水平，确保应收尽收。

加强预算管理，提高资金使用绩效。加强中期项目支出规划管理，健全项目预算审核机制，聚焦人才培养、学科建设等关键领域和薄弱环节的预算支出需求，切实提高预算编制的精准性和有效性。增收与节支并举，发展和民生并重。优化支出结构，坚持教学投入稳步增长，教职工收入稳步提高，严控一般性支出。挖掘存量资源，推行零基预算，突出预算绩效导向。完善预算执行管理责任，建立学校、业务主管部门、项目承担单位三级管理联动机制，建立动态监控机制。全面实施预算绩效评价管理，推动预算和绩效管理一体化，加强绩效结果应用。坚持以规划目标和绩效考核为导向，加强学校年度预算管理和绩效考核的衔接，探索建立目标、绩效、财权相结合的预算分配体系，提高资金使用效益。

深化财务改革，财务信息化建设取得明显成效。深化财务改革，加强科研经费、内涵建设经费、重大基建经费等重点领域财务职能监督；规范内部控制，健全制度体系，加强廉政风险防控，加大经济责任审计和专项审计力度，确保各项经济活动合法合规；稳步推进政府会计制度全面实施和政府财务报告编制，财务信息真实完整。

继续完善财务智能化管理，优化线上报销流程，有计划引入差旅费报销平台、办公用品采购平台、预算绩效评价信息化平台等。推进科研经费的信息化管理，实现科研课题基础信息与经费支出数据互联互通，数据共享。推进财务数据治理，以智慧校园建设为依托，探索建立基于大数据的财务决策支持系统，发挥管理会计作用，助推学校经济决策。健全科学高效的政府采购机制，提升政府采购绩效水平。构建科学严谨、规范有序、便捷高效的采购制度体系。加强采购职能管理，明晰职责权限，建立采购主体权责明晰的责任体系。科学防控风险，对关键节点、关键项目进行重点管理，做到廉洁采购。推进精细管理，指导各部门合理确定需求，促进充分竞争，参与重大项目验收，提升政府采购绩效水平。

加强财务队伍建设。加强政治建设，提升政治站位，落实好部门党风廉政建设责任制。财务人员控制在学校编制数内，优化岗位设置，合理开展业务轮岗，提高工作效能。加大财务人员培养力度。多层次、多方式开展业务培训，鼓励引导开展财务理论研究；“十四五”期间具备中高级会计职称资格人员（或同等职称）达到80%以上，硕士研究生以上学历占比70%以上。打造干净、担当、奉献、有凝聚力的财务队伍。

年内，学校财力保障能力稳步提升。“十三五”期间教育经费支出总量11.4亿，为“十二五”期间的1.52倍。人才培养、教学投入逐年增加，日常教学投入与生均支出均符合办学要求。教学日常运行支出占经常性教育事业费拨款与学费收入之和的比例为18%（合格指标为13%）。实验实训中心建设、教学办公条件和办学基础设施设备投入到位，三期校园建设资金全部落实并建成投入使用，教学办公和学生生活条件显著改善。财务管理效能稳步提升。财务信息化建设取得阶段性成效，线上报销全面运行；预算管理能力加强，推进绩效管理，财政项目支出逐步纳入预算绩效评价；加大财务职能监督、政府采购和招投标职能管理，建立较为规范的制度体系；实施政府会计制度，新旧制度顺利衔接，会计基础工作扎实。优化岗位设置和业务轮岗，减员增效，财会人员队伍发展良好。学校财务处部门绩效考核2019年至2022年连续四年获得创新奖、校长特别奖、创新奖、部门绩效考核优秀。

【推进基建项目财务管理】 2022年，二期大修项目和临港国际校区大修项目进入施工阶段，学校严格按照相关法律法规及内控要求进行财务管理，对两个基建项目进行单独核算。加强日常监管，及时对基建项目的财务管理要求进行合理化调整。

【做好疫情期间财务保障】 2022年，学校财务处全力保障学校疫情防控工作有效推进，建立疫情防控资金保障绿色通道，优先及时办理与疫情防控相关的物资采购、工程建设、补助发放等会计业务，保障教职员工、外聘人员薪酬、学生资助按时发放，为学校做好财务保障。

【完成预决算编报】 2022年，学校组织完成2022年决算报送及2023年“一上”、“二上”（12月）预算编制并通过主管部门审核，包括

2023—2025 年项目支出规划、收支规模测算、新增资产配置预算、住房改革支出预算等编制。通过分析进度、通报提醒和重点督促，提高预算执行率。

【推进集中采购工作】 2022 年，学校顺利完成 2022 年集中采购工作，采购及时率达到 100%，采购合格率达到 100%，投诉率为零。严格招投标采购程序，加强对学校重大采购项目的全过程管控，促进廉政建设同时，确保重大采购项目采购物有所值，提高资金使用效率，采取多种措施有效降低招标采购风险。

【推进“海关重点项目和财物管理以权谋私”专项整治】 2022 年，学校财务处配合学校完成“海关重点项目和财物管理以权谋私”专项整治工作，聚焦财物管理以权谋私问题，围绕排查重点，深入排查问题，梳理 2012—2021 年以来学校在工程建设项目类、信息化建设项目类、装备购建项目类、实验室建设类、财物管理领域类、资金管理、国有资产管理、经营活动管理、科研经费管理等方面的问题和情况。

【规范教育收费】 2022 年，学校完成 2022 学年秋季学期规范教育收费自查和抽查，严格执行教育收费公示制度，实行阳光收费。学生学宿费可以通过网上自助缴纳、批量扣款、微信缴费、现场 POS 机刷卡等多种方式缴费，高质量完成学费收缴任务。

【完成个税汇算清缴】 3 月至 6 月，根据个人所得税法及其实施条例、税收征收管理法及其实施细则、《国家税务总局关于办理 2021 年度个人所得税综合所得汇算清缴事项的公告》等有关规定，全校所有人员完成 2021 年度个税汇算清缴工作。

【加强经费报销审核】 2022 年，学校财务处依托财务管理信息化水平不断提升，学校不断规范、优化财务报销流程，为学校师生提供高效、优质的财务服务。年内做到报销单即来即审，各审核节点平均时长之和保障在 48 小时内，退单率不低于 5%。

撰稿人

王宏俊　龙　晶　赵玲琳　戴璐娜

图书情报

【概况】2022 年，学校图书馆以文化建设为抓手，积极践行“三全育人”理念，推进文化内涵发展，开展“以人为本”的空间服务和文献信息服务。加强馆藏建设，克服疫情影响，线上线下双管齐下，优化阅读体验，保障师生对图书资源的需求，助力科研对信息情报的需求，服务海关对专项研究的需求。

图书馆共设阅览座位 813 个，周开馆 97 小时。受疫情影响，全年开馆 129 天，进馆人数达 7.11 万人次；综合阅览室、研讨室、电子阅览室总使用量 4.28 万人次，人均借阅图书 4.7 册。移动图书馆全年 365 天全天候 24 小时开放。电子资源访问量 89.62 万次。图书馆微信公众号订阅人数 4068 人，全年推送图文 77 篇，阅读量 6 万次。

根据学校学科专业布局发展，图书馆以服务优势学科和新增本科专业为重点，调整优化纸质图书和电子资源采购，围绕学校学科建设和发展，综合教学科研需求，完善文献资源建设保障体系。全年，采购纸本中外文图书 9414 种、16049 册，全馆实体馆藏总量 79 万册，订阅国内外纸质报纸期刊 543 份；电子图书 280.4 万册，电子期刊 7.7 万册，电子学位论文 633.4 万册，拥有电子数据库 75 个。具体情况见表 1。

表 1　学校图书馆 2022 年馆藏情况

文献种类		数量
纸质图书	中文	76.9 万册
	外文	2.1 万册
电子图书	中文	250.1 万册
	外文	30.3 万册
纸质期刊	中文	509 份
	外文	34 份
电子期刊	中文	5.5 万册
	外文	2.2 万册

续表

文献种类	数量
纸质报纸	53 份
电子学位论文	633.4 万册

稳步推进海关信息资料中心建设，优化海关专业图书馆藏结构，不断丰富图书馆馆藏海关史文献体系。全年新增海关专业文献1350册。

强化学生信息素养培养，开展专题讲座，提升读者服务效能。继续做好情报分析服务工作，向学校职能部门提供专题调研报告，为学校学科建设、教学科研提供基础数据参考和决策支持。全年开展信息咨询服务3059人次，较2021年增长40.5%。同时不断丰富服务样式，参考咨询与宣传教育、馆际互借和文献传递、文献查收与查引、科研成果查重和学科文献服务群等多种服务样式，服务不同读者的需求。“海关云书房”接入用户4725人次，为海关执法和科研项目研究提供文献信息支撑。

图书馆认真贯彻“三全育人”服务理念，以读者需求为导向，试行图书馆信息联络员制度，直接对接服务教学科研一线，拓展服务项目，丰富服务内容，提高服务针对性和有效性。开展“喜迎二十大”和“雪域雄鹰”海关图片展，新建智能存包柜和朗读亭，营造整洁、优美的书香校园。

积极提升服务软实力，加强馆员培训力度，采用线上教学，会议研讨，专家授课，参观学习等多种形式，学习专业知识和新技术新理念，提高服务水平。年内，图书馆主持申报获批教育部科研项目和馆员参与国家社科项目研究均实现了零的突破，首轮成功开设研究生信息素养课程，持续发力《知识专报》定题服务，助力学校科研提升，同时也使图书馆馆员队伍的转型升级进入快车道。

【“云操作”服务教学科研】 3月，学校重启线上课堂后，图书馆为了有力支持线上教学和科研工作的顺利开展，积极梳理和整合各类资源，通过企业微信工作台中的“科研成果查重检测”平台，积极为师生提供检测服务；通过“学科文献服务群”为教师、学生、海关关员提供文献传递服务并处理读者使用数字资源的问题，有力保障了广大师生的图书和文献需求；开展丰富多彩的线上读书月系列活动、书海无涯云阅读，带领读者丰盈精神世界。一系列“云操作”实现了线上服务不断，精细化服务不停，全力为教学科研保驾护航。

【举办线上读书节系列活动】 4月23日，第27个世界读书日，学校图书馆开展主题为“相约云端　共品书香”线上读书月系列活动，包括“你选书，我买单”线上图书荐购、“书香愈疫，暖心悦读”战疫主题阅读等系列活动，在微媒体环境下进行多方位、多层次、多形式的阅读推广，全面调动和激发广大师生参与线上阅读的积极性、主动性和创造性，引领校园阅读风尚，推进书香校园建设。

【推出信息联络馆员制度】 9月，学校图书馆召开全馆会议通过“图书馆信息联络员制度”方案。面对师生日益增长的多元化、个性化信息需求，图书馆针对教学单位对馆藏资源了解不充分、教师与馆员缺少沟通渠道等问题，借鉴国内外高校图书馆的经验，坚持“服务需求，提高质量”为主线，推行《上海海关学院图书馆信息联络馆员试行办法》，为每个二级院系（部）单位选派1名信息联络馆员，建立图书馆与对口院系（部）的稳定联络机制。让信息联络馆员走出图书馆，开展主动式服务，探索馆员与教师群体间的协同交互式服务模式，助力图书馆在新的发展阶段完成信息资源服务转型和创新升级。

【参与海关总署项目建设】9月，学校图书馆组建攻关小组，对接海关总署科技发展司“海关知识库平台”项目组，将馆藏的海关图书、海关期刊、音视频资料、海关资讯等海关文献资源导入海关总署海关知识库，完成该项目的一期工程建设，使图书馆文献服务辐射范围扩大至全国海关，提高海关信息资料中心在海关系统的影响力，提升服务海关能力。

【探索新生信息素养教育新模式】10月，学校图书馆开展2022年迎新系列活动，通过一系列线下零距离的现场书展活动和线上阅读教育活动，让新生感受图书馆浓厚的文化氛围，爱上阅读。同时开创性地发布新生入馆教育微视频专辑，丰富了图书馆信息资源体系，助力新生系统地了解图书馆资源与服务，早日融入大学生涯，以馆为伴。

【联合举办“知网杯”】10月31日，由中国知网上海分公司与学校图书馆联合举办的第八届“知网杯”上海高校信息资源发现大赛上海海关学院专场赛事，圆满结束。学校学子踊跃参赛，并取得了优异的成绩。此次大赛以提升学校师生信息资源发现能力为目的，围绕“信息素养”主题，不仅让参赛者在竞争中感受到发现知识的乐趣，更增进了同学们对图书馆电子资源的了解与应用，以赛促学增本领，以学促用强技能。

【深化知识服务专报】2022年，学校图书馆深入教学科研，了解教学科研人员对信息和知识的需求，从期刊文献、科研成果计量分析角度发布《国内经济与管理科学领域研究态势及学校相关科研产出分析报告》、从学院课程建设角度发布《图书馆专业学科服务报告——学科专业图书篇》，进一步探索嵌入教学与科研的深层次学科服务，有针对性地提升图书馆

▲2022年10月19日，学校图书馆召开海关史索引平台建设项目推进会

知识服务质量。

【合作办刊】11 月，由海关史研究院与图书馆联合编制的《海关史研究通讯》第一期正式发布。这是图书馆首次与学校研究机构合作参与编写海关专业刊物。在海关史研究院专家教授的指导下，由图书馆馆员负责编辑，按每期不同的主题整理海关史相关信息，供海关总署关史办研究人员阅览参考。这也是图书馆首次正式与专业研究机构合作，参与办刊，为海关史研究人员提供资料参考和专业史料支持。

【开设信息素养课程】11 月 15 日，面向税务专业硕士研究生的课程《信息素养实践与研究型写作》正式开讲，这是图书馆首次面向研究生开设信息素养课。课程共计 18 学时，分为信息素养与信息检索、学校图书馆资源检索利用、研究型写作创造新信息与 Python 数据分析与可视化简介四个模块，以理论授课与实践操作相结合的方式，使学生具备信息检索的基础知识和基本理论，熟悉本专业及相关专业信息资源，掌握多种方式获取和利用信息资源的基本技能，提高学生科学利用图书馆资源的能力、网络信息资源检索能力和初步的研究能力，进而培养学生自主学习的能力和提高文献信息素养。

【加强图书馆内涵建设】12 月 13 日，学校图书馆党支部与海关中青年处级领导干部进修班部分学员开展了交流研讨活动，就科研数据支撑、新书宣介、海关特色资源数据库建设、专题文献资源建设及品牌共建共享等方面展开了热烈的讨论。本次交流活动促使海关信息需求与信息供给双方面对面，有利于加强图书馆与海关之间的沟通合作，有利于明确图书馆服务海关改革发展的方向和重点，为现代化海关建设与改革发展提供更加有针对性的文献信息服务，为海关学科专业发展和人才培养提供更加坚实的信息资源保障。

【举办理论研讨活动】12 月 17 日，长三角高水平行业特色大学联盟 2022 年年会暨改革创新论坛“行业特色高校图书情报服务转型与管理创新”分论坛在学校图书馆顺利召开。13 所联盟成员高校图书馆馆长及馆员代表以线上线下相结合的方式，共同围绕分论坛主题进行热烈讨论。学校图书馆馆长李九领以“行业高校图书馆情报服务转型升级思路与实践成效”为主题，分享图书馆服务转型升级的实践探索。本次分论坛是学校图书馆与联盟其他高校图书馆开展战略合作的一个新起点，后续将不断深化合作和扩大交流，更好为行业特色高校人才培养、科研智库与行业发展服务。

撰稿人

范云欢　赵雨田　钱　芸

综合保障

【概况】2022年，学校坚持以服务保障为主线，始终把有利于提高服务质量、有利于校园安全美丽、有利于提高办学效益、有利于促进学校的改革和发展，作为工作的出发点和落脚点，紧密围绕“标准化、规范化、信息化、集约化”的建设目标，不断深化综合保障体制机制改革，持续推进服务保障社会化，保障学校持续健康发展。

综合保障各项工作紧密围绕学校中心工作，在努力做好校园疫情防控工作、保障师生生命安全的基础上，以“服务育人，重点保障”为宗旨，启动校园二期大修、临港校园建设，持续推进综合保障改革，进一步强化队伍建设、制度建设，规范保障管理，显著提升师生服务满意和服务质量，为学校教学、科研、培训工作提供强有力的保障。

新冠疫情防控工作情况。2月27日在学生返校后组织进行全员核酸检测，2月28日起学生在校开始正常学习生活，足不出校的情况下为在校学生提供保障服务。3月13日学校根据市教委安排进行封闭管理，封闭管理期间，师生开展线上教学，学校公共场所关闭，食堂取消堂食，停止外卖，快递消杀。经过两轮常态化防护性核酸检测之后，学校于3月18日转入准封闭管理模式，校园继续严格校门管理，师生开展线上教学，不开展线下聚集性活动，在校学生暂停校外实习，学校公共场所开放，实施预约限流制度。3月29日，学校进入封闭管理。在此情况下，综合保障处加紧调整更新相应防疫措施和保障方案，先后出台了《医疗废弃物处置规程》《防疫应急物资储备方案》《新冠疫情消毒方案》《快递外卖管理方案》《冷链物流方案》《核酸检测方案》，以及超市线上销售、理发预约服务等相关服务保障方案。在严峻的疫情考验面前，综合保障处上下一心，多方动员，在有限的条件下维持校园疫情防控和正常运转不放松，克服物资、人手、防疫风险等重重困难，保障校园供应的正常有序。此外，通过坚持做好门卫管理、严格落实员工及信息管理、调整社会化服务与管理、提供信息化技术支撑、逐步细化防疫物资管理、妥善安排后勤保障服务等方面加强疫情防控工作。

校园基本建设情况。虽然受疫情影响，各项工期略有延后，除临港校区影响较大外，其余通过下半年加快进度，基本完成预期。2022年综合保障处实施的各类财政专项共14项（含以前年度专项6项），项目实施内容包括二期大修、智慧校园建设、教学教辅设施设备改造，平安校园智慧安防改造、临港校区建设等，通过项目实施，改善了校园办学硬件条件，为师生创造了舒适、美丽的学习、工作、生活环境。

综合保障改革情况。2022年不断探索综合保障改革方案，通过调研、测算、制度制定、方案制订等工作，年内完成前期工作，并形成调研报告一份，初步方案一份，体系建设手册一份，相关配套制度和措施若干，以餐饮工作改革为试点制定的《餐饮工作管理办法》已通过校长办公会审议并正式试行。

推进教育数字化转型情况。通过成立数字化转型工作专班，拟定工作方案推进落实，一网通办和一网统管已上线试运行。完成IP电话改造，志远楼无线网络改造，核心交换机更新，博海楼宾馆电视和门锁更新，志远楼多功能厅设备还原等项目。在参与海关总署组织的网络安全攻防演习中，认真梳理信息资产清单、及时整改安全漏洞，不断优化提升安全加固方案等一系列安全措施，顺利通过重保期的护网行动，同时学校的一篇护网技战方案报告被海关总署采纳与肯定。

师生服务满意度情况。在年终学校组织的满意度考核中，部门教工满意度达92.59%、学生满意度达92.08%，相较2021年显著提高，综合保障处从年初开始采取多种有效措施，积极提高师生幸福感和保障力度；以教学保障为抓手，翻新教学楼、实验室设施设备，提高线上教学保障措施，为疫情下教学、培训顺利开展提供有力保障。

能耗管理情况。通过多项节能宣传，组织节能知识竞赛和征文比赛等，提高师生能耗节约意识，更新节能设施设备，垃圾分类在2021年基础上提高师生自觉投放意识，通过专项资金投入，加强科技化能源管理系统，年内，通过努力，获得上海市“绿色校园”称号，并通过“节水型校园”复测评审，获得上级主管部门肯定。

安全保障工作情况。通过完成学生宿舍约506个阳台护栏加高、部署楼顶阳台防高坠安全预警系统，更换校内所有河道救生设施，公共场所消防应急设备，完成物理安全保障，此外扎实开展各项安全教育、排查隐患、应急演练等，消除校园各类安全隐患，在科技安全保障中，较2021年显著提高。年内无重大网络安全事故发生，护网行动和党的二十大网络安全保障均顺利完成，所做护网方案获得海关总署科技发展司认可。

民生工程建设情况。采取多种有效措施，积极提高师生幸福感和保障力度，如引入新鲜吧、核酸亭、增添学生防寒服、优化绿化种植等共计15件实事。经过努力，年内共获得上级主管部门颁发的单位和个人奖项7个。

【完成绿色校园创建】 11月，在上海市教育委员会、市发展和改革委员会联合公布上海市绿色学校名单（第二批）中，学校光荣上榜，获“上海市绿色学校”荣誉称号。2022年创建工作启动以来，校领导高度重视，召开专题会议，研究制订创建实施方

▲2022 年 11 月，学校获评“上海市绿色学校”

案，严格对照《上海市绿色校园创建方案》，从校园绿化环境、校园绿色文化建设、节能减排基础设施建设、节能环保宣教等方面积极开展工作，在校园基础建设和改造中，积极落实节约型校园建设理念，合理规划校园绿化建设，不断提升校园绿化水平。在节能环保宣教方面，积极组织师生投入垃圾分类、节能环保、光盘行动等主题实践活动，组织知识竞赛和征文活动，引导学生主动参与生态文明、绿色发展、环境保护等生态文明教育活动。经学校自评、区教育局和专家网上评审，学校获得 98 分高分（满分 110 分），达到“上海绿色校园”评价规范创建标准。

【通过“节水型”高校复评】 12 月 2 日，上海市税务局、上海市教育委员会开展节水型高校复评工作，学校被列入 2022 年节水型高校建设（复核）名单。复评工作启动后，综合保障处结合学校管理实际，主动对接节水管理部门，积极推进节水型高校申报创建工作，通过对涉及的制度、宣传、计量指标、设施设备等进行全面梳理和更新，同时积极开展节水知识竞赛和征文比赛等宣传活动，最终在全市复核考评中以综合 97 高分通过复评。

【获年度高校治安安全示范点】 2022 年，学校开展的防止学生意外高坠智能预警系统，通过上海市教育委员会和公安部门评审组综合评审，荣获 2022 年度高校治安安全示范点，成为全市十八个获奖单位之一。该预警系统，通过语言播报提醒、门磁系统警告、视频监控系统抓拍等功能实现人员进入楼顶天台区域触发警告，不安全行为主动监测等预警功能，进一步构建学校安全保卫立体防控体系，做到早预防、早预警、早处置，从而降低学生意外高坠安全事故的风险，切实保障学生生命安全，进一加强校园安全管理工作。

【获治安保卫先进集体】 2022 年，学校安全工作在学校的领导下，一手抓安全，一手抓防疫，积极推进校园安全管理工作。在此期间，强化了校园治安交通治理、反恐维稳、疫情防控等方面的精细化管理；建立了警校联动机制，与张江高校派出所开展支部共建，在大学生预防电信网络诈骗方面开展系列教育和宣传，形成安全教育新机制；规范了校园交通安全管理，重点治理了电动车室内充电、不戴头盔违规载人等现象，确保了校园的安全稳定。9 月 8 日，张江高校派出所代表浦东公安分局为学校颁发“2021 年度治安保卫先进集体”荣誉证书。

【获市安全文明校园荣誉称号】2022年，根据上海市教育委员会创建安全文明校园检查组的评估验收，学校荣获“2019—2020学年度上海市安全文明校园”荣誉称号。此次安全文明校园评测涉及组织领导、宣传教育、制度建设、安全防范、校园稳定5大类16项指标。

【首获市高校信息化工作先进个人奖项】3月4日，上海市高等教育学会与校园网络专业委员会联合主办了2022年度上海高校信息化工作先进个人表彰大会。经专家评审，学校综合保障处信息技术科首获上海市高校信息化工作先进个人奖项。作为上海市高校范围内34个获奖单位之一，得到了上海市相关专委会对学校信息化建设、管理和服务工作成绩的肯定，鼓励了学校信息化建设与管理人员的敬业奉献精神，提升了信息化部门的工作素养，推动了学校信息化工作持续发力，激发了信息化发展内生动力与活力。

【入围优秀案例】2月22日，上海市教育委员会正式公布了本市2022年度教育数字化转型实践创新案例交流展示活动结果。学校信息技术科申报的“基于企业微信平台的在线文档创新应用”获评数字化助力教育管理创新优秀案例。

【推进三网融合工作】11月，信息技术科正式完成图书馆306室数据中心因特网服务器至志学楼504室新建数据中心的整体搬迁工作。实现硬件资源的集中部署、统一管理和科学分配，在整合资源的基础上、简化运维流程、降低运维成本、提高灾备能力。12月，完成模拟电话向数字电话的切换工作，全校1000余门全部由模拟信号转为数字信号，充分利用原有内部网络带宽，显著降低维护成本，提供更丰富的应用功能。

【二期建筑维修改造】3月4日，学校二期建筑维修改造项目取得上海市浦东新区建设和交通委员会核发的建筑工程施工许可证，核准项目准予施工，施工许可证备注合同工期274天。本项目设计单位为上海复旦规划建筑设计研究院有限公司，施工单位为上海市浦东新区建设（集团）有限公司，监理单位为上海金桥建设监理有限公司。

【临港国际校区维修改造】9月2日，学校临港国际校区维修改造项目取得中国（上海）自由贸易试验区临港新片区管理委员会核发的建筑工程施工许可证，核准项目准予施工，施工许可证备注合同工期304天。本项目设计单位为上海应翔建筑设计有限公司，施工单位为南通四建集团有限公司，监理单位为上海大通工程监理有限公司。

【推进餐饮服务改革】2022年，学校以食堂为试点推进学校综合保障改革，出台《上海海关学院餐饮工作管理办法（试行）》，涉及组织架构、岗位设置和运营管理体制、采购和仓库管理、现场操作与管理、价格控制、安全管理、考核、财务管理与经济政策、监督等，共十章（四十条）具体内容。

撰稿人

王丽莎　叶　俊　刘　飏　宋兆岩　陈　杨　陈　荣　瞿镇威

第十二篇

表彰与奖励

2022 年获奖（表彰）集体和个人

表 1　获奖（表彰）集体

部门	荣誉称号	授奖单位	获奖时间
团委	2021 年“学习新思想　悟百年精神　做强国一代”上海团员青年党史知识竞赛“最佳表现奖”	共青团上海市委员会	2022 年 1 月
团委	2021 年上海学校共青团“学党史、强信念、跟党走”主题微团课一等奖	共青团上海市委员会、上海市学生联合会	2022 年 3 月
综合保障处	2021 年度上海高校消费扶贫先进单位	上海高校后勤服务中心、上海市学校后勤协会	2022 年 3 月
综合保障处	2021 年度上海高校保供稳价（团体采购）先进单位	上海高校后勤服务中心、上海市学校后勤协会	2022 年 3 月

表 2　获奖（表彰）个人

获奖教职工	荣誉称号	授予单位	获奖时间
高　岩	上海市纪检监察系统先进工作者	中共上海市纪律检察委员会　上海市监察委员会、上海市人力资源和社会保障局	2022 年 1 月
董　强	中国海关学会上海分会 2021 年度优秀论文主题征文二等奖	中国海关学会上海分会	2022 年 1 月
辛宪民	中国海关学会上海分会 2021 年度优秀论文综合论文二等奖	中国海关学会上海分会	2022 年 1 月
胡　蓉	上海市巾帼建功标兵	中国教育工会上海市委员会、上海市教育系统妇女工作委员会	2022 年 3 月
万曙春	上海市教育系统三八红旗手	中国教育工会上海市委员会、上海市教育系统妇女工作委员会	2022 年 3 月
宋丽萍	上海共青团调研奖三等奖	共青团上海市委员会	2022 年 5 月
陈　蓉	第二届上海市高校教师教学创新大赛二等奖	上海市教育委员会	2022 年 6 月

续表

获奖教职工	荣誉称号	授予单位	获奖时间
王　溪	全国海关系统“党务之星”	海关总署政治部	2022 年 7 月
林　弘	“中国入世 20 周年，全球经贸治理与中国海关贡献”主题征文二等奖	海关总署国际司	2022 年 7 月
孙　浩	上海市高校毕业生就业工作优秀典型	上海市教育委员会	2022 年 9 月
王　杨	上海市高校毕业生就业工作优秀典型	上海市教育委员会	2022 年 9 月

2022 年教学成果奖及教育教学项目

项目类别	项目名称	负责人	获批情况
上海市教学成果奖	精准对接，深度融合：卓越海关人才培养体系的改革与创新	丛玉豪	特等奖
	服务国家特殊需求的海关高层次人才培养教学模式建构与实践	岳　龙	一等奖
	需求引领，学科交叉：新时代海关管理专业建设的创新实践	黄胜强	二等奖
	关校企三方协同的创新型关务人才培养模式探索与实践	孙　浩	二等奖
	关校深度融合推动海关法律人才培养的创新	万曙春	二等奖
上海市课程思政项目	国际商务概论	查贵勇	获批
	国际经济法	刘海燕	
	高等数学	赵振刚	
	海关管理概论	丁　敏	
	海关缉私	祝少春	
	法理学	娄万锁	
上海市课程思政教学团队	国际经济法课程教学团队	刘海燕	获批
	高等数学课程教学团队	赵振刚	
	海关管理概论课程教学团队	丁　敏	
	法理学课程教学团队	娄万锁	
上海市课程思政教学名师	祝少春		获批
教育部虚拟教研室	海关管理专业虚拟教研室	黄胜强	获批
	税收学课程虚拟教研室	崔志坤	
上海市一流本科课程	电子商务	吴　烨	获批
	国际经济学	姚海华	
	海关管理概论	黄丙志	
	供应链管理	罗　军	
上海市重点课程	海关管理概论	丁　敏	获批
	统计学	段景辉	
	跨文化商务交际	王　燕	

2022 年学生学科竞赛获奖

序号	院系	班级	姓名	获奖项目名称	获奖等级	获奖时间	颁奖单位
1	海关外语系	英语 1901	贾　茹	2022 年全国大学生英语竞赛 B 类	二等奖	2022 年 12 月	国际英语外语教师协会中国英语外语教师协会（IATE-FL · TEFL China）和高等学校大学外语教学研究会联合主办
2	海关外语系	英语 1901	黄　磊	2022 年全国大学生英语竞赛 B 类	三等奖	2022 年 12 月	国际英语外语教师协会中国英语外语教师协会（IATE-FL · TEFL China）和高等学校大学外语教学研究会联合主办
3	海关外语系	英语 1901	江安琪	2022 年全国大学生英语竞赛 B 类	三等奖	2022 年 12 月	国际英语外语教师协会中国英语外语教师协会（IATE-FL · TEFL China）和高等学校大学外语教学研究会联合主办
4	海关外语系	英语 1901	陶淳艺	2022 年全国大学生英语竞赛 B 类	三等奖	2022 年 12 月	国际英语外语教师协会中国英语外语教师协会（IATE-FL · TEFL China）和高等学校大学外语教学研究会联合主办
5	海关与公共管理学院	海关管理 2106	马皓祥	2022 年全国大学生英语竞赛 C 类	一等奖	2022 年 12 月	国际英语外语教师协会中国英语外语教师协会（IATE-FL · TEFL China）和高等学校大学外语教学研究会联合主办

续表1

序号	院系	班级	姓名	获奖项目名称	获奖等级	获奖时间	颁奖单位
6	海关与公共经济学院	经济统计学 1901	张露怡	2022 年全国大学生英语竞赛 C 类	二等奖	2022 年 12 月	国际英语外语教师协会中国英语外语教师协会（IATEFL · TEFL China）和高等学校大学外语教学研究会联合主办
7	海关与公共管理学院	海关管理 2106	张乐庭	2022 年全国大学生英语竞赛 C 类	二等奖	2022 年 12 月	国际英语外语教师协会中国英语外语教师协会（IATEFL · TEFL China）和高等学校大学外语教学研究会联合主办
8	海关与公共管理学院	海关管理 2004	郑博之	2022 年全国大学生英语竞赛 C 类	二等奖	2022 年 12 月	国际英语外语教师协会中国英语外语教师协会（IATEFL · TEFL China）和高等学校大学外语教学研究会联合主办
9	检验检疫技术交流部	海关检验检疫安全 2101	陆明仪	2022 年全国大学生英语竞赛 C 类	二等奖	2022 年 12 月	国际英语外语教师协会中国英语外语教师协会（IATEFL · TEFL China）和高等学校大学外语教学研究会联合主办
10	海关与公共管理学院	海关管理 2009	卞泽麟	2022 年全国大学生英语竞赛 C 类	二等奖	2022 年 12 月	国际英语外语教师协会中国英语外语教师协会（IATEFL · TEFL China）和高等学校大学外语教学研究会联合主办
11	海关与公共管理学院	海关管理 2008	李卓玥	2022 年全国大学生英语竞赛 C 类	二等奖	2022 年 12 月	国际英语外语教师协会中国英语外语教师协会（IATEFL · TEFL China）和高等学校大学外语教学研究会联合主办

续表2

序号	院系	班级	姓名	获奖项目名称	获奖等级	获奖时间	颁奖单位
12	海关与公共管理学院	海关管理2008	裴思聪	2022年全国大学生英语竞赛C类	三等奖	2022年12月	国际英语外语教师协会中国英语外语教师协会（IATE-FL·TEFL China）和高等学校大学外语教学研究会联合主办
13	海关与公共管理学院	海关管理2005	陈曦俍	2022年全国大学生英语竞赛C类	三等奖	2022年12月	国际英语外语教师协会中国英语外语教师协会（IATE-FL·TEFL China）和高等学校大学外语教学研究会联合主办
14	海关与公共管理学院	海关管理2009	杨晓燕	2022年全国大学生英语竞赛C类	三等奖	2022年12月	国际英语外语教师协会中国英语外语教师协会（IATE-FL·TEFL China）和高等学校大学外语教学研究会联合主办
15	海关与公共管理学院	海关管理2108	黄朝炜	2022年全国大学生英语竞赛C类	三等奖	2022年12月	国际英语外语教师协会中国英语外语教师协会（IATE-FL·TEFL China）和高等学校大学外语教学研究会联合主办
16	海关与公共管理学院	海关管理2003	陈斯涵	2022年全国大学生英语竞赛C类	三等奖	2022年12月	国际英语外语教师协会中国英语外语教师协会（IATE-FL·TEFL China）和高等学校大学外语教学研究会联合主办
17	海关与公共管理学院	海关管理2109	顾天铖	2022年全国大学生英语竞赛C类	三等奖	2022年12月	国际英语外语教师协会中国英语外语教师协会（IATE-FL·TEFL China）和高等学校大学外语教学研究会联合主办

续表3

序号	院系	班级	姓名	获奖项目名称	获奖等级	获奖时间	颁奖单位
18	海关与公共管理学院	海关管理2110	糜宇虹	2022 年全国大学生英语竞赛 C 类	三等奖	2022 年 12 月	国际英语外语教师协会中国英语外语教师协会（IATE-FL · TEFL China）和高等学校大学外语教学研究会联合主办
19	海关与公共管理学院	海关管理2104	朱欣怡	2022 年全国大学生英语竞赛 C 类	三等奖	2022 年 12 月	国际英语外语教师协会中国英语外语教师协会（IATE-FL · TEFL China）和高等学校大学外语教学研究会联合主办
20	海关与公共经济学院	税务 2021	魏仁杰	2023 年全国大学生英语竞赛 A 类	三等奖	2022 年 12 月	国际英语外语教师协会中国英语外语教师协会（IATE-FL · TEFL China）和高等学校大学外语教学研究会联合主办
21	海关与公共管理学院	海关管理2008	黎若曦	全国大学生数学建模竞赛 2022 年上海赛区本科组	二等奖	2022 年 11 月	上海市教育委员会
22	海关与公共管理学院	海关管理2001	陈燕伊	全国大学生数学建模竞赛 2022 年上海赛区本科组	二等奖	2022 年 11 月	上海市教育委员会
23	海关与公共管理学院	海关管理1904	栾延昌	全国大学生数学建模竞赛 2022 年上海赛区本科组	二等奖	2022 年 11 月	上海市教育委员会
24	海关与公共管理学院	海关管理2008	赵潇骁	全国大学生数学建模竞赛 2022 年上海赛区本科组	三等奖	2022 年 11 月	上海市教育委员会
25	海关与公共管理学院	海关管理2008	刘高源	全国大学生数学建模竞赛 2022 年上海赛区本科组	二等奖	2022 年 11 月	上海市教育委员会
26	海关与公共管理学院	海关管理2007	董亦多	全国大学生数学建模竞赛 2022 年上海赛区本科组	三等奖	2022 年 11 月	上海市教育委员会
27	海关与公共管理学院	海关管理2004	谷启源	全国大学生数学建模竞赛 2022 年上海赛区本科组	三等奖	2022 年 11 月	上海市教育委员会
28	海关与公共管理学院	海关管理2009	杨晓燕	全国大学生数学建模竞赛 2022 年上海赛区本科组	三等奖	2022 年 11 月	上海市教育委员会
29	海关与公共管理学院	海关管理2009	李春阅	全国大学生数学建模竞赛 2022 年上海赛区本科组	三等奖	2022 年 11 月	上海市教育委员会

续表4

序号	院系	班级	姓名	获奖项目名称	获奖等级	获奖时间	颁奖单位
30	海关与公共管理学院	海关管理2106	罗森杰	第十四届上海市大学生数学竞赛（高教社杯）非数学类	一等奖	2022年12月	上海市数学会
31	海关与公共管理学院	海关管理2106	郭德炜	第十四届上海市大学生数学竞赛（高教社杯）非数学类	二等奖	2022年12月	上海市数学会
32	检验检疫技术交流部	海关检验检疫安全2102	张海利	第十四届上海市大学生数学竞赛（高教社杯）非数学类	三等奖	2022年12月	上海市数学会
33	海关与公共管理学院	海关管理2103	邹旗和	第十四届上海市大学生数学竞赛（高教社杯）非数学类	三等奖	2022年12月	上海市数学会
34	检验检疫技术交流部	海关检验检疫安全2101	何佳蔓	第十四届上海市大学生数学竞赛（高教社杯）非数学类	三等奖	2022年12月	上海市数学会
35	检验检疫技术交流部	海关检验检疫安全2102	胡康恺	第十四届上海市大学生数学竞赛（高教社杯）非数学类	三等奖	2022年12月	上海市数学会
36	海关与公共管理学院	海关管理2010	叶颖堃	第十四届上海市大学生数学竞赛（高教社杯）非数学类	三等奖	2022年12月	上海市数学会
37	海关与公共管理学院	海关管理2110	李袁志	第十四届上海市大学生数学竞赛（高教社杯）非数学类	三等奖	2022年12月	上海市数学会
38	海关与公共管理学院	海关管理2009	罗显一	2022年（第15届）中国大学生计算机设计大赛	二等奖	2022年8月	中国大学生计算机设计大赛组织委员会
39	海关与公共管理学院	海关管理2009	杨晓燕	2022年（第15届）中国大学生计算机设计大赛	二等奖	2022年8月	中国大学生计算机设计大赛组织委员会
40	海关与公共管理学院	海关管理2009	张　弛	2022年（第15届）中国大学生计算机设计大赛	二等奖	2022年8月	中国大学生计算机设计大赛组织委员会
41	海关与公共管理学院	海关管理2108	于轩浩	2022年（第15届）中国大学生计算机设计大赛	三等奖	2022年8月	中国大学生计算机设计大赛组织委员会
42	海关与公共管理学院	海关管理2003	李　杰	2022年（第15届）中国大学生计算机设计大赛	三等奖	2022年8月	中国大学生计算机设计大赛组织委员会

续表5

序号	院系	班级	姓名	获奖项目名称	获奖等级	获奖时间	颁奖单位
43	海关与公共管理学院	海关管理2108	蔡越宁	2022年（第15届）中国大学生计算机设计大赛	三等奖	2022年8月	中国大学生计算机设计大赛组织委员会
44	海关与公共管理学院	海关管理2009	罗显一	上海市第十四届大学生计算机应用能力大赛	一等奖	2022年5月	上海市教育委员会
45	海关与公共管理学院	海关管理2009	杨晓燕	上海市第十四届大学生计算机应用能力大赛	一等奖	2022年5月	上海市教育委员会
46	海关与公共管理学院	海关管理2009	张　弛	上海市第十四届大学生计算机应用能力大赛	一等奖	2022年5月	上海市教育委员会
47	海关与公共管理学院	海关管理2108	于轩浩	上海市第十四届大学生计算机应用能力大赛	三等奖	2022年5月	上海市教育委员会
48	海关与公共管理学院	海关管理2003	李　杰	上海市第十四届大学生计算机应用能力大赛	三等奖	2022年5月	上海市教育委员会
49	海关与公共管理学院	海关管理2108	蔡越宁	上海市第十四届大学生计算机应用能力大赛	三等奖	2022年5月	上海市教育委员会
50	海关与公共经济学院	经济统计学1901	蒋玉琴	“正大杯”第十二届全国大学生市场调查与分析大赛上海赛区本科组	一等奖	2022年4月	中国商业统计学会、全国大学生市场调查与分析大赛组委会
51	海关与公共经济学院	经济统计学1901	康雨欣	“正大杯”第十二届全国大学生市场调查与分析大赛上海赛区本科组	一等奖	2022年4月	中国商业统计学会、全国大学生市场调查与分析大赛组委会
52	海关与公共经济学院	经济统计学1901	李雯雯	“正大杯”第十二届全国大学生市场调查与分析大赛上海赛区本科组	一等奖	2022年4月	中国商业统计学会、全国大学生市场调查与分析大赛组委会
53	海关与公共经济学院	经济统计学1901	廖文洁	“正大杯”第十二届全国大学生市场调查与分析大赛上海赛区本科组	一等奖	2022年4月	中国商业统计学会、全国大学生市场调查与分析大赛组委会
54	海关与公共经济学院	税务2021	魏仁杰	“正大杯”第十二届全国大学生市场调查与分析大赛上海赛区研究生组	二等奖	2022年4月	中国商业统计学会、全国大学生市场调查与分析大赛组委会
55	海关与公共经济学院	税务2021	伏疆域	“正大杯”第十二届全国大学生市场调查与分析大赛上海赛区研究生组	二等奖	2022年4月	中国商业统计学会、全国大学生市场调查与分析大赛组委会

续表6

序号	院系	班级	姓名	获奖项目名称	获奖等级	获奖时间	颁奖单位
56	海关与公共经济学院	税务 2021	陆　妍	“正大杯”第十二届全国大学生市场调查与分析大赛上海赛区研究生组	二等奖	2022 年 4 月	中国商业统计学会、全国大学生市场调查与分析大赛组委会
57	工商管理与关务学院	国际商务 2001	侯相成	2022 年全国高校商业精英挑战赛国际贸易竞赛（国际贸易业务模拟赛道）	二等奖	2022 年 11 月	中国国际贸易促进委员会商业行业委员会、中国国际商会商业行业商会、中国商业经济学会和中国会展经济研究会联合主办
58	海关外语系	英语 2001	陈铭华	2023 年全国高校商业精英挑战赛国际贸易竞赛（国际贸易业务模拟赛道）	二等奖	2022 年 11 月	中国国际贸易促进委员会商业行业委员会、中国国际商会商业行业商会、中国商业经济学会和中国会展经济研究会联合主办
59	工商管理与关务学院	国际商务 2001	王嘉麒	2024 年全国高校商业精英挑战赛国际贸易竞赛（国际贸易业务模拟赛道）	二等奖	2022 年 11 月	中国国际贸易促进委员会商业行业委员会、中国国际商会商业行业商会、中国商业经济学会和中国会展经济研究会联合主办
60	工商管理与关务学院	国际商务 2001	徐　岱	2025 年全国高校商业精英挑战赛国际贸易竞赛（国际贸易业务模拟赛道）	二等奖	2022 年 11 月	中国国际贸易促进委员会商业行业委员会、中国国际商会商业行业商会、中国商业经济学会和中国会展经济研究会联合主办
61	海关外语系	英语 2101	陈丹青	2026 年全国高校商业精英挑战赛国际贸易竞赛（国际贸易业务模拟赛道）	二等奖	2022 年 11 月	中国国际贸易促进委员会商业行业委员会、中国国际商会商业行业商会、中国商业经济学会和中国会展经济研究会联合主办
62	工商管理与关务学院	国际商务 2001	赵　毅	2027 年全国高校商业精英挑战赛国际贸易竞赛（国际贸易业务模拟赛道）	二等奖	2022 年 11 月	中国国际贸易促进委员会商业行业委员会、中国国际商会商业行业商会、中国商业经济学会和中国会展经济研究会联合主办

续表7

序号	院系	班级	姓名	获奖项目名称	获奖等级	获奖时间	颁奖单位
63	工商管理与关务学院	国际商务2001	申　放	2028年全国高校商业精英挑战赛国际贸易竞赛（国际贸易业务模拟赛道）	二等奖	2022年11月	中国国际贸易促进委员会商业行业委员会、中国国际商会商业行业商会、中国商业经济学会和中国会展经济研究会联合主办
64	工商管理与关务学院	国际商务2001	刘佳畅	2029年全国高校商业精英挑战赛国际贸易竞赛（国际贸易业务模拟赛道）	二等奖	2022年11月	中国国际贸易促进委员会商业行业委员会、中国国际商会商业行业商会、中国商业经济学会和中国会展经济研究会联合主办

2022 年学生科创竞赛获奖

竞赛名称	院系	专业班级	姓名	作品名称	获奖等级	颁奖单位
“挑战杯”全国大学生创业计划竞赛	海关与公共管理学院	海关管理2008	黎若曦	数字抗“疫”——基于大数据的入境旅客风险分析及预警平台	上海市银奖	第十三届“挑战杯”上海市大学生创业计划竞赛组委会
“挑战杯”全国大学生创业计划竞赛	海关与公共管理学院	海关管理2008	赵潇骁	“简政”——民生领域政策信息平台	上海市铜奖	第十三届“挑战杯”上海市大学生创业计划竞赛组委会
“挑战杯”全国大学生创业计划竞赛	海关与公共管理学院	海关管理2005	徐子芫	“相物志”——外来物种咨询平台	上海市铜奖	第十三届“挑战杯”上海市大学生创业计划竞赛组委会
“挑战杯”全国大学生创业计划竞赛	海关与公共管理学院	海关管理2006	林慧慧	金钥匙边关之旅：打造数字边关，畅游智慧研学	上海市铜奖	第十三届“挑战杯”上海市大学生创业计划竞赛组委会
“挑战杯”全国大学生创业计划竞赛	海关外语系	英语2101	孙嘉琳	艺（疫）听——高校社团交流互动平台	上海市铜奖	第十三届“挑战杯”上海市大学生创业计划竞赛组委会
“挑战杯”全国大学生创业计划竞赛	海关与公共经济学院	海关管理1901	兰嘉鑫	智客通关：基于.NET Code的跨平台通关服务	上海市铜奖	第十三届“挑战杯”上海市大学生创业计划竞赛组委会
“知行杯”上海市大学生社会实践大赛	海关与公共管理学院	海关管理2008	黎若曦	智慧国门：智能识别入境旅客风险，助力筑牢数字防控屏障——以上海口岸为例	上海市三等奖	共青团上海市委员会
“知行杯”上海市大学生社会实践大赛	海关与公共管理学院	海关管理2009	林崇榆	粤东明珠百年闪耀　打好“侨”牌千载华章——沿着习近平总书记考察汕头足迹	上海市三等奖	共青团上海市委员会

续表1

竞赛名称	院系	专业班级	姓名	作品名称	获奖等级	颁奖单位
“知行杯”上海市大学生社会实践大赛	海关与公共管理学院	海关管理2002	韦正仪	疫情形势下海关进出口货物管理方式的转变调查研究	上海市三等奖	共青团上海市委员会
“知行杯”上海市大学生社会实践大赛	海关与公共管理学院	海关管理2105	邓钧丹	缝“河”申城文脉史，“江”心独运展新篇	上海市三等奖	共青团上海市委员会
“知行杯”上海市大学生社会实践大赛	海关与公共管理学院	海关管理2001	陈燕伊	“双减”政策下“非遗”进课堂的模式的总结与创新——以粤绣为例	上海市三等奖	共青团上海市委员会
“知行杯”上海市大学生社会实践大赛	海关与公共管理学院	海关管理2101	陈木森	“多措并举，增效减负”：双减政策的适应性调查及发展向度研究	上海市三等奖	共青团上海市委员会
“知行杯”上海市大学生社会实践大赛	检验检疫与技术交流部	海关检验检疫安全2101	熊伟锦	“革命摇篮，产业振兴”——井冈山红色精神与产业发展赋能乡村振兴的实践调研	上海市三等奖	共青团上海市委员会
“工商银行杯”全国大学生金融科技创新大赛	海关与公共经济学院	税务硕士2202	张微	工银 e 授信	上海市三等奖	中国工商银行股份有限公司上海市分行
“工商银行杯”全国大学生金融科技创新大赛	工商管理与关务学院	国际商务2101	朱欣益	工银说客	上海市优秀奖	中国工商银行股份有限公司上海市分行
全国大学生电子商务“创新、创意及创业”挑战赛	海关与公共管理学院	海关管理2006	林慧慧	金钥匙·边关之旅：打造数字边关，畅游智慧研学	上海市优胜奖	上海市教育委员会
全国大学生电子商务“创新、创意及创业”挑战赛	海关与公共管理学院	海关管理2005	吕一潇	关智通——关校资源整合路径下通关知识教育及方案定制的集成服务模式	上海市优胜奖	上海市教育委员会
全国大学生电子商务“创新、创意及创业”挑战赛	海关与公共管理学院	海关管理2008	赵潇骁	“简政”——民生政策信息互联网服务平台	上海市优胜奖	上海市教育委员会

续表2

竞赛名称	院系	专业班级	姓名	作品名称	获奖等级	颁奖单位
“互联网+”大学生创新创业大赛	海关与公共管理学院	国际商务1702	梁瑞焜	江河智航——新时代长江智慧订舱的领航者	上海市银奖（高教主赛道）	上海市教育委员会、上海市经济和信息化委员会、上海市发展和改革委员会、共青团上海市委员会、上海市人力资源与社会保障局
“互联网+”大学生创新创业大赛	海关与公共管理学院	海关管理2006	林慧慧	金钥匙边关之旅：打造数字边关，畅游智慧研学	上海市铜奖（红旅赛道）	上海市教育委员会、上海市经济和信息化委员会、上海市发展和改革委员会、共青团上海市委员会、上海市人力资源与社会保障局
“汇创青春”——上海市大学生文化创意作品展示活动	海关管理1901兰嘉鑫、经济统计学1901潘晨昱、国际商务2001苏兴多、海关管理2006王艺蓓、海关管理2101杨耀冲、经济统计学1901刘迪一、海关管理1907谢雪樱、海关管理2003黄乐、海关管理2003邓琳			智客通关：基于.NET Code的跨平台通关服务	上海市三等奖	中共上海市教育卫生工作委员会、上海市教育委员会
“汇创青春”——上海市大学生文化创意作品展示活动	海关管理2006林慧慧、海关管理1801蓝贤柏、海关管理2010卢韵凯、海关管理2006杨一茗、海关管理2010张钦博、海关管理2105曹炜昊、海关管理2101刘奕萱			金钥匙边关之旅：打造数字边关，畅游智慧研学	上海市三等奖	中共上海市教育卫生工作委员会、上海市教育委员会
“汇创青春”——上海市大学生文化创意作品展示活动	海关管理2005徐子芫、海关管理2001陈思洁、海关管理2001郭嘉妮、海关管理2005钟欣桐、海关管理2006鲍轶、海关管理2010陈王炜、税收学1801马宸佳			“相物志”——外来物种咨询平台	上海市三等奖	中共上海市教育卫生工作委员会、上海市教育委员会

续表3

竞赛名称	院系 专业班级 姓名	作品名称	获奖等级	颁奖单位
“汇创青春”——上海市大学生文化创意作品展示活动	海关管理1902吴沛阳、海关管理2003颜钦涵、税务硕士2202张微	智能管道助力落叶回收	上海市三等奖	中共上海市教育卫生工作委员会、上海市教育委员会
“汇创青春”——上海市大学生文化创意作品展示活动	海关管理2008黎若曦、海关管理2008裴思聪、海关管理2008霍鹏荣、海关管理2002段雨晗、海关管理1904栾延昌、海关管理2108于轩浩、海关管理2104邓家宝	数字抗“疫”——基于大数据的入境旅客风险分析及预警平台	上海市三等奖	中共上海市教育卫生工作委员会、上海市教育委员会
“汇创青春”——上海市大学生文化创意作品展示活动	税收学2001黄青田、税收学2001李乐、税收2001罗雁洁、税收学2001索朗拉姆	直播经济助力贫困地区特色产品销售	上海市三等奖	中共上海市教育卫生工作委员会、上海市教育委员会
“汇创青春”——上海市大学生文化创意作品展示活动	海关管理2003吴佳凝、海关管理2003汤筱攸、海关管理2003王涵菁	皮一下——非物质文化遗产皮影戏的交互平台构建	上海市三等奖	中共上海市教育卫生工作委员会、上海市教育委员会

2022 年政府奖学金获奖学生

院系	专业班级	姓名	奖学金名称	颁奖单位
海关与公共管理学院	海关管理 1907	尚嘉仪	国家奖学金	教育部
海关与公共管理学院	海关管理 2101	陈力宁	国家奖学金	教育部
海关与公共管理学院	海关管理 1901	倪豫芝	国家奖学金	教育部
海关与公共管理学院	海关管理 2102	蔡啸天	国家奖学金	教育部
海关与公共管理学院	海关管理 2006	林诗琪	国家奖学金	教育部
海关与公共管理学院	海关管理 2101	上官豪威	国家奖学金	教育部
海关与公共管理学院	海关管理 2007	徐凡茹	国家奖学金	教育部
海关与公共管理学院	海关管理 2101	唐恺文	国家奖学金	教育部
海关与公共管理学院	海关管理 1908	莫哲涵	国家奖学金	教育部
海关与公共管理学院	海关管理 1908	凌铁澜	国家奖学金	教育部
海关与公共管理学院	海关管理 2001	郭静宜	国家奖学金	教育部
海关与公共管理学院	海关管理 2103	邹旗和	国家奖学金	教育部
海关与公共管理学院	海关管理 2101	刘奕萱	国家奖学金	教育部
海关与公共管理学院	海关管理 2106	李思娴	国家奖学金	教育部
海关与公共管理学院	海关管理 2009	杨晓燕	国家奖学金	教育部
海关与公共管理学院	海关管理 1905	廖滟翘	国家奖学金	教育部
海关与公共经济学院	税收学 2001	黄青田	国家奖学金	教育部
工商管理与关务学院	国际商务 1901	李勤懿	国家奖学金	教育部
工商管理与关务学院	审计学 2101	陆静羲	国家奖学金	教育部
工商管理与关务学院	物流管理 2001	黄凯茵	国家奖学金	教育部
海关法律系	法学 1901	樊星辰	国家奖学金	教育部
海关外语系	英语 1901	贾　茹	国家奖学金	教育部
检验检疫技术交流部	海关检验检疫安全 2102	晏　博	国家奖学金	教育部
海关与公共管理学院	海关管理 2110	李抒芮	国家励志奖学金	教育部
海关与公共经济学院	经济统计学 1901	蒋玉琴	国家励志奖学金	教育部
海关与公共管理学院	行政管理 2001	周　烨	国家励志奖学金	教育部
海关与公共管理学院	行政管理 1901	张　念	国家励志奖学金	教育部

续表1

院系	专业班级	姓名	奖学金名称	颁奖单位
工商管理与关务学院	国际商务 2101	李惠立	国家励志奖学金	教育部
海关与公共管理学院	行政管理 2001	邹海航	国家励志奖学金	教育部
海关与公共经济学院	税收学 1901	汪　致	国家励志奖学金	教育部
海关与公共管理学院	海关管理 1904	吕　玲	国家励志奖学金	教育部
海关与公共经济学院	税收学 2001	陈心慈	国家励志奖学金	教育部
工商管理与关务学院	国际商务 2101	阿提凯姆·约麦尔	国家励志奖学金	教育部
海关与公共管理学院	海关管理 1905	王　凯	国家励志奖学金	教育部
工商管理与关务学院	物流管理 2001	文佳茹	国家励志奖学金	教育部
工商管理与关务学院	审计学 1901	张素丹	国家励志奖学金	教育部
海关与公共管理学院	海关管理 1908	杨越雄	国家励志奖学金	教育部
海关法律系	法学 1901	李　佳	国家励志奖学金	教育部
工商管理与关务学院	审计学 2101	韩　雪	国家励志奖学金	教育部
海关与公共管理学院	行政管理 2001	王条红	国家励志奖学金	教育部
工商管理与关务学院	物流管理 1901	胡丽雲	国家励志奖学金	教育部
海关法律系	法学 2101	赵世博	国家励志奖学金	教育部
海关与公共经济学院	经济统计学 1901	李雯雯	国家励志奖学金	教育部
海关与公共管理学院	海关管理 1906	胡奉时	国家励志奖学金	教育部
海关与公共管理学院	海关管理 2003	吴佳凝	国家励志奖学金	教育部
海关与公共管理学院	海关管理 2110	黄才真	国家励志奖学金	教育部
海关与公共管理学院	海关管理 2006	蔡亮亮	国家励志奖学金	教育部
海关与公共管理学院	海关管理 1904	何潇源	国家励志奖学金	教育部
海关与公共管理学院	海关管理 1904	赵天福	国家励志奖学金	教育部
海关与公共管理学院	行政管理 1901	陈巧夷	国家励志奖学金	教育部
工商管理与关务学院	物流管理 2001	陈瑜婷	国家励志奖学金	教育部
海关与公共经济学院	税收学 2101	王　莹	国家励志奖学金	教育部
工商管理与关务学院	物流管理 1901	陈　依	国家励志奖学金	教育部
工商管理与关务学院	物流管理 2001	陈缘华	国家励志奖学金	教育部
海关与公共经济学院	税收学 1901	段麟燕	国家励志奖学金	教育部
工商管理与关务学院	国际商务 2001	屈忆梦	国家励志奖学金	教育部
工商管理与关务学院	审计学 1901	肖艾好	国家励志奖学金	教育部
海关法律系	法学 2101	李思欣	国家励志奖学金	教育部
海关与公共经济学院	税收学 2101	迪丽热巴·吾拉木	国家励志奖学金	教育部
海关与公共管理学院	海关管理 2111	刘　正	国家励志奖学金	教育部

续表2

院系	专业班级	姓名	奖学金名称	颁奖单位
工商管理与关务学院	国际商务 2101	董伊茹	国家励志奖学金	教育部
海关外语系	英语 2101	田丽平	国家励志奖学金	教育部
海关与公共管理学院	行政管理 2001	阚佳敏	国家励志奖学金	教育部
海关与公共管理学院	行政管理 1901	狄智勇	国家励志奖学金	教育部
海关与公共管理学院	海关管理 2104	俞凯文	国家励志奖学金	教育部
海关与公共管理学院	海关管理 2006	刘启明	国家励志奖学金	教育部
工商管理与关务学院	审计学 1901	霍云莹	国家励志奖学金	教育部
海关与公共经济学院	税收学 1901	彭桂鑫	国家励志奖学金	教育部
海关与公共管理学院	行政管理 2001	王彩云	国家励志奖学金	教育部
工商管理与关务学院	审计学 1901	施婧瑜	国家励志奖学金	教育部
工商管理与关务学院	物流管理 1901	黄梦娟	国家励志奖学金	教育部
海关外语系	英语 1901	苏欣宇	国家励志奖学金	教育部
检验检疫技术交流部	海关检验检疫安全 2102	王思媛	国家励志奖学金	教育部
海关与公共管理学院	海关管理 2110	吴佳扬	国家励志奖学金	教育部
海关与公共经济学院	税收学 1901	杨若童	国家励志奖学金	教育部
海关与公共管理学院	海关管理 1901	管一鸣	国家励志奖学金	教育部
海关法律系	法学 1901	张心怡	国家励志奖学金	教育部
海关法律系	法学 1901	徐宏琳	国家励志奖学金	教育部
工商管理与关务学院	物流管理 1901	李　寒	国家励志奖学金	教育部
工商管理与关务学院	审计学 2101	曾诗柯	国家励志奖学金	教育部
海关与公共管理学院	海关管理 1903	刘博聪	国家励志奖学金	教育部
海关法律系	法学 2001	陈建云	国家励志奖学金	教育部
海关与公共管理学院	海关管理 2004	许广平	国家励志奖学金	教育部
海关与公共管理学院	海关管理 2010	陈华栋	国家励志奖学金	教育部
海关与公共管理学院	海关管理 2004	夏永福	国家励志奖学金	教育部
海关与公共经济学院	税收学 1901	潘可馨	国家励志奖学金	教育部
海关与公共管理学院	海关管理 1908	李宇涛	国家励志奖学金	教育部
海关与公共经济学院	税收学 1901	毛　嫻	国家励志奖学金	教育部
海关法律系	法学 2101	苟祖铭	国家励志奖学金	教育部
海关法律系	法学 2001	吕　旭	国家励志奖学金	教育部
海关与公共管理学院	海关管理 1904	栾延昌	国家励志奖学金	教育部
工商管理与关务学院	物流管理 2001	陈佳盈	国家励志奖学金	教育部
海关法律系	法学 1901	白　玉	国家励志奖学金	教育部

续表3

院系	专业班级	姓名	奖学金名称	颁奖单位
海关与公共管理学院	行政管理 1901	吴三妹	国家励志奖学金	教育部
海关与公共经济学院	经济统计学 1901	邓莉悦	国家励志奖学金	教育部
海关与公共管理学院	海关管理 2008	李俊杰	国家励志奖学金	教育部
工商管理与关务学院	审计学 2101	刘学刚	国家励志奖学金	教育部
海关与公共管理学院	行政管理 1901	单坤利	国家励志奖学金	教育部
海关与公共经济学院	经济统计学 1901	丁瑞阁	国家励志奖学金	教育部
海关与公共管理学院	海关管理 1903	刘家园	上海市奖学金	上海市教育委员会
海关与公共管理学院	海关管理 2010	邓舒榆	上海市奖学金	上海市教育委员会
海关与公共经济学院	经济统计学 2001	施鑫宸	上海市奖学金	上海市教育委员会
工商管理与关务学院	国际商务 2001	汪思雨	上海市奖学金	上海市教育委员会
检验检疫技术交流部	海关检验检疫安全 2102	杨其右	上海市奖学金	上海市教育委员会

2022 年上海海关学院优秀毕业生

院系	专业班级	姓名	颁奖单位
海关与公共管理学院	海关管理 1801	李希斌	上海海关学院
海关与公共管理学院	海关管理 1801	魏　璇	上海海关学院
海关与公共管理学院	海关管理 1801	姚　纯	上海海关学院
海关与公共管理学院	海关管理 1801	蓝贤柏	上海海关学院
海关与公共管理学院	海关管理 1802	董美池	上海海关学院
海关与公共管理学院	海关管理 1802	黄睿涵	上海海关学院
海关与公共管理学院	海关管理 1802	钱敬文	上海海关学院
海关与公共管理学院	海关管理 1802	雷启俊	上海海关学院
海关与公共管理学院	海关管理 1802	张钧月	上海海关学院
海关与公共管理学院	海关管理 1803	李灏昕	上海海关学院
海关与公共管理学院	海关管理 1803	宫　坤	上海海关学院
海关与公共管理学院	海关管理 1803	黄　熠	上海海关学院
海关与公共管理学院	海关管理 1803	涂　政	上海海关学院
海关与公共管理学院	海关管理 1804	宋凯歌	上海海关学院
海关与公共管理学院	海关管理 1804	王睿乾	上海海关学院
海关与公共管理学院	海关管理 1804	张乐扬	上海海关学院
海关与公共管理学院	海关管理 1804	李　唐	上海海关学院
海关与公共管理学院	海关管理 1804	陈驰忠	上海海关学院
海关与公共管理学院	海关管理 1805	蔡　洁	上海海关学院
海关与公共管理学院	海关管理 1805	侯翼飞	上海海关学院
海关与公共管理学院	海关管理 1805	林曾润	上海海关学院
海关与公共管理学院	海关管理 1805	刘　琪	上海海关学院
海关与公共管理学院	海关管理 1806	陈　箐	上海海关学院
海关与公共管理学院	海关管理 1806	王士嘉	上海海关学院
海关与公共管理学院	海关管理 1806	劳靖钧	上海海关学院
海关与公共管理学院	海关管理 1806	江浩东	上海海关学院
工商管理与关务学院	物流管理 1801	吴　维	上海海关学院

续表1

院系	专业班级	姓名	颁奖单位
工商管理与关务学院	物流管理1801	曾心怡	上海海关学院
工商管理与关务学院	物流管理1801	孙辰科	上海海关学院
工商管理与关务学院	物流管理1801	陈汇婷	上海海关学院
工商管理与关务学院	审计学1801	虞宛静	上海海关学院
工商管理与关务学院	审计学1801	滕　一	上海海关学院
工商管理与关务学院	审计学1801	俞舜蓉	上海海关学院
工商管理与关务学院	审计学1801	李泓璇	上海海关学院
工商管理与关务学院	国际商务1801	张　微	上海海关学院
工商管理与关务学院	国际商务1801	梁雅珺	上海海关学院
工商管理与关务学院	国际商务1801	江轩璇	上海海关学院
工商管理与关务学院	国际商务1801	孙璐瑶	上海海关学院
工商管理与关务学院	国际商务1802	苗　佳	上海海关学院
工商管理与关务学院	国际商务1802	王靖怡	上海海关学院
工商管理与关务学院	国际商务1802	张　言	上海海关学院
工商管理与关务学院	国际商务1802	王　鸣	上海海关学院
工商管理与关务学院	国际商务1802	魏文磊	上海海关学院
海关法律系	法学1801	徐　帆	上海海关学院
海关法律系	法学1801	旷烨桦	上海海关学院
海关法律系	法学1801	侯　逸	上海海关学院
海关法律系	法学1801	郭晶晶	上海海关学院
海关法律系	法学1801	雷婉珍	上海海关学院
海关外语系	英语1801	王　植	上海海关学院
海关外语系	英语1802	郭朋鹭	上海海关学院
海关外语系	英语1802	孔金华	上海海关学院
海关外语系	英语1802	朱熠颖	上海海关学院
海关外语系	英语1801	姜逸菲	上海海关学院
海关与公共经济学院	税收学1801	闪千惠	上海海关学院
海关与公共经济学院	税收学1801	路中航	上海海关学院
海关与公共经济学院	税收学1801	孙瑞涛	上海海关学院
海关与公共经济学院	税收学1801	漆　奕	上海海关学院
海关与公共经济学院	税收学1801	马宸佳	上海海关学院
海关与公共经济学院	税收学1802	肖心怡	上海海关学院
海关与公共经济学院	税收学1802	廖申仪	上海海关学院

续表2

院系	专业班级	姓名	颁奖单位
海关与公共经济学院	税收学 1802	曹晶婧	上海海关学院
海关与公共经济学院	税收学 1802	傅思羽	上海海关学院
海关与公共经济学院	税收学 1802	陈遥忆	上海海关学院
海关与公共经济学院	税务硕士	王铠基	上海海关学院
海关与公共经济学院	税务硕士	张　譞	上海海关学院
海关与公共经济学院	税务硕士	赵紫薇	上海海关学院
海关与公共经济学院	税务硕士	胡　萌	上海海关学院
海关与公共经济学院	税务硕士	翁巧叶	上海海关学院
海关与公共经济学院	税务硕士	荣　蓉	上海海关学院
海关与公共经济学院	税务硕士	谌紫菡	上海海关学院
海关与公共经济学院	税务硕士	郝胜男	上海海关学院
海关与公共经济学院	税务硕士	王金钰	上海海关学院
海关与公共经济学院	税务硕士	孙　越	上海海关学院
海关与公共经济学院	税务硕士	韩　悦	上海海关学院

2022 年上海市优秀毕业生

院系	专业班级	姓名	颁奖单位
海关与公共管理学院	海关管理 1801	李希斌	上海市教育委员会
海关与公共管理学院	海关管理 1801	魏　璇	上海市教育委员会
海关与公共管理学院	海关管理 1802	董美池	上海市教育委员会
海关与公共管理学院	海关管理 1802	黄睿涵	上海市教育委员会
海关与公共管理学院	海关管理 1803	李灏昕	上海市教育委员会
海关与公共管理学院	海关管理 1803	宫　坤	上海市教育委员会
海关与公共管理学院	海关管理 1804	宋凯歌	上海市教育委员会
海关与公共管理学院	海关管理 1804	王睿乾	上海市教育委员会
海关与公共管理学院	海关管理 1805	蔡　洁	上海市教育委员会
海关与公共管理学院	海关管理 1805	侯翼飞	上海市教育委员会
海关与公共管理学院	海关管理 1805	林曾润	上海市教育委员会
海关与公共管理学院	海关管理 1806	陈　箐	上海市教育委员会
海关与公共管理学院	海关管理 1806	王士嘉	上海市教育委员会
工商管理与关务学院	物流管理 1801	吴　维	上海市教育委员会
工商管理与关务学院	物流管理 1801	曾心怡	上海市教育委员会
工商管理与关务学院	审计学 1801	虞宛静	上海市教育委员会
工商管理与关务学院	审计学 1801	滕　一	上海市教育委员会
工商管理与关务学院	国际商务 1801	张　微	上海市教育委员会
工商管理与关务学院	国际商务 1802	苗　佳	上海市教育委员会
工商管理与关务学院	国际商务 1802	王靖怡	上海市教育委员会
工商管理与关务学院	国际商务 1802	张　言	上海市教育委员会
海关法律系	法学 1801	徐　帆	上海市教育委员会
海关法律系	法学 1801	旷烨桦	上海市教育委员会
海关外语系	英语 1801	王　植	上海市教育委员会
海关外语系	英语 1802	郭朋鹭	上海市教育委员会
海关外语系	英语 1802	孔金华	上海市教育委员会
海关与公共经济学院	税收学 1801	闪千惠	上海市教育委员会

续表

院系	专业班级	姓名	颁奖单位
海关与公共经济学院	税收学 1801	路中航	上海市教育委员会
海关与公共经济学院	税收学 1802	肖心怡	上海市教育委员会
海关与公共经济学院	税收学 1802	廖申仪	上海市教育委员会
海关与公共经济学院	税收学 1802	曹晶婧	上海市教育委员会
海关与公共经济学院	税务硕士 2001	王铠基	上海市教育委员会
海关与公共经济学院	税务硕士 2001	张　譂	上海市教育委员会

附录

上海海关学院 2022 届毕业生授予学士学位

序号	姓名	学院名称	专业名称	授予学位名称
1	董培龚	海关与公共管理学院	海关管理	管理学
2	何廷浚	海关与公共管理学院	海关管理	管理学
3	李希斌	海关与公共管理学院	海关管理	管理学
4	魏　来	海关与公共管理学院	海关管理	管理学
5	江典骏	海关与公共管理学院	海关管理	管理学
6	滕　泽	海关与公共管理学院	海关管理	管理学
7	徐之宸	海关与公共管理学院	海关管理	管理学
8	王政雄	海关与公共管理学院	海关管理	管理学
9	陈炫坤	海关与公共管理学院	海关管理	管理学
10	简昊浴	海关与公共管理学院	海关管理	管理学
11	王　潇	海关与公共管理学院	海关管理	管理学
12	叶　翔	海关与公共管理学院	海关管理	管理学
13	张　戬	海关与公共管理学院	海关管理	管理学
14	宣　洋	海关与公共管理学院	海关管理	管理学
15	单　凡	海关与公共管理学院	海关管理	管理学
16	苏雨虹	海关与公共管理学院	海关管理	管理学
17	杨腾云	海关与公共管理学院	海关管理	管理学
18	魏　璇	海关与公共管理学院	海关管理	管理学
19	李紫淳	海关与公共管理学院	海关管理	管理学
20	李德源	海关与公共管理学院	海关管理	管理学
21	杨越淇	海关与公共管理学院	海关管理	管理学
22	蓝贤柏	海关与公共管理学院	海关管理	管理学
23	吴吉杰	海关与公共管理学院	海关管理	管理学
24	李致远	海关与公共管理学院	海关管理	管理学
25	邢耀中	海关与公共管理学院	海关管理	管理学
26	谢文飚	海关与公共管理学院	海关管理	管理学
27	冯圣生	海关与公共管理学院	海关管理	管理学

续表1

序号	姓名	学院名称	专业名称	授予学位名称
28	蓝　昊	海关与公共管理学院	海关管理	管理学
29	丁　盛	海关与公共管理学院	海关管理	管理学
30	李金龙	海关与公共管理学院	海关管理	管理学
31	林瑞琨	海关与公共管理学院	海关管理	管理学
32	李思民	海关与公共管理学院	海关管理	管理学
33	曾子钦	海关与公共管理学院	海关管理	管理学
34	杨天宇	海关与公共管理学院	海关管理	管理学
35	谢乘枫	海关与公共管理学院	海关管理	管理学
36	朱维岳	海关与公共管理学院	海关管理	管理学
37	贾　翔	海关与公共管理学院	海关管理	管理学
38	迪娜·买热阿木	海关与公共管理学院	海关管理	管理学
39	姚　纯	海关与公共管理学院	海关管理	管理学
40	卢冰懿	海关与公共管理学院	海关管理	管理学
41	段吴梦雪	海关与公共管理学院	海关管理	管理学
42	王雨辰	海关与公共管理学院	海关管理	管理学
43	杜羽菲	海关与公共管理学院	海关管理	管理学
44	何坤艺	海关与公共管理学院	海关管理	管理学
45	杨　波	海关与公共管理学院	海关管理	管理学
46	包云青	海关与公共管理学院	海关管理	管理学
47	何明朗	海关与公共管理学院	海关管理	管理学
48	郝　帅	海关与公共管理学院	海关管理	管理学
49	林晓锋	海关与公共管理学院	海关管理	管理学
50	石晨均	海关与公共管理学院	海关管理	管理学
51	戴俊丞	海关与公共管理学院	海关管理	管理学
52	梁富铖	海关与公共管理学院	海关管理	管理学
53	黄正立	海关与公共管理学院	海关管理	管理学
54	邱乐杰	海关与公共管理学院	海关管理	管理学
55	李致成	海关与公共管理学院	海关管理	管理学
56	李灵天	海关与公共管理学院	海关管理	管理学
57	刘帅宇	海关与公共管理学院	海关管理	管理学
58	顾岳洋	海关与公共管理学院	海关管理	管理学
59	陈浩东	海关与公共管理学院	海关管理	管理学
60	黄　湛	海关与公共管理学院	海关管理	管理学

续表2

序号	姓名	学院名称	专业名称	授予学位名称
61	董美池	海关与公共管理学院	海关管理	管理学
62	周潇桐	海关与公共管理学院	海关管理	管理学
63	刘宇霖	海关与公共管理学院	海关管理	管理学
64	张　妍	海关与公共管理学院	海关管理	管理学
65	黄泓润	海关与公共管理学院	海关管理	管理学
66	张钧月	海关与公共管理学院	海关管理	管理学
67	刘建廷	海关与公共管理学院	海关管理	管理学
68	吴晟民	海关与公共管理学院	海关管理	管理学
69	李博闻	海关与公共管理学院	海关管理	管理学
70	徐曾龙	海关与公共管理学院	海关管理	管理学
71	雷启俊	海关与公共管理学院	海关管理	管理学
72	戚浩辉	海关与公共管理学院	海关管理	管理学
73	林泽熙	海关与公共管理学院	海关管理	管理学
74	郑晨杰	海关与公共管理学院	海关管理	管理学
75	肖　璨	海关与公共管理学院	海关管理	管理学
76	杨奥博	海关与公共管理学院	海关管理	管理学
77	刘昊东	海关与公共管理学院	海关管理	管理学
78	徐振迪	海关与公共管理学院	海关管理	管理学
79	孔涵彬	海关与公共管理学院	海关管理	管理学
80	吴雨千	海关与公共管理学院	海关管理	管理学
81	刘馨鸿	海关与公共管理学院	海关管理	管理学
82	黄睿涵	海关与公共管理学院	海关管理	管理学
83	吴　滢	海关与公共管理学院	海关管理	管理学
84	赫明彗	海关与公共管理学院	海关管理	管理学
85	刘　洋	海关与公共管理学院	海关管理	管理学
86	钱敬文	海关与公共管理学院	海关管理	管理学
87	田乐乐	海关与公共管理学院	海关管理	管理学
88	王靖友	海关与公共管理学院	海关管理	管理学
89	孟海生	海关与公共管理学院	海关管理	管理学
90	刘珅宁	海关与公共管理学院	海关管理	管理学
91	陈子木	海关与公共管理学院	海关管理	管理学
92	孙　宇	海关与公共管理学院	海关管理	管理学
93	王泰元	海关与公共管理学院	海关管理	管理学

续表3

序号	姓名	学院名称	专业名称	授予学位名称
94	崔　钊	海关与公共管理学院	海关管理	管理学
95	涂　政	海关与公共管理学院	海关管理	管理学
96	周任钿	海关与公共管理学院	海关管理	管理学
97	戴　铭	海关与公共管理学院	海关管理	管理学
98	范安海	海关与公共管理学院	海关管理	管理学
99	冯推辉	海关与公共管理学院	海关管理	管理学
100	邵泓杰	海关与公共管理学院	海关管理	管理学
101	杨　臻	海关与公共管理学院	海关管理	管理学
102	杨璧合	海关与公共管理学院	海关管理	管理学
103	吴　浩	海关与公共管理学院	海关管理	管理学
104	吴逸天	海关与公共管理学院	海关管理	管理学
105	金昊东	海关与公共管理学院	海关管理	管理学
106	宫　坤	海关与公共管理学院	海关管理	管理学
107	陈炳君	海关与公共管理学院	海关管理	管理学
108	李灏昕	海关与公共管理学院	海关管理	管理学
109	郭颖轩	海关与公共管理学院	海关管理	管理学
110	吕佩柠	海关与公共管理学院	海关管理	管理学
111	陈祉轩	海关与公共管理学院	海关管理	管理学
112	刘浩辰	海关与公共管理学院	海关管理	管理学
113	刘明泽	海关与公共管理学院	海关管理	管理学
114	崔仁杰	海关与公共管理学院	海关管理	管理学
115	张子轩	海关与公共管理学院	海关管理	管理学
116	余瑞桦	海关与公共管理学院	海关管理	管理学
117	李沐灿	海关与公共管理学院	海关管理	管理学
118	谭超颖	海关与公共管理学院	海关管理	管理学
119	黄　熠	海关与公共管理学院	海关管理	管理学
120	谢承睿	海关与公共管理学院	海关管理	管理学
121	李一泽	海关与公共管理学院	海关管理	管理学
122	路伟宁	海关与公共管理学院	海关管理	管理学
123	丁理兵	海关与公共管理学院	海关管理	管理学
124	朱兆祥	海关与公共管理学院	海关管理	管理学
125	顾天晖	海关与公共管理学院	海关管理	管理学
126	黄思齐	海关与公共管理学院	海关管理	管理学

续表4

序号	姓名	学院名称	专业名称	授予学位名称
127	刘　宸	海关与公共管理学院	海关管理	管理学
128	孙木垚	海关与公共管理学院	海关管理	管理学
129	苏照寒	海关与公共管理学院	海关管理	管理学
130	李文斌	海关与公共管理学院	海关管理	管理学
131	王载民	海关与公共管理学院	海关管理	管理学
132	秦绍峰	海关与公共管理学院	海关管理	管理学
133	康翔博	海关与公共管理学院	海关管理	管理学
134	付宇朋	海关与公共管理学院	海关管理	管理学
135	刘来福	海关与公共管理学院	海关管理	管理学
136	黄宇光	海关与公共管理学院	海关管理	管理学
137	许　翔	海关与公共管理学院	海关管理	管理学
138	古亮锋	海关与公共管理学院	海关管理	管理学
139	曾梦华	海关与公共管理学院	海关管理	管理学
140	吴权轩	海关与公共管理学院	海关管理	管理学
141	黄堃霖	海关与公共管理学院	海关管理	管理学
142	罗　聪	海关与公共管理学院	海关管理	管理学
143	王睿乾	海关与公共管理学院	海关管理	管理学
144	钱永辰	海关与公共管理学院	海关管理	管理学
145	葛东昊	海关与公共管理学院	海关管理	管理学
146	李思艺	海关与公共管理学院	海关管理	管理学
147	宋凯歌	海关与公共管理学院	海关管理	管理学
148	李　唐	海关与公共管理学院	海关管理	管理学
149	庞颖怡	海关与公共管理学院	海关管理	管理学
150	吴方颜	海关与公共管理学院	海关管理	管理学
151	央　青	海关与公共管理学院	海关管理	管理学
152	叶李儿	海关与公共管理学院	海关管理	管理学
153	刘润东	海关与公共管理学院	海关管理	管理学
154	孙一超	海关与公共管理学院	海关管理	管理学
155	丁巍隽	海关与公共管理学院	海关管理	管理学
156	夏琮智	海关与公共管理学院	海关管理	管理学
157	谢　涛	海关与公共管理学院	海关管理	管理学
158	董卓言	海关与公共管理学院	海关管理	管理学
159	陈李龙	海关与公共管理学院	海关管理	管理学

续表5

序号	姓名	学院名称	专业名称	授予学位名称
160	陈驰忠	海关与公共管理学院	海关管理	管理学
161	黄俊皓	海关与公共管理学院	海关管理	管理学
162	林立韬	海关与公共管理学院	海关管理	管理学
163	刘锐涛	海关与公共管理学院	海关管理	管理学
164	李明怿	海关与公共管理学院	海关管理	管理学
165	徐超杰	海关与公共管理学院	海关管理	管理学
166	胡展航	海关与公共管理学院	海关管理	管理学
167	全曼羽	海关与公共管理学院	海关管理	管理学
168	姚安琦	海关与公共管理学院	海关管理	管理学
169	张乐扬	海关与公共管理学院	海关管理	管理学
170	纪冰冰	海关与公共管理学院	海关管理	管理学
171	李雨濛	海关与公共管理学院	海关管理	管理学
172	欧阳嘉仪	海关与公共管理学院	海关管理	管理学
173	谷奎龙	海关与公共管理学院	海关管理	管理学
174	黄欣怡	海关与公共管理学院	海关管理	管理学
175	徐　灿	海关与公共管理学院	海关管理	管理学
176	韩　瑞	海关与公共管理学院	海关管理	管理学
177	李和村	海关与公共管理学院	海关管理	管理学
178	朱　岩	海关与公共管理学院	海关管理	管理学
179	陆　一	海关与公共管理学院	海关管理	管理学
180	任智超	海关与公共管理学院	海关管理	管理学
181	王林飞	海关与公共管理学院	海关管理	管理学
182	陈　晖	海关与公共管理学院	海关管理	管理学
183	梁昊琨	海关与公共管理学院	海关管理	管理学
184	顾俊麒	海关与公共管理学院	海关管理	管理学
185	尹铸杰	海关与公共管理学院	海关管理	管理学
186	罗亦凡	海关与公共管理学院	海关管理	管理学
187	黄智霖	海关与公共管理学院	海关管理	管理学
188	朱旭彤	海关与公共管理学院	海关管理	管理学
189	齐泓宇	海关与公共管理学院	海关管理	管理学
190	孙乔敏	海关与公共管理学院	海关管理	管理学
191	缪致远	海关与公共管理学院	海关管理	管理学
192	郑颖捷	海关与公共管理学院	海关管理	管理学

续表6

序号	姓名	学院名称	专业名称	授予学位名称
193	王新雨	海关与公共管理学院	海关管理	管理学
194	林曾润	海关与公共管理学院	海关管理	管理学
195	肖晓鸿	海关与公共管理学院	海关管理	管理学
196	刘　琪	海关与公共管理学院	海关管理	管理学
197	赵嘉懿	海关与公共管理学院	海关管理	管理学
198	蔡　洁	海关与公共管理学院	海关管理	管理学
199	孟祥辰	海关与公共管理学院	海关管理	管理学
200	朱政澎	海关与公共管理学院	海关管理	管理学
201	刘铁卓	海关与公共管理学院	海关管理	管理学
202	沙木哈尔·波拉提汗	海关与公共管理学院	海关管理	管理学
203	覃　悦	海关与公共管理学院	海关管理	管理学
204	金焕智	海关与公共管理学院	海关管理	管理学
205	张泽毅	海关与公共管理学院	海关管理	管理学
206	张　聪	海关与公共管理学院	海关管理	管理学
207	袁先沐	海关与公共管理学院	海关管理	管理学
208	蔡勇滨	海关与公共管理学院	海关管理	管理学
209	王子睿	海关与公共管理学院	海关管理	管理学
210	侯翼飞	海关与公共管理学院	海关管理	管理学
211	张震国	海关与公共管理学院	海关管理	管理学
212	李航宇	海关与公共管理学院	海关管理	管理学
213	王汇琳	海关与公共管理学院	海关管理	管理学
214	骆芸菀	海关与公共管理学院	海关管理	管理学
215	黄国瑛	海关与公共管理学院	海关管理	管理学
216	洪雅芸	海关与公共管理学院	海关管理	管理学
217	陶　琳	海关与公共管理学院	海关管理	管理学
218	顾思怡	海关与公共管理学院	海关管理	管理学
219	廖家毅	海关与公共管理学院	海关管理	管理学
220	张峰瑜	海关与公共管理学院	海关管理	管理学
221	王兆伟	海关与公共管理学院	海关管理	管理学
222	刘鲁豫	海关与公共管理学院	海关管理	管理学
223	黄　峥	海关与公共管理学院	海关管理	管理学
224	方炫臻	海关与公共管理学院	海关管理	管理学
225	王海科	海关与公共管理学院	海关管理	管理学

续表7

序号	姓名	学院名称	专业名称	授予学位名称
226	郑　胤	海关与公共管理学院	海关管理	管理学
227	劳靖钧	海关与公共管理学院	海关管理	管理学
228	孟嘉乐	海关与公共管理学院	海关管理	管理学
229	陈　淇	海关与公共管理学院	海关管理	管理学
230	郑传佳	海关与公共管理学院	海关管理	管理学
231	高天阳	海关与公共管理学院	海关管理	管理学
232	江浩东	海关与公共管理学院	海关管理	管理学
233	盛哲易	海关与公共管理学院	海关管理	管理学
234	陈家煜	海关与公共管理学院	海关管理	管理学
235	郭成瑞	海关与公共管理学院	海关管理	管理学
236	银提扎尔·库尔班	海关与公共管理学院	海关管理	管理学
237	黄　禧	海关与公共管理学院	海关管理	管理学
238	陈　箐	海关与公共管理学院	海关管理	管理学
239	赏晨欣	海关与公共管理学院	海关管理	管理学
240	刘志轩	海关与公共管理学院	海关管理	管理学
241	李其泽	海关与公共管理学院	海关管理	管理学
242	于　洋	海关与公共管理学院	海关管理	管理学
243	王士嘉	海关与公共管理学院	海关管理	管理学
244	黄　贺	海关与公共管理学院	海关管理	管理学
245	郑泓鑫	海关与公共管理学院	海关管理	管理学
246	吴浩然	海关与公共管理学院	海关管理	管理学
247	梅心信	海关与公共管理学院	海关管理	管理学
248	高晨涵	海关与公共管理学院	海关管理	管理学
249	林圳龙	海关与公共管理学院	海关管理	管理学
250	付　昊	海关与公共管理学院	海关管理	管理学
251	张子一	海关与公共管理学院	海关管理	管理学
252	姜炯标	海关与公共管理学院	海关管理	管理学
253	陈沈豪	海关与公共管理学院	海关管理	管理学
254	要依婕	海关与公共管理学院	海关管理	管理学
255	王韵萍	海关与公共管理学院	海关管理	管理学
256	熊珊民	海关与公共管理学院	海关管理	管理学
257	黄思婷	海关与公共管理学院	海关管理	管理学
258	胡　月	海关与公共管理学院	海关管理	管理学

续表8

序号	姓名	学院名称	专业名称	授予学位名称
259	李昕珂	海关与公共管理学院	海关管理	管理学
260	曹子淇	海关与公共管理学院	海关管理	管理学
261	农锦程	海关与公共管理学院	海关管理	管理学
262	王馨怡	海关与公共经济学院	税收学	经济学
263	漆　奕	海关与公共经济学院	税收学	经济学
264	庞莉媛	海关与公共经济学院	税收学	经济学
265	申成鹏	海关与公共经济学院	税收学	经济学
266	徐岩松	海关与公共经济学院	税收学	经济学
267	胡成武	海关与公共经济学院	税收学	经济学
268	炊紫阳	海关与公共经济学院	税收学	经济学
269	路中航	海关与公共经济学院	税收学	经济学
270	邵　岩	海关与公共经济学院	税收学	经济学
271	朱宇豪	海关与公共经济学院	税收学	经济学
272	李　想	海关与公共经济学院	税收学	经济学
273	马新然	海关与公共经济学院	税收学	经济学
274	赵　玥	海关与公共经济学院	税收学	经济学
275	闪千惠	海关与公共经济学院	税收学	经济学
276	陈培著	海关与公共经济学院	税收学	经济学
277	孙瑞涛	海关与公共经济学院	税收学	经济学
278	肖娅蕾	海关与公共经济学院	税收学	经济学
279	董雯欣	海关与公共经济学院	税收学	经济学
280	毛海平	海关与公共经济学院	税收学	经济学
281	武文佳	海关与公共经济学院	税收学	经济学
282	杜若馨	海关与公共经济学院	税收学	经济学
283	袁雪忆	海关与公共经济学院	税收学	经济学
284	朱秀莹	海关与公共经济学院	税收学	经济学
285	刘冬儿	海关与公共经济学院	税收学	经济学
286	陈怡君	海关与公共经济学院	税收学	经济学
287	高　帆	海关与公共经济学院	税收学	经济学
288	付亦正	海关与公共经济学院	税收学	经济学
289	冯　鑫	海关与公共经济学院	税收学	经济学
290	赖科文	海关与公共经济学院	税收学	经济学
291	马宸佳	海关与公共经济学院	税收学	经济学

续表9

序号	姓名	学院名称	专业名称	授予学位名称
292	卜巢恩	海关与公共经济学院	税收学	经济学
293	周怡宁	海关与公共经济学院	税收学	经济学
294	陈玉滢	海关与公共经济学院	税收学	经济学
295	姚鑫玮	海关与公共经济学院	税收学	经济学
296	程婧雯	海关与公共经济学院	税收学	经济学
297	沈牧文	海关与公共经济学院	税收学	经济学
298	汪文彦	海关与公共经济学院	税收学	经济学
299	魏静妤	海关与公共经济学院	税收学	经济学
300	张靖怡	海关与公共经济学院	税收学	经济学
301	熊玲珠	海关与公共经济学院	税收学	经济学
302	程思曼	海关与公共经济学院	税收学	经济学
303	岳　璐	海关与公共经济学院	税收学	经济学
304	张梦凡	海关与公共经济学院	税收学	经济学
305	袁亦瑶	海关与公共经济学院	税收学	经济学
306	吴育滋	海关与公共经济学院	税收学	经济学
307	曹晶婧	海关与公共经济学院	税收学	经济学
308	陆　珺	海关与公共经济学院	税收学	经济学
309	王　成	海关与公共经济学院	税收学	经济学
310	蒋大群	海关与公共经济学院	税收学	经济学
311	木尔提扎·木斯塔帕	海关与公共经济学院	税收学	经济学
312	杨　焜	海关与公共经济学院	税收学	经济学
313	陈鑫澳	海关与公共经济学院	税收学	经济学
314	袁宏超	海关与公共经济学院	税收学	经济学
315	陈皓伟	海关与公共经济学院	税收学	经济学
316	项艺峰	海关与公共经济学院	税收学	经济学
317	冯丽冰	海关与公共经济学院	税收学	经济学
318	梁　艺	海关与公共经济学院	税收学	经济学
319	刘慧芳	海关与公共经济学院	税收学	经济学
320	李依梦	海关与公共经济学院	税收学	经济学
321	孙楚尧	海关与公共经济学院	税收学	经济学
322	万海梅	海关与公共经济学院	税收学	经济学
323	肖心怡	海关与公共经济学院	税收学	经济学
324	万晨萱	海关与公共经济学院	税收学	经济学

续表10

序号	姓名	学院名称	专业名称	授予学位名称
325	崔　滢	海关与公共经济学院	税收学	经济学
326	廖申仪	海关与公共经济学院	税收学	经济学
327	陈思悦	海关与公共经济学院	税收学	经济学
328	陈嘉妮	海关与公共经济学院	税收学	经济学
329	杨欣雨	海关与公共经济学院	税收学	经济学
330	傅思羽	海关与公共经济学院	税收学	经济学
331	沈泽天	海关与公共经济学院	税收学	经济学
332	林文涛	海关与公共经济学院	税收学	经济学
333	刘子瑞	海关与公共经济学院	税收学	经济学
334	阿卜杜瓦日斯·乌布力喀斯木	海关与公共经济学院	税收学	经济学
335	凌　鑫	海关与公共经济学院	税收学	经济学
336	张建烽	海关与公共经济学院	税收学	经济学
337	何嘉杰	海关与公共经济学院	税收学	经济学
338	刘香楠	海关与公共经济学院	税收学	经济学
339	王佳凝	海关与公共经济学院	税收学	经济学
340	刘昱冰	海关与公共经济学院	税收学	经济学
341	王　琦	海关与公共经济学院	税收学	经济学
342	宗子又	海关与公共经济学院	税收学	经济学
343	王筠淳	海关与公共经济学院	税收学	经济学
344	胡玥琦	海关与公共经济学院	税收学	经济学
345	解英甲	海关与公共经济学院	税收学	经济学
346	饶晓彤	海关与公共经济学院	税收学	经济学
347	米克拉依·库尔班	海关与公共经济学院	税收学	经济学
348	胡曼莉	海关与公共经济学院	税收学	经济学
349	王佳卉	海关与公共经济学院	税收学	经济学
350	琼吉拉姆	海关与公共经济学院	税收学	经济学
351	阮哲轩	海关与公共经济学院	税收学	经济学
352	唐靖雯	海关与公共经济学院	税收学	经济学
353	陈遥忆	海关与公共经济学院	税收学	经济学
354	王奕凯	工商管理与关务学院	国际商务	管理学
355	陈锦柳	工商管理与关务学院	国际商务	管理学
356	鲁　措	工商管理与关务学院	国际商务	管理学
357	邢少伟	工商管理与关务学院	国际商务	管理学

续表11

序号	姓名	学院名称	专业名称	授予学位名称
358	王千一	工商管理与关务学院	国际商务	管理学
359	毛雨航	工商管理与关务学院	国际商务	管理学
360	罗　渝	工商管理与关务学院	国际商务	管理学
361	华鸿億	工商管理与关务学院	国际商务	管理学
362	张凌宇	工商管理与关务学院	国际商务	管理学
363	张玥滢	工商管理与关务学院	国际商务	管理学
364	崔子雯	工商管理与关务学院	国际商务	管理学
365	纪梦瑶	工商管理与关务学院	国际商务	管理学
366	玛依然・吐尔逊	工商管理与关务学院	国际商务	管理学
367	韩璐泽	工商管理与关务学院	国际商务	管理学
368	张梓妤	工商管理与关务学院	国际商务	管理学
369	梁雅珺	工商管理与关务学院	国际商务	管理学
370	周天天	工商管理与关务学院	国际商务	管理学
371	黎雨诗	工商管理与关务学院	国际商务	管理学
372	陈天一	工商管理与关务学院	国际商务	管理学
373	刘雪韵	工商管理与关务学院	国际商务	管理学
374	萧劼莹	工商管理与关务学院	国际商务	管理学
375	应　茵	工商管理与关务学院	国际商务	管理学
376	连金洁	工商管理与关务学院	国际商务	管理学
377	马　骏	工商管理与关务学院	国际商务	管理学
378	张哲熙	工商管理与关务学院	国际商务	管理学
379	常正泽	工商管理与关务学院	国际商务	管理学
380	卜添乐	工商管理与关务学院	国际商务	管理学
381	包　烨	工商管理与关务学院	国际商务	管理学
382	赵晨汐	工商管理与关务学院	国际商务	管理学
383	王学梅	工商管理与关务学院	国际商务	管理学
384	阿迪耶・阿卜杜热西提	工商管理与关务学院	国际商务	管理学
385	江轩璇	工商管理与关务学院	国际商务	管理学
386	孙璐瑶	工商管理与关务学院	国际商务	管理学
387	刘小艺	工商管理与关务学院	国际商务	管理学
388	郭佳靖	工商管理与关务学院	国际商务	管理学
389	张　微	工商管理与关务学院	国际商务	管理学
390	刘羿丹	工商管理与关务学院	国际商务	管理学

续表12

序号	姓名	学院名称	专业名称	授予学位名称
391	丹增慈诸	工商管理与关务学院	国际商务	管理学
392	沙　艳	工商管理与关务学院	国际商务	管理学
393	倪能茜	工商管理与关务学院	国际商务	管理学
394	谢晓彬	工商管理与关务学院	国际商务	管理学
395	赵晓阳	工商管理与关务学院	国际商务	管理学
396	魏文磊	工商管理与关务学院	国际商务	管理学
397	买吾兰江・艾则孜	工商管理与关务学院	国际商务	管理学
398	周定懿	工商管理与关务学院	国际商务	管理学
399	徐雨阳	工商管理与关务学院	国际商务	管理学
400	李文浩	工商管理与关务学院	国际商务	管理学
401	杨榆伟	工商管理与关务学院	国际商务	管理学
402	王靖怡	工商管理与关务学院	国际商务	管理学
403	蔡　澳	工商管理与关务学院	国际商务	管理学
404	努尔阿米娜・萨吾提	工商管理与关务学院	国际商务	管理学
405	陈淑敏	工商管理与关务学院	国际商务	管理学
406	席智美子	工商管理与关务学院	国际商务	管理学
407	梁子若	工商管理与关务学院	国际商务	管理学
408	唐　恬	工商管理与关务学院	国际商务	管理学
409	牛梓瑜	工商管理与关务学院	国际商务	管理学
410	卢俊琦	工商管理与关务学院	国际商务	管理学
411	钟洁霓	工商管理与关务学院	国际商务	管理学
412	孙傲然	工商管理与关务学院	国际商务	管理学
413	周智蕙	工商管理与关务学院	国际商务	管理学
414	冯锦田	工商管理与关务学院	国际商务	管理学
415	张裕涛	工商管理与关务学院	国际商务	管理学
416	周一凡	工商管理与关务学院	国际商务	管理学
417	陈肖恩东	工商管理与关务学院	国际商务	管理学
418	次　诺	工商管理与关务学院	国际商务	管理学
419	王　鸣	工商管理与关务学院	国际商务	管理学
420	赵宸霏	工商管理与关务学院	国际商务	管理学
421	陈　惠	工商管理与关务学院	国际商务	管理学
422	张　羽	工商管理与关务学院	国际商务	管理学
423	卡米拉・卡米力	工商管理与关务学院	国际商务	管理学

续表13

序号	姓名	学院名称	专业名称	授予学位名称
424	张　言	工商管理与关务学院	国际商务	管理学
425	苗　佳	工商管理与关务学院	国际商务	管理学
426	何妍洁	工商管理与关务学院	国际商务	管理学
427	罗琦汭	工商管理与关务学院	国际商务	管理学
428	宋　玥	工商管理与关务学院	国际商务	管理学
429	任文文	工商管理与关务学院	国际商务	管理学
430	王乙卉	工商管理与关务学院	国际商务	管理学
431	张艺灵	工商管理与关务学院	国际商务	管理学
432	马昕怡	工商管理与关务学院	国际商务	管理学
433	苏怡宁	工商管理与关务学院	国际商务	管理学
434	杨　桓	工商管理与关务学院	国际商务	管理学
435	刘文博	工商管理与关务学院	审计学	管理学
436	张丰然	工商管理与关务学院	审计学	管理学
437	郑国琨	工商管理与关务学院	审计学	管理学
438	刘建鑫	工商管理与关务学院	审计学	管理学
439	胥陈伟	工商管理与关务学院	审计学	管理学
440	宋符波	工商管理与关务学院	审计学	管理学
441	顾宇涛	工商管理与关务学院	审计学	管理学
442	潘柯蓁	工商管理与关务学院	审计学	管理学
443	麻钰炜	工商管理与关务学院	审计学	管理学
444	李　彤	工商管理与关务学院	审计学	管理学
445	狄　扬	工商管理与关务学院	审计学	管理学
446	张康乐	工商管理与关务学院	审计学	管理学
447	虞宛静	工商管理与关务学院	审计学	管理学
448	迪丽努尔·玉买尔江	工商管理与关务学院	审计学	管理学
449	胡珊珊	工商管理与关务学院	审计学	管理学
450	郑洁蓝	工商管理与关务学院	审计学	管理学
451	王宏波	工商管理与关务学院	审计学	管理学
452	刘韵华	工商管理与关务学院	审计学	管理学
453	黄　蕾	工商管理与关务学院	审计学	管理学
454	夏　萌	工商管理与关务学院	审计学	管理学
455	陈　平	工商管理与关务学院	审计学	管理学
456	俞舜蓉	工商管理与关务学院	审计学	管理学

续表14

序号	姓名	学院名称	专业名称	授予学位名称
457	朱汝章	工商管理与关务学院	审计学	管理学
458	哈力穆拉提·艾尼	工商管理与关务学院	审计学	管理学
459	赵震卿	工商管理与关务学院	审计学	管理学
460	陈瑞涛	工商管理与关务学院	审计学	管理学
461	王　宇	工商管理与关务学院	审计学	管理学
462	郭　聃	工商管理与关务学院	审计学	管理学
463	李　浩	工商管理与关务学院	审计学	管理学
464	黎伟昊	工商管理与关务学院	审计学	管理学
465	李泓璇	工商管理与关务学院	审计学	管理学
466	孙亚楠	工商管理与关务学院	审计学	管理学
467	滕　一	工商管理与关务学院	审计学	管理学
468	吴萌萌	工商管理与关务学院	审计学	管理学
469	巴桑片多	工商管理与关务学院	审计学	管理学
470	古再丽努尔·吾普尔	工商管理与关务学院	审计学	管理学
471	马　蕊	工商管理与关务学院	审计学	管理学
472	肖淑馨	工商管理与关务学院	审计学	管理学
473	邹瑾儿	工商管理与关务学院	审计学	管理学
474	任　婧	工商管理与关务学院	审计学	管理学
475	周　溥	工商管理与关务学院	审计学	管理学
476	王　萌	工商管理与关务学院	审计学	管理学
477	陈　阳	工商管理与关务学院	审计学	管理学
478	卓嘎泽西	工商管理与关务学院	审计学	管理学
479	陈依雯	工商管理与关务学院	审计学	管理学
480	肖志林	工商管理与关务学院	物流管理	管理学
481	赵鹏阳	工商管理与关务学院	物流管理	管理学
482	卢仁澳	工商管理与关务学院	物流管理	管理学
483	陈　明	工商管理与关务学院	物流管理	管理学
484	蔡治强	工商管理与关务学院	物流管理	管理学
485	樊宏杰	工商管理与关务学院	物流管理	管理学
486	许逸杰	工商管理与关务学院	物流管理	管理学
487	张恩华	工商管理与关务学院	物流管理	管理学
488	陈赛迎	工商管理与关务学院	物流管理	管理学
489	程珺钰	工商管理与关务学院	物流管理	管理学

续表15

序号	姓名	学院名称	专业名称	授予学位名称
490	王一洁	工商管理与关务学院	物流管理	管理学
491	黄颖淳	工商管理与关务学院	物流管理	管理学
492	米叶赛尔·麦合木提	工商管理与关务学院	物流管理	管理学
493	赛比然古丽·玉苏甫	工商管理与关务学院	物流管理	管理学
494	吴　维	工商管理与关务学院	物流管理	管理学
495	石永梅	工商管理与关务学院	物流管理	管理学
496	德　央	工商管理与关务学院	物流管理	管理学
497	葛蓁妮	工商管理与关务学院	物流管理	管理学
498	陈汇婷	工商管理与关务学院	物流管理	管理学
499	李淑澜	工商管理与关务学院	物流管理	管理学
500	周　珂	工商管理与关务学院	物流管理	管理学
501	金沁林	工商管理与关务学院	物流管理	管理学
502	王瑞鑫	工商管理与关务学院	物流管理	管理学
503	巴桑扎西	工商管理与关务学院	物流管理	管理学
504	董桢元	工商管理与关务学院	物流管理	管理学
505	孙辰科	工商管理与关务学院	物流管理	管理学
506	张嘉芮	工商管理与关务学院	物流管理	管理学
507	刘　影	工商管理与关务学院	物流管理	管理学
508	马　洁	工商管理与关务学院	物流管理	管理学
509	古丽尼尕尔·吐尔逊	工商管理与关务学院	物流管理	管理学
510	谢文欣	工商管理与关务学院	物流管理	管理学
511	曾心怡	工商管理与关务学院	物流管理	管理学
512	汤婧阳	工商管理与关务学院	物流管理	管理学
513	李玉婍	工商管理与关务学院	物流管理	管理学
514	戴紫萱	工商管理与关务学院	物流管理	管理学
515	谈诗琪	工商管理与关务学院	物流管理	管理学
516	梁康妮	工商管理与关务学院	物流管理	管理学
517	陆佳雯	工商管理与关务学院	物流管理	管理学
518	李航彤	工商管理与关务学院	物流管理	管理学
519	王颖杰	海关法律系	法学	法学
520	凯塞尔·艾合买江	海关法律系	法学	法学
521	李一明	海关法律系	法学	法学
522	陈浩楠	海关法律系	法学	法学

续表16

序号	姓名	学院名称	专业名称	授予学位名称
523	童皓洋	海关法律系	法学	法学
524	王博宁	海关法律系	法学	法学
525	罗德正	海关法律系	法学	法学
526	张　淇	海关法律系	法学	法学
527	陆文尧	海关法律系	法学	法学
528	叶少剑	海关法律系	法学	法学
529	王俊娟	海关法律系	法学	法学
530	卓建平	海关法律系	法学	法学
531	徐　帆	海关法律系	法学	法学
532	樊　瑜	海关法律系	法学	法学
533	侯　逸	海关法律系	法学	法学
534	李　雪	海关法律系	法学	法学
535	魏　婷	海关法律系	法学	法学
536	秦　旋	海关法律系	法学	法学
537	苏比努尔·斯依提麦麦提	海关法律系	法学	法学
538	张　悦	海关法律系	法学	法学
539	雷婉珍	海关法律系	法学	法学
540	旷烨桦	海关法律系	法学	法学
541	甘清瑞	海关法律系	法学	法学
542	赵　莹	海关法律系	法学	法学
543	格桑卓嘎	海关法律系	法学	法学
544	杨　刚	海关法律系	法学	法学
545	陈楠兆	海关法律系	法学	法学
546	谢镕轩	海关法律系	法学	法学
547	朱博文	海关法律系	法学	法学
548	陈思涵	海关法律系	法学	法学
549	顾昱晨	海关法律系	法学	法学
550	尤俊杰	海关法律系	法学	法学
551	侯绍翔	海关法律系	法学	法学
552	黄　升	海关法律系	法学	法学
553	郭晶晶	海关法律系	法学	法学
554	格桑卓玛	海关法律系	法学	法学
555	刘文君	海关法律系	法学	法学

续表17

序号	姓名	学院名称	专业名称	授予学位名称
556	李欣潼	海关法律系	法学	法学
557	刘偲偲	海关法律系	法学	法学
558	许梦暘	海关法律系	法学	法学
559	苏比努尔·阿布都热依木	海关法律系	法学	法学
560	阿迪拉·艾来提	海关法律系	法学	法学
561	董佳雯	海关法律系	法学	法学
562	胡珉梓	海关法律系	法学	法学
563	诺布卓玛	海关法律系	法学	法学
564	乔钰鸣	海关法律系	法学	法学
565	旦增卓嘎	海关法律系	法学	法学
566	杨雪莹	海关外语系	英语	文学
567	陈涉川	海关外语系	英语	文学
568	张　藤	海关外语系	英语	文学
569	王彦斌	海关外语系	英语	文学
570	王　植	海关外语系	英语	文学
571	王启先	海关外语系	英语	文学
572	左　蔓	海关外语系	英语	文学
573	徐宸玥	海关外语系	英语	文学
574	黄纪元	海关外语系	英语	文学
575	王　露	海关外语系	英语	文学
576	黄小丽	海关外语系	英语	文学
577	王璐瑶	海关外语系	英语	文学
578	章雅瑄	海关外语系	英语	文学
579	卫佳敏	海关外语系	英语	文学
580	王一染	海关外语系	英语	文学
581	徐　畅	海关外语系	英语	文学
582	赛比兰木·艾德汗	海关外语系	英语	文学
583	唐茜妍	海关外语系	英语	文学
584	陶　蕊	海关外语系	英语	文学
585	何佳烨	海关外语系	英语	文学
586	朱俊丽	海关外语系	英语	文学
587	官璇儿	海关外语系	英语	文学
588	李思琪	海关外语系	英语	文学

续表18

序号	姓名	学院名称	专业名称	授予学位名称
589	姜逸菲	海关外语系	英语	文学
590	顾安琪	海关外语系	英语	文学
591	郭广源	海关外语系	英语	文学
592	王梓逸	海关外语系	英语	文学
593	孔金华	海关外语系	英语	文学
594	柳　影	海关外语系	英语	文学
595	菲拉热·喀哈尔	海关外语系	英语	文学
596	谢宇欢	海关外语系	英语	文学
597	夏天悦	海关外语系	英语	文学
598	郝雅娜	海关外语系	英语	文学
599	仝馨元	海关外语系	英语	文学
600	谭洁莹	海关外语系	英语	文学
601	武必祯	海关外语系	英语	文学
602	郭朋鹭	海关外语系	英语	文学
603	毛垠皓	海关外语系	英语	文学
604	刘可坚	海关外语系	英语	文学
605	陶　金	海关外语系	英语	文学
606	浦　茜	海关外语系	英语	文学
607	乃木娜依·赛迪阿合买提	海关外语系	英语	文学
608	尤怡玺	海关外语系	英语	文学
609	刘　涛	海关外语系	英语	文学
610	张若琦	海关外语系	英语	文学
611	吴文星	海关外语系	英语	文学
612	朱乔丹	海关外语系	英语	文学
613	朱熠颖	海关外语系	英语	文学
614	潘新悦	海关外语系	英语	文学
615	金佳雯	海关外语系	英语	文学

上海海关学院 2022 届毕业生授予硕士学位

序号	姓名	学院名称	专业名称	授予学位名称	备注
1	陈小云	海关与公共经济学院	税务	税务硕士	全日制
2	谌紫菡	海关与公共经济学院	税务	税务硕士	全日制
3	成妮娜	海关与公共经济学院	税务	税务硕士	全日制
4	符　暖	海关与公共经济学院	税务	税务硕士	全日制
5	韩　悦	海关与公共经济学院	税务	税务硕士	全日制
6	郝胜男	海关与公共经济学院	税务	税务硕士	全日制
7	胡　萌	海关与公共经济学院	税务	税务硕士	全日制
8	江欣芮	海关与公共经济学院	税务	税务硕士	全日制
9	李嘉希	海关与公共经济学院	税务	税务硕士	全日制
10	刘爱丽	海关与公共经济学院	税务	税务硕士	全日制
11	孟　瑶	海关与公共经济学院	税务	税务硕士	全日制
12	欧明月	海关与公共经济学院	税务	税务硕士	全日制
13	荣　蓉	海关与公共经济学院	税务	税务硕士	全日制
14	尚蓓蓓	海关与公共经济学院	税务	税务硕士	全日制
15	孙　越	海关与公共经济学院	税务	税务硕士	全日制
16	王金钰	海关与公共经济学院	税务	税务硕士	全日制
17	王　璐	海关与公共经济学院	税务	税务硕士	全日制
18	王一笑	海关与公共经济学院	税务	税务硕士	全日制
19	翁巧叶	海关与公共经济学院	税务	税务硕士	全日制
20	吴佳琪	海关与公共经济学院	税务	税务硕士	全日制
21	吴瑞萌	海关与公共经济学院	税务	税务硕士	全日制
22	伍星月	海关与公共经济学院	税务	税务硕士	全日制
23	鄢　佳	海关与公共经济学院	税务	税务硕士	全日制
24	杨芝蒙	海关与公共经济学院	税务	税务硕士	全日制
25	张　謌	海关与公共经济学院	税务	税务硕士	全日制
26	张湘崎	海关与公共经济学院	税务	税务硕士	全日制
27	赵　倩	海关与公共经济学院	税务	税务硕士	全日制

续表1

序号	姓名	学院名称	专业名称	授予学位名称	备注
28	赵紫薇	海关与公共经济学院	税务	税务硕士	全日制
29	钟　颖	海关与公共经济学院	税务	税务硕士	全日制
30	代世龙	海关与公共经济学院	税务	税务硕士	全日制
31	郭秋林	海关与公共经济学院	税务	税务硕士	全日制
32	刘　鹏	海关与公共经济学院	税务	税务硕士	全日制
33	吕子健	海关与公共经济学院	税务	税务硕士	全日制
34	倪亦凡	海关与公共经济学院	税务	税务硕士	全日制
35	倪泽奇	海关与公共经济学院	税务	税务硕士	全日制
36	汪子杰	海关与公共经济学院	税务	税务硕士	全日制
37	王铠基	海关与公共经济学院	税务	税务硕士	全日制
38	韦　权	海关与公共经济学院	税务	税务硕士	全日制
39	程超颖	海关与公共管理学院	公共管理	公共管理硕士	非全日制
40	冯韵蕾	海关与公共管理学院	公共管理	公共管理硕士	非全日制
41	柯红星	海关与公共管理学院	公共管理	公共管理硕士	非全日制
42	李　丹	海关与公共管理学院	公共管理	公共管理硕士	非全日制
43	吕　婷	海关与公共管理学院	公共管理	公共管理硕士	非全日制
44	孙　晶	海关与公共管理学院	公共管理	公共管理硕士	非全日制
45	王佳佳	海关与公共管理学院	公共管理	公共管理硕士	非全日制
46	王京严	海关与公共管理学院	公共管理	公共管理硕士	非全日制
47	俞　洋	海关与公共管理学院	公共管理	公共管理硕士	非全日制
48	张婉晴	海关与公共管理学院	公共管理	公共管理硕士	非全日制
49	朱彦如	海关与公共管理学院	公共管理	公共管理硕士	非全日制
50	蔡　军	海关与公共管理学院	公共管理	公共管理硕士	非全日制
51	陈　伟	海关与公共管理学院	公共管理	公共管理硕士	非全日制
52	陈宇翔	海关与公共管理学院	公共管理	公共管理硕士	非全日制
53	傅　强	海关与公共管理学院	公共管理	公共管理硕士	非全日制
54	傅一旋	海关与公共管理学院	公共管理	公共管理硕士	非全日制
55	龚文超	海关与公共管理学院	公共管理	公共管理硕士	非全日制
56	胡　伟	海关与公共管理学院	公共管理	公共管理硕士	非全日制
57	邝留奎	海关与公共管理学院	公共管理	公共管理硕士	非全日制
58	李凯扬	海关与公共管理学院	公共管理	公共管理硕士	非全日制
59	李正锴	海关与公共管理学院	公共管理	公共管理硕士	非全日制
60	廖　骏	海关与公共管理学院	公共管理	公共管理硕士	非全日制

续表2

序号	姓名	学院名称	专业名称	授予学位名称	备注
61	刘晓辰	海关与公共管理学院	公共管理	公共管理硕士	非全日制
62	卢士伟	海关与公共管理学院	公共管理	公共管理硕士	非全日制
63	梅君陶	海关与公共管理学院	公共管理	公共管理硕士	非全日制
64	彭玉聪	海关与公共管理学院	公共管理	公共管理硕士	非全日制
65	邵　翊	海关与公共管理学院	公共管理	公共管理硕士	非全日制
66	宋　凯	海关与公共管理学院	公共管理	公共管理硕士	非全日制
67	王广伟	海关与公共管理学院	公共管理	公共管理硕士	非全日制
68	王　涛	海关与公共管理学院	公共管理	公共管理硕士	非全日制
69	吴　伟	海关与公共管理学院	公共管理	公共管理硕士	非全日制
70	肖凯文	海关与公共管理学院	公共管理	公共管理硕士	非全日制
71	邢邦彦	海关与公共管理学院	公共管理	公共管理硕士	非全日制
72	徐　健	海关与公共管理学院	公共管理	公共管理硕士	非全日制
73	徐　坤	海关与公共管理学院	公共管理	公共管理硕士	非全日制
74	于博涵	海关与公共管理学院	公共管理	公共管理硕士	非全日制
75	张贵源	海关与公共管理学院	公共管理	公共管理硕士	非全日制
76	张剑楠	海关与公共管理学院	公共管理	公共管理硕士	非全日制
77	张　伟	海关与公共管理学院	公共管理	公共管理硕士	非全日制
78	赵伟超	海关与公共管理学院	公共管理	公共管理硕士	非全日制
79	朱津海	海关与公共管理学院	公共管理	公共管理硕士	非全日制

后　记

《上海海关学院年鉴（2023）》是在深入学习贯彻党的二十大精神、深入开展学习贯彻习近平新时代中国特色社会主义思想主题教育的背景下，在学校建校七十周年之际，组织编纂出版的第二部年鉴。本部年鉴坚持严格的政治标准、突出学校的特色，持续朝着“精品年鉴”目标迈进，总结经验、展示成绩，凝聚共识、汇集力量，为学校“十四五”事业发展提供精神动力和史实支撑。

学校高度重视年鉴编纂工作，将年鉴编纂出版作为一项重要的校园文化工程进行组织推进，成立由学校党委书记和校长为主任委员的年鉴编纂委员会，组建由分管校领导牵头、海关史研究院具体负责、各院系部门撰稿人为成员的年鉴编辑部，合力推进年鉴编纂出版各项工作。本部年鉴自2022年12月中旬启动，至2023年9月中旬出版，历时九个月，虽历经艰辛，但终成正果。回顾编纂过程，具有如下特点。一是组织推动力度更大。年鉴编纂启动之初，学校专门召开动员部署会，明确任务、明晰责任，海关史研究院修订完善工作方案，细化任务分工和进程安排；期间分管校领导召集推进会，督导编纂进程，强化质量要求。此外，还经常性过问、给予全局性指导，确保年鉴编纂出版工作有序有效推进。二是撰稿供稿质量更高。随着首部年鉴的出版，学校各院系部门进一步认识到，年鉴作为记载、宣传、展示工作成果的重要载体，在存史鉴今、资政育人方面发挥出了重要作用，因而更加重视年鉴供稿撰稿工作，在资料收集整理、选题选材、条目编写等方面有了质的提升，为后续统稿打下良好基础。三是组稿审稿要求更严。在年鉴编纂过程中，学校按照观点正确、框架科学、资料翔实、内容全面、记述准确的要求，对年鉴内容材料实施层层把关，各院系部门负责人审核本部门供稿材料、海关史研究院组织编辑部交叉审稿、经组稿统稿形成年鉴初稿后，编辑部进行全文校审，修改完善后形成征求意见稿，征求各院系部门意见建议，再次修改完善后，由审查小组审查、编委会审定。四是编纂出版流程更规范。学校按照《〈中国海关年鉴〉编纂指南》，结合高校和年度工作特点，规范开展篇目大纲编写、撰稿统稿、三审三校、报审定稿、出版合同签订管理等一系列工作，并不断总结积累经验，将一些有效做法固化为制度规范，逐步推进年鉴编纂的规范化建设。

本部年鉴的编纂出版，得到海关总署关史办和上海市地方志办公室领导的悉心指导，得到中国海关出版社有限公司的支持，以及夏淑婷等编辑人员的悉心审校，也得到全校各院系部门的鼎力支持配合，凝聚着学校年鉴编纂委员会委员、编辑部成员和相关部门人员的心血，谨此一并致谢！

因时间紧、任务重，且编纂经验不足，难免存在疏漏，欢迎读者们多提宝贵意见，我们将在今后工作中不断改进提高。

《上海海关学院年鉴（2023）》编纂委员会
二〇二三年八月

“中国海关史料丛书”
编委会